Corse

Cap Corse, vers Macinaggio, tour et chapelle Santa Maria.
C. Moirenc / hemis.fr

Les microrégions du guide :
(voir la carte à l'intérieur de la couverture ci-contre)

SOMMAIRE

S. Sauvignier/Michelin

NOS INCONTOURNABLES

NOS COUPS DE CŒUR

EN FAMILLE

NOS ITINÉRAIRES

DÉCOUVRIR LA CORSE

POUR CHAQUE SITE, RETROUVEZ NOS ADRESSES

NOS INCONTOURNABLES

★★★ Vaut le voyage ★★ Mérite un détour ★ Intéressant

★★

La plage de Santa Giulia

Dans ce paradis du farniente, le ruban de sable blanc forme un cercle presque fermé autour des eaux translucides du golfe de Porto-Vecchio. **Voir p. 391**

sam74100/iStock

Schimmelpfennig/Premium/age fotostock

★★★

Les aiguilles de Bavella

Les très photogéniques pointes rouges érodées qui surgissent de la forêt sont le domaine de prédilection des randonneurs. **Voir p. 348**

joningall/iStock

★★

Calvi

Une citadelle debout entre deux golfes, une vie culturelle riche, des spots de plongée superbes, une plage et un port de plaisance animé… que demander de plus ? **Voir p. 106**

★★★

La Balagne

Sur les pics et les pentes de ce relief ouvert sur la mer, des villages pittoresques jettent leurs maisons sur le ciel bleu. **Voir p. 126**

RCO/F Scholz/Arco Images/age fotostock

Naeblys/iStock

★★★

Le cap Corse

Une crête rocheuse qui plonge dans la Méditerranée, qui la cerne sur trois côtés. S'y abritent des petits ports de pêche, s'y accrochent des tours génoises et une végétation vaillante. **Voir p. 54**

★★

Le vieux port de Bastia

Dominées par les deux tours de l'église Saint-Jean-Baptiste, les maisons forment un amphithéâtre coloré autour du manège des embarcations. **Voir p. 37**

pkazmierczak/iStock

★★

La Castagniccia

Une région sauvage et préservée, où les hameaux se dressent comme des forteresses au-dessus du manteau de châtaigneraies. **Voir p. 420**

Ch. Boisvieux/hemis.fr

Moirenc/hemis.fr

kazmierczak/iStock

★★★

Le palais Fesch - musée des Beaux-Arts

Au cœur d'Ajaccio, ce musée possède une collection d'art italien sans équivalent en France, ou presque ! **Voir p. 275**

★★★

Bonifacio

Sa ville haute posée sur l'étrave d'un gigantesque paquebot de pierre est LA carte postale de la Corse littorale. **Voir p. 367**

Sasha64f/iStock

★★★

Les calanche de Piana

De superbes falaises rouges plongeant dans la mer : un paysage pétrifié par « le vouloir de quelque dieu extravagant ». **Voir p. 240**

NOS COUPS DE CŒUR

Terrasse de restaurant sur le vieux port de Bastia.
Kaos02/Sime/Photononstop

TOP 5 des villages perchés

1. Sant'Antonino (p. 131)
2. Nonza (p. 68)
3. Sainte-Lucie-de-Tallano (p. 338)
4. Piana (p. 235)
5. Loreto-di-Casinca (p. 448)

Le village de Nonza.
S. Lemaire/hemis.fr

❤ **Siroter** longuement son verre sur une terrasse ombragée de la place St-Nicolas ou le long du vieux port et regarder vivre Bastia : ses habitants au caractère affirmé, le ballet des ferries colorés, l'animation du marché le dimanche matin… **Voir p. 31 et p. 37**.

❤ **S'initier** à la musique et aux chants corses dans l'adorable village de Pigna, notamment lors du festival Festivoce en juillet. Et découvrir le meilleur de l'artisanat corse en parcourant les boutiques-ateliers cachés dans ses ruelles. **Voir p. 145**.

❤ **S'asseoir** en spectateur, à bord d'U Trinighellu, le train corse qui, d'Ajaccio à Bastia et de Corte à Calvi, traverse les superbes paysages de l'intérieur de l'île. Vision panoramique et air conditionné inclus dans le ticket. **Voir p. 122**.

❤ **Guetter** patiemment les mouflons, les gypaètes et autres espèces emblématiques de la riche faune qui a fait de la superbe et tourmentée vallée de l'Asco son sanctuaire. **Voir p. 189**.

❤ **Embrasser** toute la Corse, du haut du Monte Cinto (2 706 m), point culminant de l'île. Un panorama inoubliable sur les reliefs, la mer, le continent même. À quel prix ? Un bon entraînement pour marcher 10h accompagné d'un guide ! **Voir p. 200**.

Chemin de fer du train corse U Trinighellu.
Sasha64f/iStock

Randonnée sur le GR 20.
F. Guiziou/hemis.fr

❤ **Souffler** (et souffrir) avec plaisir le long des 180 km du GR 20. En bandant mollets et volonté, collectionner les images et les émotions et, après deux semaines de marche, tout au bout de l'effort, enfin soupirer : « je l'ai fait ». **Voir p. 525**.

❤ **Prendre le large** à bord du bateau « San Paulu », au départ de Macinaggio pour admirer le Cap Corse depuis la mer, tout en découvrant la réserve naturelle des îles Finocchiarola, refuge des oiseaux marins. **Voir p. 73**.

Sentier avec vue sur les îles de Finocchiarola.
Naeblys/iStock

TOP 5 des plages

1. Saleccia (p. 95)
2. Rondinara (p. 380)
3. Ostriconi (p. 100)
4. Palombaggia (p. 390)
5. Erbaju (p. 336)

La plage de Palombaggia.
sam74100/iStock

❤ **Caresser**, après 2h30 de marche à travers les pins laricio de la forêt de Valdu-Niellu, le tapis de pelouse vert tendre du lac de Nino dont les eaux si fraîches soulagent les pieds des randonneurs ravis. **Voir p. 201**.

❤ **Nager et se prélasser** sur le sable ou sur les doux et étranges rochers des îles Lavezzi baignées par des eaux transparentes. Les Seychelles, sans les palmiers certes, ne sont finalement pas si loin du continent. **Voir p. 376**.

❤ **Voir surgir** le campanile de l'église baroque de La Porta, chef-d'œuvre de la Castagniccia. Profiter de sa fraîcheur tout en admirant les peintures en trompe l'œil et son orgue classé, avant d'aller déguster quelques spécialités locales à base de châtaignes. **Voir p. 423**.

❤ **Combiner** la marche, les vues spectaculaires et la découverte archéologique en rejoignant le site du Castellu di Cucuruzzu, complexe monumental isolé datant de l'âge de bronze. **Voir p. 340**.

❤ **Suivre** la procession U Catenacciu qui, le Vendredi saint, serpente entre les demeures austères, verticales et fascinantes de Sartène, la « plus corse des villes corses » selon Prosper Mérimée. **Voir p. 327**.

Sur une plage des îles Lavezzi.
C. Moirenc/hemis.fr

Église San Michele de Murato, Nebbio.

❤ **Détailler** la polychromie originale et harmonieuse de San Michele de Murato, dans le Nebbio, un bijou d'église romane, vedette des cartes postales, qui domine le « désert » des Agriate. **Voir p. 88**.

Coucher de soleil sur les îles Sanguinaires.
dulezidar/iStock

❤ **Profiter** de l'arrière-saison à Porto-Vecchio, le St-Tropez corse, un peu snob, très cher et surpeuplé en été. Ses plages superbes seront alors à vous seul ou presque. Ce calme revenu, tout cet espace pour déployer votre serviette… voilà le vrai luxe ! **Voir p. 384**.

❤ **Rencontrer** les vignerons et producteurs corses lors de la Fête du Vin de Luri (cap Corse) en juillet. Découvrir, échanger, déguster avec modération et force spécialités locales : charcuteries, fromages, douceurs… **Voir p. 79**.

❤ **Marcher** sur le sentier des douaniers à la pointe du cap Corse, de tours génoises en anses sauvages, avec en toile de fond le bleu intense de la Méditerranée. **Voir p. 69**.

TOP 5 des musées

1. Palais Fesch - musée des Beaux-Arts (p. 275)
2. Musée de la Corse à Corte (p. 171)
3. Musée départemental de Préhistoire corse et d'Archéologie (p. 330)
4. Musée départemental Pascal-Paoli (p. 422)
5. Fort de Matra (p. 412)

Le fort de Matra.
Jon Arnold Images/hemis.fr

❤ **Partager** la ferveur – excessive diront certains ? – des Corses pour le ballon rond, en assistant à un très chaud derby entre le SC Bastia et un club d'Ajaccio, ou des rivaux continentaux. **Voir p. 486**.

❤ **Immortaliser** le coucher du soleil qui enflamme le porphyre des îles Sanguinaires, un archipel qui concentre toutes les beautés corses. **Voir p. 286**.

❤ **Écouter battre** le cœur de l'île en prenant ses quartiers à Corte, ville universitaire attachante située au carrefour de belles vallées (à arpenter sans retenue) et gardienne de l'identité corse. **Voir p. 170**.

❤ **Se régaler** de beignets au *brocciu* en parcourant les allées du marché d'Ajaccio parmi les gourmands attirés par les étals chargés de produits corses. **Voir p. 284**.

La citadelle de Corte.
B. Rieger/hemis.fr

Sur la D 81 entre Galéria et Calvi.

❤ **Marcher dans les pas** de Napoléon Bonaparte à Ajaccio en visitant sa maison natale et en collectionnant les innombrables témoignages (statue, toponymie…) de la vie et du passage de l'empereur. **Voir p. 270**.

❤ **S'enivrer** des senteurs du maquis dans le désert des Agriate, en empruntant la D 81 ou en marchant le long du sentier littoral, de plage en plage, jusqu'à l'Ostriconi où, ce n'est pas une chimère, les vaches paissent sur le sable blanc. **Voir p. 93**.

❤ **Programmer** plusieurs journées en une à Galéria, en foulant les galets de l'immense plage de la Riciniccia, en parcourant en kayak le delta du Fango, en plongeant au large de Scandola, en prenant le frais dans les vasques creusées par la rivière quelques kilomètres en amont… Avant de déguster un poisson grillé, les pieds dans le sable **Voir p. 160**.

❤ **Explorer** les eaux cristallines de la réserve naturelle des Bouches de Bonifacio à l'occasion d'une sortie plongée au départ de la belle plage de Palombaggia. Au retour, rien de tel qu'un moment de farniente sur cette étendue de sable blanc, petit paradis baigné d'eaux turquoise. **Voir p. 390 et 397**.

TOP 5 des sites de plongée

1. Îles Lavezzi (p. 376)
2. Golfe de Porto (p. 233)
3. Calvi (p. 118)
4. Golfe d'Ajaccio (p. 294)
5. Golfe de Lava (p. 258)

Le golfe de Porto.
Pritz/F1online/age fotostock

Canoë sur la rivière Fango, près de Galéria.
P. Royer/Blickwinkel/age fotostock

Préparez votre voyage en retrouvant tous nos coups de cœur sur notre site internet ***voyages.michelin.fr***

Retrouvez-nous également sur Facebook® ***Facebook.com/MichelinVoyage***

• Observation des oiseaux à l'étang de Biguglia. En arpentant les rives de la plus vaste lagune de l'île, une réserve naturelle où nichent plus de 230 espèces d'oiseaux aquatiques, les ornithologues en herbe se feront un malin plaisir à débusquer flamants roses, aigrettes, grands cormorans, martins-pêcheurs et de nombreux oiseaux migrateurs… À vos jumelles ! **Voir p. 43**.

• Cabotage en kayak autour du cap Corse. Pour que la découverte des Agriate ne s'apparente pas à une traversée du désert, abordez ses criques sauvages et ses magnifiques plages en kayak de mer, à partir de St-Florent. Vous n'êtes pas très sportif ou à la tête d'une jeune tribu ? Il vous reste les navettes maritimes… **Voir p. 86**.

wrangel/iStock

• Désir d'évasion avec le train des plages. Entre mer et montagnes, l'U Trinighellu, le tramway de Balagne qui sillonne la côte entre Calvi et l'Île Rousse, vaut à lui seul le voyage. Il permet en outre d'apprécier de superbes paysages et de s'arrêter sur la plage de son choix. **Voir p. 122**

Avec des enfants, veillez à monter dans le wagon qui dispose de sièges (dans le second, on voyage debout !).

• Balade avec un âne en Balagne. Que vous empruntiez ou non les sentiers de randonnée du mythique GR 20 ou du « Mare a Mare », les montagnes corses regorgent de chemins qu'il est agréable de parcourir à pied, en compagnie d'un âne qui peut porter les bagages ou les enfants. Les âniers vous indiqueront les itinéraires les plus adaptés à leur âge. **Voir p. 141**.

• Excursion en mer dans le golfe de Porto. Hissez les voiles pour envisager l'île d'un autre point de vue. Prenez les calanche de Piana, Girolata ou la réserve naturelle de Scandola, même vos moussaillons en conviendront, c'est encore plus beau vu d'un bateau ! Au départ de Porto, les propositions d'excursions ne manquent pas. **Voir p. 233**.

• Tête à tête privilégié avec les mouflons corses.

Animal sauvage emblématique des hautes montagnes corses, le mouflon méditerranéen, désormais protégé, se fait rare et discret. Mais avec un peu de courage et de patience, vous pourrez en observer quelques spécimens dans la réserve de faune de la vallée de l'Asco. Devant tant de beauté, vos mouflets ne devraient pas moufter. **Voir p. 180**.

Prévoyez des chaussures de marche et des jumelles !

• Exploration sous-marine dans le golfe d'Ajaccio.

Si vous en avez assez de buller ou de faire des pâtés sur la plage, profitez de votre séjour dans le golfe d'Ajaccio pour faire vos premières bulles sous l'eau. Randonnée le long d'un sentier marin ou initiation à la plongée, on chausse ses palmes pour s'immerger dans les eaux poissonneuses entre la pointe de la Parata et la pointe Guardiola, afin de surprendre un mérou brun, une daurade royale ou un barracuda ! **Voir p. 294**.

• Rencontre avec les tortues d'A Cupulatta. Pour les changer de Franklin et Caroline, direction la vallée de la Gravona où déambulent paisiblement plus de 3 000 tortues terrestres et aquatiques, représentantes de plus de 170 espèces originaires des cinq continents. De la Corse aux Seychelles, de l'Inde aux Galapagos, on s'offre un tour du monde à tout petits pas. **Voir p. 296**.

• Canyoning dans le massif de Bavella. Au cœur du massif de Bavella, trois canyons permettent aux plus sportifs d'accéder à de petites oasis de fraîcheur : on nage en rivière, on glisse sur un toboggan poli par l'eau, on descend en rappel ou on saute dans des vasques aux eaux limpides. Très ludique, le Pulischellu est le plus adapté aux familles. **Voir p. 351**.

Activité à réserver aux enfants de plus de 7 ans sachant bien nager.

• Nature et culture au parc Galea. Un endroit original, dédié à la géographie, l'histoire et la culture de l'île, où expositions, jardins, ateliers ludiques et installations artistiques éveillent la curiosité. Pour finir en beauté, le sentier sensoriel à parcourir pieds nus amuse toute la famille ! **Voir p. 440**.

Nous avons sélectionné d'autres **sites** ou **activités** qui intéresseront les enfants (**voir p. 533**). Vous les repérerez aussi dans le guide grâce au symbole

A. Brusini/hemis.fr

Les mystères du Cap Corse
en 7 jours

En bref : 180 km époustouflants entre terre, ciel et mer.

joningall/iStock

J-1 & 2 Bastia

Visitez Bastia (**p. 30**) et ses environs, en particulier la citadelle et son musée ; déambulez le soir sur le vieux port et sur la place St-Nicolas.

J-3 Côte est du Cap

Montez jusqu'à la chapelle N.-D.-des-Neiges de Castello (**p. 55**), passez à Sisco (**p. 56**) et à la marine de Pietracorbara (**p. 58**) ; faites étape à Macinaggio (**p. 58**).

Rogliano, dominé par la tour génoise ronde della Parocchia.

B. Rieger/hemis.fr

J-4 Rogliano

Prenez le grand air sur le sentier des douaniers jusqu'à Barcaggio (**p. 62**), puis rejoignez Rogliano (**p. 59**).

J-5 Centuri

Haltes au moulin Mattei (**p. 63**), à Cannelle, à Centuri (**p. 64**), à Morsiglia, à la tour de Sénèque (**p. 65**), à Pino et à Canari (**p. 67**).

J-6 Nonza et Patrimonio

Après un arrêt à la chapelle d'Olcani (**p. 68**), visitez le beau village de Nonza (**p. 68**), sans oublier sa plage. Terminez la journée à Patrimonio (**p. 71**), célèbre pour son vignoble.

Conseil : agrémentez votre périple d'une dégustation dans une cave.

J-7 St-Florent

Flânez sur le port de St-Florent (**p. 82**), puis rendez-vous à Oletta (**p. 90**), au cœur du Nebbio, et rentrez à Bastia par le col de Teghime.

La Corse insolite : Casinca et Castagniccia en 7 jours

RnDmS/iStock

En bref : 450 km de routes en équilibre et de forêts profondes.

• J-1 La Casinca

Parcourez cette région (**p. 446**) aux gré de vos envies : Venzolasca, Penta-di-Casinca, Castellare-di-Casinca.

• J-2 La Corniche

Découvrez les villages perchés au-dessus du littoral le long de la corniche de la Castagniccia (**p. 420**) ; dormez à Cervione (**p. 437**).

• J-3 Valle d'Alesani

Entrez au cœur de la Castagniccia et suivez ses charmantes routes, *via* Carcheto (**p. 427**) et Piedicroce (**p. 426**).

• J-4 La Porta

Continuez la traversée de la Castagniccia, direction l'église de La Porta (**p. 423**) et Morosaglia (**p. 422**), où naquit Pascal Paoli.

• J-5 En route pour Corte

Admirez la chapelle San Quilico de Cambia (**p. 430**) et le village de Bustanico ; étape à Corte (**p. 170**).

• J-6 Aléria

Longez la vallée du Tavignano (**p. 214**). Découvrez les ruines d'Aléria (**p. 411**) et l'étang de Diane (**p. 414**).

• J-7 Costa Verde

En rentrant à Bastia, prévoyez une escale farniente sur la plage (**p. 439**).

Conseil : peu d'hébergement dans la Castagniccia. Si vous voyagez en haute saison, pensez à réserver.

Valle Alesani.
RnDmS/iStock

Cœur de Corse
en 7 jours

joningall/iStock

En bref : 340 km entre montagnes et vallées.

• J-1 Bastia
Découverte de la citadelle de Bastia (**p. 30**) et détour par la montée Filippina afin d'admirer la vue sur la ville et ses toits gris-bleu.

• J-2 Au pied du Niolo
Remontez la vallée du Golo jusqu'à sa source, en empruntant le défilé de la Scala di Sta-Regina (**p. 205**) et contemplez les cimes autour du Niolo (**p. 196**).

Vallée de la Restonica.
joningall/iStock

• J-3 & 4 Corte
Prenez le temps de visiter la cité universitaire de Corte (**p. 170**) ; prévoyez une journée entière dans la vallée de la Restonica (**p. 186**).

• J-5 & 6 Vizzavona
Rejoignez Vizzavona (**p. 221**) dans son écrin forestier, *via* les cols de Morello et de Sorba (**p. 219**) qui offrent de superbes points de vue. Choisissez parmi les nombreuses promenades ou randonnées pour explorer les beautés naturelles alentour.

• J-7 La Gravona
Escale à Bocognano (**p. 295**) avant de profiter de la vallée de la Gravona (**p. 295**) à bord du train vers Ajaccio.

Conseil : prolongez éventuellement votre séjour en reprenant le train pour la Balagne à Ajaccio.

La Corse plein sud
en 13 jours

F. Guiziou/hemis.fr

En bref : 650 km entre nature et culture.

J-1 Ajaccio

Le matin, arpentez le vieil Ajaccio (**p. 271**), puis visitez le palais Fesch - musée des Beaux-Arts ; en fin d'après-midi, contournez le golfe d'Ajaccio (**p. 286**) jusqu'à Coti-Chiavari, où vous dormirez (**p. 291**).

J-2 Filitosa

Longez la côte jusqu'à Porto-Pollo (**p. 321**) ; faites un détour au site archéologique de Filitosa (**p. 318**), avant de reprendre le littoral vers Propriano (**p. 314**).

J-3 Golfe de Valinco

Suivez la rive sud du golfe de Valinco (**p. 323**) jusqu'à Campomoro (**p. 324**), avant d'entamer la montée à Sartène, bâtie en amphithéâtre.

J-4 Sartène

Après la visite du musée départemental de Préhistoire corse et d'Archéologie (**p. 330**), engagez-vous dans le circuit des mégalithes qui vous mènera jusqu'à ceux de Cauria (**p. 332**).

J-5 L'Alta Rocca

Remontez la vallée du Rizzanèse et traversez les villages de l'Alta Rocca (**p. 343**) : Ste-Lucie-de-Tallano, Levie (**p. 345**) et Zonza (**p. 352**) où vous ferez étape.

La pointe et la tour gênoise de Campomoro.
C. Moirenc/hemis.fr

Coucher de soleil sur Bonifacio.
J. Wlodarczyk/age fotostock

J-6 Bavella

Admirez les aiguilles du col de Bavella (**p. 348**) visibles sur une grande partie de la route conduisant jusqu'à Solenzara (**p. 400**).

J-7 & 8 Porto-Vecchio

Longez la côte vers le sud jusqu'à Porto-Vecchio (**p. 384**). Pause baignade ! Explorez le golfe de Porto-Vecchio et profitez de ses plages, telles Santa Giulia (**p. 391**) ou Rondinara. Les férus d'histoire pourront se rendre au castellu d'Araghju (**p. 392**).

J-9 Santa-Manza

Prenez toujours plus au sud, du golfe de Santa-Manza (**p. 380**) à Bonifacio.

J-10 Bonifacio

Savourez la vue sur les bouches de Bonifacio et la pointe méridionale de l'île, le Capo Pertusato, lors d'une promenade en mer (**p. 375**).

J-11 Les îles Lavezzi

Prévoyez une journée excursion aux îles Lavezzi (**p. 376**).

Conseil : emportez palmes, masque et tuba ou réservez une randonnée accompagnée d'un guide sur le sentier sous-marin.

J-12 & 13 Retour vers Ajaccio par la côte

Suivez la côte ouest *via* l'ermitage de la Trinité et Caldarello (**p. 362**). Retour à Ajaccio en passant par Sartène et Propriano.

La plage de Palombaggia.
Sasha64f/iStock

Les merveilles de la côte ouest
en 14 jours

joningall/iStock

En bref : 550 km entre golfes et villages perchés.

• J-1 Plages des Agriate

Au départ de St-Florent (**p. 82**), profitez des plages mythiques des Agriate (**p. 93**), que vous rejoindrez à pied ou en bateau.

• J-2 Le Nebbio

Explorez l'arrière-pays du Nebbio (**p. 87**) à travers ses villages perchés (Oletta, Olmeta-di-Tuda, etc.) et visitez la célèbre église à la façade polychrome de Murato (**p. 88**).

• J-3 Désert des Agriate

Traversez l'impressionnant désert minéral des Agriate jusqu'à la vallée de l'Ostriconi (**p. 98**).

• J-4 La haute Balagne

Prenez un bain matinal à Lozari (**p. 122**), avant de suivre les routes de montagne de la haute Balagne, *via* Belgodère (**p. 135**), jusqu'au Giussani (**p. 153**).

• J-5 Villages de Balagne

Repassez le col de Battaglia et traversez les charmants bourgs de Balagne (**p. 126**) : Speloncato, Sant'Antonino, Aregno, Pigna.

• J-6 Corbara et l'Île-Rousse

Dirigez-vous vers la mer, *via* le village perché de Corbara (**p. 142**),

L'Île-Rousse et son phare.
CSP_joningall/Fotosearch LBRF/age fotostock

et faites escale à L'Île-Rousse (**p. 119**), villégiature idéale.

J-7 La Balagne littorale

Longez le littoral de la Balagne et ses jolies baies d'Algajola (**p. 132**) et de Lumio (**p. 134**), et réfugiez-vous en fin de journée à Calenzana (**p. 149**).

J-8 Cirque de Bonifato

Faites une excursion pédestre au cirque de Bonifato (**p. 157**) puis prenez un bain sur la plage de Calvi.

J-9 Calvi

Déambulez dans la citadelle de Calvi (**p. 106**) et profitez de l'animation de la marine sur l'une des nombreuses terrasses qui lui font face.

J-10 Galéria

Empruntez la séduisante route littorale jusqu'au golfe de Galéria (**p. 160**).

J-11 Golfe de Girolata

En chemin pour Porto, ne manquez pas de descendre à pied jusqu'à Girolata (**p. 237**), où le temps semble s'être arrêté.

J-12 Golfe de Porto

Après les joies de la baignade, réservez un bateau et appréciez les couleurs du coucher de soleil sur les Calanche de Piana (**p. 240**) et la réserve naturelle de Scandola (**p. 244**).

J-13 Cargèse

Suivez la petite route traversant les Calanche jusqu'à la tranquille petite cité perchée de Cargèse (**p. 252**).

J-14 Golfe de Sagone

Longez le large golfe de Sagone (**p. 256**), avant de rejoindre Ajaccio (**p. 270**).

Conseil : deux belles randonnées possibles pour agrémenter le séjour : le désert des Agriate par le sentier du littoral, de St-Florent à la plage du Loto (5h), retour en bateau ; de Galéria à Girolata par le « Mare e Monti Nord » (6h), avec retour à Galéria le lendemain en bateau par Scandola.

Le village de Speloncato.
joningall/iStock

La Balagne, condensé de l'île de Beauté en 5 jours

J. Wlodarczyk/age fotostock

En bref : kilométrage selon votre choix d'itinéraire.

• J-1 Calvi

Voir ci-contre.

• J-2 Villages de Balagne

Partez à la découverte des villages perchés (**p. 126**). Ruelles étroites, places photogéniques, artisanat, repas inoubliables et panoramas vous attendent à Pigna, Sant'Antonino, Corbara, Speloncato, etc.

• J-3 Galéria

Empruntez la superbe route littorale pour rejoindre le calme village balnéaire de Galéria (**p. 160**). Balade sur la plage de Ricinicia. Découverte en kayak du delta (**p. 165**). Remontez la vallée du Fango (**p. 162**) pour, en complément de courtes promenades, prendre le frais dans eaux de la rivière (**p. 163**). Retour à Calvi par la D 81.

• J-4 L'Île-Rousse et Lumio

Montez à bord du tramway de Balagne (**p. 122**) qui longe la côte pour gagner l'attachante petite ville de L'Île-Rousse (**p. 119**). Après-midi sur une plage de Lumio (**p. 134**) et dîner les pieds dans le sable.

• J-5 Cirque de Bonifato

Partez à la découverte des forêts et des sentiers de ce superbe cirque isolé (**p. 157**). Repas à l'accueillante Auberge de la Forêt et baignade dans la rivière. Dernière soirée à Calvi.

Conseil : optez pour trois ou quatre villages et promenez-vous aux alentours.

Rue du village de Sant'Antonino.
Alamy/hemis.fr

DÉCOUVRIR LA CORSE

Le village perché de Nonza.
ViktorCap/iStock

BASTIA ET LE CAP CORSE

Bastia et le cap Corse 1

Carte Michelin Départements 345 – Haute-Corse (2B)

Bastia

★★

44 829 Bastiais – Haute-Corse (2B)

Au pied de l'altière Serra di Pigno, la préfecture de la Haute-Corse est la principale porte d'entrée de l'île. La cité aux toits de lauze s'étire du nord au sud, autour de son vieux port sur lequel veille la citadelle ou ville haute, nommée Terra-Nova. Au nord, la ville basse, Terra-Vecchia, s'ordonne autour de l'immense place St-Nicolas d'où l'on ne se lasse pas d'admirer le ballet des navires. La ville a conservé, malgré son développement, une forte personnalité tout en contrastes, oscillant entre exubérance et goût de l'intime. Un caractère affirmé, une vie culturelle riche et variée : ne manquez pas de ménager une étape à part entière à Bastia pendant votre voyage en Corse.

NOS ADRESSES PAGE 46
Hébergement, restauration, achats, activités, etc.

S'INFORMER

Office du tourisme de Bastia – Plan de la ville A1 (p. 35). *Pl. St-Nicolas - 20200 Bastia - ✆ 04 95 54 20 40 - www. bastia-tourisme.com - juin-sept. : 8h-20h ; reste de l'année : 8h-12h, 14h-17h30, dim. 9h-12h - fermé 1er janv., 1er Mai.* Nombreuses brochures sur la ville et le pays bastiais.

Visites guidées de la ville – *Sur réserv. à l'office de tourisme - de déb. avr. à déb. oct. : mar. 16h30 - durée 2h30 - 20 € (-12 ans gratuit).* Bastia, qui porte le label Ville d'art et d'histoire, propose une visite guidée de la ville intitulée « Les Légendines ».

Visites « autochtones » – *Rens. à l'office de tourisme. Durée : 1-2h.* En été des visites de Cardo, ancien village de Bastia, dont la ville actuelle n'était que le port, sont menées par les habitants. Ils donnent une dimension humaine à la découverte.

SE REPÉRER

Carte de microrégion B2/3 (p. 28) – *carte p. 42.* Bastia développe ses immeubles administratifs vers le nord et étend ses quartiers d'habitation et sa zone industrielle et commerciale dans la plaine littorale, au sud, le long de la route T 11. Dans le centre-ville, le boulevard Paoli, artère principale, animé et commerçant, connaît des embarras de circulation. Laissez votre véhicule au parking *(payant)* de la place St-Nicolas ou de la gare ferroviaire ; quelques minutes suffisent alors pour gagner à pied le dédale des ruelles pavées de Terra-Vecchia ou le quartier de la citadelle.

SE GARER

Stationner dans le centre de Bastia est ardu. Optez pour le parking du vieux port et le quai des Martyrs-de-la-Libération, pris d'assaut en saison. Sinon, essayez les parkings payants de la citadelle, la place St-Nicolas et la place du Marché.

À NE PAS MANQUER

Terra-Vecchia ; la vue sur le vieux port de la jetée du Dragon ; le bel ensemble de l'Assomption de la Vierge à l'église Ste-Marie.

ORGANISER SON TEMPS

La ville est très animée et agréable en soirée (place St-Nicolas et vieux port). Il est donc aisé d'y prendre pied en fin d'après-midi et de consacrer la journée du lendemain à la visite. Commencez le matin par la place du Marché, près de l'église St-Jean-Baptiste et de Terra-Vecchia.

Le vieux port de Bastia.
Michael Dietrich/imageBROKER/age fotostock

EN FAMILLE
Le musée de la Miniature ; la visite « Les Légendines » à pied *(voir ci-contre)*, mais aussi les visites en petit train touristique ou en bus ; les oiseaux de l'étang de Biguglia ; du sport avec Corsica Loisirs Aventure *(voir « Nos adresses »)*.

Se promener Plan de la ville

★ TERRA-VECCHIA

Circuit tracé en vert sur le plan p. 35 – Compter environ 2h.
Au cœur de la vieille ville bastiaise, ce circuit permet de découvrir la ville basse organisée autour d'une petite crique qui fut autrefois la marine d'un village de pêcheurs, **Cardo**. Elle offre aujourd'hui le visage d'un petit port méditerranéen où l'on se perd avec plaisir dans un dédale de rues étroites et mouvementées : ruelles en escalier, linge suspendu aux cordes, passages couverts et venelles tortueuses réservent mille surprises *(voir l'ABC d'architecture p. 504)*.

★ Place St-Nicolas AB1/2

Toujours animée, bordée de terrasses agréables et accueillant le marché du dimanche matin, cette esplanade qui s'étire sur 300 m a la noblesse et l'ampleur d'une place royale. Balcon géant s'ouvrant sur le port, ceinturée d'une allée de platanes et de palmiers, elle offre un ombrage apprécié à la belle saison. À l'ouest et au sud, de hauts immeubles couverts de lauzes dressent leurs sobres façades. En arrière-plan, la montagne abrupte et dénudée clôt l'horizon. La place, qui doit son nom à une ancienne chapelle pisane détruite au 19e s., a été aménagée à la fin de ce même siècle. De part et d'autre du kiosque à musique s'élèvent la statue de Napoléon et un monument aux morts de la guerre de 1914-1918. Ce dernier est l'œuvre des sculpteurs Pekle et Patriarche qui ont représenté un épisode de la guerre d'Indépendance : la veuve de

Bastia, un trait d'union avec le continent

NAISSANCE D'UNE CITÉ

Le port de Cardo

Les objets découverts sur les hauteurs environnantes confirment une occupation du site dès 1500 av. J.-C. Les Romains y installèrent une colonie, sans doute **Mantinôn** (citée par le géographe grec Ptolémée) qui ne survécut pas à l'invasion vandale et fut abandonnée à la fin du 6e s. Au début du 11e s., les pêcheurs utilisèrent dans la crique de « Terra-Vecchia » le petit port de Cardo, mais n'y édifièrent que des cabanes, le rivage étant trop vulnérable aux raids barbaresques.

Une citadelle génoise

Les Génois recherchèrent un emplacement propice à l'établissement d'une cité capable d'assurer un contact permanent et sûr entre leur patrie et leur colonie. En 1380, le gouverneur Leonello Lomellini choisit la marine de Cardo, port naturel, étroit, peu profond, exposé aux terribles coups du *libeccio* mais protégé par un rocher aisément défendable. En 1480, Tomasino de Campofregoso entreprit la construction de remparts autour de la marina qui devint le quartier de Terra-Nova, tandis qu'autour du port de Cardo le quartier de Terra-Vecchia poursuivit son extension vers le nord. Quant au rocher, il accueillit une *bastiglia* ou « bastille » qui donna son nom à la ville.

BASTIA, TERRE GÉNOISE

Rayonnement politique et économique

Trait d'union entre la terre génoise et les plus riches régions agricoles de la Corse (cap Corse, Balagne, plaine orientale), Bastia fut, sous la domination génoise, la capitale de la Corse. Le gouverneur et ses services administratifs entretinrent un commerce dynamique et établirent quelques manufactures. La bourgeoisie de Bastia rivalisa, par ses constructions et son activité, avec le patriarcat de la Superbe (Gênes). Au 17e s., la ville connut une forte croissance démographique. La floraison d'églises et de chapelles de confréries indique aussi un regain de ferveur religieuse et témoigne d'une certaine aisance. De cette époque date notamment le somptueux oratoire de St-Roch, décoré par le Florentin Giovanni Filiberto. Cette expansion permit la fusion des colons génois primitifs et des Corses venus de l'intérieur. En 1700, Bastia comptait tout un peuple d'artisans et plusieurs fabriques de pâtes alimentaires…

Le sac de Bastia

Bastia symbolisait la « tyrannie génoise ». Sa richesse apparente provoqua la colère populaire en cette période de disette alimentaire. Des pillages avaient déjà eu lieu à Aléria, dans le cap Corse, à St-Florent et en Balagne. Le 19 février 1730, 4 000 montagnards pillèrent et saccagèrent Terra-Vecchia trois jours durant tandis que la citadelle de Terra-Nova restait à l'abri derrière ses remparts. À force d'instances et de promesses, Mari, l'évêque d'Aléria, obtint enfin le départ des envahisseurs.

Entre 1740 et 1770, la cité perdit de son attrait et sa population stagna. De nombreux habitants partirent alors exercer leur métier en des lieux moins troublés. Cependant, les « populani », essentiellement des artisans et des marins, pour se protéger des paysans montagnards (« paesani ») qui avaient mis la ville à sac, restèrent fidèles à Gênes. Mais celle-ci perdra de sa puissance pour n'être plus qu'une cité exsangue incapable de faire face aux manifestations indépendantistes. Quand, avec le traité de Versailles, la Corse devint française en 1768, Bastia célébra unanimement la fin du carcan économique et politique génois.

UN NOUVEL ESSOR

Insurrections religieuses pendant la Révolution

L'application de la Constitution civile du clergé, en 1791, engendra de violents incidents à Bastia. L'évêque, Mgr du Verclos, dut s'exiler en Italie et céder son siège épiscopal. À l'appel de certains religieux, les fidèles se révoltèrent et suivirent les directives d'une femme de caractère, **Fiora Oliva**, bientôt surnommée « la colonelle ». Pascal Paoli, qui commençait en cette année 1792 à prendre clairement ses distances avec les partisans corses de la Révolution, réprima ces troubles sans grande vigueur.
Au moment où le Directoire succédait à la Convention, une nouvelle vague de persécutions religieuses s'abattit sur la Corse. En 1798, une révolte éclata dans le Golo, conduite par **Agostino Giafferi**, âgé de 80 ans. Arborant une petite croix blanche (la Crocetta) sur leur coiffure, les insurgés se rendirent bientôt maîtres d'une partie de la Castagniccia et de la Casinca. À Bastia, Lucien Bonaparte, anticlérical notoire, dirigea la répression. Devant sa détermination et le supplice de quelques insurgés, le mouvement de la Crocetta se dispersa. Giafferi fut fusillé sur la place St-Nicolas le 21 février 1798.

Un regain économique

En 1796, la Corse fut divisée en deux départements : le Golo, avec Bastia pour chef-lieu, et le Liamone avec Ajaccio. Dès lors, Bastia se tourna résolument vers le commerce et devint une place d'échange entre les produits agricoles du pays et les objets manufacturés du continent. Les industries s'y développèrent, comme les forges du Toga, au nord de la ville, qui exploitaient le fer de l'île d'Elbe et celui de Cardo. La ville poursuivit son essor : elle comptait plus de 20 000 habitants à la fin du 19e s. Son nouveau port, commencé en 1862, fut achevé cinquante ans plus tard. La construction de la nouvelle préfecture en 1976, puis celle de l'hôtel du département aux allures futuristes, la rénovation du port, enfin, ancrèrent l'image d'une capitale moderne de la Haute-Corse.

BASTIA AUJOURD'HUI

L'aéroport de Bastia-Poretta et le port connaissent un développement croissant. L'activité portuaire place Bastia au premier rang des ports français de Méditerranée avec un trafic passagers d'environ 2,5 millions de personnes et environ 50 % du trafic total de la Corse. Pour le fret, le port de Bastia concentre la moitié du tonnage de l'île et l'essentiel s'effectue avec Marseille. Le port constitue une des principales têtes de ligne des liaisons maritimes en NGV entre la Corse et le continent.
Le commerce, les industries (cigarettes, produits alimentaires), le tourisme, ainsi que la présence des administrations animent la ville dont l'extension s'effectue vers le sud : quartiers de Lupino et Montesoro, et deux zones industrielles de plus de 20 km. Bastia entretient avec l'Italie (et particulièrement avec la Toscane), par Gênes, La Spezia, Livourne et Piombino, des liaisons qui renforcent son rôle de premier centre économique de l'île et en font un pôle d'attraction pour tout le cap Corse, le Nebbio, la Castagniccia, la Balagne et une grande partie de la plaine orientale.

SOUS-MARIN LIBÉRATEUR

Une reproduction du kiosque du **sous-marin Casabianca** se dresse au milieu d'un rond-point dans l'angle nord-est de la place St-Nicolas. Un hommage plutôt discret au regard de l'importance historique du bâtiment... Lancé en 1935, ce sous-marin doté d'un moteur diesel échappe au sabordage de la flotte française à Toulon, le 27 novembre 1942, avant de combattre les marines italienne et allemande, et d'assurer la liaison entre la France occupée et l'Algérie. Sous les ordres du capitaine de corvette Jean L'Herminier (1902-1953), il participe à l'organisation de la Résistance en Corse (renseignement, ravitaillement en armes, débarquement d'hommes) puis à la libération de l'île. Celle-ci débute le 13 septembre 1943 à Ajaccio et s'achève à Bastia le 4 octobre. En 1951, Jean Vilar incarnera le rôle de L'Herminier dans un film retraçant l'épopée du sous-marin. Un an plus tard, le sous-marin est désarmé, juste avant la disparition de son prestigieux commandant. La **cloche** du Casabianca, symbole de la Résistance corse, a été achetée aux enchères par la Collectivité Territoriale Corse en juillet 2017. Elle retrouve ainsi l'île et devrait être exposée au musée de Corte.

Renno faisant don à Paoli de son dernier fils pour la défense de la patrie corse. Dans l'angle nord-est, remarquez le **kiosque du sous-marin Casabianca**.
Prendre dans le prolongement de la place le cours H.-Pierangeli.
Sur la gauche, un ensemble de bâtiments abrite le lycée Jean-Nicoli qui occupe l'ancien couvent des missionnaires lazaristes (17e s.) ; il devint palais du Gouvernement lors de l'annexion de la Corse par la France, puis fut habité par sir Gilbert Elliott, le vice-roi de l'éphémère royaume anglo-corse.

Place du Marché A2

Bordée par l'ancienne mairie, plantée de platanes et dallée de schiste, la place a gardé son cachet originel grâce aux vieilles maisons – plusieurs datent du 17e s. –, aux façades hautes et percées de fenêtres souvent occultées de persiennes. Elle s'éveille les jours de marché *(tte l'année, sam. et dim. 7h-13h).*

Église St-Jean-Baptiste A2

4 r. du Card.-Viale-Préla - ✆ 04 95 55 24 60 - tte la j. et dim. mat. (en dehors des offices) - possibilité de visite guidée sur demande (20mn).
Voir l'ABC d'architecture p. 501. La haute façade classique de ce vaste édifice, calée entre deux fines tours, domine Terra-Vecchia et veille solennellement sur le vieux port. C'est la plus vaste église paroissiale de Corse. Elle fut élevée de 1636 à 1666. L'entrée se fait par le flanc est, donnant sur la place du Marché. La porte est surmontée d'un portique à quatre colonnes.
À l'intérieur, la haute nef et ses deux collatéraux, à l'ordonnance caractéristique du baroque bastiais, ont reçu au 18e s. un décor où se mêlent les marbres précieux (fonts baptismaux), l'or des stucs et les peintures en trompe l'œil (celles de la voûte datent de 1871). Remarquez en particulier l'élégante **tribune d'orgues** (1742), les quelques **tableaux** de la collection du cardinal Fesch *(voir p. 39)* et le curieux **Christ** en papier mâché du maître-autel à la cambrure élégamment baroque (17e s.). Nombre de Bastiais reposent sous le dallage de la nef.
En sortant par le porche latéral, passer devant la façade monumentale et remonter la rue St-Jean. Prendre à droite la rue des Terrasses.

★ Oratoire de l'Immaculée-Conception A2

R. Napoléon - ✆ 04 95 54 20 40 - www.bastia-tourisme.com - ♿ - 8h-18h (en dehors des offices religieux) - possibilité de visite guidée sur demande (15mn).

BASTIA

SE LOGER

- Hôtel Central 3
- Hôtel Des Gouverneurs 7
- Hôtel Napoléon 2
- Hôtel Port Toga 6
- Hôtel Riviera 4
- Hôtel Les Voyageurs 5
- Posta Vecchia 1

SE RESTAURER

- A Casarella 14
- L'Ardoise 5
- Les Blés d'Or 1
- Chez Huguette 11
- Chez Vincent 13
- Le Col Tempo 8
- Le Coude à coude 12
- Grazie Mille 6
- Lavezzi 10
- Petite Marie 7
- Pinelluciu Lasagnaria 2
- La Renaissance 3
- La Table du Marché 9
- La Taverne 4

Donnant sur un minuscule parvis à mosaïque de galets représentant un soleil, cette chapelle de confrérie cache la richesse de son décor intérieur sous une apparence d'une grande sobriété, à peine égayée par une frise de guirlandes et d'angelots. Cet édifice à nef unique fut commencé en 1589. Dans ce monument se tinrent au 18e s. de nombreuses réunions politiques et historiques, dont les assises du parlement anglo-corse dirigées par le vice-roi Elliot.
L'intérieur, richement paré au 18e s., offre des murs couverts de boiseries dans leur partie basse et tendus de damas de velours de Gênes cramoisi pour le reste. Une symphonie de dorures et de marbres s'étale sous un plafond peint à fresque. La décoration de la voûte représente l'Immaculée Conception et les médaillons ovales sous la corniche, les apôtres et les évangélistes. Le maître-autel de 1624, rénové en 1763, est orné d'une copie d'une *Immaculée Conception* de Murillo.
Sur la gauche, une armoire-vitrine abrite la statue de la Vierge, portée en procession solennelle chaque 8 décembre à travers les rues de Terra-Vecchia jusqu'à l'église St-Jean-Baptiste. La chapelle de droite abrite un beau crucifix de bois génois du 18e s. Remarquez les superbes lustres d'époque Directoire. La chaire à prêcher en marbre polychrome est décorée d'un trompe-l'œil. Elle présente l'originalité de n'être accessible que de l'extérieur de la chapelle.
La sacristie – *Entrée à gauche du maître-autel.* Vous pourrez y admirer divers objets d'art sacré, allant du 15e au 19e s. Notez un trône d'exposition bastiais en bois doré du 17e s., une curieuse statue de saint Érasme (1788), patron des pêcheurs, et un missel enluminé (1685) présenté sur un lutrin en forme d'ange.
Poursuivre dans la rue qui prend le nom de rue Napoléon.
Désormais réservée aux piétons, la **rue Napoléon** est bordée de façades restaurées, dont les teintes chaudes rappellent l'Italie.

Oratoire de la confrérie St-Roch A2

R. Napoléon - ✆ 04 95 54 24 60 - 8h30-12h, 14h30-18h, dim. 8h30-12h (en dehors des offices) - possibilité de visite guidée sur demande (15mn).
Cette chapelle, élevée en 1604, sans doute après une épidémie de peste, est, elle aussi, précédée d'un parvis décoré en mosaïque de galets. Sa décoration est l'œuvre de maîtres ligures et le retable du maître-autel est dû au Florentin Giovanni Filiberto. Remarquez à gauche, dans une vitrine, la statue processionnelle de saint Roch et les belles boiseries d'applique de facture génoise du 18e s. qui courent le long des murs. Enfin, admirez la tribune d'orgue en bois sculpté et doré. Le buffet d'orgue, en noyer, abrite un rare instrument de 1750.
Revenir sur ses pas en direction du vieux port.
Juste après le croisement avec la rue St-Jean, remarquez au n° 4 de la rue des Terrasses, si vous avez la chance de trouver la porte ouverte, le vestibule décoré de fresques. Cette demeure, appelée la **maison Castagnola**, ainsi que

LA RELÈVE DU GOUVERNEUR

Le deuxième week-end de juillet, le **vieux port** de Bastia retrouve les fastes d'une cérémonie datant de plus de cinq cents ans. Elle rappelle la passation des pouvoirs entre les gouverneurs nommés par Gênes et dont le protocole, scrupuleusement reproduit, est inspiré de l'étiquette de la cour d'Espagne. Selon ce rite, le gouverneur quitte le donjon de l'ancien palais des gouverneurs vers 21h pour accueillir, sur le môle génois, son successeur à bord de la galère d'honneur. Cette brillante rétrospective historique, ponctuée de nombreuses joutes (archers, ballets de drapeaux), est animée par plusieurs centaines de figurants bastiais en costume d'époque.

SPASSIMARE : UN LIEN AVEC LA MER
Depuis l'été 2018, il est possible de relier le quartier de Toga (au nord du centre-ville) à la plage de l'Arinella (au sud) à pied ou à vélo en empruntant une toute **nouvelle voie « douce »** : la Spassimare. Longeant au plus près le littoral, elle traverse le centre-ville et le vieux port piétonnisé, contourne par une passerelle la citadelle, avant de filer vers les plages. Un vrai confort – une voie sûre, plate, dotée de mobilier urbain permettant d'agréables haltes – qui devrait ravir les habitants autant que les touristes. Elle permet de voir et vivre la ville autrement, tout en mettant en valeur son front de mer.

celle qui lui fait face (au n° 5), avec sa façade sculptée, appartenaient à deux familles rivales, et passent pour être les deux plus vieilles maisons de Bastia.

★★ Vieux port AB3

La petite crique de l'ancienne marine de **Cardo** abrite le port de pêche et de plaisance, au pied de la citadelle et de son donjon. Les vieux immeubles de Terra-Vecchia s'ordonnent en amphithéâtre autour de l'anse que l'on espère bientôt piétonnisée par le projet Spassimare. Petits yachts au mouillage, barques de pêche en bois peintes de couleurs vives et pêcheurs ravaudant leurs filets invitent à la flânerie aux terrasses des cafés. En saison, des chanteurs viennent, le soir, animer les lieux. Les maisons serrées les unes contre les autres, usées par les ans et polies par le vent du large courent le long des quais. Elles reprennent au fil du temps leurs couleurs d'origine.

Le long du front de mer *(quai des Martyrs-de-la-Libération)* qui relie le vieux port à la place St-Nicolas, remarquez la façade du 17e s. du **palais Galeazzini**. Il faut aller jusqu'au bout de la **jetée du Dragon** pour avoir une **vue★★** remarquable sur le port, revêtu d'une douce lumière. En arrière-plan se profile l'échine montagneuse du cap Corse, souvent coiffée de « l'os de seiche », nuage annonciateur d'une *libecciada* (coup de *libeccio*). Au large, par temps très clair, on distingue l'archipel toscan (du nord au sud : les îles Capraia, d'Elbe et de Montecristo).

Depuis les quais, reprendre au fond de la crique, puis à gauche, la rue Laurent-Casanova et enfin, sur la droite, la rue du Général-Carbuccia, en montée sensible.

Entre ses hautes façades, cette rue fut longtemps occupée par la noblesse locale. Pasquale Paoli, le « père de la patrie », a habité au n° 7, tandis que le n° 23 vit passer **Honoré de Balzac** au mois de mars 1838.

Au terme de la montée, on accède à l'église St-Charles.

Église St-Charles-Borromée A3

R. du Gén.-Carbuccia - ✆ 04 95 55 24 60 - horaires, se rens.

Elle a été construite par les jésuites pour servir de chapelle au collège qu'ils fondèrent à Bastia en 1635. La façade, très classique avec ses deux étages de pilastres et son fronton triangulaire, est vraiment imposante. Les deux statues de marbre blanc représentent saint Ignace de Loyola et saint François-Xavier. L'intérieur de l'église se singularise par l'ampleur du vaisseau à nef unique, sans proportion avec la taille du collège. La tradition jésuite voulait en effet que la chapelle soit suffisamment vaste pour accueillir les professeurs, les élèves et leur famille ainsi que le voisinage. La décoration peinte a presque entièrement disparu. Seul subsiste, au maître-autel, un retable triomphal. La toile, encadrée d'une très riche décoration de bois, représente la vénérée **Vierge de Lavasina** *(voir p. 55)* dont on peut également voir la statue de procession.

OCRE ET GRIS-BLEU

Connus pour leurs façades teintées d'ocre rouge et jaune, les édifices historiques de Bastia sont recouverts de lauzes grises aux reflets bleus. Symbole de la Corse schisteuse, les toits du centre historique proviennent de l'ancienne carrière de Casavecchie, hameau situé sur les hauteurs de la ville, à côté du village de Cardo. Les lauzes sont encore employées pour la rénovation des toitures tout comme pour des constructions modernes, mais elles proviennent aujourd'hui du cap Corse (de Brando, entre Erbalunga et Sisco) et de Campodonico dans la Castagniccia.
Pour admirer au mieux les toitures de Bastia, rendez-vous dans les jardins du Gouverneur) ou à la **montée Filipina** qui offre un point de vue plus bucolique.

En sortant, remarquez à gauche le bel alignement des façades ornées d'encorbellement. Face à l'église se dresse l'imposante façade, quelque peu dégradée, d'une très ancienne demeure, la **maison de Caraffa**.
Prendre à droite les escaliers jusqu'au boulevard Gaudin et poursuivre à droite.

Palais de justice A3

De majestueuses proportions avec ses deux pavillons latéraux surmontés d'un fronton, il a reçu une colonnade de marbre bleu de Corte. Il fut bâti au milieu du 19e s.

Si vous ne prenez pas la direction de la citadelle (*voir ci-dessous*) ou si vous désirez faire une pause, revenez vers la place St-Nicolas par le **boulevard Paoli**, les « Champs-Élysées » bastiais. L'axe commerçant en pente douce est prisé, le long des demeures génoises aux teintes pastel.
Pour poursuivre l'itinéraire, revenir jusqu'au terme du boulevard Gaudin qui conduit à l'entrée de la citadelle.

★ LA CITADELLE - TERRA-NOVA

Circuit tracé en vert sur le plan p. 35 – Compter 1h30.
On y accède à pied, par le boulevard Gaudin à l'issue de la promenade précédente, ou, depuis le vieux port, en empruntant le quai du Sud vers le jardin Romieu, d'où l'on gagne le cours du Dr-Favale, ouvert sur l'emplacement des anciens fossés. En voiture, après le boulevard Paoli, prendre le boulevard Gaudin vers la citadelle. Laisser la voiture au parking de la place d'Armes.
La citadelle de Bastia, ceinturée de remparts du 15e s., fut édifiée par les Génois entre le 15e et le 17e s. C'est un quartier calme et agréable, entièrement restructuré depuis 2009. Il fait bon flâner dans les ruelles, bordées de petits restaurants et d'échoppes, ouvertes en haute saison.
Entrez par la porte monumentale, dite porte Louis-XVI (fin 18e s.), qui mène à la **place du Donjon**, bordée de belles demeures, comme A Casetta qui accueillait jadis les réunions du conseil des Anciens.

Ancien palais des gouverneurs A3

À l'intérieur du fortin, les bâtiments accolés au donjon bordent une petite cour et des jardins. Ils constituèrent le palais des gouverneurs génois du 15e au 18e s., puis celui du Conseil supérieur créé par Louis XV, avant d'être sérieusement endommagés en 1943. Le bâtiment a peu évolué depuis l'époque génoise et a conservé son atmosphère de bâtisse militaire. Notez le pont-levis reconstruit à l'identique. Le jardin perché sur l'un des bastions, accessible par le musée, offre une **vue**★ imprenable sur le vieux port et le centre historique.

Citadelle de Bastia, rue Notre-Dame.
J.D. Dallet / age fotostock

1

★ **Musée de Bastia** - *Pl. du Donjon - ✆ 04 95 31 09 12 - musee.bastia.corsica - ♿ - juil.-août : 10h-18h ; mai-juin et sept.-oct. : tlj sf lun. 10h-18h ; reste de l'année : tlj sf dim.-lun. 9h-12h, 14h-17h - fermé 1er janv., 1er Mai, 25 déc. - possibilité de visite guidée sur demande (1h30) - 5 € (-10 ans 2,50 €) - gratuit janv.-avr.*
Ce musée présente, outre d'intéressantes expositions temporaires, l'histoire de la ville sous des aspects les plus divers (politique, économique, culturel, social, etc.), à travers 18 salles thématiques. La muséographie, sobre et réussie, mêle commentaires concis et pédagogiques, projections, ambiances sonores, reconstitutions d'intérieurs… Ne manquez pas la maquette géante de la ville, sur laquelle les édifices d'avant-guerre sont revêtus de papier aquarellé, ni les **coffres de marins★** richement ornés rappelant la vocation portuaire de Bastia, ni les peintures baroques, en particulier celles de la **collection du cardinal Fesch**, oncle de Napoléon *(voir p. 275)*. La chapelle abrite la **collection Carlini**, du nom d'un maire de Bastia qui légua en 1973 une centaine d'œuvres et d'objets décoratifs de la période Empire : jeux de cartes, éventails, coffrets, etc. Au sous-sol, des cellules de garnison témoignent de la vocation de place forte du site. Deux impressionnantes **citernes★** souterraines voûtées, d'une capacité de 270 000 et 400 000 litres, assuraient l'autonomie en eau de la citadelle en cas de siège.
La terrasse au 5e étage *(✆ 04 95 31 09 12 - musee.bastia.corsica - accès séparé possible - 1 €.)* est aménagée en agréable **jardin** d'où vous bénéficierez d'une **vue★★** superbe sur la ville, le vieux port, le trafic des ferries, les enfants qui plongent de la digue, les pêcheurs… Des concerts sont organisés dans cette calme oasis fleurie.
Depuis la place du Donjon, plusieurs ruelles bordées de très vieilles maisons traversent la citadelle et mènent à l'ancienne cathédrale.

★ Église Ste-Marie (protocathédrale) AB3

12 r. Notre-Dame - été : 8h-12h, 14h-18h, dim. 8h-12h ; reste de l'année : 8h-12h, 14h-17h, dim. 8h-12h.

Sa façade restaurée, surmontée d'un fronton rectangulaire, donne sur une petite place. Au n° 12, dans le presbytère, le **général Hugo** et son fils Victor séjournèrent de 1803 à 1805.

Cette église, élevée à partir de 1495 par l'évêque de Mariana, fut érigée en cathédrale en 1570 et le resta jusqu'au transfert de l'évêché de Corse à Ajaccio en 1801. Le clocher date du début du 17e s. L'intérieur majestueux, aux trois nefs richement décorées dans une harmonie joyeuse de rose et d'or, est représentatif du baroque des 17e et 18e s. Remarquez le dallage polychrome en marbres, blanc de Carrare, bleu de Corte, rouge d'Oletta (ce pavage n'est pas l'original, il a été posé en 1869 lors de la visite de l'impératrice Eugénie) et, les soubassements des piliers et des murs de l'église, plaqués de roche verte (serpentine) du Bevinco. Dans le chœur, au-dessus de l'autel, se font face les **cantorie**, tribunes des chanteurs pratiquées dans l'épaisseur du mur. Surmontant l'autel du Sacré-Cœur, côté gauche, un panneau peint sur bois de l'**Assomption** de Leonoro dell'Aquila (1512) est la seule œuvre signée de ce peintre italien de renom. Dans les bas-côtés sont disposées des **chapelles de confréries**. Dans une niche vitrée du bas-côté droit s'élève le groupe de l'**Assomption de la Vierge★★**. Composée d'argent, la statue fut ciselée au 18e s. à Bastia par un artiste siennois, Gaetano Macchi. On découvre, dispersés dans l'église, de belles statues de bois polychrome du 17e s. et des tableaux de la **collection du cardinal Fesch**. Les **orgues** provenant de la maison Serassi de Bergame datent de 1845.

En sortant de Ste-Marie, tourner à droite et suivre sur le côté gauche de l'église la rue de l'Évêché, dallée en escalier, jusqu'à l'entrée de la chapelle Ste-Croix.

★ Chapelle Ste-Croix B3

R. de l'Évêché - 04 95 32 31 70 - - horaires, se rens. - fermé 1er janv., lun. de Pâques, 1er Mai, 25 déc. - possibilité de visite guidée sur demande (20mn).

Elle fut construite par les deux plus puissantes confréries bastiaises de pénitents afin d'abriter un crucifix miraculeux, repêché en 1428. Exposé dans la chapelle latérale droite, ce **Christ des miracles★** (appelé aussi *U Cristu Negru* : le Christ Noir), patron des pêcheurs bastiais et œuvre la plus vénérée des paroissiens, est emmené en procession solennelle chaque année le 3 mai.

L'intérêt de l'édifice réside aussi dans le somptueux **décor★★** rococo du 18e s., représentatif du style « **barocchetto** » génois. Sur le fond bleu du plafond de la nef se détachent des angelots et les gracieuses arabesques des stucs recouverts d'or. Le maître-autel en marbre polychrome est dominé par un majestueux retable de Giovanni Bilivert, *L'Annonciation*, de 1633. L'intéressant **buffet d'orgue** du 18e s. et un groupe processionnel en bois polychrome aux expressions particulièrement théâtrales méritent votre attention.

En sortant de Ste-Croix, remonter la rue de l'Évêché, tourner à gauche devant l'église Ste-Marie, puis prendre tout de suite à gauche la rue de l'Hospice qui longe l'église.

Passé une minuscule place, pavée de galets disposés en mosaïque, sur laquelle donne la façade de l'oratoire Ste-Croix, une rampe donne accès au bastion sud de la citadelle aménagé en jardin public.

Musée de la Miniature B3

La Citadelle - 06 10 26 82 08 - visite guidée sur demande préalable (15mn) saison : 9h-12h, 14h-18h ; reste de l'année : sur demande préalable - 4 € (-13 ans 2,50 €).

Installé dans la **poudrière**, il s'agit d'un village corse idéal construit par René Mattei avec quelque dix tonnes de matériaux, et peuplé de santons animés. On y reconnaît le four communal, la bergerie, le pont génois, le moulin hydraulique à châtaignes, l'église, la chapelle sur sa colline ainsi que différentes

échoppes d'artisans. L'ensemble, véritable œuvre d'une vie, est empreint d'un charme naïf indéniable.
Avant de quitter la citadelle, goûtez le calme de la **place Guasco** et des venelles alentour.
Descendre vers le port par le jardin Romieu.

★ Jardin Romieu AB3

Sur les pentes qui montent à la citadelle, ce jardin intimiste apporte fraîcheur et calme. Depuis un point de vue d'où l'on contemple une nouvelle fois le vieux port et les vieilles maisons du quartier de Terra-Vecchia, un sentier tortueux se glisse parmi les palmiers, les lauriers, les plantes grasses et les pins parasols, dont quelques superbes spécimens se dressent au pied des murailles. Un élégant **escalier** à double révolution mène enfin au vieux port par le quai du Sud.

À proximité Carte des environs de Bastia p. 42

Plage de Toga

De la place St-Nicolas, prendre l'avenue Émile-Sari.
15mn. Toga, le port de plaisance, s'étend à la sortie nord de Bastia. La marina regroupe restaurants, glaciers et bars. Juste après la sortie du port, on accède à une petite plage de galets.

Plage de l'Arinella

3,5 km au sud du centre-ville. Se diriger vers le sud (dir. Bonifacio). Juste avant la caserne des pompiers, tourner à gauche, puis suivre les panneaux.
Une plage de sable fin gris qui s'étend sur des kilomètres. Surveillée, équipée pour faciliter l'accès aux handicapés, elle accueille des aires de jeux pour les enfants ainsi qu'une base nautique *(juil.-août)* qui propose des activités de voile, kayak ou paddle. La plage est aujourd'hui reliée au reste de la ville par la voie Spassimare *(voir encadré p. 37)*.

Circuits conseillés Carte des environs de Bastia

MIOMO ET LA CORNICHE SUPÉRIEURE

Circuit de 24 km au départ de Bastia tracé en vert sur la carte p. 42. Quitter Bastia par le nord et la D 80.
Après avoir longé la **plage de Toga** et la station balnéaire de **Pietranera**, la route épouse les sinuosités du littoral.

Miomo

Ce village conserve une solide **tour génoise**, campée sur des affleurements de schiste vert dominant une petite plage de galets. L'ensemble offre un paysage caractéristique du cap Corse.
Prendre à gauche la D 31 en direction de San-Martino-di-Lota.
La route serpente à flanc de montagne, passe au pied de deux cascades avant d'arriver à Acqualta, principal hameau de San-Martino-di-Lota.

San-Martino-di-Lota

La placette qui borde l'église d'**Acqualta** offre une vue plongeante sur la vallée profonde. L'église est flanquée d'un élégant clocher à deux étages. Chaque Vendredi saint, les habitants ont coutume de réaliser un objet en palmes tressées.

1

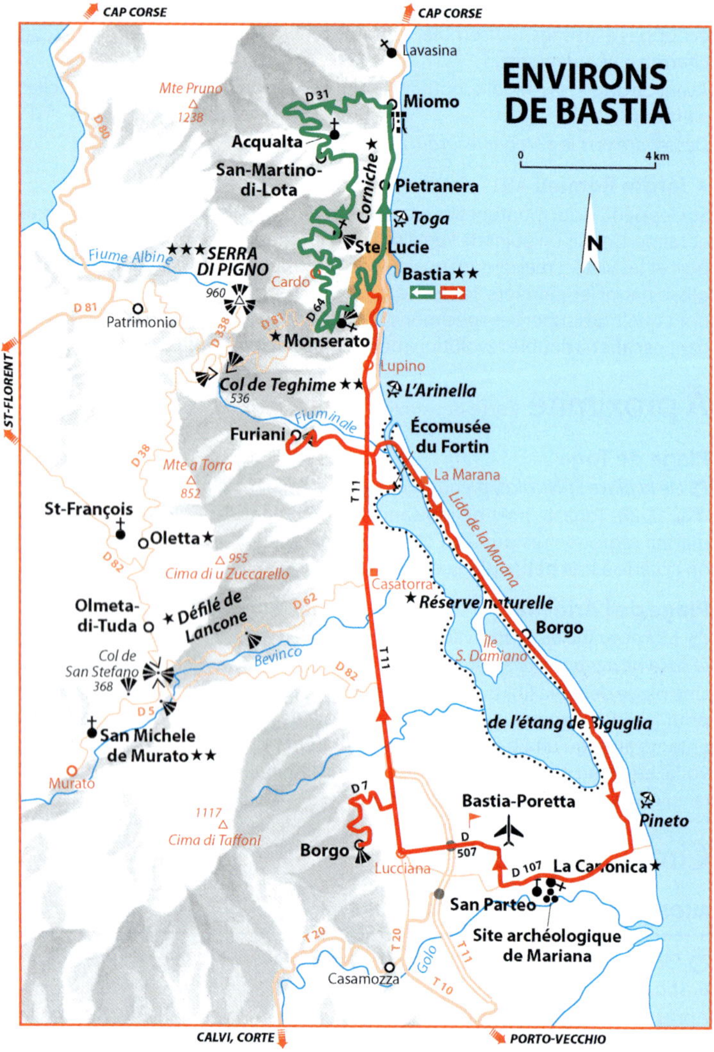

Après San-Martino-di-Lota, la route est taillée en **corniche★** dans les schistes verts aux reflets dorés.

Ste-Lucie

De l'église perchée sur un rocher, la **vue★★** s'étend sur Bastia avec son port et sa citadelle, l'étang de Biguglia et l'archipel toscan.

Retour par le petit village résidentiel de Cardo et l'oratoire de Monserato.

★ Oratoire de Monserato

Se garer dans le tournant juste au-dessus du couvent St-Antoine sur la D 81.

Accès à pied (15mn) par la petite route étroite, qui dessert de luxueuses résidences, un peu plus haut sur la gauche. Accès également possible depuis le palais de justice de Bastia (45mn). Se rens. à l'office de tourisme. 8h-18h.

Extérieurement très simple, cet oratoire daté du 18e s. abrite un « escalier saint » ou **Scala Santa**, installé en 1884 et réplique de celui de la basilique St-Jean-de-Latran à Rome. En 1816, le pape Pie VII conféra à Bastia le rarissime privilège de posséder un tel escalier, en reconnaissance de l'aide apportée par les Bastiais aux prêtres romains refusant de prêter serment et exilés en Corse par Napoléon Ier. Selon la tradition chrétienne, la Scala Santa désigne l'escalier du palais de Ponce Pilate à Jérusalem que le Christ gravit le jour de sa Passion. La faveur attachée aux répliques de cet escalier veut que le fidèle qui le gravit à genoux soit absous de ses péchés. Remarquez, dans l'abside, la belle Vierge à l'Enfant en marbre du 17e s. Deux pèlerinages ont lieu chaque année : le 12 mai (St-Pancrace) et le 2 juillet.

En sortant, admirez la **vue★** sur Bastia depuis le couvent St-Antoine. À proximité, en redescendant vers le centre-ville, la **fontaine sous voûte** d'Alletto (ou Monserato) présente, dit-on, la plus vieille inscription lapidaire bastiaise (1560).

ÉTANG DE BIGUGLIA

Circuit de 65 km au départ de Bastia tracé en rouge sur la carte ci-contre – Compter environ 3h. Quitter Bastia par le sud et rejoindre la T 11.

Cet itinéraire sillonne le sud de l'agglomération bastiaise, autour de l'étang de Biguglia. Si les zones traversées sont fortement marquées – voire dégradées – par l'activité humaine, plusieurs curiosités valent que l'on s'y intéresse.

1

Furiani

À 4 km au départ de la T 11.

Perché sur une colline et gardé par une tour génoise, ce village offre une belle **vue★** sur l'étang de Biguglia et la mer. Il accueille la **brasserie Pietra** *(voir « Nos Adresses »)* ainsi que le **stade** du **Sporting Club de Bastia**. Son nom est tristement associé à la tragédie qui s'y déroula le 5 mai 1992 : une tribune s'effondra avant la demi-finale de Coupe de France de football qui opposait Bastia à Marseille. Il y eut 18 morts et plus de 2 000 blessés. À l'occasion des 20 ans de la catastrophe, le 5 mai 2012, aucun match de football n'a eu lieu en France.

De la D 107, après le rond-point de Furiani, suivre immédiatement sur la droite, après la ligne ferroviaire, les panneaux indiquant l'écomusée du Fortin, situé à 1 km de là.

★ Réserve naturelle de l'étang de Biguglia

Rte de l'Étang - ✆ 04 95 55 55 55 - www.haute-corse.fr - ♿ - juil.-août : 9h-16h ; reste de l'année : 9h-12h, 13h-17h - fermé dim.-lun. - possibilité de visite guidée sur demande (2h) - 2 € (-18 ans gratuit, juin-sept.) visite libre, 4 € (-18 ans gratuit) visite guidée - pêche interdite.

Le plus grand étang de Corse s'étire sur 1 800 ha et constitue l'une des étapes incontournables des espèces migratoires et hivernantes sur l'axe Europe-Afrique.

Écomusée du Fortin Situé sur l'îlot d'Ischia sur la rive nord-ouest de l'étang, l'écomusée est une bonne introduction à la découverte de la réserve. Il est aménagé dans une solide bâtisse, vieille de trois siècles. La visite introduit aux richesses de la faune et de la flore, aux migrations ou encore aux activités humaines propres à l'étang.

BIGUGLIA, CAPITALE ?

On a peine à croire que ce gros village qui domine l'étang et la mer fut la capitale de l'île sous la domination pisane, puis génoise. En 1372, les Génois en furent chassés suite à une révolte corse ; ils s'installèrent alors à Bastia.

Revenir vers la D 107 et suivre la route de la lagune qui longe le cordon littoral entre l'étang de Biguglia et la mer.

Étang de Biguglia – L'étang et ses alentours proches hébergent une population unique d'oiseaux : plus de 100 espèces dont près de 30 hivernants et plus de 60 migrateurs estivants, comme le grand cormoran, le héron pourpré, la foulque macroule.

L'importante densité de **tortues cistudes** contribue à la réputation de ce patrimoine naturel unique en Méditerranée occidentale. Mulets et surtout anguilles fréquentent assidûment les eaux de l'étang. L'anguille a d'ailleurs longtemps constitué la principale ressource de Biguglia. Sa richesse floristique n'est pas moindre. Grâce à son cordon lagunaire constitué des alluvions de l'ancienne embouchure du Golo et la source d'eau de mer située à son extrémité nord, l'étang abrite une exceptionnelle variété de végétaux : herbiers de zostères au nord, prairies inondées au centre, roselières denses et vasières au sud.

Dans la pinède, les grands ensembles pavillonnaires et les villages de vacances comme celui de Borgo ont accès aux **plages du Lido de la Marana**.

On traverse les parcs à moutons avant d'atteindre la route d'accès à la **plage de Pineto**.

★ La Canonica Plan ci-dessous

Depuis la plage de Pineto, suivre la D 107 à droite jusqu'à l'église de La Canonica.

Dans la plaine bastiaise, qui s'étend au sud de l'étang de Biguglia, à environ 3 km en amont de l'embouchure du Golo, l'église de Mariana dresse son élégante silhouette quasiment en plein champ, à deux pas de l'aéroport. Cette église romane est appelée localement « la Canonica », réminiscence de l'époque médiévale où l'évêque et des chanoines *(canonicus)* résidaient non loin. Elle séduit par la pureté de ses volumes et par l'harmonie de ses polychromies naturelles.

★ **Cathédrale romane** – *Lieu-dit de La Marana - ✆ 04 95 30 14 30 - de mi-juin à mi-sept. : 9h-12h, 15h-19h ; reste de l'année : sur demande préalable à la mairie.*

L'église fut solennellement consacrée en 1119, sous le vocable de Santa Maria Assunta, par l'archevêque de Pise. Malgré ses dimensions modestes, 35 m d'est en ouest, elle constitue le plus grand édifice de culte médiéval connu dans l'île. De plan basilical, elle compte une nef centrale plus large et plus haute que les nefs latérales et une abside semi-circulaire couverte d'une voûte en cul-de-four.

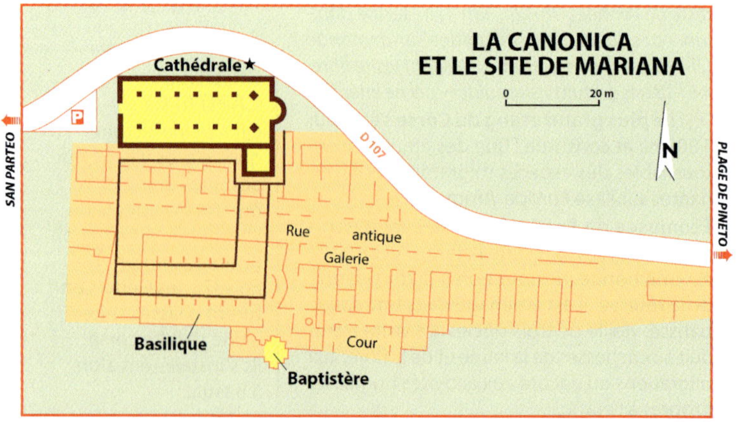

La Canonica.
ARCO / F. Scholz / Arco Images / age fotostock

Sa beauté vient de la netteté et de la pureté des volumes et des élévations mais aussi de la subtile polychromie de la pierre, allant du gris-jaune au vert pâle. Il s'agit d'un calcaire cipolin, sorte de marbre, provenant des carrières de Sisco et Brando, dans le cap Corse. La porte de la façade occidentale est pourvue d'un décor d'entrelacs pour le linteau monolithe et pour l'archivolte coiffant le tympan nu ; celle-ci est surmontée de six claveaux sculptés d'animaux. Sur ces claveaux, on distingue vraisemblablement *(de gauche à droite)* un lion, deux griffons ailés qui s'affrontent, un agneau portant la croix (symbole de la victoire sur le Mal), un loup et un cerf poursuivi par un chien. *Juste à côté, voyez le site archéologique de Mariana.*

Site archéologique de Mariana Plan ci-contre

Rte de la Marana - lieu-dit de La Marana - ✆ 04 95 30 14 30 - www.musee-mariana.com - accès libre.

La cité antique – Les fouilles ont mis au jour la partie sud de la cité romaine de Mariana fondée au 1er s. av. J.-C. par le général romain Marius qui lui donna son nom. Les vestiges visibles appartiennent à un quartier excentré de la cité. Il s'organisait autour d'une voie à portiques qui concentrait les activités marchandes. Sur cette voie s'ouvraient également des habitations dont l'entrée était parfois magnifiée par des colonnes de briques, toujours visibles.

Le site paléochrétien – Les fouilles ont également révélé les bases d'une basilique paléochrétienne à trois nefs, construite aux alentours du 5e s., à une vingtaine de mètres seulement de la Canonica. À proximité se trouve un baptistère édifié à la même époque. Les colonnes de granit sont toujours visibles.

Bon à savoir – Un beau **musée** consacré à ce site archéologique et à la Canonica est en cours de construction et devrait ouvrir ses portes en juin 2020. Il permettra de mettre (enfin) en valeur le site.

À 300 m à l'ouest de la cathédrale de la Canonica, par la D 107, puis prendre le chemin de terre à gauche.

Église San Parteo

04 95 30 14 30 - fermée pour travaux de restauration.
Voir l'ABC d'architecture p. 500. Les champs qui entourent aujourd'hui l'église San Parteo recouvrent un cimetière, utilisé de l'Antiquité romaine jusqu'au Moyen Âge. On a dégagé, lors de fouilles aujourd'hui comblées, les fondations d'un édifice paléochrétien qui avait dû être élevé au 5e s. L'église actuelle, d'inspiration toscane, a été réalisée en deux campagnes : l'abside au 11e s., la nef au début du 12e s. Le linteau en bâtière de la porte latérale sud est sculpté de deux lions plus décoratifs que farouches, couchés à l'ombre d'un palmier.
Suivre la direction de l'aéroport de Bastia-Poretta.

Aéroport Bastia-Poretta

Sur l'esplanade de l'aéroport, une plaque rappelle la dernière mission de reconnaissance photographique (le 31 juillet 1944) de l'écrivain-aviateur Antoine de **Saint-Exupéry**, membre d'une escadrille basée à Bastia-Borgo.
Suivre les panneaux « Toutes directions » puis Lucciana. Au-rond-point, tourner à droite sur la T 205 (direction Bastia), puis sur le rond-point, prendre la D 7 vers Borgo.

Borgo (Borgu)

Ce village **belvédère★** occupe un replat au-dessus de l'étang de Biguglia et fait partie, depuis le début des années 1980, de l'aire économique du « Grand Bastia ». Il jouit ainsi d'un développement dynamique.
Il fut le théâtre des deux plus importants revers de l'armée française en Corse. Le premier, en décembre 1738, porte le nom de « **Vêpres corses** » : les troupes du comte de Boissieux, envoyées dans l'île par le roi de France à la demande de Gênes, sont écrasées par les nationaux. Le second, en octobre 1768, retarde la réunion de l'île à la France. Le Français Ludre se retranche, avec ses hommes, à Borgo pour des raisons stratégiques. Mais ils se trouvent bloqués par les troupes corses commandées par Clément Paoli, frère de Pascal. Le marquis de Chauvelin, chef de la garnison de Bastia, se porte au secours de Ludre, mais il doit renoncer après dix heures de combat. Les Français laissent sur le terrain 600 morts, 1 000 blessés, 600 prisonniers et 700 fusils, et Ludre est contraint à la reddition. Sur la façade de l'**église baroque Saint-Appien**, une plaque commémore cet événement de la guerre d'Indépendance corse. À proximité se dressent les ruines de l'ancienne église et son clocher de guingois.
Revenir sur la T 205 et poursuivre sur la T 11 par laquelle s'effectue le retour à Bastia.

NOS ADRESSES À BASTIA

Voir aussi « Nos adresses » dans le cap Corse, p. 73.

ARRIVER/PARTIR

En avion

Aéroport Bastia-Poretta – *04 95 54 54 54 - www.bastia.aeroport.fr.* L'aéroport se situe 20 km au sud de la ville par la voie rapide T 11.
Liaisons aéroport-Bastia – Des navettes de **bus** (*04 95 31 06 65 - 9 € - 20-35mn de trajet selon la circulation)* circulent entre l'aéroport et le centre-ville (préfecture et la gare ferroviaire). Des **taxis** assurent aussi la liaison (*04 95 36 04 65 - env. 47 € de jour et 66 € dim. et de 19h à 7h).*

En bateau

Gare maritime – *04 95 55 25 85 - www.bastia.port.fr.* Le port se trouve dans le centre de la ville.
Compagnies – *Voir p. 511.*

En train et en bus

Gare ferroviaire – *04 95 32 80 61 - cf-corse.corsica.* Liaisons quotidiennes avec Ajaccio (4h) via Ponte-Leccia et Corte, et avec Calvi (3h) via Ponte-Leccia et L'Île-Rousse.

Autocars – *Fiches horaires à l'office de tourisme et sur www.corsicabus.org.* Au départ de la gare routière ou de la gare ferroviaire (plan de ville A1). Quelques compagnies desservent les principales localités de Corse : Calvi (2h), Corte (1h15), St-Florent (40mn), Porto-Vecchio (3h)… La desserte d'Ajaccio n'est plus opérée pour le moment.

TRANSPORTS

Location de voitures

À l'aéroport, vous trouverez les principaux loueurs *(voir p. 531).* Dans le centre-ville :

Avis – *1 bis r. Jose-Luccioni - 04 95 31 95 64.*

Europcar – *3 r. du Chanoine-Leschi - 04 95 31 59 29.*

Hertz – *Square Saint-Victor (av. Pierre Giudicelli), Immeuble Novelty - 04 95 31 14 24.*

Transports en commun

Navette de l'Arinella – *Tlj sf dim. 8h10-19h40.* Il faut oublier la voiture pour circuler dans la ville. Une navette assure la liaison entre le parking relais de l'Arinella et la place St-Nicolas (20mn).

Bus – *www.bastiabus.com - tickets à l'unité 1,30 €, carnet de 10 tickets 7 €.* Utiles si vous résidez hors du centre-ville. Attention, service réduit le dimanche.

Vélo

APPeBIKE – *appebike.com - 30 €/1/2 j. (5h), 40 €/j.* Propose des vélos électriques à la location. Rendez-vous à l'hôtel Castel Brando (à 9 km de Bastia).

VISITES

Petit train touristique – *Pl. St-Nicolas - 06 09 37 00 54 - de déb. avr. à mi-oct. : 9h-12h, 14h-18h, dép. ttes les heures - 7,50 € (-12 ans 3 €) - durée : 50mn.* De la place St-Nicolas à la citadelle.

Bastia Vision – *04 95 54 20 40 - www.bastia-tourisme.com - avr.-oct. : 9h-19h, ttes les heures au dép. de la gare routière - 7 € (-15 ans 3 €)* - Parcours d'1h en bus à ciel ouvert, pour découvrir les principales attractions de Bastia.

HÉBERGEMENT

PREMIER PRIX

1 Posta Vecchia – B2 - *8 r. Posta-Vecchia - quai des Martyrs-de-la-Libération - 04 95 32 32 38 - www.postavecchia-bastia.com - fermé de mi-déc. à déb. janv. - 36 ch. 52/107 € - 9 €.* Au cœur de Terra-Vecchia, cette ancienne poste centrale du 18e s. rehaussée de volets bleus et d'une belle teinte terre de Sienne propose des chambres petites mais avenantes.

2 Hôtel Napoléon – A1/2 - *43 bd Paoli - 04 95 31 60 30 - www.hotel-napoleon-bastia.fr - 13 ch. 60/120 € - 7,50 €.* Une adresse centrale, bien tenue et calme. Différentes catégories de chambres sont proposées. Demandez des précisions lors de la réservation car le confort varie considérablement.

BUDGET MOYEN

Sud Hôtel – Hors plan - *490 av. de la Libération - 04 95 30 20 61 - www.sudhotel-bastia.com - P - 24 ch. 75/139 € - 9 € - 1/2 P 26 €.* Une grosse bâtisse orange se dresse devant la très empruntée avenue reliant la citadelle aux quartiers sud (bus ou 15mn de marche). L'adresse familiale, conviviale et colorée est aussi attachante que pratique.

1

Chambres modernes, simples mais confortables. Terrasse-jardin *rooftop*, restaurant et petit-déjeuner dès 5h30. Une adresse pratique pour les personnes motorisées.

3 **Hôtel Central** – A2 - *3 r. Miot - ✆ 04 95 31 71 12 - www.centralhotel.fr - 20 ch. 75/150 €, 3 suites 110/200 € (4 pers. max.) - 9 €.* Une façade aux persiennes à la génoise. Les chambres sont confortables, personnalisées, et certaines possèdent un balcon donnant sur la cour intérieure envahie de plantes vertes. Au 4e étage, deux vastes appartements avec kitchenette équipée, parfaits pour un court séjour à Bastia.

4 **Hôtel Riviera** – B1 - *1 bis r. Adolphe-Landry - ✆ 04 95 31 07 16 - www.hotel-riviera-bastia.fr - ♿ - 21 ch. 75/158 € - buffet 9 €.* Face au nouveau port. Une option pratique si vous êtes en transit. Petites chambres propres et sans prétention, réparties sur 3 étages (avec ascenseur). Évitez celles donnant sur la cour intérieure où ronflent les systèmes de climatisation.

5 **Hôtel Les Voyageurs** – A1 - *9 av. du Mar.-Sébastiani - ✆ 04 95 34 90 80 - www.hotel-lesvoyageurs-bastia.com - ♿ P sous vidéosurveillance 7 €/nuit (moto 3 €) - 23 ch. 78/141 € - buffet 10,50 €.* Non loin de la gare et de la place St-Nicolas, cet hôtel accueille les voyageurs depuis un siècle. Chambres bien insonorisées et joliment décorées.

Chambre d'hôte Villa Patrizia – Hors plan - *Les Terrasses de Cardo, villa n° 4 - ✆ 04 95 37 11 30 ou 06 80 38 32 50 - villa-patrizia-guest-house.business.site - P - 3 ch. - 100/120 € - dîner 35 € (sur réserv.).* Une vue sur la ville et l'archipel toscan à couper le souffle, des chambres climatisées et confortables aux grands lits douillets, des chemins d'accès pleins de charme avec le centre de Bastia… Le lieu vous ravira instantanément. La maîtresse de maison, en authentique Mamma, ne manque pas d'attention pour ses hôtes. Petite piscine panoramique, et vaste terrasse où est servi l'excellent petit-déjeuner. Garage à moto et arrêt de bus à proximité.

6 **Hôtel Port Toga** – B1 - *Rd-pt de Toga - ✆ 04 95 34 91 00 - www.hotel-port-toga.com - P non sécurisé gratuit ou surveillé payant - 40 ch. 107/160 € - 12 €.* Situé aux abords du port de Toga (à 600 m du centre-ville), cet hôtel récent au design moderne, propose des chambres aussi attrayantes que confortables. Une réussite !

POUR SE FAIRE PLAISIR

Best Western Bastia Centre – Hors plan - *Av. J.-Zuccarelli - ✆ 04 95 55 05 10 - www.corsica-hotels.fr - P ♿ - 71 ch. 140/205 € - 11,50 €.* Architecture contemporaine et équipements modernes très appréciables. Chambres agréables et calmes. Petit salon et restaurant-grill.

UNE FOLIE

7 **Hôtel Des Gouverneurs** – B3 - *3 bis r. des Turquines - ✆ 04 95 47 10 10 - www.hoteldesgouverneurs.fr - P sécurisé 20 € - 27 ch. 150/460 €.* Ce luxueux hôtel se dresse en bordure littorale de la citadelle. Les chambres allient charme historique et confort moderne, offrant de superbes vues sur la mer et la ville. Terrasse panoramique, bar, piscine intérieure, espace bien-être…

À proximité

PREMIER PRIX

Camping San Damiano – *Lido de la Marana - 9 km au sud-est par* *la T 11 et D 107 à gauche, direction Lido de la Marana - ✆ 04 95 33 68 02 - www.campingsandamiano.com - de déb. avr. à fin oct. - ⛱ - ✕ - réserv. conseillée - 280 empl 35 € pour 2 pers. (électricité 6 €)* Belle situation à proximité de l'étang de Biguglia. Ici, les emplacements, en bord de mer, sur une plage de sable fin et pinède, sont agréablement ombragés et paysagés. Également des bungalows tout confort (2-6 pers.). Restaurant les pieds dans l'eau. Pour les loisirs et les sports, vous aurez l'embarras du choix : piscine, aire de jeux…

BUDGET MOYEN

Hôtel La Corniche – *Hameau de Castagneto - 20200 San-Martino-di-Lota - ✆ 04 95 31 40 98 - www.hotel-lacorniche.com - fermé de déb. janv. au 10 fév. - P ⛱ - 21 ch. 89/200 €, 2 ch. d'hôte 60/110 € - ☕ 12/15 € - ✕ sur réserv.* Une excellente adresse ! Perchée sur les hauteurs du village, à flanc de colline, cette maison jouit d'une vue incomparable sur la vallée et la mer. Spacieuses chambres, aménagées avec goût, colorées et offrant différents niveaux de confort. Calme. Superbe piscine. Très bon restaurant de cuisine terre et mer, réputé pour sa carte de vins.

POUR SE FAIRE PLAISIR

Chambre d'hôte Château Cagninacci – *20200 San-Martino-di-Lota - ✆ 06 78 29 03 94 - www.chateaucagninacci.com - fermé de déb. oct. à mi-mai - P - 4 ch. 149/172 € ☕.* Agrippé à flanc de montagne, divin couvent de capucins du 17e s. remanié au 19e s. dans l'esprit des demeures toscanes. Chambres spacieuses meublées à l'ancienne et un gîte pour 5 pers. *(695/820 €/sem.)*. Calme absolu et vue superbe.

UNE FOLIE

Hôtel-restaurant Pineto – *Lido de la Marana - ✆ 04 95 33 68 28 - www.hotel-pineto.com - ⛱ P ♿ - 21 ch. 205/300 € ☕ - ✕ 36 €, carte 20/50 €.* Entre une pinède et la mer, l'établissement bénéficie d'une situation exceptionnelle. Toutes les chambres sont de plain-pied et lumineuses, l'accueil est chaleureux, et la splendide terrasse en teck borde une petite plage privée. Le restaurant de qualité a ses habitués.

RESTAURATION

Terra-Vecchia et Vieux Port

PREMIER PRIX

1 Les Blés d'Or – AB1 - *7 av. Émile-Sari - ✆ 04 95 36 39 50 - 5h30-21h - 5/8 €.* Dans cette boulangerie-pâtisserie qui fait également salon de thé, la carte vous met l'eau à la bouche avec son choix appétissant de pains et de douceurs corses. À proximité immédiate de la place St-Nicolas, un lieu parfait pour une petite pause gourmande ou un déjeuner léger.

2 Pinelluciu Lasagnaria – B1 - *10 bis av. Émile-Sari - ✆ 06 86 95 66 14 - tlj sf dim. apr.-midi et lun. 9h-14h, 16h-18h.* Lasagnes aux trois fromages corses, gratins de légumes, délicieux bastelles, ces petits chaussons farcis aux oignons confits, au *brocciu*… À 100 m du débarcadère, sur place ou à emporter, de quoi se régaler des saveurs corses en toute simplicité.

3 La Renaissance – A1 - *30 r. César-Campinchi - ✆ 04 95 31 17 94 - fermé dim. - menu 18 €.* Depuis trois générations, les pizzaïoli de cette affaire familiale se passent le flambeau et se transmettent la recette de la pizza Renaissance (fromage corse

1

et *figatellu*), très prisée par les habitués. Également des plats corses. À la saison chaude, on apprécie la fraîcheur du caveau et de ses murs en pierre ainsi que la terrasse.

4 **La Taverne** – B2/3 - *Quai des Martyrs-de-la-Libération - ✆ 04 95 31 62 31 - fermé merc. sf juil.-août - formule déj. 14,50 € - menu 18,50 €.* À l'image de son patron aux allures de chef viking, la cuisine est robuste et généreuse. Spécialités de viande : assiette du boucher, tartare de bœuf coupé au couteau, filet mignon de porc sauce moutarde à l'ancienne, etc. Vaste terrasse sur le quai et ravissante salle intérieure voûtée, aux briques patinées.

BUDGET MOYEN

5 **L'Ardoise** – A2 - *Pl. du Marché - ✆ 04 95 35 17 11 - tlj sf mar. - menus 23/26 €.* Discrètement installé dans une salle fraîche prolongée d'une terrasse, ce sympathique bistrot moderne propose une simple mais belle cuisine locale et internationale. De bons produits, un accueil gentil, pour un excellent rapport qualité-prix.

6 **Grazie Mille** – AB2 - *1 r. du Marché - ✆ 04 95 31 42 45 ou 04 95 32 38 22 - fermé mar. midi et soir et merc. midi - 15/31 €.* Pâtes, pizzas, desserts, un restaurant italien de très bonne tenue, tant pour la qualité de la cuisine que pour la sincérité de l'accueil.

7 **Petite Marie** – A2 - *Vieux Port - ✆ 06 16 37 33 62 - fermé oct.-avr. - menus 19,90/32,50 € - 20/30 €.* Cet établissement vaut pour son ambiance bon enfant et la fraîcheur de ses produits (pêche locale du jour).

8 **Le Col Tempo** – A2 - *4 bis r. St-Jean - ✆ 04 95 58 14 22 - juil.-août : tlj sf dim. le soir seulement ; reste de l'année : fermé dim.-lun. et 3 sem. en fév.-mars - 22/32 €.* Sur le Vieux Port, restaurant « bistronomique » tenu par un jeune chef féru de cuisine moderne et inventive. Une carte réduite pour des plats savoureux à base de bons produits de saison. Une réussite.

POUR SE FAIRE PLAISIR

9 **La Table du Marché** – A2 - *Pl. du Marché - ✆ 04 95 31 64 25 - fermé lun. et de mi- à fin déc. - menus 35/76 € - 30/80 €.* Une table à retenir pour la fraîcheur de ses poissons et fruits de mer, pour sa terrasse sous les platanes de la place du Marché et ses jolies salles à manger façon jardin d'hiver.

10 **Lavezzi** – A2 - *8 r. St-Jean - ✆ 04 95 38 89 66 - fermé mar. en hiver, dim. et lun. midi en eté - 20/50 €.* Surplombant le vieux port, ce restaurant cosy au décor raffiné dispose d'une petite terrasse panoramique recherchée. Au menu, si les (excellentes) préparations tendance fusion et produits de la mer ont la vedette, les viandes en sauce ou encore les pâtes ne sont pas oubliées.

11 **Chez Huguette** – A3 - *R. de la Marine - quai Sud - ✆ 04 95 31 37 60 - www.chezhuguette.fr - fermé 15 déc.-15 janv., sept., dim. et lun. sf midi de juin à août - 42/74 €.* Ce restaurant est installé depuis 1969 face au Vieux Port, un agréable voisinage qui donne le ton à la cuisine où sont mis à l'honneur fruits de mer et poissons frais… et pour cause : ici, on va se fournir directement chez les pêcheurs locaux !

La Citadelle

PREMIER PRIX

12 **Le Coude à coude** – B3 - *Pl. Guasco - ✆ 06 38 29 39 85 - fermé le midi et dim.-lun. - assiettes 3/12 €- plats 5 (tapas)/15 €.* L'équipe du Col Tempo *(voir ci-contre)*

récidive dans le (très) bon goût en s'installant sur la Citadelle. Le concept de leur établissement : un bar à vins (grande sélection au verre) où l'on se délecte de tapas joliment réalisés (anchois à la bastiaise, rillettes de sardines, gaspacho de courgette…).

BUDGET MOYEN

13 Chez Vincent – A3 - *12 r. St-Michel - ✆ 04 95 31 62 50 - tlj sf sam. midi et dim. - 20/30 €.* Cette adresse vaut le détour pour ses savoureuses pizzas, ses poissons frais, son bœuf en croûte et sa terrasse, qui domine la ville basse et le vieux port. Attente possible.

14 A Casarella – A3 - *6 r. Ste-Croix - ✆ 04 95 32 02 32 - fermé lun. en haute saison, dim. en basse saison - formule déj. 22 €, soir 36 € - ardoise 12/26 €.* Même si tout n'y est pas parfait, voici l'une des bonnes adresses pour se restaurer au cœur de la citadelle, en profitant pour les plus chanceux d'une vue sur le vieux port. L'ardoise du jour est proposée en fonction de l'arrivage de la pêche locale et des productions bovines issues de l'agriculture bio.

À proximité

BUDGET MOYEN

La Place – *Pl. de l'église - 20200 San-Martino-di-Lota - ✆ 04 95 31 82 61 - fermé oct.-avr. et le midi hors juil.-août - menus 23,50 € - 17/22 €.* Charmante maison en pierre postée à l'entrée du village, face au parvis ombragé de l'église. On y sert d'excellentes pizzas à pâte fine, mais aussi du veau corse bio. Desserts soignés et généreux. Veranda et terrasse panoramique à l'arrière avec vue sur mer.

L'Archipel – *Hôtel Alivi - Rte du Cap - 20200 San-Martino-di-Lota - ✆ 04 95 55 00 10 - fermé nov.-avr. et dim. soir - menu 23,50 € - 36/56 €.* Pâtes aux langoustes, loup en croûte de sel… On déguste cette cuisine dans un cadre magique, face à l'archipel toscan et presque les pieds dans l'eau. Une impression de bout du monde. L'une des plus belles terrasses de Bastia.

PETITE PAUSE

Bon à savoir – Les terrasses du quai des Martyrs-de-la-libération ou de la place du Donjon (dans la citadelle) invitent à d'agréables haltes. Mais celles qui s'étendent sous les platanes de la place St-Nicolas sont de loin les plus animées.

Palais des Glaces – *13 bd Ch.-de-Gaulle - ✆ 04 95 31 05 01 - www.lepalaisdesglaces.com - 7h-2h, hiver 22h.* Attablez-vous dans ce palais pour déguster une glace artisanale, boire un verre ou commander un plat (fait aussi brasserie) car c'est ici qu'il faut voir et être vu…

Glacier Raugi – *2 bis r. du Chanoine-Colombani - ✆ 04 95 31 22 31 - 10h-22h - fermé lun. en été, dim. apr.-midi d'oct. à mai, et quelques sem. en hiver.* Depuis trois générations, ce glacier a su plaire aux Bastiais qui aiment se retrouver pour déguster une de ses nombreuses glaces artisanales. Au restaurant, régalez-vous de salades et pizzas et, surtout, d'une incontournable spécialité hivernale, la tarte aux pois chiches (*torta di cecce*).

Ghisoni's – *26 r. César Campinchi - ✆ 04 95 44 05 63 - www.ghisonis.com - 10h-22h - 10/16 €.* Rattachée à la célèbre boulangerie Ghisoni voisine, bien connue des Bastiais, cette adresse permet de se restaurer, dans un décor réussi, de salades, burgers, pizzas et pâtisseries. Large choix de cafés, thés, bières et vins.

1

À proximité

Brasserie Pietra – *Rte de la Marana - 20600 Furiani - ✆ 04 95 30 14 70 - www.brasseriepietra.corsica - juil.-août : tlj sf w.-end 9h30-12h, 14h-17h30 ; reste de l'année sur demande préalable.* Fondée en 1996, la brasserie Pietra est la première à s'être installée dans l'île et la première du monde à brasser une bière à la farine de châtaigne. Les délicieuses Pietra, Serena et Colomba (aux herbes du maquis) ou la petite dernière, la Colomba rosée, se retrouvent partout en Corse. La gamme s'est enrichie de deux autres boissons originales, le Corsica Cola et la *limunata carina*.

EN SOIRÉE

Pour boire un verre, parfois en musique, citons **La Rhumerie** *(pl. Galetta - ✆ 06 64 39 19 82)*, la seule rhumerie de l'île, et le très coloré **Café Wha !** *(Vieux Port - ✆ 04 95 34 25 79 - www.cafewha.fr)*, bar à cocktails récemment agrandi, tous deux proches du Vieux Port. Mais aussi **Le Robaïna** *(3 r. Fontaine-Neuve - ✆ 04 95 36 79 77 - le-robaina.com)*, un bar à tapas au décor cubain, qui fait également restaurant et cave à cigares.

ACHATS

Marché – Le samedi et le dimanche matin, les vendeurs de spécialités, de fleurs et de vêtements se retrouvent place du Marché, dans une ambiance animée et colorée. Ne manquez pas les beignets au *brocciu* !

U Muntagnolu – *15 r. César-Campinchi - ✆ 04 95 32 78 04 - www.umuntagnolu.com - 9h-20h - fermé dim. sf de mi-juil. à fin sept. et déc.* La Corse est réunie ici, du salé au sucré en passant par le liquide ou le solide. Charcuterie, fromages, huile d'olive, vins, liqueurs, miel AOC, confitures, fruits confits, aromates, tout a été sélectionné avec soin. Également de l'artisanat. Dégustation de charcuterie. Expéditions possibles.

Maison L.N. Mattei Cap Corse – *15 bd du Gén.-de-Gaulle - ✆ 04 95 32 44 38 - www.capcorsemattei.com - tlj sf dim. 10h-12h, 14h-19h (en été, jusqu'à 20h et dim. 10h-20h).* Cette magnifique boutique (seule boutique Monuments de France de Corse), met à l'honneur son apéritif de quinquina et ses célèbres créations digestives Mattei Cédratine et Myrttei. Également des confiseries et des produits dérivés de la marque.

Chez Mireille – *5 r. des Terrasses - ✆ 04 95 32 41 05 - tlj sf lun. et dim. apr.-midi 8h30-12h, 15h30-18h30.* Petite adresse familiale incontournable pour se restaurer ou faire le plein de douceurs avant le retour : beignets, *fiadone, panetta, canistrelli* aux arômes variés, etc.

Santa Catalina – *8 r. des Terrasses - ✆ 04 95 32 30 69 - tlj sf dim. 9h30-12h, 15h-19h.* Une boutique de poche dont les produits inspirent d'emblée confiance : fromages, charcuteries, uniquement de saison, vins, miels et confitures.

ACTIVITÉS

Plongée

De Bastia, il est possible de découvrir des dizaines de sites réputés, des fonds riches en épaves notamment. Plusieurs sont accessibles aux plongeurs de niveau 1. Ainsi la Roche aux Mérous (24-34 m, un plateau rocheux peuplé de nombreux et amicaux mérous), les roches colorées et très poissonneuses des Petit et Grand Pain de Sucre, les grands nacres et mérous du tombant de Cinquini (17-40 m), l'épave du Chasseur P-47 Thunderbolt (chasseur américain de la Seconde Guerre mondiale reposant à 19 m de fond dans un champ de posidonies) ou encore celle de La Louise (un vapeur qui a sombré en 1860 à l'entrée du port et qui repose à 17 m de fond).

Club de Plongée bastiais – *Port de Toga - ✆ 04 95 39 48 27 ou 06 18 39 96 37 - www.plongee-bastia.com*. Une équipe sympathique vous prend en charge par petits groupes pour explorer les plus beaux spots des environs. Baptêmes *(47 €)*, plongées pour enfants et formation de plongeurs.

Toga Plongée – *Port de Toga - ✆ 04 95 57 46 90 ou 06 76 46 34 16 - www.togaplongee.com - baptême 50 €.*

Divers

Corsica Loisirs Aventure – *✆ 06 12 02 32 02 - corsica-loisirs-aventure.fr - avr.-oct.* Randonnées, kayak de mer, plongée sous-marine, randonnée aquatique, promenade en bateau, parapente, activités équestres, VTT (location simple ou sorties excursions), rafting, hydrospeed, canyoning, raquettes en hiver, etc. Vous aurez l'embarras du choix pour des vacances actives.

Club Nautique Bastiais – *Lido de la Marana - plage de Tombulubiancu – 20600 Furiani - ✆ 06 11 83 09 14 (lido) ou bureau sur le vieux port de Bastia, quai Sud ✆ 04 95 32 67 33 - www.clubnautiquebastiais.com*. Installé sur la plage, le club propose des locations de catamarans, planches à voile, dériveurs, kayaks de mer…

Escapade à l'île d'Elbe

Compagnie Corsica Ferries – *Port de Bastia - 5 bis r. Chanoine Leschi - ✆ 0 825 095 095 - www.corsica-ferries.fr*. De juin à septembre, 1 à 2 fois par mois, trajet (1h30) vers Portoferraio au nord de l'île d'Elbe. Possibilité d'un aller-retour dans la journée, ou de retour le lendemain.

AGENDA

Festival BD à Bastia – *una-volta.com - déb. avr.* Exposition de planches originales, rencontres, etc.

Saint-Jean-Baptiste – *Le 23 en soirée et le 24 juin.* Fête patronale de la ville.

Le cap Corse

U Capicorsu

★★★

Haute-Corse (2B)

Villages perchés en balcon au-dessus de la mer, marines blotties dans les échancrures du rivage, plages de sable ou de galets et côtes rocheuses, phare dressé sur un îlot sentinelle… Tel un index signalant le nord, le cap Corse dévoile des paysages parmi les plus sauvages de l'île, qui se révèlent le long d'une superbe route panoramique filant entre littoral et montagnes de schiste. Le Cap ravira aussi les amateurs de plongée sous-marine, avec ses fonds rocheux et ses eaux claires très poissonneuses.

NOS ADRESSES PAGE 73
Hébergement, restauration, achats, activités, etc.

S'INFORMER

Office du tourisme intercommunal du cap Corse – *Port de Plaisance - 20248 Macinaggio - ☏ 04 95 35 40 34 - www.capcorse-tourisme.corsica - juin-sept. : lun.-sam. 9h-12h, 14h-18h ; oct.-mai : lun.-vend. 9h-12h, 14h-17h - fermé 1er janv., dim. et lun. de Pâques, 1er Mai, 1er et 11 Nov., 25 déc.*

SE REPÉRER

Carte de microrégion AB1/2 (p. 28) – *carte p. 57.* Le cap Corse s'ordonne de part et d'autre d'une arête centrale qui culmine à 1 307 m au monte Stello. Cette chaîne de montagnes s'abaisse au sud vers le col de Teghime (536 m), entre Bastia et St-Florent, et au nord vers un littoral de plages de sable, veillé par l'îlot de la Giraglia.

À NE PAS MANQUER

Le sentier des douaniers ; les villages perchés de Rogliano, Cannelle ou Nonza ; les marines de Barcaggio et Centuri ; la plage de Tamarone.

ORGANISER SON TEMPS

Consacrez au moins deux jours à la découverte du Cap en faisant étape à Macinaggio, Barcaggio, Centuri ou Nonza et un jour de plus pour le monte Stello. La route en corniche, élargie sur le littoral ouest, requiert une conduite attentive.

EN FAMILLE

Outre la baignade, promenade en mer, plongée sous-marine ou sentiers thématiques *(voir « Nos adresses »).*

Tour génoise dans le cap Corse.
E. Chaix/Photononstop

Circuit conseillé Carte du cap Corse

★★ TOUR DU CAP CORSE

Circuit de 179 km au départ de Bastia tracé en violet sur la carte p. 57 – Compter 2 jours. Quitter Bastia par le nord. Après avoir longé la plage de Toga, la route en corniche suit le littoral.

Miomo *(voir p. 41)*

Lavasina

Ce hameau, situé en bordure d'une plage de galets, est célèbre par son sanctuaire (église N.-D.-des-Grâces) : la tradition locale veut que le tableau représentant la Vierge et l'Enfant (16e s.) soit miraculeux. Des pèlerinages s'échelonnent durant tout le mois de septembre et en particulier le 8 : la veille, une procession aux flambeaux parcourt la plage. Une foule considérable, venue de toute l'île, participe à cette veillée qui s'achève par une messe de minuit. *À l'entrée sud de Lavasina, quitter la D 80 et emprunter la D 54 sur 5,5 km jusqu'à Pozzo.*

★★ Monte Stello

La route s'élève sur un vaste versant dominant la mer, où sont établis les villages de Poretto et Pozzo. Le campanile du couvent des capucins se dresse au sommet de la pente parmi les pins centenaires. Au couvent, prenez à gauche la route en montée vers le centre du village jusqu'à la piazza Santa Catalina *(laisser la voiture sur le parking en terre battue à droite)*. Les randonneurs apprécieront l'ascension jusqu'au sommet *(voir p. 69)*.

Castello

Ce gros hameau de la commune de Brando verrouille un amphithéâtre de schiste vert tourné vers le large, sur la pente est du monte Stello. Castello doit sans doute son nom au château médiéval dont les ruines subsistent sous la forme d'un donjon massif qui domine le village. Édifié au 13e s. et remanié au 15e s., il fut la demeure d'une puissante famille cap-corsine, les seigneurs Gentile.

★ **Chapelle N.-D.-des-Neiges** – *300 m avant Castello, prendre à gauche, à la fourche, la route qui monte à Silgaggia. Fermé au public.* Ce sanctuaire du 11e s. occupa, en dépit de sa taille modeste, le rang d'église piévane de la seigneurie de Brando. Son abside en cul-de-four et sa toiture de *teghje* (lauzes) lui confèrent une belle harmonie. La chapelle recèle les plus anciennes **fresques**

connues dans l'île, datées de 1386 et réalisées par un artiste italien. Leurs fragments couvrent le mur sud et figurent des personnages d'une étonnante naïveté. La commanditaire, représentée, a été identifiée par une inscription. Mitoyenne, l'église paroissiale **Santa Maria Assunta**, plus vaste, présente une façade du 19e s., agrémentée en haut de son fronton des armes pontificales. À proximité, une petite chapelle abrite en saison des expositions sur la restauration du patrimoine local. Au-dessus, le **cimetière**, ombragé d'ifs et d'oliviers vénérables, domine la mer et l'île de Capraia.
Rejoindre la D 80.

★ Erbalunga

Cette petite marine de la commune de Brando aligne ses vieilles maisons à fleur d'eau sur une très photogénique péninsule de schiste vert surmontée d'une ancienne tour génoise à demi ruinée. Goûtez le plaisir de la flânerie autour du port dans les ruelles en escalier, ombragées de platanes, de lauriers et de palmiers, et sur les places fleuries.
Erbalunga est le berceau de la branche paternelle de l'écrivain **Paul Valéry** (1871-1945), mais la plus grande célébrité du lieu est son charmant **port** de poche. Avec ses bateaux de pêche et de plaisance aux couleurs vives, il attira le regard des peintres dans les années 1930. Un ponton de bois au-dessus de l'eau mène à la **tour génoise** où une plaque mentionne la date de 1561, probablement celle de sa construction.
L'**église St-Érasme**, située à l'entrée du village en venant de Bastia, abrite les croix portées par les pénitents de la Semaine sainte. Saint Érasme, patron des marins, est fêté le 2 juin avec procession et bénédiction de la mer.
Au nord d'Erbalunga, le paysage devient plus sauvage et les pentes se couvrent de maquis. La route est taillée en corniche ou court au niveau du rivage, longeant de jolies anses où se développent de petites marines.
À 5,5 km, prendre à gauche la D 32.

Sisco (Siscu)

La commune comprend une modeste marine en bordure de la route côtière et plusieurs hameaux d'altitude de part et d'autre d'une vallée très verdoyante. Les versants en pente douce portent encore de nombreuses terrasses abandonnées aux herbages et aux asphodèles printaniers, qui contrastent avec le maquis des hauteurs. Au Moyen Âge, Sisco fut une des rares localités de Corse à posséder des ateliers de métallurgie. Des forgerons, armuriers et orfèvres fabriquaient des armes blanches, des cuirasses et des bijoux.
Chapelle St-Martin – *À 7 km de la marine de Sisco par la D 32.* Elle est aisément identifiable à son clocher accolé au flanc sud et à la place ombragée de six gros chênes verts. De là, vous apercevez la chapelle St-Michel de Sisco située au nord-ouest, à 900 m à vol d'oiseau, sur la pente assez raide du maquis.
★ **Chapelle St-Michel (San Michele de Siscu)** – *S'engager sur l'étroite route goudronnée qui part à droite derrière l'église St-Martin, en laissant sur la gauche la route de Barrigione et Bussette. 700 m plus loin, prendre à gauche un chemin empierré. Le suivre sur 600 m environ en comptant deux épingles à cheveux à gauche et une à droite. Lorsqu'on arrive sur une petite place où le chemin fait une fourche, laisser la voiture sous les châtaigniers. 1h AR depuis l'église St-Martin. Suivre le chemin de droite sur 250 m jusqu'à la première épingle à cheveux. Emprunter alors le sentier qui commence dans le virage, à droite d'un gros châtaignier. Au bout de 100 m environ, traverser un ruisselet (parfois à sec), puis monter tout droit à travers les châtaigniers, sur 100 m (éviter les premiers sentiers de chèvres, à droite).* La chapelle St-Michel, ravissant édifice bien

LE CAP CORSE

1

proportionné, apparaît comme une version montagnarde de San Parteo de Mariana *(voir p. 46)*. Son abside est discrètement mise en valeur par des bandes murales verticales reliées par des arcatures. Ce chef-d'œuvre du premier art roman en Corse montre la maîtrise acquise par les maîtres maçons toscans au 11e s. St-Michel-de-Sisco aurait été bâtie en 1030. La **vue★★** embrasse les marines de Sisco et de Pietracorbara, et un large secteur de la mer Tyrrhénienne et des îles toscanes. Par beau temps, on distingue l'Italie.

Revenir sur la D 80 et la reprendre vers le nord.

Église Ste-Catherine – *Propriété privée. 2 km au nord de la marine de Sisco par la D 80.* Bâtie sur un promontoire dominant la côte, cette chapelle de style roman fut édifiée au 15e s. Ayant perdu beaucoup de son cachet originel, l'intérêt de cette église est surtout historique.

La tradition veut qu'au 13e s. des marins en danger aient fait le vœu de déposer dans la première église qu'ils apercevraient les reliques en leur possession. Le beau temps revenu, ils oublièrent leur serment ; mais la tempête sut le leur rappeler. Vivement, ils jetèrent l'ancre et déposèrent leur trésor dans un petit oratoire à l'emplacement de l'église actuelle. Alors seulement la mer s'apaisa.

La marine de **Pietracorbara** (Petra Curbara) offre une agréable **plage** (mélange de sable et de galets) de plus d'un kilomètre de long, ouverte sur un amphithéâtre de reliefs. Possibilité de se restaurer.

Environ 4 km plus loin s'élèvent sur la gauche la **tour de Losse**. Elle annonce la photogénique **marine de Porticciolo**, où quelques ruelles descendent vers un minuscule port.

7 km au nord de Santa Severa, se profile la tour génoise de **Meria**. Entre Sisco et Macinaggio, la route traverse des zones de chênes verts puis enfin apparaît la vigne.

Quitter la D 80 avant Macinaggio et prendre à gauche la D 353.

Tomino (Tuminu)

L'église, la chapelle de la confrérie de style baroque et une tour génoise dominent le village bâti sur un éperon rocheux fréquemment venté. Du parvis de l'église, la **vue★★** plonge sur la baie et le port de Macinaggio, et s'étend au loin sur les îles Finocchiarola et Capraia. Tomino aurait été un des premiers foyers du christianisme en Corse au 6e s. Les habitants de Tomino partagent aujourd'hui avec leurs voisins de Rogliano l'exploitation du vignoble. Cette région du Cap produit en effet un muscat apprécié.

Macinaggio (Macinaghju)

Voir p. 54.

Fréquenté depuis l'Antiquité, le mouillage de Macinaggio est toujours apprécié des navigateurs : cette petite station balnéaire, dominée par les hameaux de Rogliano, peut en effet abriter jusqu'à 600 bateaux dans son port moderne. Les amoureux de littoraux ne manqueront pas le splendide **sentier des douaniers** au départ de la plage et jalonné de tours génoises *(voir p. 69)*.

Sur le quai bordé de vieilles maisons, diverses plaques commémorent le passage à Macinaggio de **Pascal Paoli** (1790), de Napoléon Bonaparte, alors bambin, le 10 mai 1773, de l'impératrice Eugénie le 2 décembre 1869 *(voir encadré p. 62)*, et les exploits des Cap-Corsins qui, sous les ordres d'Ambroise de Negroni, s'illustrèrent à Lépante en 1571.

Les digues et les pontons dessinent un vaste port de plaisance où l'on se promène inlassablement en rêvant devant les voiliers ou les yachts.

★ **Plage de Tamarone** – *Environ 2,5 km au nord du port.* Prenez la direction du camping « U Stazzu » et suivez la route de terre (chaotique) jusqu'au bout. La

L'ÉPOPÉE DE CAPRAJA DE PASCAL PAOLI

Le cap Corse demeurait, encore au 18e s., sous la dépendance de Gênes qui y entretenait plusieurs garnisons. La France, absorbée par la guerre de Sept Ans (1756-1763), n'occupait que les citadelles de Bastia et de St-Florent. **Pascal Paoli** entreprit donc de conquérir le Cap. Il commença par la conquête de l'**île de Capraja** (Capraia). À mi-chemin entre la Corse et la côte ligure, celle-ci, jadis propriété des seigneurs da Mare, appartenait à Gênes depuis 1507. Paoli créa à Centuri un chantier naval. En 1757, il assiégea le port de Macinaggio qui capitula en 1761. Dès lors, il disposait d'une base pour ses opérations navales. Le 16 février 1767, un corps expéditionnaire de 200 hommes, commandé par **Achille Murati**, débarquait sur l'île de Capraja et investissait la citadelle. Le 31 mai suivant, l'île capitulait. Cette défaite sonna pour Gênes le glas de son occupation de la Corse. Vingt-huit ans plus tard, le 14 juillet 1790, Paoli, de retour de son exil en Angleterre, arriva à Macinaggio; bouleversé d'émotion, il tomba à genoux. La joie populaire fut à son comble et un cortège l'accompagna à Bastia.

dernière portion de route, lorsque la baie se dévoile en contrebas, révèle une superbe plage de sable fin. Pour compléter le tableau (idyllique), sachez qu'une excellente paillote vous permet de vous y restaurer *(voir « Nos adresses »).*

Réserve naturelle des îles Finocchiarola – *L'accès est interdit toute l'année. La réserve naturelle se visite uniquement depuis la mer (voir « Nos adresses »). L'été, la baignade est proscrite dans un périmètre de 200 m délimité par des bouées. Se conformer à la réglementation en vigueur dans les réserves naturelles.* Cet ensemble de trois îlots dominé par une tour génoise est un précieux refuge où nidifie le **goéland d'Audouin**. Cet oiseau marin, propre à la Méditerranée et identifiable à son bec rouge strié de noir, est plus petit que le goéland commun, au bec jaune, également présent dans ce secteur.

Plus au nord, l'**île de la Giraglia** abrite des colonies de goélands communs et de cormorans huppés. Ces derniers sont reconnaissables à leur plumage noir, leur long cou et leur vol au ras de l'eau.

À partir de Macinaggio, la route s'éloigne de la côte, s'élève dans la montagne et coupe le Cap vers l'ouest. À 2 km du village, prenez sur la gauche la route *(D 53)* qui monte à **Bettolacce** (commune de Rogliano), dite « chemin de l'Impératrice ». Elle offre de très belles vues sur les hameaux de cette commune.

★ Rogliano (Ruglianu)

Habitée dès l'époque romaine, la commune de Rogliano est formée de sept hameaux disséminés sur plusieurs éperons : Campiano, Bettolacce, Magna, Soprana et Sottana, Olivo, Vignale, Querciolo. Rogliano étage ses tours, les façades de ses églises et ses hautes demeures anciennes dans une conque verdoyante à l'abri du mont Poggio. L'impératrice Eugénie préleva sur sa cassette de quoi faire construire la route qui traverse Rogliano et s'appelle depuis « chemin de l'Impératrice ».

Tour d'Agnello – *Propriété privée.* Belle tour ronde qui domine les hautes maisons de Bettolacce, principal hameau du village.

Église St-Agnel – *Ne se visite pas.* L'église fut érigée au 16e s., puis agrandie au 18e s.

Église St-Côme-et-St-Damien – *Ne se visite pas.* Cette ancienne église, ravagée par un incendie en 1947, est bâtie dans un vallon au sud de Bettolacce, sur un site déjà habité à l'époque romaine. L'originalité de cet édifice vient du curieux campanile rectangulaire, isolé et placé de biais par rapport à la façade.

Le cap Corse, une île dans l'île

UNE TERRE DE CONTRASTES

Deux versants dissemblables

Le Cap ne présente pas la même physionomie à l'ouest et à l'est. La côte occidentale, très découpée, est dominée par la haute chaîne dorsale dont les pentes plongent brutalement dans la mer. Elle offre des sites impressionnants et des villages hardiment perchés. La côte orientale est moins élevée, plus rectiligne, régularisée par les alluvions arrachées à la montagne par les torrents.

Les cultures et les vents

Balayé par des vents contraires, le cap Corse et la côte tyrrhénienne sont soumis l'hiver à l'influence des vents du sud-est et du nord-est, le *sciroccu* (sirocco), chaud, et le *gregale*, sec et froid. Les vallées plus préservées favorisent naturellement les cultures et les prairies. Sur le versant occidental, consacré au 17e s. à la monoculture de la vigne, seuls quelques îlots de cultures en terrasses où s'épanouissent vignes et vergers subsistent. Il faut les protéger des vents du sud-ouest, le *libecciu*, et du nord, la *tramuntana* (tramontane). Nombre de moulins à vent en ont profité par le passé en se juchant au sommet de collines à la pointe du cap Corse. Aujourd'hui, des éoliennes ont pris le relais.

Un territoire découpé

Les ramifications vers l'ouest et vers l'est de l'arête centrale isolent de courtes vallées creusées par les torrents côtiers et séparent les territoires des communes. Ceux-ci s'étendent de la montagne à la mer, occupant chacun un petit bassin fluvial. Chaque commune, dont le nom ne correspond généralement à aucun des hameaux dispersés sur les hauteurs qui la composent, possède sa « marine ».

UNE FORTE INFLUENCE ITALIENNE

Rivalité entre Pise et Gênes

Le Cap connut dès le 9e s. l'influence de Pise qui en confia la seigneurie aux marquis toscans de Massa. Les nombreux édifices romans semés sur les versants du Cap sont les témoins architecturaux d'une présence qui ne fut pas seulement militaire. Très naturellement, des contacts commerciaux s'établirent entre les marines du cap Corse et Pise, qui monopolisa ainsi le négoce des produits agricoles de Balagne et du Cap. Le vin cap-corsin notamment, très prisé des Toscans, constituait la principale exportation de la péninsule. Au 12e s., les relations commerciales firent l'objet d'une lutte acharnée entre Gênes et Pise, puissances rivales vivant toutes deux du négoce.

La mouvance génoise

Des rapports privilégiés s'établirent entre le cap Corse et la Superbe, située à 150 km de l'extrémité du Cap. Le Génois Ido est à l'origine des grandes familles cap-corsines : Peverelli, Turca et Avogari. Lorsque les Peverelli, chassés par les Avogari, se réfugièrent à Gênes, ils vendirent leur fief, en 1198, à un amiral génois, Ansaldo da Mare. Ces familles, auxquelles s'ajoutèrent les Gentile de Brando et de Nonza, maintinrent l'alliance génoise. Sous cette protection, les habitants du cap Corse se livraient sans risque à une activité commerciale très développée. La configuration géographique et la prospérité du cap Corse conjuguée au déclin de Gênes au milieu du 16e s. l'exposait aux incursions

barbaresques. De la fin du 16e s. au milieu du 17e s., cette étroite bande de terre fut donc une cible de choix.

Dialecte

Les contacts fréquents avec la Toscane ont fortement influencé la langue et le tempérament des Cap-Corsins. Ceux-ci parlent, en effet, un dialecte italien riche en particularismes toscans. Aussi le philologue François-Dominique Falcucci (1835-1902), de Rogliano, auteur du *Vocabolario dei dialetti corsi*, a-t-il pu dire que le dialecte cap-corsin était « le plus pur des idiomes italiens ».

DES CAP-CORSINS DYNAMIQUES

Une région en marge

Lié à Gênes par tant d'intérêts économiques, le cap Corse fut longtemps un foyer de résistance à la révolution corse du 18e s. **Paoli** se heurta, dans ses efforts pour armer une flotte nationale, au manque de motivation des marins cap-corsins, guère tentés d'abandonner les profits du commerce pour les risques de la course contre Gênes. Il fit construire et arma cependant une douzaine de navires corsaires qui ébranlèrent la puissance génoise *(voir encadré p. 59)*.

Un renouveau des activités

Au début du 19e s., le Cap, durement frappé dans ses activités maritimes, se reconvertit de façon particulièrement dynamique et courageuse dans l'agriculture. Les Cap-Corsins aménagèrent en terrasses maintes pentes abruptes de la péninsule. L'entreprise fut couronnée de succès et le Cap s'affirma comme une région agricole pendant plus de cinquante ans. Tout le paysage demeure façonné par ce travail de fourmis.

Un pays de navigateurs et d'immigrants

Les Cap-Corsins furent à l'origine des premiers comptoirs français créés au 19e s. en Afrique du Nord et un grand nombre d'entre eux émigrèrent dès le milieu du 18e s. aux États-Unis, en Amérique du Sud et aux Antilles. L'émigration cap-corsine vers l'Amérique du Sud, très importante jusqu'au début du 20e s., a influencé l'architecture de la région. Les immigrés ayant fait fortune notamment à Porto Rico et au Venezuela (un président vénézuélien était d'ailleurs d'origine corse) firent bâtir dans leur village d'origine de somptueuses demeures à l'allure de *palazzi* Renaissance italienne ou de style colonial sud-américain. À la sortie d'un hameau ou au détour d'un vallon, le visiteur peut apercevoir ces « **demeures d'Américains** », témoignages de la réussite des immigrés (il y en a environ 80 dans le cap Corse). La plupart restent des propriétés privées, mais certaines sont petit à petit transformées en chambres d'hôtes *(voir p. 75)*. Les plus remarquables se situent à Sisco, Cannelle, Metino, Morsiglia (hameau de Pecorile, palais Ghjelfucci) et également à Rogliano.

Aujourd'hui

L'hémorragie démographique amorcée à la fin du 19e s. (due à l'émigration) a freiné l'activité de la péninsule, qui conserve cependant sa réputation de **terre viticole** de qualité. La production est très variée : vins blancs moelleux de muscat et malvoisie à Macinaggio et Tomino ; vins rouges, blancs et rosés fruités à Patrimonio. Le tourisme est devenu l'activité principale.

UN FIEF ACCUEILLANT

Du 12e au 16e s., Rogliano fut la capitale de la famille **da Mare** qui régnait sur une partie du Cap et entretenait des liens profitables avec Gênes. Mais en 1553, un membre de cette famille, **Giacomo Santa da Mare**, se lia avec Sampiero Corso *(voir p. 277)* et le maréchal de Thermes qui fut promu colonel de la cavalerie franco-corse. Ses faits d'armes furent nombreux, mais il succomba à un coup d'arquebuse au col de Tende dès l'année suivante. Le 2 décembre 1869, le yacht impérial *L'Aigle*, qui ramenait l'impératrice **Eugénie** d'Égypte où elle avait présidé les fêtes de l'inauguration du canal de Suez, essuie, aux approches du cap Corse, une tempête qui le contraint à mouiller à Macinaggio. À la grande joie de la population, l'impératrice, ses dames d'honneur et le prince Murat gravirent à pied, dans la soirée, les trois kilomètres qui mènent à Rogliano. La souveraine se rendit à l'église où le curé et la population entonnèrent un vibrant *Te Deum*.

Ruines de San Colombano – *Accès par Olivo et Vignale.* De Vignale, la **vue★** sur la mer et les autres hameaux de Rogliano est fort belle. À gauche, sur un éperon, se détachent les ruines du château fort de San Colombano, qui fut appelé *u castellacciu* (mauvais château), en raison de la fidélité à Gênes de ses seigneurs. Cette forteresse, propriété de la famille da Mare, aurait été élevée, vers la fin du 12e s. Mais, en 1554, à la suite du ralliement de Giacomo Santo au parti français, le château fut démantelé par les Génois. Quelques années plus tard, Jacques de Negroni, ancien coseigneur de San Colombano, fit élever un nouveau *castellu*, incendié en 1947.

Couvent de St-François – *Ne se visite pas.* Ce couvent, dont l'église est en ruine, s'élève près du château fort. Il est précédé d'une haute **tour carrée** avec mâchicoulis, rendue célèbre par l'assassinat, à la fin du 16e s., du gouverneur génois qui administrait les terres de la châtelaine Barbara da Mare.

En continuant sur la D 53, on rejoint la D 80 que l'on suit jusqu'à Ersa.

La route domine un paysage de vallées et de collines plongeant vers la mer.

Ersa

La commune accueille un important parc d'éoliennes. Plus loin, au hameau de Botticella, dans l'**église Ste-Marie**, un beau tabernacle baroque en bois sculpté orne l'autel.

Quitter la D 80 à Ersa en prenant sur la droite la D 153, puis la D 253.

Après une course sinueuse (7 km) à travers le maquis et les oliviers, on découvre **l'îlot de la Giraglia** à l'extrême nord du cap Corse qu'il protège de son phare. L'extrémité du cap Corse, entre la pointe du Becco (Punta di Corno di Beccu) et les îles Finocchiarola, contraste par son aspect sauvage avec le reste de la péninsule. Les eaux turquoise de la côte et l'immensité de la mer moutonnée offrent un superbe panorama.

★ Barcaggio (Barcaghju)

Ce paisible petit port de la pointe du cap Corse, d'une tranquillité désarmante passé les grands mouvements estivaux, est niché au fond d'une baie.

Du côté est s'étend une longue et **belle plage de sable fin et de galets**, prisée des vaches en errance, qui offre une belle vue sur l´îlot de la Giraglia, le point le plus septentrional de la Corse.

Une courte randonnée est possible entre la côte et la tour génoise d´Agnello. Pour y accéder, marchez environ 200 m après le parking *(payant en haute saison).*

L'île de la Giraglia et, en arrière-plan, le village de Barcaggio.
N. Scanella/age fotostock

Reprendre la D 253 et tourner à gauche dans la D 153 ramenant à Ersa. De là, suivre la D 80 jusqu'au col de Serra qui, à 365 m d'altitude, échancre la ligne de crêtes du cap Corse.

Belvédère du moulin Mattei

20mn AR. Du col (parking), suivez le chemin qui monte au vieux moulin émergeant du maquis à 404 m d'altitude. Une première fois restauré au lendemain de la Première Guerre mondiale par **Mattei**, célèbre fabricant de spiritueux corses, cet ancien moulin à vent a été rénové par le Conservatoire du littoral. Il offre un **panorama★★** très étendu se développant de l'île de la Giraglia au nord à l'anse de Centuri et à la côte rocheuse de l'Ouest. On aperçoit très bien les alignements d'éoliennes de la commune d'Ersa.

Prolongez le plaisir et diversifiez les panoramas en poursuivant vers le calvaire quelques dizaines de mètres plus loin. Attention, dans toute cette zone, le vent peut souffler violemment.

UN PORT TRÈS ACTIF

Au 2e s., le géographe grec Ptolémée localisait déjà Centurinon parmi 32 villes ou ports. Sa position stratégique lui valut par la suite de participer à l'histoire. Au 13e s., les da Mare et les Avogari, alliés de Gênes, s'unirent à Giovanninello de Nebbio, pour combattre Giudice de la Cinarca. Défaits et pourchassés par Giudice, ils se réfugièrent sur l'îlot de Centuri où, faute d'embarcation, Giudice ne put les atteindre. Profitant de la nuit, ils firent voile sur la Balagne où ils fondèrent Calvi. Au 17e s., le port de Centuri employait plus de 100 marins. Vers 1760, Pascal Paoli y créa un port de guerre et un chantier naval pour armer une flotte corse. Depuis, l'activité commerciale a beaucoup baissé, mais il reste toujours une dizaine de pêcheurs qui lancent leurs filets à l'ouest et au nord du Cap pour ramener 10 t de poissons et 2 t de langoustes chaque année.

Regagner la D 80 que l'on suit jusqu'à Camera, hameau de la commune de Centuri. Là, prendre à droite la D 35 en direction de Centuri, mais abandonner cette route 1 km plus loin pour atteindre Cannelle.

★ Cannelle

Accès possible par un sentier au départ de Centuri (1h30 AR. Prendre le chemin de terre en haut du village, au nord du port. Sentier balisé et bien entretenu.).
La route se termine à l'entrée de ce hameau accroché à la colline. Des venelles étroites, avec de longs passages sous voûte, fleuries de géraniums, de gueules-de-loup et de passiflores, pavées de dalles de schiste et de marches taillées dans le roc mènent dans un monde à l'écart de toute circulation motorisée.
Au-delà de la dernière maison, une petite place cernée par des rochers à pic offre une source sous un portique blanc orné d'une statuette, encadré d'un abreuvoir et d'un lavoir. Le regard plonge au-delà des pins et des aloès vers les monts qui dévalent jusqu'à la baie de Centuri.
Regagner la D 35 vers Centuri.

★★ Centuri

Bien connue des estivants, cette petite baie est une étape charmante sur la route du Cap. Le port offre au petit matin une atmosphère délicieuse. Une douce lumière teinte les maisonnettes et les casiers de bois, certains pêcheurs, restés à terre, réparent les filets, les klaxons des commerçants ambulants éveillent le village. Le soir, au coucher du soleil, les bateaux de pêche colorés sont rentrés à quai.
Les fonds marins alentour (14 m de profondeur en moyenne), aux eaux limpides et poissonneuses, raviront aussi l'amateur de plongée ou de chasse sous-marine.
★★ **La marine (Centuri-Port)** – Des maisons au crépi ocre, gris ou blanc et aux belles toitures de serpentine verte encadrent ce tranquille petit port. Au printemps, la floraison des genêts et des tamaris ajoute une touche colorée à ce pittoresque village. En automne, la coutume locale propose la dégustation de *panzarotti*, beignets fourrés de bettes et de raisins secs.
Au sud s'ouvre la petite **crique de Mute**, abritée par l'îlot de Centuri, autrefois fortifié. Un oratoire aux murs décorés de galets se dresse le long de la plage.
Château du général Cipriani – *4 km à l'est. Ne se visite pas.* En rejoignant **Camera** par la D 35, on découvre au sud du village, au hameau d'Ortinola, un château élevé au 19e s. dans le style médiéval. C'était, au siècle dernier, la demeure du général comte **Leonetto Cipriani**, né et mort à Centuri (1812-1888), dont les ancêtres avaient guerroyé aux Antilles et en Amérique du Sud

ET LES PLAGES ?

Malgré son littoral jalonné d'anses, de criques et de longues plages, le cap Corse ne jouit pas de la réputation balnéaire dont d'autres « régions » de l'île s'enorgueillissent… Et pourtant, sans prétendre offrir les mêmes cadres paradisiaques que les plages de Saleccia, Rondinara ou Santa Giulia, le Cap Corse ravira les amateurs de baignade. Parmi les musts, retenons la **plage de Tamarone**, sable blanc, eau limpide et baie protégée *(voir p. 58)* ; **Barcaggio**, le site le plus septentrional de l'île, ses vaches qui s'égarent et l'îlot de la Giraglia en ligne de mire *(voir p. 62)* ; la longue **plage de Nonza** qui éblouit par le contraste de ses couleurs, eau turquoise contre sable noir *(voir p. 70)* et la douce **plage de Farinole**, dernière baignade sereine dans des conditions optimales pour clore le magique tour du Cap *(voir p. 70)*.

Le port et le village de Centuri.
N. Thibaut / Photononstop

aux côtés de Bolivar. Leonetto se rendit célèbre au service du grand-duc de Toscane en négociant l'union de l'Émilie et du Piémont pour le compte de Victor-Emmanuel II. Très lié aux Bonaparte, il fut aussi négociateur officieux de Napoléon III.

Prendre la D 35 vers le sud.

La route dévoile le golfe de St-Florent, le Nebbio qui ferme l'horizon, et en arrière-plan les sommets enneigés du monte Cinto et du monte Padro. À 2,8 km de Centuri, on trouve sur la gauche la route qui conduit à l'ancien **couvent de l'Annonciation**, dédié à N.-D.-des-Sept-Douleurs. Il aurait été fondé par les servites de Marie à la fin du 16e s. L'église du couvent passe pour être la plus grande du cap Corse. L'association universitaire Strasbourg-Morsiglia y a installé depuis 1926 son centre de séjour *(ne se visite pas).*

Morsiglia (Mursiglia)

Cette commune s'étage jusqu'à la mer. Son hameau principal, ceint de hautes falaises, est gardé par de grosses tours d'habitation carrées. La côte, abrupte, est surplombée par une tour génoise et sur les crêtes, des moulins à vent.

La route devient plus étroite et domine de façon spectaculaire les indentations du rivage. Les pentes sont couvertes de houx et de cistes blancs.

Peu avant le hameau de Ciocce (commune de Pino), prendre à gauche la D 180 qui s'enfonce dans les terres. Juste après la chapelle Ste-Lucie, emprunter la route étroite montant en lacet parmi les pins.

Col de Ste-Lucie

Alt. 381 m. Dans un joli bois de pins maritimes s'élève la chapelle Ste-Lucie (1815). **Vue**★ sur la mer et le golfe d'Aliso.

Tour de Sénèque

Dans un **site**★ sauvage, sur un pic du monte Rottu (alt. 564 m), se dresse une tour de guet à demi ruinée, datant du Moyen Âge, connue sous le nom de tour de Sénèque. La légende situe en effet dans cet endroit retiré l'exil imposé au philosophe (1er s.) pour avoir séduit la nièce de l'empereur Claude. Le futur précepteur de Néron décrit son séjour comme suit : « Où trouver un lieu plus désolé, plus inaccessible de toutes parts, que ce rocher, plus dépourvu de ressources, hérissé d'aspérités plus menaçantes et sous un ciel plus funeste ? » De fait, il est probable que Sénèque ait séjourné sur la côte orientale dans les colonies d'Aléria ou de Mariana où « on rencontre plus d'étrangers que des citoyens ». Pendant huit ans, de 41 à 49, il eut le temps de se consacrer à son *Traité de la consolation*.

Stationner si possible au col de Ste-Lucie, car la route qui s'amorce près de la chapelle est étroite et très dégradée.

1h30 AR. Au bout de la route (bâtiments abandonnés), emprunter un sentier raide à l'extrémité sud-ouest du terre-plein. Le sentier bien tracé grimpe parmi les buissons de cistes et les chênes. À la sortie du sous-bois, on aborde un amas rocheux où s'amorce un petit escalier naturel qui conduit à la base de la tour *(attention, glissant par temps de pluie)*. Des pans de mur et un réservoir rappellent l'existence de la **tour** des Motti qui protégeait le château des Motti, 150 m plus bas. La **vue★** par temps clair s'étend jusqu'aux îles d'Elbe et de Capraia et à la côte italienne.

À 5,5 km depuis le col de Ste-Lucie en poursuivant sur la D 180.

Luri

La commune de Luri s'éparpille en plusieurs hameaux dans une vallée verdoyante ouverte sur la côte orientale du cap Corse. L'activité viticole y est importante comme en témoignent sa célèbre **foire annuelle du vin** *(juillet)* et son petit musée.

Église St-Pierre – *04 95 35 00 15 - tlj sf w.-end horaires, se rens. - clé disponible à la mairie.* Dans le hameau de **Piazza**, cette église du 17e s. *(voir l'ABC d'architecture p. 500)* abrite derrière l'autel une peinture sur bois de la fin du 16e s. illustrant la vie de saint Pierre. Le paysage en arrière-plan représenterait les châteaux forts du cap Corse au 15e s., en particulier ceux des seigneurs da Mare : à droite, le château présumé de San Colombano à Rogliano, rasé au 16e s. ; à gauche, haut perchée, la tour des Motti dont les ruines servirent à édifier la tour de Sénèque et, à ses pieds, le **château des Motti** qui fit place à un couvent, au 16e s.

Faire demi-tour pour rejoindre la D 80.

TOURS GÉNOISES

Voir l'ABC d'architecture p. 505. Construites à l'instigation de Gênes, les tours assuraient essentiellement une fonction d'observation et d'alerte de la population pour lui permettre de se réfugier dans des zones sûres de l'arrière-pays. Jusqu'au 18e s., des règles très strictes, établies par les Génois, régissaient la garde des tours de guet ourlant le littoral corse. Voici quelques extraits des obligations des veilleurs, les *torregiani* :

– monter chaque soir après le coucher du soleil pour vérifier l'absence d'approche barbaresque et, selon le cas, communiquer avec les tours avoisinantes par les feux conventionnels ;

– interdiction de s'absenter plus de deux jours, et pour un guetteur à la fois. Défense est faite aux gardiens de payer des remplaçants ;

– obligation de renseigner tous les navigateurs sur l'état de sécurité de la route empruntée.

Des fonctions de préleveurs de taxes sur les bateaux de passage étaient également échues aux guetteurs.

La mer apparaît alors brusquement, toute proche. La descente du col offre de belles **vues★** sur le golfe d'Aliso et les hameaux de Pino.

★ Pino (Pinu)

Les maisons de ce charmant village, les tours génoises, l'église et les nombreuses chapelles funéraires, élevées à la mémoire de riches particuliers, s'étagent à flanc de montagne au milieu d'une abondante végétation.

L'**église Ste-Marie**, restaurée aux 18e et 19e s., présente, face à la mer, une belle façade de style baroque.

Prendre la petite route qui descend en forte pente jusqu'à la minuscule marine de Pino et sa plage de galets.

Côte à côte s'élèvent une vieille **tour génoise** et l'ancien couvent St-François *(ne se visite pas).*

La D 33 (étroite et tortueuse) franchit le col de la Montagne-Minervio.

Les villages s'agrippent à flanc de colline où apparaissent les anciennes terrasses de culture cernées de murets de pierres sèches. Des torrents dévalent les pentes. Les oliviers et les vignes font place au maquis. Des trouées laissent deviner les abrupts et la route inférieure. Une **vue★** superbe sur le cap Minervio et la marine de Giottani apparaît, avant de prendre à gauche la route vers Canari.

Canari

Sur l'étroite et spectaculaire route de corniche qui domine la D 80 s'étage à flanc de montagne ce petit village qui possède deux églises intéressantes. La commune abrite un gisement d'**amiante**, exploité de 1926 à 1965 pour l'industrie du fibrociment. Il fut considéré comme le plus important d'Europe. Outre les dégâts sanitaires, l'importante masse des stériles a modifié le paysage : roc dénudé, luisant et tailladé surplombant l'ancienne usine en ruine (peu avant la marine d'Albo), galets des plages issus des déblais…

À l'entrée du village, prendre immédiatement sur la droite et laisser la voiture sur la place du Clocher.

Un sentier *(2,6 km - 1h30)*, qui part de l'esplanade et du belvédère, permet de découvrir les différentes curiosités du village.

Vous profiterez de superbes vues depuis la place, vaste esplanade flanquée de la poste et de la mairie et disposée en belvédère autour du clocher isolé qui, carré et blanc, entouré de palmiers, prend des faux airs de minaret.

Église Santa Maria Assunta – Cet édifice roman pisan de la fin du 12e s. se caractérise par une décoration très sobre et l'assemblage soigné de ses belles dalles de schiste vert pâle. Sur la façade, percée au 18e s. d'une large fenêtre, remarquez la fine décoration de feuillages et crochets du linteau, et des modillons qui le supportent. La corniche qui fait le tour de l'église est décorée de curieux masques, têtes d'animaux ou figures humaines stylisées, disposés au centre des arcs ou sur les modillons.

Église du couvent St-François – *04 95 26 83 83 - www.couventdevico.fr - ♿ - entrée libre - possibilité de visite guidée (15mn).* Dominant une esplanade, contre le cimetière, cette église décorée dans le style baroque abrite des **peintures sur bois** (dont un *Saint Michel terrassant le dragon*) et, devant le chœur à gauche, la dalle funéraire en marbre blanc de Vittoria de Gentile, morte en 1590 au couvent de Canari. L'épouse d'Horatio Santelli Cenci, seigneur de Canari, porte sa fille emmaillotée sur le bras gauche et tient, dans sa main droite, une reproduction du château de Canari. Les armoiries des Cenci et des Gentile sont placées à la droite et à la gauche de la gisante. Dans l'allée centrale, à l'entrée du chœur, une plaque de marbre carrée, datée du 19 octobre 1754 en l'honneur de la fête de saint Pierre d'Alcantara, porte l'**emblème des franciscains** dont il avait réformé l'ordre : deux bras croisés sur une croix. Dans la sacristie, meuble sculpté.

Conservatoire du Costume corse – *Couvent St-François - ☏ 04 95 37 80 17 - www.canarivillage.com - ♿ - juil.-août : 10h-13h, 16h-20h ; juin et sept. : tlj sf w.-end 10h-12h15, 16h30-19h ; reste de l'année : sur demande préalable à la mairie - fermé j. fériés - possibilité de visite guidée (40mn) - 2 € (-14 ans gratuit).* Les bâtiments restaurés du couvent accueillent un intéressant mais tout petit musée sur le costume corse au 19e s. On y apprend notamment que, contrairement aux idées reçues, les tenues traditionnelles de la femme corse peuvent être très colorées.

Revenir sur la D 33 et descendre sur Marinca, pour retrouver la D 80.

La D 80, de meilleure viabilité, domine de plus près la côte. Au nord, au-delà de Pino, la route contourne par l'ouest la pyramide du monte Minervio plongeant dans la mer ; des murets retiennent la terre en terrasse. La **marine de Giottani** apparaît nichée au fond d'une anse profonde. La couleur ocre des roches fait place à un blanc schisteux, et le maquis s'éclaire de touffes de genêts parmi les éboulis. En repartant vers le sud, la route longe les bâtiments de l'ancienne mine d'amiante de Canari, puis le rocher d'Albo avant de descendre au fond de la baie du Guado Grande.

Marine d'Albo (Marina di Albu)

Ce hameau de pêcheurs veillé par une tour de guet se blottit au fond d'une petite **baie** couverte de galets. En 1588, une importante flotte barbaresque (92 navires) mouilla à la marine d'Albo pour se livrer à une razzia spectaculaire dans l'intérieur : le hameau d'Ogliastro fut détruit et 40 habitants enlevés.

Prendre la D 233, en direction d'Ogliastro que l'on laisse sur la gauche. Rouler 6,5 km sur la route très étroite qui s'enfonce dans la montagne. 500 m avant Olcani, on aperçoit la chapelle abandonnée sur la droite, à 200 m sur la hauteur.

Chapelle préromane d'Olcani

De la chapelle élevée au 10e s. et placée sous le vocable de San Quilico, il ne reste que les murs et le chevet circulaire à arcatures aveugles. Le cul-de-four porte des traces de polychromie. Notez l'autel médiéval sous les ronces.

★ Nonza

Bon à savoir – Se garer est une véritable épreuve en haute saison ! N'hésitez pas à vous éloigner du centre du village et à passer et repasser… jusqu'à ce qu'une place se libère.

Nonza se groupe autour de l'église et sur le rocher qui porte la vieille tour. Son nom vient sans doute de sa position stratégique : Nonza en corse signifie « annonciateur ». Une craquante petite place fleurie, quelques tables disposées autour de la fontaine à l'effigie de Pascal Paoli, c'est là que l'on peut prendre l'ambiance du village. Aux environs, arbres fruitiers et jardinets en terrasses, abrités du vent, s'étagent de la mer aux premières pentes du mont Stavo.

Église Ste-Julie – Cette église du 16e s., pourvue en façade d'un harmonieux perron, possède un autel baroque (1694) en marqueterie de marbres polychromes, provenant de l'ancien couvent franciscain. Il aurait été fabriqué à Florence en l'honneur de N.-D.-de-Santé dont la statue domine l'autel. Il est surmonté d'un tableau représentant sainte Julie crucifiée. La partie instrumentale de l'orgue est attribuée à Pietro Saladini (1835).

Traversez le centre du village en suivant quelques ruelles en escalier bordées de maisons couvertes de lauzes. Certaines portes sont ornées de motifs architecturaux.

Tour paoline – Elle fut édifiée au 18e s. sur ordre de Pascal Paoli à l'emplacement d'un ancien fortin génois, pour surveiller le golfe de St-Florent. Elle

Randonnées

Tracées en pointillés violets sur la carte p. 57.

★ Sentier des douaniers

Env. 8h au total : 3h de Macinaggio à Barcaggio (45mn jusqu'à la chapelle Santa Maria), 45mn de Barcaggio à Tollare, 4h de Tollare à Centuri. Randonnée sans difficulté. S'informer au préalable de la météo et des risques d'incendie, être bien chaussé et emporter de l'eau. À l'extrémité nord de la **plage de Macinaggio** recouverte de feuilles de posidonie, le sentier épouse les anfractuosités du littoral, ponctué de deux tours génoises. Après le premier promontoire, s'ouvre la belle plage de sable blottie au fond de la **baie de Tamarone**. Le sentier contourne ensuite par l'est le monte di a Guardia et redescend en vue de la première tour génoise. Il pénètre dans la **zone protégée de Capandula**. Le promeneur traverse des prés d'asphodèles piquetés de buissons de lentisques tordus par les vents. En face, on distingue **les îles Finocchiarola**. Dans un site désert, la **chapelle de Santa Maria**, bâtie au 12e s. sur les vestiges d'un édifice paléochrétien du 6e s., présente une curieuse abside jumelée. Deux chapelles élevées côte à côte furent réunies au 19e s. Reprenant le sentier, on atteint **l'anse de Santa Maria**. Posée dans l'eau d'un bleu profond se dresse la tour génoise ruinée de **Santa Maria di a Chjapela**. Continuant le long de la côte, on rejoint la cala Francese. Le monte Bughju, qui ferme au nord cette anse, conserve des vestiges de la présence romaine dans cette zone stratégique, dont un oppidum du 2e s. av. J.-C. Le maquis bas, maintes fois éprouvé par le feu, n'abrite plus de chênes verts. Il épouse un relief aux formes arrondies, où les pentes douces mènent à un cirque de crêtes qui barre l'horizon vers le nord-ouest. Le sentier se poursuit vers la **tour d'Agnello** qui marque une des pointes septentrionales du cap Corse. Au bout de ce cap, soumis à des vents perpétuels, le ciel et la mer des couleurs d'une grande pureté. Au nord, l'**île de la Giraglia**, dominée par son phare puissant, constitue un repère rassurant ; à l'est, plus loin sur l'horizon, s'impose l'île toscane de Capraia. Par temps clair parfois, la masse sombre de l'île Gorgone fait une apparition. En atteignant les dunes de la plage de Cala, le sentier longe la zone marécageuse qui borde le petit port de **Barcaggio**. Au-delà de **Tollare** se dessinent les crêtes le sémaphore de Capo Grosso. En arrivant vers **Centuri**, une belle vue s'offre sur l'îlot de Capense.

★★★ Ascension du Monte Stello

6h AR du centre du village, sans compter les haltes (1 000 m de dénivelé). La randonnée ne présente pas de difficulté majeure, mais il faut s'assurer auparavant de la persistance du beau temps. Ce secteur est sujet à de brusques arrivées de brouillard rendant le retour très risqué. Lors des grandes chaleurs estivales, l'excursion est peu recommandée à cause des brumes limitant la visibilité. L'itinéraire emprunte les ruelles indiquées par un balisage orange intermittent, pour rejoindre un sentier bien tracé qui s'élève rapidement au-dessus du village. Lorsque la pente s'adoucit, le chemin longe les gorges du torrent Arega, puis grimpe jusqu'aux **bergeries de Prunelli** (abri aménagé et source). Il s'achemine ensuite vers une brèche (Bocca di Santa Maria) et aborde le versant ouest du massif. On aperçoit alors la pyramide du monte Stello dont on gagne l'arête faîtière par le nord. Après avoir contourné par l'ouest la pyramide sommitale, on débouche au sommet (1 307 m). Par temps très clair, le **panorama**★★★ est saisissant. La vue embrasse l'ensemble du Cap, avec à sa base le golfe de St-Florent et l'arrière-pays ondulé des Agriate, la Balagne et les contreforts étagés des massifs centraux. À l'est, l'archipel toscan ponctue l'horizon.

LA PATRONNE DE LA CORSE

Julie, une jeune fille de Nonza qui avait refusé de participer à une fête païenne, fut crucifiée dans son village sur ordre du préfet Barbarus. Sur le lieu du martyre jaillit une source miraculeuse. Le corps de la sainte, évacué en 734 devant la menace sarrasine, se trouve aujourd'hui à Brescia en Italie, mais quelques reliques sont conservées à l'église de Nonza *(pèlerinage le 22 mai)*. L'analogie de son supplice avec celui du Christ fait de sainte Julie la patronne de la Corse.

couronne un promontoire schisteux qui domine vertigineusement la mer de ses 160 m d'altitude. En août 1768, la tour subit victorieusement le siège des troupes françaises de Grandmaison chargées d'appliquer le traité de Versailles. De chacune de ses meurtrières, les coups partent, parfaitement coordonnés. Mieux vaut parlementer que poursuivre et l'on convient alors que la garnison quittera son retranchement, libre et avec les honneurs. Le vieux Jacques Casella sort de la tour, boiteux et solitaire, mais avec quelle fierté : il avait imaginé un système de transmission qui lui permettait de manœuvrer seul toutes ses pièces !

Du pied de la tour, la **vue★** est fort étendue. À droite, le bleu profond de la mer contraste avec la teinte grise de l'immense plage. Au loin se profilent le golfe de St-Florent, la Balagne et le massif du Cinto. Plus près, se dévoilent les toits du village et le clocher accroché au chevet de l'église.

Fontaine Ste-Julie – À 50 m sur la route de Pino, 160 marches descendent (même chemin que pour la plage) à cette fontaine dont les eaux sont réputées miraculeuses. Cette agréable promenade ombragée offre un point de vue original sur le village et sa vieille tour.

★ **Plage** – On accède à la grande plage de galets par un sentier formé de 260 marches. Il part à gauche de l'église sur la route principale (en face du magasin d'alimentation). Comptez 15mn pour descendre, 20mn pour remonter. La plage est aussi accessible par une route carrossable, 3 km au nord de Nonza. Les vagues y sont superbes quand le vent souffle. D'un bleu profond ou intensément lumineuses, en fonction du temps, elles viennent exploser en gerbes blanches sur la plage grise. Cette couleur est due aux galets de schiste amiantifère accumulés ici depuis 1932, anciens déblais de l'usine d'amiante de Canari (fermée depuis 1965) érodés par les vagues, qui ne présentent *a priori* pas de toxicité, l'amiante traité étant seul dangereux.

1h. Un sentier appelé « Terrasses marines » sillonne les flancs du relief qui relient la plage au village. Il permet d'approfondir la découverte de cette zone longtemps dédiée aux cultures (dont celle des cédratiers). Murets, fontaines terrasses… Vous aurez déjà une bonne vision de ces anciennes activités en descendant vers la plage.

3 km après Nonza, prendre la D 433 vers le hameau principal. 10 m en dessous de l'embranchement avec la D 433, panneau informatif sur le cap Corse.

Olmeta-di-Capocorso

À l'amorce du village se dresse l'**église**. Elle renferme de beaux objets sacerdotaux et des tableaux du 18ᵉ s. provenant de l'ancien couvent de Nonza.

Revenir sur le littoral et poursuivre sur la D 80.

En arrivant à **Farinole**, faites une halte sur la jolie **plage** de sable.

Peu avant Patrimonio, le paysage change. La transition très marquée d'un univers sauvage à un autre plus verdoyant et souriant indique que l'on atteint les portes du Nebbio.

Le village de Nonza.
J.-L. Gallo/MICHELIN

1

Patrimonio

Sur les premières pentes du Nebbio, Patrimonio dissémine ses maisons et sa grande église au flanc d'une colline prospère, plantée de vergers et de vignes. *Patrimoniu* veut dire « patrimoine » en corse. Au 17e s., c'est le nom que l'on donnait à un regroupement de terres. C'est aujourd'hui le nom d'un vignoble réputé. De longue date, le patrimonio se classe, par ses cépages et par le soin apporté à son élaboration, parmi les meilleurs crus élevés en Corse *(voir « Nos adresses »)*.

★ **Église St-Martin (San Martinu)** – Cette église, avec ses schistes qui prennent au soleil couchant une chaude tonalité blond doré, compose une des « images » touristiques les plus connues de la Corse. Édifiée à partir de 1570, elle fit l'objet d'une importante restauration entre 1801 et 1810. Le clocher et la partie supérieure de l'église datent de cette époque.

Un peu isolée, posée sur une butte dominant le village, elle apparaît comme un édifice monumental avec son haut clocher, ses robustes contreforts et son fronton à volutes. Elle reste cependant à l'état de gros œuvre avec ses murs dépourvus de parement, laissant encore apparents les trous de boulin.

U Nativu – À côté du monument aux morts, un abri grillagé protège la **statue-menhir** en calcaire du Nativu trouvée en 1964 dans la commune de Barbaggio

UNE TERRE DE CARACTÈRE

Dans son histoire, le village a aussi donné le jour à deux adversaires de Bonaparte : **Joseph Arena** (1771-1801), député au Conseil des Cinq-Cents en 1796 qui protesta contre le coup d'État du 18 Brumaire. Accusé d'avoir pris part à un complot contre le Premier consul, il fut guillotiné le 30 janvier 1801. Son frère **Barthélemy** (1775-1829), député à l'Assemblée législative, puis aux Cinq-Cents, s'opposa lui aussi au coup d'État mais réussit à échapper à la police consulaire et à se réfugier à Livourne où il acheva obscurément sa vie.

lors de travaux de terrassement. Cette statue mesure 2,29 m de hauteur et se caractérise par des épaules et des oreilles proéminentes, un menton accusé et une mystérieuse gravure sur le torse.

Serra di Pigno

4 km par la D 338 qui s'embranche peu avant le col de Teghime en montant de Bastia.

À 960 m d'altitude, le sommet de la Serra di Pigno porte un relais de télévision. Le **panorama★★★** y est remarquablement étendu sur les deux versants du cap Corse et sur toute la racine de cette grande presqu'île.

★★ Col de Teghime

À 536 m d'altitude, le col marque la fin de la grande arête dorsale qui partage les versants est et ouest du cap Corse. Il est le point de contact entre cette région géographique et la région du Nebbio. Le *libecciu* soufflant de l'ouest s'y engouffre parfois avec violence. Du col, le **panorama★★** se développe sur le golfe de St-Florent, le Nebbio, Bastia et la plaine orientale.

Un monument commémore un épisode déterminant de la **libération de la Corse** en 1943. Les 1er et 2 octobre, les goumiers marocains, envoyés d'Alger pour renforcer les résistants, parvinrent en effet à prendre le col aux Allemands et dès lors firent peser une menace décisive sur le port de Bastia et les mouvements des navires ennemis.

Sur le versant oriental du col, la route, sinueuse, descend vers Bastia.

★ Oratoire de Monserato *(voir p. 42)*

Église St-Martin à Patrimonio.
San Rostro / age fotostock

NOS ADRESSES DANS LE CAP CORSE

INFOS UTILES

Distributeurs de billets – Uniquement aux bureaux de poste d'Erbalunga et de Macinaggio. Soyez prévoyant !

VISITES

Excursions en mer

Bateau San Paulu – *Port de Macinaggio - ✆ 06 14 78 14 16 - www.sanpaulu.com - ♿ - avr.-sept. - promenades 26/38 € - navette 17 €.* Circuits à la pointe du cap Corse (réserve des îles Finocchiarola, Santa-Maria, île de la Giraglia, Barcaggio, Centuri), avec ou sans escale et navette du sentier des douaniers. Pêche en mer *(juil.-août, 36 €)* et observation des dauphins et des baleines *(70 € 1/2 j.)*.

HÉBERGEMENT

PREMIER PRIX

Camping La Pietra – *Lieu-dit Tresa - 20233 Pietracorbara - 3 km de Sisco - ✆ 04 95 35 27 49 - www.la-pietra.com - fermé 4 nov.-19 mars - ♿ - 126 empl. - 31,50 €.* Les emplacements sont beaux, bien délimités et ombragés dans un décor d'arbres et surtout de lauriers-roses… Corse oblige.

Camping Isulottu – *20238 Morsiglia - sortie Bastia, direction Nord par la RD 80 puis RD 35, direction Centuri - ✆ 04 95 35 62 81 - www.isulottu.fr - ♿ - fermé d'oct. à déb. mai - 80 empl. à 200 m de la mer - env. 15 € + 3,90 € pour l'électricité - 2 chalets 850 €/sem./6 pers - ✗ 18 € uniquement le soir.* Ici le repos est privilégié, détendez-vous… C'est donc à l'ombre d'une agréable chênaie que vous ferez la sieste. Ou, sous le soleil, sur la plage toute proche. Restauration familiale le soir composée de produits corses et de pizzas.

Chambre d'hôte I Fundali – *I Fundali - 20228 Luri - ✆ 04 95 35 06 15 ou 06 82 67 18 64 - www.locationcorse-ifundali.com - fermé nov.-mars - 🚭 P - 5 ch. 55/60 € ☕ - 3 gîtes max. 3 pers. 350/450 €.* Vous aimerez le calme de cette charmante maison au fond (*fundali*) de la vallée luxuriante de Luri ainsi que la chambrette confortable. Barbecue en libre service. Trois gîtes.

Chambre d'hôte Mme Micheli – *Santa-Severa - 20228 Luri - ✆ 04 95 35 01 27 - fermé nov.-mai - 🚭 P - 4 ch. 55/65 € ☕.* Vue sur la mer ou sur la montagne ? Chaque chambre, spartiate mais d'une propreté irréprochable, dispose d'un balcon pour contempler le paysage. La maîtresse des lieux vous accueille comme à la maison et vous fait profiter de son jardin verdoyant, planté de grenadiers.

Casa Lisa – *Bas du village - 20217 Nonza - ✆ 04 95 37 83 52 - www.casalisa.fr - fermé nov.-mars - 🚭 - 5 ch. 55/75 € - ☕ 7 €.* Des chambres d'hôte champêtres et ensoleillées, qui ne manquent pas de cachet avec leurs tommettes et leur vue sublime sur la grande bleue. Petit-déjeuner servi dans le jardin, avec vue sur la mer.

Chambre d'hôte Relais du Cap – *Plage de la Marine de Negro - 20217 Olmeta-di-Capocorso - ✆ 04 95 37 86 52 - www.relaisducap.com - fermé de nov. à mi-avr. - P - 🚭 - 4 ch. 55/90 € - ☕ 7,50 € - 1 appart. 850 €/sem.* Cette maison, la toute dernière du hameau, n'a que la mer pour vis-à-vis. Depuis ses chambres aux murs blanchis,

1

d'un confort assez élémentaire (salle de bains et WC communs), vous jouirez d'une vue sublime sur la grande bleue. N'hésitez pas à solliciter les charmants propriétaires, ils se feront un plaisir de vous conseiller dans toutes vos sorties.

Résidence I Fioretti – *Au couvent St-François - 20217 Canari - 04 95 37 13 90 - www.ifioretti.com - - 5 ch. 70 € - 3 gîtes 698 €/sem.* L'ancien couvent St-François a été rénové et propose des chambres d'hôte, aménagées dans les ex-cellules de moines. Bel escalier, voûtes en pierre, meubles réalisés par un artisan du village, costumes exposés dans l'ancien réfectoire : le lieu a du cachet. Également, trois gîtes ruraux.

BUDGET MOYEN

Hôtel-restaurant Petra Cinta – *Au port - Barcaggio - 20275 Ersa - 04 95 36 87 45 - hotelpetracinta.free.fr - fermé oct.-avr. - 9 ch. 75/135 € - 7,50 € - menu soir 22,50 €.* Dans cette jolie maison blanche, en retrait du pittoresque port, les chambres sont décorées avec goût, vraiment avenantes, et certaines sont même conçues pour les familles. Tout est doux et reposant, à prix raisonnable. Restauration.

Hôtel La Jetée – *Au port - 20238 Centuri - 04 95 35 64 46 - www.hotel-de-la-jetee-centuri.fr - - 17 ch. 70/110 € - 5/10 € - 18,50/49 €.* Ses chambres claires et climatisées offrent une option d'hébergement abordable à Centuri. Préférez celles avec vue sur la mer, dont trois possèdent un petit balcon donnant sur le port. Le point fort de cet établissement est la terrasse du restaurant qui offre une vue exceptionnelle. Nombreuses recettes de poisson à la carte.

U Libecciu – *Rte de la Plage - 20248 Macinaggio - 04 95 35 43 22 - www.u-libecciu.com - fermé de mi-oct. à déb. avr. - - 30 ch. 92/126 € - 8 appart. 910/1 120 €/sem. - 10 €.* Cette adresse proche du port abrite de spacieuses chambres avec terrasse et des appartements équipés pour un long séjour. Bon accueil. Une adresse fiable.

Chambre d'hôte La Ferme U San Martinu – *Marine de Sisco - 20233 Sisco - Lieu-dit Canavaghja - 04 95 35 25 78 - www.ferme-usanmartinu.com - - 4 ch. et 1 suite 90/150 € - repas 30 €.* Dans cette ferme aménagée en chambres d'hôte, Pierre-Jean et Marine ont su apporter la touche de rusticité nécessaire pour rendre l'atmosphère un peu plus authentique. Une cuisine corse généreuse, souvent composée de produits maison, est servie au bord de la piscine.

Chambre d'hôte Côté-Corse/ Latu-Corsu – *Hameau Poggio (Poghju) - 20275 Orsa - 04 95 35 99 95 ou 06 16 10 70 70 - cote-corse.fr - fermé de fin sept. à fin mai - 5 ch. et 1 studio 85/120 €.* Restaurée avec soin et décorée avec goût (tableaux contemporains), cette vaste maison de village vous charmera avec ses murs en schiste, ses vieilles poutres patinées, ses tommettes et son parquet rustique. Accueil soigné. À l'étage inférieur, l'ancien moulin à huile a conservé son pressoir.

Casa Eva Maria – *Rte impériale - 20253 Patrimonio - 06 28 46 24 27 - www.casaevamaria.com - - 4 ch. 75/115 €.* Ces quatre chambres modernes et confortables s'ouvrent sur un beau panorama embrassant le village de Patrimonio et les collines alentour. Elles disposent chacune d'une douche à l'italienne et d'une petite terrasse.

En face, jardin à la pelouse impeccable et piscine bordée par le chalet commun, avec cuisine d'appoint. Le propriétaire et sa famille habitent la maison située juste à côté.

POUR SE FAIRE PLAISIR

Casa Maria – *Chemin de la Tour - 20217 Nonza - ✆ 04 95 37 80 95 - www.casamaria-corse.com - 5 ch. 105/175 € ☕ - ✕ hors sais.* Dans une ancienne maison de maître du 18e s., à la décoration élégante, les chambres – dont une familiale – ont vue sur la mer. Accueil chaleureux. Petit-déjeuner sous la treille. Plats corses à la table d'hôte hors saison.

U Ricordu – *20248 Macinaggio - ✆ 04 95 35 40 20 - www.hotel-uricordu.com - fermé nov.-mars - P 🏊 - 56 ch. 140/170 € - ☕ 14 € - ✕ 29 €.* Chambres actuelles, orientées côté route ou côté montagne. Deux piscines chauffées et une lumineuse salle à manger où est servie une cuisine traditionnelle.

Hôtel A Stalla Sischese – *Marine de Sisco - 20233 Sisco - ✆ 04 95 35 26 34 - www.astallasischese.com - fermé nov. à mars - P 🏊 Spa ♿ - 27 ch. 105/210 € - ☕ 10 € - ✕ 25/30 €.* Dans cet hôtel récent, rien de luxueux mais un bon niveau de confort et une décoration soignée, dans une palette de couleurs chaudes. Balcon à toutes les chambres et piscine à l'arrière.

Hôtel Pietracap – *Sur la D 131 - 20200 Pietranera - ✆ 04 95 31 64 63 - pietracap.com - 🏊 - 35 ch. 97/224 € - fermé nov.-mars - ☕ 14 €.* Bordé d'un parc d'oliviers et d'arbres fruitiers, un élégant hôtel des années 1970, aux murs envahis de tableaux colorés. Chambres agréables et fraîches, avec des balcons fleuris, dont la plupart ouvrent sur la mer.

☺ **Castel Brando** – *Rte du Cap - 20222 Erbalunga - ✆ 04 95 30 10 30 - 🏊 - www.castelbrando.com - fermé nov.-avr. - 40 ch. et 6 suites 105/290 € - ☕ 18 €.* Dans cette maison de maître édifiée par un médecin des armées napoléoniennes, tout est ravissant : le jardin luxuriant et ses jolis palmiers, les chambres raffinées (certaines dans des villas annexes), les piscines, l'espace forme et massage, la véranda… On aimerait ne jamais partir ! Excellent petit-déjeuner à base de produits locaux et bio.

U Sant'Agnellu – *20246 Rogliano - ✆ 04 95 35 40 59 - www.hotel-usantagnellu.com - P - fermé d'oct. à déb. mai - 14 ch. 80/180 € - ☕ 12 € - ✕ 30 €.* Dans cette fière bâtisse aux larges baies vitrées ou sur sa terrasse ombragée, le regard se perd sur la ligne bleue de la mer, entre l'île d'Elbe et celle de Capraia. Une vue dont vous profiterez en savourant une belle cuisine typique. Chambres agréables et tout confort. Deux disposent d'une terrasse. Jardin sous une oliveraie.

☺ **Palazzu Nicrosi** – *Lieu-dit Vignale (peu de signalisation, se faire préciser l'accès au préalable par les hôtes) - 20246 Rogliano - ✆ 06 78 00 84 18 - www.palazzu-nicrosi.com - P 🏊 - fermé de Toussaint à Pâques - 2 ch. 150/165 € et 3 suites 250/290 € - ☕ 12 €.* Une « maison d'Américains » *(voir p. 61)* bâtie en 1877 par un cap-corsin ayant fait fortune dans le sud des États-Unis, en Alabama. Fresques conservées au plafond, tommettes d'origine, escaliers monumentaux… Difficile de ne pas sentir le poids de l'Histoire (mais non écrasant) dans cette maison de maîtres dont la décoration est relevée de jolies touches contemporaines. Chambres tout confort, petit-déjeuner gourmand. Un séjour exceptionnel et hors du temps… Et comment passer sous silence les vues exceptionnelles sur Macinaggio et le littoral ?

RESTAURATION

BUDGET MOYEN

A Casaïola – *Marine de Sisco - 20233 Sisco - ✆ 04 95 35 21 50 - fermé oct.-avr. - ♿ 🅿 - 15/23 €.* Cuisine aux saveurs du monde, poisson du jour et spécialités de la mer, à déguster dans une coquette salle à manger, sur la terrasse ombragée ou sur la terrasse les pieds dans l'eau, face aux îles d'Elbe et de Capraia. Que demander de plus ?

☺ **Libertalia** – *Rte de l'église - 20253 Patrimonio - ✆ 06 23 16 41 25 - fermé oct.-avr. - 10/30 €.* Pierre-François Maestracci, agitateur local, arbore fièrement son étendard, Libertalia. Des légumes du jardin et une cuisine au feu de bois faisant la part belle aux poissons de ligne, aux volailles labellisées et au porc nustrale. Également des pizzas cuites dans le four à pain familial (10/16 €). Dans le verre, la bière Ribella dont le propriétaire *(voir « Achats »)* est le créateur et les vins du domaine familial. Une belle adresse, emplie d'honnêteté et hors des sentiers battus.

U Paradisu – *Sur la plage de Tamarone - 20246 Rogliano - ✆ 06 12 89 96 43 - fermé de fin sept. à fin avr. - 15/26 €.* Difficile de rêver cadre plus enchanteur, cette paillote étant posée sur la plage de Tamarone. À la carte, d'efficaces assiettes, qui mêlent brochettes d'agneau, poissons grillés, généreuses salades, sans oublier les (bonnes) pizzas au feu de bois. Service rapide et souriant. Une adresse sympathique.

Osteria di u Portu – *20248 Macinaggio - ✆ 04 95 35 40 49 - fermé déc.-mars - 17/25 €.* Un lieu fort agréable avec la seule terrasse face au port, donc prise d'assaut (pensez à réserver). Dans l'assiette, des plats corses et un menu de la mer.

La Vela d'Oro – *Dans une ruelle, derrière le port (en arrivant dans le village) - 20248 Macinaggio - ✆ 04 95 35 42 46 - fermé de mi-nov. à mi-mars - menus 18/58 €.* Une affaire familiale tenue avec sérieux et professionnalisme. Spécialisé dans les produits de la mer, le restaurant propose poissons de la pêche locale et langoustes (prix au poids, à choisir dans le vivier), accommodés simplement. Service dynamique et efficace.

U Marinaru – *Au port - 20238 Centuri - ✆ 04 95 35 62 95 ou 06 16 57 24 29 - www.marinaru-centuri.com - fermé oct.-avr. - formules déj. à partir de 17,50 € - 12/35 € - 8 ch. 75/80 € ☕ - 2 gîtes vue mer.* L'hôtel, avec ses chambres classiques et rénovées, ne vous laissera pas un souvenir impérissable, même si certaines ont vue sur la mer. En revanche, la cuisine du restaurant, composée en majorité de poisson, mérite le détour.

La Sassa – *Rte de la Tour - 20217 Nonza - ✆ 04 95 38 55 26 - www.castalibre.com/lasassa - fermé oct.-mars – service non stop 10h-1h – menus complets 30/45 €.* À l'ombre de la tour paoline, un restaurant en plein air qui offre une vue splendide sur la mer. Plat signature : le grand canelloni au *brocciu* à la truffe. Concerts en été.

Osteria di San Martinu – *Hameau Poretto - 20253 Patrimonio - ✆ 04 95 37 11 93 - fermé merc. midi en été, merc. soir et dim. soir le reste de l'année - formule déj. 20 € - menus 25/30 € - 11/50 €.*

Cette petite *osteria* est à fréquenter l'été : tout se passe alors sur la terrasse, dressée sous une pergola et animée par la présence du barbecue. Plats corses et grillades s'arrosent alors avec le patrimonio produit sur le domaine du frère du patron.

La Macciotta – *Au port - 20238 Centuri - ✆ 04 95 35 64 12 - fermé de fin oct. à déb. avr. - réserv. conseillée juil. et août - menu du jour 16,50 €, 25/49 € - 18/52 €.* Les amateurs de poissons frais choisiront la marée du jour dans ce restaurant à dénicher parmi les maisonnettes du premier port de pêche du cap Corse. Le chef propose également des poissons d'élevage et, pour les incorrigibles « appétits carnivores », une entrecôte cuite au feu de bois. Sobre salle à manger immaculée et charmante terrasse.

Les Chasseurs – *20233 Marine-de-Pietracorbara - ✆ 04 95 35 21 54 - fermé nov.-mars - ♿ (rest. seult.) - P - 20/28 € - 7 ch. 90/130 €.* Il règne une ambiance décontractée dans ce sympathique restaurant familial situé près de la plage. Aux beaux jours, des spécialités locales (très bonnes tripettes à la mode corse) et les plats du jour sont servis sous la tonnelle. Les amateurs apprécieront les excellentes pizzas au feu de bois. Après le repas, laissez-vous tenter par une partie de pétanque… Chambres rénovées simples et calmes.

UNE FOLIE

Le Vieux Moulin – *Au port - 20238 Centuri - ✆ 04 95 35 60 15 - www.le-vieux-moulin.net - P ♿ - fermé de nov. au 15 fév. - 40/80 € - 18 ch. 100/230 € - 8/12 €.* Cette maison bourgeoise du 19e s. domine le charmant petit port de Centuri. Vous profiterez, en terrasse, du panorama tout en dégustant une cuisine régionale axée sur les produits de la mer (avec des accompagnements quelquefois décevants selon certains lecteurs). Une partie des chambres, fonctionnelles et climatisées, donnent sur la grande bleue.

Le Pirate – *Au port - 20222 Erbalunga - ✆ 04 95 33 24 20 - www.restaurantlepirate.com - fermé de nov. à mi-mars, lun., mar. hors saison - 42/90 €.* L'accès au port étant interdit aux voitures, c'est à pied que vous rejoindrez cette jolie maison en pierre avec son agréable terrasse inscrite dans un véritable paysage de carte postale. Le chef concocte une belle cuisine d'aujourd'hui, fine et précise. Le meilleur de la pêche locale, la viande des petits producteurs alentour : on ne triche pas avec les produits et cela se sent !

ACHATS

Vin

Route des vins de Patrimonio – Trente-trois viticulteurs vous accueillent sur cette route jalonnée des sept villages composant le domaine AOC. On vous y racontera l'histoire du « Nebbiu », la brume venue du golfe, évitant les gelées, et de la « Conca d'Oro », qui ont donné leurs noms aux terres et aux paysages exceptionnels du golfe de St-Florent. Dégustations gratuites pour découvrir la production de vins blancs, rouges, rosés et muscats.

Antoine Arena – *Morta Maio - à l'entrée sud du village - 20253 Patrimonio - www.antoine-arena.fr - ✆ 04 95 37 08 27 - tlj sf w.-end 16h-19h sur RV.* Dans son domaine de presque 14 ha, Antoine Arena compose des

1

vins de très grande qualité et entièrement naturels comme le muscat du cap Corse, le patrimonio 100 % *vermentinu* et 100 % *nielucciu*, ou le « Bianco Gentile » (cépage local qu'il a fait renaître).

Domaine Pieretti – *Santa-Severa - 20228 Luri - ✆ 04 95 35 01 03 - www.vinpieretti.com - P - avr.-sept : 9h-12h, 14h30-18h30 ; reste de l'année : sur demande.* Lina, cinquième génération de Pieretti à travailler au domaine, entretient aujourd'hui les 14 ha de vignes (*nielucciu, vermentinu,* grenache), situées sur les coteaux qui surplombent la mer. Vous y dégusterez de délicieux crus issus notamment des vignes de grenache, plantées en 1959 et signature de la viticultrice : son 100 % grenache *Il Murtate* exhale notamment des arômes de cerise au sirop et d'épices ; son vieilles vignes 50 % grenache, 50 % *nielluciu* possède une élégance rare. Également de très bons muscats.

Clos Nicrosi – *Caveau de dégustation en face de l'hôtel Best Western - 20248 Macinaggio - ✆ 04 95 35 41 17 - en saison : tlj sf dim. 10h-12h, 16h-19h, téléphoner au préalable ; hors saison sur RV.* Un domaine réputé qui travaille en agriculture raisonnée, régulièrement plébiscité par les magazines spécialisés. À ne pas manquer : le blanc de blanc, à la fraîcheur et vivacité exceptionnelles et un muscat très soigné. Prix assez élevés justifiés par un travail de grande qualité sur toutes les cuvées.

Bière

Brasserie Ribella – *Lieudit Pastricciola (sur la rte de St-Florent) - 20253 Patrimonio - ✆ 06 23 16 41 25 - ribella.corsica.* Non filtrées et non pasteurisées, les bières artisanales Ribella feront le bonheur des amateurs de houblon. Des noms de cuvées évocateurs (Divina, Immurtale, Inferna, Mistica) pour des productions épousant respectueusement le terroir local (bières au marc de muscat, à la châtaigne, etc.). Possibilité d'accompagner la dégustation par de bons produits locaux (légumes bio, charcuterie et fromages AOP) au bar de la brasserie, le Bacchus B. *(12h-0h).*

Confiserie

Les Cédrats du Cap Corse – *20228 Barretalli - ✆ 06 29 05 03 74 ou 06 72 15 84 78 - lescedratsducapcorse com - P - 9h-12h et sur RV.* Xavier Calizi s'est lancé un pari fou : faire revivre le cédrat qui fut l'une des richesses de la région jusque dans les années 1930. Il a relevé le défi et cultive ces agrumes peu communs qu'il transforme en confiserie, confitures et liqueurs. Visite de la plantation et boutiques.

ACTIVITÉS

Plongée

Dollfin – *Marine de Sisco – 20233 Sisco - ✆ 04 95 58 26 16 ou 06 07 08 95 92 - www.dollfin-plongee.com - d'avr. à mi-nov. : 8h-20h - sur RV hors sais. - P privé.* Une école de plongée sérieuse (plongée pour enfants, exploration de nuit…), qui propose aussi la location de kayaks de mer.

Calypso – *Port d'Erbalunga - ✆ 06 25 98 48 19 - www.calypso-marine.fr.* Ouvert en 2016, ce petit club propose de nombreuses activités nautiques, entre plongée (baptêmes pour les enfants) et randonnées palmées vers la réserve des îles Finocchiarola.

Nautisme

Club nautique de Macinaggio – *Plage de Macinaggio - ✆ 06 86 72 58 40 - www.voilecorse.com - juil.-août : 8h-20h.* Location de dériveur, planche à voile, stand up paddle… et cours particuliers.

Capitainerie – *✆ 04 95 35 42 57 - www.capcorse-tourisme.corsica - juil.-août : 7h-21h.*

Cap Évasion – *Sur le port - ✆ 06 81 70 38 48 - www.cap-evasion.biz - avr.-oct. : 8h30-19h - 85/500 €.* Location de bateaux avec ou sans permis.

Nature

Sentiers thématiques – 18 itinéraires sont proposés dans le cap Corse, fiche en téléchargement sur www.destination-cap-corse.corsica.

Parcours de santé – *amichidiurughjone.org.* À Luri, au bord de la rivière, 2 km en boucle avec 12 agrès pour tester souplesse, équilibre et force.

AGENDA

La Cerca – *À Erbalunga-Brando - Jeudi et Vendredi saints.* Le jeudi soir, une procession gagne le monastère des bénédictines qui domine Brando. Les hommes, revêtus d'une aube blanche, portent une croix de 40 kg, tandis que les femmes, la tête couverte d'une jupe bleue *(la faldette)* remontée à l'arrière participent à la cérémonie en supportant une croix de 20 kg. Le vendredi, la procession quitte l'église d'Erbalunga vers 7h du matin, pour un circuit à pied d'environ 12 km comportant des haltes dans toutes les églises et chapelles de la commune de Brando : c'est la **« Cerca »** (« recherche »). Le soir, à la lumière des torches, la procession des pénitents réalise des figures traditionnelles, devenues célèbres, comme celle de la *Granitola*, en forme de spirale, et celle de la croix.

Fiera di u Vinu – *À Luri - 1er w.-end de juil.* La foire au vin, sur la place du village, avec dégustations et animations. Producteurs du cap Corse et du reste de l'île.

Les Nuits de la guitare – *À Patrimonio - www.festival-guitare-patrimonio.com - mi-juil.* Il y a maintenant plus de 20 ans que les frères Dominici ont fait le pari de transformer le village en lieu de rencontre musicale. Et c'est réussi ! De Marcel Dadi à Gilberto Gil en passant par George Benson, le programme ne cesse de s'étoffer alors que l'ambiance est toujours aussi conviviale.

LE NEBBIO ET LES AGRIATE

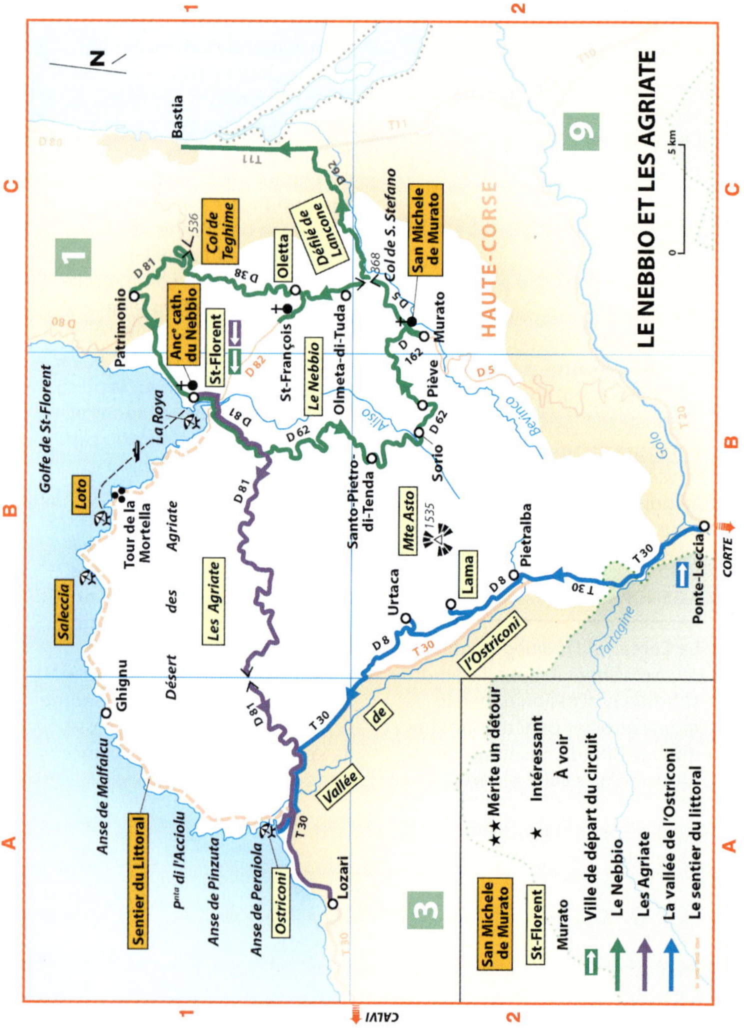

Le Nebbio et les Agriate 2

Carte Michelin Départements 345 – Haute-Corse (2B)

Saint-Florent

San Fiurenzu

★

1 637 Saint-Florentins – Haute-Corse (2B)

Au creux d'un golfe remarquable, auquel elle a donné son nom, St-Florent est bâtie sur une légère hauteur au nord de l'embouchure de l'Aliso. Cette station balnéaire très appréciée, dont le succès se mesure facilement à la taille des élégants yachts amarrés dans son port de plaisance, n'est pas surnommée le « St-Tropez de la Corse » sans raison. Les remparts de la citadelle et les vieilles maisons colorées rappellent son rôle historique de capitale du Nebbio, arrière-pays à l'ancestrale culture agricole parsemé de hameaux et de bergeries.

NOS ADRESSES PAGE 84
Hébergement, restauration, achats, activités, etc.

S'INFORMER

Office du tourisme de St-Florent – *Centre Administratif - 20217 St-Florent - ✆ 04 95 37 06 04 - www.corsica-saintflorent.com - 9h-12h, 14h-18h30, w.-end 9h-12h - fermé certains j. fériés.*

SE REPÉRER

Carte de microrégion B1 (p. 80).
À l'extrémité sud-ouest du cap Corse. St-Florent est traversée par la nationale venant de Bastia (23 km). Cette route mène à la place des Portes, lieu central de la cité. Les vieux quartiers et la citadelle s'étendent vers l'ouest. Au sud-ouest, la « route de la plage » conduit à la longue plage de la Roya. Au nord, derrière la citadelle, se trouve la plage de galets d'Olzo.

SE GARER

Laissez votre véhicule sur le grand parking du port *(payant)*. La ville se visite très facilement à pied.

À NE PAS MANQUER

L'ancienne cathédrale du Nebbio ; les plages mythiques des Agriate (féminin pluriel en corse, comme les « calanche »).

ORGANISER SON TEMPS

Pour rejoindre les plages des Agriate, possibilité de combiner une randonnée sur le sentier des douaniers et les navettes en bateau. Penser à téléphoner car les départs en bateau dépendent de la saison et de la météo.

EN FAMILLE

Nombreuses activités nautiques proposées sur la plage de la Roya.

Se promener

La **vieille ville**★ se rassemble autour de l'église dont le clocher domine le port de pêche et de plaisance abrité par une longue jetée. On flâne avec plaisir à travers ses ruelles tortueuses bordées de vieilles maisons et ses placettes fleuries de lauriers-roses.

Place des Portes

Séparant les rues sombres de la vieille ville et les espaces dédiés à l'activité balnéaire, c'est le centre d'animation de la cité. Son espace est partagé entre les terrasses des cafés et les terrains occupés par les joueurs de boules.

Le port de St-Florent.
T. Kakalik/Panther Media/age fotostock

Citadelle

04 95 37 10 63 - visite, se rens. à l'office de tourisme. Exposition en juil.-août.
Bâtie par les Génois sur un promontoire calcaire, elle domine la ville et le port. La citadelle a été plusieurs fois remaniée depuis sa fondation en 1439 par Tomasino de Campo Fregoso qui érigea celle de Bastia, quarante et un ans plus tard. Après avoir franchi le portail, avancez-vous sur la gauche du parapet pour découvrir une vue surprenante sur les vieilles maisons bâties à fleur d'eau. Le donjon circulaire est un remarquable exemple d'architecture militaire génoise. La citadelle était la résidence du gouverneur du Nebbio.

Plage de la Roya (plage de la Roia)

Par la route, environ 2 km au sud-ouest du centre. Prendre la D 81 et franchir l'Aliso, puis prendre à droite vers les campings.
Cette longue plage (env. 2 km) offre de multiples activités nautiques *(voir « Nos adresses »).*
À l'extrémité ouest de la plage, un **sentier★★** *(voir p. 94)* longe la côte des Agriate et permet d'atteindre l'Ostriconi en passant par les magnifiques plages du **Loto★★** *(4h30 AR)* et de **Saleccia★★**. En saison, un bateau assure des liaisons avec ces plages.

À proximité Carte de microrégion p. 80

★★ Ancienne cathédrale du Nebbio (église Santa Maria Assunta) B1

À 1 km par la D 238, direction Poggio-d'Oletta (une pancarte légèrement en retrait indique la direction depuis le carrefour central de St-Florent). 04 95 37 10 63 - www.corsica-saintflorent.com - rens. et tarif à l'office de tourisme - possibilité de visite guidée.
Voir l'ABC d'architecture p. 501. L'église Santa Maria occuperait en partie l'emplacement de la cité romaine. C'est l'un des plus importants témoignages de

LA CAPITALE DU NEBBIO

Occupé dès le Néolithique, urbanisé par les Romains qui y fondèrent la cité de **Nebium**, le site de St-Florent fut sans doute dès le 4e s. le siège de l'évêché du Nebbio et le resta jusqu'au 18e s. Or, ce n'est qu'au 15e s. que la ville s'est développée, autour de la citadelle fondée par les Génois en 1439. Le site était insalubre, car dans ces basses terres mal drainées sévissait la malaria ; mais St-Florent bénéficiait de l'abri sûr de son golfe et d'une position stratégique. Aussi fut-elle âprement disputée par les Français, les Corses et les Génois durant les conflits (1553-1563) qui précédèrent le traité de Cateau-Cambrésis. St-Florent demeura une cité de garnison et de pêcheurs jusqu'à la fin du 17e s. Son déclin brutal survint après la décision génoise de raser les remparts (1667) dont l'entretien coûteux n'était plus justifié, la sécurité maritime semblant acquise. Victime encore de la malaria, la ville fut désertée pendant près de deux siècles. Au Second Empire, St-Florent renaît : des travaux d'urbanisme et l'assèchement des marais furent entrepris et se prolongèrent sous la IIIe République.

l'architecture religieuse en Corse. Cette ancienne cathédrale, représentative de la seconde période du roman pisan dans l'île, fut probablement achevée vers 1140. Elle possède un appareillage soigné de moellons de marbre tarentin d'une belle finesse de grain. Par ses dimensions et son plan basilical à trois nefs, elle accuse sa filiation avec la cathédrale de la Canonica *(voir p. 44)*. Elle s'en distingue cependant par sa recherche décorative : double étage d'arcatures de la façade et corniches ouvragées à la base des toitures.

À l'intérieur, la même recherche s'observe dans l'alternance de piliers et de colonnes surmontées de chapiteaux dont certains sont ornés, outre de crochets et de coquilles, de curieuses sculptures d'animaux. Une châsse vitrée abrite les reliques de saint Flor, soldat romain qui subit le martyre au 3e s.

Bon à savoir – Des **peaux de sangliers** sont étendues sur les barrières qui bordent les routes de la région. Il ne s'agit pas d'une ancestrale technique de séchage mais plutôt d'une vieille habitude locale : regroupés en équipe, les chasseurs exposent ainsi leurs « trophées », censés faire enrager leurs « adversaires ».

NOS ADRESSES À SAINT-FLORENT

Voir aussi « Nos adresses » dans le Nebbio, p. 92.

TRANSPORTS

Autocars – *Autocars Santini - ✆ 04 95 37 02 98 - www.autocarssantini.fr - St-Florent-Bastia : tlj sf w.-end d'oct. à mi-avr. - 10 € - St-Florent-L'Île-Rousse : de mi-juin à fin août : tlj - 13 €.* Fiches horaires sur le site Internet.

Navettes maritimes – Pour les plages du Loto et de Saleccia *(voir p. 95)*.

HÉBERGEMENT

BUDGET MOYEN

Hôtel Maxime – *Chemin de la Cathédrale - ✆ 04 95 37 05 30 - www.hotel-maxime-saint-florent.fr - fermé de fin nov. à mi-fév. - P - 19 ch. 92 € - ☕ 9,50 €.* Cette bâtisse blanche aux volets bleus s'élève au bord d'un petit canal où il est possible de s'amarrer. La plupart des chambres, de taille modeste et parfois décorées de couleurs éclatantes, sont équipées de balcon.

Hôtel Les Galets – *Rte du Front-de-Mer - prom. Vincetti - ✆ 04 95 37 09 09 - www.appartementslesgalets.com - P - 16 ch. 75/155 € - ☕ 10 € - 9 appart. 790/1 250 € la sem.* Des chambres simples (doubles ou triples) avec terrasse et des appartements climatisés (2 à 5 pers.), environnés d'un agréable jardin planté d'arbustes méditerranéens, de palmiers et de fleurs, profitent de la vue sur le golfe. Location à la semaine en juillet-août et pour trois nuitées minimum hors saison. À proximité, voile, ski nautique et randonnées à cheval.

POUR SE FAIRE PLAISIR

Hôtel Le Bellevue – *Rte Principale - ✆ 04 95 37 00 06 - hotel-bellevue-saint-florent.fr - P - fermé nov.-mars - 28 ch. 120/155 € - ☕ 9 € - ✕ 12/22 €.* Une place de choix au milieu d'un beau parc dominant la mer, face au cap Corse. Les chambres sont dotées de lits en fer forgé, parfois à baldaquin. Restaurant ouvert à la non clientèle de l'hôtel.

RESTAURATION

BUDGET MOYEN

Le Grill Fish & Steakhouse – *Quai d'Honneur (en face du port) - ✆ 04 95 37 19 69 - fermé janv.-fév., lun. sf juil.-août - 17/28 €.* Sélectionnées avec soin par le chef Yohan, affairé derrière la baie vitrée de la cuisine, les pièces de viande sont ici à l'honneur : côtes d'agneau, brochettes de magret ou *tagliatta*, morceaux d'onglet garnis de roquette et de parmesan. Également thon, espadon, moules et gambas, venus tout droit de la poissonnerie du village. Les légumes sont produits sur place et un chef pâtissier assure la carte des desserts. Jolie terrasse.

☺ **Le MaThyS** – *R. Furnellu - ✆ 04 95 37 20 73 - www.facebook.com/MaThySstflo - menu déj. 19 € - 23/29 €.* Une façade d'un rouge éclatant qui se détache d'une agréable placette, une terrasse ombragée par la grâce d'un platane mûrier, bienvenue dans ce bistrot gourmand qui propose des assiettes vives, généreuses et audacieuses. D'un renversant trompe-l'œil de carbonara (lamelles de calamars) à un gourmand millefeuille de vanille Bourbon, en passant par un agneau de lait nustrale aux artichauts à la barigoule, tout sonne juste et frappe fort.

POUR SE FAIRE PLAISIR

La Gaffe – *Port de plaisance - ✆ 04 95 37 00 12 - restaurant-saint-florent.com - fermé janv.-fév., merc. hors saison - ♿ - menu 55 € - 24/34 €.* Embarquement immédiat pour un voyage de saveurs marines. Langoustes et pêche locale se dégustent dans une salle à la décoration d'esprit bateau. Une belle sélection de vins les accompagne. Aux beaux jours, climatisation à midi ; le soir, les larges baies s'ouvrent pour profiter de la brise marine.

PETITE PAUSE

Salge et Fils « L'Isle aux Desserts » – *Pl. du Monument - ✆ 04 95 37 00 43 - www.glacecorse.com - été : 10h-13h, 14h-20h ; reste de l'année : tlj sf lun. 10h-13h, 14h-20h - fermé dernière sem. d'oct. et 1re quinz. de nov., 1er janv. et 25 déc.* Crèmes glacées ou sorbets à base de produits de très bonne qualité. La gamme « L'Isle aux Desserts » est devenue incontournable grâce à des parfums typiques : *brocciu*-citron, myrte sauvage-cédrat, castagne (les vraies châtaignes corses) ou vanille *canistrelli*.

ACHATS

Charcuterie U San Petrone – *Pl. de l'Ancienne-Poste - ✆ 06 50 57 13 35 - du w.-end de Pâques à mi-oct. : 9h-12h30, 14h30-19h (sf merc. et dim.) - ouv. le vend. mat. hors sais. (rens. au 06 13 02 04 19).* M. Rinaldi élabore *lonzu*, coppa et jambons. Pour le reste (fromages, liqueurs, vins), il fait appel à des artisans qui travaillent, comme lui, avec de bons ingrédients.

Domaine Gentile – *Lieu-dit Olzo - ✆ 04 95 37 01 54 - www.domaine-gentile.com - tlj sf dim. 9h-11h30, 14h-18h, hors sais. sur demande. Ne pas hésiter à appeler avant de se rendre au domaine.* 30 ha de cépages corses dans le vignoble de Patrimonio, cultivés en agriculture bio : le *niellucciu* pour les rouges et rosés, la malvoisie pour le blanc et le muscat à petits grains pour le muscat du Cap-Corse. Goûtez le *rappu*, une spécialité de la région.

EN SOIRÉE

Le Mathurin – *Vieille Ville - ✆ 04 95 37 04 48 - 10h-14h, 16h30-0h - fermé du 15 oct. à déb. avr. - ✕ 14 €.* L'astucieuse reconversion de cet ancien restaurant de St-Florent en bar à vins offre une bonne occasion de déguster quelques crus accompagnés de tapas aux produits corses.

ACTIVITÉS

Port de plaisance – *✆ 04 95 37 00 79 - 7h-21h ; hors sais. : tlj sf dim. 9h-12h, 14h-17h30.* 920 places.

Agriates Kayak – *Plage de la Roya - ✆ 06 15 77 81 13 - www.agriateskayak.com - avr.-oct. : 9h-18h30 ; reste de l'année, se rens. - location de kayak (monoplace 10-15 €/1h), paddle (15 €/1h) et pédalo (20 €/1h).* Pour une découverte accompagnée des côtes sauvages du désert des Agriate en kayak de mer. Stages d'initiation à l'esquimautage et de perfectionnement toute l'année.

AGENDA

Fête de saint Flor – *Tous les trois ans (prochaine en 2021) le lun. de Pentecôte.* La fête honore la relique de saint Florent.

Concerts – À la cathédrale Santa Maria Assunta en été.

Porto Latino – *Déb. août - portolatino.fr.* Concerts de musique latino-américaine.

Le Nebbio

U Nebbiu

★

Haute-Corse (2B)

Si la région tire son nom de la brume (« nebbia » en corse) qui s'installe souvent en hiver au petit matin, le Nebbio est avant tout un pays de vignobles. Ses paysages sont quadrillés de murets de pierres sèches et parsemés de bergeries. Il compte aussi quelques charmants villages perchés, gardiens de la féconde vallée de l'Aliso.

NOS ADRESSES PAGE 92
Hébergement, restauration, achats, activités, etc.

S'INFORMER

Office du tourisme de St-Florent – *Voir p. 82.*

SE REPÉRER

Carte de microrégion BC1/2 (p. 80).

Le Nebbio, au sud-ouest de Bastia, est réputé pour son littoral, avec le golfe de St-Florent. La région est traversée par la D 62 venant de St-Florent et la D 38 venant de Bastia. Les deux routes se rejoignent à San Michele de Murato en sinuant entre vergers, oliveraies et villages pittoresques.

À NE PAS MANQUER

L'église San Michele de Murato, pour sa splendide architecture romane et le panorama offert par le site.

ORGANISER SON TEMPS

Prévoyez une journée pour profiter de la région, goûter et apprendre à connaître les vins de l'AOC patrimonio, déjeuner paisiblement dans une ferme-auberge et profiter des points de vue sur la « conca d'oru » que dispense régulièrement la route.

2

Circuits conseillés Carte de microrégion

AU DÉPART DE SAINT-FLORENT

Circuit de 70 km au départ de St-Florent tracé en vert sur la carte p. 80 – Compter environ 4h. Quitter St-Florent par la route de Calvi et passer le pont sur l'Aliso.

Après avoir longé pendant 4 km le **désert des Agriate** *(voir p. 93)*, prenez sur la gauche la D 62 qui, étroite et torturée, domine la vallée de l'Aliso.

NEBBIO OU « CONQUE D'OR » ?

Le **Nebbio** est le nom donné au bassin de l'Aliso qui se développe en amphithéâtre dans l'arrière-pays du golfe de St-Florent entre le monte Asto au sud, le col San Stefano et la dorsale du col de Teghime au nord. Les statues-menhirs (*stantari*) découvertes dans les champs de Patrimonio et de Piève témoignent d'une occupation ancienne. Par la suite, une économie pastorale et agricole florissante lui valut d'être surnommé « **conque d'or** » (*conca d'oru*) par Pascal Paoli, le « père de la nation corse ». Aujourd'hui, le charme agit toujours.

Santo-Pietro-di-Tenda (Santu-Petru-di-Tenda) B2

Ses maisons s'étalent sur les pentes du massif de Tende au-dessus de l'Aliso. Deux **églises** baroques, une dédiée à **saint Jean l'Évangéliste** et l'autre servant de chapelle aux **pénitents de la Ste-Croix**, sont unies en façade par un clocher à quatre étages *(✆ 04 95 37 70 70 - demander la clé à la mairie située dans le haut du village.).*

À 1,5 km du village, **vue** sur le clocher qui se profile au-delà des frondaisons. La route s'engage alors dans un étroit défilé jusqu'à Sorio.

Quitter le village par la D 62 en direction de Sorio.

Sorio (Soriu) B2

Entre les oliviers et les châtaigniers, ce village mérite une halte pour son panorama sur le Nebbio.

Derrière l'église Ste-Croix, gravissez à pied le chemin goudronné qui grimpe à l'oratoire Sant'Antone. Une table d'orientation et un petit banc vous y attendent.

Poursuivre sur la D 62 en direction de Piève.

Piève B2

Depuis la D 62, un raidillon mène à l'esplanade de l'église paroissiale où veillent de précieux témoignages de la présence préhistorique dans le Nebbio : **trois statues-menhirs** en schiste cristallin. Déplacées du col de Tenda, ces statues seraient des monuments funéraires.

Bon à savoir – Les *piève*s, dont le village tire son nom, sont les ancêtres des actuels cantons. Sous la domination génoise, la Corse comptait 66 *pièves*.

Continuer sur la D 62. 2 km après Rapale, prendre à droite la D 162.

Murato (Muratu) C2

Ce vigoureux bourg répartit ses quartiers anciens de part et d'autre de la départementale. Vous remarquerez aussi que c'est l'un des seuls villages du Nebbio à tourner le dos à la mer ! Il tire son nom de *murata* qui signifie « maçonnerie » en corse. Peut-être faut-il y voir un lien avec le remarquable travail de construction et de composition en bichromie des murs de sa célèbre église ? Le bourg est aussi réputé dans l'île pour avoir été le premier quartier général de Pascal Paoli lors de sa lutte pour l'indépendance.

En contrebas de la D 5 se dresse la vaste demeure en pierre, percée de passages voûtés, qui abrita le premier **hôtel de la monnaie**. C'est dans cet hôtel que **Paoli** fit battre la monnaie corse à l'effigie de la tête de Maure. La réunion des métaux précieux nécessaires à cette opération fut possible grâce à la collecte, dans chaque paroisse, d'une partie du trésor religieux et des bijoux personnels donnés à fondre. En 1766, l'établissement fut transféré à Corte.

L'**église de l'Annonciation** *(ne se visite pas)* possède de belles stalles et une intéressante œuvre de l'école du Titien représentant sainte Marie-Madeleine.

★★ San Michele de Murato C2

1 km au nord-est. Apr.-midi, mat. clé disponible à la mairie (contre une pièce d'identité).

Isolée à 475 m d'altitude, l'église San Michele se dresse avec majesté sur un plateau qui domine le bassin du Bevinco. L'harmonie exceptionnelle de l'édifice est soulignée par le cadre montagnard et sauvage qui l'entoure.

Construite aux alentours de 1280, elle appartient à la fin de la période du roman pisan en Corse. Elle se caractérise par une **polychromie originale et**

L'église de San Michele de Murato.
O. Stadler/imageBROKER/age fotostock

harmonieuse★ et par un développement de l'œuvre sculptée. Une cordelière court sous le rampant du toit au chevet et à la façade.

La **sculpture★**, parfois gauche, souvent naïve et plus soignée que dans les autres églises de l'île, s'accorde discrètement à l'édifice. On observe, sur la façade ouest, les **consoles sculptées** d'animaux ou de personnages grossièrement ébauchés ; aux appuis et aux encadrements des étroites fenêtres latérales, des rinceaux et des entrelacs ; au chevet, des consoles et des modillons ouvragés.

L'intérieur couvert en charpente présente, à l'arc triomphal, des restes de fresques (1370) représentant l'Annonciation. Au 19e s., la tour carrée a malheureusement été surélevée, ce qui rompt un peu les proportions de l'édifice.

Prendre à gauche la D 5.

La route continue dans un paysage de hauts plateaux, à la végétation odorante.

Col de San Stefano C2

Le col, lieu de passage obligé entre la plaine orientale et le golfe de St-Florent, a été le théâtre de violents combats en septembre 1943 entre l'avant-garde des tirailleurs marocains et l'arrière-garde de l'armée allemande. Une stèle commémore ces faits d'armes.

Du site, ample **panorama★★** sur la conque du Nebbio. À l'arrière-plan, on devine la station balnéaire de St-Florent et sur la gauche les monts des Agriate.

Olmeta-di-Tuda C1

Ce pittoresque village, dominé par les sommets du massif du Zuccarello, est ombragé de beaux ormes. En suivant sa rue circulaire, on découvre de jolies vues sur St-Florent et son golfe.

La route traverse la campagne couverte de châtaigniers, d'oliviers et de vignes.

★ Oletta C1

Accroché à une colline verdoyante, Oletta étage paisiblement ses hautes maisons blanches, ocre et roses. Une **vue★** plaisante se déploie sur le golfe de St-Florent et sur le Nebbio. On aperçoit en contrebas le couvent St-François

Serra di Pigno.
Schimmelpfennig/Premium/age fotostock

et, en face, sur un mamelon, le mausolée du comte Rivarola, gouverneur de Malte. Les alentours sont notamment réputés pour leur fromage de brebis.

Église paroissiale St-André – Cette église du 18e s. présente un bas-relief archaïque assez effacé figurant la Création. À l'intérieur, face à l'entrée latérale, beau triptyque du 16e s. : Vierge allaitant entre sainte Réparate et saint André.

Musée d'Art sacré – *Lieu-dit Santa-Croce - ✆ 04 95 39 01 09 - www.oletta.fr - ♿ - juin-sept. : 10h-12h, 16h-19h ; reste de l'année : sur demande préalable - possibilité de visite guidée (1h).* Installé dans la chapelle Santa Croce qui fait face au village, le musée donne une vision originale de la richesse du patrimoine religieux du Nebbio et du cap Corse. Un « retable vidéo », formé de deux écrans verticaux, entoure le chœur, et les murs de la nef sont recouverts d'images stéréoscopiques.

Couvent St-François C1

À 2,5 km d'Oletta par la D 82 en direction de St-Florent, puis le sentier caillouteux qui s'ouvre sur la droite.

Le couvent, à demi ruiné, s'élève dans un site agréable, entouré de collines verdoyantes. Il a conservé son beau clocher.

Revenir vers Oletta et prendre à gauche la D 38.

La route suit la grande arête dorsale délimitant le Nebbio. Ce parcours de 9 km offre des **vues★** étendues sur les vallées du Fiuminale et de l'Aliso, sur les collines du Nebbio, le golfe de St-Florent et le désert des Agriate.

★★ Col de Teghime et Serra di Pigno *(voir p. 72)*

À partir du col, prendre sur la gauche la D 81 vers St-Florent.

La route descend vers le rivage en de nombreux lacets, ouvrant sur des **vues★★** pittoresques de Patrimonio dans son paysage de montagnes avec le golfe de St-Florent et le désert des Agriate en toile de fond.

2

Patrimonio *(voir p. 71)*

La D 81 rejoint au col de San Bernardino la D 80 et ramène à St-Florent.

ÉCHAPPÉE À BASTIA PAR LE DÉFILÉ DE LANCONE C1/2

Circuit de 53 km au départ de St-Florent tracé en vert sur la carte p. 80. De St-Florent au col de San Stefano, même circuit que le précédent. Au col, prendre à droite la D 62 qui longe le Bevinco et s'engage dans le défilé de Lancone.

★ Défilé de Lancone

Avant de se jeter dans l'étang de Biguglia, le Bevinco, fleuve descendu des hauteurs du Murato, franchit une dernière barrière montagneuse dans laquelle il a creusé de belles gorges profondes. La route surplombe les sinuosités du torrent. Au sortir du défilé, la **vue★** se dégage sur la vallée inférieure du Bevinco, l'étang de Biguglia et la mer.

En rejoignant à Casatorra la T 20, possibilité de prendre à gauche la route en montée pour admirer les vues depuis le village de Biguglia.

NOS ADRESSES DANS LE NEBBIO

HÉBERGEMENT

PREMIER PRIX

Chambre d'hôte M. Gaucher – *Dans le hameau - 20232 Vallecalle - ✆ 04 20 20 04 19 - www.chambresencorse.com - ⊠ - 3 ch. 67/72 € ☕ - dîner 25 €.* Accrochée à la montagne, cette demeure du 18e s. offre un large panorama sur la vallée du Nebbio jusqu'à la mer. Chambres simples et lumineuses avec balcon, dont deux avec salle de bains et salon communs.

POUR SE FAIRE PLAISIR

Résidence de vacances Les Arbousiers – *Castelluccio d'Oletta - 20217 St-Florent (3 km au nord d'Oletta) - ✆ 06 14 61 03 11 - www.residences-st-florent.com - P - 16 minivillas 497/1 155 € la sem.* À 3 km d'Oletta et près du centre de St-Florent, des minivillas aménagées dans un jardin ombragé et fleuri, véritable paradis des oiseaux. Une piscine est mise à la disposition des hôtes.

RESTAURATION

POUR SE FAIRE PLAISIR

Le potager du Nebbio – *Sur la route de San Griolo (à proximité du domaine de Panciarella) - 20232 Oletta - ✆ 04 95 60 64 16 - www.facebook.com/potagernebbio - fermé nov.-mars - 30/40 €.* Dans cette exploitation agricole en bio, on régale le visiteur de passage. Une terrasse éclairée aux lampions le soir, de lourdes tables en bois disséminées sous les oliviers, et dans l'assiette, le goût du terroir : samoussas de fromage frais aux herbes du potager, médaillon de veau et écrasé de pommes de terre… Une jolie adresse.

La Ferme de Campo di Monte – *Lieu-dit Peru - 20239 Murato - ✆ 04 95 37 64 39 - www.fermecampodimonte.com - ⊠ P ♿ - tte l'année sur réserv. - repas complet 60 € - 3 ch. d'hôte dans le village 120 €.* De cette authentique ferme de 1630, entourée de chênes verts et de châtaigniers, admirez l'église San Michele et le golfe de St-Florent. Dans ses petites pièces intimistes, les maîtres de maison servent un repas bien ancré dans le terroir. Une adresse très courue…

ACHATS

Miellerie du Nebbiu - Olivier Morati – *Hameau Vezzi - 20245 Santo-Pietro-di-Tenda - ✆ 04 95 37 71 98 - 8h-12h, 14h-19h ; hors saison : sur RV.* Nul ne résiste au charme de cette famille de passionnés. La qualité du miel et de l'huile d'olive douce (AOP) fait de cette propriété, perchée au-dessus de 20 ha d'oliviers multicentenaires, l'étape incontournable des gastronomes.

Charcuterie San Mighele – *Lieu-dit Ornelli - 20239 Murato - ✆ 04 95 37 62 30 - www.charcuteriepascalflori.com - fermé le w.-end en basse sais.* Éleveur de cochons de la race Pin di Nat (« à boucle d'oreille »), Pascal Flori est réputé dans toute l'île et jusqu'aux meilleures tables du continent pour son exquis *prizuttu*, jambon sec au goût de châtaigne, affiné jusqu'à 52 mois. Dégustation à la boutique.

Les Agriate

E Agriate

★

Haute-Corse (2B)

Il paraît loin le temps où les Agriate étaient un éden verdoyant. Progressivement abandonné par l'homme, brûlé par le soleil et par les nombreux incendies, il est devenu ce désert quasi minéral qui se couvre, au printemps, d'un magnifique tapis de fleurs. Le maquis aux odeurs enivrantes accompagne le randonneur qui ne s'éloigne jamais beaucoup du littoral, où l'attendent de superbes criques désertes et de longues plages de rêve. Pas étonnant que l'accès à ce domaine se mérite : les routes sont rares et parfois « sportives ». Navettes, bateaux et sentiers demeurent donc les moyens les plus sûrs pour le découvrir.

NOS ADRESSES PAGE 97
Hébergement, restauration, achats, activités, etc.

S'INFORMER

Office du tourisme de St-Florent – *Voir p. 82.*

SE REPÉRER

Carte de microrégion AB1 (p. 80).

Ouvert sur la mer par une côte dentelée de 36 km entre St-Florent et l'embouchure de l'Ostriconi, qui marque la limite de la Balagne, le **désert des Agriate** (mot féminin pluriel en corse, comme « calanche ») est dominé par quelques sommets d'altitude modeste : la Cima d'Ifana, point culminant, atteint 478 m.

À l'ouest de St-Florent, la D 81 est la seule route asphaltée qui le traverse ; de St-Florent, elle rejoint la T 30 vers l'anse de Peraiola.

À NE PAS MANQUER

Le sentier du littoral et ses plages mythiques qui ne sont pas trop fréquentées au début de la saison ; une sortie en kayak à partir de la plage de la Roya *(voir « Nos adresses » à St-Florent)* pour profiter au mieux de la côte.

ORGANISER SON TEMPS

Les randonneurs qui veulent suivre le sentier du littoral (45 km) doivent partir tôt, car la chaleur peut être accablante en été, et bien prévoir les haltes. En l'absence de liaison par la mer, sachez qu'il faut compter 4h de marche pour rejoindre la plage du Loto, et 5h30 pour celle de Saleccia.

EN FAMILLE

Des navettes maritimes pour rejoindre les plages ? Petits et grands ne se feront pas prier pour profiter d'une telle aubaine. Mais vérifiez préalablement la présence des navettes qui peuvent être annulées en fonction de la météo.

Découvrir

Depuis quelques années, le Conservatoire du littoral corse et le Syndicat mixte des Agriate ont entrepris une politique de préservation du site. La visite du domaine sauvegardé (5 000 ha comprenant les 36 km de côtes) est régie par une réglementation affichée sur place.

Pour accéder au rivage, il faut suivre l'une des deux pistes cahoteuses qui s'embranchent de la **D 81** vers la mer. La première débute vers le nord, non loin de la sortie du hameau de **Casta**, et rejoint la plage de Saleccia (12 km); la seconde s'amorce au nord du **col de Bocca di Vezzu** et mène à l'anse de Malfacu (14 km). Mais attention, ces 2 pistes ne sont praticables qu'en 4x4 à vitesse très réduite, en VTT (pour les pratiquants confirmés) ou, pour les plus courageux, à pied.

Bon à savoir – Promeneurs, campeurs, fumeurs... soyez prudents! Le feu est le plus terrible ennemi du maquis et de la forêt.

Circuit conseillé Carte de microrégion

★ L'INTÉRIEUR : DE SAINT-FLORENT À LOZARI AB1

Circuit de 38 km au départ de St-Florent tracé en violet sur la carte p. 80. Quitter St-Florent par la D 81 vers Calvi.

C'est l'unique route qui traverse d'est en ouest le massif. À la Bocca di Vezzu, dominée par la Cima d'Ifana, la **vue**★ s'étend à l'est sur le Nebbio, au nord-ouest sur les Agriate et au sud-est sur la vallée de l'Ostriconi et la Balagne. Attention, la route non revêtue sur la droite vers l'anse de Malfacu est difficile et réservée aux 4x4. Avant les falaises de la punta d'Arco, la route débouche sur une perspective séduisante à l'embouchure de l'Ostriconi sur l'anse de Peraiola.

Randonnée Carte de microrégion

★★ LE SENTIER DU LITTORAL AB1

Circuit tracé en pointillés beiges sur la carte p. 80. À la sortie ouest de St-Florent, après avoir franchi le pont sur l'Aliso, poursuivre au-delà de la plage de la Roya, puis emprunter en voiture la piste qui s'amorce à gauche. Il faudra contourner des propriétés privées qui ont les pieds dans l'eau. Laisser son véhicule après la deuxième crique, au niveau de l'anse de Fornali, là où le tracé du sentier rejoint le littoral.

La meilleure manière de découvrir, au gré des dénivelés d'un relief chaotique, les beautés cachées des Agriate! Ceux qui n'ont qu'une journée peuvent aller à pied jusqu'à la plage du Loto (environ 4h) et revenir par bateau à St-Florent *(voir « Nos adresses »)*.

De St-Florent à Saleccia

5h30 (aller). Le sentier des douaniers longe et parfois traverse un maquis odorant d'épineux denses d'où émergent des escarpements rocheux séparés

QUELQUES PRÉCAUTIONS AVANT LE DÉPART...

De par sa longueur (env. 45 km), cette **randonnée du littoral** suppose un « minimum » d'organisation. L'itinéraire proposé par le Conservatoire du littoral se fait en 2 étapes, 3 si possible. Il n'est pas inutile de prévoir une voiture au débouché du sentier (Ostriconi) ou de se renseigner sur les horaires de bus *(voir « Transports » dans « Nos adresses »)*. Par ailleurs, il convient de s'assurer que le gîte d'étape est ouvert... et qu'il y a des places disponibles.

Les deux étapes peuvent être faites au camping de Saleccia où vous pourrez vous restaurer en saison, et au gîte de Ghignu où vous ne pourrez compter que sur vos propres ressources *(voir « Hébergement » dans « Nos adresses »)*. Prévoyez une carte IGN ou un topoguide, des provisions de bouche, de l'eau, un chapeau et de la crème solaire.

La plage de Saleccia, désert des Agriate.
N. Scanella/age fotostock

par de petits torrents. Ces ravins deviennent en périodes de pluies les seules sources d'alimentation de petits étangs où se rassemble une faune originale. Le sentier aborde la **tour de la Mortella**, construite au 16e s. par les Génois *(illuminée la nuit)*. Son architecture défensive se révéla si efficace que la flotte anglaise de Nelson en releva les plans lors de l'éphémère royaume anglo-corse (1794). Ils édifièrent sur le même modèle les Martello Towers, un chapelet de 73 tours identiques courant sur la côte sud de l'Angleterre en réponse aux menaces d'invasion de Napoléon.

Il faut alors environ 30mn de marche pour rejoindre la **plage du Loto★★** (ou Lotu) tapissée de sable fin et enchâssée entre deux promontoires rocheux.

De la plage du Loto à celle de Saleccia, deux options s'offrent à vous à partir de l'extrémité ouest de la plage : suivre le littoral *(sentier bien tracé, compter 1h30)* ou prendre le chemin qui monte vers les terres *(env. 1h)*. Après environ 20mn à travers la végétation arbustive, vous atteignez un ensemble de bergeries que vous quittez par la droite. Comptez 20mn pour atteindre une petite mare (asséchée en été) qu'il faut franchir à l'aide d'une planche posée à côté. Pour la fin du parcours, suivez les panneaux bleus indiquant la buvette de la plage; 5mn plus tard, vous voici dans un petit paradis : la **plage de Saleccia★★**. Elle s'étend sur plus d'un kilomètre le long d'une pinède de pins d'Alep plantés au 19e s. Ce cadre magnifique est rehaussé par la blancheur et la finesse du sable, et la limpidité d'une mer prenant de superbes teintes turquoise. Le site, enchanteur, a servi de cadre pour le tournage de scènes de débarquement du film *Le Jour le plus long*. Les lieux avaient connu une activité plus furtive mais réelle les 1er et 2 juillet 1943 lorsque le sous-marin *Casabianca* y débarqua, par un silencieux ballet de canots pneumatiques, 13 tonnes d'armes et de munitions destinées à la **Résistance** corse *(voir encadré p. 34)*.

À proximité de la plage, un **pagliaghj** accueille un gîte d'étape *(voir « Nos adresses »)*. Dans le cas d'une étape au camping, il est possible d'effectuer en 4h environ une excursion dans l'intérieur jusqu'à l'ancienne bergerie de Chiosu qui permettra de se familiariser avec un maquis plus sauvage.

LES AGRIATE : UNE TERRE RICHE ET SAUVAGE

Le nom de la région viendrait d'une altération du mot latin *ager* signifiant « terre cultivée » en référence à son riche passé agraire.

Les Agriate étaient en effet surnommées « **le grenier à blé de Gênes** ». Les cultivateurs de St-Florent et du cap Corse venaient alors travailler la terre (blé, oliviers, vignes et vergers) de juin à l'automne ; ils laissaient ensuite la place aux bergers du Nebbio et de l'Asco qui faisaient paître troupeaux de brebis et de chèvres. Les **pagliaghj** (paillers), basses constructions de pierre qui jalonnent toujours les Agriate, servaient d'abri pour les bergers et les récoltes. Les Agriate sont de nos jours dépourvues d'habitat, à l'exception du hameau de Casta.

Elles conservent en revanche une faune et une flore très riches, l'uniformité du maquis n'étant qu'apparente. En bordure de la mer, plus résistants aux embruns et aux rafales de vent, on rencontre des lentisques et des myrtes. Les vallons plus abrités accueillent cistes, arbousiers, genêts et chênes verts. C'est le domaine d'un papillon emblématique des Agriate : le **jason**, que l'on repère sur les arbousiers, les anciens arbres fruitiers et les excréments des bovins. Une multitude d'espèces de fauvettes, dont la fauvette sarde (la plus répandue), ont élu domicile dans ce maquis. L'**engoulevent** assure également par ses frôlements une présence discrète.

De Saleccia à Ghignu

2h45 (aller). L'anse de Ghignu compose un paysage plaisant ombragé de pins et de cyprès. Vers l'est, le chemin bordé d'eucalyptus et de figuiers de Barbarie mène au promontoire de Ghignu ; vers l'ouest s'étire la grande plage de sable blanc de Malfalcu.

★ De Malfalcu à la plage de l'Ostriconi

6h30 (aller). C'est la partie la plus sportive, car le sentier épouse les nombreuses anfractuosités de la côte. Il est fortement déconseillé d'emprunter d'hypothétiques raccourcis.

Après la **punta di l'Acciolu**, le sentier dévie vers l'intérieur à la hauteur de l'**anse de Pinzuta**. L'itinéraire ménage de belles vues sur les criques dont les rochers rouges tranchent avec la limpidité des fonds marins. Au débouché de la vallée de l'Ostriconi, la rudesse de l'**anse de Peraiola**, ceinturée de dunes plantées de genévriers et limitée par une zone de marécages, s'accentue avec le déferlement des vagues. Au terme du parcours, la superbe **plage de l'Ostriconi**★ invite à la baignade. Attention toutefois, par temps de *libecciu* (vent du sud-ouest), restez vigilant, la mer peut se révéler dangereuse (puissants courants).

NOS ADRESSES DANS LES AGRIATE

Voir aussi « Nos adresses » à St-Florent, p. 84.

TRANSPORTS

Navettes maritimes – Le Popeye – *06 62 16 23 76 - www.lepopeye.com - billetterie sur le port de St-Florent - traversée 20mn - « U Saleccia » : pour la plage du Lotu -16/20 € AR (2-10 ans 10/12 €) ; « Taxiboat » pour la plage de Saleccia 25/30 € (-10 ans 18/30 €).*

HÉBERGEMENT

Si vous choisissez de suivre le **sentier du littoral** sur toute sa longueur, il vous faudra faire étape. Sachez qu'il n'y a pas d'hôtels sur le parcours. Vous trouverez un **camping familial** de 50 emplacements à la plage de Saleccia *(camping U Paradisu - 04 95 37 82 51 - www.camping-uparadisu.com - de mi-juin à mi-sept.)* et un **gîte d'étape** installé dans l'un des *pagliaghj* restauré *(gîte Paillers de Ghignu - 04 95 59 17 35 - réserv. obligatoire sur Internet : agriate.org/reservations/coordonnees.html - de mai à mi-oct. - 12 €/j./pers.).*

BUDGET MOYEN

Hôtel Le Relais de Saleccia – *Au village - 20217 Casta - 04 95 37 14 60 - www.hotel-corse-saleccia.com - fermé oct.-mars - P - 12 ch. 70/90 € 7 € - 12/25 €.* Dans ce paysage spectaculaire de rochers bruts dévalant vers la mer, ce relais, modeste mais accueillant, dispose de petites chambres confortables, avec vue sur la grande bleue pour certaines. Cuisine familiale et petite restauration toute la journée.

RESTAURATION

BUDGET MOYEN

Ferme-auberge de Pietra Monetta – *Rte de l'Ostriconi (T 30) - 20226 Palasca - 04 95 60 24 88 - www.location-agriates.com - juil.-août : le soir ; mai-juin : le midi - fermé de fin sept. à fin avr. - P - formule déj. 16 € - 28 € - 4 ch. 92/94 €* . Cet ancien relais de poste du 19e s., joliment aménagé par ses propriétaires agriculteurs, est une étape agréable aux portes du désert des Agriate. Sous la treille, vous dégusterez spécialités corses et produits de la ferme. Quatre chambres très simples, claires et plaisantes.

ACTIVITÉS

Le littoral se prête très bien à la pratique du **kayak de mer** *(voir « Nos adresses » à St-Florent)* et du VTT… à assistance électrique *(location au Relais de Saleccia - www.navettes-saleccia.com - 40 € la journée)* !

2

La vallée de l'Ostriconi

★

Haute-Corse (2B)

Aux confins de la Balagne, du Nebbio et des Agriate, la vallée de l'Ostriconi est une région fertile portant les traces d'une ancienne et intense exploitation oléicole. Les vestiges des moulins et des oliveraies, retournées à l'état sauvage, donnent un attrait supplémentaire aux promenades qui sillonnent la vallée à partir de Lama. Ce village, chef-lieu de la région, a restauré ses quartiers anciens, assurant aux randonneurs, aux curieux et aux amateurs de cinéma une étape pleine de charme.

NOS ADRESSES PAGE 100
Hébergement, restauration, achats, activités, etc.

S'INFORMER

Office du tourisme de L'Île-Rousse – *Voir p. 119.*

Bureau d'information touristique de Lama – *Village - 20218 Lama-Village - ✆ 04 95 60 04 35 - www.balagne-corsica.com - juil.-août : 9h-13h, 15h-18h ; juin : 9h-12h, 14h-18h ; reste de l'année : 9h-12h, 15h-17h - fermé w.-end, oct.-mars, 1er Mai.* Découvrez les vieilles maisons de Lama avec le circuit « Da una casa all'altra », ses fontaines sur les pas des porteuses d'eau avec le circuit « les chemins des fontaines ». Du village part le sentier du patrimoine traditionnel (2h).

SE REPÉRER

Carte de microrégion AB1/2 (p. 80).

Les cinq villages dominant le cours de l'Ostriconi sont accessibles par des voies perpendiculaires à la N 1197 (dite la « Balanina ») ou par les deux routes parallèles à la vallée. Attention au bétail sur les routes étroites ! Lama est à 41 km de St-Florent et à 31 km de L'Île-Rousse.

À NE PAS MANQUER

Lama ; la plage de l'Ostriconi.

ORGANISER SON TEMPS

Faites vos courses à St-Florent ou à L'Île-Rousse pour pique-niquer. Quelques restaurants ouverts en saison.

Circuit conseillé Carte de microrégion

DE PONTE-LECCIA À L'ANSE DE PERAIOLA

Circuit de 35 km au départ de Ponte-Leccia tracé en bleu sur la carte p. 80 – Compter 2h environ. Prendre la T 30 en direction de L'Île-Rousse.

Ponte-Leccia B2 *(voir p. 190)*

Au col de Santa Maria, la D 8, à droite, permet d'accéder au village de **Pietralba**, puis épouse les sinuosités du vallon, procurant jusqu'à Lama de belles vues sur les hauteurs environnantes et l'embouchure de l'Ostriconi.

★ **Lama** B2

Ce village médiéval, accroché à flanc de piton, surplombe le grand axe routier de la « Balanina ». Frappé par l'exode rural, le village perché a repris des couleurs grâce à une politique communale basée sur le tourisme vert et

Rivière menant à la plage de l'Ostriconi.
M. Sjöberg / age fotostock

une réhabilitation harmonieuse. Lama bénéficie aujourd'hui d'un certain cachet : ruelles empierrées et fleuries, pas de fil électrique ni d'antenne de télévision, éclairages publics stylisés… Deux styles d'architecture sont mis en valeur : les petites maisons accolées au rocher et les passages voûtés du vieux quartier jouxtent les grandes maisons du 18e s. des gros producteurs oléicoles. Les enfants de ces derniers, envoyés suivre leurs études en Italie, notamment en Toscane, désiraient, à leur retour, appliquer à leur maison familiale les éléments d'architecture qui les avaient marqués pendant leur séjour italien. Ainsi, une demeure affiche un inattendu belvédère florentin, face au clocher de l'église.

Quitter Lama par la D 108 puis la D 8 à droite, étroite et parfois dégradée. Prudence !

Urtaca B2

Longeant de belles oliveraies anciennes, envahies par le maquis, la route buissonnière débouche à **Urtaca**, où les grosses maisons de pierre semblent fixées aux arêtes rocheuses. Une pause au café *(ouv. en saison sur la place du village, près du boulodrome)* récompensera vos flâneries dans les ruelles escarpées.

UN ANCIEN GRENIER À HUILE

Si l'ensemble de cette microrégion ne compte actuellement pas plus de 600 habitants permanents, elle fut longtemps le principal grenier à huile de la Corse du Nord. À la suite de la réglementation génoise imposant la plantation, chaque année, d'une des 5 espèces nobles d'arbres (châtaignier, mûrier, figuier, vigne et olivier), les oliveraies couvrirent le fond de la vallée jusqu'à mi-versant. Au début du 20e s., la région de Lama comptait près de 80 000 pieds d'oliviers produisant 100 000 l d'huile. Les saignées démographiques des deux guerres mondiales amorcèrent le déclin de la vallée. Le coup de grâce vint du terrible incendie d'août 1971 qui embrasa l'Ostriconi et une partie de la Balagne, réduisant en cendres l'ensemble des oliveraies. L'architecture porte encore l'empreinte de cette monoculture et l'on peut aisément découvrir, au cours de promenades, les moulins hydrauliques (*e fabrice*, en corse) le long du cours de l'Ostriconi et ceux, plus nombreux, à traction animale (*i franghji*, en corse).

Après avoir retrouvé la « Balanina », poursuivre vers l'embouchure du fleuve, et prendre à droite la petite route en cul-de-sac conduisant à Ogliastro.
Le cours de l'Ostriconi finit en paresseux méandres où viennent s'abreuver de pacifiques bêtes à cornes ; cette zone marécageuse des Agriate porte le nom de « site de l'Ostriconi ».

★ Plage de l'Ostriconi A1

Cette belle plage sauvage occupant l'**anse de Peraiola**, site appartenant au Conservatoire du littoral, constitue l'une des extrémités du sentier du littoral qui longe le désert des Agriate *(voir p. 96)*.

Randonnées

AU DÉPART DE LAMA

★ Monte Asto (Astu)

Bon à savoir – Privilégiez le pantalon à cause des buissons d'épineux et des plantes urticantes ; soyez bien chaussé ; emportez de l'eau et une carte.
6h environ AR (dont 4h aller) – dénivelé 1 000 m – randonnée sans difficulté majeure, mais attention, balisage rouge peu lisible après le refuge de Prunincu.
Le sentier part du point le plus haut du village. Empruntez les escaliers derrière le panneau explicatif. Après environ 2h de marche, vous atteindrez le refuge de Prunincu, puis le monte Asto après 1h30 sur un sentier plus raide. Du sommet (alt. 1 535 m), superbe **panorama★** de la Balagne jusqu'au cap Corse.

Sentier de randonnée Lama-Urtaca

1h environ. Cette agréable promenade emprunte un sentier sans difficulté qui se situe en contrebas de la D 108, parallèle à celle-ci. L'itinéraire procure de belles vues sur l'autre versant de l'Ostriconi et sur le littoral.

NOS ADRESSES DANS LA VALLÉE DE L'OSTRICONI

HÉBERGEMENT ET RESTAURATION

Choix de gîtes *(à la sem. en juil.-août, au w.-end hors saison)* gérés en majorité par le bureau d'information touristique de Lama.

UNE FOLIE

Hôtel Case Latine – *Rte du Village - 20218 Lama - ✆ 04 95 48 23 83 - www.caselatine.com - mai-sept. - fermé de mi-oct. à mi-mars - - 8 ch. 299/429 € - fermé dim. soir sf juil.-août - 18/26 €.* Un endroit plein de charme sur les hauteurs du village. Côté hébergement, des suites aménagées dans de petites maisons en pierre joliment rustiques avec toit-terrasse. Côté table, une cuisine valorisant les produits locaux

AGENDA

Festival européen du cinéma et du monde rural – *À Lama - festilama.org - 1re sem. d'août.* Depuis 1994, ce festival présente des films tous formats. Quatre sites de projections séduisants (un dans la mairie et trois en plein air).

La plage de l'Ostriconi.
D. Abram/Dorling Kindersley RM/age fotostock

La Balagne 3

Carte Michelin Départements 345 – Haute-Corse (2B)

Le village de Montegrosso.
C. Moirenc/hemis.fr

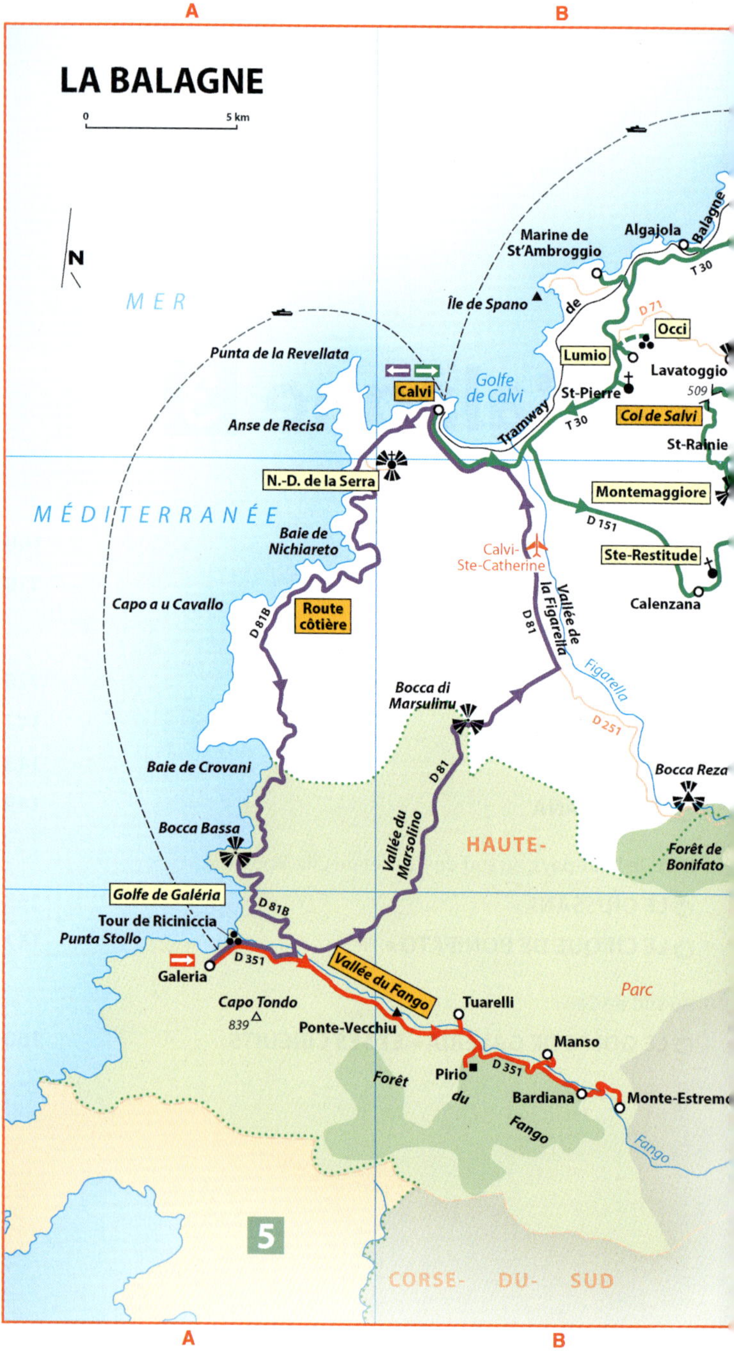
A
B
1
2
3
LA BALAGNE
0
5 km
N
MER
MÉDITERRANÉE
Marine de St'Ambroggio
Algajola
Balagne
T 30
Île de Spano
de
D 71
Occi
Lumio
Lavatoggio
Golfe de Calvi
St-Pierre
509
Col de Salvi
Tramway
T 30
St-Rainie
Punta de la Revellata
Calvi
Anse de Recisa
N.-D. de la Serra
Montemaggiore
D 151
Baie de Nichiareto
Calvi-Ste-Catherine
Ste-Restitude
Calenzana
Capo a u Cavallo
Route côtière
D 81B
D 81
Vallée de la Figarella
Figarella
Bocca di Marsulinu
D 251
Baie de Crovani
Bocca Reza
D 81
Bocca Bassa
Vallée du Marsolino
HAUTE-
Forêt de Bonifato
Golfe de Galéria
D 81B
Tour de Ricinicciaa
Punta Stollo
Galeria
D 351
Vallée du Fango
Parc
Capo Tondo
839
Tuarelli
Ponte-Vecchiu
Manso
Pirio
D 351
Forêt du Fango
Bardiana
Monte-Estremo
Fango
5
CORSE- DU- SUD

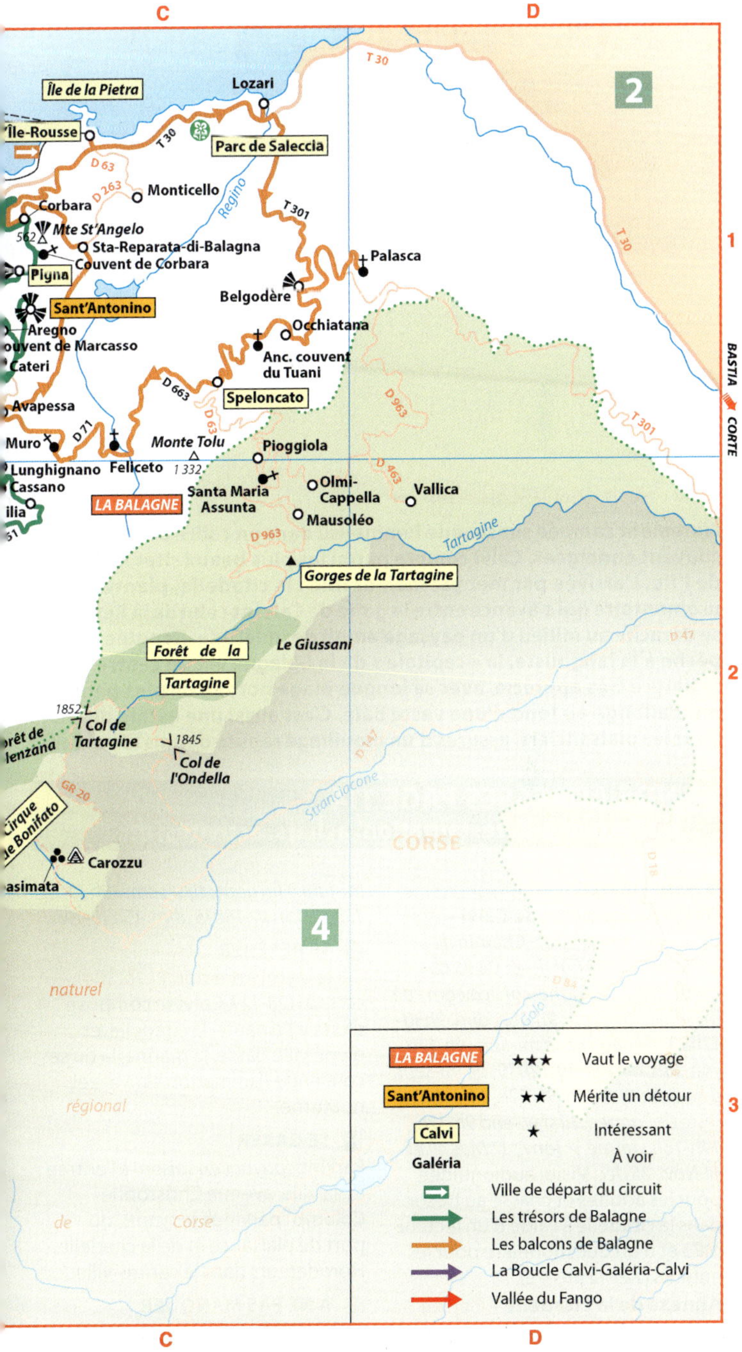
C
D
2
1
2
3
4
Île de la Pietra
Lozari
L'Île-Rousse
T 30
Parc de Saleccia
D 63
D 263
Monticello
Regino
T 301
Corbara
562
Mte St'Angelo
Sta-Reparata-di-Balagna
Couvent de Corbara
Palasca
Pigna
Belgodère
Sant'Antonino
Aregno
Occhiatana
Couvent de Marcasso
Cateri
Anc. couvent
du Tuani
D 663
Speloncato
D 963
Avapessa
D 63
T 301
BASTIA
CORTE
Muro
D 71
Feliceto
Monte Tolu
Pioggiola
Lunghignano
1 332
D 463
Cassano
Santa Maria
Assunta
Olmi-
Cappella
Vallica
LA BALAGNE
Mausoléo
D 963
Tartagine
Gorges de la Tartagine
D 47
Le Giussani
Forêt de la
Tartagine
1852
Col de
Tartagine
1845
Col de
l'Ondella
D 147
GR 20
Stranciacone
Cirque
de Bonifato
CORSE
Carozzu
D 18
naturel
D 84
Golo
régional
de
Corse
LA BALAGNE
★★★
Vaut le voyage
Sant'Antonino
★★
Mérite un détour
Calvi
★
Intéressant
Galéria
À voir
Ville de départ du circuit
Les trésors de Balagne
Les balcons de Balagne
La Boucle Calvi-Galéria-Calvi
Vallée du Fango

Calvi

★★

5 442 Calvais – Haute-Corse (2B)

Fièrement campée sur sa rade lumineuse dans un cadre de montagnes souvent enneigées, Calvi compte parmi les plus beaux sites maritimes de l'île. L'arrivée par mer est mémorable : la citadelle, plantée sur le promontoire qui s'avance entre le golfe de Calvi et celui de la Revellata, se détache au milieu d'un paysage empli de quiétude. Réputée pour la pêche à la langouste, la « capitale » de la Balagne est un centre de villégiature très apprécié, avec sa longue plage bordée de pins parasols, qui s'allonge au fond d'une vaste baie. C'est aussi une escale de choix pour les plaisanciers, assurés d'un mouillage réputé depuis l'Antiquité.

NOS ADRESSES PAGE 114
Hébergement, restauration, achats, activités, etc.

S'INFORMER

Office du tourisme de Calvi – Plan de la ville A2 (p. 109) - *Chemin de la Plage - 20260 Calvi - ✆ 04 95 65 16 67 - www.balagne-corsica.com - de mi-juin à mi-sept. : 9h-18h, dim. 9h30-12h30 ; de déb. mai à mi-juin : 9h-12h, 14h-18h, dim. 9h30-12h30 ; de mi-sept. à fin oct. : tlj sf dim. 9h-12h, 14h-18h ; reste de l'année : tlj sf w.-end 9h-12h, 14h-18h - fermé 1er janv., 1er Mai, 1er et 11 Nov., 25 déc.* Visite audioguidée pour les adultes et chasse au trésor dans la citadelle à l'aide d'un lecteur MP3 et d'un questionnaire pour les enfants *(7 €,-12 ans 4 €).*

Annexe de la Citadelle – Plan de la ville B1 (p. 109) - *Porche d'entrée - 20260 Calvi - ✆ 04 95 38 33 93 - de mi-juin à fin août : tlj sf sam. 10h30-13h30, 15h30-18h15, dim. 15h30-19h.*

SE REPÉRER

Carte de microrégion B1 (p. 104) – *carte p. 128-129.* Calvi se compose d'une ville haute, la citadelle, et d'une ville basse, la marine, là où se concentre l'animation estivale et nocturne.

SE GARER

Parking *(payant en saison)* à l'entrée de la ville, avenue Christophe-Colomb ; parkings *(payants)* du port de plaisance et de la citadelle. Horodateurs dans le centre-ville.

À NE PAS MANQUER

Un voyage dans le temps en arpentant les ruelles et remparts

Vue sur la ville et la citadelle de Calvi.
joningall/iStock

de la citadelle ; un trajet à bord du tramway (train des plages) de Balagne.

ORGANISER SON TEMPS
Deux sites des alentours, N.-D.-de-la-Serra et le domaine de la punta de Revellata, valent une excursion matinale. La visite de la ville peut s'effectuer en une demi-journée et s'achever sur la terrasse du mythique cabaret Tao, très animé en soirée.

EN FAMILLE
La visite de la citadelle dans le cadre de la chasse au trésor proposée par l'office de tourisme ; une croisière en bateau à fond transparent dans les plus beaux sites naturels de la côte ; une promenade à dos de poney pour les tout-petits ; une journée d'initiation aux sports nautiques à la base de Calvi *(voir « Nos adresses »).*

3

Se promener Plan de la ville

★★ LA CITADELLE B1

Circuit tracé en vert sur le plan p. 109 – Compter 2h.
Voir l'ABC d'architecture p. 505. Le nom de Calvi viendrait du mot latin **calvus** signifiant « chauve », en référence au rocher dénudé sur lequel fut construite la citadelle.
Sur son promontoire rocheux, ce quartier a connu six siècles de présence génoise. Il dresse les murailles ocre de son enceinte puissamment bastionnée au-dessus de la ville basse et du port. Protégée par les remparts, l'attachante vieille ville se compose de ruelles étroites, de placettes en pente ou en escaliers et bordées de maisons progressivement restaurées.

Place Christophe-Colomb
Le sculpteur Emmanuel Frémiet, neveu et élève de François Rude, est l'auteur de **La Renommée** en bronze installée sur le monument aux morts de la Première Guerre mondiale.
Apposée sur la muraille, le long de la rampe d'accès, à 200 m environ de la porte, une **stèle** rappelle l'action du 1er bataillon de choc des Forces françaises libres pour la libération de la Corse le 3 novembre 1943.
Pénétrez dans la citadelle par son unique entrée, jadis gardée par un fossé à pont-levis avec une herse dont on voit encore l'emplacement. Au-dessus de la porte est gravée la célèbre devise de la cité : *Civitas Calvi semper fidelis* (La cité de Calvi, toujours fidèle).

QUESTIONS D'ORIGINE

Plusieurs villes d'Italie et d'Espagne revendiquent avec Calvi l'honneur d'avoir vu naître **Christophe Colomb**. Si nul ne discute plus que « l'amiral des Mers Océanes » ait été à sa naissance sujet génois, certains font valoir que ça ne l'empêche nullement d'être né à Calvi qui, vers 1450, faisait partie de la république de Gênes… À côté des marches accédant à la citadelle, depuis la place Christophe Colomb, un monument a été élevé à la gloire de l'enfant du pays, « Cristofanu Colombu ».

Musée des Arts de la citadelle de Calvi (MUDACC)

Porche d'entrée de la citadelle - Ouvert mai-sept. : horaires, se rens.

Inauguré en mai 2019, Il valorise le fonds d'art de la ville de Calvi en exposant une cinquantaine d'œuvres, peintures et sculptures, rassemblées au fil des rencontres d'art contemporain qui ont eu lieu dans la ville pendant vingt ans.

Bon à savoir – En face du musée, l'annexe de l'office de tourisme est ouverte en saison, mais les audioguides pour la visite de la citadelle sont à retirer à l'office du tourisme du port de plaisance. *(voir « S'informer », p. 106).*

Montez par la rampe pavée et suivez le chemin de ronde qui fait le tour des remparts et réserve de belles **vues★** sur le large. Vous vous trouvez au cœur du dispositif défensif de la baie de Calvi d'où l'on peut surveiller une très large portion de mer et toute la plaine, jusqu'aux derniers contreforts du massif du Cinto et du monte Padro.

★ Les fortifications

Édifiés sur des assises de granit, les remparts envahis de figuiers de Barbarie enserrent la haute ville dans un quadrilatère dont trois côtés donnent sur la mer. Ils ont été élevés par Gênes à la fin du 15e s. mais ont été modifiés lors des sièges. Trois bastions furent initialement édifiés sur les côtés sud et est. À l'angle sud-ouest, le **Spinchone** écrase de toute sa masse la marine et le port ; le **Malfetano** relie les côtés sud et est ; le **Teghiale** termine au nord la défense est. Vous y trouverez une belle table d'orientation à l'ombre de vieux genévriers. Le côté ouest qui présentait un front de rochers abrupts s'est longtemps contenté de murs droits. Du bastion ouest, on découvre la ville basse, la presqu'île St-François, le golfe et la pointe de la Revellata.

Ancien palais des gouverneurs génois

Pl. d'Armes - citadelle - ☎ 04 95 65 16 67 - musee.bastia.corsica - juil.-août : tlj ; reste de l'année : se rens.

Flanquée d'un donjon, cette construction massive (13e s.) a été édifiée par Giovanninello et agrandie en 1554 par l'Office de St-Georges. Elle comprend de vastes salles, des citernes souterraines et des oubliettes. Il abrite la caserne Sampiero et le mess des officiers du 2e régiment étranger de parachutistes.

Cathédrale St-Jean-Baptiste

Pl. d'Armes - 10h-18h.

Édifiée au sommet du rocher, elle se dresse derrière sa façade austère surmontée d'une coupole aux abords de la place d'Armes. On y accède par un escalier. Fondée au 13e s. puis gravement endommagée en 1567 à la suite de l'explosion du magasin de poudre de l'ancien château, l'édifice fut reconstruit en 1570 et érigée en cathédrale six ans après.

En forme de croix grecque, l'**intérieur★** aux murs immaculés est éclairé par le lanternon, aux chapiteaux bleu ciel, de la coupole. À droite dans la nef, un beau bénitier en albâtre (1443) est orné de têtes d'anges. Dans le pan coupé gauche, derrière une grille, on remarque des **fonts baptismaux** de style Renaissance, décorés sur la vasque de gracieuses têtes d'anges et sur le piédestal de sirènes. Ils furent offerts en 1569 par le riche négociant calvais Vincentello. Des loges grillagées, situées dans les pans coupés, sous la coupole octogonale, étaient autrefois occupées par les femmes des notables qui ne désiraient pas se mêler au peuple lors des offices. Adossée à un pilier de droite, une belle **chaire** en chêne sculpté présente un décor plein de grâce et de fantaisie : saint Jean-Baptiste orne le panneau central, tandis que les symboles des évangélistes décorent les angles. Une inscription peinte sur trois cartouches rappelle que la chaire a été offerte en 1757 par les Calvais. Sur un autel latéral à droite du chœur, remarquez un **Christ noir** dit des Miracles (15e s.), vêtu d'un pagne d'argent. Selon la tradition, il fut promené dans la ville par les habitants durant le siège de 1553 par les Turcs. À gauche du chœur, observez une belle statue en bois très vénérée, vêtue différemment selon les périodes religieuses : la **Vierge du rosaire** qui aurait été rapportée d'Espagne au 15e s. Le chœur s'orne d'un imposant **maître-autel** du 17e s. en marbre polychrome avec de fines appliques de bronze. Dans l'abside se trouve un

SE LOGER
Hôtel Balanea 1

SE RESTAURER
A Candella 6
Aux Bons Amis 4
Casa Vinu.................... 1
Le Tire-Bouchon 2
U Casanu 5
U Minellu.................... 3

grand **triptyque★** sur bois (1458), du peintre génois **Barbagelata**. Cette très belle œuvre, à laquelle manque le panneau central, représente l'Annonciation en présence des saints patrons de la ville, ainsi que des scènes de la vie de la Vierge et de l'enfance du Christ.

Redescendre sur la place d'Armes (Piazza d'Arme) et prendre la ruelle qui s'ouvre à gauche face à la caserne Sampiero. À 50 m s'élève sur la droite l'oratoire de la confrérie St-Antoine.

Oratoire de la confrérie St-Antoine

10h-18h. C'est un édifice de la fin du 15e s. dont le linteau de la porte d'entrée, sculpté dans l'ardoise noire, représente saint Antoine abbé et son petit cochon entre saint Jean-Baptiste et saint François. Il continue d'abriter les exercices de piété de la confrérie St-Antoine et expose leurs objets liturgiques (croix, lanternes, chasubles).

L'intérieur présente une grande nef centrale avec deux colonnades délimitant deux petites nefs latérales. Au fond, les fenêtres donnent sur la baie de Calvi. Sur le mur gauche, deux **fresques** représentent la Crucifixion : la plus ancienne, de la fin du 15e s., est très effacée ; l'autre, du 16e s., bien conservée, figure le Christ entre saint Antoine abbé, la Vierge, saint Sébastien et saint Roch.

Palais des évêques de Sagone

Ne se visite pas. Cette construction haute et massive, datant du 15e s., servait jadis de résidence d'été aux évêques de Sagone *(voir p. 256)*. En 1928, Tao Khan Bey Kerefoff, un officier du tsar exilé à New York après la révolution russe et séduit par la beauté de la Corse qu'il avait découverte deux ans plus tôt, rachète le palais des évêques. Il y ouvre **Chez Tao**, un cabaret rendu mythique par la qualité de ses spectacles et son emplacement unique. Toujours tenu par ses héritiers, l'établissement est aujourd'hui un piano-bar très réputé à Calvi *(voir « Nos adresses »)*.

Prendre la ruelle qui fait face au palais, et la suivre jusqu'à Carrughju Agnese.

Maison Giubega

En contrebas du chevet de la cathédrale St-Jean-Baptiste, une plaque apposée sur la maison rappelle le séjour qu'y fit, en mai-juin 1793, **Napoléon** fuyant les anglo-paolistes qui l'avaient contraint à abandonner Ajaccio. Il vint s'abriter ici, en compagnie de sa famille, auprès de son parrain, Laurent Giubega.

Par la rue du Fil, au bout de la rue Giubega à gauche (les inconditionnels de la geste colombine pourront méditer devant quelques ruines censées être celles de la maison natale du découvreur des Amériques), puis la rue Columbo à gauche encore, regagner la place Christophe-Colomb et descendre vers le port.

LA MARINE

Avec ses cafés et ses restaurants, ses quais plantés de palmiers, la ville basse envahie par les touristes en été offre un contraste saisissant avec les rues silencieuses de la citadelle. Pavée de grosses pierres et bordée de boutiques et de maisons aux couleurs pastel, la **rue Clemenceau** en est l'artère principale.

Le port AB2

Bien protégé des vents d'ouest par la citadelle, offrant un mouillage sûr et facilement accessible, c'est l'un des ports de plaisance les plus recherchés de Corse. Les voiliers venus de toute l'Europe côtoient des yachts parfois impressionnants. Quelques barques de pêche et des bateaux de gros tonnage qui exportent les produits de la Balagne rappellent que l'activité est aussi commerciale.

Une fidélité exemplaire

DE L'OCCUPATION ROMAINE À LA DOMINATION PISANE

Le golfe de Calvi, occupé dès le Néolithique sur les sites de la Revallata et de la Serra, est désigné par les Romains sous le nom de *Sinus Cæsiæ* ou *Sinus Casalus*. La cité que fondèrent ces derniers au 1er s. occupait la partie basse de la marine qui abrite actuellement la tour du Sel. À la fin de l'Empire, c'était déjà une bourgade dotée d'une basilique paléochrétienne. Réduite à quelques maisons à la suite des invasions des Vandales, elle se ranima sous l'hégémonie de Pise aux 11e, 12e et 13e s., mais demeura une simple marine.

UN BASTION GÉNOIS

Dans la seconde moitié du 13e s., une guerre entre seigneurs fut à l'origine de la fondation de la ville haute. **Giovanninello**, un seigneur du Nebbio, s'allia à de puissantes familles du cap Corse, favorables aux Génois et, en 1268, se retrancha sur le promontoire où s'élève la citadelle. Les Calvais se rebellèrent ensuite contre la tyrannie de leurs seigneurs et demandèrent en 1278 protection à la république de Gênes. Calvi resta jusqu'au 18e s. un point d'appui de la puissance génoise en Méditerranée occidentale.

CITÉ DE LA FIDÉLITÉ

De 1553 à 1559, la domination de Gênes rencontra la résistance de Sampiero *(voir p. 301)* appuyé par le corps expéditionnaire français du maréchal de Thermes. À deux reprises, en 1553 et en 1555, Calvi leur opposa une résistance victorieuse : la devise de la ville *Civitas Calvi semper fidelis* (toujours fidèle), gravée au-dessus de la porte d'entrée de la citadelle, commémore son fait d'armes de 1555. Cette fidélité de Calvi explique la résistance de la cité à **Paoli**, le grand ennemi de Gênes, et l'accueil qu'elle réserva à ses opposants, en particulier à Napoléon Bonaparte en mai et juin 1793.

Lors de l'éphémère royaume anglo-corse *(voir p. 435)*, la ville fut assiégée du 16 juin au 5 août 1794 par 6000 Anglais et paolistes. C'est au cours de ce fameux siège que le futur **amiral Nelson**, blessé par une projection de pierrailles, perdit l'œil droit. La citadelle, ayant reçu plus de 24000 boulets, bombes et obus, fut dévastée. Les Anglais n'évacuèrent Calvi que le 24 octobre 1796.

UNE VILLE DE TRADITION : LA SEMAINE SAINTE

Le Jeudi saint commence par une messe à l'église Ste-Marie. On y bénit et distribue les **canistrelli** (petits gâteaux en forme de couronne), juste avant le lavement des pieds. La messe est suivie de la procession de pénitence des deux confréries de la ville. Elle s'achève à l'oratoire St-Antoine où a lieu une seconde bénédiction de *canistrelli*. Le vendredi, de 21h à 23h, une procession, la **Granitula**, décrit une spirale au départ de l'église St-Jean-Baptiste à travers les rues de la haute et de la basse ville, accompagnée de vieilles complaintes calvaises. Les membres des confréries de St-Antoine et de St-Érasme portent une statue grandeur nature du Christ mort, suivie de celle de la Vierge du rosaire, en pleurs et vêtue de noir. Des pénitents courbés sous le poids de la croix y participent, pieds nus, en robe blanche et cagoule rabattue.

Tour du Sel B2

Ouvert mai-sept., horaires se rens. Cette tour ronde du 15e s., accrochée aux murailles de la citadelle par un arceau, était probablement, à l'origine, un embryon de fortification et un poste de guet. Elle servit aussi de dépôt pour le sel apporté par bateau. Entièrement rénovée, elle a été ouverte au public à l'été 2019 et accueille des expositions thématiques. Sa plate-forme panoramique offre de superbes vues sur Calvi et la côte. Attenant à la tour, la Caponnière, elle aussi restaurée, s'élance vers la citadelle.

Église Ste-Marie-Majeure A2

Elle s'élève sur une petite place et présente une façade ocre et rose vif. Elle remplaça une église paléochrétienne du 4e s., détruite par les Barbares au 5e s., puis reconstruite au 13e s. et à nouveau détruite au 16e s. par les Sarrasins. Un beau **buffet d'orgue** de facture italienne (18e s.) donne lieu en saison à des récitals par des organistes de renom. Dans le chœur, remarquez deux intéressantes peintures : **N.-D. de l'Assomption** (16e s.) et l'**Annonciation de la Vierge** (18e s.), œuvre florentine, legs de la collection Fesch. Dans la chapelle à gauche du chœur, une **peinture sur cuir** de Cordoue (15e s.) représente N.-D.-de-la-Serra et provient du sanctuaire du même nom.

Hôtel de ville A1/2

On y accède depuis la rue Albert-Ier par un joli jardin en escalier, orné de palmiers, de mimosas et de lauriers-roses. Au 1er étage, dans la salle des Fêtes, sont exposées quelques toiles provenant de la collection du cardinal Fesch, données à la ville en 1842 par le comte de Survilliers.

★ Vue sur la citadelle

En montant l'avenue Gérard-Marche, on parvient à la caserne et au cimetière dominant la mer. De là, profitez de la vue offerte sur la citadelle, d'où émerge le dôme de la cathédrale St-Jean-Baptiste, sur la ville basse, la baie et la plage.

La pinède et la plage

Elle s'étend sur près de 4 km, de la marine à l'embouchure de la Figarella. Créée à la fin du 19e s. pour assurer le maintien des dunes et l'assainissement des marais, elle compte des pins maritimes, des mûriers et des eucalyptus. Un parcours de santé ombragé permet d'y pratiquer la course à pied, la marche, le VTT… Des infrastructures de tourisme et de loisirs y ont élu domicile.

La voie ferrée Calvi-Ponte-Leccia longe la pinède sur sa totalité, le **tramway de Balagne** desservant plusieurs plages de Calvi à L'Île-Rousse *(voir encadré p. 122)*. La **plage** est séparée de la pinède par les rails. Fort longue, elle offre de belles vues sur la ville et la citadelle. Pour vous baigner, privilégiez la partie plus proche de la cité de Calvi, mieux équipée et légèrement plus profonde.

À proximité Carte de microrégion p. 104

★ Notre-Dame-de-la-Serra B2

▷ *6 km à l'ouest par la D 81B direction Galéria par la côte.*

À la sortie de Calvi, à droite, une plate-forme, marquée d'une croix, offre une **vue** d'ensemble sur la citadelle, le golfe de Calvi et la pointe de la Revellata. À 4 km, prenez à gauche la petite route *(indiquée par un panneau marron)* qui monte à travers le maquis dans un environnement (assez dégradé par endroits) où les pins surgissent entre des rochers aux formes parfois étonnantes. Elle procure de beaux **coups d'œil★** sur la presqu'île de la Revellata, puis passe à droite d'un chaos de rochers granitiques, érodés et creusés de *taffoni (voir*

Chapelle N.-D.-de-la-Serra.
joningall/iStock

encadré p. 242). Entourée d'un mur d'enceinte, la chapelle *(ne se visite pas)* surgit du maquis. Un escalier mène à la terrasse qui domine la baie de Calvi, offrant une **vue★★★** admirable sur le rivage, les montagnes et la citadelle. La chapelle a été édifiée au 19e s. sur les ruines d'un sanctuaire du 15e s. détruit au cours du siège de Calvi en 1794. Du haut de son rocher, la **statue de N.-D.-de-la-Serra** regarde la baie.

Vous pouvez grimper à N.- D.-de-la-Serra à pied du centre de Calvi *(2h30 AR, facile avec un léger dénivelé, accessible en famille)*. Rue de la République, suivez l'avenue Christophe-Colomb, puis le chemin de la Serra. Un sentier pédestre mène ensuite à la chapelle.

3

★★★ Réserve naturelle de Scandola *(voir p. 244)*

Accessible en bateau à partir de Calvi.

Circuit conseillé Carte de microrégion

★ LA BOUCLE CALVI-GALÉRIA-CALVI AB1/3

Circuit de 70 km tracé en violet sur la carte p. 104. Voir Galéria p. 160.

Randonnée Carte de microrégion p. 104

Domaine de la punta de la Revellata A1

6 km. Sortir de Calvi par la route de Porto, puis juste après l'embranchement de la route de N.-D.-de-la-Serra, laisser la voiture sur le parking à droite. Se conformer à la réglementation affichée.

8,6 km - 2h30 à 3h30 AR selon votre rythme (léger dénivelé), 1h30 AR pour les VTT (cyclistes confirmés). Larges pistes faciles à suivre. Bordée d'une côte sauvage dentelée, gérée par le Conservatoire du littoral, cette péninsule est un joyau du patrimoine naturel calvais. À l'extrémité du vaste promontoire de 300 ha se dresse un **phare**. Continuez sur 500 m pour atteindre la station de recherche océanographique Stareso *(propriété privée)*. Tout au long de la descente, des **vues★** splendides se révèlent sur les anfractuosités de la côte.

Bon à savoir – Il est conseillé d'effectuer une boucle, en suivant la piste partant au centre de la péninsule, et de revenir par le chemin littoral (côte est).

NOS ADRESSES À CALVI

ARRIVER/PARTIR

En bateau

En provenance de Nice et Marseille, les ferries accostent à L'Île-Rousse *(26 km au nord-est, voir p. 122)*.

En avion

Aéroport Calvi Ste-Catherine – *7 km au sud-est de la ville - ✆ 04 95 65 88 88 - calvi.aeroport.fr. Dessertes, voir p. 510.*

Liaison avec le centre L'aéroport n'est pas desservi par le bus. En **taxi**, comptez 22 € en journée, 28 € la nuit et le dim.

RTC – ✆ 04 95 65 30 36.

Abeille – ✆ 04 95 65 03 10.

Location de voiture – La plupart des grands loueurs sont représentés à l'aéroport *(voir p. 531)*. Location possible également auprès d'agences entourant l'office de tourisme, sur le port de plaisance.

TRANSPORTS

Gare ferroviaire – Plan de ville A2 - *À côté de l'office de tourisme - ✆ 04 95 65 00 61 - cf-corse.corsica.* 2 trains/j. pour Bastia et Ajaccio.

Le **tramway de Balagne** *(voir encadré p. 122)* relie Calvi à L'Île-Rousse, desservant toutes les plages *(6 € l'aller)*.

Autocars Compagnie Corsicar-Les Beaux Voyages - *Pl. de la Porteuse-d'Eau - ✆ 04 95 65 11 35 - www.beauxvoyagesencorse.com.* Liaison avec Calenzana (1 bus/j. tte l'année sf w.-end, 2/j. tlj en saison), Bastia par L'Île-Rousse (en été : tlj 2/j. ; reste de l'année : lun.-vend. 1/j. - durée 2h-2h30), Porto (de mai à mi-oct. : 1 à 2/j. - durée 2h30), Galéria (en été sur demande) et Porto-Vecchio 1/j. (avec correspondance à Casamozza).

HÉBERGEMENT

Bon à savoir – En juillet août, les tarifs atteignent des sommets et les hôtels font vite le plein. Pensez à réserver bien à l'avance.

PREMIER PRIX

Camping Paduella – Hors plan - *Lieu-dit Paduella, T 30 (rte de L'Île-Rousse, à 400 m de la plage) - ✆ 04 95 65 06 16 - www.campingpaduella.com - de déb. mai à déb. oct. - ♿ - bungalows 41/86 € (réserv. conseillée) - 147 empl. 19,40/26,40 €.* Situé sur un agréable terrain très boisé, ce camping bénéficie d'emplacements bien ombragés.

BUDGET MOYEN

Hôtel Cyrnea – Hors plan - *Av. Christophe-Colomb - Rte de Bastia - ✆ 04 95 65 03 35 - www.hotel-cyrnea.fr - fermé de nov. à mi-avr. - P - 42 ch. 88/98 €.* Côté pinède comme côté terre, toutes les chambres bénéficient d'un balcon. Jolie décoration de frises au pochoir réalisée par la maîtresse de maison, mobilier fonctionnel et tenue impeccable. Piscine et plage toute proche. Un bon rapport qualité-prix.

Hôtel Casa-Vecchia – Hors plan - *Rte de Santore - ✆ 04 95 65 09 33 - www.hotel-casa-vecchia.*

com - fermé oct.-avr. - ♿ 🅿 🏊 *- 14 appart. 105/150 € pour 2 pers. (tarifs à la sem. également) - 2 ch. 102 €.* Cette résidence regroupe, autour d'un jardin méditerranéen, plusieurs bâtiments abritant chambres et appartements, tous sans prétention mais parfaitement entretenus et rénovés en 2015. Ceux du dernier étage offrent une vue superbe sur le golfe de Calvi.

Casa Bianca – Hors plan - *Chemin San Francesco - Rte du stade - ✆ 04 95 60 08 33 - www.hotel-casa-bianca.com -* 🅿 *- 8 ch. et suites - double 65/170 € - ☕ 12 €.* Un bel hôtel, moderne et bien conçu, où les chambres épurées et agréables sont toutes climatisées et, pour certaines, prolongées d'une terrasse. Les suites peuvent accueillir jusqu'à 4 personnes. L'établissement se situe à 400 m au sud de la gare, à quelques pas du port de plaisance.

POUR SE FAIRE PLAISIR

1 **Hôtel Balanea** – A2 - *6 r. Georges-Clemenceau - ✆ 04 95 65 94 94 - www.hotel-balanea.com - fermé de déb. oct. à fin mars - 37 ch. 90/280 € - ☕ 15 €.* Accès par une rue piétonne. Les chambres, rénovées en 2019, affichent une ambiance contemporaine, et certaines offrent un beau panorama sur le port.

Hôtel L'Onda – Hors plan - *Av. Christophe-Colomb - ✆ 04 95 65 35 00 - www.hotel-londa.com - fermé nov.-avr. - 24 ch. 105/155 € - ☕ 9/12 €.* À proximité de la plage et de la pinède créée à la fin du 19e s., petit immeuble engageant dont les chambres, pratiques, bénéficient d'une loggia privée.

Hôtel La Caravelle – Hors plan - *Rte de la Plage - ✆ 04 95 65 95 50 - www.hotel-la-caravelle.com - fermé de mi-oct. à mi-avr. -* ♿ 🅿 *- 40 ch. 125/264 € - ☕ 15 € -1/2 P proposée.* En bordure d'une plage de sable fin, à l'entrée de la ville, un joli jardin vous accueille… et vous êtes sous le charme. De votre chambre avec terrasse, admirez la vue sur la mer et la citadelle.

À proximité

UNE FOLIE

La Signoria – *Rte de la Forêt de Bonifato - près de l'aéroport - 6,5 km au sud de Calvi par la T 81B - ✆ 04 95 65 93 00 - www.hotel-la-signoria.com - fermé nov.-mars -* ♿ 🅿 🏊 *- 27 ch. et suites 320/570 € ☕ - ✖ 70 €.* Aménagé dans un domaine du 18e s., cet établissement 5 étoiles offre tout le luxe et les services attendus. Superbe jardin, spa, piscine…

RESTAURATION

PREMIER PRIX

1 **Casa Vinu** – A1 - *15 bd Wilson - ✆ 04 95 31 37 09 - 10h-23h - fermé dim.-lun. en été - 10/25 €.* Cette boutique réputée est spécialisée dans les vins corses. On y propose quelques bonnes assiettes de charcuterie et fromages et des petits plats bien faits et généreux. La carte est brève, celle des vins « inexistante », car il suffit de parcourir le magasin pour trouver et se faire conseiller une bonne bouteille.

BUDGET MOYEN

2 **Le Tire-Bouchon** – A2 - *15 r. Georges-Clemenceau - ✆ 04 95 65 25 41 - 12h-14h, 19h30-23h - fermé jeu. midi (et dim. midi de juin à oct.) - 16/25,50 €.* Comment ne pas tomber sous le charme de ce bar à vins et de sa terrasse dominant la rue piétonne ? Une cinquantaine de références de qualité à accompagner de tapas (5/10 €).

3 **U Minellu** – A2 - *Traverse de l'Église - ✆ 04 95 65 05 52 - www.u-minellu.fr - de fin mars à fin mai :*

3

lun.-vend. à midi, w.-end midi et soir ; de fin mai à fin sept. : midi et soir - fermé merc. midi et dim. midi - menu 21,50 € - 14/24 €. Dans une cour aux murs colorés, des tables disposées sous des parasols. Un menu copieux et quelques délicieuses spécialités maison à la carte qui change au gré des saisons et des arrivages (agneau aux herbes, tourtes aux herbes, courgettes farcies) Ambiance jeune et décontractée. À noter : le restaurant fait brocante (mobilier des années 1950-1970).

Le Blockos – Hors plan - *Plage de Calvi (accès par l'entrée du supermarché Casino, sur la T 30) - ✆ 04 95 65 11 20 - www.facebook.com/LeBlockos - fermé nov.-mars - 15,30/30 € - location transat.* Un des plus beaux emplacements de la ville, face à la citadelle et au bord de la plage de sable. Cuisine simple tournée vers la mer, service souriant et attentionné.

4 **Aux Bons Amis** – A2 - *R. Georges-Clemenceau - ✆ 04 95 65 05 01 - fermé de mi-oct. à fin mars - menus 23/36 €.* Dans la rue piétonne la plus touristique, une famille de pêcheurs tient ce sympathique petit restaurant décoré sur le thème… de la pêche ; vivier à langoustes et homards. Spécialités de produits de la mer : daurade au four, aïoli de poissons… Bon accueil.

5 **U Casanu** – A2 - *18 bd Wilson - ✆ 04 95 65 00 10 - fermé nov.-déc. et dim. sf juin-août - 17/26 €.* Très agréable restaurant de poche (pensez à réserver en été) où l'on déguste une honnête et savoureuse cuisine familiale : poulpe rôti, soupe ou couscous de poissons, agneau grillé, etc.

6 **A Candella** – B1 - *9 r. St-Antoine - ✆ 04 95 65 42 13 - avr.-oct. - 25/30 €.* Un des rares restaurants de la ville haute, parfait le soir pour son calme et son cadre intime (en terrasse panoramique ou dans la petite salle). Cuisine typique des restaurants touristiques corses.

POUR SE FAIRE PLAISIR

U Fanale – Hors plan - *Mozello - Rte de Porto - ✆ 04 95 65 18 82 - avr.-oct. : tlj sf mar. midi ; nov.-déc. : jeu.-sam. le soir, dim. midi et soir - menu 30 € - 26/35 €.* Situé à 500 m à l'ouest du centre-ville, ce bel établissement concocte une cuisine traditionnelle et créative, à base d'excellents produits locaux. Une bonne adresse jouissant d'une belle vue sur la baie !

UNE FOLIE

La Table by La Villa – Hors plan - *Chemin de N.-D.-de-la-Serra - ✆ 04 95 65 83 60 - www.hotel-lavilla.com - fermé oct.-avr. - 75/130 €.* Au sein de l'hôtel La Villa, dont le luxueux décor s'efface devant la majesté du panorama, cette table cultive les trésors de l'île. Saint-pierre, viandes ou agrumes : le chef travaille chaque produit avec originalité, toujours dans le respect des saveurs. Superbe terrasse.

ACHATS

Marchés – *R. Alsace-Lorraine - 8h-13h.* Le marché couvert (produits de Balagne) s'anime tous les matins. Le port vit à l'arrivée des pêcheurs (vente directe).

A Casetta – *16 r. Georges-Clemenceau - ✆ 04 95 65 32 15 - www.acasetta.net - juin-août : 9h-23h ; de mi-mars à fin mai et de sept. à mi-nov. : 9h-20h - fermé de mi-nov. à mi-mars.* En passant sous les jambons suspendus à la potence au-dessus de l'entrée de cette jolie boutique, vous trouverez une belle sélection de fromages, huiles, herbes du maquis… Terrasse sur le port pour déguster ces produits artisanaux.

Annie Traiteur – *5 r. Georges-Clemenceau - ✆ 04 95 65 49 67 - www.annietraiteur.com - juil.-août : 6h-23h ; juin : 7h-21h ; sept. : 7h-20h ; reste de l'année : 8h-20h - fermé de fin oct. à fin mars.* C'est l'adresse de référence de Calvi de par la qualité des produits, de l'accueil et les prix raisonnables. Une devanture aussi surchargée qu'attirante, qui annonce des centaines de produits locaux tels confitures, liqueurs, huiles d'olive, saucissons, fromages, tartes, plats cuisinés.

Aux Gâteaux Corses – *9 bd Wilson - ✆ 04 95 65 01 07 - en sais. 9h-23h ; reste de l'année 8h30-12h30, 15h30-21h.* Pierre Moretti n'a rien changé dans sa façon de faire les biscuits de ses aïeuls. Cette authenticité garantit le succès de ses gâteaux, et de ses beignets. Également des macarons pour les amateurs.

Casa Vinu est une boutique de vins corses fort recommandable *(voir « Restauration »).*

Domaine L'Enclos des Anges – *Chemin de La Signoria - rte de la forêt de Bonifatu - 20260 Calvi - ✆ 06 20 26 31 70 - lun. 9h-19h20, dim. 10h-18h - domaine-lenclos-des-anges.business.site.* Richard Spurr et son épouse exploitent depuis 2007 un vignoble de 23 ha. Ils élaborent des vins sans artifice ni intrant, vinifiés et élevés en cuves béton et inox. Leur rosé possède beaucoup d'envergure, tandis que leur blanc, lui, présente des notes salines.

EN SOIRÉE

Chez Tao – *Ancien palais des évêques - ✆ 04 95 65 00 73 - de mi-juin à déb. sept. : de 22h30 à l'aube - fermé le reste de l'année.* Une adresse incontournable de la vie calvaise, perchée dans la citadelle. Les héritiers de Tao Khan, né en 1901 dans le Caucase et qui devient danseur de ballet à New York avant d'ouvrir en 1935 un cabaret-dancing à Calvi, ont conservé l'esprit des lieux et la passion slave pour la fête. Salles voûtées superbes, concerts, DJ. Vue imprenable sur la mer depuis les trois grandes terrasses.

ACTIVITÉS

Bon à savoir – De nombreuses agences proposant toutes sortes d'activités sont installées le long du port de plaisance.

Nautisme

Port de plaisance – *Capitainerie (sous l'office de tourisme) - ✆ 04 95 65 10 60 - 7h-21h en été ; reste de l'année : 8h-12h, 14h-17h.* 650 places.

Tra Mare e Monti Locations – *Port de plaisance - ✆ 04 95 65 21 26 - www.tramare-monti.com - fermé nov. et mars.* Location de bateaux (avec ou sans permis), de scooter, moto, voiture, 4x4 et randonnées en quad.

Calvi Nautique Club – *Port de plaisance - ✆ 04 95 65 10 65 - www.voilecorse.com - avr.-oct. : 9h-19h, w.-end 11h-19h ; reste de l'année - lun.-sam. 14h-17h30 - location de catamaran 40 €/h, kayak double 15 €/h.* L'une des bases nautiques les plus importantes de Corse. Location de planches à voile, kayaks, funboard et Hobie Cat, mais aussi stages. Ambiance familiale et décontractée.

Excursions en mer

Colombo Line – *Quai Landry, port de plaisance - ✆ 04 95 65 32 10 ou 04 95 65 03 40 - www.colombo-line.com.* Excursions en bateau vers la réserve de Scandola, Girolata, Calanche de Piana, plages des Agriate, Ajaccio.

Calvi Évasion – *Quai Landry, port de plaisance - ✆ 07 87 13 59 95 - www.calvi-evasion.com.* Excursions en bateau dans le golfe de Calvi, mais aussi vers Scandola, les Agriate et Girolata *(de 2h à 7h30 : 30/95 €).*

Calvi Promenade en mer – *Quai Landry, port de Plaisance - ✆ 06 43 34 30 58 - www.calvipromenadeenmer.com - 2h, 35 €/pers., possibilité de privatiser 420 €.* Le zodiac dépose ses passagers *(maxi 12 pers.)* au pied du phare de La Revellata le temps d'une balade, les transporte ensuite jusqu'à la grotte des veaux marins puis, moteur coupé, s'abandonne aux aimables caprices du courant à l'heure du coucher du soleil et de l'apéritif. Dans les verres, vins rosés ou muscats et quelquefois, les dauphins sont même de la partie !

Plongée

Calvi est l'un des grands centres de plongée de Corse et de la Méditerranée. Plusieurs clubs se partagent le « marché ».

Au programme des fonds aussi sauvages que colorés et quelques épaves. Ainsi le fameux **bombardier B-17** abattu en février 1944 et qui repose à 28 m de fond sur du sable blanc. Une plongée de niveau 2.

Les abords de la réserve naturelle de la pointe de **La Revellata**, accessibles aux plongeurs de tous niveaux, offrent entre 15 et 40 m de fond, des formations rocheuses spectaculaires peuplées d'une flore et d'une faune abondantes et variées.

Autre plongée accessible à tous, celle de la **Pointe St-François**, proche de la citadelle. Idéale pour les baptêmes, on peut y plonger jusqu'à 23 m de fond et découvrir une grotte renfermant une statue de la Vierge protectrice des plongeurs.

Citons enfin **La Bibliothèque** (tous niveaux, jusqu'à 25 m), pour ses éboulis et cavités très fréquentés par la faune locale.

Les plongeurs confirmés pourront découvrir également nombre de secs (hauts-fonds) ou encore la Grotte à Corail.

Centre de plongée Castille – *Port de plaisance - ✆ 04 95 65 14 05 ou 06 07 89 77 63 - www.plongeecastille.com - baptême 70 €.* Le plus ancien club de plongée de Calvi. La particularité de ce centre : aucun transport ni aucune manipulation de matériel lourd grâce au bateau qui lui sert de base (accueil, vestiaire, théorie, etc.)

Autres clubs présents sur le port : **EPIC** *(www.epic-plongee.com)*, **Calvi Plongée** *(www.calviplongee.com)* et **Diving Calvi** *(www.divingcalvi.fr)* basé sur la plage.

Équitation

A Cavallu – *LD Valle al Legno T 30 - ✆ 04 95 65 22 22 - www.acavallu.com - tte l'année - fermé le dim. - 32 €/h.* Outre les randonnées dans la montagne et les baignades avec les chevaux, ce centre propose des balades à poney pour les tout-petits.

AGENDA

Semaine sainte – Jeudi saint, dans l'après-midi, bénédiction des gâteaux « canistrelli » et procession. Vendredi saint, procession de la Granitola avec pénitents en cagoule et pieds nus.

Calvi on the rocks – *www.calviontherocks.com - déb. juil.* Un festival electro les pieds dans l'eau. Calvi se mue alors en Ibiza-Coachella version corse.

Rencontres polyphoniques – *www.facebook/rencontrespolyphoniquescalvi - mi-sept.* Concerts à 18h et à 21h30, dans la citadelle et dans la cathédrale St-Jean-Baptiste.

L'Île-Rousse

L'Isula Rossa

★

3 103 Île-Roussiens – Haute-Corse (2B)

Avec ses rues disposées en damier, ses squares fleuris et ses commerces sympathiques, L'Île-Rousse, principal port de Balagne, est une cité moderne et prospère qui vit au rythme des navires qui exportent les produits de la région. Dans cette station de villégiature attachante, très fréquentée dès le printemps, vous apprécierez la douceur du climat et la plage de sable fin qui borde la baie.

NOS ADRESSES PAGE 122
Hébergement, restauration, achats, activités, etc.

S'INFORMER

Office du tourisme de L'Île-Rousse – Plan de la ville B2 (p. 120). *Av. Joseph-Calizi - 20220 L'Île-Rousse - ✆ 04 95 60 04 35 - www.balagne-corsica.com - juin-sept. : 9h-19h, dim. 10h-13h, 15h-18h ; avr.-mai et oct. : tlj sf dim. 9h-12h, 14h-18h ; reste de l'année : tlj sf w.-end 9h-12h, 14h-18h - fermé 1er janv., 1er Mai, 1er et 11 Nov., 25-26 déc.*

Visites guidées – Visite guidée de L'Île-Rousse par une guide conférencière de l'Association des guides de Balagne *(sur réserv. à l'OT, 12 €).*

SE REPÉRER

Carte de microrégion C1 (p. 105) – *carte p. 128-129.* L'Île-Rousse se situe sur la côte de Balagne, 24 km à l'est de Calvi. La vieille ville et le quartier commerçant se concentrent autour de la place Paoli.

SE GARER

En arrivant, prenez l'avenue Picciani et garez-vous au parking de la place Paoli *(payant en été),* à celui de la Poste *(payant)* ou prenez la direction du port pour vous garer au parking près de la gare ferroviaire *(gratuit).*

À NE PAS MANQUER

Un verre à l'ombre des platanes de la place Paoli ; le tramway de Balagne.

ORGANISER SON TEMPS

Approvisionnez-vous le matin en produits du terroir au marché.

EN FAMILLE

Le parc de Saleccia ; une balade en petit train touristique, une initiation à la plongée ou une promenade à cheval *(« Voir nos adresses »).*

3

Se promener Plan de la ville p. 120

Le port d'Isula Rossa fut fondé par **Pascal Paoli** en 1758 pour concurrencer le trafic d'Algajola et de Calvi et contrecarrer l'activité génoise dans l'île. Avant cette date n'existaient en ce point de la côte que de vagues vestiges d'une cité romaine et une tour génoise. Aujourd'hui, la vieille ville ne manque pas d'allure avec son beau marché couvert entouré de boutiques d'alimentation, l'architecture soignée de ses maisons et ses ruelles dallées descendant vers la mer.

Place Paoli B2

Cette place rectangulaire est ombragée de grands platanes et bordée de cafés où il fait bon se mêler à la vie locale. Elle constitue le lieu le plus animé de la ville. Les joueurs de pétanque aiment s'y retrouver. Au centre, quatre hauts palmiers encadrent une fontaine surmontée du buste de Pascal Paoli. La belle **plage** de sable fin et ses paillotes est à deux pas, seulement séparée de la place par les rails discrets de la ligne Ponte-Leccia-Calvi. Côté port, un groupe sculpté d'A. Volti intitulé *Rêverie*.

Église de l'Immaculée-Conception B2

Pl. Paoli. Son fronton classique domine une triple rangée de palmiers. L'intérieur est d'une grande simplicité avec une coupole nue au-dessus du transept.

Marché couvert B2

Situé place du Marché, en retrait de la place Paoli, il offre une belle **architecture★** du 19e s. à colonnades antiques. On y trouve chaque matin les bons produits de Balagne (charcuteries, miels, fruits et légumes…) et du poisson frais.

Autour du Square Tino-Rossi B2

Au bout de la rue Notre-Dame, face au **square Tino-Rossi**, une tour à demi ruinée, proche de l'hôtel de ville (où sont parfois organisées de petites expositions

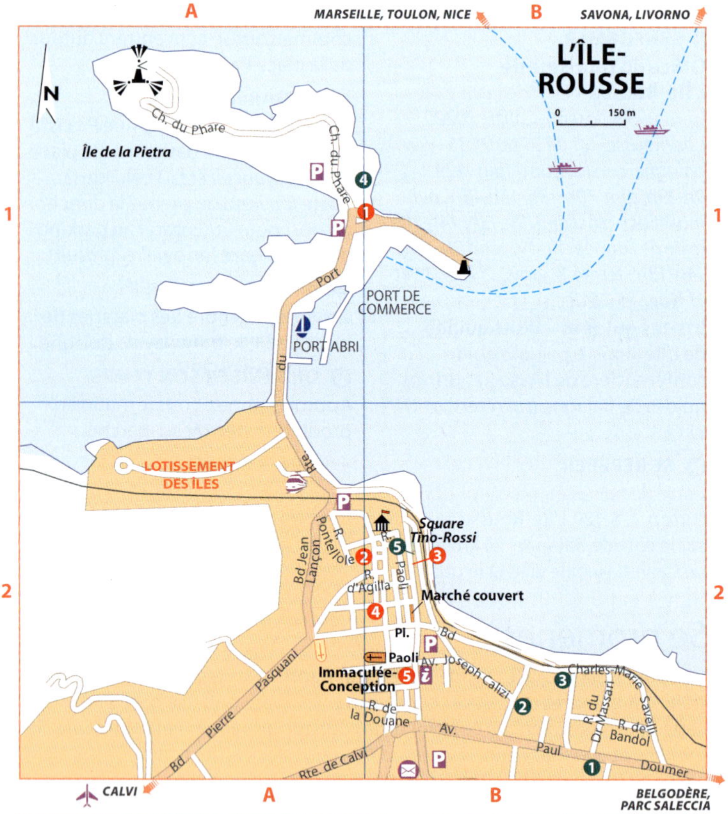

SE LOGER
Hôtel L'Amiral 3
Hôtel Le Grillon.............. 1
Hôtel Perla Rossa 5
Hôtel La Pietra............. 4
Hôtel Le Splendid 2

SE RESTAURER
A Quadrera................. 2
Le Bistrot de la place........ 5
Brasserie du Port 1
L'Escale.................... 3
U Spuntinu.................. 4

Le phare de la Pietra et la tour génoise sur l'Île-Rousse.
Naeblys/iStock

d'art et d'histoire), porte une inscription rappelant la fondation de L'Île-Rousse. Derrière le square, une esplanade avec un monument aux morts sculpté par Volti s'ouvre sur la baie face à l'**île de la Pietra**

★ Île de la Pietra AB1

Cette île n'en est pas vraiment une, car elle est reliée à la ville par une jetée qui protège le port. Les granits rouges de l'île de la Pietra ont donné son nom à L'Île-Rousse, un temps baptisée **Paolina** en l'honneur de son fondateur. Emblématique de la ville, elle est formée de rochers creusés d'alvéoles. Ce petit univers très minéral, flanqué du port de ferries, est le but de la promenade vespérale ou du jogging matinal des locaux comme des touristes. De l'ancienne **tour génoise** et du **phare** vous embrasserez un beau panorama sur la ville, ses environs et les nuances de bleus de la Méditerranée.

À proximité Carte de microrégion p. 105

Monticello C1

4 km au sud de L'Île-Rousse, par la D 263 partant du parking de la Poste.
Perché au-dessus de L'Île-Rousse, ce village entouré d'oliviers et de figuiers de Barbarie a conservé un cachet authentiquement méditerranéen avec sa grande place bordée de vieilles maisons.
À la sortie de Monticello *(suivre la D 263 en direction de Santa-Reparata)*, la route étroite, taillée en corniche au-dessus de la plaine littorale, offre des **vues★** étendues sur L'Île-Rousse et les rochers de la Pietra, la basse Balagne et les petits villages perchés.
De Santa-Reparata-di-Balagna *(voir p. 136)*, vous pouvez rejoindre L'Île-Rousse *via* Corbara *(voir p. 137)* ou partir vers les « Balcons de Balagne » *(voir p. 134)*.

★ Parc de Saleccia C1

À 4 km de L'Île-Rousse, sur la T 30. Rte de Bastia - ☏ 04 95 36 88 83 - www.parc-saleccia.fr - juil.-août : 9h30-19h ; reste de l'année : 9h30-19h, lun. 14h-19h, dim. et j. fériés 10h-19h - fermé de mi-oct. à fin mars - 9 € (-18 ans 7 €) - 25 € billet famille (2 adultes + 2 enf.) - visite avec plan et 30 panneaux pédagogiques. Observatoire à oiseaux, expositions, ateliers, soirée astronomie, etc.

LE TRAMWAY DE BALAGNE : DES PLAGES, DES GARES

Surnommé **U Trinighellu★**, ce petit train relie L'Île-Rousse à Calvi en « collant » au plus près des plages du littoral (la mer n'est souvent qu'à quelques mètres !), faisant le bonheur des baigneurs et des photographes. Il s'arrête notamment aux abords des plages de Calvi, de Lumio, de Sant'Ambroggio, d'Algajola et de L'Île-Rousse. Le tramway emprunte depuis 1965 et sur 22 km, la voie unique crée à la fin du 19e s. pour relier par le rail Ponte-Leccia à Calvi. Il dessert 12 arrêts en une quarantaine de minutes. La fréquence dépend de la saison et du jour. Informations auprès des gares Calvi et de L'Île-Rousse *(voir « Nos adresses »).*

Aménagé sur 7 ha, à la manière des jardins savants, ce jardin botanique vous plonge au cœur de la végétation méditerranéenne en général et corse en particulier. Le parcours se divise en six espaces thématiques (ne manquez pas ceux dédiés au maquis et à l'olivier), à parcourir sur 1 km de sentiers ombragés jalonnés de sculptures ou d'installations, et de panneaux pédagogiques sur la botanique et l'histoire du lieu, une ancienne propriété agricole qui a échappé aux appétits immobiliers. Belles collections de lauriers-roses, oliviers, romarins et euphorbes. Buvette-snack, boutique. Ateliers (photographie, mosaïque, vannerie…) et terrain de jeux pour enfants.

Plage de Lozari C1

À 8 km à l'est de L'Île-Rousse, sur la T 30 en dir. de Bastia.

Cette belle plage aux abords de laquelle les rivières Regino et Lozari se rejoignent avant de se jeter dans la mer, est réputée pour sa **base nautique** où l'on pourra pratiquer le kayak et le paddle *(voir « Nos adresses »)*. Elle est accessible depuis la partie orientale de la plage.

Dans sa partie ouest *(la plus proche en venant de L'Île-Rousse ; au panneau indiquant l'office du Tourisme – A Casa di Lozari –, tourner à gauche)* **trois courts sentiers** permettent de sillonner la zone humide, longer la plage, ou encore rejoindre une tour génoise.

NOS ADRESSES À L'ÎLE-ROUSSE

ARRIVER/PARTIR

En avion

Aéroport de Calvi-Ste-Catherine – *04 95 65 88 88 - www.calvi.aeroport.fr.*

En bateau

Gare maritime – Plan de ville B1 - *Compagnies, voir p. 511.* Liaisons de/vers Marseille avec Corsica Linea et de/vers Nice et Toulon avec Corsica Ferries.

TRANSPORTS

Gare ferroviaire – Plan de ville A2 - *04 95 60 00 50 - cf-corse.corsica.* 2 trains par jour sur la ligne de Bastia ainsi que sur celle d'Ajaccio.

Le **tramway de Balagne** *(voir encadré p. 122)* relie L'Île-Rousse à Calvi *(6 € l'aller).*

Location de scooters – En saison, face à la gare (8h-20h).

VISITES

Petit Train touristique – *Mars-oct. - en sais. dép. de la pl. Paoli - 7 € (enf. 3 €).* La ville est petite et se parcourt très bien à pied. Mais vous pourrez éventuellement monter à bord d'un petit train qui vous conduira du centre vers l'île de la Pietra.

HÉBERGEMENT

PREMIER PRIX

1 Hôtel Le Grillon – B2 - *10 av. P.-Doumer - ✆ 04 95 60 00 49 - www.hotelgrillon.com - fermé de nov. à fin mars - P - 16 ch. 70/85 € - ☕ 8 €.* Accueil convivial dans ce petit hôtel où les chambres, insonorisées, arborent un mobilier en bois peint patiné.

BUDGET MOYEN

2 Hôtel Le Splendid – B2 - *Av. Comte-Valery - ✆ 04 95 60 00 24 - www.le-splendid-hotel.com - fermé nov.-mars - 51 ch. 102/125 € ☕ - vue sur mer et piscine suppl. 5 €; 1/2 P possible.* L'hôtel est aménagé dans une imposante demeure flanquée de palmiers, à deux pas de la plage et de la place Paoli. Plusieurs types de chambres et de tarifs : les moins chères peuvent être petites mais offrent un bon rapport confort-prix.

Hôtel Funtana Marina – Hors plan - *À 1 km par rte de Monticello - ✆ 04 95 60 16 12 - www.hotel-funtana.com - P - 23 ch. 90/150 € - ☕ 15 €.* Sur les hauteurs, cette bâtisse est immergée dans une végétation luxuriante. Les chambres, confortables, regardent la belle piscine, elle-même tournée vers la mer et la ville.

POUR SE FAIRE PLAISIR

3 Hôtel L'Amiral – B2 - *Bd Ch.-Marie-Savelli - ✆ 04 95 60 28 05 - www.hotel-amiral.com - fermé de mi-oct. à mars - 18 ch. 130/160 € - ☕ 12 €.* Embarquez à bord de cet hôtel à l'ambiance très marine, dont les parties communes ressemblent à l'intérieur d'un bateau, tout en bois exotique. Chambres fonctionnelles.

4 Hôtel La Pietra – AB1 - *Chemin du Phare - ✆ 04 95 63 02 30 - www.hotel-lapietra.com - fermé de nov. à déb. avr. - P - 41 ch. et suites 125/259 € - ☕ 15 € - ✂ carte 14/32 €.* Belle situation face au port, les « pieds dans l'eau », pour cet hôtel des années 1970 (évidemment rénové depuis). Les chambres ont toutes un balcon côté mer ou côté tour génoise (15e s.). Salon-piano bar et espace détente (Jacuzzi, soins balnéo, massages...). Au restaurant, recettes locales et suggestions du jour, avec la grande bleue en toile de fond.

UNE FOLIE

5 Hôtel Perla Rossa – B2 - *30 r. Notre-Dame - ✆ 04 95 48 45 30 - www.hotelperlarossa.com - avr.-oct. - 10 suites 140/590 € - ☕ 18 €.* Aménagé dans un palazzu du 18e s., ce bel hôtel de charme vaut pour ses vastes chambres modernes, élégantes et confortables, offrant pour la plupart de belles vues sur la mer. Un bémol cependant : certaines côté rue peuvent s'avérer bruyantes.

RESTAURATION

PREMIER PRIX

1 Brasserie du Port – AB1 - *Port de Commerce - ✆ 04 95 60 10 66 - 19/21 €.* Sur deux niveaux, avec vue sur le port voisin et la mer, une brasserie sans prétention (poisson, pizzas) convenable pour un repas en attendant le bateau.

BUDGET MOYEN

2 A Quadrera – AB2 - *6 r. Napoléon - ✆ 04 95 60 44 52 - fermé nov.-avr. et dim. - menu 24 €.* Les Îles-Roussiens apprécient cette adresse sans prétention qui propose un seul menu à prix fixe ainsi que quelques plats régionaux ou plus traditionnels, toujours bien maîtrisés. C'est dans une ambiance conviviale que l'on déguste la soupe du jour.

3 L'Escale – B2 - *20 r. Notre-Dame - ✆ 04 95 60 10 53 - ♿ - menu 26,90 € - 17/26 €.* Cette maison familiale fondée par le grand-père en 1903 – à présent déclinée en plusieurs adresses (hôtels, restaurants) à travers la ville – s'ouvre sur une rue animée d'un côté, et sur la mer de l'autre. On peut donc s'y restaurer, dans un décor moderne et avec vue sur la mer, de plats corses et méditerranéens colorés et bien préparés. Fait aussi hôtel, avec des chambres au design contemporain réussi : **L'Escale Côté Sud** *(✆ 04 95 63 01 70 - www.hotel-ilerousse.com - 18 ch. 160/470 € - ☕ 12 €).*

4 U Spuntinu – B2 - *1 r. Napoléon - ✆ 04 95 60 00 05 - fermé de mi-déc. à mi-févr., lun. midi tte l'année et lun. soir hors saison - menu 28 € - 20/27 €.* Une agréable adresse familiale où l'on sert (en terrasse) depuis plus de 45 ans une honnête cuisine locale. Essayez la copieuse « assiette découverte » pour un panorama de saveurs corses ou les excellents beignets de courgettes.

POUR SE FAIRE PLAISIR

5 Le Bistrot de la place – B2 - *3 pl. Paoli - ✆ 04 95 60 12 90 - fermé dim. soir et lun. (sf juil.-août) - 40/65 € - réserv. conseillée.* La carte qui évolue au gré du marché et des saisons privilégie les produits et recettes corses. Joli cadre bistrot et terrasse dressée sur la place.

À proximité

POUR SE FAIRE PLAISIR

A Pasturella – *Pl. du Village - 20220 Monticello - ✆ 04 95 60 05 65 - www.a-pasturella.fr - fermé de nov. à fin déc., dim. soir-merc. de fin déc. à fin mars - 17/28 € - 10 ch. 118 € - ☕ 12 € - 1/2 P 214 €.* Dans un pittoresque village perché de la corniche Paoli. Poissons du jour et plats traditionnels à savourer dans une salle décorée avec goût ou sur la terrasse. Dans la partie hôtel, belles chambres actuelles.

Voir aussi « Nos adresses » en Balagne, p. 137.

EN SOIRÉE

Cinéma en plein air – *Col de Fogata - www.cinema-fogata.com.* Une salle intérieure et surtout une extérieure pour une séance en plein air tous les soirs à 21h30 en juillet-août.

Le Grand Large – *Promenade A Marinella - ✆ 04 95 60 02 29 - tlj en saison.* Restaurant, glacier… et surtout une situation privilégiée sur la plage. Idéal pour un apéritif « panoramique », dans un transat. Idem au restaurant **A Siesta** voisin.

Bar Lounge Le Rendez-vous – *22 r. Notre-Dame - ✆ 04 95 63 01 70 - www.hotel-ilerousse.com.* On s'y arrête pour profiter de la terrasse panoramique dominant la mer, on s'y attarde pour savourer les glaces artisanales étonnantes et pour finir, on s'y attable pour déguster un plat de poisson.

A Casa Corsa – *22 pl. Paoli - ✆ 04 95 60 23 63 - 8h-0h (voire plus en été) - fermé 15 oct.-15 mars.* Du salé au sucré, rien n'est oublié, ni la charcuterie de montagne, ni le fromage, ni les vins et encore moins la fameuse bière de Furiani. Petite restauration façon bar à vins sur une terrasse agréable.

ACHATS

Marché – *Pl. du Marché - 8h-12h.* Marché couvert tous les matins : poissons, légumes et fruits de Balagne.

ACTIVITÉS

Nautisme

Port de plaisance – *✆ 04 95 60 26 51 - été 8h-12h, 14h-18h.* Capacité de 200 places.

Club nautique de L'Île-Rousse – *Rte du Port (plage de la gare) - ✆ 04 95 60 22 55 - cnir25.wixsite.com/cn-ile-rousse ou www.voilecorse.com - de fév. à mi-déc.* Initiation, stages et location de catamarans (pour enfants et adultes), planches à voile, optimists, funboards, paddle : tous les moyens sont bons pour découvrir la baie.

Centre nautique de Lozari – *✆ 04 95 47 69 48 - interracorsa.com ou kayaklosari.corsica - avr.-sept.* Sur la plage du même nom *(voir p. 122)*, location de kayak *(18 €/1h)* ou de paddle *(18 €/1h)*, mais aussi de VTT. Vous pourrez participer à une balade en kayak pour approcher les Agriate ou découvrir L'Île-Rousse de la mer durant une demi-journée *(30 €)*.

Plongée

Les clubs de L'Île-Rousse proposent des explorations de sites allant jusqu'à Calvi et la pointe de la Revelatta *(voir « Nos adresses » à Calvi)*. Parmi les sites les plus proches de L'Île-Rousse, le **Brucettu** (jusqu'à 40 m, un tombant peuplé de nombreuses espèces de poissons, qui finit par un passage dans un petit canyon) et le **Naso** (pic rocheux et tombant, peuplés de mérous et de murènes) font figure d'incontournables.

École de plongée de L'Île-Rousse – *Le port - ✆ 06 81 97 86 82 - www.epirplongee.com - juil.-août : tlj sf dim. 8h-13h, 14h-18h ; avr.-juin et sept.-oct. : lun.-vend. 8h-12h, 14h-17h - fermé nov.-mars - baptême de plongée à partir de 8 ans 70 €.* Ce centre propose baptêmes, explorations et stages pour tous niveaux, ainsi que des cours destinés aux enfants et des randonnées palmées.

Autre club : **Beluga Diving** (*Abri du Port - ✆ 06 82 04 95 10 - www.beluga-diving.com - mai-oct.*).

Équitation

Ferme équestre d'Arbo Valley – *Lieu-dit Saleccia - rte de Bastia - 20220 Monticello - ✆ 06 16 72 53 12 - arbovalley.fr.* Propose des balades d'une demi-journée ou d'une journée le long du littoral du désert des Agriate avec baignade et pique-nique *(55/120 €)*. Et pour les cavaliers, des randonnées itinérantes de plusieurs jours à travers l'île.

3

Villages de Balagne

★★★

Haute-Corse (2B)

La Balagne contemple la Méditerranée depuis son balcon de collines fertiles et son littoral aux baies ourlées de sable. De ravissants villages jalonnent les paysages de cette contrée riante, pays de cocagne insulaire gorgé de vergers, de vignes et d'oliviers. Au-delà des premiers reliefs sur lesquels s'accrochent les principaux bourgs, la Balagne devient sauvage et méconnue, et livre d'inoubliables panoramas. Pour découvrir cette région partez le long des petites routes et des chemins qui serpentent au milieu des champs, des palmiers, des agaves, lesquels témoignent de la douceur du climat.

NOS ADRESSES PAGE 137
Hébergement, restauration, achats, activités, etc.

S'INFORMER

Offices du tourisme de L'Île-Rousse et de Calvi – *Voir p. 106 et p. 119 - www.balagne-corsica.com.*

SE REPÉRER

Carte de microrégion BC1/2 (p. 104-105) – *carte p. 128-129.* La Balagne descend doucement vers la mer, depuis la ligne de crêtes qui surplombe les gorges de l'Asco au sud-est. Elle est délimitée au nord-est par le désert des Agriate et au sud-ouest par la vallée du Fango. Les deux villes principales, Calvi et L'Île-Rousse, constituent de bons lieux de séjour pour concilier plaisir balnéaire, activités culturelles et visites des villages perchés.

À NE PAS MANQUER

Les panoramas sur le golfe de Calvi à Montemaggiore et au col de Salvi ; Sant'Antonino et son site à couper le souffle ; l'église en appareillage polychrome de la Trinité à Aregno ; Pigna et son effervescence culturelle.

ORGANISER SON TEMPS

Activités nautiques sur la côte, itinéraires de découverte dans l'arrière-pays, la Balagne est bien une destination de vacances.

EN FAMILLE

Le jardin botanique fruitier à Avapessa, le tramway de Balagne *(voir p. 122)*, une balade avec un âne *(voir « Nos adresses »).*

Le village de Montemaggiore.
Jonhnygull/iStock

Circuits conseillés Carte de la Balagne

★★ LES TRÉSORS DE BALAGNE

Circuit en boucle de 80 km au départ de Calvi tracé en vert sur la carte p. 128-129 – Compter environ une journée. Quitter Calvi par la T 30 vers L'Île-Rousse.
La route longe la pinède de Calvi; aussitôt après le pont, prenez à droite la D 151 qui remonte la vallée de la Bartasca plantée de vignes. Elle conduit à Calenzana, point de départ du fameux GR 20.

Calenzana *(voir p. 149)*

Suivre la D 151 en direction de Zilia.

★ Église Ste-Restitude *(voir p. 150)*

À travers les chênes verts, les oliviers et les amandiers, la route contourne alors le bassin du Fiume Secco.

3

Zilia (Ziglia)

Village-balcon au pied du monte Grosso, Zilia est bâti dans un paysage d'oliviers et d'amandiers. Il conserve de vieilles maisons et offre de sa terrasse, face à l'église, une belle vue sur la vallée verdoyante du Fiume Secco.
La commune a donné son nom à une **eau de source** captée à 80 m de profondeur et largement distribuée dans l'île. Le logo original des bouteilles marque d'ailleurs durablement les touristes. L'usine d'embouteillage se visite sur rendez-vous *(Rte de Zilia - ✆ 04 95 65 90 70 - www.eauxdezilia.corsica - horaires : se rens.).*
1h. Il est possible de relier à pied Zilia à Cassano *(voir p. 128)* en longeant la rivière, puis en remontant vers Cassano.
2 km après Zilia, quitter la D 151 en descendant à gauche, direction Cassano.

LA BALAGNE À PIED

Les amateurs de randonnées de quelques heures trouveront dans chaque localité un panneau illustré « **Sentiers de Balagne** » (en général près de la place du village) décrivant les sentiers alentour. Ainsi informés et équipés d'une bonne carte ou des fiches fournies par les offices du tourisme, vous pourrez profiter des **250 km** de parcours dans la région. De nouveaux itinéraires, le long du littoral, sont à l'étude.

Cassano

L'église paroissiale possède un intéressant **triptyque★** sur fond or représentant la Vierge à l'Enfant sous un dais entre des saints. Cette œuvre de 1505 est due à un artiste nommé Simonis de Calvi.

En déambulant dans les ruelles, notez les bancs, abondamment décorés et recouverts d'écailles sculptées.

Revenir sur la D 151 au niveau de la fourche et monter à gauche en suivant la direction de Lunghignano.

Lunghignano

Ce minuscule hameau, en surplomb de la route, abrite l'**église St-Vitus** de la fin du 18e s. édifiée en gros appareil de pierre, ainsi qu'une fontaine sous

voûte. À la sortie du hameau, à 300 m sur la droite, le **moulin à huile U Fragnu** du 19e s., restauré et de nouveau en activité, propose des produits régionaux *(voir « Nos adresses »)*. On peut le visiter en quelques minutes en bénéficiant d'un commentaire explicatif. La récolte et le pressage y ont lieu tous les deux ans (années paires).

★ Montemaggiore

Ce village est bâti sur un promontoire au-dessus du bassin du Fiume Secco et au pied de la chaîne du monte Grosso. De la terrasse de sa grande église baroque *(fermée hors saison)*, un vaste **panorama★★** se développe sur le golfe de Calvi, la presqu'île de la Revellata, Calenzana et son cadre montagneux. En repartant, notez la grande maison crème attenante à la chapelle : Don Juan

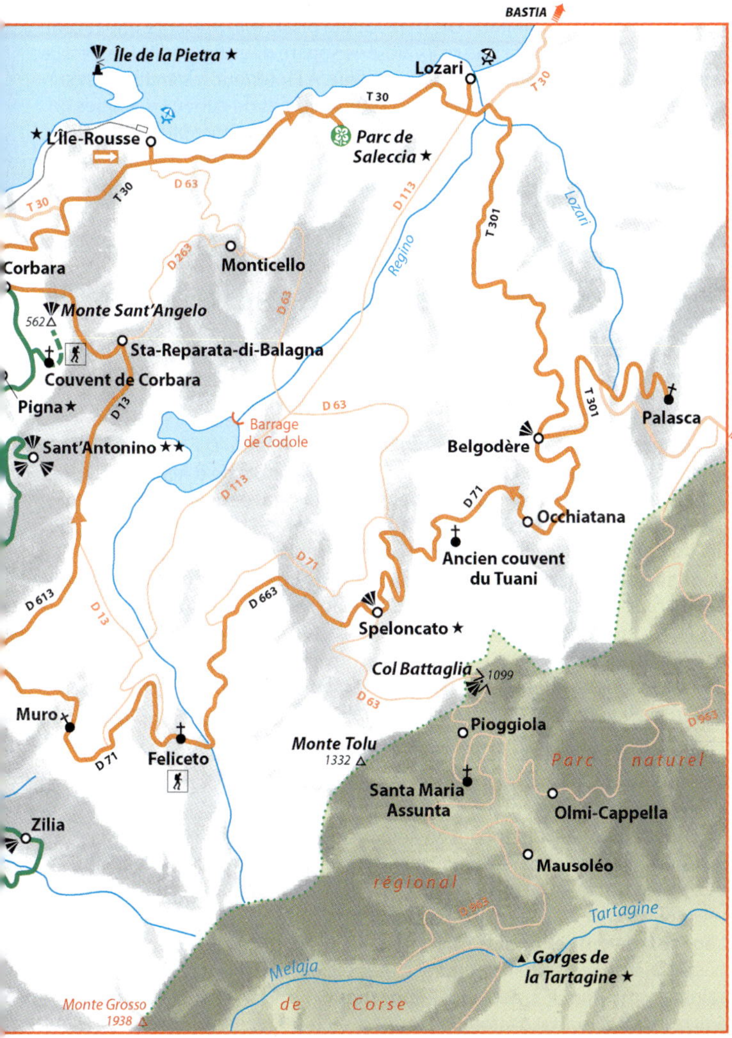

y serait passé lors d'un bref et unique séjour sur l'île, au 16e s., pour y séduire une jeune femme, bien sûr.
Au nord du village, près d'une fontaine, la vue se dégage sur la chaîne du monte Grosso.
De Montemaggiore, il est possible d'effectuer une boucle en passant par Cassano et Lunghignano *(1h45 - 220 m de dénivelé positif)*. Un autre sentier permet de descendre vers Lumio *(2h)*.
Reprendre la D 151, direction Cateri. 1 km après Montemaggiore, dans un lacet, prendre à droite (panneau marron indiquant « San Rinieru ») une petite route revêtue que l'on suit sur 900 m environ.

Chapelle St-Rainier (San Rinieru)

Montemaggiore - ✆ 04 95 62 72 78 - sur demande à la mairie tlj sf w.-end mat. et apr.-midi.
Elle s'élève dans le cimetière. De style roman pisan, elle présente une façade polychrome ; au fronton, une croix ajourée sépare deux figures humaines. Le chevet arrondi a conservé son toit en *teghje*. À l'intérieur, les archivoltes surmontant les deux premières fenêtres sont décorées de curieux masques grimaçants. En sortant, panorama sur le monte Grosso, encore plus beau l'hiver, quand il étincelle, enneigé, sous le soleil.
Reprendre la D 151 qui, étroite et tourmentée, monte dans un paysage désolé jusqu'au col de Salvi.
En montant vers le **col de Salvi**, la route tracée en corniche offre de beaux **coups d'œil★** sur Calenzana, le bassin du Fiume Secco et la mer.
Du col, splendide **panorama★★** sur le golfe de Calvi que l'on domine de 500 m et sur la pointe de la Revellata.
2 km après le col, tourner à gauche dans la D 71. On bascule alors dans la région de L'Île-Rousse.

Cateri

Stationnement (obligatoire en saison) en descendant de la D 71 sur la gauche.
Niché dans les oliviers, Cateri s'étage au-dessus du bassin d'Algajola. Gagner à pied le cœur du village par des ruelles étroites, pavées, reliées par des passages voûtés et bordées de hautes maisons de granit où travaillent quelques artisans ; belle vue sur les villages d'Aregno, Sant'Antonino et Corbara.
L'**église Santa Maria Assunta** accueille dans une châsse le corps de saint Bénin, rapporté de Rome au 18e s. En face de l'entrée, la chapelle du Très-St-Crucifix a été construite pour la confrérie de saint Antoine de Padoue.
Peu après, sur la route de Lavatoggio, le couvent de Marcasso est fléché sur la droite. Le stationnement y étant interdit, il est beaucoup plus simple de laisser sa voiture au parking de Cateri et de s'y rendre à pied (5mn).

Couvent de Marcasso

✆ 04 95 61 70 21 - visite guidée sur demande préalable avr.-oct. : 15h-18h - fermé 1er vend. du mois, Avent, Carême.
Ce couvent bénédictin encore en activité, mais menacé de fermeture (après le départ du dernier bénédictin, une nouvelle présence spirituelle maintient néanmoins l'activité du site), fut édifié en 1621. Il s'élève sur une terrasse entourée d'olivaies et de vergers.
L'**église conventuelle** abrite une toile restaurée du 18e s. représentant le Repas pascal, ainsi que des stalles, un beau meuble de sacristie et quatre statues de saints en bois du 17e s. Boutique monastique.
Suivre la D 71 jusqu'à Lavatoggio.

Le village de Sant'Antonino.
D. Caviglia / hemis.fr

Lavatoggio

Le village était autrefois renommé pour la qualité de ses sources. De la terrasse de l'église, la **vue★** s'étend sur la plage d'Algajola, la côte et les dernières pentes de la Balagne, à l'ouest de la ligne de crêtes qui sépare ces pentes du bassin du Regino.

Faire demi-tour et regagner Cateri. Prendre à gauche la D 151, puis très rapidement à droite la D 413 vers Sant'Antonino.

3

★★ Sant'Antonino

Bon à savoir – Boutiques et restaurants sont fermés hors saison.

Perché à 500 m d'altitude, ce village en nid d'aigle forme un harmonieux dédale de ruelles pavées et de passages voûtés. Maupassant avait été marqué par la vue de ce « mont élevé que couronne un paquet de maisons jetées dans le ciel bleu si haut que l'on pense avec tristesse à l'essoufflement des habitants contraints de remonter chez eux ». Aujourd'hui, sa restauration très réussie en fait un des pôles d'attraction touristique. Quelques boutiques d'artisanat se sont installées (poteries, bijoux, spécialités gastronomiques, etc.), mais elles sont malheureusement fermées hors saison. Contournez le village dans le sens des aiguilles d'une montre pour admirer le remarquable **tour d'horizon★★** sur la vallée du Regino, la Balagne vallonnée de Belgodère à Lumio, les hautes montagnes enneigées, le bassin d'Algajola et la mer.

Redescendre et prendre à droite la D 151 vers L'Île-Rousse.

Aregno

Ce village de 600 âmes s'accroche au flanc de doux reliefs. Son territoire planté d'agrumes, d'oliviers et d'amandiers se prolonge vers une étroite façade maritime.

★ **Église de la Trinité** – *Pl. de l'Église - ✆ 04 95 61 70 34 - mai-sept. : horaires, se rens. - clé disponible à la mairie.* À l'entrée du village, dans le cimetière, s'élève cette charmante petite chapelle. Elle étonne par l'appareillage polychrome de ses murs de granit. Prenez le temps de détailler les figures humaines et

UNE VOCATION DE PLACE FORTE

La fondation d'**Algajola** remonte vraisemblablement aux Phocéens. Elle connut son apogée au 17e s. grâce au commerce des olives et des huîtres. Jusqu'au 18e s., la cité fut une défense génoise avancée de Calvi. Ses remparts furent édifiés en 1664, pour la protéger d'un éventuel retour des Sarrasins qui l'avaient saccagée le 26 juin 1643. En 1729, les Corses insurgés contre Gênes s'en emparèrent. En 1767, elle fut pour Pascal Paoli une position de premier plan. L'essor de L'Île-Rousse provoqua, à la fin du 18e s., l'abandon presque total de la cité.

les animaux fabuleux, admirablement sculptés, qui rythment la façade et les murs latéraux. Les fenêtres latérales en meurtrières sont surmontées d'archivoltes décorées de motifs symboliques : deux paons affrontés, la croix et l'arbre, une main ouverte et une crosse. L'intérieur abrite deux **fresques** du 15e s. : les quatre docteurs de l'Église latine ; saint Michel pesant les âmes et terrassant le dragon.

Reprendre la D 151 jusqu'à Pigna.

★ Pigna *(voir p. 145)*

Corbara et son couvent *(voir p. 142)*

Rejoindre la N 197 et prendre à gauche en direction de Calvi.

Algajola

Office du tourisme d'Algajola – *Pl. de la Gare - 20220 Algajola - ✆ 04 95 62 78 32 - www.balagne-corsica.com - de mi-juin à fin sept. : 9h-12h, 14h-18h, jeu.-vend. 9h-12h, 13h-17h, dim. 9h30-12h30 ; reste de l'année : se rens. - horaires susceptibles d'être modifiés en fonction de l'affluence, se rens.*

Nichée au creux le plus profond de la baie, une longue plage de sable fin (1,5 km) et une photogénique petite citadelle ont fait la popularité de cette agréable station balnéaire, établie entre les marines de Davia et de Sant'Ambroggio. De son architecture militaire, la ville conserve des maisons blotties à l'intérieur de remparts, quelques ruelles et passages voûtés et une partie de sa citadelle au bout du promontoire. Quelques bars, des activités nautiques et un camping animent le bord de mer.

Au sud d'Algajola, le quartier **San Damiano** accueille le port de pêche et une petite plage abritée.

★ **Citadelle** – *Privée, ne se visite pas.* Construite au 17e s. autour d'un château (dont subsiste la tour fortifiée), elle conserve son bastion triangulaire et ses échauguettes. Ce « château » servit de résidence au lieutenant-gouverneur de Balagne. En 1643, lors de la destruction d'Algajola par les Sarrasins, la garnison génoise s'y retrancha tandis que l'église St-Georges servait de refuge aux habitants. Les abords, bien aménagés, se composent notamment d'un jardin offrant de belles vues sur la mer.

Église St-Georges – *Été : dim. durant l'office.* Cette église semi-fortifiée, placée sous la protection du saint patron de la ville de Gênes, a été remaniée au 17e s. après avoir été incendiée par les Sarrasins. L'intérieur est éclairé par de petites fenêtres hautes et présente une abside à voûte génoise.

Marine de Sant'Ambroggio

Bon à savoir – Hors saison, tous les commerces ou presque sont fermés.

Le port de plaisance de Sant'Ambroggio offre toutes les facilités recherchées par les plaisanciers. En dépit de la multiplicité des lotissements récents et d'un

La Balagne, verger de la Corse

La région tirerait son nom du mot grec *balanos* signifiant « gland » ou « fruit du gland », allusion à la forme de l'olive et donc aux oliveraies qui couvraient plaines et collines.

UNE OCCUPATION ANCIENNE

Cette région fut habitée dès les temps préhistoriques. À l'âge du fer, la Balagne vivait vraisemblablement déjà de la pêche et du commerce maritime. Dans l'Antiquité, Grecs et Étrusques y passèrent. Puis les Romains s'y installèrent et la cultivèrent. Des témoignages de leur présence ont été découverts à Calvi, L'Île-Rousse, Algajola, Speloncato et Calenzana. Les Sarrasins, attirés par les richesses de cette contrée, y multiplièrent de mémorables razzias dont celle d'Algajola, la plus célèbre.

UNE RÉGION PROSPÈRE

La Balagne devint au 11e s. le fief des « **marquis de Massa et Corse** », établis par les Pisans pour se défendre contre les incursions sarrasines. Pour surveiller le rivage, ils édifièrent des châteaux forts dont subsistent de nombreux vestiges : les ruines de la forteresse des Savelli à Corbara, par exemple.
Ces seigneurs furent les bienfaiteurs des bénédictins qui s'implantèrent solidement en Balagne au 12e s. et contribuèrent au renouveau agricole de la contrée, ruinée par l'anarchie et les invasions. Corrélativement, le commerce avec la Toscane reçut une nouvelle impulsion. À la fin du 12e s., la Balagne était la première région viticole de l'île avec Bastia et le cap Corse. Une population aisée fit édifier, pendant la période pisane, un grand nombre d'églises, parfois sur d'anciens sites paléochrétiens : à Calenzana, Cassano, Montemaggiore, Lumio, Aregno… si bien que l'on parla de la **« sainte Balagne »**.
La république de Gênes s'implanta dans la région au 13e s. ; elle y fonda les places fortes de Calvi et d'Algajola qui disposaient ainsi d'un territoire assez riche pour subvenir aux besoins de la garnison et de la population.
Au 17e s., la Balagne était une région de polyculture méditerranéenne, où dominait l'olivier. Son huile était très prisée. Au 18e s., Pascal Paoli bâtit L'Île-Rousse, principal débouché de la Balagne fertile.

LA BALAGNE AUJOURD'HUI

La désertification, les menaces d'incendies, la concurrence des pays émergents et le dépeuplement de la région ont conduit à une baisse d'intérêt pour les activités agricoles traditionnelles au profit du développement touristique. Des ensembles résidentiels de vacances avec ports de plaisance privés ont vu le jour et les stations balnéaires, en pleine expansion, d'Algajola et de L'Île-Rousse concurrencent maintenant Calvi. Les villages de l'arrière-pays se sont associés pour mettre en valeur leur patrimoine et faire connaître leurs traditions. Ainsi est née la **route des artisans de Balagne** *(voir « Achats » dans « Nos adresses »)*, circuit touristique à travers les plus beaux villages de la région.
Un programme d'aménagement hydraulique dont relève le barrage de Codole, avec réseau de canalisations et stations de pompage établi pour l'ensemble de la Balagne, contribue cependant depuis quelques années à un renouveau de l'agriculture dans les plaines de L'Île-Rousse et d'Algajola.

grand village de vacances, le site a conservé un cadre naturel autour d'une belle plage de sable, au fond de la baie.
À proximité *(2 km - suivre au rond-point le panneau « Vival », mais ne pas traverser le rail et continuer vers la droite)*, une route, endommagée par endroits, et des sentiers conduisent à la **punta di Spano★**, promontoire sauvage qui avance ses chaos granitiques vers l'ouest et que prolonge l'île de Spano. Belles vues sur le Golfe de Calvi. Et possibilité de baignade dans une **crique** proche du parking en bout de route.

★ Lumio

Groupé en amphithéâtre, au-dessus de sa grande église baroque flanquée d'un haut campanile ajouré, ce bourg opulent et fleuri de Balagne, patrie de Laetitia Casta (qui s'y est mariée en 2017), forme un belvédère sur le golfe de Calvi, au milieu des oliviers et des vergers. On ne peut manquer, avenue Bella-Vista, l'imposante construction carrée décorée d'arcades à son sommet. Il s'agit du **Carrubo**, construit au 18e s. par un abbé pour accueillir une école et les pauvres du village.
★ **Site ruiné d'Occi** – *Départ derrière l'hôtel-restaurant Chez Charles ou en face du camping Le Panoramic. Accès au site 30mn, boucle de 2h (éviter les shorts).* Cet ancien village abandonné au 19e s. et ruiné qui domine Lumio et la punta di Spano est une très belle destination de randonnée, avec d'exceptionnelles **vues panoramiques★**. Le chemin qui contourne les hauteurs par la droite mène à la chapelle N.-D.-de-la-Stella avant de redescendre *(à droite)* à travers le maquis sur Lumio. Il se révèle une bonne occasion de découvrir d'anciens vestiges pastoraux, les fleurs du maquis et, très certainement, quelques rapaces.
À la sortie de Lumio en allant vers Calvi, au niveau de la Pharmacie du Golfe, vous pouvez emprunter la route, à droite, qui descend vers la plage de l'**Arinella** *(à 1,5 km)*, idéale pour la baignade ou les bains de soleil tout en profitant d'une belle vue sur la baie de Calvi. La zone comprend plusieurs **petites plages** de sable blanc bordées de rochers doux et caressées par des eaux cristallines. Bondées en été (bien plus tranquilles le reste de l'année), elles sont approchées par le tramway de Balagne (arrêt Ondari-Arinella), reliées entre elles par un sentier et équipées d'agréables paillotes-restaurants (Matahari, Pain de Sucre…).

Chapelle St-Pierre

À 1 km de Lumio par la route de Calvi, puis, à gauche, une route d'accès revêtue (la chapelle est indiquée par un panneau).
Cette chapelle romane (11e s.) en granit ocre relève du début du roman pisan en Corse, mais a subi un remaniement au 18e s. En façade, deux pittoresques **têtes de lion**, en granit, probablement remployées, encadrent le linteau de sa porte d'entrée.
La chapelle vaut surtout par son **chevet★** : l'influence pisane se manifeste dans les chapiteaux à palmettes, les archivoltes doubles et les petites ouvertures géométriques.
Retour à Calvi par la T 30.

★ LES BALCONS DE BALAGNE

Circuit de 70 km au départ de L'Île-Rousse tracé en orange sur la carte p. 128-129 – Compter environ une demi-journée. Quitter L'Île-Rousse par la T 30 vers l'est.
La route longe la côte jusqu'à **Lozari** *(voir p. 122)*.
Prenez la T 301 à droite qui s'élève vers Belgodère.

Belgodère (Belgude)

Ce village médiéval, dominé par les ruines d'un vieux fort, occupe un séduisant **site★** de terrasses au-dessus de la vallée verdoyante du Regino.

Église St-Thomas – *Visite sur demande à la mairie ou aux commerces proches.* Dans le chœur, un panneau sur bois (16ᵉ s.) représente la Vierge à l'Enfant entre deux apôtres et les membres d'une confrérie. Un beau retable baroque en bois sculpté orne une chapelle, à droite.

★ **Vieux fort** – *Accès par une ruelle en escalier, entre les deux cafés de la place principale, direction « point de vue ».* Des ruines, belle **vue★** sur la vallée.

Plusieurs sentiers sillonnent les environs *(voir le panneau face à la Poste).* On peut ainsi rejoindre Monticello *(3h15)* en traversant la plaine de Regino.

De Belgodère, suivre la RT 301 (dir. Ponte-Leccia) vers l'est et prendre à gauche la D 163 dir. Palasca.

Palasca

Ce village isolé est blotti dans un creux en contrebas de la nationale.

Église Santa Maria Assunta – *Ouvert pdt les offices (env. 1 par mois).* Son joli clocher abrite une belle toile du 16ᵉ s. représentant la Crucifixion.

Retourner ensuite à Belgodère, puis poursuivre sur la D 71.

En quittant le village, vous apercevrez sur la gauche la silhouette massive du **château de La Costa** (ou Malaspina), construit en 1892 par Jean-Toussaint Malaspina (1853-1904), un enfant du pays, proche de Georges Clemenceau, qui combina carrière politique et journalistique.

Occhiatana (Ochjatana)

Ce joli village dispose ses maisons ocre et rosées à flanc de colline, ses terrasses piquées d'orangers et de citronniers surplombant la D 71. Sur la place principale, en belvédère sur la vallée, une ancienne chapelle a été transformée en snack.

Peu après Occhiatana apparaît, sur la gauche, la masse harmonieuse de l'ancien **couvent du Tuani**. Ce couvent franciscain fut repris un temps par les dominicains, puis devint propriété privée en 1964. L'église, construite en 1494, fut restaurée en 1898. À 100 m du couvent émergent les ruines de la chapelle St-Jean, édifice pisan du 11ᵉ s.

L'étroite D 663, sur la gauche, conduit en lacets serrés à Speloncato.

À l'arrivée, la vue sur le bourg est à couper le souffle, surtout quand la neige blanchit encore les sommets.

★ Speloncato (Spiluncatu)

Il n'est pas toujours aisé de se garer en été à Speloncato. Parking gratuit à 400 m du village, en dir. de Calvi.

Perché à 650 m d'altitude au-dessus du bassin du Regino, sur un éperon détaché du monte Tolo, ce village attachant devrait son nom au tunnel naturel distant de 2 km (*spelunca* signifie « grotte »). Un charmant dédale de ruelles sinueuses et de passages voûtés bordés de vieilles maisons de granit vous attend. Située un peu au-dessus de la place centrale, l'**église St-Michel** *(clés en mairie si fermée)*, d'origine romane, a été pourvue d'un portail daté de 1509. Elle est devenue collégiale en 1749. Remarquez son bel orgue (Saladini) de 1821. La **place de la Libération**, ornée d'une fontaine, est animée par deux petits bars. De là, regardez dans l'axe de la rue qui jouxte l'église sur la droite pour apercevoir l'ouverture naturelle longue de 8 m de la **Pietra Tafonata** à travers laquelle filtrent les rayons du soleil. Chaque année, le 8 avril et le 8 septembre se produit un curieux phénomène d'éclipse. Après avoir disparu derrière la montagne vers 18h, le soleil réapparaît quelques instants par l'ouverture de la Pietra Tafonata. Un petit effort supplémentaire vous conduira au sommet de Speloncato pour un panorama sur les montagnes et la mer.

Un panneau situé sur la petite place du village indique les différents sentiers permettant de parcourir les environs et de rallier les villages voisins. Vous pouvez ainsi rejoindre Pioggiola et le Giussani *(2h30 - 600 m de dénivelé positif)* et même l'Île-Rousse *(env. 4h)*.

De Speloncato, vous pouvez rapidement rejoindre le Giussani *(voir p. 153)* en suivant la direction Pioggiola (9 km).

Reprendre la route tracée à mi-pente qui contourne en corniche le bassin du Regino, puis la D 71 jusqu'à Feliceto.

Feliceto (Felicetu)

Ce village entouré de vergers et réputé pour sa verrerie *(voir « Nos adresses »)*, s'étale au-dessus du bassin du Regino. En contrebas s'élève son **église baroque** au clocher étagé et coiffé d'une coupole.

2h AR. En vous enfonçant dans le maquis en direction de la « maison du bandit » – une habitation troglodytique où un ancien maire du village abritait les mercenaires et bandits locaux –, vous atteindrez les hauteurs de Feliceto d'où vous jouirez de superbes panoramas.

Muro

L'**église** dresse sur la place du village son imposante façade jaune. L'intérieur offre un bel exemple de baroque tardif : maître-autel et clôture du chœur en marbre polychrome, beau buffet d'orgue, profusion de marbres, de colonnes torses, de dorures… Remarquez au fond de l'édifice le **visage du crucifié** qui, en 1730, « se mit à saigner et s'auréola d'une lumière éclatante ». Chaque année, une foule commémore ce miracle.

Par ailleurs, Muro a conservé ses maisons à arcades. C'est ici qu'est né **Pietro Morati** (1658-1715), célèbre juriste, auteur de la *Prattica Manuale*, manuel de droit et de jurisprudence qui fit longtemps autorité en Corse.

Poursuivre sur la D 71. La route ne traverse pas Avapessa, mais le contourne. Se garer au niveau de la route (pas de parking dans le hameau), puis descendre à pied vers le hameau.

Avapessa

À mi-pente au-dessus de la vallée du Regino, dans un paysage d'oliviers, de figuiers de Barbarie et de jardins en terrasses, ce hameau en contrebas de la route possède une petite église baroque (1618) dotée d'un joli clocher carré.

Reprendre la voiture et descendre en longeant le village (route étroite et sinueuse, ne pas entrer dans le hameau). Indiqué sur la droite.

★ **Jardin botanique fruitier** – *Domaine du Gros-Chêne - ☏ 04 95 61 81 91 - www.jardinfruitieravapessa.com - visite guidée avr.-sept. : 16h ; reste de l'année : se rens. - 10 € (-6 ans 8 €).* Il regroupe sur 3 ha une quarantaine d'espèces de fruits comestibles (et quelques légumes) en provenance du monde entier à l'exception des zones tropicales. Certains sont particulièrement rares, comme des pommes à chair rouge d'Amérique du Nord ou des jujubiers chinois. Les visites guidées sont passionnantes et les dégustations inoubliables.

Reprendre la petite route qui se poursuit dans la vallée et rejoint la D 13 qui file vers L'Île-Rousse.

Santa-Reparata-di-Balagna

Étagé au-dessus du littoral, ce village offre de la terrasse de son église une **vue**★ sur L'Île-Rousse au nord, la vallée du Regino et le lac de retenue de

Codole à l'est, la chaîne du monte Grosso au sud. L'**église**, de style baroque, vient curieusement se greffer sur une chapelle pisane dont on a conservé l'essentiel de la nef et de l'abside du 12e s.

Suivre la direction de Corbara par la D 263.

Corbara *(voir p. 142)*

Le retour sur L'Île-Rousse s'effectue par les D 151 et la T 30.

De la terrasse de la petite chapelle **Notre-Dame-des-Sept-Douleurs** située dans un lacet, 500 m après Corbara, on bénéficie d'une large vue sur la baie d'Algajola et la marine de Davia.

NOS ADRESSES EN BALAGNE

Voir aussi « Nos adresses » à Corbara (p. 144), Pigna (p. 147) et Calenzana (p. 151).

TRANSPORTS

Tramway de Balagne – Pour vous déplacer entre Calvi et L'Île-Rousse *(voir encadré p. 122).*

VISITES

La Montagne des orgues - association Saladini – *La Gare - ✆ 04 95 61 34 85 - www.lamontagnedesorgues.com - avr.-oct. : j. ou ½ j. sur réserv. - 30 € (-18 ans 15 €).* Une historienne de l'art et organiste propose des journées de découverte du patrimoine religieux et de l'histoire en Balagne, Giussani, Castagniccia et Cortenais, agrémentées de concerts sur les orgues historiques de la région.

HÉBERGEMENT

PREMIER PRIX

Camping Le Panoramic – *Rte de Lavatoggio - 20260 Lumio - 2 km sur D 71 - ✆ 04 95 60 73 13 - www.le-panoramic.com - de déb. mai à fin sept. - 100 empl. 27 € - wifi à la réception.* Accueil familial et chaleureux dans ce camping situé entre L'Île-Rousse et Calvi. Belles terrasses ombragées avec vue panoramique pour quelques emplacements. Piscine, snack-restaurant, épicerie et mobile homes à la location *(4-6 pers : 380/950 €/sem. selon la saison).*

BUDGET MOYEN

A Spelunca di U Sechju – *Pl. du Village - 20226 Speloncato - ✆ 04 95 61 50 38 - www.hotel-a-spelunca.com - fermé nov.-mars - 10 ch. 75-90 € - ☕ 7,50 €. - ✕ 17/30 €.* Dressé au cœur de ce village perché, cet ancien palais du cardinal Savelli offre un panorama splendide sur la haute Balagne. De vastes chambres au luxe discret y voisinent avec de riches salons au décor d'origine. Au restaurant, vous dégusterez une bonne cuisine corse modernisée.

Hôtel Mare e Monti – *20225 Feliceto - ✆ 04 95 63 02 00 - www.hotel-maremonti.com - fermé de déb-oct. à déb. mai - P - 18 ch. 85/139 €, 1 suite 190 € - ☕ 13 € - ✕ tlj en saison - 25/35 €.* Fortune faite dans la canne à sucre, les ancêtres de la famille revinrent de Porto Rico et édifièrent au 19e s. ce « palais américain » délicatement posé entre mer et montagne. Les chambres rénovées ont beaucoup de charme. Le petit-déjeuner est servi dans l'ancienne cuisine typiquement corse. Cuisine du marché servie sur une belle terrasse au bord de la piscine.

Hôtel St-Joseph – *1 chemin de Ronde - pl de la Gare - 20220*

3

Algajola - ✆ 04 95 60 73 90 - www.hotel-algajola.com - fermé nov.-mars - P - 23 ch. 71/142 € - ☕ buffet 7 €. Proche de la gare du tramway de Balagne, cet hôtel domine une charmante crique. Empruntez son escalier de bois et vous êtes sur les rochers face aux eaux claires de la mer. Deux catégories de chambres sont proposées : simples et calmes, modernes et aux tons reposants.

Hôtel Stella Mare – *Chemin Santa-Lucia - 20220 Algajola - ✆ 04 95 60 71 18 - www.stellamarehotel.com - fermé de mi-oct. à fin avr. - P - 16 ch. 94/150 € - ☕ 12 €.* Les chambres climatisées de style provençal de ce petit hôtel ont vue sur la citadelle d'Algajola et la mer. Parc, jardin et jolie terrasse pour le farniente.

POUR SE FAIRE PLAISIR

Hôtel de La Plage - Les Arcades – *15 rte nationale - 20220 Algajola - ✆ 04 95 60 72 12 - hotelalgajola.fr - fermé nov.-avr. - 17 ch. 110/145 € - ☕ 5 €.* Cet établissement affiche un bon rapport qualité-emplacement-prix. Les chambres, d'où l'on profite d'une vue sur la mer ou sur la montagne, sont aménagées au-dessus des arcades, les pieds dans l'eau ou presque. Simples et modernes, elles offrent tout le confort nécessaire.

Hôtel Beau Rivage – *29 r. A.-Marina - 20220 Algajola - ✆ 04 95 60 73 99 - www.hotel-beau-rivage.com - fermé de mi-oct. à fin avr. - P - 27 ch. 97/176 € - ☕ 8 €.* Hôtel moderne, coloré et confortable, les pieds dans l'eau. Les chambres peuvent être petites mais sont agréables à vivre et pour certaines prolongées de terrasses. C'est aussi sur une terrasse que l'on prend le petit-déjeuner… face à la mer bien sûr, l'hôtel porte bien son nom.

RESTAURATION

BUDGET MOYEN

Ferme-auberge L'Aghjalle – *Hameau de Toro - rte de Muro - 20220 Santa-Reparata-di-Balagna - ✆ 04 95 60 31 77 - www.laghjalle.fr - fermé midi et d'oct. à mi-avr. - P - menu unique 33 € - 6 ch. 60/85 € ☕.* Elle nous plaît bien cette ancienne bergerie avec sa salle voûtée, sa décoration rétro et sa terrasse sous une pergola couverte. Le patron parle avec ferveur de ses veaux, de son huile d'olive et de ses légumes préparés avec amour par son épouse. L'Aghjalle, ce sont aussi 6 belles chambres accueillantes aménagées dans une annexe.

Chez Léon/Hôtel U San Dumé – *20225 Cateri - ✆ 04 95 61 73 95 - www.hotel-corse-usandume.com - tte l'année (sf hôtel fermé déc.-mars) - P ♿ - formule déj. 17 € - menu corse 33 € - 8 ch., 4 appart. - 80/98 € - ☕ 7 €; 1/2 P 138/158 €.* Les terrasses offrent une vue panoramique sur les massifs et la mer. Là ou dans la grande salle à manger, vous dégusterez une excellente cuisine régionale. En dessert, ne manquez pas le fiadone ! Quelques chambres et studios modernes et élégants.

La Vieille Cave – *9 pl. de l'Olmo - 20220 Algajola - ✆ 04 95 60 70 09 - fermé de mi-oct. à fin mars et lun. midi - menus 24/30 €.* À quelques pas de la citadelle, une valeur sûre à Algajola, où l'on déguste une honnête et copieuse cuisine corse et internationale. Au choix, la belle terrasse ombragée ou la cave voûtée.

La Voûte – *Au village - 20220 Sant' Antonino - ✆ 04 95 61 74 71 - www.la-voute-sant-antonino.fr -*

fermé oct.-mars - fermé sam. soir hors saison - menus 22,90/29,90 €. Restaurant familial posté au sommet d'un grand escalier en pierre. Des deux terrasses, préférez celle située face à la montagne : la vue s'y étend jusqu'à la mer. Cuisine locale et spécialités maison (sardines et agneau grillés). Un conseil : garez-vous près de l'église.

I Scalini – *Haut du village - 20220 Sant'Antonino - ✆ 04 95 47 12 92 - fermé de mi-oct. à fin avr. - formule déj. 17 € - env. 20 € - réserv. conseillée.* Un étroit escalier en pierre conduit à ce restaurant perché au sommet du village. Intérieur original et quatre petites terrasses offrant de superbes panoramas. Délicieux petits plats (standards corses ou préparations plus osées) et ambiance zen.

Ferme-auberge Chez Edgard – *20225 Lavatoggio - ✆ 04 95 61 70 75 - www.chez-edgard.fr - fermé midi et de mi-oct. à Pâques - P - menu unique 38 €.* Située à égale distance de Calvi et de L'Île-Rousse, cette auberge attachante est tenue par un passionné qui vous fera découvrir les meilleures viandes fermières corses, longuement rôties ou mitonnées. Cadre aussi rustique qu'agréable. Grande terrasse.

POUR SE FAIRE PLAISIR

Table d'Hôtes I Salti – *Golfe du Reginu (accès par la rte D 113) - 20226 Belgodère - ✆ 04 95 34 35 59 - fermé de mi-oct. à fin mars, le midi en juil., le midi et lun. en août, se rens. en demi-saison - - 25/30 €.* Le vieux moulin familial de Carina a ouvert ses portes pour le plus grand plaisir des gourmets. Cuisine fine, moderne et créative, à base de produits de saison, le plus possible en circuit court. Parmi les spécialités : la joue de bœuf, l'agneau de lait, les langoustines… Terrasse abritée et ravissant jardin à l'ombre d'un micocoulier.

Le Matahari – *Plage de l'Arinella - 20260 Lumio - ✆ 04 95 60 78 47 - www.lematahari.com - fermé de fin sept. à mi-avr. et lun. soir - P - menu 46 € - 25/38 €.* Les pieds de table dans le sable de la petite plage de l'Arinella, cette Matahari séduit avec ses bons produits de la mer, ses spécialités insulaires et ses préparations aux influences italiennes. Réservation indispensable en soirée pour dîner à la lueur des bougies.

UNE FOLIE

A Casa di Ma – *20260 Lumio - ✆ 04 95 60 61 71 - www.acasadima.corsica - fermé nov.-avr. - P - 55/130 € - 29 ch. 190/360 € - 19,50 €.* En bordure de route, cette maison blanche et grise abrite une lumineuse salle et une terrasse panoramique ombragée. Cuisine actuelle et créative. Chambres à la décoration contemporaine et piscine à débordement pour ceux qui souhaiteraient prolonger le plaisir de la table.

ACHATS

Artisanat

Route des Artisans de Balagne – *Brochure gratuite, disponible dans les offices du tourisme, chez les artisans, ou à télécharger sur le site www.routedesartisans.fr.* À la rencontre de ceux qui dévoilent leur savoir-faire : céramique, jouets, coutellerie, bijoux, instruments de musique, reliure, ferronnerie, verrerie, etc.

La Verrerie Corse de Feliceto – *En contrebas de l'église – 20225 Feliceto - ✆ 04 95 61 73 05 - www.verrerie-corse.com - tlj sf mar. et sam. apr.-midi 10h-12h, 15h-18h.*

3

Cet atelier-boutique familial s'anime quand David Campana, le verrier, souffle en direct les pièces de verre *(tél. à l'avance)*.

Vins

Clos Culombu – *Chemin San-Petru - 20260 Lumio - ✆ 04 95 60 70 68 - www.closculombu.fr - juil.-août : 9h-20h ; reste de l'année : se rens.* Le succès grandissant de ses deux cuvées, Clos et Tribbiera (chacune en blanc, rouge et rosé), est un encouragement pour Étienne Suzzoni, qui met un point d'honneur à entretenir ses vignes de la façon la plus raisonnée possible.

Domaine d'Alzipratu – *Rte de Zilia - 20214 Zilia - ✆ 04 95 62 75 47 - www.domaine-alzipratu.com - 9h-12h, 14h-19h - fermé sam. hors sais. - dégustation - visite complète sur RV.* Situé sur un coteau entre mer et montagne, ce domaine produit un délicieux vin nommé le fiumeseccu (rouge, rosé ou blanc).

Domaine Maestracci – *20225 Feliceto - sur la D 13 - ✆ 04 95 61 72 11 - www.domaine-maestracci.com - juin-sept. : 9h-12h30, 14h-19h30 ; oct.-mai : mar.-vend. 9h-12h - sur RV en dehors des horaires.* Située sur une ancienne moraine glaciaire, la vigne de ce domaine de la vallée du Reginu produit trois très bonnes cuvées (gardées trois ans en foudre et en barrique). Vous pourrez les déguster sur place après la visite *(sur RV)* des caves.

Autres produits gourmands

Clos Antonini – *À l'entrée du village (avant le parking) - 20220 Sant'Antonino - ✆ 06 09 58 94 01 - 9h-18h - fermé de fin oct. à déb. avr.* Sur sa propriété, Olivier Antonini cultive citronniers, amandiers et vignes. Dans une grande salle voûtée au sol de granit, il vous invite à la dégustation rafraîchissante d'un jus de citron ou de raisin maison. Vente de vins, huiles d'olive, confitures d'agrumes et autres délices. Pique-nique sur place possible.

GAEC de Lozari – *Hameau Lozari - 20226 Belgodère - ✆ 04 95 60 18 13 - tlj sur RV.* Réputés depuis l'Antiquité, les miels corses sont autant de poèmes célébrant l'île. Ici, les frères Gacon produisent sept ou huit miels de maquis différents, qu'ils déclinent en hydromels, révélant des saveurs de la plus douce à la plus aromatique.

U Fragnu – *Lunghinano Village, D 151 - 20214 Montegrosso - ✆ 06 86 56 18 75 - www.ufranu.com - juin-sept. : 9h-19h ; reste de l'année : 9h-12h, 14h-18h - fermé nov.-mars - ✕ distraction gustative 8/11 €.* Si vous cherchez une huile traditionnelle, demandez Gridgioni ! Gridgioni, c'est l'âne qui, tous les deux ans, à la récolte des olives, fait tourner ce moulin de 1850. Outre une huile douce et fruitée, vous trouverez ici une sélection de produits corses et de produits faits maison et pourrez savourer un plat mitonné dans le petit atelier de cuisine.

Coopérative oléicole - *Le long de la T 30 - ZA de Corbara - 20220 Algajola - ✆ 04 95 60 30 60 - www.oliudicorsica.fr - tlj sf w.-end 8h-12h, 14h-17h - fermé nov.-fév.* Huiles pressées au moulin de la boutique, du vin, des biscuits… à déguster sur place.

Biscuiterie Salvatori – *20225 Cateri - ✆ 04 95 61 73 83 - juil.-août : lun.-sam. 10h30-12h30, 14h30-19h30, dim. 10h-13h ; reste de l'année : vend.-sam. seult.* Dans la partie haute du village, le long de la route menant à Lavatoggio, cette biscuiterie familiale régale les locaux et les touristes de douceurs croquantes et de délices salés typiquement corses.

Biscuiterie de Zilia – *20214 Zilia - ✆ 04 95 62 79 53 - avr. oct. : tlj sf w.-end 9h-17h - www.lesbiscuitsdezilia.com.* Réputé pour son eau de source, le village l'est aussi pour ses *cuggiulelle*, de délicieux biscuits secs croquants, à la châtaigne, aux amandes grillées, aux noisettes ou au vin blanc. Un régal !

ACTIVITÉS

Randonnées

Pour les enfants, les randonnées sont toujours plus amusantes avec un âne bâté comme compagnon. *Voir encadré p. 127.*

Balagn'âne – *Rte de Muro - 20220 Santa-Reparata-di-Balagna - ✆ 06 30 13 91 25 - tte l'année – randonnées sur réserv. - 25 €/h, 45 €/2h, 55 €/1/2 j. - buvette et snack.* Visite de la ferme et démonstration de la traite.

Les Ânes de Sant'Antonino – *Au bourg - 20220 Sant'Antonino - ✆ 06 10 89 95 63 - tlj à partir de 15h - 15 € (enf. 10 €).* Promenade panoramique entre mer et montagne.

Plongée

Diving Corsica Sports – *Marine de Sant'Ambroggio - 20260 Lumio - ✆ 06 27 57 18 06 - www.divingcorsica.com - mat. et apr.-midi - fermé oct.-mars. - 70 € baptême.* C'est l'un des centres de plongée les mieux équipés de la côte. Il propose des explorations jusqu'à la baie de Calvi, parmi plus de 30 sites répertoriés, dont le célèbre Danger d'Algajola (5-20 m, idéal pour les débutants - barracudas, mérous…) et les impressionnants tombants de la Revellata. Baptêmes *(à partir de 8 ans)* et snorkeling. Mais aussi location de paddle et kayak.

Divers

Algajola Sport et Nature – *Résidence Bella-Vista - 20220 Algajola - ✆ 06 78 06 85 01 - www.algajola-sportetnature.com - avr.-fin oct. : 8h30-19h.* Le paradis des sports nautiques : plongée, planche à voile, kayak de mer. Mais aussi location de vélos, y compris à assistance électrique, et VTT à la journée *(20/28 €).*

Altore – *✆ 06 08 72 67 19 - www.altore.com - selon la météo et sur RV : 9h-19h - fermé nov.-mars - 90 € parapente - (-14 ans 15 € : parcours aventure).* Cette annexe du centre sportif de St-Florent vous propose baptêmes, stages de parapente et autres activités autour de Calvi.

AGENDA

Les **foires** rythment le calendrier estival. En juillet à Lumio (foire de la pierre), à Montegrosso (foire de l'olivier) ; en août à Feliceto (foire de l'artisan), à Aregno (foire de l'amandier) et à Sant'Antonino (foire de l'âne).

Corbara

Curbara

932 Corbarais – Haute-Corse (2B)

Étagée en amphithéâtre sur un versant bien exposé, Corbara est l'ancienne capitale de la Balagne. Ses figuiers de Barbarie, ses ruelles pavées et ses passages couverts confèrent une physionomie attrayante à ce village dominé par les ruines de deux châteaux.

NOS ADRESSES PAGE 144

S'INFORMER

Office du tourisme de L'Île-Rousse – *Voir p. 119.*
Petit point d'informations au musée de Corbara. Consultez également www.corbara.fr.

SE REPÉRER

Carte de microrégion C1 (p. 105) – *carte p. 128-129.* Ce village de Balagne est 5 km au sud de L'Île-Rousse. On y accède par la T 30 en direction de Calvi, puis en prenant, sur la gauche, la D 151.

À NE PAS MANQUER

L'ascension (sans difficulté particulière) du monte Sant'Angelo qui s'achève sur une vue grandiose sur les régions environnantes.

Se promener

★ Église de l'Annonciation (A Nunziata)

Casavecchielle - ✆ 04 95 46 15 53 - www.corbara.fr - visite guidée de mi-mai à fin sept. : horaires et tarif, se rens.

Dominant la mer, cette grande église baroque a été élevée à partir de 1685 à la place d'un édifice plus ancien dont elle a conservé quelques éléments, notamment le baptistère du 15e s. aujourd'hui dans la sacristie. Le spectaculaire **autel★** du chœur, surmonté d'une étoffe incrustée de soie, est délimité par une clôture à balustres, en marbre de Carrare, réalisé par un Toscan au milieu du 18e s. Les stalles datent de 1753.

L'ancienne sacristie recèle un intéressant **musée du Trésor★** *(entrée depuis l'extérieur, au pied du clocher)*. Entre autres pièces, remarquez la précieuse collection de vêtements sacerdotaux (16e-19e s.), dont certains sont tissés de fils d'or et de soie noire, deux chasubliers (17e s.) élaborés à partir de cinq essences de bois – pilastres en olivier, l'un est orné d'un triptyque Renaissance –, un ensemble de pièces d'orfèvrerie des 17e et 18e s. et une Vierge écrasant le dragon (1747), en marbre blanc de Carrare.

UNE SULTANE CORSE

Survenu à la fin du 18e s., l'enlèvement de **Marthe Franceschini** lia brièvement la Corse et le Maroc. Ses parents, saisis en mer par les Barbaresques et la fillette, née esclave à Tunis, sont capturés lors de leur libération par des Marocains. Huit ans plus tard, le sultan autorise le retour de la famille à Corbara, mais garde Marthe dans son sérail… et l'épouse. Cette Balagnaise, sultane du Maroc sous le nom de **Davia**, fut emportée par la peste à Larache en 1799.

Le couvent de Corbara.
P. Giovannini/imageBROKER/age fotostock

Musée d'Histoire et d'Art ancien

Suivre fléchage (bien visible sur la droite, depuis le parvis de l'église) - Pl. de l'Église - ✆ 04 95 60 06 65 - www.corbara.fr - 16h-19h - possibilité de visite guidée sur demande (1h30) - gratuit.

Guy Savelli, ancien boulanger de Corbara, rassemble passionnément depuis une trentaine d'années des objets anciens, pour la plupart corses : cartes postales, boîtes à musique, piano, pièces de monnaie romaines, phonographes, stylets, etc. Ce petit musée est installé dans la maison du collectionneur, à 100 m de la place de l'église. À visiter absolument en compagnie du maître des lieux, pour profiter de son engouement et bénéficier de ses riches commentaires.

Castel de Corbara

Des deux châteaux de la ville, l'un, du 14e s., fut démantelé par les Génois au 16e s., l'autre fut bâti par les Savelli de Guido, descendants des seigneurs de Balagne. C'est dans ce dernier édifice, aujourd'hui en ruines, que Pascal Paoli aurait annoncé aux représentants de Gênes, qui lui refusaient l'accès au port d'Algajola, la création de L'Île-Rousse. Au sommet du site du château de Guido, une humble chapelle, restaurée au 18e s., est dédiée à N.-D.-des-Sept-Douleurs. Elle est ornée d'une huile sur toile représentant une pietà, enchâssée dans un fronton semi-circulaire dominant l'autel. L'ensemble offre un **panorama★★** complet sur la Balagne.

À proximité Carte de la Balagne p. 128-129

Couvent de Corbara

▶ 2,5 km au sud, par la D 151 dir. Pigna. À 2 km prendre la petite route à gauche. L'entrée du couvent se situe au centre de la façade principale. ✆ 04 95 60 06 73 - stjean.com/corbara - visite guidée du cloître et de l'église (également en visite libre, en dehors des offices) tlj sf lun., 1er janv., 26 déc. 15h.

Ancien orphelinat fondé en 1430 au pied du monte Sant'Angelo par Mgr Nicolas Savelli, transformé en couvent en 1456, l'établissement, ruiné sous la Révolution, a été reconstruit et agrandi par les dominicains à partir de 1857. Le **père Didon** (1840-1900), célèbre prédicateur dominicain, fut, en raison de ses idées libérales, envoyé en retraite dans ce monastère en 1880-1881. Le couvent de Corbara est un « ritiro » ; à ce titre, il sert encore de lieu de retraite ou de reprise spirituelle.

L'**église conventuelle**, construite en 1735, domine le bassin d'Algajola, la basse Balagne et le village de Pigna. À l'intérieur, on remarque une belle chaire du 18e s., une pietà et un crucifix rustiques en bois d'olivier (œuvre d'un dominicain), un autel et une clôture de chœur en marbre polychrome et des dalles funéraires.

Randonnée Carte de la Balagne

Monte Sant'Angelo

Circuit tracé en pointillés verts sur la carte p. 128-129.

1h30 AR au départ du couvent par un chemin muletier. Alt. 562 m. Excellent belvédère offrant une **vue★★** très étendue sur une partie de la Balagne, le désert des Agriate et la côte occidentale du cap Corse.

NOS ADRESSES À CORBARA

Voir aussi « Nos adresses » en Balagne, p. 137.

HÉBERGEMENT

PREMIER PRIX

Chambre d'hôte A Chiosella – *Hameau de Borgu - 06 76 38 77 07 - www.gitelocationcorse.com - 4 ch. 70/75 € - 3 gîtes 1 100 €/sem. - table d'hôte 25 €, plateau repas 20 €.* Les chambres colorées (pour 2 ou 3 pers.) portent des noms qui vous emmènent en voyage. Les petites terrasses et l'accueil charmant du propriétaire en font une adresse conviviale et attachante. Également trois gîtes pouvant accueillir quatre à six personnes.

BUDGET MOYEN

Le Patio - Chambres d'hôte – *Hameau de Borgu - 04 20 57 15 96 - www.location-corbara.com - - 5 ch. 80/90 € .* Ces charmantes et vastes chambres sont installées dans le haut du village. Elles marient rusticité et confort moderne (climatisation). La terrasse, avec une vue splendide, est parfaite pour le petit-déjeuner. Bon rapport qualité-prix.

RESTAURATION

BUDGET MOYEN

A Cantina – *Pl. de l'Ormeau - 04 95 60 19 69 - fermé d'oct. à mi-mai - - 15/25 €.* Une adresse très conviviale où déguster une cuisine locale goûteuse et sans chichi.

Bar du Passage – *Pl. de l'Ormeau - 04 95 60 28 00 - fermé d'oct. à mi-mai et le midi - réserv. conseillée - 14/28 €.* La soupe et les pâtes à l'araignée de mer ainsi que le chapon au four sont les spécialités des lieux. Dans un cadre moderne ou sous la tonnelle en terrasse.

Pigna

Pìgna

★

99 Pignais – Haute-Corse (2B)

Perché sur une butte cernée d'oliveraies, dominant la baie d'Algajola, Pigna, l'un des villages les plus attachants de Balagne, regroupe ses ruelles escarpées autour de son église. Oubliez la voiture, c'est à pied que l'on parcourt ce petit dédale animé où, sous le regard des chats alanguis, il serait difficile de se perdre. Vous y ferez certainement d'agréables rencontres car, repaire d'artistes et d'artisans, l'harmonieuse petite cité médiévale est devenue, après une période de déclin, un symbole du renouveau des traditions artisanales et musicales corses.

NOS ADRESSES PAGE 147
Hébergement, restauration, achats, activités, etc.

S'INFORMER

Office du tourisme de L'Île-Rousse – *Voir p. 119.*
Consultez aussi www.pigna.fr.

SE REPÉRER

Carte de microrégion C1 (p. 105) – *carte p. 128-129.* 8,5 km au sud-ouest de L'Île-Rousse Pigna est desservi par la D 151. L'arrivée ménage une belle vue sur les maisons blondes, toutes avec des volets bleus.

SE GARER

Un parking *(payant)* a été aménagé à l'entrée du village. Hors saison, il est possible de se garer devant l'église.

À NE PAS MANQUER

Il faut flâner dans Pigna et ne pas hésiter à aller à la rencontre de ses artisans, d'autant que la plupart sont ouverts toute l'année et qu'ils partagent volontiers leur passion.

ORGANISER SON TEMPS

Hors saison, le temps semble s'être arrêté. En pleine saison, préférez les fins de journée, plus agréables, avant de profiter, mi-juillet, des fameux concerts du Festivoce.

EN FAMILLE

Belle occasion de découvrir les métiers de l'artisanat corse.

3

UN FOYER DU RENOUVEAU CULTUREL

Pigna n'a pas toujours été ce village animé qui attire les estivants comme un aimant. Comme beaucoup d'autres, il a connu une lente mais redoutable désertification. Il a fallu la foi de passionnés, regroupés à l'origine dans l'association Corsicada, pour faire revivre les lieux. Pigna est aujourd'hui un des principaux centres de la renaissance de l'artisanat corse et plus particulièrement dans le domaine musical. En effet, le **Centru Voce Cultural** (centre culturel Voce), issu de la réunion de deux associations, E voce di u Cumune et Festivoce, s'est donné comme mission la formation, la recherche, la création et la diffusion de musiques traditionnelles que l'on croyait perdues, et qui trouve son application jusque dans les représentations en France métropolitaine et à l'étranger. La Casa musicale accueille les artistes en résidence, et l'auditorium les enregistrements et les concerts.

Le village perché de Pigna.
M. Cavalier/hemis.fr

Se promener

Les ruelles tortueuses, pavées ou en escaliers, bordées de maisons pimpantes et fleuries, et la place joliment dallée présentent un caractère authentique. Le village est habité par de nombreux **artisans** *(voir « Nos adresses »)* et musiciens qui ont entrepris de le rénover, de redonner vie aux métiers d'antan et de sauver le patrimoine musical corse. De la **Piazzarella**, une petite place située au bout de la ruelle di U Grillu, s'ouvre une **vue★** magnifique sur la baie d'Algajola.

Église de l'Immaculée-Conception

✆ 04 95 61 77 30 - juil.-août : tlj ; reste de l'année : tlj sf w.-end.

Dominant une charmante place pavée qui accueille les visiteurs à l'entrée du village, elle se distingue par ses deux clochetons à dôme. Son chevet arrondi et la découpe en accolade de son fronton sont charmants. À l'intérieur, bel orgue du 18e s. attribué à Ferrari.

Auditorium di Pigna

✆ 04 95 61 73 13 - www.centreculturelvoce.org.

Reconnaissable à sa coupole visible depuis le parking, l'auditorium du village, construit en terre crue compressée, abrite derrière ses murs ocre une magnifique scène de 120 places. Celle-ci est équipée de vases acoustiques (réalisés par le potier du village) et est particulièrement adaptée aux chants polyphoniques et aux petits ensembles instrumentaux qui se produisent ici. À côté, voyez **A Vaccaghja**, un ancien enclos à bétail construit en terrasses, et fermé par des murs de grosses pierres. Il se transforme occasionnellement en auditorium en plein air, avec vue sur le Monte Sant'Angelo et le couvent de Corbara.

Museu Musica - Centre culturel Voce

Au sein de la médiathèque - Pl. du Village - ✆ 04 95 58 02 24 - www.pigna.fr et www.centreculturelvoce.org - de mi-avr. à mi-nov. : 10h-13h, 16h-20h, w.-end 16h-20h - 3 €.

Cette petite mais précieuse exposition a été récemment aménagée et affirme un peu plus encore le statut de Pigna comme cœur musical de la région. Vous y découvrirez des instruments corses (mais pas seulement) parfois étonnants. Un voyage à travers la musique corse d'hier et d'aujourd'hui avec les *pivana* en corne de chèvre ou encore les rares *cetera* (cordes) du 17e s. qui comme bien d'autres instruments, ont failli disparaître avec l'avènement de la toute puissante guitare au début du 20e s. La banque de donnée musicale que l'on peut consulter complète la découverte.

Randonnée

Pigna - Sant'Antonino - Pigna

4,8 km - 2h - 320 m de dénivelé. Une marche sans difficulté majeure vous permettra de relier Pigna à Sant'Antonino *(voir p. 131)*, deux des plus beaux villages de Balagne, en passant par le couvent de Corbara *(voir p. 143)*. Au menu : senteurs du maquis et panoramas sur les oliviers, les villages et la mer. Le sentier balisé en jaune et bleu démarre de la route D 151. La première partie est pentue. Du parking de l'église de Sant'Antonino, suivre le chemin balisé en rouge qui indique la direction de Pigna et qui mène au couvent de Corbara. De là, en contrebas du couvent, vous retrouverez le balisage jaune et bleu et un sentier menant à Pigna.

NOS ADRESSES À PIGNA

Voir aussi « Nos adresses » en Balagne, p. 137.

HÉBERGEMENT

UNE FOLIE

Palazzu Pigna – *04 95 47 32 78 - www.hotel-corse-palazzu.com - fermé nov.-mars - 5 ch. et suites 143/290 € - 16 € - plats 15/22 € - formule apéro dînatoire 49 € pour 2 pers.* Impossible de manquer cette imposante demeure du 18e s. qui domine le village. Derrière ses murs marqués par le temps, des chambres confortables aux décors élégants et raffinés. Elles offrent de leur terrasse une vue superbe sur la mer et les montagnes. Le Palazzu compte aussi un restaurant réputé où, dans une salle fraîche et rustique, ou en jardin-terrasse, on déguste une cuisine traditionnelle de grande qualité. En journée, vous pourrez profiter des lieux en savourant une citronnade mousseuse maison.

RESTAURATION

PREMIER PRIX

A Casarella – *04 95 61 78 08 - fermé de mi-oct. à fin mars et le soir sf juin-août - tapas 4/6 €.* La terrasse ombragée par des vignes en tonnelle y offre une vue exceptionnelle sur les environs. Idéale pour grignoter des tapas ! Pour en profiter un peu plus encore, de belles salades et suggestions du jour (cuisine familiale corse) d'un très bon rapport qualité-prix.

BUDGET MOYEN

A Mandria di Pigna – *À l'entrée du village - 04 95 32 71 24 - www.restaurantpigna.com - fermé oct.-mars, lun. sf juil.-août - midi : plats 15/30 € ; dîner : plats 15/35 € ; menu 33 €.* Belle bergerie rénovée où l'on dégustera d'excellentes préparations faisant honneur au terroir corse. Au dîner, agneau cuit et cochon de lait, en grillades ou à la broche. Au déjeuner, de belles salades, pâtes fraîches maison et plats locaux plus légers.

ACHATS

Casa Éditions – *Pl. de l'Église - ✆ 04 95 61 76 57 - www.casa-editions.com - 9h-12h, 13h-17h - boutique été : lun.-vend, horaires se rens.* Une des maisons d'édition musicale les plus réputées de Corse. Répertoire varié : polyphonies, jazz, etc.

Artisanat

En parcourant le village, vous pourrez pousser la porte d'un sculpteur, graveur, peintre en décor, mosaïste ou encore luthier (accès aux boutiques-ateliers fléchées). Quelques exemples :

Ceramica di Pigna (Cyril Quilichini) – *Au bourg - ✆ 04 95 61 77 25 - www.ceramicadipigna.com - tlj sf dim. (nov.-mars).* Le royaume de la poterie, de la céramique, du grès et de la faïence, décorés selon les techniques traditionnelles. Visites de l'atelier aménagé dans un ancien pressoir *(uniquement hors sais.).*

Scat'à Musica – *Le village - ✆ 04 95 61 77 34 - www.scattamusica.fr - mai-oct. : 10h-13h, 15h-20h ; reste de l'année : lun.-vend. 10h-13h, 15h-19h.* Cet atelier de femmes artisans réalise de jolies boîtes à musique colorées avec chants traditionnels corses.

Casa di l'artigiani – *Pl. de l'Église - ✆ 04 95 61 76 57 - juil.-août : 10h30-13h, 16h-20h ; mai-juin et sept.-oct. : 10h30-12h30, 15h30-19h30 - fermé nov.-avr.* Cette petite structure a été créée pour promouvoir les activités artisanales corses.
www.routedesartisans.fr ; www.pigna.fr.

AGENDA

Festivoce – *✆ 04 95 61 73 13 - www.centreculturelvoce.org - 1re quinz. de juil.* Manifestation phare de la scène musicale corse. Le dernier jour, Pigna se transforme en vaste théâtre de plein air, avec des concerts promenades.

Concerts – *✆ 04 95 61 73 13 - www.centreculturelvoce.org - tte l'année.* Le Centre culturel Voce, référence en matière de polyphonies corses, concocte une programmation de qualité. L'été, concerts chaque semaine, le mardi et le vendredi.

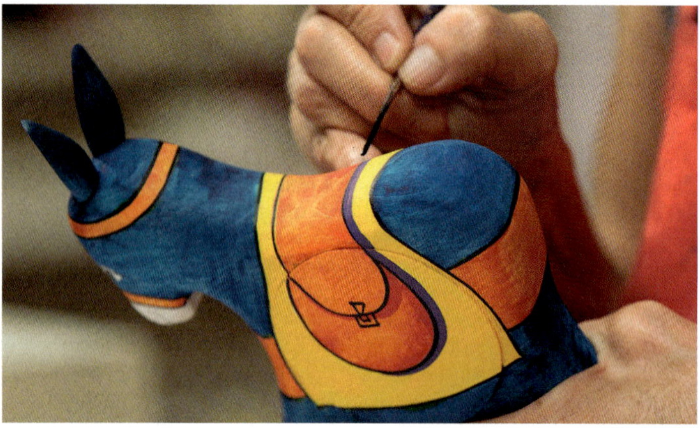

Boites à musique en bois, peintes à la main.
C. Moirenc/hemis.fr

Calenzana

Calinzana

2 323 Calenzanais – Haute-Corse (2B)

Adossé au monte Grosso, parmi oliviers et amandiers, ce gros bourg de Balagne surplombe le golfe de Calvi. À l'opposé de sa grande voisine restée autrefois fidèle à Gênes, Calenzana fut un des bastions de l'indépendance corse. Son terroir fournit des vins et du miel exaltant les plantes du maquis. Le village, point de départ nord depuis 1972 du fameux sentier GR 20, mais aussi de celui du Mare e Monti Nord, attire les randonneurs du monde entier qui y créent une atmosphère de camp de base polyglotte.

NOS ADRESSES PAGE 151
Hébergement, restauration, achats, activités, etc.

S'INFORMER

Office du tourisme de Calvi – *Voir p. 106.*

SE REPÉRER

Carte de microrégion B2 (p. 104) – *carte p. 128-129.* Le bourg est 11,5 km au sud-est de Calvi.

À NE PAS MANQUER

À 1 km de Calenzana, l'église Ste-Restitude, implantée dans un enclos aux oliviers centenaires, recèle des fresques du 13e s. qui illustrent le martyre de la sainte.

Se promener

Au premier abord moins « spectaculaire » que d'autres localités de Balagne, Calenzana vaut pourtant que l'on y flâne une heure ou deux pour capter son atmosphère et découvrir quelques belles façades et boutiques d'artisans.

3

LES ABEILLES, ALLIÉES DE L'INDÉPENDANCE

Dès 1729 apparaissent les premiers troubles qui mèneront à la guerre d'indépendance, puis en 1769 au rattachement de la Corse à la France. Pour venir à bout des rebelles, Gênes fait appel à l'empereur Charles VI d'Autriche à qui elle loue, moyennant 30 000 florins par mois, 9 000 mercenaires allemands. En outre, il est convenu que chaque soldat tué, blessé ou disparu soit payé 100 florins. C'est ainsi qu'en 1732 débarquent à Calvi 800 mercenaires de l'armée de **Wachtendonck**. Afin de dégager l'arrière-pays, ils se présentent le 14 janvier devant Calenzana. Les habitants ne disposent que d'une vingtaine d'arquebuses, de quelques pistolets, de haches et de couteaux… mais aussi de nombreux ruchers. Les ruches sont rassemblées sur les rebords des fenêtres, les terrasses et les toits et jetées aux pieds des Allemands qui parcourent les ruelles. Des escadrilles d'abeilles s'en échappent et assaillent les mercenaires. Ils se défont de leurs fusils et courent vers les fontaines. Aussitôt, les Corses se précipitent dans les rues, s'emparent des armes abandonnées et achèvent le travail des aiguillons : 500 soldats gisent sur le terrain, aujourd'hui appelé « Campo Santo dei Tedeschi » (Cimetière des Allemands), situé face à l'église St-Blaise.

Église St-Blaise

Un beau **campanile** (1870-1875) de style baroque *(voir l'ABC d'architecture p. 503)*, coiffe l'ancienne collégiale. Cette grande église baroque fut édifiée de 1691 à 1701, sur les plans de l'architecte milanais, **Domenico Baïna**, également auteur des plans de l'église de la Porta. L'édifice s'appuie sur des contreforts massifs et présente une façade à pilastres et corniches sculptées. Au plafond de la nef principale, une fresque en médaillon, du 18e s., représente saint Blaise guérissant un enfant. Les deux chapelles situées de part et d'autre du chœur sont coiffées de coupoles dont les peintures en trompe l'œil (1880) accusent l'élévation. Le chœur très profond, doté d'un bel autel (1767), est fermé d'une balustrade en marbre marqueté, flanquée de deux angelots porte-cierge.
Ouvrant aussi sur la place, la **chapelle Ste-Croix** est le siège de la confrérie St-Antoine et Ste-Restitude. Elle a gardé ses 80 stalles d'origine.

Place de l'Hôtel-de-Ville

Dominée par le monte Grosso, cette grande place rectangulaire, ornée de platanes et de palmiers, s'ouvre face au golfe de Calvi.

À proximité Carte de microrégion p. 104

★ Église Ste-Restitude (Santa Ristituta) B2

1 km par la D 151 en direction de Montemaggiore (route partant sur la gauche de l'église St-Blaise). Rte de Zilia - ✆ 04 95 62 83 16 - gratuit - demander la clé (contre une pièce d'identité) auprès du bureau de tabac Munier - r. Napoléon.
La route est bordée d'impressionnantes **chapelles funéraires**. D'une grande simplicité, l'église blanchie à la chaux s'élève dans un enclos planté d'oliviers centenaires, au lieu-dit *U Loru*. Elle a été consacrée à sainte Restitude, martyrisée et décapitée à Calvi au 3e s. et depuis lors vénérée dans la région *(voir « Agenda » dans « Nos adresses »)*. La sainte a été proclamée patronne de Calenzana et de la Balagne par le pape Jean-Paul II en 1984.
Remarquez à gauche en entrant le bénitier en albâtre du 16e s.
Chœur – La coupole octogonale, éclairée par trois fenêtres et un lanternon, s'orne d'entrelacs et de motifs géométriques. Des médaillons décorent les écoinçons. La **statue de sainte Restitude**, en bois polychrome du 18e s., est placée dans la chapelle de gauche.
L'**autel** du 4e s. est constitué de deux morceaux de sarcophage en marbre placés verticalement; ils supportent une table de granit. Le cénotaphe présente deux petites **fresques★** du 13e s. relatant le martyre de la sainte : sur le côté gauche, sainte Restitude devant ses juges; sur le côté droit, la décapitation de la sainte et de ses cinq compagnons. En arrière se tiennent les hommes d'armes et les notables. Derrière le cénotaphe, un reliquaire contient les ossements des saints martyrs.
Crypte – *Escaliers de part et d'autre du chœur.* Elle abrite le **sarcophage** (en marbre de Carrare) de sainte Restitude (1re moitié du 4e s.). Sa découverte en 1951 a donné un fondement historique inattendu à toutes les traditions orales touchant à sainte Restitude.

Randonneurs à Calenzana.
C. Moirenc/hemis.fr

NOS ADRESSES À CALENZANA

Voir aussi « Nos adresses » en Balagne, p. 137.

TRANSPORTS

Autocars – Compagnie Corsicar-Les Beaux Voyages - *04 95 65 11 35 - www.beauxvoyagesencorse.com.* Liaison entre Calvi et Calenzana *(1 bus/j. tte l'année sf w.-end, 2/j. tlj en saison).*

VISITES

Association des Guides de Balagne – *06 86 96 36 57 - guidesbalagne.wixsite.com/monsite - visite guidée sur demande - 10 € (-12 ans gratuit).* Renseignements et billetterie auprès des offices du tourisme de Calvi et de L'Île-Rousse.

HÉBERGEMENT

BUDGET MOYEN

Chambre d'hôte À l'ombre du clocher – *5 chemin U Terraghiu - 04 95 31 17 12 - www.ombre-du-clocher.com - - 3 ch. 80/90 € - gîte 500/700 €/sem.* À l'orée du village, la maison dispose de chambres coquettes et bien tenues, et d'un vaste salon s'ouvrant sur la baie de Calvi. Bon petit-déjeuner et petite piscine, bienvenue en été.

POUR SE FAIRE PLAISIR

La Maison d'Hôtes – *Rte de Calvi - 3 km au sud de Calenzana - 04 95 60 15 53 - www.lamaisondhotescalenzana.com - - fermé nov.-mars - 5 ch. 95/155 €.* À mi-chemin entre mer et montagne, l'avenante maison abrite des chambres avec accès indépendant. Belle vue sur Calvi depuis la véranda où est servi le petit-déjeuner, à l'ombre des orangers et des citronniers. Accueil très sympathique.

RESTAURATION

BUDGET MOYEN

A Stazzona – *17 r. du Fond - 04 95 36 47 12 - formule déj.*

3

Fromages de brebis Le Calenzanais.
C. Moirenc/hemis.fr

17 € - menu corse 23 € - 11/26 €. Dans une ancienne forge prolongée d'une jolie terrasse, on déguste d'excellents plats locaux.

ACHATS

Bon à savoir – Les **cusgielle** de Calenzana, gâteaux secs au vin blanc, passent pour être les meilleurs de l'île. Vous pourrez en acheter dans la **Biscuiterie Guerini** *(3 pl. Prince Pierre ; croisement principal en centre-ville - ☏ 04 95 62 72 31).*

B. & J. Guidoni – *A Ficca Cioccia - ☏ 06 77 07 17 76 - 10h-12h - fermé nov.-mai.* Des fromages fermiers de brebis réputés : *brocciu* AOP, tomme, etc.

Domaine Orsini – *Rochebelle-Pietralba - ☏ 04 95 62 81 01 - www.vins-corse-orsini.com - 9h30-12h30, 14h-19h30.* Dans cette boutique joliment décorée, vous trouverez des produits à base de fruits, des vins, des liqueurs, des confitures et des bonbons Orsini, fabriqués artisanalement.

ACTIVITÉS

Randonnées

Départ du GR 20 en direction de Conca : 220 km de sentiers balisés de rouge et blanc. C'est aussi d'ici que part le sentier « Mare e Monti ». Pour les rejoindre, empruntez la ruelle située juste au-dessus du bar… GR 20.
Randonnées pédestres, p. 525.

AGENDA

Ste Restitude – Deux processions : lundi de Pâques, transfert de la statue et de la châsse à l'église St-Blaise ; 1er dimanche suivant le 21 mai, retour à l'église Ste-Restitude.

Les Rencontres musicales de Calenzana – *www.musical-calenzana.com - mi-août.* Deux concerts de musique classique ou contemporaine chaque soir dans les églises de Calenzana et des villages de Balagne et des concerts gratuits organisés en plein air en divers endroits du bourg.

Le Giussani

Ghjunsani

Haute-Corse (2B)

Située au-delà du col de Battaglia, la région montagneuse et enclavée du Giussani, nichée entre la haute Balagne et le massif du monte Padro, est un havre de fraîcheur de toute beauté. Elle comprend quatre villages et une multitude de hameaux, autant d'escales très agréables pour se ressourcer.

NOS ADRESSES PAGE 156
Hébergement, restauration, achats, activités, etc.

S'INFORMER

Office du tourisme du Giussani – *Bâtiment Bataglini - 20259 Olmi-Cappella - ☎ 04 95 60 04 35 - www.balagne-corsica.com - juin-sept. : lun.-vend. 9h30-13h, 15h-18h30 - fermé dim. et j. fériés.*

SE REPÉRER

Carte de microrégion C2 (p. 105) – *carte p. 128-129.* Le Giussani, au sud de L'Île-Rousse, entre la vallée de l'Asco et celle de l'Ostriconi, est traversé par la Tartagine et la Melaja. La Tartagine se jette dans l'Asco, affluent du Golo, au nord de Ponte-Leccia.

À NE PAS MANQUER

Si vous aimez la randonnée, vous avez un large choix de sentiers dans la forêt de pins laricio de Tartagine-Melaja.

ORGANISER SON TEMPS

Venir dans le Giussani en été permet de « prendre le frais ». De mi-juillet à mi-août ont lieu les Rencontres internationales de théâtre.

3

Découvrir Carte de microrégion p. 105

Pour accéder au Giussani depuis la Balagne, il faut franchir le **col de Battaglia** (1 099 m – *randonnée possible, voir p. 136*) en suivant la D 63 à partir de Speloncato. Du col, superbe **vue★★** sur la Balagne, puis sur les forêts et hameaux du Giussani dans la descente vers Pioggiola.

Pioggiola C1/2

Situés en contrebas du col de Battaglia (1 099 m), Pioggiola et ses cinq hameaux surplombent joliment le Giussani. Isolée sur une crête en contrebas, **l'église Santa Maria Assunta** dresse son impressionnante façade baroque au milieu d'un somptueux **panorama★**. Elle dissimule à l'intérieur un bel orgue (1844) signé par Anton Pietro Saladini.

Poursuivre en dir. de Olmi Cappella.

Au croisement des D 63 et D 963, se dresse l'étonnante silhouette cubique recouverte de bois de l'espace culturel **A Stazzona** – « La Forge » en corse. Inauguré en 2010, cet édifice, conçu en pin laricio, sert d'écrin à l'association de création théâtrale Aria, initiée par l'acteur et réalisateur **Robin Renucci**. À l'intérieur, vaste espace scénique de 420 m² et gradins pouvant accueillir jusqu'à 300 personnes. Au cœur de l'été, le Giussani vit à l'heure du **théâtre**, lors des Rencontres internationales *(voir l'agenda dans « Nos adresses »)*.

Du carrefour au niveau d'A Stazzona, possibilité de rejoindre Olmi-Capella (à gauche) ou la forêt de Tartagine (à droite).

Olmi-Cappella C2

Voir p 151.

Dans les chênes verts et les châtaigniers, le village principal du Giussani, bâti sur une colline au-dessus de la haute vallée, vit de l'élevage des ovins, des bovins et des chevaux, de sa production de miel et de l'exploitation forestière.

À **Olmi**, la partie haute traversée par la D 963, on ne peut manquer l'imposant **bâtiment Bataglini** construit en 1902 par un enfant du Giussani ayant fait fortune, pour y établir les administrations et le premier collège de Balagne. Aujourd'hui, seules les premières demeurent (mairie, poste, office du tourisme). Le lieu héberge également des participants au Rencontres Internationales de théâtre.

À **Capella**, la partie basse, se dresse l'**église** paroissiale baroque San Nicolau (fin 16e s.) qui abrite un tableau d'autel du peintre Nicolao Castiglioni (17e s.). Aux abords du bel édifice, le Bar des Amis, un restaurant et l'épicerie assurent une certaine animation.

De Capella vous pouvez rejoindre à pied **Mausoleo** *(départ de l'église - 2 à 3h - dénivelé 320 m)* et même la forêt de Tartagine *(11 km - 3h45)*.

Mausoleo C2

D'Olmi-Cappella, suivre la D 963 pendant 5 km.

Posté au-dessus de la vallée sauvage du Franconi, le minuscule Mausoleo (Musuleu) est l'un des plus vieux villages de Corse. Difficile de croire qu'il s'agissait jusqu'au 18e s. du chef-lieu du Giussani. Remarquez, en face de l'église, la curieuse pierre en équilibre sur un gros rocher : elle semble prête à basculer pour faire face à une attaque.

Suivre la D 963.

★ Gorges et forêt de la Tartagine C2

Tracée dans les pins à mi-pente, la route grimpe au-dessus de gorges de la Tartagine et son affluent la Melaja. Aux grands escarpements s'accrochent des genévriers et de petits pins rabougris. Au fond des gorges surgit la tache verte de la forêt de chênes verts, de châtaigniers et de pins. Avec l'altitude, les chênes verts cèdent la place aux pins laricio.

La route franchit la Melaja dans un grand lacet avant de s'enfoncer dans la forêt domaniale. Elle suit le cours de la Tartagine jusqu'à la maison forestière (alt. 717 m - *à 17 km de Olmi-Capella)*. À pied, en longeant de la rivière, vous dénicherez de belles vasques où vous rafraîchir aux beaux jours.

Isolée et très sauvage, la **forêt domaniale de Tartagine-Melaja** occupe un vaste cirque jalonné de crêtes élevées : monte Padro (alt. 2 393 m), monte Corona (alt. 2 143 m), au-dessus des sources de la Tartagine, et Capo a Dente (alt. 2 032 m). Humide, peuplée de magnifiques pins laricio, de pins maritimes et de quelques chênes verts, elle s'étend sur 2 643 ha et offre de vastes possibilités de randonnées, notamment sur les sentiers balisés en orange par le parc naturel régional qui permettent de partir à la découverte de villages parfois désertés, mais pleins de charme. Ce territoire est celui des **aigles royaux** et **gypaètes barbus**, superbes rapaces que vous aurez peut-être la chance d'apercevoir. Bien moins discrète, la **sittelle corse** « galope » elle sur les troncs des pins laricio.

Corte et sa région 4

Carte Michelin Départements 345 – Haute-Corse (2B)

La vallée de la Restonica.
hardyuno/iStock

CORTE ET SA RÉGION
0
5 km
N
L'ÎLE-ROUSSE
BASTIA
HAUTE-CORSE
Parc naturel régional de
Castifao
Moltifao
Vallée de l'Asco
Gorges de l'Asco
Village des tortues
Via ferrata de la Manicella
Ponte-Leccia
Asco
Pont génois
Maison du Mouflon et de la Nature
Forêt de Carrozzica
Réserve de faune d'Asco
Haut-Asco
MONTE CINTO
2706
Petra Fisculina
Bergeries de Cesta
Le Niolo
Popolasca
Castiglione
Centrale électrique de Castirla
Castirla
St-Michel
Francardo
Omessa
Tralonca
Sta-Lucia-di-Mercurio
Le Bozio
Sermano
San Nicolao
Sta-Maria-Assunta
Bustanico
Alando
Zuani
1094
899
Monte Cecu
754
Corte
Église St-Jean
Tavignano
Scala di Sta Regina
Pont de l'Accia
St-Pancrace
Sentier des muletiers
Corscia
Calacuccia
Barrage de Calacuccia
Casamaccioli
Sidossi
Calasima
Pont de Muricciolu
Paglia Orba
2525
Trouée du Tafonato
Punta Licciola
2237
Cascade de Radule
Bergeries de Radule
Gges du Tavignano
Sega
Golo
Asco
Tartagine
Stranciacone
GR 20
T 20
T 301
T 50
D 47
D 147
D 18
D 118
D 84
D 218
D 318
D 518
D 41
D 441
D 39
D 14
D 16
D 623
A
B
C
1
2
2
3
9

Gorges de la Tartagine.
joningall1/Fotolia.com

Bon à savoir – La route qui conduit aux gorges de la Tartagine est longue et sinueuse et requiert une conduite tranquille. Méfiance quand la météo est à la neige : les routes deviennent vite impraticables. Mieux vaut remettre votre excursion. Ces précautions prises, comptez une journée si vous voulez marcher tranquillement et vous baigner.

Randonnées Carte de microrégion p. 105

3

Bon à savoir – Emportez de l'eau et de la nourriture, soyez bien chaussé, ne partez jamais seul en montagne et informez-vous de la météo.

Col de l'Ondella C2

6h AR au départ de la maison forestière. Alt. 1 845 m. Le sentier *(balisage jaune)* remonte le torrent de la Tartagine sur la rive droite. Au fond du cirque, prendre à gauche dans un vallon *(balisage vert).*

Col de Tartagine C2

6h AR au départ de la maison forestière. Alt. 1 852 m. Le chemin *(balisage jaune)* remonte le torrent de Tartagine sur la rive droite *(pêche interdite).*

Monte Tolu C1

2-3h AR selon votre rythme, dénivelé 209 m, au départ du parking du col de Battaglia. Du parking, montez par le chemin partant vers l'ouest (pylônes visibles). Le sentier (balisage très épars) rejoint le sommet du Monte Tolu (1 332 m) qui offre en permanence une vue dégagée sur la Balagne (jusqu'à Calvi) et le Giussani. Des passages rocheux par endroits mais pas difficultés.

NOS ADRESSES DANS LE GIUSSANI

HÉBERGEMENT

PREMIER PRIX

Gîte d'étape Maison forestière de Tartagine – *Au bout de la route D 963 - 20259 Mausoleo - ✆ 07 86 04 82 58 - P - avr.-nov. : tlj - 13 ch. 30 € la nuit/par pers. (1/2 P 50 €, pension complète 60 €) - ☕ 5 € - ✕ menu 25 € - 12/18 €.* Isolée à 700 m d'altitude, au bout d'une somptueuse et étroite route panoramique, cette ancienne maison forestière du 19e s. abrite des chambres simples mais très bien tenues. Bonne cuisine corse, à déguster sur la terrasse en saison. Piscines naturelles à proximité.

Chambre d'hôte Casa Francheschi – *Carchisalti - 20259 Pioggiola - ✆ 04 95 57 84 68 - P ⊄ - réserv. obligatoire - 2 ch. partageant la sdb 72 € ☕.* Une habile restauration a doté cette superbe maison ancienne de tout le confort. Belles chambres avec vue sur la montagne, terrasse ensoleillée, excellent accueil et petit-déjeuner mémorable ! Un havre de paix.

RESTAURATION

BUDGET MOYEN

La Tornadia – *20259 Pioggiola - 2 km à l'ouest d'Olmi-Cappella en dir. de la forêt de Tartagine (à côté de A Stazzona) - ✆ 04 95 61 90 93 - P - fermé merc. hors sais. - menu 25 € - 20/30 €.* La cuisine régionale est ici roborative et authentique. Le décor rustique s'agrémente de photographies de l'île. Agréable terrasse sous les châtaigniers. Accueil charmant.

U Furnellu – *Au village - 20259 Olmi-Cappella - ✆ 06 83 60 14 62 - P - avr.-oct. - fermé mar. en moyenne sais. - 12/25 €.* De la vaste terrasse panoramique qui domine les environs, on déguste une cuisine corse très correcte.

ACTIVITÉS

Randonnées

De nombreux sentiers permettent de parcourir la région de village en village, et de découvrir notamment les vieux ponts et les moulins. Fiche complète vendue à l'office de tourisme.

AGENDA

Rencontres Internationales de théâtre en Corse – *www.ariacorse.net - juil.-août.* Depuis 1998, les stagiaires de l'association Aria jouent une vingtaine de spectacles originaux dans les villages du Giussani et dans le remarquable espace culturel A Stazzona à Pioggiola.

Le cirque de Bonifato

Bonifatu

★

Haute-Corse (2B)

Avec ses murailles de porphyre rouge et ses aiguilles élancées et si photogéniques, qui se dressent au-dessus des pins laricio, le cirque de Bonifato est un lieu apprécié pour les excursions pédestres. Le site, majestueux, est traversé par les eaux pures de la Figarella où il fait bon se baigner. Il forme un ensemble de hautes vallées séparées des voisines (Tartagine, Asco et Fango) par une chaîne de montagnes tutoyant les 2000 m d'altitude.

NOS ADRESSES PAGE 159
Hébergement, restauration, achats, activités, etc.

S'INFORMER
Office du tourisme de Calvi – *Voir p. 106.*

SE REPÉRER
Carte de microrégion BC2 (p. 104-105) – *carte p. 158.* Le cirque de Bonifato surplombe le golfe de Calvi situé une vingtaine de kilomètres au nord-ouest. On y accède par la D 251, au-delà de l'aéroport de Calvi-Ste-Catherine.

SE GARER
Laissez la voiture devant l'Auberge de la Forêt *(payant en saison).*

ORGANISER SON TEMPS
De l'Auberge de la Forêt : vous pouvez rejoindre le GR 20 ou partir sur le « Mare e Monti ». Pique-nique possible près de l'auberge ou du torrent. En été, informez-vous de l'accessibilité de la zone (parfois fermée pour risque d'incendies).

3

Randonnées Carte du cirque de Bonifato

Quelques kilomètres après l'aéroport de Calvi-Ste-Catherine, la route s'élève au-dessus de la rivière et, toute en virages et ponts minuscule, pénètre dans la **forêt de Bonifato** (forêt domaniale de Calenzana) constituée de pins laricio, de pins maritimes, de chênes verts et de maquis. Avant d'arriver, sur la gauche dans un tournant, le site de **Bocca Rezza** (510 m) offre une belle vue sur les alentours. Juste après le pont sur la Nocaghia se présente sur la droite un site agréable où s'écoule une fontaine sous de grands chênes verts. Poursuivez jusqu'à l'**Auberge de la Forêt** *(voir « Nos Adresses »).*

Bon à savoir – Cette auberge est une étape du sentier de randonnée Mare e Monti. Au moment de payer le parking, le personnel sur place vous remettra un plan des nombreux sentiers qui rayonnent depuis l'auberge.

PROMENADE À LA MAISON PIERRE-BONAPARTE

Circuit tracé en pointillés verts sur la carte p. 158. De l'auberge, en suivant un court tronçon du sentier dit de la « boucle d'Erbaghiolu » (départ à droite du pont sur la Nocaghia - cette boucle dans sa totalité s'effectue en 6h), le chemin s'élève en empruntant un tronçon du sentier « Mare et Monti ».

45mn AR. Le sentier (balisage orange et rouge) traverse deux bras du torrent et passe devant les ruines de la maison de **Pierre Bonaparte** (1815-1881).

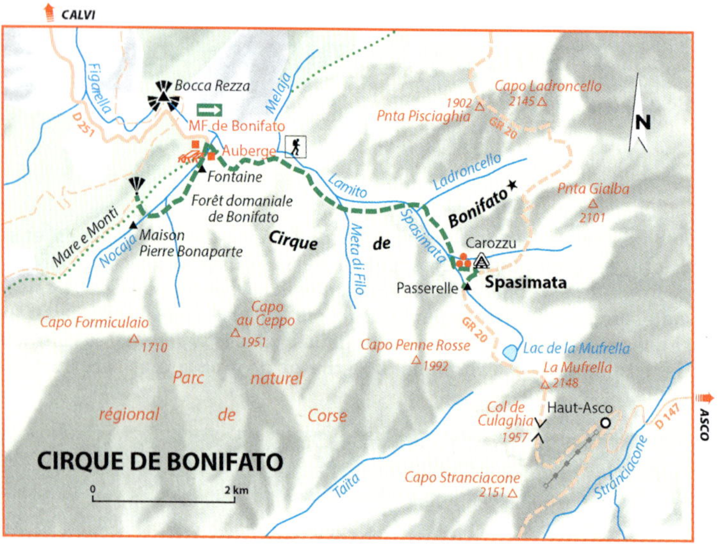

Ce cousin turbulent et aventureux de Napoléon III, élevé en Italie, s'est toujours cherché un destin, mais son naturel violent lui a surtout valu de se trouver lié à de sombres affaires. Il a vécu de nombreuses années à Calenzana. Il s'est malheureusement distingué en tuant, à Paris, après de nombreuses altercations et menaces de duel, le journaliste Victor Noir le 10 janvier 1870.
Un peu au-dessus, à la première bifurcation, une belle **vue**★ se dévoile sur la forêt et la vallée.

★ SENTIER DE SPASIMATA (AR VERS LE REFUGE DE CAROZZU)

Circuit tracé en pointillés verts sur la carte ci-dessus Au départ de l'Auberge de la Forêt par le chemin forestier, suivre la dir. du refuge de Carozzu sur le GR 20. Attention, il s'agit d'une randonnée en montagne pour bons marcheurs bien équipés. Ne pas poursuivre au-delà du refuge de Carozzu sans de solides connaissances de la haute montagne et un topoguide spécialisé.
Env. 4h30 AR. Une randonnée idéale pour découvrir le cirque ! Empruntez la large piste forestière qui longe la rive gauche du torrent et pénètre dans la **forêt domaniale de Bonifato** composée de pins laricio et de feuillus. Dans un paysage de montagne dominé par la ligne de crête des « 2 000 », la Figarella coule dans un lit encombré de belles tables de granit rose, formant de larges vasques. Après 30mn, vous atteignez le confluent de la Melaja et de la Figarella (alt. 620 m). Ne traversez pas le torrent, mais suivez sur la droite une variante du GR 20 jalonné de marques jaunes qui emprunte un sentier muletier (traces de l'ancien pavement) s'élevant vers la Mufrella. En face se dressent les sommets délimitant le **cirque**. Après avoir franchi plusieurs torrents (1 passerelle), on gagne en 2h30 le lieu-dit Spasimata.

Spasimata

Alt. 1 190 m. Source à proximité. Les **cabanes de pierres sèches** en ruine abritaient autrefois pendant l'été des curistes venus soigner leur asthme à dos de mulet depuis Calenzana.
Plus au sud, dans une large combe, se dresse le **refuge de Carozzu** (alt. 1 392 m). Le site, majestueux, constitue en lui-même un but d'excursion. Très fréquenté par les randonneurs et les alpinistes, c'est une base de départ pour les courses dans le massif de Bonifato. Depuis le refuge, descendez une centaine de mètres jusqu'à la **passerelle de la Spasimata** afin d'admirer la témérité des alpinistes qui la franchissent.

★ BOUCLE DE FICAGHJOLA

Depuis l'auberge, descendre vers la passerelle qui traverse la rivière (baignade possible). Sur l'autre rive, suivre le balisage bleu (il est conseillé d'effectuer la boucle dans ce sens pour terminer par une belle descente panoramique).
1h30 à 2h - distance 4 km - dénivelé positif de 320 m, pas de difficultés. Le sentier s'élève franchement et en virages à travers le massif forestier. Le relief positif à « avaler » s'effectue entièrement dans cette première partie. La végétation change peu à peu : de mixte et serrée, on passe à une forêt plus aérée où les pins majestueux dominent. La vue se dégage et on longe la rivière Melaghja que l'on traverse bientôt dans un bel éboulis. La descente, offrant des vues superbes sur le cirque s'effectue ensuite par un large sentier. On rejoint et traverse en contrebas la rivière Lamitu.
Retour aisé vers l'auberge en longeant la Figarella où les possibilités de baignades sont multiples.

NOS ADRESSES DANS LE CIRQUE DE BONIFATO

RESTAURATION

PREMIER PRIX

Auberge de la Forêt – *Rte de Bonifatu - 20214 Calenzana - 04 95 65 09 98 - www.auberge-foret-bonifatu.com - fermé oct.-mars - - salades copieuses (12/13 €), sandwichs, plat du jour 14 € - 6 ch. 95 € (1/2 P 145 €) - 10 € - 5 gîtes (2-5 pers.) 20 €/pers. (1/2 P 45,50 €) - possibilité de bivouaquer 9,30 €/pers. (1/2 P 35,30 €).* Randonneurs ! C'est dans cette auberge, au milieu des pins et des chênes, qu'il vous faudra puiser toutes vos forces avant d'entamer le superbe sentier de Spasimata. Vous y trouverez une cuisine familiale simple, un accueil très sympathique et le calme absolu.

ACTIVITÉS

Altre Cime – *06 18 49 07 75 - www.altre-cime.com.* Différentes randonnées et autres activités sont organisées par cette agence au départ de l'Auberge de la Forêt.

Le golfe de Galéria

★

Haute-Corse (2B)

Dans un secteur protégé à l'écart de l'agitation de la Balagne, le golfe de Galéria forme une halte stratégique à proximité de la réserve naturelle de Scandola. Au sud de cette large baie sauvage située à l'embouchure du Fango, le village de Galéria est doté d'un petit port et bordé de deux belles plages. Les fonds sous-marins remarquables attirent les amateurs de plongée et de nombreux sentiers alentour séduisent les marcheurs.

NOS ADRESSES PAGE 164
Hébergement, restauration, achats, activités, etc.

S'INFORMER

Syndicat d'initiative de Galéria – *Pont des Cinque-Arcate - 20245 Galéria - ✆ 04 95 62 02 27 - www.balagne-corsica.com - juil.-août : 9h-19h ; avr.-juin et sept. : tlj sf dim. 9h-13h, 13h30-16h30 - fermé certains j. fériés.*

SE REPÉRER

Carte de microrégion A2/3 (p. 104).
38 km au sud de Calvi par les D 81B (littoral) et la D 81 (intérieur des terres). Le golfe de Galéria est délimité par la Punta Stollo au sud et la Punta Ciuttone au nord. Au centre, Galeria est niché au pied du Capo Tondo. La vallée du Fango occupe l'arrière-pays.

À NE PAS MANQUER

Une balade sur le sentier qui longe le golfe vers la Punta Stollo pour une vue magnifique sur l'ensemble de la baie ; une baignade dans les eaux claires du Fango, en suivant les consignes de prudence : s'il pleut en montagne, sortez aussitôt de l'eau (même s'il fait beau dans la vallée). Une grosse vague peut déferler dans la rivière.

ORGANISER SON TEMPS

Prévoyez un après-midi pour l'itinéraire de découverte dans la vallée du Fango. En été, par grand vent, il convient de s'informer de l'accessibilité de la zone. Si vous souhaitez pique-niquer, faites vos courses avant le départ dans les commerces de Galéria (les seuls ouverts hors saison).

EN FAMILLE

Naviguez en canoë dans les bras du Fango ou embarquez pour une excursion en mer *(voir « Nos adresses »)*.

Se promener

Galéria A3

Au débouché de la vallée du Fango, Galéria, isolé dans un maquis clairsemé au pied du **Capo Tondo** (alt. 839 m), se love autour de sa **plage** et un mouillage pour les plaisanciers. Son site sauvage est le paradis des plongeurs. La partie ancienne du village s'articule autour de l'église paroissiale Ste-Marie et d'une jolie mairie aux murs de pierre. Les infrastructures de tourisme et de loisirs sont discrètes et peu nombreuses. Un calme et un isolement recherchés par les visiteurs souhaitant fuir l'animation et l'affluence de Calvi ou St-Florent.
Avant l'arrivée au village, arrêtez-vous au site protégé de **Ricinicci**a, sur la droite de la route *(parking en terrasses gratuit)*. Un sentier mène en 5mn. aux

Le pont du Fango.
J.-L. Gallo/MICHELIN

vestiges d'une **tour génoise** du 16e s. en partie détruite par une explosion à la fin du 18e s. De là, la couleur de la roche et la **vue**★ sur le golfe sont inoubliables. S'étirant le long de la partie nord du golfe, la **plage de Riciniccia**★★, immense, grise et noire de ses galets polis, attire immanquablement. Les vagues bleues viennent s'y briser en écume blanche. Superbe ! Le sentier permet d'y descendre pour s'y promener, se baigner (plage non surveillée) et y bronzer en toute tranquillité. On approche également le delta du Fango et sa végétation si particulière, à découvrir en kayak *(voir « Nos adresses »)*.

3

Du sud de Galéria, pour avoir une large **vue** sur le golfe, suivez à pied le sentier qui s'ouvre à gauche au bout de la D 351. Il longe le golfe vers la **Punta Stollo**.

Circuits conseillés Carte de microrégion

★ LA BOUCLE CALVI-GALÉRIA-CALVI AB1/3

Circuit de 70 km en vert sur la carte p. 104.

Bon à savoir – Si la distance est la même par la côte et par les terres, le trajet s'effectue beaucoup plus rapidement (25mn) par les terres que par le littoral (1h20). Si vous devez poursuivre vers Porto, préférez pour rejoindre Galéria, la route littorale, bien plus spectaculaire.

★★ De Calvi à Galéria par la côte

Quitter Calvi vers l'est par la D 81B (dir. Galéria et Punta de la Revellata). Attention, la route côtière est par endroits étroite et très sinueuse. Conduisez avec prudence.

La route surplombe bientôt la **Punta de la Revellata** *(voir p. 113)* et ses formations rocheuses baignées par des eaux claires. Puis, accrochée à flanc de reliefs, elle enchaîne les virages et les panoramas sur de spectaculaires baies : **anse de Recisa** (plage de sable), **baie de Nichiareto** (reliefs nus, plage de galets, paillotte, eaux cristallines). Une côte superbe, découpée, que l'on contemple jusqu'à la pointe du **Capo a u Cavallo**.

Après 6 km sans voir la mer, la route descend vers la large **baie de Crovani**. Le ruban de petits galets gris de la **plage d'Argentella** ferme un paysage mêlant étang, zone humide, bois de pins et d'eucalyptus, cultures, quelques habitations et vestiges industriels. Ces ruines imposantes témoignent de l'exploitation de mines de plomb argentifère jusqu'au milieu du 20e s. Un camping *(mai-oct. - www.lamorsetta.net)* permet de passer la nuit au plus près de la plage.

La route longe à nouveau la côte, franchissant le col **Bocca Bassa** qui offre de superbes vues sur les paysages traversés. Rapidement, on découvre le Golfe de Galéria, annoncé par l'immense et superbe **plage de Riciniccia**. Avant de rejoindre Galéria, la route traverse le pont sur le Fango – d'où vous pouvez éventuellement débuter l'itinéraire « Vallée du Fango ».

De Galéria à Calvi par les terres

Passé le pont sur le Fango, prendre à droite la D 81 en direction de Calvi.

La route grimpe progressivement à travers la **vallée du Marsolino** (*Marsulinu*, un affluent du Fango) montrant des paysages de transition entre littoral et montagnes. Le peuplement y est aussi discret qu'éparse. Mais, dans les parties basses, les prairies, les oliveraies et les vignes témoignent de sa mise en valeur initiée il y a fort longtemps par les bergers venus du Niolo.

La route atteint à son sommet le col de **Bocca di Marsulinu** (443 m). De ce passage emprunté par le Tour de France en 2013, on embrasse un beau panorama sur la région de Calvi et la vallée traversée. On descend vers Calvi en traversant la **vallée de la Figarella** (et ses nombreux affluents), réputée pour ses **domaines viticoles** qui bénéficient ici d'une chaleur modérée et des sols granitiques entre mer et montagnes. Domaines A Ronca, La Figarella, Enclos des Anges *(voir « Nos adresses »)*, Clos Landry… s'y succèdent.

La route longe bientôt l'aéroport de Calvi-Sainte-Catherine, annonçant le retour dans la ville-citadelle.

★★ VALLÉE DU FANGO (FANGU) B3

Circuit de 26 km au départ de Galéria tracé en rouge sur la carte p. 104 – Compter environ 2h30. La route qui dessert la vallée est très étroite ; il est donc important de respecter les zones de stationnement afin de laisser un passage suffisant aux véhicules de secours et de prévention incendie.

Avec ses vallées adjacentes, la vallée du Fango forme le **Filosorma** (ou Falasorma), petite contrée peu habitée de la Balagne déserte.

Elle a longtemps constitué une importante voie de transit : les troupeaux du Niolo quittaient avant l'hiver leurs hauts pâturages de montagne pour gagner la plaine, par les cols de Guagnerola et de Capronale, puis remontaient en sens inverse à la fin du printemps. Leur passage a fini par partiellement déboiser la région : pâturages et maquis se substituent aux forêts.

LA RÉSERVE DE BIOSPHÈRE DE LA VALLÉE DU FANGO

Depuis 1977, la vallée du Fango, sur 23 400 ha, est classée Réserve de biosphère par l'Unesco. Le Fango y coule de façon presque rectiligne sur 25 km. L'élément le plus remarquable et le plus fragile est son embouchure, zone humide, arrosée par quatre bras dont trois abandonnés de la rivière qui abrite oiseaux, amphibiens et des tortues cistudes. L'autre intérêt majeur de la réserve est la « yeuseraie » du Fango, une très grande forêt de **chênes verts**, représentant sans doute l'une des plus importantes de Corse. Certains arbres ont plus de 200 ans et atteignent 30 m de haut !

Aujourd'hui, les troupeaux sont sédentarisés dans la vallée, où subsistent un millier de chèvres, ainsi que 1 500 bovins et ovins.
Quitter Galéria par la D 351 qui remonte le cours du Fango, entouré de maquis. Laissez sur la droite la route de Porto et poursuivez le long de la vallée.

Le Ponte-Vecchiu et Tuarelli

Passé le lieu-dit Fango, vous apercevez très vite l'arche parfaite du pont génois dit **Ponte-Vecchiu**, joliment restauré. Profitez du parking pour laisser votre voiture. Et, du pont, contemplez le torrent aux eaux claires courant dans le granit rose, et les sommets qui ferment la vallée : Punta Minuta et Paglia Orba. À partir du Ponte-Vecchiu et jusqu'à Tuarelli, les promesses de baignades se multiplient. Choisissez votre vasque en profitant du sentier Mare e Monti qui longe le torrent et ne présente ici aucune difficulté *(tracé orange - voir « Randonnée »).*
Poursuivre sur la D 351 et dépasser Tuarelli.
Au-delà du pont et arrêtez-vous sur l'**aire de Treccia** *(500 m à gauche, bien indiquée)*, pour trouver de multiples vasques et quelques **plages de galets**, idéale avec les enfants. Important en été : l'aire est ombragée.

Forêt de Pirio (Piriu)

1,5 km au départ de la D 351 par le chemin qui s'ouvre sur la droite à la sortie du pont enjambant un petit affluent du Fango entre Tuarelli et l'aire de Treccia.
La route forestière *(interdite aux voitures)* pénètre dans la forêt domaniale du Fango ou **forêt de Pirio** *(plan de la forêt de Pirio/Perticato à la bifurcation)*, constituée de pins maritimes et laricio, d'eucalyptus, d'arbousiers et de chênes verts considérés comme les plus vieux du monde.
La D 351 longe la forêt du Fango. Prendre la route à gauche qui descend à Manso.

Manso (Mansu)

Situé sur la rive droite du Fango, ce village étagé à flanc de montagne est formé de quatre hameaux dispersés. De la plate-forme située en bordure de la route, à l'entrée du village, belle **vue★** sur la vallée plantée d'oliviers et la barrière montagneuse où l'on reconnaît la Paglia Orba et la trouée du Tafonato *(voir p. 209).*
Regagner la D 351.
La route serpente à travers les châtaigniers. Les coteaux exposés au soleil portent quelques vignes et des arbres fruitiers.

Bardiana

Ce hameau est situé non loin du confluent du Fango et de la Taïta qui descend de la Mufrella à travers la forêt solitaire du Filosorma, longtemps ravagée par les incendies. Du village se profile la grande chaîne de montagnes qui sépare le Filosorma du Niolo. De gauche à droite, on distingue : la Punta Minuta (alt. 2 556 m), la Paglia Orba (alt. 2 525 m) et la trouée du Tafonato (alt. 2 343 m).
Depuis Bardiana, poursuivre jusqu'à Monte-Estremo.

Monte-Estremo (Montestremu)

Le dernier hameau de la vallée marque aussi la fin de la route. Étagé à flanc de montagne, il offre une belle vue sur le Fango, avec la mer au loin.

Randonnée Carte de microrégion p. 104

★ Ponte Vecchiu-Tuarelli B3

Départ du Ponte Vecchiu (8 km de Galeria), sur la D 351 en direction de Tuarelli. Se garer sur le parking (payant en été) près du vieux pont en pierre (Ponte Vecchiu).

Environ 2h30 AR. Balisage orange, sans difficulté majeure (léger dénivelé) mais bien se chausser (certains passages rocheux sont glissants). Traversez le pont pour rejoindre le sentier qui part sur la droite, en partie ombragé, piqué d'asphodèles au printemps. Bien balisé, il longe la rive droite du torrent jusqu'au pont de Tuarelli, dans un paysage de roches volcaniques rose orangé. En chemin, nombreuses **vasques** pour la baignade. Une fois au pont de Tuarelli, revenez par le même sentier.

Bon à savoir – Vous pouvez continuer sur le sentier Mare e Monti qui suit le Fango jusqu'à Manso, 2,5 km plus loin. De Manso, un autre sentier dit « Boucle de Prunicciale » vous permettra de rejoindre Tuarelli en sillonnant sur 5,5 km les reliefs de la rive droite. Attention, le balisage (jaune) est assez épars et parfois peu clair.

NOS ADRESSES DANS LE GOLFE DE GALÉRIA

HÉBERGEMENT

PREMIER PRIX

Chambre d'hôte A Martinella – *Mme Corteggiani - Rte du Port - 20245 Galéria - à 100 m de la plage - 04 95 62 00 44 - P - fermé nov.-mars - - 5 ch. 70/86 €* . Cette adresse vaut par sa situation à proximité d'une grande plage de galets et tout près de la réserve naturelle de Scandola. Les chambres, plutôt simples, possèdent toutes une terrasse privée. La tranquillité du jardin est toujours appréciée.

BUDGET MOYEN

Chambre d'hôte Casaloha – *Au Fango - 20245 Galéria - 04 95 34 46 95 ou 06 12 88 14 10 - - 4 ch. 80/85 €* . Option intéressante pour sa situation près du carrefour du Fango. Une grande maison entourée d'un jardin. Les chambres, sur le thème des voyages, sont confortables et agréables. Bon petit-déjeuner et excellent accueil.

À proximité

BUDGET MOYEN

Auberge de Ferayola – *Argentella (rte côtière Galéria-Calvi) - 04 95 65 25 25 - www.ferayola.com - fermé de fin sept. à mi-avr. - 10 ch. 85/149 € - 9 € (1/2 P possible) - - menu 25,90 €.* Isolé au bord de la route littorale 12 km au nord de Galéria et à 2 km de la plage d'Argentella, cet hôtel-restaurant (cuisine corse traditionnelle) moderne dispose de chambres simples mais confortables. Propose aussi des chalets (à la semaine seulement en été). Petite piscine et court de tennis.

RESTAURATION

PREMIER PRIX

L'Artigiana – *Rte de Galéria (parking de la Tour) - 20245 Galéria - 04 95 60 64 11 ou 06 13 57 78 18 - fermé oct.-avr. - 10h-22h - 4,80/16,50 €.* À la fois boutique de produits corses et restaurant, cette attachante adresse permet de se restaurer sainement en extérieur dans un cadre agréable de tartes, omelettes, beignets au fromage, sandwichs copieux, salades colorées et parfumées ainsi que de délicieux desserts faits maison. Le tout à base essentiellement de produits locaux (et même du jardin de la patronne).

BUDGET MOYEN

La Cabane du Pêcheur – *Rte du Bord de mer - 20245 Galéria - 04 95 61 00 32 - fermé fin sept.-mars - 10h-18h - 20/50 €.* De la langouste grillée délicatement insérée dans un rouleau de printemps, du saint-pierre en tartare ou en tacos, des vins généreux, le tout à déguster les pieds dans l'eau : voici ce que propose cette paillote située tout au bout de la plage, dont le succès (mérité) ne se dément pas.

ACTIVITÉS

Randonnées

04 95 62 02 27 - balagne-corsica.com - Galéria est sur le passage du sentier « Mare e Monti nord ». On peut rejoindre la jolie petite baie de Girolata en 6h de marche environ. L'office de tourisme fournit une brochure décrivant quatre itinéraires dans la vallée du Fango.

Plongée

L'Incantu – *Rte de Calca - 20245 Galéria - 04 95 62 03 65 - www.incantu.com - de fin mars à fin oct. : 9h-18h ; reste de l'année : tlj sf w.-end 9h-12h, 14h-17h – 16 appart. 630/1 080 €/sem. - - 10/25 €.* Cette résidence hôtelière-centre de plongée à l'atmosphère familiale réserve un accueil de qualité. La douzaine de sites proposés s'éparpillent entre Capo di a Morsetta au nord et la limite sud de la réserve de Scandola. Les plongeurs de tous niveaux y trouveront leur bonheur. Une à deux fois par semaine, le centre organise une « Demi-journée Scandola », avec visite de la réserve, plongée à la limite sud de celle-ci (plonger sur le territoire de la réserve est interdit) et arrêt de quelques heures dans le magnifique golfe de Girolata. La résidence hôtelière sur les hauteurs du bourg permet des « séjours plongée » (jusqu'à 8 j.).

Des plongées dans le golfe de Galéria sont aussi proposées au départ de Calvi par le Centre de plongée Castille *(voir p. 118)*.

Excursions en mer

Galéria Marina – *Le port - 20245 Galéria - 06 12 52 63 53 - www.visite-scandola.com - de mi-avr. à mi-oct. - Girolata et Scandola (4h - 55 € - visite guidée, arrêt à Girolata, baignade), Scandola (2h - 35 €) et Scandola-baignade (2h30 - 40 €).* Organisation de sorties en mer pour découvrir la réserve naturelle de Scandola *(voir p. 244)* et Girolata *(voir p. 237)*.

Kayak

Delta du Fangu - Découverte écologique en canoë-kayak – *Parking de la Tour génoise à l'entrée du village - 06 22 01 71 89 - www.delta-du-fangu.com - juin-sept. - dép. 10h-18h30 - pas de réserv. possible - 1h : 6 €/pers. (monoplace ou triplace)* Un petit briefing donne toutes les indications pour respecter au mieux cet écosystème fragile au long des quatre bras du Fangu tout en profitant des nénuphars et des petites tortues cistudes qui vous attendent sur ce parcours silencieux.

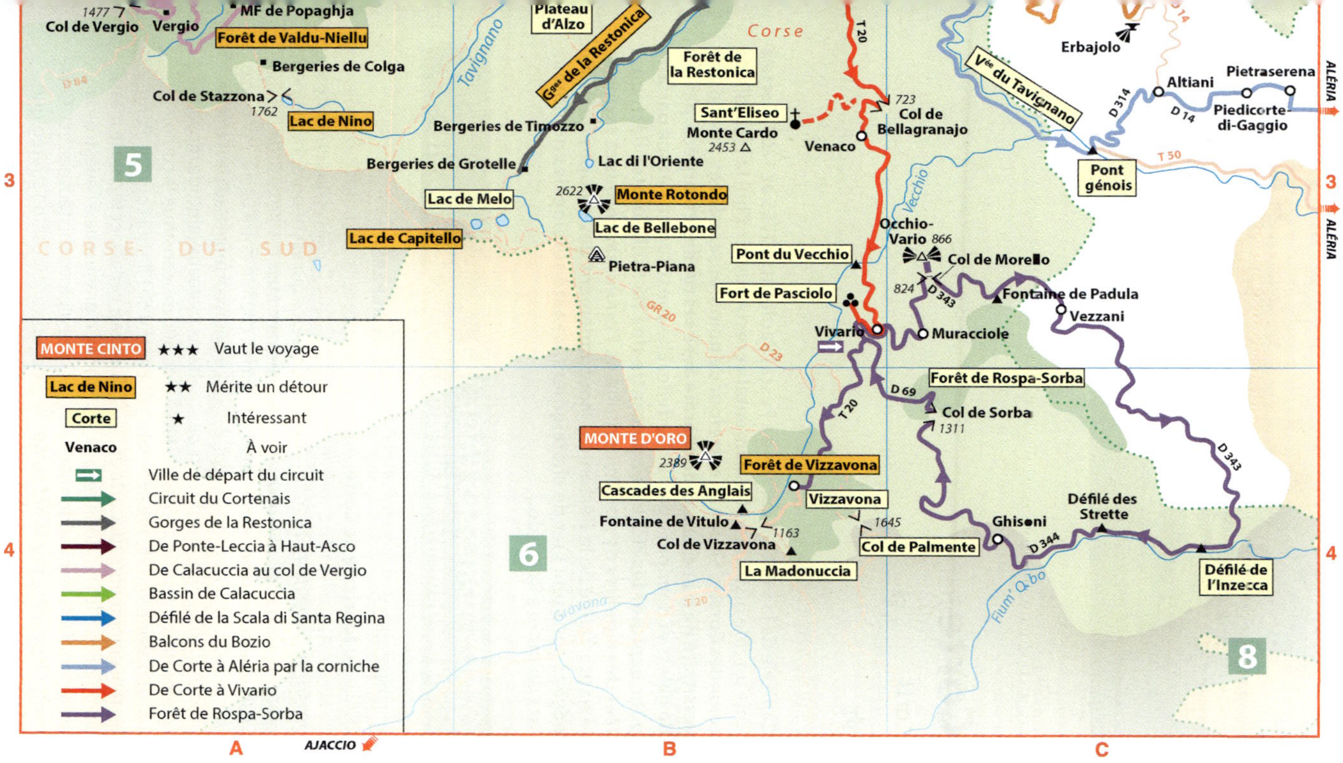
Col de Vergio
1477
Vergio
MF de Popaghja
Forêt de Valdu-Niellu
Bergeries de Colga
Col de Stazzona
1762
Lac de Nino
5
Plateau d'Alzo
Gges de la Restonica
Tavignano
Bergeries de Timozzo
Bergeries de Grotelle
Lac de Melo
Lac de Capitello
CORSE-DU-SUD
Lac di l'Oriente
2622
Monte Rotondo
Lac de Bellebone
Pietra-Piana
Forêt de la Restonica
Corse
Sant'Eliseo
Monte Cardo
2453
Venaco
T 20
723
Col de Bellagranajo
Vecchio
Occhio-Vario
866
Col de Morello
824
D 343
Pont du Vecchio
Fort de Pasciolo
Vivario
Muracciole
Fontaine de Padula
Vezzani
GR 20
D 23
D 69
Forêt de Rospa-Sorba
Col de Sorba
1311
MONTE D'ORO
2389
Forêt de Vizzavona
Cascades des Anglais
Vizzavona
1645
Fontaine de Vitulo
1163
Col de Vizzavona
Col de Palmente
La Madonuccia
Ghisoni
D 344
Défilé des Strette
Défilé de l'Inzecca
Fium' Orbo
Gravona
6
8
Erbajolo
Vde du Tavignano
D 314
Altiani
D 14
Pietraserena
Piedicorte-di-Gaggio
T 50
Pont génois
ALÉRIA
AJACCIO
A
B
C
3
4
MONTE CINTO ★★★ Vaut le voyage
Lac de Nino ★★ Mérite un détour
Corte ★ Intéressant
Venaco À voir
Ville de départ du circuit
Circuit du Cortenais
Gorges de la Restonica
De Ponte-Leccia à Haut-Asco
De Calacuccia au col de Vergio
Bassin de Calacuccia
Défilé de la Scala di Santa Regina
Balcons du Bozio
De Corte à Aléria par la corniche
De Corte à Vivario
Forêt de Rospa-Sorba

Corte

Corti

★

7389 Cortenais – Haute-Corse (2B)

Capitale de la « nation corse » de Pascal Paoli entre 1755 et 1769, Corte a joué un rôle historique fondamental et reste aujourd'hui la capitale de cœur des Corses. Située au carrefour de nombreuses vallées, la ville universitaire ne manque pas de charme avec ses ruelles escarpées, pavées de galets et dominées par la citadelle. Elle constitue une étape parfaite pour explorer les richesses du centre de l'île : silhouettes déchiquetées des aiguilles de porphyre rouge de Popolasca, gorges et ravins de la haute vallée de la Restonica, moutonnement des croupes du Bozio noyées sous une mer de châtaigniers, beauté sereine des nombreux lacs du monte Rotondo…

NOS ADRESSES PAGE 180
Hébergement, restauration, achats, activités, etc.

S'INFORMER

Office du tourisme de Corte – Plan de la ville A2 (p. 175). *La Citadelle - 20250 Corte - 04 95 46 26 70 - www.centru-corsica.com - juil.-août : 9h-18h, sam. et j. fériés 9h30-13h30 ; de mi-avr. à fin juin et de déb. sept. à mi-oct. : tlj sf w.-end 9h-18h ; reste de l'année : tlj sf w.-end et j. fériés 9h-12h, 14h-18h, vend. 9h-12h, 14h-17h.* Pour les renseignements sur Corte et sa région, sur les randonnées aux alentours (Minimap randonnées en vente). Il propose une visite guidée de la ville qui peut être combinée avec celle du musée de la Corse.

SE REPÉRER

Carte de microrégion B2 (p. 168).
On dit que Corte est au centre de la Corse, ce qui est géographiquement inexact. Mais la ville se situe presque à mi-chemin entre Bastia et Ajaccio. Le sillon cortenais, au paysage de hauts plateaux (altitude moyenne de 600 m), constitue le couloir central de l'île qui court de Ponte-Leccia à Venaco et sépare le massif ancien granitique à l'ouest, de la Corse alpine schisteuse à l'est. Corte occupe une position stratégique au carrefour des vallées ; elle est accessible par la T 20.

Corte, cité dominée par la citadelle.
S. Lemaire/hemis.fr

SE GARER
Vous ne trouverez que quelques places gratuites au niveau de l'hôtel de la Paix. La meilleure solution, une fois en ville, est de suivre le fléchage qui conduit au parking central *(payant en saison)*, en contrebas du cours Paoli. Il y a également un parking sur les hauteurs, devant l'entrée de la citadelle ; ce dernier est idéal pour visiter le musée ou partir en randonnée dans les gorges du Tavignano.

À NE PAS MANQUER
Le musée de la Corse pour mieux connaître la vie insulaire ; la chapelle Ste-Croix et son retable baroque.

ORGANISER SON TEMPS
La citadelle est accessible aux heures d'ouverture du musée de la Corse.

EN FAMILLE
Les boutiques d'artisanat et de petites douceurs ; l'espace dédié aux enfants du musée de la Corse ; les nombreuses activités dans la région *(voir « Nos adresses »)*.

Découvrir Plan de la ville p. 175

★ LA CITADELLE

R. de la Citadelle - ✆ 04 95 45 25 45 - www.musee-corse.com - 22 juin-20 sept. : tlj ; 1er avr.-21 juin et 21 sept.-31 oct. : tlj sf lun. ; reste de l'année : tlj sf dim.-lun. - fermé certains j. fériés, 24 et 31 déc. - 5,30 € (-12 ans gratuit).
Elle s'étage sur deux niveaux. À l'intérieur d'une enceinte bastionnée du 19e s., un premier plateau, le plus étendu, a été aménagé sous Louis XVI, puis sous Louis-Philippe qui fit démolir les habitations et la chapelle comprises dans ces limites. Le niveau supérieur occupe toute la pointe sud et présente l'aspect d'un véritable nid d'aigle sur son éperon rocheux. Cette partie, dénommée le château, fut édifiée en 1420 par **Vincentello d'Istria**.
On visite les anciennes casernes, les prisons et la tour (ancien donjon) du **nid d'aigle★**, ou **castellu**. De ce belvédère, la **vue★** embrasse la vieille ville, le départ des vallées du Tavignano et de la Restonica et les villages accrochés au flanc de la montagne.
Occupée jusqu'en 1983 par la Légion étrangère, la citadelle abrite actuellement l'office de tourisme et le musée de la Corse.

★★ Musée de la Corse (musée régional d'Anthropologie) A2

La Citadelle - ✆ 04 95 45 25 45 - www.musee-corse.com - ♿ - 22 juin-20 sept. : 10h-20h ; 1er avr.-21 juin et 21 sept.-31 oct. : tlj sf lun. 10h-18h ; reste de l'année :

L'ESCALIER

On accédait au nid d'aigle par un curieux escalier de 166 marches en marbre vert de la Restonica, couvert d'une voûte. Il était aménagé en monte-charge pour les canons grâce aux rampes de roulement postées de part et d'autre des marches. On peut encore l'apercevoir, à travers une grille, sur le chemin d'accès au nid d'aigle.

tlj sf dim.-lun. et j. fériés 10h-17h - fermé 31 déc.-14 janv., 1er Mai, 1er et 11 Nov., 24-25 déc. - 5,30 € (-12 ans gratuit).

Ce musée passionnant a été aménagé dans l'ancienne caserne Serrurier rénovée par l'architecte italien **Andrea Bruno**. Il s'articule autour de deux espaces complémentaires : la galerie Doazan et la galerie du « Musée en train de se faire ». Ici, point de nostalgie passéiste, mais la volonté de présenter la vie traditionnelle corse en l'inscrivant dans son temps. En été, une partie annexe abrite l'exposition temporaire annuelle, centrée sur une thématique régionale et comprenant un espace dédié aux enfants. Le musée abrite également une **phonothèque** (archives sonores sur la musique corse), ouverte sur rendez-vous *(une semaine à l'avance)*.

Le 1er niveau présente une exceptionnelle **collection★★** d'objets, rassemblés par l'abbé Doazan entre 1951 et 1978. C'est la Corse traditionnelle, agricole et pastorale, qui revit à travers ces outils et ces objets de la vie quotidienne. Ceux, provenant de la bergerie Milisaria d'Amago et qui furent utilisés jusqu'en 1978, restituent l'espace du berger : voir notamment la superbe **pastorale** (canne de berger), une **zucca** (gourde), et les cartes qui montrent la diversité de la langue corse.

Le « **Musée en train de se faire** » analyse les interactions, parfois conflictuelles, entre cette vie traditionnelle et la modernité. On découvre les débuts de l'industrialisation, avec l'exploitation de la mines d'amiante de Canari et une grande entreprise corse : les établissements Mattei, célèbres pour leurs vins et spiritueux comme le fameux « cap Corse », apéritif « national ». La coexistence de techniques modernes et archaïques est illustrée par une *pistaghjola mecanica*, machine à décortiquer les châtaignes, alors que le battage continuait à se faire manuellement. Une collection d'affiches Ollandini décrit la naissance du tourisme appelé à profondément transformer la Corse. On explique enfin la démarche plus identitaire que spirituelle de la jeunesse qui retourne actuellement vers certaines formes de traditions, comme les confréries religieuses.

FRAC Corse (Fonds régional d'art contemporain) A2

À l'entrée de la citadelle, à droite - ✆ 04 20 03 95 33 - www.frac.corsica - ♿ - 9h-12h, 14h-18h, sam. 14h-18h - fermé dim. et j. fériés - possibilité de visite guidée sur demande - gratuit.

Au centre de la citadelle, donnant sur une vaste esplanade, la caserne Padoue abrite l'office de tourisme ; les anciennes citernes à eau hébergent, quant à elles, le Fonds régional d'art contemporain. Les salles ont conservé leurs plafonds voûtés et servent d'écrin à plusieurs expositions temporaires chaque année, centrées sur un artiste ou un groupe d'artistes, des années 1960 à nos jours.

À l'extérieur de la caserne, une jolie **vue** se révèle depuis les meurtrières, sur les toits de la ville et les environs.

À proximité, une salle de spectacle et un centre culturel devraient voir le jour d'ici quelques années.

Le cœur de la Corse

DES RAPPORTS TENDUS AVEC « LA SUPERBE »

On raconte que Corte doit son nom à une cour de justice fondée en 1419 par **Vincentello d'Istria**, vice-roi de Corse pour le compte du roi d'Aragon *(voir p. 373)*. Cependant, des écrits mentionnent déjà le nom de Corte bien avant cette époque !

D'Aragon à Gênes

Corte, juchée sur son piton, à l'abri de ses gorges et de ses montagnes, était déjà un verrou fortifié au 11e s. **Vincentello d'Istria**, aventurier corse qui s'était mis au service du roi d'Aragon et servait les visées de ce dernier sur l'île, fortifia le « nid d'aigle » de Corte (partie haute de la citadelle actuelle) en 1419. Il mourut décapité à Gênes en 1439.

Dès 1459, Gênes régna à nouveau sur Corte qui n'était encore qu'une grosse bourgade. Quelque cent ans plus tard, en 1553, les Cortenais, ralliés à la cause française, remirent d'eux-mêmes les clés de leur cité à **Sampiero Corso**. Mais, en 1559, le traité de Cateau-Cambrésis restituait l'île à Gênes qui en resta maîtresse près de deux cents ans, jusqu'à ce qu'en 1746, un des enfants de Corte, Gaffori, parvînt à soustraire sa ville natale à la mainmise génoise.

Le général Gaffori

Né en 1704, le médecin Ghjuvan Pietru (Jean-Pierre) Gaffori fit partie, en 1745, du triumvirat des « protecteurs de la nation » élus par les Corses qui reprirent les armes contre Gênes. Nommé « général de la nation » en juin 1751 à la Consulte d'Orezza, il se vit alors confier le pouvoir exécutif. Un véritable gouvernement révolutionnaire contrôla bientôt la plus grande partie de l'île. Mais le 3 octobre 1753, Gaffori, trahi par son propre frère, mourut dans une embuscade sur le chemin de Corte.

LA CAPITALE ÉPHÉMÈRE DE L'ÎLE

Pascal Paoli

Corte connut avec le successeur de Gaffori, **Pascal Paoli**, un destin unique. Celui dont la personnalité a séduit tant de contemporains, étonné les philosophes des Lumières et suscité l'admiration de Napoléon, choisit Corte pour capitale de son **« gouvernement de la nation corse »**. De 1755, année où il fut élu « général de la nation corse », à son exil en 1769, Corte devint le cœur politique de l'île. Paoli y fit rédiger une Constitution fondée sur les théories de Montesquieu, avec l'aide de Rousseau, établissant la séparation des pouvoirs et la souveraineté du peuple. Le gouvernement siégeait à Corte et la Consulte s'y tenait une fois l'an.

L'université

L'**université**, qui ouvrit en janvier 1765, demeure l'œuvre la plus étonnante de ce gouvernement : son but, très pratique, était de former parmi les 300 étudiants inscrits les futurs cadres dont l'île avait besoin, dans le domaine juridique, en médecine ou en théologie. Les études étaient gratuites et le corps enseignant formé de religieux, franciscains principalement. L'université fermera ses portes de 1769 à… 1981. Aujourd'hui, Corte est encore la seule **ville universitaire** de l'île. Environ 4 500 étudiants fréquentent ses facultés. Et le site s'agrandit actuellement d'une vaste bibliothèque ultramoderne.

Se promener Plan de la ville

★ **LA VILLE HAUTE**

Circuit tracé en vert sur le plan ci-contre – Compter 2h.

Place Paoli B2

Reliant la très ancienne ville haute aux quartiers plus récents de la ville basse, la place Paoli récemment (et enfin) réservée aux piétons, commande la principale artère de la cité contemporaine : le **cours Paoli**. La statue en bronze de Pascal Paoli, œuvre de Victor Huguenin, fut érigée en 1864. Elle domine les nombreuses terrasses de restaurants et cafés qui entourent la place.

Suivre le cours Paoli sur 100 m et tourner à gauche direction « chapelle Ste-Croix-Citadelle ».

Une fontaine et un large escalier en marbre de la Restonica marquent le début de la rampe Ste-Croix, qui grimpe vers la citadelle.

★ Chapelle Ste-Croix A1

Le rapport que le délégué apostolique du pape Sixte V rédigea à la suite de sa visite du diocèse d'Aléria en 1589 la mentionne déjà. C'est à la chapelle Ste-Croix qu'avait lieu, chaque année, le 5 décembre, l'élection du podestat et des « padri del commune », chargés de l'administration communale. Le soir du Jeudi saint, de la chapelle Ste-Croix part la **Granitula**, célèbre procession des pénitents.

Derrière la sobre façade de cette chapelle de confrérie se cache un intérieur raffiné, traité dans l'esprit des riches oratoires St-Roch et de l'Immaculée-Conception de Bastia. Le sol est dallé de marbre gris de la Restonica. Sa nef unique est voûtée d'un berceau à lunettes peint de nombreux trompe-l'œil, malheureusement en mauvais état de conservation. La forte expressivité du Christ en croix en haut-relief et la polychromie naïve du **retable** baroque font grande impression. L'**orgue** à l'italienne et sa tribune en arbalète portent de beaux panneaux peints sur son garde-corps. Un grand **médaillon** en relief domine l'autel : la Vierge de l'Apocalypse, couronnée d'étoiles, abrite dans les pans de son manteau deux papes et deux pénitents blancs en cagoule.

Remonter la rue du Colonel-Feracci.

Longeant la citadelle, la rue monte en pente douce, bordée de vieilles maisons sur la gauche. On aperçoit au bout le clocher de l'église de l'Annonciation.

Au n° 11, remarquez la **casa Palazzi**, une étroite maison du 18e s. aux jolies corniches, malheureusement en mauvais état; on y battit la monnaie sous Paoli. Sa façade patinée est élevée dans le goût des palais italiens du 16e s.

Un peu plus loin, à gauche, sur une place en contrebas, la haute **fontaine des Quatre-Canons**, de forme pyramidale et concurrencée par un platane géant, fut construite sous Louis XVI pour approvisionner en eau potable la garnison et l'hôpital militaire. La population fut autorisée à l'utiliser.

Prendre la rampe qui monte en escalier à la citadelle. On arrive sur la place d'Armes (ou du Poilu).

Place d'Armes (place du Poilu) A2

La place d'Armes fait face à l'entrée de la **citadelle**. Au n° 1 – au coin des escaliers descendant vers la place Gaffori – s'élève la maison où naquit, en 1768, **Joseph Bonaparte**, frère aîné de Napoléon et futur roi d'Espagne. Charles Marie et Letizia Bonaparte y vécurent environ un an. C'est dans cette même maison que naquit, dix ans plus tard, Jean-Thomas **Arrighi de Casanova** (1778-1853), compagnon d'armes de Napoléon et duc de Padoue.

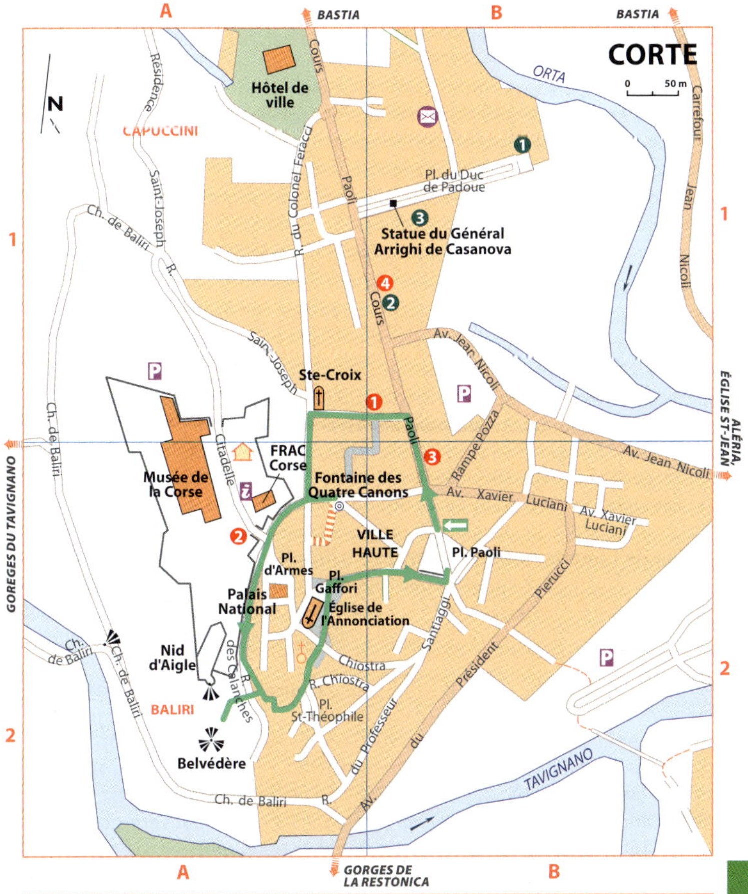

SE LOGER
Hôtel de la Paix 1
Hôtel Duc de Padoue 3
Hôtel du Nord 2

SE RESTAURER
La Rivière des vins 1
La Trattoria 3
U Museu 2
Le 24 4

4

Palais national (Palazzu naziunale) A2

Massif et unique vestige de l'architecture civile génoise à Corte, cette ancienne résidence du représentant de la Superbe devint le siège du gouvernement de Corse institué par Paoli. Ces murs abritèrent en 1765 la première université de Corse qui accueillait 300 étudiants, mais qui ne survécut pas au départ en exil de Paoli. Le Palais national abrite aujourd'hui les bureaux de la présidence de l'université.

Passer derrière le Palais national, remonter vers la gauche la rue de la Citadelle et suivre la signalisation « Belvédère ».

★ Belvédère A2

Après une grimpette à travers les ruelles, on débouche sur une plate-forme perchée à plus de 100 m au-dessus du Tavignano. C'est l'endroit idéal pour contempler l'éperon rocheux qui supporte la partie haute de la citadelle. Le vaste **panorama★★** embrasse le confluent du Tavignano et de la Restonica,

et, au loin, les crêtes de la chaîne centrale. Du belvédère, un escalier, puis un sentier très raide mènent au bord du Tavignano *(déconseillé par temps de pluie)*. La passerelle offre une vue « en contre-plongée » sur la forteresse soutenue par trois grandes arcades, à l'extrémité du rocher. C'est de ce côté que se sont évadés quelques prisonniers, notamment les Gaffori et leurs partisans.
Redescendre vers la place St-Théophile.
L'**oratoire** de plein air a été bâti à l'emplacement de la maison natale de saint Théophile de Corte *(voir encadré p. 176)*.
Poursuivre en direction de la place Gaffori.

Place Gaffori A2

Remarquez, sur le socle de la statue de Gaffori, deux bas-reliefs évoquant le courage de son épouse Faustina. L'un retrace la prise en otage de leur fils lors du siège de 1746 par les troupes de Gaffori. Les Génois, réfugiés dans la citadelle, exposèrent l'enfant aux balles des patriotes; **Faustina Gaffori**, se précipitant au milieu des assiégeants, cria : « Tirez! Ne pensez pas à mon fils, pensez à la patrie! » La fusillade reprit, la citadelle capitula; l'enfant fut retrouvé sain et sauf. Derrière la statue s'élève la maison de Gaffori dont la façade porte encore les impacts des mitrailles génoises, tirées lors du siège de Corte en 1750.
Église de l'Annonciation – *Entrée par la façade principale, place Gaffori.* Elle remonte à 1450 et fut agrandie par saint **Alexandre Sauli** *(voir encadré p. 440)* qui fit construire la nef de droite à la place d'anciennes écuries. Le fin et haut campanile de l'église domine la vieille ville. La façade est repeinte en crème avec des pilastres gris.
À l'intérieur, restauré, on peut admirer une **chaire** en bois sculpté de l'ancien couvent franciscain ainsi qu'un beau **crucifix** en bois d'école espagnole, du 17e s. Dans la chapelle placée sous son vocable, saint Théophile apparaît sur son lit de mort (effigie en cire du musée Grévin – 1979). La partie instrumentale de l'**orgue**, par Johann Conrad Werle, date de la fin du 18e s.
Redescendre vers la place Paoli par la rue Scoliscia (Mgr Sauveur-Casanova), entrecoupée de marches et bordée de nombreux restaurants.

LA VILLE BASSE

Hôtel de ville A1

Cette ancienne demeure a été cédée à la ville par le duc de Camaran. Elle est entourée d'un agréable parc qui abrite une baignoire romaine aménagée en fontaine *(adossée à un mur)*.

SAINT THÉOPHILE DE CORTE

Né à Corte, **Blaise de Signori** (1676-1740), en religion frère Théophile, se consacra, avec le bienheureux Thomas de Cori, à la restauration de la stricte observance franciscaine, au sein des couvents dits de « ritiro ». Il étendit son œuvre en Corse, où il fonda notamment, entre 1730 et 1735, un « ritiro » à Zuani et un à Campoloro. Il réforma aussi le couvent de Cervione. C'est pendant cette période qu'il intercéda auprès du prince de Wurtemberg chargé par Gênes d'une mission punitive. Le prince, accédant à sa requête, se retira. Un tableau, offert par le Vatican et conservé dans l'église de l'Annonciation, commémore cet événement. Frère Théophile fut canonisé par Pie XI, le 29 juin 1930. La grille de son oratoire, œuvre cortenaise, illustre certains épisodes de sa vie.

Épicerie dans une ruelle de Corte.
N. Thibaut / Photononstop

Statue du général Arrighi de Casanova, duc de Padoue B1

Cette statue en bronze est due au sculpteur **Bartholdi**, l'auteur de la statue de *La Liberté éclairant le monde* à New York.

À proximité Carte de microrégion p. 168

Église et baptistère St-Jean B2

3 km au sud-est de Corte. Quitter Corte par la T 50 en direction d'Aléria. Au rond-point, prendre la première sortie pour suivre une petite route en montée.

C'était l'**église★** de la *piève* de Venaco qui, dans cette partie du diocèse d'Aléria, servait de cathédrale annexe. De l'édifice du 9e s. ne subsistent que l'abside et les fondations des trois nefs. Les bases de mur visibles au milieu de la nef correspondent au chancel, à l'ambon et au banc de la *schola cantorum*. Un escalier et un terre-plein faisaient communiquer la nef du sud avec le baptistère. L'élégant chevet semi-circulaire, en schiste, est décoré de bandes lombardes et d'arcades aveugles soulignées par un lit de briques romaines réutilisées. Quelques mètres au sud-est du chevet de l'église, le **baptistère St-Jean** est construit sur un plan tréflé comportant trois absidioles semi-circulaires voûtées en cul-de-four s'ouvrant sur un carré central où se trouve la cuve baptismale.

Circuit conseillé Carte de microrégion

★ CIRCUIT DU CORTENAIS

Circuit de 66 km au départ de Corte tracé en vert sur la carte p. 168. Quitter Corte par la D 18 puis, à 4,5 km, au col d'Ominanda, prendre le 1er chemin à droite.

Monte Cecu B2

Du sommet (alt. 754 m) où est installé un relais de télévision, on découvre un **panorama★★** sur Corte et la vallée de Tavignano, le monte Rotondo au sud et les aiguilles rouges de Popolasca au nord.

Regagner le col d'Ominanda et poursuivre la D 18.

La route, tracée en corniche, traverse les montagnes du Cortenais.

Castirla B2

1 km après le village, un chemin s'amorce sur la droite.

15mn AR. Au cœur du cimetière *(indiqué par un petit panneau marron)*, la **chapelle St-Michel**, préromane, présente une abside ornée de **fresques★** du 15e s. : le Christ en majesté, entouré des attributs des évangélistes, domine les apôtres ; de chaque côté de l'arc apparaissent l'ange de l'Annonciation et la Vierge, une Vierge à l'Enfant et saint Michel.

À Ponte-Castirla, prendre à gauche la D 84, puis aussitôt après avoir franchi le Golo, à droite la D 18 que l'on suit sur 6 km. Prendre alors la D 118 à gauche.

★ Castiglione B1

Laisser la voiture à l'entrée du village.

Perché au-dessus de la **vallée du Golo**, ce village montagnard aux vieilles maisons et aux ruelles étroites, groupé autour de son église, est dominé par les aiguilles rouges de Popolasca.

Regagner la D 18 pour prendre un peu plus loin la D 918 (à gauche).

Popolasca B1

Ce village, également dominé par les curieuses aiguilles du même nom, se groupe sur un éperon rocheux au milieu de châtaigniers.

Regagner la D 18 jusqu'à la T 20 que l'on suit à droite. 8,5 km plus loin, prendre à gauche une route étroite qui monte à Omessa.

★ Omessa BC2

Omessa, qui signifie « le caché », gardait les défilés calcaires de la Petraccia (mauvaise pierre), ainsi nommés parce qu'ils étaient des lieux d'embuscades. Au bout de la route en cul-de-sac, laissez votre voiture sur la piazza commune, ombragée, de ce village perché au-dessus de la vallée du Golo. Là se dresse la discrète **chapelle de l'Annonciade** *(clé au café sur la place)* qui abrite une jolie statue en marbre de la **Vierge à l'Enfant** traitée dans le style florentin de la Renaissance.

Dans le « quartier » du **Rione**, les hautes maisons, serrées autour de l'église, composent un ensemble de ruelles communiquant par des passages voûtés. Flanquée d'un haut **campanile★** baroque, l'**église St-André** abrite quelques toiles italiennes intéressantes : une Vierge à l'Enfant, une Descente de Croix et une Cène, ainsi qu'une charmante peinture naïve sur la tribune. Sur le flanc gauche, une inscription honore la mémoire de trois évêques Colonna, originaires d'Omessa, inhumés dans l'église.

Le village est chaque année le point de départ et d'arrivée du **trail Marcel Rossi**, une course éprouvante entre Omessa et Tralanca *(8 km, 1 300 m de dénivelé)*. Un circuit à emprunter également pour marcher.

Revenir sur la T 20 qui ramène à Corte.

Randonnées Carte de microrégion p. 168

Bon à savoir – Corte est un des principaux points de départ de randonnées pédestres. Nous vous conseillons en priorité les **gorges de la Restonica** *(voir p. 183)*, avec les lacs de Melo et Capitello, le **lac de Nino** *(voir p. 201)*, l'arche de Corte *(voir ci-contre)*. La plupart de ces balades s'effectuent en moyenne montagne. Les dénivelés importants nécessitent un bon entraînement et un équipement adapté, de bonnes chaussures notamment. Consultez toujours la météo avant de partir.

★★ GORGES DU TAVIGNANO B2

★ Vasques du Tavignano

Départ du sentier balisé au niveau du parking de la citadelle.
Environ 5h AR – dénivelé 1 050 m – sans difficulté majeure mais destiné à des marcheurs confirmés. Éviter les heures chaudes car le sentier est peu ombragé. Possibilité de prolonger jusqu'aux bergeries de Padule (se munir de ravitaillement suffisant et d'un topoguide). Le sentier s'élève sur la rive gauche du torrent. Environ 1h après le départ, une ancienne bergerie et une fontaine offrent un peu de fraîcheur. La deuxième partie est plus ardue et reste toujours à distance de la rivière. Environ 20mn avant l'arrivée, le sentier a disparu à la suite d'un éboulement. Une petite déviation, juste au-dessus, vous permettra, en faisant un peu d'escalade, de continuer. À la passerelle, faites une pause pour vous rafraîchir dans les vasques. En amont du pont, une petite crique offre un coin d'ombre pour un pique-nique.
Pour combiner les gorges du Tavignano et la vallée de la Restonica, il faut passer une nuit au **refuge de Sega** *(voir ci-dessous).*

★ Arche de Corte (ou de Padule)

Alt. 1 500 m. Engagez-vous sur le sentier du Tavignano, puis à l'embranchement prenez le chemin à droite qui longe un muret. Dépassez un abri de terre et de pierre *(non représenté sur les cartes au 1/25 000)* pour atteindre une crête. Vous pénétrez dans une châtaigneraie. Poursuivez sur ce sentier (celui de droite rejoint des rochers) jusqu'à un col. L'itinéraire, mieux tracé ensuite, file plein nord et monte en traversant une forêt de pins laricio. Environ 40 m avant la fin, on aperçoit la silhouette caractéristique de l'arche.
Retour par le même itinéraire.

★★ BOUCLE DES DEUX VALLÉES B2

Départ du sentier balisé sur le parking de la citadelle de Corte. Randonnée de 2 jours (2 fois 5h de marche environ), incluant une nuit au refuge de Sega.
Cette randonnée suit les **gorges du Tavignano** *(voir ci-dessus).* Par le sentier muletier, on atteint la passerelle du Rossolinu près de laquelle il fait bon se baigner. Celle-ci traversée, débute une marche de 2h30 environ jusqu'au **refuge de Sega** à travers la forêt. Le refuge situé à 1 192 m d'altitude dispose d'un très bel environnement, à proximité de la rivière. Pensez à réserver votre nuitée auprès du Parc naturel régional de Corse *(☏ 04.95.51.79.00 - www.pnr.corsica).*
Le lendemain, on grimpe à travers la forêt jusqu'à une altitude de 1 580 m environ, avant d'atteindre le **plateau et la bergerie d'Alzo** à 1 650 m *(voir p. 187)*, une étendue de prairies et de rochers fréquentée en été par des troupeaux. Le sentier descend ensuite vers la vallée de la **Restonica** *(1h)*, et rejoint la D 623, à 5 km des bergeries de Grotelle, et à 9,5 km de Corte.
On rejoint Corte en suivant la vallée via la D 623 en moins de 2h.

4

NOS ADRESSES À CORTE

TRANSPORTS

Train – *04 95 46 00 97 - cf-corse.corsica.* Liaisons avec Ajaccio *via* Vizzavona, Calvi *via* L'Île-Rousse et Bastia *via* Ponte Leccia.
Autocar – Autocars Cortenais - *04 95 46 22 89 - transport-touristique-corse.fr - sur réserv.* La compagnie dessert Calacuccia et le col de Vergio en saison.

HÉBERGEMENT

PREMIER PRIX

Chambre d'hôte L'Albadu – Hors plan - *Route du Calvaire - ancienne route d'Ajaccio - 04 95 46 24 55 - www.hebergement-albadu.fr - P - 5 ch. 60 €/pers. en 1/2 p - 6 empl. 20 € - campeurs menu 25 € - 7 €.* Sur les hauteurs de Corte, dans un cadre champêtre, cette ferme équestre familiale propose 5 petites chambres avantageusement rénovées à l'étage. La table d'hôte est savoureuse et conviviale.
1 Hôtel de la Paix – B1 - *15 av. du Gén.-de-Gaulle - 04 95 46 06 72 - www.hoteldelapaix-corte.fr - tte l'année - 63 ch. 65/80 € - 7 € - menu 20 € sur réserv.* Dans une solide et haute maison aux volets bleus, au fond d'une place tranquille, les chambres sont sans chichi et fonctionnelles. Accueil professionnel et sympathique.

BUDGET MOYEN

2 Hôtel du Nord – B1 - *22 cours Paoli - 04 95 46 00 68 - www.hoteldunord-corte.com - P - 15 ch. 100/110 € - menu 20 €.* Le plus vieil hôtel de la ville (19e s.), situé dans la rue principale, propose des chambres sobrement contemporaines. Ne vous fiez pas à l'état des persiennes que l'on peut apercevoir de la rue : elles cachent des doubles vitrages efficaces et le confort nécessaire.
3 Hôtel Duc de Padoue – B1 - *2 pl. Padoue - 04 95 46 01 37 - www.ducdepadoue.com - avr.-oct. - P - 11 ch. 77/125 € - menu 20 €.* Cet immeuble du début du 20e s. a conservé son charme d'origine : grand hall, escalier en granit et fenêtres à persiennes. Les chambres, très confortables, ne varient que par la taille et la luminosité. Deux chambres sont dotées d'un petit balcon. Accueil convivial des propriétaires, qui dirigent aussi l'Hôtel du Nord.
Hôtel Si Mea – Hors plan - *3 av. du Pont-de-l'Orta - 04 95 65 08 23 - hotelsimea-corte.fr - P - 10 ch. 98/122 € - 9 €.* Un peu à l'écart de la ville (idéal si vous êtes motorisé), à 10mn à pied du centre, cette vaste villa 1930, rénovée en 2013, abrite de grandes chambres modernes dans un cadre ancien.

POUR SE FAIRE PLAISIR

Chambre d'hôte Osteria di l'Orta – Hors plan - *Pont de l'Orta - 04 95 61 06 41 - www.osteria-di-l-orta.com - P - 3 ch. et 2 suites 107/200 € - 30/35 €.* Cette grande bâtisse abrite de belles chambres au goût du jour dont les noms ont été choisis dans l'arbre généalogique de la famille des propriétaires. Bel escalier en marbre de Corte et, au grenier, vaste salon avec canapés, télévision et bibliothèque. Les spécialités locales se dégustent sous la véranda.

À proximité

PREMIER PRIX

Chambre d'hôte La Dodoléla – *20236 Omessa - 12 km au nord-est de Corte par la T 20 - 06 22 56 12 51 - www.dodolela.com -*

chauffée - abri voiture, pas de TV - 4 ch. 70/92 € - 1 cabane perchée 165 €. Ce domaine est bercé par le doux bruit du Golo. Réparties autour de la piscine, les confortables chambres invitent au farniente. Les amoureux de Robinson privilégieront la séduisante cabane perchée dans un arbre. Petite cuisine à disposition. Accueil soigné.

RESTAURATION

Bon à savoir – Goûtez aux spécialités de Corte : la *falculelle* (*brocciu* servi sur une feuille de châtaignier) et le *picciole* (brioche).

PREMIER PRIX

1 **La Rivière des vins** – B1 - *5 rampe Ste-Croix - 04 95 46 37 04 - tlj sf sam. midi et dim. - fermé fêtes de Noël - menus 14,50/27 €.* Vous tomberez sous le charme de ce restaurant, avec sa terrasse étagée sur la célèbre rampe et sa salle en pierres apparentes. Charcuteries et viande cuite au feu de bois, dans la cheminée : *figatellu* à la braise, côte de veau corse… accompagnés de délicieuses « patatines » maison. Également des plateaux gourmands de produits corses. Excellent rapport qualité-prix.

BUDGET MOYEN

2 **U Museu** – A2 - *Rampe Ribanelle (ville haute) - 04 95 61 08 36 - www.restaurant-umuseu.com - juil.-août : tlj sf lun. midi ; reste de l'année : tlj sf lun. - fermé mi-oct.-mars - 16/18 €.* Aux beaux jours, installez-vous au pied de la citadelle, sur l'une des terrasses à l'ombre des frênes. La véranda avec vue sur Corte et la salle voûtée plaisent tout autant. Aux spécialités cortenaises s'ajoutent salades et pâtes. Un succès mérité.

3 **La Trattoria** – B2 - *6 cours Paoli - 04 95 54 02 48 - tlj sf dim. - 18/21 €.* Cette agréable brasserie du cours, fréquentée par les locaux comme par les voyageurs, est appréciée pour ses prix sages. Belles salades, viandes, desserts soignés… À déguster en terrasse ou dans la jolie salle climatisée, couverte de boiseries.

POUR SE FAIRE PLAISIR

4 **Le 24** – B1 - *24 cours Paoli - 04 95 46 02 90 - fermé dim. midi et 15 j. en fév. - 30/52 €.* Cet élégant restaurant aux murs en pierre et à la décoration contemporaine sert une cuisine raffinée à base de produits corses soigneusement choisis. Large choix de tapas également. Très belle sélection de vins locaux.

À proximité

BUDGET MOYEN

Chez Jacqueline – *Pont-de-Castirla - 15 km au nord de Corte par la D 18 - 04 95 47 42 04 - - mars à nov. le midi (en juil.-août midi et soir) - menu 30 €.* Un restaurant rustique très connu dans la région. Carte réduite constituée de plats généreux, typiques de la cuisine familiale corse. Accueil inégal.

A Chjusellina – *Ferme Leonelli - lieu-dit Avantu - 6 km au sud-est de Corte par la RN 200 - 04 95 47 13 83- achjusellina.com - mai-sept. : tlj sf dim. sur réserv. 72h à l'avance - menu 25 €.* À la fois chambre d'hôte et ferme-auberge, cette adresse se distingue par la fraîcheur de ses produits. L'élevage des cochons à proximité promet une charcuterie savoureuse. À la carte : soupe corse, beignets au *brocciu*, desserts à base de farine de châtaigne… Bon et copieux.

PETITE PAUSE

Pâtisserie Casanova – *6 cours Paoli - 04 95 46 00 79 - 7h-19h30* *(dim. 12h30)*. Depuis 1887, la famille Casanova réjouit les papilles des Cortenais. Parmi leurs créations, plusieurs fois primées, le Paoli, une mousse de *brocciu* à la farine de châtaigne et marrons confits.

ACHATS

Marché – *Vend. 8h-13h.* Le marché régional hebdomadaire se tient face à la gare routière.

A Chiostra – *4 r. Chiostra - ✆ 04 95 46 19 53 - mai-oct. : 10h-20h ; hiver : tlj sf w.-end - fermé de mi-nov. à mi-déc.* Dans la vieille ville de Corte, ces artisans travaillent depuis plus de 30 ans la faïence tournée et émaillée.

Casa di U Legnu – *2 r. du Vieux-Marché (pl. Gaffori) - ✆ 06 08 31 83 28 - de Pâques à fin oct. : 9h-19h.* Objets en bois (cuisine, jouets, gadgets), vannerie, écharpes en laine corse, etc. Un choix réduit mais auquel on peine à résister.

A Robba Paisana – *6 av. de la République - ✆ 04 95 55 81 40 - mar.-vend. 9h-12h, 15h-19h, sam.9h-12h (avr.-sept.).* Une dizaine de producteurs se succèdent à tour de rôle pour tenir la boutique de cette petite coopérative. Ils ne vendent que leur production : fromages, charcuterie, vins, jus de fruits, huile d'olive, noisette, miel…

À proximité

Confiserie St-Sylvestre – *20250 Soveria - ✆ 04 95 47 42 27 - www.confiserie-saintsylvestre.fr - tlj sf dim. 9h-12h30, 13h30-18h30.* Ce n'est pas un hasard si Lenôtre fait appel à M. Santini pour le fourrage de certains chocolats. La rigueur et l'exigence de ce confiseur artisanal émanent en effet de tous ses produits, du cédrat confit au nougat à la châtaigne.

ACTIVITÉS

U Trenu (Petit train) – *Pl. de la Gare (supermarché Géant Casino) - ✆ 06 09 95 70 36 - www.petit-train-corte.com - avr.-oct. - tlj - durée 30/40mn - 7 € (enf. 3 €).* Promenade jusqu'à la citadelle au départ de la place Paoli ou de la gare selon la saison. Le billet donne un accès à demi-tarif au musée de la Corse.

L'Albadu – *Voir « Hébergement » - 4 € balade à cheval (2h).* De la journée à la semaine, les balades organisées par cette ferme équestre jusqu'au désert des Agriate se déroulent dans une ambiance décontractée et familiale.

Équiloisirs – *Pont de Papineschi - à 5 km de Corte par la T 50 puis la D 214 et la D 39 - ✆ 04 95 61 09 88 - www.fae-equiloisirs.com - tte l'année sur réserv.* Balades à cheval de 1h *(25 €)* à plusieurs jours *(110 €/j)*. Poneys pour les enfants *(15 €/45mn)*.

Altipiani – *2 pl. Paoli - ✆ 06 86 16 67 91 - www.altipiani-corse.com - juin-sept. : 8h30-19h30 ; reste de l'année : tlj sf dim.-lun. 9h-12h, 14h-19h.* Canyoning *(à partir de 38 €)*, escalade *(à partir de 35 €)*, location de vélo à assistance électrique *(à partir de 22 €)*.

AGENDA

Procession du Christ mort – Des processions de pénitents en cagoule se déroulent dans les rues illuminées (Jeu. et Vend. saints).

Cavall'in Festa – *1er w.-end de juin.* Foire du cheval : spectacles équestres, artisans et producteurs agricoles.

Les gorges de la Restonica

★★

Haute-Corse (2B)

La Restonica prend sa source à 1 711 m d'altitude dans le Rotondo, l'un des massifs les plus élevés de l'île. Après 15 km d'une course mouvementée à travers de belles gorges profondes qui forment des piscines naturelles, elle rejoint à 400 m d'altitude le Tavignano dans le « sillon de Corte ». La beauté de ses gorges justifie leur fréquentation estivale.

NOS ADRESSES PAGE 187
Hébergement, restauration, achats, activités, etc.

S'INFORMER

Point info Restonica – *À l'entrée de la réserve - 20250 Corte - 04 95 46 33 92 - www.corte-tourisme.com - juin-sept. : 8h-17h.* Informations et brochure gratuite sur les randonnées et les consignes de sécurité.

Office du tourisme de Corte – *Voir p. 170.* Brochure gratuite sur les randonnées à disposition.

SE REPÉRER

Carte de microrégion B3 (p. 169).

Les gorges sont accessibles de Corte par la D 623 : 16 km de route étroite et sinueuse, où les croisements sont difficiles mènent aux bergeries de Grotelle.

SE GARER

L'accès au site classé des gorges de la Restonica est réglementé et la circulation limitée *(voir « Nos adresses »)*. En saison, prenez de préférence la navette publique qui conduit aux bergeries de Grotelle, en laissant votre véhicule au parking situé à l'entrée de la réserve ; sinon, partez tôt le matin pour avoir une chance de vous garer aux bergeries.

À NE PAS MANQUER

La randonnée jusqu'aux lacs de Melo et Capitello, même si elle demande un peu d'endurance et une certaine prudence.

ORGANISER SON TEMPS

Partez tôt en été car la chaleur et la fréquentation peuvent être assez pénibles. Prévoyez toujours un vêtement chaud, car les différences de températures sont importantes en montagne.

Circuit conseillé Carte de microrégion

LES BERGERIES DE GROTELLE (GRUTELLE) PAR LA ROUTE B3

Circuit de 15 km au départ de Corte tracé en gris sur la carte p. 169 – Compter environ 45mn. Quitter Corte par la route d'Ajaccio qui franchit le pont sur le Tavignano et prendre tout de suite après, sur la droite, la D 623. Attention, accès réglementé en saison et circulation difficile.

La route pénètre dans le parc naturel régional en remontant la vallée encaissée de la Restonica ouverte entre la Punta di Zurmulu et la Punta di u Corbo.

★ Forêt de la Restonica

Aux châtaigniers succèdent les **pins laricio** notamment sur les versants exposés au midi à partir de 700 m d'altitude. Encadrée par de grandes aiguilles de roche ocre couronnées de pins, la vallée se rétrécit peu à peu pour former des gorges. Au fond, le torrent se brise au milieu de gros blocs de rochers.

Après le **pont de Tragone**, la D 623 longe la rive droite de la Restonica. Dominée par des sommets dépassant 2 000 m, la route grimpe dans un paysage âpre, de plus en plus minéral, où peu à peu les arbres disparaissent. Des roches verdâtres dévalent des cascades impétueuses. Le cadre, grandiose, ne peut manquer de faire forte impression.

Bergeries de Grotelle

Grand parking payant en saison (voir « Nos adresses »), au-dessus des bergeries.

Alt. 1 375 m. La route carrossable s'arrête un peu au-dessus des bergeries, vieilles constructions en pierres sèches qui furent la halte traditionnelle des troupeaux sur le sentier du lac de Melo.

Un **paysage★★** alpestre se dessine : à droite se profile la longue crête du Capu a Chiostru (alt. 2 295 m), à gauche le massif du monte Rotondo (alt. 2 622 m), devant soi, barrant la vallée, se dessine la silhouette dentelée du Lombarduccio (alt. 2 261 m). Un peu en amont des bergeries se dressent quelques beaux spécimens de pin de Corte. Ce pin maritime particulier à la Corse est un grand arbre au fût droit, à la cime étroite et conique, dont la silhouette rappelle celle du laricio.

Randonnées Carte de microrégion p. 169

★★★ LA HAUTE VALLÉE B3

Bon à savoir – L'importante fréquentation des lieux pourrait faire oublier qu'il s'agit d'une randonnée en montagne, sans grande difficulté mais qui requiert au moins de bonnes chaussures de marche. Dans la seconde partie, quelques passages plus difficiles ; aide d'une chaîne et de deux échelles. Possibilité de contourner la barrière rocheuse quand il n'y a pas de névé. Déconseillé aux personnes accompagnées de chiens ou d'enfants en bas âge. Un point d'eau se trouve à droite du sentier principal juste avant la rive du lac de Melo. Suite à l'affluence estivale (la plus forte de la montagne corse), le parc naturel régional a été amené à préserver du piétinement une partie de la pelouse placée derrière une clôture.

Départ des bergeries de Grotelle, sur la droite du petit chalet-snack.

★ Lac de Melo (Lavu di Melu)

2h30 AR jusqu'au lac de Melo par la barre rocheuse ; 3h30 AR par le chemin d'accès contournant la barre rocheuse.

Suivez le sentier jalonné de marques jaune et gris qui prolonge vers le sud la route des gorges et remonte la vallée de la Restonica. Comme toutes les vallées glaciaires, la haute vallée de la Restonica présente des flancs abrupts et un fond plat encombré de moraines. Son parcours offre une succession de rétrécissements et d'épanouissements, et des cuvettes souvent occupées par des lacs et bosses rocheuses (« verrous ») barrant la vallée. Après avoir longé la moraine, on atteint, vers 1 500 m, une vaste cuvette herbeuse.

À partir de la cuvette, il est possible d'emprunter un autre itinéraire, quand il n'y a plus de neige,

INTARISSABLE

Une légende raconte qu'une année de forte sécheresse, seule la Restonica continuait de couler. Le nom de *Restonica* serait apparu à cette période où l'on disait de la rivière : « elle reste unique ».

Le lac de Capitello dans la vallée de la Restonica.
joningall/iStock

plus long que celui indiqué ci-dessous. Il s'élève sur la rive droite du torrent et contourne la barre rocheuse par son rebord gauche.
Empruntez le sentier qui s'élève vers le sud, bien tracé sur la rive gauche du torrent pour atteindre bientôt un plateau couvert d'aulnes. Le sentier, balisé par des traces jaunes, mène au pied de la grande barre rocheuse retenant le lac de Melo. La végétation florale se remarque essentiellement en saison par les saxifrages aux fleurs blanches et la pinguicule corse ou grassette, qui est une plante insectivore. Tous ces végétaux sont protégés et donc interdits à la cueillette.
Deux passages, équipés de chaînes et d'échelles, permettent de franchir ce dénivelé et d'accéder au lac. Par temps de pluie ou lorsque la fonte des neiges imprègne fortement le sol, ce passage est glissant. Soyez très prudent.
Le **lac de Melo** (alt. 1 711 m.) d'où jaillit la Restonica, est l'un des sept lacs du monte Rotondo. Formant un cercle presque parfait, il est dominé par des escarpements de plus de 2 000 m, notamment par la Punta Capitello et l'arête du Lombarduccio où, en été, subsistent quelques névés. Aleviné en truites et saumons de fontaine, ce lac est très apprécié des pêcheurs.
Un sentier fait le tour du lac par l'ouest.

★★ Lac de Capitello (Lavu di Capitellu)

1h30 AR depuis le lac de Melo. Chemin balisé avec quelques passages abrupts.
Alt. 1 930 m. Ce lac, qui ne se trouve qu'à 600 m à vol d'oiseau du lac de Melo mais à une altitude supérieure de 219 m, est gelé huit mois sur douze. Enchâssé dans un cirque de sommets supérieurs à 2 000 m, il est un des joyaux de la montagne insulaire.
Le retour vers Grotelle s'effectue par le même chemin.

★★ MONTE ROTONDO B3

Cet imposant chaînon de la crête médiane de l'île est le deuxième sommet de Corse (alt. 2 622 m). Pendant plusieurs siècles, on a cru que le monte Rotondo était le point culminant de l'île. Son ascension ne présentant pas de difficulté particulière (sauf la neige tardive), il demeure l'un des sommets corses les plus fréquentés. Le monte Rotondo peut s'aborder par le nord (randonnée dans la journée depuis la vallée de la Restonica) ou par le sud (excursion sur deux jours avec une étape au refuge de Pietra-Piana).

Ascension par la vallée de la Restonica

Bon à savoir – Cette randonnée, sans grande difficulté, indiquée par des cairns, nécessite tout de même une excellente forme physique en raison de sa durée et de son dénivelé (1 600 m jusqu'au sommet). Soyez bien chaussé, emportez eau et ravitaillement. Partez de très bonne heure pour atteindre le sommet en fin de matinée au plus tard.

Départ à l'embranchement de la D 623 et du sentier balisé du Timozzo (alt. 1 030 m), à une centaine de mètres après le pont de Tragone. Laisser la voiture à cet emplacement.

Environ 8h AR. Cet ancien chemin forestier monte en direction du sud-est le long de la rive gauche du Timozzo, à travers la forêt communale de la Restonica. Après environ 35mn de marche, le sentier se rétrécit et monte en lacet pour déboucher dans une combe qu'une moraine sépare du torrent Timozzo. On atteint le sommet de cette combe (alt. 1 460 m) après 1h30 de marche ; on aperçoit à gauche les **bergeries de Timozzo**. Dirigez-vous vers ces bâtiments, mais laissez-les sur votre gauche pour gagner la vaste ligne de crête rectiligne qui monte plein sud. On atteint au bout de 30mn la source de Trighione (alt. 1 921 m) ; tournez à gauche pour atteindre le **lac di l'Oriente** (alt. 2 061 m). Suivez ensuite pendant 1h environ les alignements de cairns en maintenant la direction sud vers un couloir raide. À l'amorce de ce couloir, gravissez prudemment les éboulis jusqu'au sommet de cet accès. Après avoir atteint la surface dégagée, dirigez-vous vers l'est à vue pour atteindre le sommet du Rotondo.

Variante par le refuge de Pietra-Piana (au départ de Vivario)

Depuis Vivario, prendre la route forestière du Verghello qui s'embranche à la hauteur du pont du Vecchio, à droite avant le pont en venant de Corte. Cette route en forte montée s'achève près d'une rivière. Laisser la voiture.

Variante plus longue et plus sportive. Il faut passer la nuit au refuge (arriver tôt car très fréquenté en saison). Durée jusqu'au refuge de Pietra-Piana-Michel-Fabrikant : 4h aller, puis au moins 3h aller jusqu'au sommet. Poursuivez sur l'autre rive le chemin muletier qui s'enfonce sous des pinèdes de pins laricio. Au bout d'une demi-heure, dépassez la bergerie de Porcile pour atteindre la limite de la forêt, puis le col de Tribali (Bocca Tripoli, alt. 1 590 m). Rejoignez alors une portion balisée en blanc et rouge du GR 20, qui conduit au refuge de Pietra-Piana. Du refuge, dirigez-vous plein nord en remontant la rive gauche du torrent jusqu'à un replat herbeux. Au-delà, franchissez une pente raide avant de serpenter à flanc en direction d'une brèche caractéristique dans l'arête. Après l'avoir dépassée, vous atteignez à l'extrémité d'une combe rocheuse le **lac de Bellebone★** (alt. 2 321 m). Cette étendue d'eau enchâssée dans un cirque abrupt est située au pied même du Rotondo.

HOMMAGE

Randonneur et alpiniste, **Michel Fabrikant** (1912-1989), inlassable explorateur des montagnes corses, décrivit en 1972 un parcours de crêtes à travers la Corse qui allait devenir le fameux GR 20. Il n'était que justice que son nom soit donné à des guides de randonnées et à un refuge situé sur le sentier, celui de Pietra-Piana.

Continuez l'ascension depuis la rive nord du lac vers un couloir d'éboulis puis, en allant vers la gauche, suivez l'arête faîtière vers le nord pour atteindre le sommet du Rotondo.

★ ENTRE RESTONICA ET TAVIGNANO, LE PLATEAU D'ALZO B3

Départ après le pont de la Frasseta, à l'embranchement de la D 623 et du sentier balisé. Emplacements pour se garer des deux côtés de la route.

5 heures AR. Le sentier, balisé en orange, monte en lacets au milieu des pins laricio en direction du nord. Après 1h de marche, le chemin se fait plus abrupt aux abords de la rivière Frasseta pour accéder par la crête jusqu'au **plateau d'Alzo** (1 650 m), surprenante étendue de rochers et de prairies. Les bergeries d'Alzo, Capellaccia et Colletta rappellent la vocation pastorale du plateau. Beau **panorama★** sur le monte Cinto, la Paglia Orba et le Capo Tafonato. *Retour par le même chemin.*

On peut atteindre en 1h le **refuge de Sega**, et retrouver les sentiers des gorges du Tavignano *(voir p. 179)*.

NOS ADRESSES DANS LA RESTONICA

ACCÈS RÉGLEMENTÉ

Pendant la période estivale, la forte fréquentation des sites, combinée aux risques d'incendie et de crues subites, a conduit à des mesures d'accès en voiture restrictives.

En cas de saturation des parkings de Grotelle et de Lamaghjosu, la montée est interdite à partir du camping Tuani, à 5 km de Corte et 4 km environ avant le pont de Tragone. Il faut alors attendre que des places se libèrent. Du fait de l'étroitesse de la route, la montée des véhicules est aussi interdite de 15h30 à 17h au départ de Tuani.

Enfin, l'accès des camping-cars et des caravanes ainsi que de tout véhicule de plus de 4,5 t et de plus de 1,90 m de large est interdit au-delà du camping de Tuani.

Une équipe motorisée de saisonniers contrôle les flux et donne sur place les directives en cas de saturation des aires de stationnement.

Le parking des bergeries de Grotelle est payant de début juin à fin septembre *(6 €/voiture)*.

NAVETTES

Afin de limiter la circulation, un service de navettes régulières est mis en place en saison entre le point information de la Restonica jusqu'au terminus, les Grotelle.

Info – *Autocars Cortenais - ✆ 04 95 46 22 89 - transport-touristique-corse.fr.*

PRÉCAUTIONS

Secours en montagne – *✆ 112.*

Accès – Si la route est très belle, certains passages, particulièrement étroits, rendent les croisements difficiles. Redoublez donc de prudence, en particulier dans les virages sans visibilité.

Météo – La vallée reçoit parfois des pluies torrentielles qui ne font que rendre plus difficile et dangereuse la circulation. Il est donc impératif de consulter la météo avant de s'engager dans les gorges.

Feu – Il faut également être particulièrement prudent en matière de **risques d'incendie**. Feux, bivouacs, camping sauvage y sont interdits.

Équipement – La différence de température entre Corte et Grotelle peut être spectaculaire : la petite laine ne sera pas de trop ! Prévoyez aussi un coupe-vent, des chaussures de montagne, une alimentation énergétique et tout le nécessaire pour partir dans de bonnes conditions ; n'oubliez pas que vous êtes en haute montagne.

QUAND Y ALLER ?

De fin avril à fin juin, lorsque les sommets encore enneigés contrastent avec une végétation en plein essor, les paysages sont superbes. Durant les mois d'hiver, la route est quasiment impraticable. Mais les randonneurs bien équipés ne regrettent pas de découvrir les lacs gelés après une longue avancée silencieuse. Si l'été est particulièrement apprécié par les amateurs de baignade, ce n'est peut-être pas la meilleure période pour découvrir la vallée.

HÉBERGEMENT

BUDGET MOYEN

Hôtel L'Arena - Le Refuge – *20250 Corte - à 2 km - ✆ 04 95 46 09 13 - www.hotel-arena-lerefuge.com - 18 ch. 100/110 € - ☕ 12 € - ✕ 25 €.* Proche du torrent, dans un très bel environnement, un hôtel aux chambres lumineuses et fonctionnelles.

UNE FOLIE

Dominique Colonna – *Vallée de Responica - à 2 km - ✆ 04 95 45 25 65 - www.dominique-colonna.com - fermé de déb. nov. à fin mars - ♿ 🏊 - 28 ch. et 2 suites 230/560 € - ☕ buffet 19 €.* À l'entrée des gorges et parmi les « pins de Corte », des bâtiments modernes abritent des chambres confortables et élégantes. Le salon-bibliothèque crée une atmosphère conviviale. Vaste piscine chauffée et jardin paysager.

RESTAURATION

BUDGET MOYEN

Auberge de la Restonica – *À 2 km de Corte par la D 623 - ✆ 04 95 46 09 58 - www.aubergerestonica.com - fermé nov.-mars - formule grillade/pizza le midi en juil.-août au bord de la piscine - 11/18 €.* La vaste salle de restaurant s'ouvre sur une terrasse couverte et une belle piscine. La table, qui jouit d'une bonne réputation locale, propose une cuisine inventive qui met en valeur les produits corses. Vous goûterez l'assiette de charcuterie locale AOP ou la spécialité : le bœuf Restonica au fromage de brebis déglacé à l'eau-de-vie.

ACTIVITÉS

Baignade – Les rives de la Restonica cachent des vasques d'eau translucide pour un après-midi baignade et sieste.

Escalade – Trois sites d'escalade sécurisés ont été aménagés : deux entre Corte et le camping de Tuani (au km 2 avec 42 voies, au km 4 avec 59 voies), le troisième au km 10, avant le pont de Tragone.

Randonnée – *Vallecime - Casa Vanella - ✆ 06 15 75 16 37 - www.vallecime.com - tte l'année sur réserv. - Randonnées à la journée ou à la carte, à pied, en raquette ou en VTT.*

La vallée de l'Asco

Ascu

★★

Haute-Corse (2B)

Creusée par d'impétueux torrents dans les hautes montagnes corses, la vallée de l'Asco abrite dans ses forêts et ses gorges sauvages une faune originale aux espèces parfois endémiques : gypaètes (vautours), sittelles (oiseaux) et, surtout, mouflons. Genévriers et fleurs sauvages tapissent les gorges encaissées tandis que les forêts de pins laricio et maritimes verdissent la haute vallée. Constituées de roches volcaniques rouges, les montagnes s'empourprent sous le soleil. Les randonneurs apprécient le calme et la nature sauvage des lieux.

NOS ADRESSES PAGE 195
Hébergement, restauration, achats, activités, etc.

S'INFORMER

Office du tourisme de la Vallée du Golo – *Pl. de la Gare - 20218 Ponte-Leccia - ✆ 04 95 30 66 32 - www.tourisme-pasqualepaoli.corsica - juin-août : 8h-18h, dim. 8h-12h ; juin et sept. : tlj sf dim. 8h-18h ; reste de l'année : tlj sf w.-end 8h-14h.*

SE REPÉRER

Carte de microrégion AB1/2 (p. 168).
Une route unique et en cul-de-sac, la D 147, dessert la vallée de l'Asco (33 km).

À NE PAS MANQUER

L'ambiance sauvage des gorges de l'Asco. Ici comme souvent en Corse, une paire de jumelles peut se révéler très utile.

ORGANISER SON TEMPS

La route de Ponte-Leccia à Haut-Asco se parcourt en deux heures, mais partez tôt si vous souhaitez apercevoir la faune protégée.

EN FAMILLE

Découvrez des mouflons dans la réserve de faune d'Asco et des tortues, au village des tortues. Les plus hardis testeront leur courage le long de la via ferrata de la Manicella et au Parc Asco Vallée Aventure.

4

Découvrir

La vallée s'ouvre largement à l'est sur la dépression drainée par le Golo, au nord de Ponte-Leccia. Elle est fermée à l'ouest par un cirque de montagnes formé par le monte Cinto (alt. 2 706 m), point culminant de l'île, la Punta Minuta (alt. 2 549 m), le Capo Stranciacone (alt. 2 151 m), la Mufrella (alt. 2 148 m) et la Punta Gialba (alt. 2 101 m). Seuls quelques cols d'accès difficile permettent aux montagnards de franchir cette barrière : le col de Stranciacone mène dans le Filosorma, celui d'Avartoli dans le cirque de Bonifato, celui de Pampanosa dans le Niolo et celui de l'Ondella dans la vallée de Tartagine.

LES MOUFLONS DE L'ASCO

Symboles de la montagne corse, les mouflons, dans leur sanctuaire de la vallée de l'Asco, attirent nombre de randonneurs.

Maison du Mouflon et de la Nature (Casa di a Muvra)

Sur la route menant à Haut-Asco, sur la droite au-delà du torrent Stranciacone, 2 km environ après le camping - ✆ 04 95 47 82 07 - asco.corsica - de mi-juin à déb. sept. : 10h30-18h30 ; vac. de fév. et vac. de Pâques : 11h-17h ; de mi-mai à mi-juin et de déb. sept. à mi-oct. : tlj sf lun.-mar. 11h-17h - possibilité de visite guidée - 2,50 € (-7 ans gratuit).

Cet espace d'information et d'exposition a pour but de faire découvrir la vallée et la forêt, les activités humaines qui s'y développent, et la flore et la faune locale, à commencer par la vedette de l'endroit : le mouflon, bien entendu !

★ Réserve de faune d'Asco

Hameau de Mezzana - ✆ 04 95 47 85 45 - balades uniquement en juil.-août sur certains sites avec accès interdit aux chiens - se rens. auprès des agents de l'Office national de la chasse et de la faune sauvage sur l'organisation de journées découvertes. Visite à la station d'Asco du musée du Mouflon (sur demande préalable).

Créée en 1953, la réserve s'étend au cœur du massif du Cinto sur 3 510 ha et s'étage entre 800 m et 2 200 m, le long de vertigineuses parois rocheuses recouvertes de landes colorées de genêts épineux. Elle occupe le versant sud de la haute vallée et fait partie du programme européen Natura 2000.

L'intérêt de cette réserve est d'observer facilement dans son milieu naturel le **mouflon** de Corse dont on dénombre ici plus de 500 individus. On peut également découvrir certains oiseaux typiques de la réserve : la **sittelle corse**, espèce endémique, reconnaissable à son chant particulier, niche dans les arbres morts. Au-dessus de 1 000 m, les vols de bandes de chocards à bec jaune sont fréquents et animent de leurs cris stridents les vallées encaissées.

Circuit conseillé Carte de microrégion

DE PONTE-LECCIA À HAUT-ASCO

Circuit de 33 km au départ de Ponte-Leccia tracé en bordeaux sur la carte p. 168 – Comptez environ 2h.

Ponte-Leccia BC1

Voir « S'informer » p. 189.

Ce village est un nœud de communication routier et ferroviaire important, point de jonction de deux nationales et des lignes de Bastia, Calvi et Ajaccio. Sur place supermarché, commerces, services, restaurants et cinq stations-service !

De Ponte Leccia suivre la T 30 et, après 2 km, tourner à gauche dans la D 147.

La route remonte le cours de l'Asco en empruntant le fond de la vallée.

Continuer sur la D 47 à droite et poursuivre sur 3 km.

Moltifao (Moltifau) B1

Dominé par les aiguilles rouges de Popolasca, ce village s'étage sur le versant bien exposé des hauteurs verdoyantes séparant la vallée de l'Asco de celle de la Tartagine, au milieu de terrasses plantées de vergers et d'oliviers. L'église, d'une jolie couleur pain d'épice, s'élève au centre du village.

Poursuivre la D 47 sur 3 km.

Castifao (Castifau) B1

Accroché au-dessus de la vallée de la Tartagine, Castifao se groupe autour d'une charmante place, bordée par l'église et la poste, à laquelle on accède par un petit pont.

Revenir sur vos pas, puis poursuivre à droite sur le D 147 vers Asco.

Les gorges de l'Asco.
F. Guiziou / hemis.fr

Village des tortues (Paese di e Cuppulate) B1
Rte d'Asco - ✆ 04 95 47 85 03 - villagedestortues.wordpress.com - 9h30-13h, 14h30-18h - possibilité de visite guidée - 6 € (-5 ans gratuit).
Sur environ 10 ha, le parc régional a aménagé un centre d'étude, d'accueil, de soins et de présentation pédagogique de la **tortue d'Hermann**.
Reprendre la D 147, et 2 km après un pont, s'arrêter à la hauteur d'une cabane sur la rive opposée reliée par une passerelle.

★ **Via ferrata de la Manicella** B1
Accès et site géré par le parc Asco Vallée Aventure, voir « Nos adresses ». Parcours câblé : 350 m ; durée : 2h à 2h30 ; dénivelé : 250 m.
Une signalétique identifie les principaux points qui jalonnent l'itinéraire. Retour par un sentier balisé de points rouges ou par tyrolienne.
En contrebas du point d'accueil, les nombreuses criques du torrent invitent à une pause rafraîchissante.

4

★★ **Gorges de l'Asco (Strette di l'Ascu)** B1
Creusées dans le granit, ces gorges arides rappellent celles de la Scala di Santa Regina. Elles sont cependant plus courtes et plus larges ; la végétation y est plus abondante et les crêtes rocheuses d'environ 1 000 m qui les surplombent leur confèrent un aspect plus sauvage. Elles sont dominées par des montagnes déchiquetées comme la Cima a i Mori (alt. 2 180 m) et le mont Terello (alt. 1 310 m).
De nombreuses **ruches** s'alignent sur les pentes. Aux abords d'Asco, la rive droite devient très aride, tandis que la rive gauche est tachetée de genévriers oxycèdres. Des vaches, d'une agilité surprenante, circulent en liberté sur la chaussée et sur ses abords, escaladant les coteaux avec allégresse.

Asco (Ascu) B1
Établi au débouché des gorges et bien exposé au midi, c'est le seul village de la vallée. En dépit de quelques bâtiments récents, il est bien intégré aux versants

Quand Asco rime avec Nature…

UNE VALLÉE À TROIS VISAGES

L'Asco prend naissance au pied de la Punta Minuta, près du col de Stranciacone dont il porte le nom, jusqu'à son confluent avec le ruisseau de la Pinara, en amont du village d'Asco. Son cours présente trois parties géologiquement et climatiquement distinctes : la haute vallée, les gorges et la basse vallée.

Des pinèdes en hauteur

La **haute vallée** a été creusée dans une gigantesque masse de roches cristallines s'étendant du golfe de Girolata au village d'Asco. Le cours du Stranciacone est impétueux, car les neiges du Cinto et de la Punta Minuta alimentent de nombreux torrents. Le climat est alpin : la neige se maintient jusqu'en mai-juin et subsiste en été sur les versants nord. Les massifs élevés reçoivent près de 2000 mm d'eau par an (la moyenne annuelle de l'île est de 900 mm).

La haute vallée est le domaine des pins : pin maritime appelé « pin de Corte » et pin laricio, visible entre 700 m et 1 800 m d'altitude sur les versants ensoleillés et sur certains versants exposés au nord. Entre 1500 m et 1 900 m d'altitude croît l'aulne odorant; il joue un rôle important dans le maintien du sol, de la neige et de l'humidité.

De l'eau en rafale dans les gorges

En aval, les **gorges de l'Asco**, arides et profondes, sont taillées dans les granits et reçoivent de 750 à 1 000 mm d'eau par an.

Douceur et senteurs dans la basse vallée

La **basse vallée** est une plaine alluviale de cailloutis; chaude, couverte de maquis, de chênes verts et d'aulnes, elle reçoit moins de 500 mm de précipitations et débouche dans la vallée du Golo au nord de Ponte-Leccia. Son maquis dégradé se compose de lavande et de cistes de Montpellier, formant de vastes fourrés très odorants, aux fleurs blanches.

LE TRAVAIL DE L'HOMME

La transhumance, une tradition en déclin

Il y a peu encore, les bergers ascolais pratiquaient en hiver la transhumance vers les pâturages de Balagne (aujourd'hui dégradés par les incendies) pour les moutons, et vers ceux des Agriate pour les chèvres. Les bergers logeaient dans de basses maisons en pierres sèches, au toit de schiste et au sol en terre battue. Fin mai, ils reprenaient le chemin d'Asco et se réunissaient en famille quelques jours. Après avoir tondu les bêtes, ils gagnaient les alpages où ils passaient l'été, occupés par la traite des brebis et la fabrication du fromage. Ils redescendaient à Asco à la mi-octobre. Au début et à la fin de l'été, des caravanes de mulets quittaient Asco pour sillonner la Corse. Le fromage était alors vendu ou échangé dans les régions voisines contre d'autres denrées : l'huile d'olive de Balagne et les porcs de Castagniccia en particulier. Aujourd'hui, rares sont ceux qui perpétuent ces traditions.

Activités artisanales

Les femmes, restées au village, cultivaient les jardins potagers, filaient et tissaient la laine de brebis et le poil de chèvre pour confectionner les *panni*, sorte de manteaux, et les *pelone*, pèlerines protégeant des intempéries. Pendant les longues heures de surveillance du troupeau, les bergers fabriquaient, avec le genévrier oxycèdre, les ustensiles nécessaires à la confection du fromage. Ces activités ne sont plus pratiquées aujourd'hui que par quelques artisans à des fins touristiques.

Des nouvelles ressources

Le fromage demeure la principale production de cette région, avec l'exploitation du bois et de la résine des pins, et l'apiculture. Le **miel de l'Asco**, dont le fameux miel blanc, est aujourd'hui très recherché. Trois microcentrales électriques ont été construites dans la haute vallée en vue de subvenir aux besoins locaux.

FAUNE ET FLORE SAUVAGES

Un refuge pour rapaces

La faune endémique de l'Asco bénéficie aujourd'hui dans la vallée de l'Asco d'une bonne protection. Le **gypaète barbu**, qui fait partie des espèces menacées d'Europe, peuplait avec **l'aigle royal** les massifs montagneux peu fréquentés. Décimés par la chasse, ces vautours sont aujourd'hui moins d'une vingtaine à survivre en Corse. L'oiseau, qui mesure plus de 1 m et dont l'envergure dépasse 2,50 m, est reconnaissable à sa tête blanche, au bandeau noir qui lui cerne l'œil, à une touffe de barbe à la base du bec, à ses ailes pointues et surtout à sa queue en losange. Le gypaète, appelé « *altore* » en corse (signifiant « celui qui habite les hauteurs »), se nourrit principalement d'os de charognes dont il brise les gros morceaux en les lâchant en vol sur des pierriers. Il niche dans des failles de rochers verticaux. Dans le parc régional, des charniers sont alimentés en hiver pour pallier la raréfaction des troupeaux en transhumance.

Le mouflon, seigneur des cimes

En juillet et août, on peut apercevoir, sur les replats des hauts vallons, les nouveau-nés et leurs mères. De mi-novembre à mi-décembre, période de rut, ont lieu de spectaculaires combats de mâles. De janvier à avril, les animaux descendent sur les bas versants. De mai à fin juin, période de mise bas, évitez d'approcher les animaux de trop près. Pour déterminer l'âge d'un mouflon adulte, il suffit d'en rencontrer un bien disposé à votre égard (ou de posséder une bonne paire de jumelles), afin d'examiner ses cornes. Leur croissance marque chaque hiver un arrêt matérialisé par un anneau ; au printemps, la reprise du développement repousse les anciens anneaux. On obtient le nombre d'années vécues par l'animal en comptant les sections entre les anneaux. Chez les mâles âgés, l'usure peut effacer les anneaux de la pointe. Le calcul est plus complexe pour les femelles, dont l'âge est proportionnel à l'étendue du masque facial blanc.

Le genévrier, acrobate du vide

Le genévrier oxycèdre s'accroche aux roches nues autour d'Asco. Muni de feuilles très piquantes et de fruits brun-rouge, cet arbrisseau fournit un bois fibreux servant à la confection d'ustensiles. Le genévrier thurifère, reconnaissable à ses feuilles en écailles, vit uniquement dans la vallée de l'Asco, indiquant un climat sec, froid l'hiver et très ensoleillé.

Le col Bocca Minuta surplombant le cirque de la Solitude.
F. Guiziou / hemis.fr

rocheux du Capo Selolla. Asco est peut-être d'origine ligure ; mais ses annales ne remontent qu'au 16e s., à l'époque de la guerre contre Gênes, au cours de laquelle le village servit de refuge. Au 18e s., le village institua une sorte de tribunal paternel : élus par la communauté, les *paceri* (« ceux qui apaisent », les « sages ») étaient chargés de trancher à l'amiable les conflits entre familles. Ce mode de juridiction a profondément marqué les hommes de cette vallée et l'expression « **saviu d'Ascu** » (« sage d'Asco ») est encore utilisée aujourd'hui.

★ Pont génois B1

Continuer en direction de Haut-Asco sur la D 147 qui contourne le village. À la sortie de celui-ci, prendre sur la gauche une route étroite qui descend dans les gorges.

Les eaux vertes et claires de l'Asco sont enjambées par ce beau pont en dos d'âne bâti pour permettre l'accès à la bergerie de Pinnera. Les eaux émeraude sont vraiment tentantes mais la baignade est interdite.

Revenir à la D 147.

À la sortie du village, la route remonte le Stranciacone et les pins laricio font leur apparition, escaladant les versants. On aperçoit encore des ruches. Après avoir franchi un pont, la route longe la rive droite du torrent.

Forêt de Carrozzica A1

Cette belle forêt de 3 220 ha s'étend sur toute la vallée supérieure de l'Asco. D'abord clairsemée, elle devient plus dense et prend fin à 1 900 m d'altitude au pied de la grande barrière rocheuse. Elle se compose surtout de pins laricio. Le torrent coule au milieu de blocs de porphyre rose formant des vasques d'eau claire. Mais cette forêt, autrefois dévastée par les coupes d'arbres, puis par des incendies, a subi jusqu'à récemment les dommages des avalanches.

Maison du Mouflon et de la Nature A1 *(voir p. 190)*

À 7 km d'Asco, au lieu-dit Giunte, la route laisse sur la droite le torrent Stranciacone qui reçoit la Tassinetta. Après avoir franchi le ruisseau de Manica, elle atteint le lieu-dit Caldane (source minérale), puis s'élève jusqu'à Haut-Asco.

Haut-Asco A2

Alt. 1 450 m. Dans un beau **site★** de montagne, au milieu des pâturages et de pins laricio centenaires, ce replat procure de splendides vues : au sud, le monte Cinto et le cirque glaciaire de Pampanosa au pied du Capo Larghia et de la Punta Minuta et à l'ouest, le col et le Capo Stranciacone. Dans cette étape du célèbre GR 20, les aménagements, peu heureux, d'une station de ski désormais désaffectée, parviennent malheureusement à enlaidir le paysage. Le gîte d'étape est un point de départ pour de spectaculaires randonnées vers Bonifato ou le monte Cinto : ces randonnées sont réservées aux bons marcheurs peu sujets au vertige et bien équipés.

NOS ADRESSES DANS LA VALLÉE DE L'ASCO

TRANSPORTS

Bus – Service entre la gare de Ponte-Leccia, Asco et Haut-Asco de mi-mai à mi-octobre (2/j.). **Info** – *07 60 65 03 02 ou 06 26 65 38 00 - www.corsicabus.org.*

HÉBERGEMENT ET RESTAURATION

Bon à savoir – Pour se restaurer à Ponte-Leccia, les adresses ne manquent pas mais ne présentent pas d'intérêt particulier. Au **Café des Sports**, proche du rond-point, on vous sert un repas simple et fort correct.

BUDGET MOYEN

Le Chalet – *Plateau du stanu - 20276 Asco - 04 95 47 81 08 - www.hotel-lechalet-asco.com - fermé de mi-oct. à mi-janv. - 22 ch. 83/190 € et gîte 15 €/pers. - 7/12 € - (uniquement le soir) 20 € - carte 10/30 €.* Jouissant d'un beau panorama sur les cimes, cette bâtisse à l'austérité montagnarde, proche du GR 20, abrite des chambres rénovées et assez confortables. Cuisine roborative. Gîte avec lits en box de quatre à huit personnes ou en dortoir. Épicerie, le bar et le snack.

ACHATS

Domaine Vico – *Rte de Calvi - 20218 Ponte-Leccia - 04 95 47 61 35 ou 04 95 47 32 04 - www.domainevico.com - hte sais. : tlj sf dim. 9h-12h, 14h30-19h ; hors sais. : tlj sf merc. et dim. 9h-12h, 14h30-19h.* Seul domaine à l'intérieur de l'île (80 ha), il produit un grand vin décliné en rouge, blanc et rosé.

Clos Venturi - Anne Marchetti – *Rte de Corte - 20218 Piedigriggio - 04 95 59 73 21 - anne-marchetti.com - fermé 1er Mai, Noël, 1er janv.* Macarons déclinés en 24 parfums (la spécialité de la maison), canistrelli à l'huile d'olive, sablés à la farine de châtaigne… cette « biscuiterie d'exception », comme elle se proclame, a bien mérité son titre.

ACTIVITÉS

Parc Asco Vallée Aventure – *Rte de Calvi - 20218 Ponte-Leccia - 04 95 47 69 48 - aventureparc.corsica - avr.-oct. : tlj., sinon sur RV - se présenter tout d'abord à l'agence In Terra Corsa à l'adresse ci-dessus.* Parcours acrobatiques dans les arbres pour les plus petits (enf. 110 cm), tyroliennes et via ferrata, dont celle de la Manicella *(voir p. 191)*.

Le Niolo

U Niólu

★★

Haute-Corse (2B)

Patrie des bergers, le « Niolu », comme on prononce ici, s'étend dans la haute vallée du Golo, le plus long des fleuves corses, sous le regard altier du point culminant de l'île, le monte Cinto. Terre sauvage longtemps enclavée, isolée entre le col de Vergio et la Scala di Santa Regina, cette région authentique est gardienne des traditions pastorales. Paradis des randonneurs, elle offre mille et une possibilités de balades : le lac de Nino, tapissé de pelouses vert tendre (les pozzines), la forêt de Valdu-Niellu et ses superbes pins laricio, ainsi que des bergeries de pierres sèches établies dans des sites grandioses.

NOS ADRESSES PAGE 203
Hébergement, restauration, achats, activités, etc.

S'INFORMER

Office du tourisme du Niolu – *Av. de Valduniellu - 20224 Calacuccia - ✆ 04 95 47 12 62 - office-tourisme-niolu.fr - juil.-août : 9h-19h ; avr.-juin et sept.-oct. : 9h-12h, 14h-18h ; reste de l'année : tlj sf w.-end 9h-12h, 14h-17h - fermé dim. et lun. de Pâques, 1er Mai, 25 déc.* Informations sur toute la vallée.

SE REPÉRER

Carte de microrégion A2 (p. 168) – *cartes p. 201 et 202* Située entre le **col de Vergio** *(voir p. 208)* et la **Scala di Santa Regina** *(voir p. 205)*, la cuvette du Niolo est occupée par la retenue de **Calacuccia** (alt. 790 m, *voir ci-contre*). Elle est cernée par des montagnes hautes de 1 500 m : arêtes du Cinto au nord, de la Paglia Orba à l'ouest, de la Punta Artica au sud. Au nord-est, elle est fermée par la zone presque impénétrable des granits de la Santa Regina.

À NE PAS MANQUER

Si vous suivez le circuit du bassin de Calacuccia, vous serez surpris par la dimension irréelle du paysage dans lequel se niche le village de Calasima. Les marcheurs pourront gagner le lac étrange et magnifique de Nino, où les pelouses aquatiques dessinent de fascinants entrelacs.

ORGANISER SON TEMPS

Reportez-vous aux circuits de découverte proposés ; ils se réalisent pour certaines parties en voiture tandis qu'une courte promenade peut s'imposer dans d'autres cas. Les randonneurs devront prévoir au minimum une journée pour l'ascension du monte Cinto. Pensez à faire vos courses ou le plein à Calacuccia.

EN FAMILLE

Les prés environnant les bergeries de Cesta se prêtent volontiers à un pique-nique ou une halte pour se dégourdir les jambes. Pensez toutefois à ne rien laisser derrière vous. À moins de rouler en véhicule tout-terrain, la piste qui y conduit n'est plus carrossable. Il faut 3h AR à pied, une balade facile, idéale en famille, d'autant qu'un sentier botanique agrémente la fin du parcours.

Circuits conseillés

★★ BASSIN DE CALACUCCIA Carte du Niolo

Circuit de 35 km au départ de Calacuccia tracé en vert sur la carte p. 201. De Calacuccia, prendre la D 84 vers le sud-ouest, puis la D 218. Peu avant Lozzi, prendre à gauche la D 518, puis la D 318 vers Calasima.

Calasima

Réputé pour être « le plus haut village corse » (alt. 1 095 m), Calasima est en réalité un hameau d'Albertacce, habité à l'année.
Dominé par l'arête impressionnante de la Paglia Orba, il occupe un **site★★** grandiose sur les pentes du monte Albano.
Revenir sur la D 518 que l'on prend à droite, traverser Albertacce et poursuivre sur la D 84 puis à gauche sur la D 218.

Casamaccioli

Ombragé de châtaigniers, ce village domine de près de 200 m le barrage de Calacuccia. Il est situé au pied de la crête boisée qui ferme le Niolo au sud et sépare la vallée du Golo de celle du Tavignano. Il offre une belle **vue★** sur la chaîne du monte Cinto.
L'**église** paroissiale abrite dans le bas-côté droit un saint Roch, en bois sculpté, au visage naïf, auquel l'artisan a donné l'allure d'un berger. Dans le bas-côté gauche, statue en bois de la Santa di u Niolu.
Une tradition rapporte l'origine de la vénération pour la « Sainte du Niolo » : cette Vierge à l'Enfant, réputée miraculeuse, fut convoitée par plusieurs couvents après la destruction de celui qui l'abritait. Comme le désaccord persistait, on installa la statue sur une mule, décidant qu'on l'honorerait sur les lieux où s'arrêterait l'animal. Le village de Casamaccioli reçut ce privilège.
Prendre en contrebas de l'église, à gauche, la route qui longe le lac sur la rive sud.
La route offre de belles **vues★★** sur Albertacce, Poggio, Lozzi, Calacuccia, Corscia, des villages bien exposés, adossés à la longue chaîne du Monte-Cinto et entourés de vergers et de châtaigniers. Elle franchit, 2 km plus loin, un torrent formé par des eaux captées sur le Tavignano et amenées par un canal de dérivation pour alimenter le lac artificiel de Calacuccia.

Barrage de Calacuccia

Mis en eau en 1968, cet ouvrage retient 25 millions de mètres cube d'eau descendue des cirques torrentiels du Golo. Le lac n'est pas aménagé pour la baignade.
Après avoir produit à l'usine de Pont-de-Castirla de l'énergie électrique, les eaux irriguent les plaines littorales au sud de Bastia.
Rejoindre la D 84 que l'on prend à droite pour rentrer à Calacuccia.

4

SURSAUT INDÉPENDANTISTE

Après la guerre d'indépendance *(voir p. 469)*, les mesures prises par la France pour pacifier la Corse échauffèrent les esprits… En 1774, Thomas Cervoni entraîna les Niolins, acquis aux idées de Paoli, dans une **insurrection armée.** Mais ni le Nebbio, ni le cap Corse ne suivirent le mouvement. Encerclés près du pont de Francardo, dans la vallée du Golo, les insurgés, isolés, durent se rendre : la plupart d'entre eux furent incarcérés à Toulon, leurs maisons brûlées et leurs villages saccagés.

Le Niolo : une montagne préservée

DES PAYSAGES DE MONTAGNE SURPRENANTS

Monte Cinto (Monte Cintu)

Le monte Cinto (alt. 2 706 m), « toit de la Corse », point culminant de la longue crête qui sépare la vallée de l'Asco de celle du Golo, domine l'ensemble du Niolo. Le versant sud descend vers le vallon de l'Erco par des pentes modérées, tandis que le versant nord est beaucoup plus raide. Le sommet lui-même est formé d'un entassement de gros blocs de rhyolite. L'aigle royal, le gypaète barbu et d'autres rapaces en voie de disparition hantent encore les cimes du monte Cinto.

La haute vallée du Golo

Le **Golo**, grand fleuve de la Corse, prend sa source à 2 000 m d'altitude au pied des éboulis près du col de Vergio. Après un cours de 84 km vers le nord-est, il se jette dans la Méditerranée à la Canonica. Son cours supérieur draine un haut plateau cristallin de 1 000 m d'altitude. Les villages accrochés, entre 800 et 1 100 m d'altitude, sur les contreforts du monte Cinto, sont les plus hauts de l'île. En aval de Calacuccia, le Golo quitte le Niolo par des gorges creusées dans le granit : la Scala di Santa Regina.

Le Niolo jouit d'un climat méditerranéen d'altitude. La pluie déjà abondante dans la cuvette croît avec la hauteur. De même, l'enneigement est particulièrement fort à partir de 1 200 m et se prolonge vers les cols jusqu'à mi-avril ; quelques névés subsistent jusqu'en août sur les flancs du monte Cinto.

Les pozzines, un élément original de la montagne corse

Les **pozzines** (du corse *pozzi*, « trous ») sont des pelouses tourbeuses qui entourent les lacs de montagne et constituent le dernier stade du comblement de ces lacs. Importants îlots de fraîcheur dans la montagne, ces pelouses sont le résultat de l'accumulation de végétaux non entièrement dégradés qui se recouvrent d'un tapis de gazon rendu ras par la tonte du bétail en transhumance. La couleur est fonction du degré d'humidité : les pelouses les plus humides sont les plus sombres, colonisées par les carex. Les milieux les plus secs sont constitués de pelouses à nard.

La faible teneur en azote des **pozzines** a obligé les plantes qui y vivent à s'adapter. C'est ainsi qu'on y rencontre de rares espèces carnivores, telle la **drosera**, qui tirent l'azote nécessaire à leur croissance des insectes qui viennent se désaltérer.

Une végétation bien étagée

La végétation varie selon l'altitude et l'ensoleillement. Dans la partie inférieure du Niolo, le châtaignier, largement planté par l'homme, ombrage les villages ; plus haut s'y associent le chêne pubescent et le chêne vert. Entre 900 et 1 600 m d'altitude croît la forêt : le sapin et le hêtre d'abord, puis le pin laricio. Près du col de Vergio, le bouleau est prédominant. À 1 200 m, on voit apparaître l'alpage, prairies envahies par les herbes courtes, les chardons, les fougères et les buissons épineux. Les trois espèces d'aulnes y sont présentes : l'aulne vert formant des fourrés impénétrables sur des sols siliceux et humides, l'aulne glutineux, de 1 200 à 1 500 m d'altitude au voisinage des cours d'eau, l'aulne blanc jusqu'à 1 800 m au bord des torrents et sur les moraines glaciaires.

Le lac de Nino et ses pozzines.
L. Montico/hemis.fr

TOURISME ET RÉORGANISATION DE L'ÉCONOMIE RURALE

Une économie agricole et pastorale

L'enclavement de la région a contraint les Niolins à vivre repliés sur eux-mêmes pendant des siècles jusqu'à l'ouverture, à la fin du 19e s., des routes de la Scala di Santa Regina et du col de Vergio. Aussi ont-ils conservé pendant longtemps un mode de vie traditionnel fondé presque exclusivement sur l'élevage transhumant et l'agriculture. De juin à septembre (estivage), les troupeaux paissaient dans les alpages. Après les fêtes du 8 septembre à Casamaccioli, bergers et troupeaux descendaient à la « plage » entre Porto et Galéria par les cols et le vieux sentier de transhumance de la vallée du Fango, vers la Balagne ou vers la plaine orientale par la Scala di Santa Regina. Après l'hivernage, ils reprenaient le chemin de la montagne.

Depuis l'ouverture de la route, l'étendue des terres cultivées est devenue insignifiante. Les châtaigneraies ne sont plus entretenues et s'amenuisent. L'exploitation de la forêt s'est donc organisée et la surface boisée (9600 ha dont la belle forêt de Valdu-Niellu) est à nouveau en expansion. L'activité rurale essentielle de cette région demeure l'élevage. Le nombre des bergers a diminué, mais un important travail s'accomplit pour la remise en valeur des terrains à vocation pastorale. De jeunes éleveurs s'installent à nouveau et les activités artisanales traditionnelles (tissage de *pelone*, pèlerine en poil de chèvre, fabrication d'ustensiles en racine de bruyère, en buis ou en châtaignier) se maintiennent, voire se développent grâce à l'affluence touristique.

Randonnée et escalade

Dès le début du 20e s., l'alpiniste autrichien **Félix von Cube** escalada les principaux sommets du massif du Cinto et en établit une carte détaillée, après plusieurs années d'exploration des cimes vierges. Un sommet du Haut-Asco, près du GR 20, perpétue son nom (le Capo Rosso ou pic Von-Cube, 2043 m). Félix von Cube fut un précurseur car on ne compte plus aujourd'hui les randonneurs qui suivent ses traces dans le Niolo.

DE CALACUCCIA AU COL DE VERGIO Carte de la forêt de Valdu-Niellu

Circuit de 24 km au départ de Calacuccia tracé en rose sur la carte p. 202 – Compter environ 2h. Quitter Calacuccia au sud par la D 218[B].

Casamaccioli *(voir p. 197)*

2,5 km après Casamaccioli prendre à gauche sur la D 84.

★★ Forêt de Valdu-Niellu

Tracée sur le flanc nord du bassin du Golo, la route s'élève de 647 m et traverse la superbe forêt de Valdu-Niellu. Elle couvre les pentes des cirques torrentiels qui forment le bassin de réception supérieur du Golo, dominé par une ligne de crête échancrée par quelques cols élevés dont celui de Vergio. Cette forêt, qui fait partie du **parc naturel régional**, est la plus vaste (4 638 ha) et l'une des plus belles de l'île; elle s'étage de 900 à 1 600 m d'altitude. Les **pins laricio** composent 70 % de son peuplement; dans la partie haute, ils se mêlent aux autres essences. Les **hêtres** au feuillage clair et les bouleaux blancs couvrent 10 % de sa surface. Les rochers, les landes et les broussailles se partagent le reste du sol. Les chutes de neige sont abondantes en hiver au-dessus de 1 200 m.

Maison forestière de Popaghja

Alt. 1 076 m. À proximité s'élèvent les plus beaux pins laricio de la forêt. Certains sujets sont hauts de 38 m, présentent des troncs lisses jusqu'à 25 m et atteignent 5 m de circonférence; ils sont âgés de 500 ans.

Col de Vergio *(voir p. 208)*

Randonnées

Les sentiers intervillages ont été démaquisés et balisés. Vous pourrez ainsi vous promener entre Corscia et Lozzi (env. 2h) ou entre Albertacce et Lozzi (1h). Renseignez-vous à l'office du tourisme du Niolo *(voir « S'informer »)*. Ce dernier diffuse une brochure gratuite **« Randonner dans le Niolo »**, avec la description de cinq randonnées, dont l'ascension du monte Cinto.

★★★ ASCENSION DU MONTE CINTO Carte du Niolo

Circuit au départ de Calacuccia tracé en pointillés jaunes sur la carte ci-contre. Quitter Calacuccia au petit jour pour éviter les brumes qui, dès le milieu de la matinée en été, empanachent les hautes cimes de l'île.

Bon à savoir – La piste PC 1040, qui permettait de rejoindre en voiture les bergeries de Cesta, n'est plus carrossable (sauf en tout-terrain).

Bergeries de Cesta

3h AR au départ du lieu-dit « Petra Pinzuta », sur les hauteurs du village de Lozzi. Dénivelé : 100 m. Très facile. Balisage orange. Des campings du village de Lozzi, suivez la piste d'approche du monte Cinto jusqu'à son terminus, en amont des bergeries de Cesta (alt. 1 575 m). Les cabanes en pierres sèches sont édifiées dans un site grandiose dominant le ravin de l'Erco, face au cirque glaciaire du monte Falo (alt. 2 549 m) et aux escarpements sud du Cinto. Derrière vous se profile le massif de la Scala di Santa Regina.

On rejoint en 20mn de marche le refuge de l'Erco.

Bon à savoir – Un **sentier botanique** permet une balade pédagogique sur le milieu montagnard. Ici, entre 1 500 et 1 900 m d'altitude, règne le « maquis des montagnes » où croissent des végétaux comme le genévrier nain, très

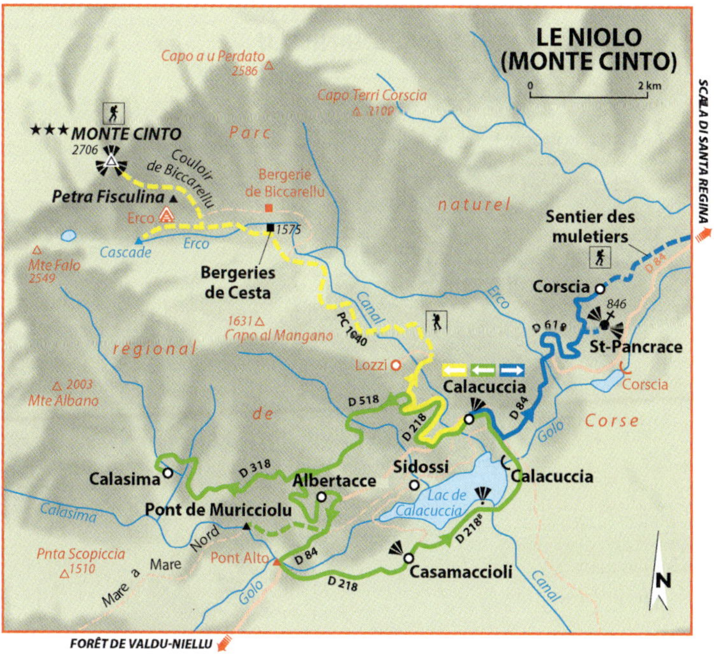

résistant aux intempéries, l'épine-vinette à baies rouge orangé et aux rameaux à triples épines qui la protègent contre la dent des troupeaux, et différentes espèces d'aulnes. Sur ces maigres alpages paissent des troupeaux de chèvres et de moutons. Remarquez les petits murets en pierres sèches qui quadrillent la montagne et qui servent d'enclos pour les animaux pendant l'été.

Ascension du monte Cinto

Départ du parking du camping de Lozzi. Attention, le refuge de l'Erco (ancien point de départ) n'étant plus accessible sans 4x4, il faut s'y rendre à pied depuis le camping, ce qui ajoute 2-3h de marche à l'ascension : compter 10h de marche pour la boucle totale. Réservé aux personnes très entraînées. Il peut être recommandé d'être accompagné d'un guide. Le sentier s'engage dans le **cirque glaciaire★★★** formé par le monte Falo et le Cinto. Il se fraye un passage parmi les énormes blocs morainiques jusqu'au bas de la paroi rocheuse du Cinto (cascade à gauche au pied du monte Falo). Le regard suit la vallée glaciaire jusqu'aux montagnes de la Scala di Santa Regina dans le lointain.

À partir de l'Erco (face sud), les habitués du rocher atteignent le sommet en 3h. L'ascension se fait par l'arête sud-est et emprunte le passage entre le couloir de Biccarellu à droite et une tête rocheuse isolée appelée **Petra Fisculina**, à gauche. Du sommet, le **panorama★★★** embrasse toute la Corse et se développe jusqu'aux Alpes-Maritimes et aux îles de la mer Tyrrhénienne.

★ **LAC DE NINO** Carte de la forêt de Valdu-Niellu

Circuit au départ de la maison forestière de Popaghja tracé en pointillés bordeaux sur la carte p. 202.

4h30 AR. Dénivelé : 700 m. De bonnes chaussures de marche sont nécessaires.

4

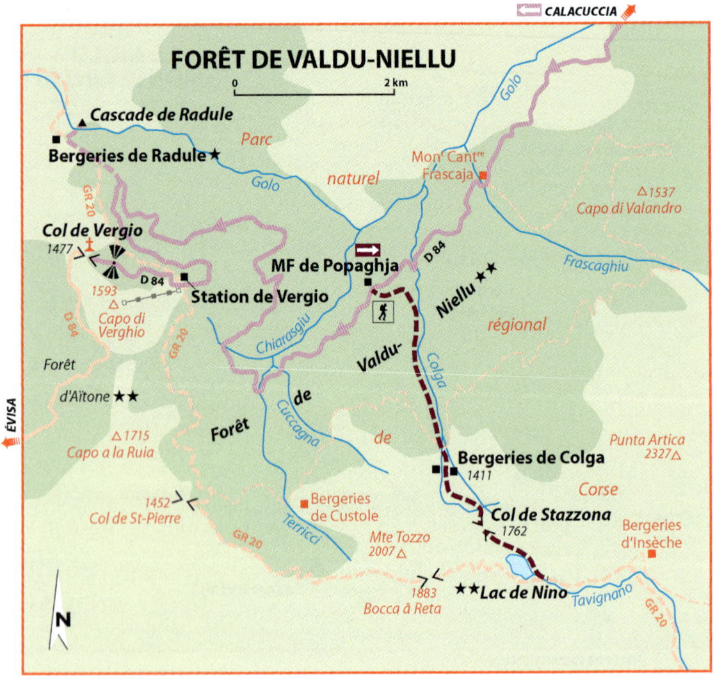

Bergeries de Colga

45mn à partir de la maison forestière ; sentier jalonné de marques jaunes. Le sentier s'enfonce dans la haute futaie de Valdu-Niellu ; il longe la moraine. En 30mn, on atteint le ruisseau de Colga encombré de blocs de rochers et que l'on franchit à gué. Le sentier s'élève alors en lacet et gagne les bergeries à 1 411 m d'altitude.

Laisser sur la droite les bergeries (ne pas franchir le torrent).

Des bergeries commence une rude montée *(1h)* vers le col de Stazzona, à travers les éboulis du cirque glaciaire. Le sentier a désormais disparu, mais l'itinéraire est jalonné de marques jaunes et de cairns. Après avoir franchi une première crête, le chemin descend dans un vallon, puis gagne, par des dalles assez raides, le seuil rocheux du **col de Stazzona** (Bocca â Stazzona, alt. 1 762 m), ouvert entre le monte Tozzo (alt. 2 007 m) et la Punta Artica (alt. 2 327 m). Ce col, qui sert de passage entre le Niolo et le Campotile, est marqué par de hautes pyramides de cailloux et d'énormes rochers noirs qui, d'après la légende, seraient les bœufs du diable pétrifiés par saint Martin *(voir encadré p. 206)*. La piste descend alors *(15mn)* au bord du lac.

★★ Lac de Nino

Alt. 1 743 m. Source du Tavignano, il occupe une vaste combe gazonnée au charme bucolique. Cette nappe d'eau de 6,3 ha, aux rives plates, couvre le fond du Campotile, grande cuvette rabotée par l'érosion glaciaire, couverte de forêts et de pâturages et dominée par des montagnes aux formes peu accusées. Le lac est célèbre pour ses vastes pozzines sur lesquelles il ne faut pas s'aventurer ; les écosystèmes sont fragiles et ces pelouses spongieuses peuvent être dangereuses. L'activité pastorale a ici presque disparu comme en témoignent les nombreuses bergeries abandonnées dans les environs.

NOS ADRESSES DANS LE NIOLO

Voir aussi « Nos adresses » à Calacuccia, p. 207.

HÉBERGEMENT

PREMIER PRIX

Chambre d'hôte L'Arimone – *Rte du Monte-Cinto - 20224 Lozzi - ☎ 04 95 48 05 51 - www.campingarimone.com - fermé d'oct. à mi-mai - ▭ - 4 ch. 47 € - ▭ 6 € - ✕ 10/12 €.* Au-dessus du village. Une route de montagne mène à cette adresse située au milieu d'un terrain de camping ombragé. Les quatre chambres, petites, simples et joliment colorées, bénéficient d'un accès direct sur l'extérieur.

BUDGET MOYEN

Casa Vanella – *20224 Casamaccioli - ☎ 06 15 75 16 37 - www.chambres-hotes-corse-niolu.com - fermé nov.-déc. - ▭ P - 5 ch. 100/125 € ▭ - dîner 28 €.* Un accompagnateur en montagne a aménagé dans la maison familiale des chambres s'ouvrant sur la vallée dont trois de plain-pied. Table d'hôte raffinée.

RESTAURATION

BUDGET MOYEN

Paglia Orba – *20224 Albertacce - ☎ 04 95 48 01 13 - fermé de nov. à mi-avr. - ▭ - 20/25 €.* L'inénarrable Josette et sa fille Marie-Ange régalent le voyageur avec leur formule du jour fleurant bon la montagne. Simplicité et générosité sont ici les maîtres mots.
Non loin, autre table familiale et conviviale au restaurant **U Cintu** (*☎ 04 95 48 06 87*).

ACTIVITÉS

La Promenâne de la Crucichja – *36 r. Canali - 20224 Albertacce - ☎ 06 15 29 45 64 ou 06 25 70 70 71 - www.randonnee-ane-corse.com - 20 mai-15 oct. - promenade 35 €/1/2 j. - 60/70 €/j.* La propriétaire vous attend sous les châtaigniers, en compagnie de ses ânes prêts à arpenter la vallée. Balades à la journée ou à la demi-journée et randonnées de 2 à 6 jours.

Ranch U Niolu a Cavallu – *Rte de Vergio (à 6 km d'Albertacce) - ☎ 06 23 67 92 90 - www.ranchunioluacavallu.fr - tte l'année 8h-18h.* On propose ici des randonnées à cheval, pour une découverte des paysages les plus secrets du Niolu.

AGENDA

A Fiera di a Santa di u Niolu – *À Casamaccioli - ☎ 04 95 48 11 72.* Du 7 au 9 sept. se déroule la fête de la Santa di u Niolu, célébration religieuse, foire (l'une des plus anciennes et importantes de Corse) et spectacle où les bergers rivalisent de talent dans des improvisations dialoguées ou chantées (*Chjama è rispondi*, concours de *mora*).

Calacuccia

284 Calacucciais – Haute-Corse (2B)

Bâtie aux portes de la Scala di Santa Regina, Calacuccia, au pied de l'impressionnante barrière pourpre du massif du Cinto, reflète ses maisons robustes sur les eaux de la retenue. La capitale du Niolo occupe un versant bien ensoleillé de la vallée, au carrefour de plusieurs sentiers de randonnée et non loin du col de Vergio.

NOS ADRESSES PAGE 207
Hébergement, restauration, achats, activités, etc.

S'INFORMER

Office du tourisme du Niolu – *Voir p. 196.*

SE REPÉRER

Carte de microrégion B2 (p. 168) – *carte p. 201.* On rejoint Calacuccia par la D 84 qui relie Porto, sur la côte ouest, à la T 20, 13 km au nord de Corte. Le village est dominé par un haut massif de montagnes : la **Punta Licciola** (alt. 2 237 m), l'arête aiguë de la **Paglia Orba** (alt. 2 525 m) « la reine des montagnes corses », la crête dentelée des Cinq-Moines, le monte Falo (alt. 2 549 m) et le monte Cinto.

À NE PAS MANQUER

Les rives apaisantes du lac de Calacuccia ; la fête de la Santa di u Niolu, début septembre.

ORGANISER SON TEMPS

Calacuccia est une base arrière pour randonner dans le Niolo. Avec ses commerces ouverts toute l'année, c'est aussi l'endroit stratégique pour se ravitailler pour le pique-nique ou le plein d'essence.

EN FAMILLE

Un pique-nique au pont de Muricciolu.

Découvrir

Gentiment animé, le village tout en longueur concentre les services nécessaires à la région du Niolo. Petit supermarché, station-service, pharmacie, hébergement, poste, cafés-terrasses.

Église paroissiale

Habituellement fermée. Si vous souhaitez visiter, rendez-vous en mairie. S'il y a du personnel pour vous accompagner, on vous ouvrira les portes. Située à l'entrée du village, sur la gauche de la route lorsqu'on arrive du col de Vergio, cette église abrite au-dessus du maître-autel un beau **Christ** en bois (art populaire), très expressif par la stylisation du visage et de la musculature.

Sidossi A2

Ce calme hameau fleuri, qui fait partie de la commune de Calacuccia (*à 2 km en contrebas*), est construit sur un site habité à l'âge de fer, qui fut sans doute le plus important de la région. Son principal intérêt est d'offrir un

IN MEMORIAM

Devant le couvent de Calacuccia, une **stèle** a été érigée en mémoire des onze patriotes corses condamnés à mort et pendus par les troupes françaises le 23 juin 1774, à l'issue de l'insurrection du Niolo *(voir encadré p. 197)*. Le groupe polyphonique A Filetta a repris en musique cette tragédie historique.

Le lac de retenue de Calacuccia.
Dušan Zidar/Fotolia.com

accès direct aux rives reposantes du lac. En été, il est possible, depuis le parking faisant office de base nautique, de pratiquer le kayak et la planche à voile.

Circuit conseillé Carte de microrégion

★★ LE DÉFILÉ DE LA SCALA DI SANTA REGINA B2

Circuit de 21 km au départ de Calacuccia tracé en bleu sur la carte p. 168. Quitter Calacuccia par le sud-est sur la D 84. Au pont de l'Erco, prendre à gauche la D 618.
Bon à savoir – Le circuit emprunte des routes étroites. La prudence est de mise, car les croisements sont parfois hasardeux d'autant que la route est parcourue par de nombreux autocars !
Traçant un étroit sillon dans le désert de pierres qui verrouille le Niolo, le défilé de la Scala di Santa Regina est l'un des plus célèbres et des plus sauvages de l'île. Taillée par endroits dans la paroi rocheuse, la route traverse un paysage grandiose, aride et tourmenté : la roche à nu, érodée par les vents et les eaux, se découpe en aiguilles et seules quelques touffes de végétation réussissent à s'agripper aux anfractuosités. Si sous le soleil le défilé s'embrase, il prend, dans l'obscurité, une allure inquiétante.

Corscia

Ce village dissémine ses **huit hameaux** au flanc de la montagne, au milieu des terrasses de cultures. De là part un sentier des muletiers *(voir « Randonnées »)*.
Chapelle St-Pancrace – *Laisser la voiture dans le premier hameau et prendre à droite vers la chapelle du village. 30mn AR.* De la butte rocheuse sur laquelle est posée la chapelle, une **vue★** superbe s'offre sur les hameaux de Corscia et le massif dominant la Scala di Santa Regina.
La D 84 domine le torrent de près de 80 m, puis longe le petit barrage de Corscia. Vertigineux et étroit, le ruban de bitume offre au passage de belles vues sur d'anciennes cultures en terrasses sculptées à flanc de roche.

LA LÉGENDE DE SAINT MARTIN ET LE DIABLE

De temps immémoriaux, les Niolins ont situé dans le massif de Santa Regina des épisodes de combat entre les forces du Bien et celles du Mal. C'est ainsi que l'on raconte qu'un jour, alors que saint Martin labourait dans la région, il fut invectivé par le Malin qui lui arracha sa charrue et la lança vers le haut Golo. Aussitôt, les éléments se déchaînèrent, la montagne se disloqua et des pans entiers de rochers roulèrent vers le fond de la vallée. Devant ce spectacle d'épouvante, le saint invoqua la Vierge… Les parois de granit se disposèrent alors de façon à endiguer le fleuve et à ouvrir un accès vers le bassin fermé du Niolo. Saint Martin donna à ce passage escarpé le nom de Scala di Santa Regina, **l'escalier de la Ste-Reine**. Les prodiges de saint Martin et du diable ont nourri pendant des siècles une littérature orale et populaire particulièrement riche qu'ont recueillie plusieurs chercheurs.

Pont de l'Accia

Il enjambe un affluent de la rive gauche du Golo. Là, aboutit le **sentier des muletiers** qui part de Corscia *(voir p. 205)*, bien antérieur à la route ouverte en 1889, qui reliait Calacuccia et les villages du Niolo à Corte et à la plaine orientale.

Centrale électrique de Castirla

Alt. 350 m. Elle « turbine » les eaux retenues par les barrages de Calacuccia et de Corscia et produit l'énergie électrique distribuée dans toute l'île : quelque 100 MWh en moyenne chaque année.

Franchir le pont de Castirla, puis aussitôt, prendre à gauche.

Le paysage change lorsque le Golo traverse les formations calcaires des alentours de Francardo, au nord du sillon de Corte.

Randonnées Carte du Niolo

Sentier des muletiers

Circuit au départ de Corscia tracé en pointillés bleus sur la carte p. 201.

2h (AR 3h-3h30). Balisage orange. Partir de bonne heure car le défilé est un véritable four lors des grandes chaleurs. Prévoir le retour car ce n'est pas un circuit en boucle. Taillé en plein roc, contournant les aplombs, bravant les à-pics, ce véritable escalier très éprouvant s'élevait en gradins vers le haut pays. D'où le nom de *scala* (escalier) attribué à la fin du 19e s. à la nouvelle route.

Pont de Muricciolu

Circuit au départ d'Albertacce tracé en pointillés verts sur la carte p. 201. Départ après l'une des dernières maisons du village, 300 m avant le panneau de sortie, au sud du village. Le sentier démarre entre deux hauts murets (balisage orange, fléché).

1h30 AR. Peu ombragé, prévoir un chapeau et de l'eau. Pour ceux qui ne veulent pas s'engager dans une étape complète « Mare a Mare nord », jusqu'au Castel de Vergio par exemple (au sud du col), le pont de Muricciolu est un agréable but de promenade.

Le sentier traverse une châtaigneraie et d'anciens jardins avant de s'approcher de la rivière Viru. Un oratoire consacré à saint Antoine annonce l'arrivée au **pont génois**, objectif de la promenade et bel endroit pour un pique-nique. Le cadre ne manque en effet pas d'intérêt, notamment grâce aux vasques de la rivière et au **moulin** restauré par le parc naturel régional. Une fois au pont, revenez bien par le chemin pris à l'aller (un autre sentier balisé en orange grimpe vers la droite, mais il part à l'opposé).

NOS ADRESSES À CALACUCCIA

Voir aussi « Nos adresses » dans le Niolo, p. 203.

HÉBERGEMENT

PREMIER PRIX

Hôtel des Touristes – *04 95 48 00 04 - fermé nov.-avr. - P - 27 ch. 68/90 € - gîte étape 23 €/ pers. - 10 €.* Dans une immense bâtisse blottie au centre du village, les longs couloirs épurés et les chambres sobres (mais très correctes) donnent une impression quelque peu monacale. Différents niveaux de confort et de prix.

Hôtel Acqua Viva – *À la sortie du village, dir. col de Vergio - 04 95 48 06 90 - www.acquaviva-corse.fr - P - garage moto et vélo - 14 ch. 65/85 € - 10 €.* Au débouché de la Scala di Santa Regina taillée, dit-on, par la Vierge en personne, petit hôtel familial disposant de chambres actuelles d'une tenue irréprochable.

BUDGET MOYEN

Hôtel Casa Balduina – *Lieu-dit Le Couvent (entre Calacuccia et Albertacce) - 04 95 48 08 57 - www.casabalduina.com - fermé de mi-oct. à avr. - P - 5 ch. 83/140 € - 10 €.* Signalée par un portillon en fer, cette avenante « Maison Baudoin » est nichée dans un jardin enchanteur, planté de cerisiers et fleuri de roses. Les petites chambres à l'étage, coquettes et bien rénovées, donnent sur le lac ou sur le couvent. Petit-déjeuner servi sous la jolie pergola. Service gentil et attentionné. Une bonne adresse.

RESTAURATION

BUDGET MOYEN

U Valduniellu – *Au bourg - 04 95 48 06 92 - fermé de mi-oct. à mi-avr. - - menu 25 €.* Une adresse appréciée des Corses du bord de mer lorsqu'ils s'offrent une escapade en montagne. L'accueil chaleureux ainsi que les beignets au *brocciu*, les brochettes d'agneau et les entrecôtes sauce au vin, poivre… ne vous laisseront pas indifférent. Grande terrasse sous pergola.

Les bergeries de Radule.
F. Guiziou / hemis.fr

Le col de Vergio

Bocca di Verghju

Sur la ligne de partage entre la Haute-Corse et la Corse-du-Sud

Carrefour de sentiers pour les randonneurs, point de jonction entre les futaies d'Aïtone et de Valdu-Niellu, le col de Vergio, perché à 1 477 m d'altitude, est le plus haut col routier de l'île. Il réserve, à la belle saison, de rafraîchissantes excursions à l'ombre des immenses pins laricio et le long de la cascade de Radule.

S'INFORMER

Office du tourisme du Niolu – *Voir p. 196.*

SE REPÉRER

Carte de microrégion A2/3 (p. 169-169) – *carte p. 202.* Le col s'ouvre dans la grande ligne de crêtes (Punta Minuta, Paglia Orba, monte Tozzo, monte Rotondo) qui partage les eaux courantes entre le littoral est et ouest de la Corse. Il est franchi par la D 84, parfois coupée en hiver, qui relie Porto à Calacuccia *(voir p. 200)*. Au sud-ouest du col se trouve la forêt d'Aïtone.

ORGANISER SON TEMPS

Si vous souhaitez faire étape dans les environs et profiter des randonnées, choisissez le village d'**Évisa** *(voir p. 248)* qui présente l'avantage d'offrir un bon choix d'hôtels et de restaurants.

EN FAMILLE

Vous pourrez les emmener se baigner dans les vasques naturelles du Golo, à condition, bien sûr, qu'ils consentent à marcher jusqu'aux bergeries de Radule…

Découvrir Carte de microrégion p. 168-169

Belvédère A3

Du col de Vergio, la vue porte au nord sur la Punta Licciola et à l'est sur la haute vallée du Golo. Poursuivre sur 200 m environ en aval du col, sur la route de

Calacuccia, à hauteur des premiers bouleaux : le **panorama★★** est plus large. On distingue alors nettement devant soi la percée naturelle du Capo Tafonato (alt. 2 343 m), ainsi que l'arête rocheuse de la Paglia Orba (alt. 2 525 m) en arrière de la Punta Licciola, la vallée du Golo en enfilade avec le lac de Calacuccia et, derrière soi, le monte Tozzo et la Punta Artica.
Du col, Porto est rapidement accessible, mais les beautés du Niolo vous retiendront sans nul doute dans la montagne.

★ Trouée du Tafonato (Capu Tafunatu) A2

La légende rapporte que cette gigantesque ouverture (large de 53 m et haute de 12 m), à travers laquelle filtre la lumière, a été forée par la percussion du soc de la charrue du diable.
Pour faire pièce, comme laboureur, au zèle apostolique de saint Martin, berger dans le Niolo, Satan s'était forgé au col de Stazzona une charrue à toute épreuve avec laquelle il creusait dans la montagne des tranchées larges comme des vallées. Mais saint Martin se mit à ironiser sur la rectitude de ses sillons. Piqué, le malin aiguillonna son attelage de bœufs géants… et brisa sa charrue sur un rocher. Aussi furieux qu'humilié, il projeta vers la mer le soc détérioré qui rencontra sur sa trajectoire l'échine du Tafonato, tandis que ses bœufs furent pétrifiés sur place par saint Martin. Les géologues, ces grands sceptiques, ayant étudié les propriétés de la rhyolite (roche volcanique) et les formes d'érosion qui la caractérisent, émettent cependant quelques réserves sur cette origine…
L'accès à cette brèche, réservé aux randonneurs aguerris et non sujets au vertige, s'effectue depuis le refuge de Ciottoli a i Mori, établi au pied du Capu Tafunatu sur le GR 20. De ces rochers jaillit la source du Golo (Golu), le plus puissant fleuve corse. On aura une vue intéressante de ce phénomène géologique depuis le hameau de Bardiana dans le **haut Fango**.

Randonnée Carte de la forêt de Valdu-Niellu

★ Bergeries et cascade de Radule

Départ dans un virage en « S » en dessous du col, avec stationnement, aire de pique-nique et panneau, ou bien, tout simplement, du parking du col (voir carte p. 202).
En juillet-août, vous pourrez acheter du fromage auprès du berger et vous baigner dans des vasques naturelles creusées par le Golo.
2h AR. Niveau assez facile ; être tout de même bien chaussé et emporter de l'eau. L'itinéraire emprunte le GR 20. Balisage bleu clair + 2 traits jaunes + GR (environ 1h pour rejoindre les bergeries). Le sentier s'engage à travers les pins laricio dont vous admirerez la hauteur, particulièrement impressionnante ici. L'un des plus vieux de cette forêt atteint 40 m et est âgé de plus de 400 ans. Il descend ensuite en traversant quelques ruisselets, puis remonte, toujours en sous-bois, pour franchir une petite crête. De là, on aperçoit, en face, parmi les arbres, la cascade de Radule. Le **GR 20** contourne sur la gauche ce cirque encombré de dépôts morainiques pour atteindre *(15mn)* les **bergeries de Radule** (alt. 1 370 m) dans un **site★** remarquable.
Des bergeries, on descend à la **cascade de Radule** (alt. 1 350 m) située au débouché du défilé. Cet itinéraire emprunte la piste de transhumance qui reliait le Niolo au Filosorma par les cols de Guagnerola et de Capronale. Ce sentier est encore utilisé par les muletiers ravitaillant les refuges du GR 20.
Au-delà de la rive opposée, le GR 20 amorce une montée sévère à travers des pierriers, ce qui la réserve aux randonneurs chevronnés.
Retour par le même chemin.

4

Le Bozio

U Boziu

★

Haute-Corse (2B)

Plus sauvages et impénétrables encore que les reliefs de la Castagniccia voisine, les monts du Bozio furent l'un des foyers des révoltes corses du 18e s. La région, aujourd'hui dédiée à l'élevage bovin, porcin et ovin, se caractérise par la vivacité de ses traditions orales il est encore possible d'y entendre des musiques anciennes et des chants polyphoniques et la plupart de ses villages s'enorgueillissent de chapelles édifiées dans le plus pur style roman et enluminées de superbes fresques.

NOS ADRESSES PAGE 213
Hébergement, restauration, achats, activités, etc.

S'INFORMER

Office du tourisme de Corte – *Voir p. 170.*

SE REPÉRER

Carte de microrégion BC2/3 (p. 168-169) – *carte p. 212.* Au départ de Corte, deux possibilités s'offrent à vous pour atteindre le Bozio : soit sortir de la ville par la route de Bastia jusqu'au col de San Quilico, puis prendre à droite la D 41 vers Tralonca ; soit prendre la T 50 en direction d'Aléria, qui descend la vallée du Tavignano, et s'engager à gauche après 5 km dans la D 39 vers Sermano et Bustanico.

À NE PAS MANQUER

Les fresques peintes de la chapelle San Nicolao ; pour les randonneurs, les circuits aux départs de Sermano et d'Erbajolo.

ORGANISER SON TEMPS

Pas de banque, peu de commerces (surtout hors saison), pas de station-service. Faites le plein de provisions et de carburant à Corte.

Circuit conseillé Carte du Bozio

Bon à savoir – Les villages du Bozio sont reliés par des routes très sinueuses, fréquentées par des cochons, des chèvres et des vaches, peu respectueux du code de la route. Roulez lentement et anticipez le croisement de véhicules.

LES BALCONS DU BOZIO

Circuit de 94 km au départ de Corte tracé en orange sur la carte p. 212. Quitter Corte au nord par la T 20. À 6 km, tourner à droite, direction Tralonca par la D 41.
Le col de San Quilico fait communiquer les bassins du Golo et du Tavignano. La D 41 grimpe vite, suivant une ligne de crête jusqu'à **Tralonca**, ouvrant des vues panoramiques jusqu'à Corte.

★ Tralonca

Ce village perché domine la plaine et les cultures en terrasse. Une sorte de « chemin de ronde » encercle ses façades, telles de hautes murailles.

Prenez le temps de flâner dans les jolies ruelles en escaliers, puis poursuivez sur la D 41 vers **Santa-Lucia-di-Mercurio** qui marque la véritable porte du Bozio, puis vers Sermano qui se trouve en contrebas, sur la droite de la route.

Le village de Tralonca.
SuperStock/age fotostock

Sermano (Sermanu)

Ce village, perché sur un mamelon dominant de curieuses cimes, est un des rares de l'île où, lors des fêtes religieuses, la messe est encore chantée en *paghjella*. Originaires du Bozio et de la Castagniccia, ces courts chants profanes, interprétés à trois voix le plus souvent, racontent le quotidien.

Chapelle San Nicolao – *15mn par le chemin qui s'ouvre devant l'église et descend en contrebas du village vers un ensemble de bergeries à l'architecture traditionnelle. Un bosquet de cyprès entoure la chapelle. 8h30-12h, 14h-16h30 - s'adresser à la Poste pour emprunter la clé, en cas d'absence se rens. à la mairie (✆ 04 95 48 67 27).* Cet humble édifice roman, dont l'origine doit remonter au 7e s., est renommé pour sa riche décoration intérieure. Les **fresques★★** peintes vers 1455 dans des coloris pastel harmonieux dégagent une émouvante sensibilité. Notez l'importance attachée aux regards qui marque une certaine analogie avec les fresques du Quattrocento italien. Dans l'abside, remarquez le **Christ en majesté★** dans une mandorle, entre la Vierge au visage particulièrement gracieux et un saint Jean-Baptiste revêtu d'une peau de chameau.

Tracée en corniche, la route de Bustanico traverse une zone schisteuse où prédomine une odorante végétation de maquis.

4

Bustanico (Bustanicu)

Blotti en contrebas de la route, ce beau village présente des façades de pierres sombres et des toits de lauzes, caractéristiques de l'habitat traditionnel du Bozio. D'ici serait partie en octobre 1729 la guerre d'indépendance. Un vieillard surnommé Cardone, menacé de la saisie de ses biens par le collecteur d'impôts génois, aurait ameuté les autres bourgades du Bozio. La jacquerie se répandit en Castagniccia et en Casinca, et aboutit au sac de Bastia en 1730.

Flanquée d'un élégant clocher, l'**église** abrite un beau **Christ** en bois polychrome du 18e s. L'artiste a réalisé une œuvre d'une facture très personnelle empreinte d'un réalisme émouvant, qui fait penser aux sculptures romanes.

Prendre la D 39 au sud vers Alando.

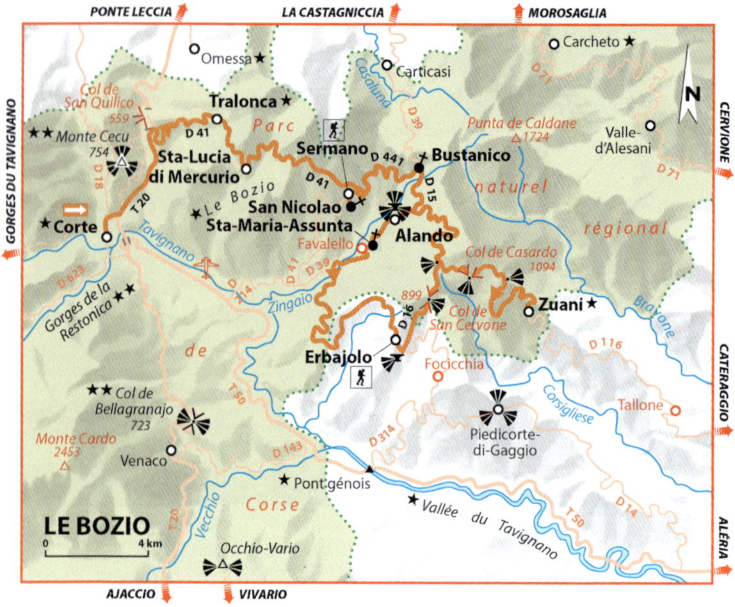

Alando (Alandu)

Ce minuscule hameau est dominé par un **rocher** de 50 m de haut qui supportait le château de Sambucuccio. Avec trois habitants à l'année (et 80 en été !), il illustre l'histoire récente des villages corses, frappés par la désertification.

Pour une **vue★** à 360° sur le Bozio, grimpez à la table d'orientation *(accès fléché au bas du rocher)*. Au sommet, une plaque en émail décrypte le paysage.

D'Alando, poursuivre sur la D 39, refaite et élargie, vers Favalello.

La route, en corniche, descend le cours du Zingaio.

S'arrêter à l'entrée de Favalello.

Chapelle Santa Maria Assunta

L'édifice roman, encore utilisé pour les offices, est situé en bord de route, dans le haut du village de **Favalello**. Les **fresques★** de la fin du 15e s. qui recouvrent une grande partie des murs intérieurs sont parmi les plus variées de Corse. Le raffinement et l'élégance de leurs traits renforcent l'atmosphère mystique de l'ensemble. Remarquez, dans l'abside, le **Christ en majesté**, et au registre inférieur, l'expression émouvante des apôtres, séparés par des arcades peintes.

Continuer sur la D 39, 1,5 km après Favalello, tourner à gauche dans la D 14 qui s'élève en lacet jusqu'à Erbajolo.

SAMBUCUCCIO

Alando est la patrie du célèbre Sambucuccio, personnage emblématique, à qui les chroniqueurs attribuent la direction des insurrections de 1358. Ces mouvements populaires, dirigés contre les seigneurs, aboutirent à la création de la « Terre du Commun » dotée (sous le regard bienveillant de Gênes) de « statuts » communautaires. C'est de cette époque que date l'organisation de la vie des villages, régie par une assemblée générale des habitants et par un magistrat élu à sa tête (le gonfalonier).

Erbajolo (Erbasgiolu)
Du belvédère situé à la sortie du village, près du cimetière, profitez du vaste **panorama★★** sur la profonde vallée du Tavignano, fermée à l'arrière par le monte d'Oro. Table d'orientation en lave de Riom.

★ Zuani
Comme posté au bout du monde, le village se cache au détour d'une belle route en lacets. Assoupi l'hiver, avec seulement 16 habitants, Zuani renaît l'été, lorsque les estivants reprennent possession de leurs résidences secondaires et que la population atteint une centaine d'habitants. Les façades de schiste et les toits de lauze présentent une belle unité, encore renforcée par le contraste des collines verdoyantes environnantes. Notez l'intéressante porte en bois sculpté de l'église.
Sur le chemin du retour, trois options sont possibles : rentrer à Corte via *Erbajolo et la vallée du Zingaio ; rejoindre Bustanico par une route escarpée passant par Sant'Andrea-di-Bozzio juste après le col de Casardo ; poursuivre sur la D 116 au-delà de Zuani, et atteindre la côte à Cateraggio, au nord d'Aléria.*

Randonnées

C'est le moyen idéal pour découvrir l'âme des villages du Bozio et pouvoir apprécier les points de vue offerts et les rencontres improvisées. Ces itinéraires peuvent être également suivis en VTT.
Bon à savoir – Attention, le parc naturel régional de Corse n'assure plus le balisage des itinéraires. Leur état dépend désormais de chaque commune. Renseignez-vous en mairie sur l'état des sentiers avant le départ.
Au départ de Sermano – Des sentiers de pays, balisés en orange, permettent des boucles à la journée. Circuit vers le couvent d'Alando *(5h)*. Même circuit que le précédent, incorporant un détour par Bustanico *(7h)*.
Au départ d'Erbajolo – Plusieurs sentiers relient les chapelles d'Erbajolo à Pianello et Zuani.

NOS ADRESSES DANS LE BOZIO

HÉBERGEMENT ET RESTAURATION

BUDGET MOYEN

Chambre d'hôte Casa Capellini – *Poggio - 20212 Sant'Andréa-di-Bozio - 06 14 74 44 98 - 15 mai-15 oct. - 4 ch. 90/140 € - 30 €.* Des chambres charmantes et très confortables, une excellente cuisine à base de produits bio, le tout dans une solide bâtisse offrant de belles vues sur le village et la vallée.

Hôtel Armonia-L'Altu Pratu – *Au village - 20212 Erbajolo - 04 95 48 80 07 - www.altupratu.com - spa - 8 ch. 100/125 € - 7 €.* Ici on prend le temps de vivre : terrain de boules, piscine et découverte astronomique. Chambres avec terrasse, bénéficiant d'une vue exceptionnelle sur la vallée et la montagne.

La basse vallée du Tavignano

Tavignanu

★

Haute-Corse (2B)

Serpentant au milieu du maquis, des châtaigniers et des chênes-lièges, le Tavignano, de Corte à Aléria, a creusé des gorges dans les schistes lustrés jusqu'aux portes de la plaine orientale, tandis que ses nombreux affluents, descendus de la Castagniccia, ont morcelé le relief de cette région de moyenne altitude. De vieux villages, reliés par d'étroites routes sinueuses en corniche, s'accrochent à flanc de montagne sur les versants nord de la vallée. Des paysages à couper le souffle.

NOS ADRESSES PAGE CI-CONTRE
Hébergement, restauration, achats, activités, etc.

S'INFORMER

Office du tourisme de Corte – *Voir p. 170.*

SE REPÉRER

Carte de microrégion BC2/3 (p. 168-169). Le Tavignano prend naissance au lac de Nino à 1 743 m d'altitude dans les massifs cristallins du centre de l'île ; jusqu'à Corte, c'est un torrent de montagne. La T 50 suit la vallée du Tavignano, de Corte jusqu'à l'embouchure du fleuve à Aléria.

À NE PAS MANQUER

Le pont génois.

ORGANISER SON TEMPS

Attention, peu de commerces ouverts, ou alors de petites épiceries de village. Au besoin, faites d'importantes courses et votre plein d'essence à Corte ou Aléria. Possibilité de suivre le chemin buissonnier constitué par les D 314 et D 14 pour gagner Altiani.

Circuit conseillé Carte de microrégion

★ DE CORTE À ALÉRIA PAR LA CORNICHE BC2/3

Circuit de 60 km au départ de Corte tracé en bleu-gris sur la carte p. 168-169 – Compter environ 1h30. Quitter Corte par la route d'Ajaccio (T 20) et, au rond-point, suivre la direction Aléria (T 50).

La route longe la rive droite du fleuve ; à 17 km de Corte, elle l'enjambe sur un beau **pont génois★** à arche triple, construit à la fin du 17e s. et élargi par les ingénieurs français au 19e s. Le tablier du pont a dû être aplani lors d'une restauration. Le surhaussement de la chaussée atténue le classique dos-d'âne des ponts génois.

À la tête du pont se trouve une **chapelle**. Ce modeste édifice du 10e s., dédié à saint Jean-Baptiste, est appareillé avec des rangées de pierres monumentales alternées avec des lits de pierres plates, selon la technique mise en honneur par l'art roman pisan. Abandonnée, après avoir servi un temps de bergerie, la chapelle est aujourd'hui restaurée.

Juste après la chapelle St-Jean-Baptiste, prendre à gauche la D 314 qui monte en lacet vers Altiani.

Altiani C3

Ses maisons, disposées en amphithéâtre, s'accrochent sur un éperon au milieu de gros blocs de rochers, dans un sauvage paysage de montagne. On y exploitait autrefois le liège. D'Altiani, on jouit d'une bonne perspective jusqu'à la mer, mais aussi sur la plaine d'Aléria, la chaîne centrale de l'île et le monte d'Oro, un panorama encore plus magnifique quand la neige pare les sommets de blancheur.

Au-delà d'Altiani vers l'est, la route tracée en corniche (D 14) domine le Tavignano d'environ 600 m.

Piedicorte-di-Gaggio C3

Se garer sur le parking aménagé face à l'église, à côté du monument aux morts.

Ce village s'élève sur un promontoire dominant la vallée du Tavignano d'où l'on découvre un vaste **panorama★** sur la plaine d'Aléria et la mer Tyrrhénienne, tandis qu'à l'ouest se détachent le monte d'Oro et le monte Rotondo. L'église paroissiale, coiffée de lauzes, présente une façade du 18e s. et un clocher massif à la base duquel est encastrée une archivolte romane du 12e s., décorée de quatre monstres ailés et surmontant un linteau orné d'entrelacs.

Poursuivre sur la D 14.

Pietraserena C3

Son église St-Roch est disposée sur une terrasse surplombant de façon spectaculaire la vallée.

Continuer sur la D 14.

À l'entrée du village de **Pancheraccia**, vue sur la plaine orientale dont vous pourrez apprécier l'étendue des terres mises en valeur. Au cœur du village, après la fontaine, une route sur la droite grimpe vers Notre-Dame de Pancheraccia.

La route sinueuse s'abaisse ensuite vers la plaine où l'on retrouve la T 50.

NOS ADRESSES DANS LA VALLÉE

RESTAURATION

BUDGET MOYEN

Osteria Chez Laura – *20251 Pancheraccia - ✆ 04 95 48 84 50 ou 06 12 87 21 72 - [pas de carte bancaire] [P] - réserv. obligatoire - menu 20 €.* Au milieu d'une châtaigneraie, vous pourrez déguster les fromages, les charcuteries et les légumes de la ferme, apprêtés en recettes succulentes et copieuses faites par la *Mamo* (grand-mère en corse). Belle vue panoramique sur la plaine, la mer et les montagnes.

De Corte à Vizzavona

Haute-Corse (2B)

Dessinant de belles courbes à travers les forêts de pins, la route reliant Corte à Vizzavona, refaite à l'occasion du Tour de France 2013, réserve de beaux panoramas sur les somptueux massifs de Rospa-Sorba et de Vizzavona, dominés par les cimes des monte d'Oro et Cardo. Équipés de bonnes chaussures de randonnée, vous profiterez plus encore des beautés sauvages de la région, avec ses cascades secrètes et ses points de vue splendides. À mi-chemin, le bourg de Vivario, entouré de châtaigniers et de prairies, est un havre de fraîcheur en été, qui surplombe joliment les gorges du Vecchio.

NOS ADRESSES PAGE 220
Hébergement, restauration, achats, activités, etc.

S'INFORMER

Office du tourisme de Corte – *Voir p. 170.*

SE REPÉRER

Carte de microrégion B2/4 (p. 168-169). Vivario se trouve sur le tracé de la T 20, 9 km au nord de Vizzavona, et 21 km au sud de Corte.

À NE PAS MANQUER

Franchir le pont du Vecchio en train; se promener au fort de Pasciolo, facile et accessible à tous, pour la vue grandiose qu'il ménage sur les gorges du Vecchio; suivre la promenade de l'Occhio-Vario, qui signifie « œil varié », et qui s'achève sur un magnifique panorama.

ORGANISER SON TEMPS

Bien que la distance Corte-Vizzavona ne soit pas très longue, prévoyez de vous arrêter en chemin pour profiter pleinement des panoramas magnifiques et des nombreuses possibilités de randonnées. Munissez-vous de bonnes chaussures.

Circuits conseillés Carte de microrégion

DE CORTE À VIVARIO

Circuit de 25 km au départ de Corte tracé en rouge sur la carte p. 168-169 – Compter une ou deux journées pour profiter des randonnées. Quitter Corte par la route d'Ajaccio (T 20) et suivre la route en direction de Venaco, au sud. Après 9 km, prendre le chemin carrossable derrière le calvaire qui se dresse à gauche de la route.

Col de Bellagranajo B3

À partir du promontoire, à 500 m de la route, parmi les cistes et les framboisiers s'ouvre un vaste **panorama★★** sur Venaco accroché aux premières pentes du monte Cardo, à gauche sur le hameau de Poggio, en face sur la vallée du Vecchio et, au loin, sur les montagnes et les villages perchés de la rive gauche du Tavignano.

★ Chapelle Sant'Eliseo B3

Départ de Santo-Pietro-di-Venaco, 4 km au nord de Venaco. Empruntez à droite la rue qui monte dans le village, jusqu'à la petite église *(panneau et carte).* Rejoignez le gîte d'étape du village et longez la clôture qui le borde, en évitant

Double pont du Vecchio conçu par Gustave Eiffel et inauguré en 1893.
Allard1/iStock

le chemin menant à la rivière, jusqu'au croisement avec un sentier à partir duquel vous pourrez suivre le balisage orange. Prévoyez eau et pique-nique.
5h AR. Dénivelé 750 m, arrivée à 1 555 m d'alt. Les chemins de la chapelle sont encombrés lors du pèlerinage religieux du 29 août. Le reste de l'année, vous ne serez pas bousculé et profiterez pleinement des **vues**★ sur le col de Morello, les contreforts du Nebbio et la vallée du Tavignano.
Pensez à lever la tête de temps à autre : la matinée est propice à l'observation des aigles royaux.
Reprendre la T 20 vers le sud.

Venaco (Venacu) B3

Adossé au monte Cardo dans un paysage où prédomine le châtaignier, ce bourg au cœur de la Corse est une agréable station climatique d'été (alt. 600 m). On y trouvera quelques options d'hébergement et de restauration qui en font une étape agréable. De la terrasse de son église baroque, la vue s'étend sur la vallée du Tavignano et sur les monts du Bozio. Dans les environs, on pratique la chasse et la pêche à la truite.
Reprendre la T 20 pour 2,5 km.

★ Double pont du Vecchio B3

En contrebas de l'actuel pont routier (ouvert à la circulation en 1999), un embranchement permet de passer sur l'ancien pont, l'étage inférieur de l'ouvrage d'art.
Le double pont du Vecchio fut construit entre juin 1825 et octobre 1827 sur la grand-route Ajaccio-Bastia. Cet intéressant ouvrage d'art, lancé sur le Vecchio en une seule arche de pierre, enjambe la rivière à 96 m de hauteur. Il est dominé par les hautes piles du viaduc métallique du chemin de fer construit par Gustave Eiffel vers 1888. L'ingénieur français (1832-1923) appliqua ici les perfectionnements techniques qu'il avait apportés au lancement des tabliers de ponts en porte-à-faux. La ligne de chemin de fer Ajaccio-Bastia fut terminée et ouverte au trafic en 1894.

CÔNES DE PIN

Cueillis en automne, les cônes étaient envoyés à Vivario où ils séchaient pendant douze jours jusqu'à l'éclatement et la dessiccation des graines qui étaient alors débarrassées de leurs impuretés. Jusqu'à ces dernières années, plusieurs tonnes de graines étaient ainsi expédiées en France continentale et dans divers pays d'Europe. Ces semences sélectionnées pour le reboisement étaient très recherchées pour leur qualité germinative.

La **vue★** sur les deux ponts, les gorges profondes du torrent, le cadre montagneux dépassant 2 000 m, et souvent enneigé, méritent un arrêt.
Continuer vers le sud.

Vivario B3

Son nom viendrait du mot latin *vivarium* signifiant « vivier », pièce d'eau où l'on nourrit le poisson. Étagé de part et d'autre de la T 20, le village fait face, au sud-ouest, au monte d'Oro. Sur la place centrale, une fontaine surmontée d'une Diane se dresse au-dessus de la vallée du Vecchio, face au cirque montagneux dominé par le monte Cardo. Les ruelles piétonnières et pentues, souvent en escaliers, livrent de vieilles façades aux patines fatiguées, moins léchées que dans d'autres bourgs corses.
Poursuivre sur la T 20 vers le col de la Serra. Le fort de Pasciolo est à 1,5 km.

★ Fort de Pasciolo B3

Laisser son véhicule sur l'aire de repos aménagée dans le grand virage et prendre le chemin de terre qui conduit au fort, bien visible de la route. Bonnes chaussures recommandées (chemin pierreux, parfois glissant) et un chapeau en été (peu d'ombre).
30mn AR. Les ruines de ce fort sont surtout intéressantes pour l'histoire qui leur est attachée et pour la beauté sauvage du site. Dominant les gorges très encaissées du Vecchio (u Vechju), les ruines se dressent comme une vigie, face à un immense cirque montagneux. Bâti vers 1770 par les Français, ce fort renforçait la position de celui de Vizzavona. Sous le Consulat, il acquit une sinistre réputation du fait de sa transformation en prison par le général Morand, à qui avait été confiée l'administration de la région. Les rebelles du Fiumorbo y furent un temps enfermés.

Aux deux tiers du chemin menant au fort s'élève, sur la gauche, un promontoire rocheux formant un belvédère naturel (à-pic dangereux à l'ouest). On a, de cet endroit, une **vue★** grandiose sur les gorges du Vecchio. Il faut en revanche faire un effort pour ignorer la vue sur la décharge sauvage dans un repli de vallon. On aperçoit une sorte de goulet, appelé « **pont du sauvage** », seul endroit des gorges où la rivière peut être franchie par un saut de 3 m. Il doit son nom à un jeune garçon qui, au début du 19e s., retourna à l'état sauvage après s'être enfui de chez lui à cause d'une réprimande.

Au terme du sentier, les ruines du fort offrent un site spectaculaire pour le pique-nique, avec une vue à 360° sur la région.

★ LA FORÊT DE ROSPA-SORBA

Boucle de 59 km au départ de Vivario tracée en violet sur la carte p. 169. Quitter Vivario par la route de Vezzani (D 343).

Muracciole C3

Ce village occupe un site d'éperon, dans le vallon d'un petit affluent du Vecchio, sur un replat cultivé en terrasses.

Après le village, le regard s'étend, en arrière, sur la vallée du Vecchio et la grande ligne de crête centrale de l'île.

Col de Morello C3

Alt. 824 m. La **vue★★** s'ouvre sur la vallée du Vecchio, le monte Cardo à l'ouest et les montagnes du Cortenais.

L'Occhio-Vario C3

Stationner au col.

25mn AR depuis le col de Morello, par un sentier de chèvres qui suit la crête au nord du col. Le promeneur attentif pourra découvrir quelques orchidées sauvages (protégées) en avril-mai et apercevoir des oiseaux variés qui nichent volontiers parmi les arbousiers, la bruyère et les chardons.

Le sommet de la crête est matérialisé par une petite borne géodésique de granit blanc (alt. 866 m) et porte le nom d'Occhio-Vario (« œil varié »). À partir de ce **point de vue★★**, on peut en effet distinguer par temps clair une bonne quinzaine de villages, dont Castiglione, niché dans les rochers. À l'ouest, on aperçoit dans le lointain le pont Eiffel enjambant le Vecchio. À l'est, les monts sauvages s'étendent à perte de vue.

La route s'engage ensuite dans le massif forestier de Rospa-Sorba comprenant les forêts de Rospa-Sorba, Noceta, Rospigliani et Vezzani ; il fut malheureusement endommagé par un incendie en août 1985 (la forêt est en voie de repeuplement). À ses superbes pins laricio se mêlent quelques châtaigniers.

Après le pont de Catarello, la **fontaine de Padula** sourd dans un beau site au milieu des pins. La descente du col d'Erbajo s'effectue à travers les pins laricio.

Reprendre la D 343 et tourner à droite en direction de Vezzani.

Vezzani C3

Ce gros bourg, situé à 800 m d'altitude à la lisière de la forêt, était autrefois spécialisé dans l'exploitation des **cônes** (pommes de pin) de pin laricio. En outre, une mine de cuivre fut exploitée à la sortie sud du bourg, de 1897 à 1910. On en a extrait 6 000 t de minerai brut, d'une teneur en cuivre de 10 %. On s'est demandé si le minerai de Vezzani n'aurait pas alimenté l'activité de fonderie attestée dans l'Antiquité à Aléria, proche de 30 km à l'est.

Remarquez l'**église** paroissiale avec sa plaisante façade baroque en moellons de schiste.

Après Vezzani, la route, en lisière de forêt, domine au nord la vallée de la Tagnone.

À Pinzalone, prendre à droite vers Ghisoni.

★ Défilé de l'Inzecca C4 *(voir p. 408)*

Défilé des Strette C4 *(voir p. 408)*

Ghisoni C4 *(voir p. 407)*

Au nord-ouest de Ghisoni, la route remonte la vallée du Regolo qui sépare les grands massifs forestiers de Vizzavona et de Rospa-Sorba.

De Ghisoni, on peut rejoindre le haut Taravo *via* le col de Verde (*voir p. 409*).

Col de Sorba C4

Alt. 1 311 m. C'est l'un des plus hauts cols routiers de l'île. Par temps clair, la **vue★** y est grandiose sur la vallée du Vecchio et le monte d'Oro à l'ouest, sur les défilés des Strette et de l'Inzecca à l'est.

La route descend ensuite à travers de beaux peuplements de pins laricio jusqu'à Vivario et la région de Vizzavona.

4

NOS ADRESSES ENTRE CORTE ET VIZZAVONA

Voir aussi « Nos adresses » à Ghisoni, p. 410.

HÉBERGEMENT ET RESTAURATION

PREMIER PRIX

U Campanile – *20219 Vivario - 04 95 47 22 00 - www.hotel-restaurant-ucampanile.com - P - de mars à fin oct. : tlj ; reste de l'année : se rens.- 5 ch. 70/80 € - 8 € - 25 €.* Joli petit hôtel à l'intérieur cosy avec ses murs crépis de blanc, sa cheminée et ses poutres apparentes. Les chambres sont confortables et sobres. La table de Karine sert une cuisine corse maison (beignets de poireaux, *tianu* de veau…), à apprécier en terrasse dans l'agréable jardin ou dans une élégante salle à manger.

Bar-Restaurant La Place – *Pl. du Pont - 20231 Venaco - 04 95 47 01 30 - 7h-2h, lun. 16h-2h - 19,50 €.* La terrasse de ce restaurant, bar et glacier est comme une vigie sur l'animation du village. Le menu corse bien fait (plats de 12 à 19 €) contentera tout le monde.

U Frascone – *Lieu-dit La Croix - 20231 Venaco - 04 95 47 00 85 - www.ufrascone.com - fermé nov.-mars - 12 ch. 76/82 € - env. 10 € - 1/2 P possible.* Dans ce charmant hôtel à la sortie sud de Venaco, certaines chambres, tout confort et rénovées avec soin, offrent de belles vues sur la vallée. La décoration générale est moderne, colorée et reposante.

BUDGET MOYEN

Auberge Casa Mathea – *20250 Poggio-di-Venacco - 04 95 47 05 27 - auberge-casamathea-corse.com - 5 appart. 71/92 € - 8 € - menu 22 €.* Située dans la rue principale du charmant village de Poggio, l'auberge dispose de spacieux appartements aux 1er et 2e étages, simples et bien équipés, avec vue panoramique sur les alentours et le couchant. Au rez-de-chaussée, le patron prépare de bonnes pizzas au feu de bois ; formule demi-pension possible, avec menu varié chaque jour.

POUR SE FAIRE PLAISIR

Hôtel U Palazzu – *20231 Venaco - 04 95 60 01 01 - www.hotel-upalazzu.fr - P - fermé oct.-mars - 12 ch. 150 € - 10 €.* Cette belle et solide maison du 19e s. aux volets blancs est située le long de l'axe principal du village. Le décor, un peu rétro, est relevé de tons rouges, dans les parties communes comme dans les confortables chambres. Spa. Accueil chaleureux.

AGENDA

A Fiera di u Casgiu – *À Venaco - www.fromages-corse.org - 1er w.-end de mai.* Cette foire au fromage fermier attire chaque année plusieurs milliers de visiteurs venus goûter les meilleures productions fromagères de l'île. Concours régional, démonstrations de fabrication de fromages, rencontres avec des bergers-producteurs, etc.

Festa di u Legnu di Furesta – *À Vezzani - en juil.* Fête du bois et de la forêt. Animations et artisanat local.

La forêt de Vizzavona

★★

Haute-Corse (2B)

Traditionnelle étape de mi-parcours du GR 20, la forêt de Vizzavona, l'une des plus belles de Corse, s'étend entre le monte d'Oro et le col de Palmente. Ses dizaines de kilomètres de sentiers et de routes forestières, serpentant à travers les pins laricio et les hêtres, font la joie des randonneurs. On y découvre avec surprise une gare si petite qu'on s'attend à y voir passer le train miniature d'une maquette ferroviaire !

NOS ADRESSES PAGE 225
Hébergement, restauration, achats, activités, etc.

S'INFORMER

Office du tourisme de Corte – *Voir p. 170.*

SE REPÉRER

Carte de microrégion B4 (p. 169) – *carte p. 224.* Dans le sens Ajaccio-Bastia, la T 20 franchit le col de Vizzavona avant de pénétrer dans la forêt qu'elle traverse sur 8 km jusqu'à Tattone. La forêt de Vizzavona est aussi accessible par le chemin de fer qui passe par le hameau de Vizzavona, niché au milieu des pins en contrebas de la nationale. On l'atteint par une route qui part à environ 4 km du col sur la gauche.

À NE PAS MANQUER

Les belles cascades des Anglais, bien agréables pendant les grandes chaleurs ; le col sous la neige, quand les Corses y viennent nombreux, pressés de faire des bonshommes de neige et de la luge.

ORGANISER SON TEMPS

Rien ne sert de courir si vous effectuez la randonnée du monte d'Oro, partez de bonne heure, au petit matin par temps clair, le panorama y est somptueux.

EN FAMILLE

Les cascades des Anglais raviront les plus jeunes. Parc Aventure à proximité *(voir « Nos adresses »).*

4

Découvrir Carte de la forêt de Vizzavona p. 224

★ Vizzavona

Située au cœur de la forêt et dominée par la silhouette massive du monte d'Oro, cette agréable petite station climatique offre aux estivants, en plus du calme, un grand choix de promenades en forêt et de courses en montagne. Le seul fait notable de son histoire a eu lieu dans la gare, lorsque le célèbre bandit **Antoine Bellacoscia**, à l'âge de 75 ans, se rendit en grande cérémonie à la justice (1892). Au 19e s., la forêt de Vizzavona était réputée périlleuse car de nombreux bandits la fréquentaient : certains vont même jusqu'à prétendre qu'avant de la traverser on écrivait son testament !

Composée de quelques chalets, 3 ou 4 hôtels et refuges groupés autour de la chapelle et de la gare, la station comprend en outre le hameau de La Foce situé à 3,5 km sur la T 20 près du col de Vizzavona. La voie ferrée passe sous un tunnel rectiligne de 4 km. Inaugurée en 1889, la **gare** est la plus haute de Corse (906 m). Un peu plus haut, les ruines du Grand Hôtel rappellent la Belle Époque, quand les Anglais venaient y respirer l'air pur.

Fontaine de Vitulo

15mn AR au départ du col de Vizzavona. Cette fontaine donne naissance au ruisseau de Foce, affluent de la Gravona.

Col de Vizzavona

À 1 163 m d'altitude, le col permet à la grande route Ajaccio-Bastia de passer du bassin de la Gravona, tributaire du golfe d'Ajaccio, à celui du Tavignano qui irrigue la plaine orientale d'Aléria.

Le col offre des aires de stationnement ombragées par des tilleuls, avec tables et bancs rustiques, dans une vaste clairière semée de blocs granitiques.

15mn AR. Si vous souhaitez admirer la **vue★** sur la vallée de la Gravona et le château démantelé se détachant sur la masse imposante du monte d'Oro, empruntez la petite route qui s'élève au sud, à travers les hêtres, vers un relais hertzien.

Randonnées Carte de la forêt de Vizzavona

Circuits tracés en bleu foncé sur la carte p. 224.

★ Cascades des Anglais (A Spiscia di l'inglesi)

Départ de l'hôtel Monte d'Oro, juste en dessous du col de Vizzavona.

1h AR. Une belle piste descend vers la rivière, surplombée par un parcours aventure dans les arbres *(voir « Nos adresses »)*. Continuez tout droit sur un sentier moins large lorsque la piste tourne sur la droite. L'arrivée sur le site est marquée par une passerelle du GR 20 et par une… buvette. L'endroit est en effet très animé en saison.

UN PIN AUX MULTIPLES QUALITÉS

Au cours de vos promenades, prêtez attention au **pin laricio**. Différent du pin de Corte, il peuple les magnifiques futaies d'Aïtone, de Valdu-Niellu, de Vizzavona et du centre de l'île. C'est l'un des plus grands arbres d'Europe. Son fût parfaitement rectiligne dépasse souvent 40 m de hauteur et atteint parfois 2 m de diamètre. Très robuste, il peut vivre 600 ans. Ce résineux, qui réclame une certaine humidité, croît sur les sols granitiques entre 700 m et 1 800 m d'altitude sur les versants ensoleillés, mais aussi sur certains versants d'exposition au nord. Il est fréquemment associé au hêtre à partir de 900 m, au pin maritime entre 700 et 1 000 m, au sapin et au bouleau aux altitudes supérieures. Ses branches, peu nombreuses et assez courtes, sont régulièrement étagées et groupées surtout au faîte de l'arbre. Dans les endroits ventés comme au col de Bavella, elles prennent une curieuse allure tourmentée. Chez les sujets âgés, la cime apparaît courte, aplatie et étalée. Les cônes ou « pommes de pin », longs de 6 à 8 cm, sont disposés presque horizontalement sur les branches. Il contribue à maintenir en altitude un certain équilibre biologique. Ses racines puissantes lui permettent de croître sur des crêtes ou de fortes pentes aux sols très maigres, voire dans les cailloux et les rochers, préservant ainsi le sol d'une érosion trop rapide. Moins vulnérable au feu que le pin maritime, il peut se régénérer après un incendie, ou être replanté avec succès. Le laricio, imputrescible, constitue un excellent bois de charpente et de menuiserie. Ses fûts ont jadis été utilisés pour la fabrication des mâts de bateau. Plus tard, l'Angleterre l'importa pour fabriquer ses traverses de chemin de fer.

Cascades des Anglais.
SIME / R. Spila / Simeone / Photononstop

Il faut alors remonter la rivière pour trouver les petites cascatelles et les vasques pour se rafraîchir. Ne cherchez pas une cascade géante mais, en vous éloignant un peu, vous en trouverez une un peu plus grande que les autres et connue comme la cascade des Anglais.

Torrent de l'Agnone

Départ de La Foce, à gauche de la T 20, après le col de Vizzavona, pour gagner, à travers la forêt, le village de Vizzavona.

1h. Après avoir atteint le torrent, tournez à droite dans le GR 20 qui traverse l'Agnone sur un pont de bois. Descendez ensuite sur la rive gauche du torrent jusqu'au niveau de Vizzavona où l'on traverse à nouveau l'Agnone, puis le Fulminato avant d'arriver en vue des premières maisons.

★ Col de Palmente

Départ de la T 20, à 200 m au-dessous de la maison forestière de Vizzavona, en direction de Bastia et à proximité d'une maison isolée.

4h AR. Le **GR 20** *(marques rouge et blanc)* monte en lacet dans la forêt, offrant une belle vue sur le monte d'Oro. Ce tronçon constitue, avec celui du col de Vergio, les deux sections du GR 20 praticables aisément par tout promeneur. Le large sentier grimpe en pente douce à l'ombre des pins et des hêtres. Au bout d'environ 25mn de marche, prenez le chemin de gauche *(toujours suivre les marques rouge et blanc du GR)*. 20mn plus tard, vous traversez une forêt de hêtres. Au bout de 30mn, le GR 20 sort de la forêt et s'élève vers la crête. Vous atteindrez, en 30mn de montée plus raide dans un paysage dénudé, le col de Palmente (alt. 1 645 m). Du col, la **vue★** s'étend sur le monte d'Oro et le monte Renoso. Ce col, entre la forêt de Vizzavona et le versant oriental du massif du Renoso, était autrefois la voie empruntée par les bergers pour se rendre à Ghisoni.

★ La Madonuccia

Départ au col de Vizzavona. Balisé de points ronds jaunes.

1h30 AR. Suivez la route vers le relais hertzien, puis le chemin vers les bergeries des Pozzi *(abri bivouac)*. De là, vous pouvez grimper sur la crête, constituée d'un amas de rochers, visible de la route et qui évoque une statue de la Vierge : vue sur la vallée de la Gravona et le monte d'Oro.

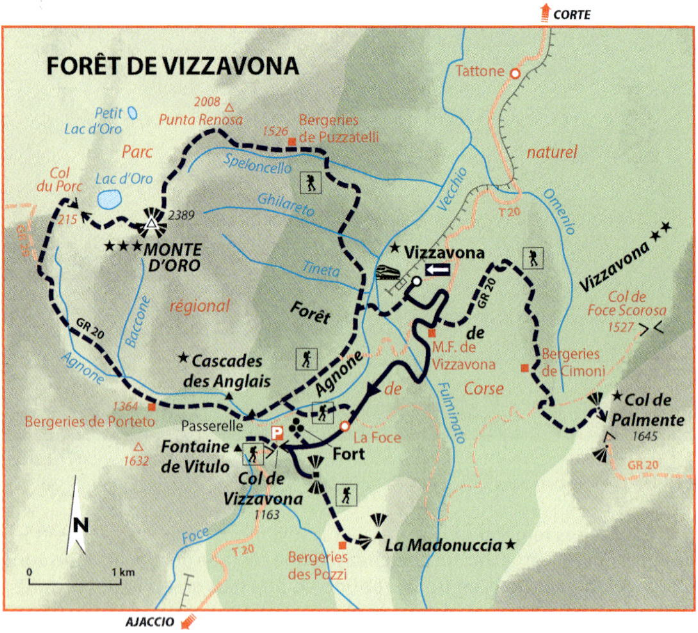

Fort de Vizzavona

Départ du col de Vizzavona par un chemin à droite gravissant le plateau et un sentier à travers bois.

45mn. Les **ruines** de cette forteresse d'origine génoise qui protégeait le col sont impressionnantes ; le donjon éventré révèle les fragments de son escalier en colimaçon. Le paysage sur la moraine glaciaire envahie par le maquis et cernée par la forêt est saisissant. Le **site** de ces ruines atteste de l'ancienneté de cette voie de passage et de son importance stratégique.

★★★ Monte d'Oro (Oru)

Départ de Vizzavona. Accès par les cascades des Anglais.

10h AR, 1 460 m de dénivelé. Randonnée longue et contraignante qui exige un très bon entraînement physique. La fin est souvent enneigée jusqu'à début juillet. Le monte d'Oro, à 2 389 m d'altitude, est l'un des grands sommets de la Corse cristalline ; il appartient à la ligne de crête qui partage les eaux entre les rivages est et ouest de l'île. Son nom proviendrait des multiples sources qui dévalent ses flancs.

Cette incomparable promenade permet d'admirer toute la variété de paysages qu'offre la montagne corse : forêts de pins laricio, de hêtres, torrents…

Des cascades des Anglais *(voir p. 222)* part le GR 20, jalonné de marques rouge et blanc, mène près des bergeries de Porteto (alt. 1 364 m), invisibles du sentier et situées à quelques mètres au sud, au milieu de superbes hêtres *(2h)*. Le sentier franchit à gué l'Agnone *(2h15)*, puis gravit les pentes caillouteuses du monte d'Oro *(montée pénible)* vers le col du Porc *(5h15)* d'où l'on gagne le sommet *(6h15 – la montée au sommet exige de bonnes connaissances en alpinisme)*.

Le **panorama**★★★, à découvrir assez tôt dans la matinée et par temps clair, embrasse tous les hauts sommets de l'île : au nord le monte Cinto et le monte Rotondo, au sud le monte Renoso ; à l'est la mer et les îles de Toscane.

Revenez à Vizzavona *(3h30)* par le sentier balisé de marques jaunes qui contourne l'autre versant du monte d'Oro par les bergeries de Puzzatelli, puis franchit le ravin de Ghilareto, le ruisseau de Tineta à gué et l'Agnone. Entre 2 150 m et 2 000 m, le couloir appelé « la Scala », raide et souvent glissant, demande prudence et attention.

NOS ADRESSES DANS LA FORÊT DE VIZZAVONA

TRANSPORTS

Gare ferroviaire – *04 95 47 21 02 - cf-corse.corsica.* Liaisons avec Ajaccio, Corte et Bastia.

HÉBERGEMENT ET RESTAURATION

Bon à savoir – Dans la forêt, deux gîtes d'étape accueillent les randonneurs en quête d'une bonne nuit de repos.

PREMIER PRIX

Le Refuge du GR 20 – *Pl. de la Gare - 20219 Vivario - 04 95 47 22 20 - fermé de mi-nov. à fin avr. - ♿ - menu 22 € - 9/21 €.* Ce bar-restaurant situé juste en face de la gare propose bivouacs et dortoirs ainsi qu'une petite restauration.

BUDGET MOYEN

Hôtel Monte d'Oro – *Col de Vizzanova - 04 95 47 21 06 - www.monte-oro.com - P - fermé de mi-oct. à fin avr. - 18 ch. 80/120 € - 14 € - gîte 14 ch. 20 €/pers. - 8 € - 28 € midi - 12/35 €.* Bien situé en retrait de la route et aménagé dans une bâtisse du 19e s., cet établissement propose des chambres d'attraits divers. Toutes sont calmes et spacieuses, mais se révèlent un peu sombres et sans originalité, voire spartiates pour certaines. Menu corse, incluant du bio et n'oubliant pas végétariens et végétaliens, servi dans la belle salle de restaurant.

Chambre d'hôte Casa Alta – *Accès par la T 20 - 20219 Vivario - 04 95 47 21 09 - www.casa-alta.fr - fermé 15 déc.-15 janv. - P - 5 ch. 70/125 € - panier-repas 12 €, dîner 24 €, hors sais. sur demande.* Perdue au milieu des pins, à 1 000 m d'altitude, cette maison de villégiature du 19e s. avec jardin propose des chambres bien isolées et décorées de meubles anciens. Vincent et Henri ne manquent pas de conseils et sont aux petits soins. Ils servent un petit-déjeuner gourmand avec gâteaux et pains maison. Gare de Vizzavona à proximité et vaste choix de randonnées (raquettes en hiver).

ACTIVITÉS

Parc Aventure – *Col de Vizzanova - 04 95 37 28 41 - www.corsicanatura-activites.fr - de mi-juin à mi-sept. (juil.-août : 9h-19h).* Quatorze parcours et de nombreux ateliers, pour les grands comme les petits (escalade, accrobranche), à proximité des cascades des Anglais.

Porto, les Calanche et Cargèse 5

Carte Michelin Départements 345 – Corse-du-Sud (2A)

Grotte de Molendino, près de la plage de Ménasina (Cargèse).
E. Fleisher / Look / Getty Images

PORTO, LES CALANCHE ET CARGÈSE
0
5 km
N
HAUTE-CORSE
3
4
Parc naturel régional de Corse
GALÉRIA
CALVI
Punta Palazzu
Île de Gargalo
Pnta Muchillina
RÉSERVE NATURELLE DE SCANDOLA
Golfe de Girolata
Girolata
Tuara
Sentier muletier
Col de la Croix
269
Osani
D 424
D 81
Gradelle
Caspio
Bussaglia
Tour génoise
GOLFE DE PORTO
Porto
D 124
Sentier de Castagna
Capo d'Orto
1294
Foce d'Orto
998
LES CALANCHE DE PIANA
Piana
Col de Lava
491
Route de Ficajola
D 824
Arone
Tour de Turghiu
Capo Rosso
Ota
Pt de Pianella
Tombalo
Gges de Spelunca
Pt de Zaglia
D 84
Évisa
Sentier de la Châtaigneraie
Forêt de Lindinosa
Col de Cocavera
1475
Col de Salto
1391
Cascades d'Aïtone
D 70
Forêt d'Aïtone
Capo di Melo
1564
Col de Vergio
1477
Sentier de la Sittelle
Golo
D 84
D 351
Cristinacce
Col de Sevi
1101
Renno
D 70
D 170
Vico
Liamone
Cascade de Piscia a l'Onda
Vallée du Haut-Sorru
D 23
Thermes
D 323
Guagno-les-Bains
Soccia
D 123
Orto
D 223
Lac de Creno
Chlle St'Eliseu
Mte St'Eliseu
1510
A
B
C
1
2

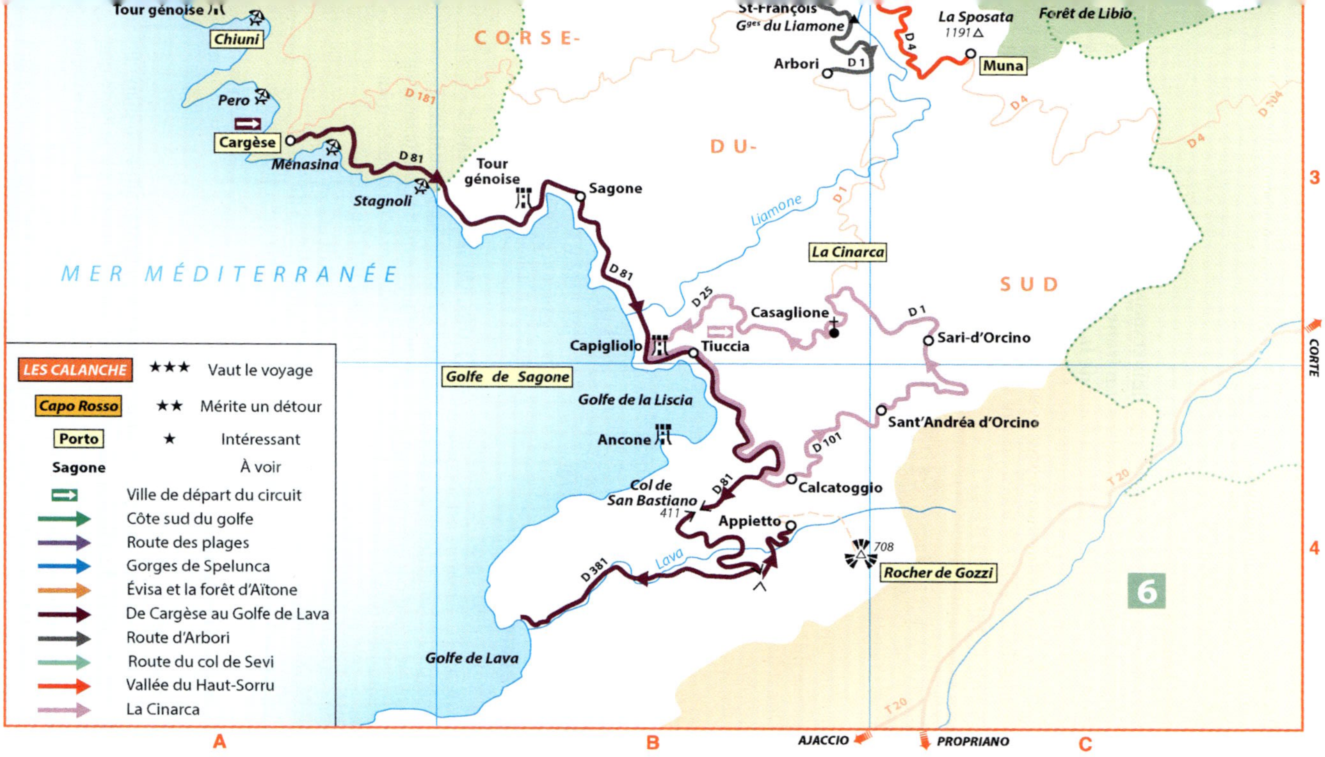
Tour génoise
Chiuni
Pero
Cargèse
Ménasina
Stagnoli
D 181
D 81
Tour génoise
Sagone
C O R S E -
D U -
S U D
St-François
Gges du Liamone
Arbori
D 1
D 4
La Sposata
1191
Muna
Forêt de Libio
D 4
D 104
Liamone
La Cinarca
M E R M É D I T E R R A N É E
D 25
Casaglione
Capigliolo
Tiuccia
Sari-d'Orcino
Golfe de Sagone
Golfe de la Liscia
Ancone
Sant'Andréa d'Orcino
D 101
Calcatoggio
Col de San Bastiano
411
Appietto
708
Rocher de Gozzi
Lava
D 381
Golfe de Lava
T 20
CORTE
AJACCIO
PROPRIANO
6
LES CALANCHE
★★★ Vaut le voyage
Capo Rosso
★★ Mérite un détour
Porto
★ Intéressant
Sagone
À voir
Ville de départ du circuit
Côte sud du golfe
Route des plages
Gorges de Spelunca
Évisa et la forêt d'Aïtone
De Cargèse au Golfe de Lava
Route d'Arbori
Route du col de Sevi
Vallée du Haut-Sorru
La Cinarca
A
B
C
3
4

Porto

Portu

★

450 Portelais – Corse-du-Sud (2A)

Signalée par sa tour génoise, la paisible station balnéaire de Porto, à l'embouchure de la rivière, remporte un franc succès. À toute heure de la journée, sa marine, nichée au fond de la baie, voit partir les bateaux à destination des trésors naturels qui font la réputation du golfe du même nom : les Calanche rougeoyantes de Piana et la remarquable réserve de Scandola. La ville est aussi un site stratégique pour se lancer à l'assaut des montagnes alentour.

NOS ADRESSES PAGE 232
Hébergement, restauration, achats, activités, etc.

S'INFORMER

Office du tourisme intercommunal Ouest Corsica – *Pl. de la Marine (ancien aquarium de la Poudrière) - 20150 Ota-Porto - ✆ 04 95 26 10 55 - www.ouestcorsica.com - juin-sept. : 9h-18h, sam. 9h-13h, dim. 10h-13h ; mai : tlj sf dim. 9h-17h, sam. 9h-13h ; reste de l'année : tlj sf w.-end 9h-17h - fermé 1er janv., lun. de Pâques, 1er et 8 Mai, jeu. de l'Ascension, 11 Nov., 25 déc.*

SE REPÉRER

Carte de microrégion B2 (p. 228) – *carte p. 237.* La marine est séparée en deux par la rivière de Porto que l'on franchit à pied par une passerelle très arquée. En arrivant en voiture, on peut, soit gagner le nord de la ville, où se concentrent les hôtels et les restaurants, soit rejoindre le sud (port et plage) en prenant la D 81 direction Piana, puis la route communale fléchée « Porto rive gauche ».

SE GARER

Privilégiez le parking de la plage, gratuit, situé à deux pas de la marine et du cœur de la station balnéaire.

À NE PAS MANQUER

Les excursions dans les Calanche de Piana *(voir p. 240)* et dans la réserve naturelle de Scandola *(voir p. 244)*.

ORGANISER SON TEMPS

Pour vos excursions en bateau, privilégiez le matin pour la réserve de Scandola et la fin d'après-midi pour les Calanche.

EN FAMILLE

La plage de galets de Porto, surveillée. Une excursion en mer.

Se promener

La marine

On y descend par une route bordée d'eucalyptus centenaires. La plage de galets, en avant du bois d'eucalyptus, est séparée du hameau par le Porto que l'on franchit sur un pont de bois. Le village et la rivière qui y débouche tirent leur nom du port antique qui existait à cet emplacement.

De nombreux hôtels et restaurants sont groupés derrière le rocher délimitant la minuscule rade qui, par temps calme, abrite quelques bateaux.

Tour génoise dans le golfe de Porto.
R. Mattes/hemis.fr

★ Tour génoise

15mn AR à partir de la marine - ✆ 04 95 26 10 55 - 9h-17h30 - fermé nov.-mars - 2,50 €.

Posée sur un promontoire au-dessus de la mer, cette grosse tour carrée verrouillait la vallée de la petite rivière de Porto. Ce monument, l'un des plus connus de Corse, dans un paysage de granit rose, n'a rien perdu de son charme malgré les outrages du temps. Le bâtiment a bénéficié d'une restauration à la fin des années 1990 qui lui permet d'accueillir depuis une exposition permanente sur les fortifications des rivages corses. Les abords du côté de la mer sont escarpés. Au pied du rocher supportant la tour génoise, la **poudrière** abrite une exposition sur la bruyère.

Randonnée Carte de microrégion p. 228

★ Sentier de Castagna B2

1h AR, parcours en grande partie ombragé. Itinéraire facile, mais portez tout de même de bonnes chaussures, car on passe au début par un petit raidillon. Emportez de l'eau car on ne trouve rien au port de Castagna. Traversez la plage de Porto jusqu'à son extrémité sud où débute le sentier. Le parcours est d'abord aménagé à travers les gros blocs rocheux, puis grimpe rapidement à flanc de colline. On surplombe la mer. De temps en temps, la végétation se découvre, laissant apparaître une superbe vue sur les eaux claires et les roches rouges du golfe. Après 25mn de marche, on rejoint une petite route goudronnée qui descend en 5mn au petit port de Castagna. À l'arrivée, possibilité de se baigner si l'on ne craint pas de plonger depuis les rochers car il n'y a pas de plage.

NOS ADRESSES À PORTO

TRANSPORTS

Autocars – *www.corsicabus.org.* Liaisons avec Ajaccio (sept.-juin : tlj sf dim. 1/j. ; juil.-août : tlj 2/j.), Calvi (de mi-mai à fin sept. : 1/j., dim. compris en juil.-août).

HEBERGEMENT

PREMIER PRIX

Camping Sole e Vista – *Au-dessus du pont de Porto (D 81) - ✆ 04 95 26 15 71 - www.camping-sole-e-vista.fr - fermé nov.-mars - piscine - empl. 12,50 €.* Ce terrain tout en terrasses bien ombragées loue aussi des bungalows de bon confort. Sur le haut du camping, restaurant et piscine : vue sur la tour et la mer !

BUDGET MOYEN

Hôtel Monte Rosso – *Marine de Porto - ✆ 04 95 26 11 50 - hotel-monterosso-porto.hotelmix.fr - fermé nov.-mars - 8 ch. 90 € - petit-déj. 9 €.* Situé à deux pas du rivage, cet établissement central, à prix tenus, dispose de chambres simples et modernes, dont la moitié avec vue mer. Petit-déjeuner continental.

Hôtel Bella Vista – *Rte de Calvi - ✆ 04 95 26 11 08 - www.hotel-corse.com - tte l'année - P - 16 ch. 80/155 € - petit-déj. 12 €.* Il règne une ambiance familiale dans cette maison proposant des chambres à la décoration soignée. Inoubliable coucher de soleil sur le Capo d'Orto et bon petit-déjeuner.

Hôtel Les Flots Bleus – *Port de la Marine - ✆ 04 95 26 11 26 - www.hotel-lesflotsbleus.com - fermé de mi-oct. à mi-avr. - 26 ch. 97/119 € - petit-déj. 10 €.* Contemplez le coucher de soleil sur la Méditerranée et la tour génoise du balcon de votre chambre, le spectacle est mémorable. Décor au goût du jour. Petit-déjeuner en terrasse.

RESTAURATION

BUDGET MOYEN

La Mer – *À la marine - ✆ 04 95 26 11 27 - fermé de déb. nov. à mi-mars - formule déj. 18,50 € - 9/25 €.* Au bout de la marine, la terrasse ombragée par les mûriers platanes de cette maison en pierre est idéale pour voir la montagne se jeter dans la mer. Spécialités de poissons et cuisson au four à bois.

ACTIVITÉS

Excursions en mer

L'Alpana – *Rue Piétonne – accès tour génoise - ✆ 06 69 69 04 05 - www.scandola-girolata-piana.com - fermé nov.-mars - balades 30/60 € - visite des grottes - capacité de 12 pers. - réserv. conseillée.* François-René, petit-fils de pêcheur, vous contera, à bord de son *offshore*, les mille et un secrets du golfe, des richesses de la faune et de la flore aux légendes de la région.

Nave Va – *Pl. de Porto - ✆ 04 95 26 15 16 - www.naveva.com - 8h-20h - fermé nov.-mars - billetterie terrasse rest. Le Cyrne - 25/55 €.* Découverte des réserves de Scandola et de Girolata, des Calanche de Piana et du Capo Rosso : autant de promenades en mer que vous pourrez accomplir en une journée ou un après-midi à bord d'un bateau hybride.

« Le Pass'Partout » – *Pl. de la Marine - ✆ 06 75 99 13 15 - www.lepasspartout.com - tte l'année - billetterie à la boutique Chez Anthony - excursions - 45 € (Scandola et Girolata), 28 € (Calanche de Piana), 58 € (combiné). Petits bateaux (12 pl.) qui se faufilent au plus près des côtes. Commentaire pointu et ambiance conviviale.*

Porto Linea Excursions maritimes – *Ruelle piétonne de la Marine - sur le port rive droite - ✆ 06 08 16 89 71 - www.portolinea.com - excusions de 29 à 60 €.* Quatre circuits d'excursions vers la réserve de Scandola, Girolata, les Calanche de Piana et le Capo Rosso.

Via Mare – *Marine de Porto - ✆ 06 07 28 72 72 - www.viamare-promenades.com - fermé nov.-mars - billetterie devant l'hôtel Le Golfe - 26/47 €.* Cette compagnie propose des excursions à bord de bateaux hybrides : visite des Calanche de Piana en 1h30 ou excursion complète en 4h30, avec halte à Girolata.

Plongée

Bordé de réserves naturelles classées au Patrimoine mondial par l'Unesco, Porto est un lieu idyllique : une vingtaine de sites attendent les plongeurs amateurs et confirmés de la pointe de Scandola au Capo Rosso.

Méditerranée Porto Sub – *Marine de Porto (rive droite) - ✆ 06 45 92 29 16 - www.plongeecorse.fr - 8h-21h - fermé déc.-mars - baptême 60 €.*

Plongée Porto Ciuttata – *Marine de Porto (rive gauche) - ✆ ✆ 06 84 24 49 20 - www.plongeeporto.com - 9h-18h - fermé de nov. à mi-avr. - baptême 66 €.*

Le golfe de Porto

Golfu di Portu

★★★

Corse-du-Sud (2A)

Granit rouge des falaises et bleu intense de la Méditerranée composent la palette magique du golfe de Porto. Primé par l'Unesco en 1983, son littoral abrite trois sites exceptionnels : les Calanche de Piana, au sud, la presqu'île de Girolata et la réserve naturelle de Scandola, au nord. Rare fenêtre maritime du parc naturel régional de Corse, le golfe fait la joie des passionnés de faune et de flore, des amateurs de criques préservées et des amoureux de paysages inoubliables.

NOS ADRESSES PAGE 238
Hébergement, restauration, achats, activités, etc.

S'INFORMER

Office du tourisme intercommunal Ouest Corsica – *Voir p. 230.*

SE REPÉRER

Carte de microrégion A1/2 (p. 228) – *carte p. 237.* À mi-chemin entre Ajaccio et Calvi, le golfe de Porto, ouvert sur le large et profond d'environ 11 km, est séparé de celui de Girolata, plus étroit et plus fermé, par l'imposant Capo Senino.

À NE PAS MANQUER

Une excursion à Girolata (à pied ou en bateau), à la réserve de Scandola (en bateau) et aux Calanche de Piana.

ORGANISER SON TEMPS

Il y a tant d'excursions à faire dans le golfe qu'une semaine n'est pas de trop si vous êtes amateur de baignade, de balades en bateau, de marche ou de plongée sous-marine.

EN FAMILLE

Il y a un large choix de plages, toutes plus belles les unes que les autres, mais ce sont des plages de galets non surveillées (à l'exception de celle de Porto). Soyez donc vigilant car on y perd rapidement pied.

Capo Rosso, dans le golfe de Porto.
C. Moirenc/hemis.fr

Circuits conseillés Carte du golfe de Porto

★★★ CÔTE SUD DU GOLFE

Circuit de 31 km au départ de Porto tracé en vert sur la carte p. 237 – Compter environ 4h. De Porto, suivre au sud la D 81 vers Piana.
À 3 km, un belvédère aménagé sur la droite de la route offre une excellente **vue★★** sur Porto et le fond du golfe.

★★★ Les Calanche de Piana *(voir p. 240)*

★ Piana

Situé à proximité des Calanche, cramponné au bord d'un plateau à 438 m d'altitude, ce bourg, très animé l'été, domine le golfe de Porto, dans un cadre magnifique où se profile dans le lointain le monte Cinto encore enneigé au printemps. À l'entrée du village, plusieurs eucalyptus aux troncs démesurés témoignent de la douceur du climat marin. Les placettes aux maisons pimpantes et l'église du 18e s. au gracieux campanile forment un ensemble agréable, d'ailleurs classé parmi les « plus beaux villages de France ».

Col de Lava

Vue★★ sur les golfes de Porto et de Girolata, le massif du Cinto, en arrière-plan à droite, et, devant soi, une partie des Calanche.
Revenir sur Piana et prendre, à l'entrée du village, à gauche la D 824 (direction Arone, route Danielle-Casanova) puis, immédiatement à droite, la route conduisant à la marine de Ficajola.

★★ Route de Ficajola

Pénétrant au cœur des Calanche, cette route étroite et très escarpée descend en lacets serrés jusqu'à la **marine de Ficajola** nichée dans l'anse du même nom. Le contraste entre le bleu de la mer et le rouge des porphyres atteint ici une rare intensité. À la marine *(vaste emplacement pour garer la voiture)*, un sentier permet d'accéder *(30mn AR)* à une ravissante **crique**, malheureusement très fréquentée en été.
Rejoindre la D 824 que l'on prend à droite vers la plage d'Arone.

★ Plage d'Arone

Une superbe route en corniche offre des **vues★** sur le golfe de Porto et le Capo Rosso. Dans la descente vers la mer, la plage de sable fin apparaît, cernée de rochers roses et de maquis sur un fond montagneux.

À proximité de la belle plage d'Arone, un **monument** rappelle que c'est en ces lieux que le 6 février 1943, le sous-marin *Casabianca* livra les premières armes à la Résistance, permettant la naissance des maquis corses.

★★ ROUTE DES PLAGES

Circuit de 30 km au départ de Porto tracé en violet sur la carte ci-contre. Compter environ 1h30.

Sur la côte nord, la D 81 s'accroche en corniche au-dessus du golfe, puis s'enfonce vers quelques villages haut perchés. Sur la gauche, les D 724, 324 et 424 permettent de gagner la **plage de Bussaglia**, celle de **Caspio**, puis celle de **Gradelle**. Chacune d'elles constitue un petit paradis.

Plage de Bussaglia

Cette grande plage de galets, prolongée vers le sud par des criques faciles à atteindre, est la plus proche de Porto. Taverne et location de canoës pour l'exploration des écueils.

Plage de Caspio

Plage de galets encadrée de rochers sombres. Paillotes de restauration et fonds marins intéressants à observer du côté sud de la cale.

Plage de Gradelle

Petite plage de galets inscrite dans un site splendide face aux Calanche et au Capo d'Orto.

Peu avant le col de la Croix, emprunter la D 424. La route contourne la pyramide rouge du monte Senino (alt. 619 m) et passe non loin d'un ancien puits de mine, témoin d'une richesse inattendue du sous-sol : à **Osani**, en effet, affleurent quelques veines de charbon. Ce gisement était exploité avant 1914, et le charbon transporté par cabotage. Restaurant en retrait de la plage.

Col de la Croix

La **vue★★** s'étend au sud sur le golfe de Porto et au nord sur celui de Girolata. Buvette en saison. Un sentier conduit à la plage de **Tuara** puis à **Girolata**.

Randonnées Carte du golfe de Porto

★ SENTIER MULETIER AU COL DE LA CROIX

Circuit au départ du col de la Croix tracé en pointillés violets sur la carte ci-contre.

Le petit village de Girolata, une des étapes du sentier « Mare e Monti », n'est accessible, par voie de terre, que par le chemin muletier (aussi baptisé « sentier de Guy le facteur », du nom d'un habitant qui, longtemps, ramena à pied le courrier au village) : au départ du col de la Croix au sud-est, en passant par la belle plage de Tuara ou à partir du col de Palmarella (11,5 km au nord du col de la Croix), les deux accès étant situés sur la route allant de Calvi à Porto (D 81).

Plage de Tuara

1h30 AR. Prendre le sentier qui débute sur la gauche au col de la Croix, devant la buvette du parking. L'aller est tout en descente, le retour donc tout en montée.

À mi-chemin, la fontaine de Spana distille un mince filet d'eau (pas de taverne sur la plage !). L'effort est largement récompensé : imprégné des senteurs du maquis, vous débouchez sur une plage de sable épais à partager avec quelques nonchalantes et inoffensives bêtes à cornes. Vous pouvez poursuivre le sentier muletier jusqu'à la magnifique petite **baie de Girolata**★★.

★ Girolata

2 km à partir de la plage de Tuara. Girolata se mérite, on ne peut y accéder qu'à pied ou en bateau. Dans un site reposant, ce petit village, isolé sur un promontoire dominé par un fortin génois à tour carrée *(chemin privé)*, vit de la pêche à la langouste et du tourisme. Sa magnifique et paisible petite baie aux eaux translucides abrite quelques maisons de pierre rouge, deux gîtes et des restaurants. Trois pontons de bois permettent aux bateaux d'amarrer le long de la plage de petits galets.

FOCE D'ORTO ET CAPO D'ORTO

Circuit tracé en pointillés verts sur la carte ci-dessus. En quittant les Calanche vers Piana, 100 m avant le pont de Mezzanu, prendre à gauche un chemin de terre. Laisser la voiture à la fourche et continuer à pied par le chemin qui s'embranche à droite (laisser à gauche celui qui mène à un terrain de sport).

Le maquis a une fâcheuse tendance à tout envahir et à dissimuler les repères ! Une carte ou un topoguide sont donc nécessaires.

5h30 AR. L'excursion au Capo d'Orto nécessite une excellente condition physique (1 000 m de dénivelé) et des chaussures adaptées au terrain montagneux et caillouteux. Gagnez le sommet, le Capo d'Orto (1 294 m), par une escalade facile à travers les rochers (3h). Une **vue★★** panoramique se déploie sur Porto, les Calanche et la forêt de Piana.

★★ CAPO ROSSO (CAPU ROSSU)

Circuit tracé en pointillés verts sur la carte *p. 237**. À la sortie de Piana, prendre la direction d'Arone (D 824). Après 6 km, une pancarte « Capu Rossu » sur la droite indique le point de départ.*

Partez le matin afin d'éviter les heures les plus chaudes de la journée, car le sentier n'est pas ombragé. Emportez de l'eau. Au point de départ, une bergerie a été aménagée en buvette *(à partir de 9h en juil.-aout, 11h en mai-juin et sept.)*, halte bien méritée au retour de l'excursion.

3h AR. Le sentier, non balisé, est tracé dans le maquis, puis, à partir d'une bergerie, une voie jalonnée de cairns monte à la tour. Une éminence de porphyre rose porte la **tour de Turghiu**, qui se visite. Elle domine la mer de plus de 300 m ; une vue magnifique s'étend à gauche, sur la côte jusqu'à Cargèse et, à droite, sur le golfe de Girolata.

NOS ADRESSES DANS LE GOLFE DE PORTO

HÉBERGEMENT

Bon à savoir – Pour les randonneurs, deux gîtes d'étape ouverts en saison permettent de se loger à Girolata (les chambres doivent être libérées avant 8h30). Restauration possible sur place.

Le Cormoran voyageur – *☎ 04 95 20 15 55 - 20 pl. en dortoir - 1/2 P obligatoire 50-54 €/pers. - fermé nov.-mars.*

La Cabane du Berger – *☎ 04 95 20 16 98 - fermé oct.-mars - 38 pl. en dortoir - 1/2 P 50 €/pers. ou 80 €/pers. en bungalow.*

PREMIER PRIX

Camping Plage d'Arone – *20115 Piana - 11,5 km par D 824, à 500 m de la plage - ☎ 04 95 20 64 54 - fermé d'oct. à mi-mai - ♿ - 125 empl. 26/29 € - service épicerie.* Belle situation en pleine nature pour ce camping où vous installerez votre tente en bordure du maquis. De nombreuses plantations agrémentent le terrain. Entretien sans reproche.

BUDGET MOYEN

Hôtel Stella Marina – *Plage de Bussaglia - 20147 Serriera (golfe) - ☎ 04 95 26 11 18 - www.hotel-stella-marina.com - fermé oct.-mars - P ♿ - 20 ch. et 12 studios 86/106 € - ☕ 10/13 € - ✕ menus 27/39 €.* Ce sympathique établissement surplombe la route qui mène à la grande plage de galets de Bussaglia. Ses vastes chambres climatisées sont toutes équipées d'une loggia grande ouverte sur la mer. Plaisant restaurant, terrasse, agréable jardin et piscine.

POUR SE FAIRE PLAISIR

Hôtel Le Scandola – *Rte de Cargèse - 20115 Piana - ☎ 04 95 27 80 07 - www.hotelscandola.com - fermé de mi-oct. à mars - P ♿ - 19 ch. 145/250 € - ☕ 15 €.* Au cœur d'un site exceptionnel, cet hôtel fait face à la presqu'île de

Scandola et au golfe de Porto. Chambres chaleureuses et balcons orientés vers la mer. Un lieu de séjour agréable pour explorer les environs.

UNE FOLIE

Hôtel Capo Rosso – *Rte des Calanche - 20115 Piana - ✆ 04 95 27 82 40 - www.caporosso.com - fermé de fin oct. à déb. avr. - P - 46 ch. 275/360 € - 1/2 P (+ 45 €) - ✕ 30 €.* Vue imprenable sur le golfe de Porto et les Calanche depuis la piscine et les vastes chambres avec balcon de cet hôtel. Décoration contemporaine dans la plupart. Restaurant panoramique ; cuisine familiale iodée faisant honneur à la pêche locale.

RESTAURATION

PREMIER PRIX

Les Galets – *Plage de Bussaglia - 20147 Serriera (golfe) - ✆ 06 88 96 04 62 - fermé oct.-avr. - 11/29 €.* Vous serez charmé par ce restaurant posé sur l'une des plus belles plages du golfe de Porto. Rafraîchi par la brise marine, vous vous attablerez sous la tonnelle ou sur la terrasse en caillebotis pour savourer : millefeuille de tomates au *brocciu*, linguine aux fruits de mer, sauté de thon…

BUDGET MOYEN

La Voûte – *Pl. de la Fontaine - 20115 Piana - ✆ 04 95 27 80 46 - fermé de nov. au 15 déc. - plats 14/22 € - menu corse 25 € - menu du pêcheur 28 €.* Une adresse familiale et conviviale, garantissant fraîcheur et petits plats savamment mitonnés, au cœur de la pittoresque Piana et de ses Calanche enchanteresses. Outre les plats traditionnels, on y propose une intéressante sélection de produits de la mer, issus de la pêche locale. Cabri rôti et pâtes à la langouste sur demande. Vente et dégustation de produits locaux dans l'annexe La Cave des corsaires *(voir « Achats »).*

U Caspiu – *Plage de Caspiu - 20147 Partinello - ✆ 06 13 28 81 24 - www.leclosdesribes.com - fermé nov.-mars - 14/25 €.* Dans une crique tranquille, face à des eaux turquoise, ce petit restaurant de plage a bien du charme. Vous y dégusterez, en toute simplicité, des poissons du jour, des produits corses mais aussi des salades, le tout arrosé d'un bon vin du terroir. Un vrai bonheur.

ACHATS

Kevin Muzikar – *U Salognu, à 6 km de Piana et 15 km de Cargèse - 20115 Piana - ✆ 06 12 71 12 83 - tlj sur RV.* Ce jeune artisan coutelier-forgeron présente dans cette maisonnette de pierre une impressionnante gamme de *curnicciulu* (couteaux de berger), couteaux de chasse ou de table, façonnés selon des techniques traditionnelles. Sur place, son épouse expose la poterie qu'elle façonne.

La Cave des corsaires – *✆ 06 12 75 21 73.* Dans cette annexe voisine du restaurant La Voûte *(voir ci-contre)*, on peut déguster et acheter toutes sortes de produits locaux, dont des fromages et des charcuteries.

ACTIVITÉS

Voir « Nos adresses » à Porto, p. 233.

5

Les Calanche de Piana

E calanche

★★★

Corse-du-Sud (2A)

Dominant le golfe de Porto se profilent d'étonnantes sculptures granitiques formées par l'érosion. De ce paysage chaotique se dégage une beauté étrange et unique : le bleu intense de la mer, la lumière souvent irréelle qui baigne la côte, la palette des oranges et des roses de la roche et le relief vigoureux en font un site exceptionnel.

S'INFORMER

Office du tourisme intercommunal Ouest Corsica – *Pl. de la Mairie - 20115 Piana - ✆ 09 66 92 84 42 - www.ouestcorsica.com - juil.-août : 9h-17h, w.-end 9h-13h ; juin : tlj sf dim. 9h-12h, 14h-17h, sam. 9h-13h ; sept. : tlj sf dim. 8h30-11h30, 13h30-17h, sam. 9h-12h ; avr.-mai : tlj sf w.-end 8h30-11h30, 14h-17h ; reste de l'année : lun.-jeu. 9h-11h30 - fermé certains j. fériés.*

Office du tourisme intercommunal Ouest Corsica - bureau d'Ota-Porto – *Voir p. 230.*

SE REPÉRER

Carte de microrégion A2 (p. 228) – *cartes p. 237 et 243.* Les Calanche de Piana se situent au sud du golfe de Porto, de part et d'autre de la D 81, entre les villages de Piana et de Porto.
Les hôtels et restaurants les plus proches se trouvent à Piana et dans l'anse de Ficajola *(voir « Nos adresses » à Porto).*
Accès en voiture ou en bateau.

SE GARER

Un assez grand parking a été aménagé de chaque côté de la route au niveau de la « Tête du Chien ».

À NE PAS MANQUER

Le « château fort », bloc de granit dévoilant un panorama splendide.

ORGANISER SON TEMPS

Le meilleur moment pour découvrir les Calanche est la fin de l'après-midi, idéalement dans le sens Piana/Porto. Le pays se parcours à pied exclusivement, à votre rythme. Veillez à être bien chaussé et protégé du soleil. Toutefois, la longueur variable des circuits s'adapte à toutes les envies, d'une heure à une demi-journée de marche.

EN FAMILLE

Les enfants s'amuseront de toutes les formes insolites des *taffoni*.

La marine de Piana nichée dans l'anse de Ficajola.
F. Guiziou / hemis.fr

Découvrir Carte des calanche de Piana p. 243

La D 81 traverse les Calanche sur 2 km, offrant d'excellents points de vue sur les amas rocheux et la mer. De la terrasse du chalet des Roches-Bleues, on peut apercevoir plusieurs rochers à la silhouette évocatrice : à gauche la Tortue, à droite l'Aigle et la Confession. Sur un promontoire dominant la mer trône l'Évêque, une crosse à la main. Enfin, 600 m après le chalet en direction de Porto, on distingue, à gauche, la « Tête du Chien » en surplomb sur une falaise.

Se promener

★★ À PIED Carte des calanche de Piana

Bon à savoir – Une brochure détaillant les sentiers de randonnée est disponible à l'office de tourisme de Piana.

Le château fort

Circuit tracé en pointillés verts sur la carte p. 243. Chemin d'accès à droite de la Tête de Chien, 700 m au nord du chalet. Sentier jalonné de cairns (petits monticules de pierres).

1h AR. Ce sentier est le seul qui pénètre dans l'intimité des Calanche. À travers un dédale de rochers patinés par le soleil, envahis par le maquis et les arbousiers, on distingue le bois d'eucalyptus de Porto et le promontoire portant la tour carrée. Puis le chemin remonte légèrement jusqu'à une plate-forme rocheuse faisant face au « château fort », imposant bloc de granit évoquant un donjon. De là, une **vue★★★** splendide embrasse tout le golfe de Porto de la tour du Capo Rosso au golfe de Girolata.

UN MONDE DE FORMES ENVOÛTANTES

Guy de Maupassant se laissa envoûter par les lieux et les décrit avec force dans *Une vie* (1884) : « C'étaient des pics, des colonnes, des clochetons, des figures surprenantes, modelées par le temps, le vent rongeur et la brume de mer. Hauts jusqu'à trois cents mètres, minces, ronds, tordus, crochus, difformes, imprévus, fantastiques, ces surprenants rochers semblaient des arbres, des plantes, des bêtes, des monuments, des hommes, des moines en robe, des diables cornus, des oiseaux démesurés, tout un peuple monstrueux, une ménagerie de cauchemar pétrifiée par le vouloir de quelque dieu extravagant. »

Chemin des muletiers

Circuit tracé en pointillés verts sur la carte ci-contre. Le sentier d'accès s'amorce sur la route de Porto à Piana, 400 m au sud-ouest du chalet des Roches-Bleues et à gauche près du petit oratoire de la Vierge. Sentier balisé de cairns.

1h30. Le sentier grimpe tout d'abord fortement avant de se frayer un passage entre deux gros rochers. De là, on suit en corniche un ancien chemin muletier Piana-Ota. On découvre alors derrière soi une **vue★★★** d'ensemble sur les Calanche et le golfe de Porto. Puis le sentier descend dans le maquis et rejoint la route.

La châtaigneraie

Circuit tracé en pointillés verts sur la carte ci-contre. Prendre le sentier qui s'amorce sur la gauche tout près du chalet des Roches-Bleues, en venant de Porto. Il est jalonné de cairns.

3h30. Une montée assez raide conduit à une belle forêt de châtaigniers. Après environ 1h de marche, obliquez sur la gauche. Le sentier passe près de la fontaine d'Oliva Bona. Il descend à travers la forêt de pins de Piana pour aboutir sur la D 81, à 2 km du chalet des Roches-Bleues.

Le Mezzanu

Circuit tracé en pointillés verts sur la carte ci-contre. Suivre dans un premier temps le même sentier évoqué ci-dessus, mais une fois parvenu à la châtaigneraie, bifurquer à droite au cairn et descendre vers le sud-ouest.

2h30. Cette boucle, moins longue, offre néanmoins une bonne diversité de paysages. En fin de parcours, on rejoint l'itinéraire du chemin des muletiers.

Anse de Ficajola (Capu Ficaghiola)

Hors plan. Sentier balisé entre le village de Piana et l'anse de Ficajola ; chaussures de marche fortement recommandées.

1h30 en descente, 2h en montée. Un autre joli parcours pour ceux qui ne voudront pas emprunter à la route pour rejoindre la plage de Ficajola, en longeant le vallon du Mezzanu.

JEUX DE PIERRE

Calanche (prononcez *calanque*) est le pluriel du mot corse *calanca* signifiant… « calanque » et désignant des criques surplombées de rochers abrupts. Ces criques sont sculptées par l'érosion, dont les **taffoni** (« gros trous », en corse) sont l'une des manifestations les plus impressionnantes et fascinantes. Ces cavités se forment dans les pays à longue saison sèche, sur le littoral comme à l'intérieur des terres, pourvu qu'il y ait de fortes pentes avec de la roche à nu et à l'ombre. Les roches grenues sont leur terre d'élection. La désolidarisation d'un seul cristal suffit à livrer la pierre à un processus de gigantesque carie, sous l'action combinée des variations de température et d'humidité, renforcée au bord de la mer par le rôle corrosif du sel. Certains granits à gros cristaux – granit beige de Sant'Ambroggio, granit gris de Calvi et granit rouge de Porto au sein duquel s'inscrivent les Calanche de Piana – se prêtent particulièrement à cette action. Certains, séniles, n'évoluent plus ; d'autres, toujours en cours de désagrégation, sont dits « vivants » ; des écailles se détachent de leurs voûtes et leurs parois rugueuses se délestent de grains de sable lorsqu'on les frotte avec la paume de la main. Choisies durant la préhistoire pour lieu de repos des morts, et toujours disposées à servir de gîte sommaire, elles font partie intégrante de la culture corse.

LES CALANCHE DE PIANA

★★★ EN BATEAU

Bon à savoir – Le bateau est le meilleur moyen de découvrir les Calanche et plusieurs compagnies proposent des excursions : privilégiez celles partant en fin de journée, les roches rougeoient littéralement au couchant.

Parmi les nombreuses cavités marines du littoral des Calanche, vous apprécierez en particulier la **Grotte des amoureux** (*accès en petite embarcation uniquement*), alimentée en amont par une source d'eau douce. Selon la légende, les couples qui s'embrassent sous ses voûtes sont scellés pour la vie. Vous remarquez sur les parois quelques stalactites et, sous les eaux, une série de points rouges : ce sont les « tomates de mer » ou *Actinia equina*, espèce d'anémones courantes en Méditerranée.

Les Calanche comptent également nombre d'arches naturelles dont les **fenêtres des Calanches**★★ ou le très photogénique « Cœur ». Le site le plus impressionnant reste la **piscine de Capo Rosso**, bras de mer peu profond et abrité du vent par les rochers. En chemin, vous aurez peut-être aussi l'occasion de croiser un nid de balbuzards.

La réserve naturelle de Scandola

★★★

Corse-du-Sud (2A)

Joyau du littoral corse, la réserve de Scandola, à cheval sur terre et en mer, est l'œuvre combinée des forces d'Éole et de Poséidon. En effet, l'érosion éolienne et marine a donné naissance à des paysages grandioses, formés de grottes, de fissures, ponctuées de murailles dressées vers le ciel, de pitons acérés et de falaises où s'accroche une végétation de myrtes, d'euphorbes et de cistes. La plus grande colonie de balbuzards pêcheurs (aigles de mer) en Europe y a élu domicile, avec leurs nids suspendus au-dessus du rivage.

S'INFORMER

Office du tourisme intercommunal Ouest Corsica – *Voir p. 230.*

SE REPÉRER

Carte de microrégion A1 (p. 228) – *carte p. 237.* Entre Porto et Galéria, la presqu'île de Scandola se dresse jusqu'à 560 m d'altitude entre la Punta Rossa au sud et la Punta Nera au nord. Elle se visite uniquement en bateau au départ de Porto, Calvi, Propriano ou Ajaccio.

À NE PAS MANQUER

Les nids de balbuzards pêcheurs ; la magie des couleurs des rochers et de l'eau.

ORGANISER SON TEMPS

Attendez un peu, s'il le faut et si vous en avez la possibilité, pour découvrir ce lieu extraordinaire par beau temps. Un bon éclairage est en effet indispensable pour profiter au mieux du spectacle. Comptez 3h30 de visite.

DES ALGUES EN ENCORBELLEMENT

La masse rocheuse de Scandola se caractérise par une grande diversité géologique : rhyolites rouges, coulées ignimbritiques, basaltes, formations en prismes, en filons, en épanchements… sur lesquels se développe à fleur d'eau une algue calcaire : la **lythophyllum**. Elle s'agglomère en coussinets très durs le long des rochers jusqu'à former des « encorbellements » semblables à des trottoirs. Celui de la **punta Palazzu** (le plus long connu de la Méditerranée) s'étale sur plus de 100 m de long et 2 m de large. Les scientifiques ont estimé son âge à près de 1 000 ans. En tout, plus de 450 espèces d'algues ont été recensées, dont certaines n'existent nulle part ailleurs en Méditerranée. La transparence et la pureté de l'eau permettent le foisonnement de la vie sous-marine. L'**herbier de posidonie**, poumon de la Méditerranée, y prospère jusqu'à 45 m de profondeur.

La réserve permet aussi l'étude d'**oiseaux rares** qui y séjournent ou y nichent et en font un site d'intérêt exceptionnel : cormorans huppés, faucons pèlerins, puffins cendrés… Le **balbuzard pêcheur** (*alpana* en corse) en est le gardien symbolique. Cet aigle nichant sur des pitons rocheux est aussi devenu un emblème de la protection de la faune du parc régional qui aujourd'hui en compte une vingtaine de couples.

Réserve naturelle de Scandola, classée au Patrimoine mondial de l'Unesco.
F. Charton/hemis.fr

Découvrir

EN BATEAU

Des excursions en bateau sont organisées depuis Calvi, Porto, Ajaccio et Galéria. Se reporter à la rubrique « Nos adresses » de ces noms.

Au nord du golfe de Girolata, le bateau s'approche de la **Punta Muchillina**, longeant le relief très découpé de la côte ; des coulées claires en diagonale tranchent sur la roche éruptive aux sommets aigus. Des aiguilles jaillissent vers le ciel, des îlots forment d'énormes blocs, des pointes s'avancent dans la mer, certaines couronnées d'une tour. Quelques plaques verdoyantes, au loin, étonnent le regard. L'îlot de Garganello accompagne l'**île de Gargalo** dont le phare marque la partie la plus occidentale de la Corse.

La **Punta Palazzu**, palais minéral hérissé de rochers, et la Punta Nera encadrent le ravin d'Elbo dans le nord de la réserve. Le bateau pénètre dans une calanque étroite, burinée par les embruns, puis dans une grotte aux eaux exceptionnellement transparentes avant de virer de bord. Remarquez la vie qui s'accroche sur les parois extrêmes : des arbustes et même des arbres s'y sont adaptés. Sur les pitons, embusqués dans leurs nids de branchages, les balbuzards pêcheurs semblent être les sentinelles de cet univers sauvage.

★★ Golfe de Girolata (Ghjirulata)

Le bateau, sur le chemin du retour, dépasse la Punta Scandola et pénètre dans le golfe de Girolata. Ce lieu de rêve, veillé par un fortin génois, s'anime au rythme des arrivages de bateaux qui y font escale.

Les gorges de Spelunca

★★

Corse-du-Sud (2A)

Il n'a pas fallu moins de trois rivières, l'Aïtone, la Tavulella et l'Onca, pour creuser, tailler et sculpter les gorges de Spelunca. Avec des perspectives vertigineuses, des parois aux nuances intenses de rose et des vénérables ponts génois, ce superbe défilé forme un arrière-pays sauvage de toute beauté, chapeauté par de magnifiques sommets.

NOS ADRESSES PAGE CI-CONTRE

S'INFORMER

Office du tourisme intercommunal Ouest Corsica – *Voir p. 230.*

SE REPÉRER

Carte de microrégion B2 (p. 228) – Les gorges se déploient entre Ota et Évisa. *Spelunca* (« antre » en corse) fait référence à la profondeur des gorges, que des ponts génois franchissent.

À NE PAS MANQUER

Les ponts génois.

Circuit conseillé Carte des gorges de Spelunca

LES PONTS GÉNOIS

Circuit de 27 km au départ de Porto tracé en bleu sur la carte ci-contre – Compter 3h. Quitter Porto par la D 124, direction Ota.

Ota

Ce paisible village, adossé aux murailles rouges du Capo d'Ota, domine la rivière de Porto. Loin de l'agitation estivale du golfe, Ota constitue un lieu de séjour et point de départ de randonnées qui a conservé son authenticité.

★ Pont génois de Pianella

Environ 3 km après Ota, en contrebas de la route.

Cet ouvrage d'art constitué d'une arche superbe, est accessible par un chemin, bref mais assez escarpé. Traversez le pont et marchez quelques instants sur la rive opposée, vers l'amont, pour apprécier le pont dans son cadre magnifique.

Reprendre la route jusqu'aux deux ponts d'Ota, qui franchissent les ruisseaux d'Aïtone et de l'Onca. Laisser la voiture à un emplacement aménagé sur la gauche de la route, peu avant le premier pont.

Pont génois de Zaglia

Emprunter, après le deuxième pont, le sentier qui remonte le cours du torrent d'Aïtone sur la rive gauche tracé en pointillés bleus sur la carte ci-contre.

1h30 AR. Ce sentier muletier vous donnera une idée précise de ce que pouvaient être les déplacements dans l'ancienne Corse génoise. Le chemin, bien balisé (« Mare e Monti »), pénètre profondément dans les gorges et offre des vues sur les hauteurs roses qui dominent Porto. L'aspect très sauvage des gorges, les odeurs de maquis et la transparence des eaux couleur émeraude donnent beaucoup de charme à ce parcours.

Le chemin continue en lacet au-delà du pont de Zaglia, vers le cimetière d'Évisa.

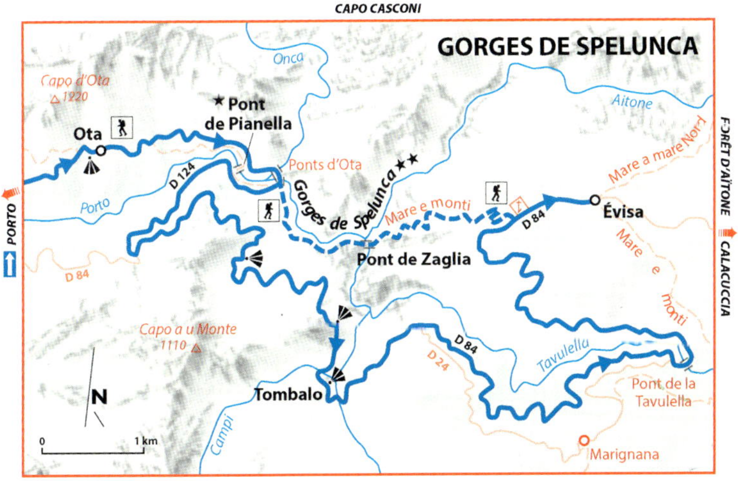

En s'élevant, des vues magnifiques embrassent le golfe de Porto et le village d'Ota. L'ascension est pénible.

Poursuivre la D 124 qui rejoint la D 84 et prendre celle-ci à gauche.

Tombalo

La **vue★★** s'étend sur le site montagneux où le Capo Casconi culmine à 1 091 m et plonge vers les gorges de Spelunca. La route évolue à travers les châtaigniers, avec de vertigineux à-pics dominés par des surplombs rocheux rose orangé. On aperçoit les gorges de la rivière Tavulella avec des villages perchés et des cultures en terrasses.

Évisa *(voir p. 248)*

NOS ADRESSES DANS LES GORGES

HÉBERGEMENT

PREMIER PRIX

Chez Félix – *20150 Ota - ✆ 04 95 70 68 49 - gitechezfelixota.com - fermé nov.-avr. - 5 ch. 50/60 € et dortoirs 6/8 pers. - 20 €/pers., 1/2 P 42 € - ☕ 8 €.* Authentique cuisine corse, à déguster sur une terrasse panoramique. Également un gîte situé sur la rue principale.

RESTAURATION

BUDGET MOYEN

U Fragnu – *20150 Ota - ✆ 04 95 26 15 60 - 15 mars-15 oct. : tlj - menu 24 € - 10/23 €.* Accueil convivial dans cet ancien moulin à huile restauré. Pâtes, salades et excellentes pizzas à apprécier depuis la terrasse qui offre une vue splendide. Fromages corses et desserts maison.

Évisa et la forêt d'Aïtone

★★

196 Évisiens – Corse-du-Sud (2A)

Cathédrale de verdure portée par les élégantes colonnes des pins laricio, la forêt d'Aïtone, baignée de petites piscines naturelles, forme un îlot de fraîcheur. Émergeant au-dessus d'une mer de châtaigniers, Évisa, à la lisière de la forêt, dresse ses toits aux tuiles orangées contrastant avec le vert des feuillages.

NOS ADRESSES PAGE 251
Hébergement, restauration, achats, activités, etc.

S'INFORMER

Point accueil touristique Évisa – *R. Principale - 20126 Évisa - ✆ 04 95 50 06 87 - www.evisa.fr - juin-sept. : 10h-12h30, 16h-18h - fermé dim. et j. fériés - horaires susceptibles de modifications, se rens.*

Office du tourisme intercommunal Ouest Corsica - *voir p. 252.*

SE REPÉRER

Carte de microrégion B2-C1/2 (p. 228). 22 km à l'est de Porto, entre Évisa et le col de Vergio. La forêt qui s'étend sur 2 400 ha, de 800 à plus de 2 000 m d'altitude, occupe le bassin supérieur de l'Aïtone, affluent du Porto. En venant du golfe de Porto, empruntez la D 84 dans des paysages grandioses, jusqu'à Évisa qui marque la lisière inférieure de la forêt. La route chemine ensuite au cœur de la futaie.

À NE PAS MANQUER

Les cascades d'Aïtone, mais attention, l'accès est réglementé.

ORGANISER SON TEMPS

Évisa est un centre de villégiature idéal pour la randonnée et il serait dommage de ne pas prendre le temps de s'y arrêter, au moins une demi-journée. La forêt offre un large choix d'itinéraires, d'une heure à une journée.

EN FAMILLE

Le sentier d'interprétation de la Châtaigneraie. Le sentier de la Sittelle, très facile, est une agréable promenade pour toute la famille.

Circuit conseillé Carte de la forêt d'Aïtone

D'ÉVISA AU COL DE VERGIO

Circuit de 12 km au départ d'Évisa tracé en orange sur la carte ci-contre.

Évisa

Station climatique appréciée, paradis des randonneurs, Évisa est établie à 830 m d'altitude à l'entrée des gorges de Spelunca et à la lisière de la forêt d'Aïtone. Le village est cerné de **châtaigneraies**, ressources traditionnelles de la région.

★★ La forêt d'Aïtone

D'Évisa au col de Vergio, la route accuse un dénivelé impressionnant de 647 m. Tracée sur la face nord du Capo di Melo et dominant la vallée d'Aïtone, elle parcourt de remarquables futaies. Vous pourrez en parcourir les sous-bois et

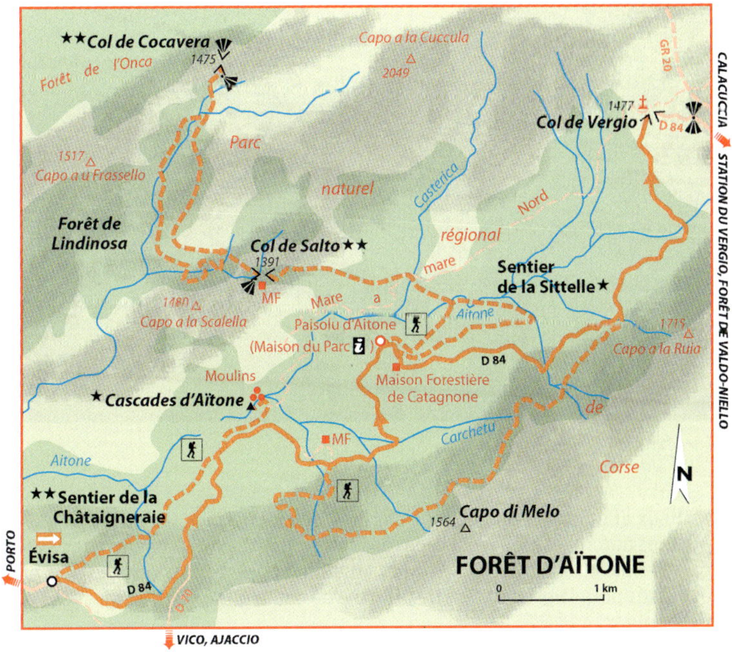

vous livrer à la cueillette : fraises des bois en juillet et août, cèpes et morilles en septembre et octobre. Si vous connaissez mal les champignons, soyez vigilant. La réputation de la forêt tient à la beauté de ses arbres qui s'élancent jusqu'à 52 m de haut (tronc de 95 cm de diamètre), accompagnés de quelques hêtres, sapins pectinés et pins maritimes. Les plus beaux sujets, parfois vieux de plusieurs siècles, se dressent autour de la maison forestière d'Aïtone.

Randonnées Carte de la forêt d'Aïtone

★★ Sentier d'interprétation de la Châtaigneraie

Circuit au départ d'Évisa tracé en pointillés orange sur la carte ci-dessus. Emprunter les escaliers au-dessus du café Le Moderne puis suivre le fléchage. La signalétique est pauvre dès que vous entrez dans la forêt. Tâchez toujours de rester sur le sentier principal. 3,5 km jusqu'aux cascades.

2h30 AR. Dénivelé 120 m. « Castagna e castagnetu Un t'inchieta di u freddu » : « Avec châtaigne et châtaigneraie, n'aie pas souci du froid. » Ce dicton dit assez l'importance de l'arbre à pain dans l'économie traditionnelle de la montagne corse. Le « chemin des Châtaignes » raconte par l'intermédiaire de panneaux explicatifs l'histoire d'une culture ancestrale et de sa matière première, le châtaignier. Il suit un ancien chemin de transhumance emprunté par le GR « Mare a Mare nord ». Le sentier rejoint la route que l'on remonte sur une centaine de mètres avant de prendre le premier chemin à gauche vers les cascades d'Aïtone.

★ **Cascades d'Aïtone** – *4 km au nord-est d'Évisa, sur la D 84. Sur le côté gauche, un poteau de bois vert marque le point de départ. 30mn AR. Accès pentu et étroit. Baignade interdite.* Les eaux du torrent d'Aïtone dévalent sur les blocs

Dans la région d'Évisa.
A. Leiva / age fotostock

rocheux et plongent un peu plus bas en cascades désordonnées. De petites piscines naturelles creusées par la force du courant se remplissent d'une eau pure et fraîche. Jusqu'en 1905, les moulins dont on aperçoit les vestiges étaient exploités pour la préparation de la farine de châtaigne.

★ Sentier de la Sittelle

Circuit tracé en pointillés orange sur la carte p. 249. Départ du replat situé dans le virage (panneau indicatif à droite), quelques centaines de mètres au-dessus du village de vacances au Paisolu d'Aïtone. Balisage à l'effigie d'une sittelle.

1h30 environ. Niveau facile. Le sentier serpente au pied de magnifiques pins laricio, d'une taille impressionnante. En fin de parcours, redescendez la route environ 150 m pour rejoindre le parking. Sachez qu'il faut beaucoup de patience, de silence et une bonne paire de jumelles pour observer ce sympathique petit passereau.

AÏTONE, SES PINS LARICIO, SES OISEAUX ET SON ROI

Aïtone viendrait du mot latin *abies,* « sapin ». Il s'agit ici du **pin laricio**, réputé pour la hauteur et la qualité de son bois. Cet arbre au fût rectiligne fut un véritable trésor pour les constructeurs navals génois qui exploitèrent et aménagèrent la forêt. Au 18e s., une route fut dégagée pour transporter le bois jusqu'à la plage de Sagone où il était ensuite acheminé vers Gênes. Au 19e s., d'importants travaux forestiers ont été mis en œuvre par les condamnés, ce qui donna son nom à la piste des Condamnés.

À la même époque, la forêt d'Aïtone abritait aussi des bandits. Vers 1820, le bandit **Théodore Poli**, originaire de Guagno, y trouva refuge après avoir fusillé un brigadier pour se venger d'une injustice. Élu **« roi de la montagne »**, il fit régner, avec l'aide de sa petite armée, sa propre loi (peines, impôts pour les riches, etc.). Attiré dans un guet-apens, Poli mourut en 1827.

Plus pacifique, la **sittelle corse** hante encore les parages. Ce passereau (12,5 cm) doit son nom *(Sitta whiteheadi)* à un naturaliste britannique, John Whitehead, qui l'a identifié à la fin du 19e s. Endémique à la Corse, la sittelle vit dans les pins laricio et a la particularité de pouvoir descendre le long de leurs troncs la tête en bas.

★★ Itinéraire en forêt

Circuit tracé en pointillés orange sur la carte p. 249. Départ 9 km au nord-est d'Évisa, à droite sur la route du col de Vergio.

3h environ par un chemin forestier. Suivi de l'embranchement avec la D 81 à la maison forestière d'Aïtone, ce chemin d'exploitation est dominé par le **Capo di Melo**. Alors que se déploient en arrière-plan de superbes pins laricio, on peut apercevoir au loin le golfe de Porto.

★★ Excursion aux cols de Salto (Saltu) et de Cocavera (Cuccavera)

Circuit tracé en pointillés orange sur la carte p. 249. Départ au même endroit que pour le sentier de la Sittelle. Le chemin se trouve sur la gauche du replat. Emporter de l'eau et être bien chaussé.

5h environ AR. Niveau moyen. On atteint en 1h le **col de Salto** (alt. 1 391 m). Sur le versant ouest du col, dominé par le Capo a la Scalella (alt. 1 480 m), la **vue**★★ se dégage sur le golfe de Porto. Poursuivez à travers les pins laricio de la **forêt de Lindinosa** jusqu'au **col de Cocavera** (alt. 1 475 m), par le sentier qui s'embranche à droite dans le premier lacet après le col de Salto. Il offre un **panorama**★★ sur la vallée, le golfe de Porto et la forêt d'Aïtone.
Retour possible par le chemin d'exploitation reliant les deux cols.

NOS ADRESSES À ÉVISA

RESTAURATION

BUDGET MOYEN

La Fontanella – *Pl. du village - ✆ 04 95 26 47 31 - fermé de nov. à déb. avr. - menu 20 € - 15/25 €.* Au centre du village, profitez de la belle terrasse de ce café pour un casse-croûte ou une assiette de charcuteries et fromages corses.

ACHATS

Jean-Dominique Albertini – *20150 Marignana - ✆ 04 95 26 22 01 - vente tte l'année - visite tte l'année (sur RV oct.-déc.).* Réputé pour sa farine de châtaigne au goût unique, Jean-Dominique conte ses secrets de fabrication, à l'ancienne, avec un séchoir à bois, le tri à la main…

José Versini – *20126 Cristinacce - 6 km au sud-est d'Évisa sur la D 70 - ✆ 06 28 28 82 4 - vente tte l'année.* Amateurs de charcuterie artisanale, arrêtez-vous à la dernière maison de ce joli petit village (en direction de Vico). Vous ne résisterez pas aux terrines de porc corse et de sanglier élaborées par cet éleveur passionné. Madame, reconvertie dans l'apiculture, propose son miel AOP ainsi que des confitures maison.

AGENDA

Fête du marron et du champignon – *Mi-nov.* Évisa fête l'*insitina*, variété locale de marron (aire d'appellation « Marron d'Évisa »).

Cargèse

Carghjese

★

1 319 Cargésiens – Corse-du-Sud (2A)

Eaux transparentes aux reflets mêlés de saphir et d'émeraude, ruban de sable étincelant de la plage, amphithéâtre de falaises rouges… Surnommée « la Grecque », Cargèse trône sur le promontoire qui ferme au nord le golfe de Sagone, au cœur d'un site majestueux. Empreinte de douceur et de tranquillité, la petite cité portuaire dévoile toute sa beauté depuis le belvédère de la pointe Molendino.

NOS ADRESSES PAGE 255
Hébergement, restauration, achats, activités, etc.

S'INFORMER

Office du tourisme intercommunal Ouest Corsica – *R. du Dr-Dragacci - 20130 Cargèse - ✆ 04 95 26 41 31 - www.ouestcorsica.com - juin-sept. : 9h-13h, 14h-18h, dim. 9h-13h ; oct.-mai : tlj sf w.-end 9h-12h30, 14h30-17h30 - fermé certains j. fériés.*

SE REPÉRER

Carte de microrégion A3 (p. 229) – *carte p. 257.* Cargèse occupe l'extrémité nord du golfe de Sagone, entre Ajaccio au sud (51 km) et Porto au nord (31 km).

SE GARER

Prenez la direction du port et laissez la voiture derrière l'église grecque (rue du Père-Chappet).

À NE PAS MANQUER

L'église grecque et son iconostase.

ORGANISER SON TEMPS

Vous pourrez aisément prolonger la visite sur l'une des quatre plages situées à proximité.

EN FAMILLE

Une excursion en mer *(voir « Nos adresses »).*

Se promener

LA VILLE

★ Église grecque

Ce sanctuaire catholique de rite oriental a été élevé de 1852 à 1870 à l'emplacement de l'église primitive devenue trop petite. Le sanctuaire y est séparé de la nef par une **iconostase** (1886), cloison de bois décorée d'images saintes sur fond d'or. Parmi les **icônes** apportées par les premiers colons, notez, à gauche de l'iconostase, un saint Jean-Baptiste ailé du 16e s. ; à droite, les trois « Hiérarques » pères de l'Église grecque, Basile, Grégoire et Jean Chrysostome ; sous la tribune de l'entrée, l'*Epitaphios*, peinture sur bois découpé du 13e s. représentant l'ensevelissement du Christ.

Derrière l'iconostase, sur le côté droit du maître-autel, se trouve une icône du 16e s. représentant la Sainte Vierge au ciel avec l'Enfant Jésus, entourée d'anges et de deux saints qui la contemplent : saint Nicolas de Myre et saint Spiridon, le saint patron de l'église. Quant aux fresques, dont la grande au-dessus de la tribune, elles ont été réalisées entre 1987 et 2001 par l'atelier G. Drobot. De la terrasse, bordée de micocouliers, la **vue**★ s'étend sur le golfe de Sagone.

Église grecque de Cargèse.
S. Lemaire/hemis. fr

Église latine

Placée elle aussi sur une terrasse, elle fait face à l'église grecque, au-delà d'un petit vallon occupé par des jardins. Ce petit édifice au clocher quadrangulaire fut construit au 19e s. pour répondre aux besoins de la population catholique de rite latin. Il présente un intérieur baroque très chargé utilisant la technique du trompe-l'œil (fausse chapelle du monument aux morts). En lisant les noms inscrits sur le monument aux morts, on remarque que certaines familles ont conservé un patronyme évoquant leurs racines grecques *(voir encadré p. 254)*.

Le port

Surplombé par le cimetière et bordé de petits restaurants, ce petit port de plaisance est agréable. À droite de la route, dans le dernier lacet, le chemin du Pittiglione permet d'accéder aux ruines de la tour génoise.

★ LES PLAGES

Plage de Pero

1 km au nord.

Elle s'étend au fond du golfe de Pero fermé par la pointe de Cargèse et celle d'Omigna, couronnées d'une tour génoise. Location de planches à voile.

2h AR. L'accès à la tour d'Omigna se fait par la plage du Pero, sur la gauche après la résidence Ta Kladia. Un sentier conduit jusqu'à la seule des deux tours qui se visite. Passez le portail et suivez le chemin qui s'ouvre au milieu du maquis et mène à la tour restaurée. En route, remarquez les restes d'un pailler et d'un four.

★ Plage de Chiuni

6 km au nord.

Le golfe de Chiuni, très profond, gardé par une **tour génoise**, offre une grande plage de sable bordée de buissons de lentisques, où s'est établi un village de vacances. Le lieu est magnifique.

DES RACINES GRECQUES

Pour fuir l'occupation turque de 1670 dans le Magne (dans le sud du Péloponnèse), des **Grecs originaires d'Oitylo** demandent asile à la république de Gênes. Ils obtiennent en 1675 la concession en Corse de territoires inhabités dont celui de Paomia dans l'arrière-pays de Sagone. La Superbe (Gênes) s'engage à pourvoir à leur établissement en échange de leur fidélité. En janvier 1676, environ 800 Grecs arrivent à Gênes et, en mars, s'établissent sur leurs terres, construisent le village de **Paomia**, défrichent, plantent. Leur installation est mal accueillie par les populations locales qui les associent à Gênes. Leur prospérité excite la jalousie des montagnards de Vico qui attaquent la colonie en 1715, puis en 1729 (début de la guerre d'indépendance) avec les Niolins. En 1732, ils doivent se réfugier à Ajaccio où Gênes leur offre des terrains. Ils y demeurent pendant quarante-trois ans et y aménagent l'église grecque *(voir p. 252)*. La Corse devenue française, les Grecs reçoivent en 1769 le **territoire de Cargèse** en compensation de la perte de Paomia ; Marbeuf leur fait édifier les 120 maisons du village actuel et l'église de rite oriental. Une cinquantaine de familles grecques seulement s'y établit en 1774. L'administration de la colonie est confiée à Marbeuf qui reçoit le titre de marquis de Cargèse en 1778. Pendant la Révolution, des attaques corses obligent à nouveau les Grecs à se replier sur Ajaccio (1793). Quatre ans plus tard, sous le Directoire, seuls les deux tiers d'entre eux consentent à revenir. Deux siècles durant, les Cargésiens formèrent une communauté jalouse de sa langue, de sa religion et de ses usages. Par la suite, les alliances avec les Corses, moins rares, permirent au village de vivre en paix. Aujourd'hui parfaitement intégrée, la population d'origine grecque ne se distingue guère que par quelques éléments lexicaux et par les fêtes liturgiques grecques qui continuent à être célébrées avec ferveur, en particulier la St-Spiridon.

Plus au nord, dans la baie de Topiti, débarquèrent, dans la nuit du 13 au 14 décembre 1942, les émissaires du sous-marin *Casabianca* *(voir encadré p. 34)* qui établirent la première liaison entre Alger et les patriotes corses (plaque commémorative sur la D 81 au pont de Chiuni).

Plage de Ménasina

2,5 km au sud.

Elle occupe une baie protégée par les pointes de Cargèse et de Molendino.

Plage de Stagnoli

7,5 km au sud.

Belle plage de sable fin, équipée pour la voile et la planche à voile.

NOS ADRESSES À CARGÈSE

TRANSPORTS

Autocars – *www.corsicabus.org.* Liaisons avec Ajaccio et Ota *via* Porto (sept.-juin : tlj sf dim. 1/j. ; juil.-août : tlj 2/j.).

HÉBERGEMENT

PREMIER PRIX

Camping Torraccia – *4 km au nord de Cargèse - ☎ 04 95 26 42 39 - www.camping-torraccia.com - fermé 1er oct.-20 avr. - 🏊 - 85 empl. 30 € - 35 chalets 470/1 000 €/sem.* À 20mn à pied de la plage de Chiuni, ce camping, bien ombragé et tout en terrasses, offre des emplacements dont la plupart bénéficient d'une jolie vue sur la vallée, la montagne et la côte. Chalets confortables. Restauration, épicerie, tennis, piscine et Jacuzzi.

POUR SE FAIRE PLAISIR

Hôtel Les Lentisques – *Plage de Pero - 1 km au nord de Cargèse - ☎ 04 95 26 42 34 - www.leslentisques.com - fermé oct.-avr. - P ♿ 🏊 - 17 ch. 120/160 € - ☕ 13 € - ✕ menu 26 €.* Si vous recherchez le calme, cet hôtel est pour vous. Les chambres sont sobres et dotées d'une loggia ; celles du 1er étage jouissent d'une vue sur la mer. Le restaurant ouvre ses portes en été. Piscine et plage accessible par un chemin privé.

Hôtel Thalassa – *Plage de Pero - 1 km au nord de Cargèse - ☎ 04 95 26 40 08 - www.hotel-le-thalassa.com - fermé de mi-oct. à fin avr. - P ♿ - 25 ch. 120/235 € ☕.* Pour un bain matinal, la plage de Pero est à vos pieds. Les chambres sont calmes qu'elles soient sur la mer ou sur le jardin. Petite restauration le soir, sous forme d'assiettes de charcuterie, salades *(11/14 €)* servies dans la salle à manger ou en terrasse face à la mer.

RESTAURATION

BUDGET MOYEN

Le Cabanon de Charlotte – *Port de plaisance - ☎ 06 81 23 66 93 - fermé nov.-mars - formule déj. 19 € - menu 37 €.* Un engageant couvert vous attend sous les canisses et les parasols de ce restaurant. L'établissement sert essentiellement des spécialités de la mer et propose tous les jeudis soir des concerts de chants traditionnels et polyphoniques.

ACTIVITÉS

Port de plaisance – *Capitainerie - ☎ 04 95 26 47 24 - avr.-nov. - 8h-19h30.*

Excursions en mer

Croisières Grand Bleu – *R. Marbeuf - ☎ 04 95 26 40 24 - www.croisieresgrandbleu.com - visite guidée de mi-avr. à mi-oct. - 65 € (-10 ans 35 €).* Promenades en mer vers la réserve de Scandola, Girolata, Capo Rosso, Calanche de Piana, etc.

U Filanciu – *Port de Cargèse - ☎ 07 60 14 03 04 - www.ufilanciu.fr - fermé déc.-fév. - 3 circuits : 38/100 €.* Au départ de Cargèse ou de la plage d'Arone, sont proposées des excursions vers Scandola, Girolata, les Calanche de Piana, en bateau semi-rigide de 12 places.

Équitation

Le Ranch – *Plage de Chiuni - 7 km au nord de Cargèse - ☎ 06 79 35 41 35 - www.ranchcorse.com - 40 €.* Promenades équestres et baignades avec les chevaux sur la plus belle plage de Cargèse.

Le golfe de Sagone

Golfu di Sagone

★

Corse-du-Sud (2A)

Située entre les golfes d'Ajaccio et de Porto, cette large baie est ceinturée de collines couvertes de maquis, de chênes verts et d'oliviers. Ses longues plages de sable, qui s'étirent de part et d'autre des embouchures de la Sagone, du Liamone et de la Liscia en ont fait un site réputé. Cependant, une douce mélancolie envahit ses rives les jours de mauvais temps, la mer revêtant des lueurs métalliques et les vagues ourlant ses rivages grisâtres.

NOS ADRESSES PAGE 258
Hébergement, restauration, achats, activités, etc.

S'INFORMER

Office du tourisme intercommunal Ouest Corsica – *Ancienne mairie annexe - 20118 Sagone - ✆ 04 95 28 03 46 - www.ouestcorsica.com - été : tlj sf dim. 9h30-12h30, 14h30-18h30 ; hiver tlj sf sam.-dim. 9h-12h, 13h30-17h30.*

SE REPÉRER

Carte de microrégion A3-B3/4 (p. 229). Entre Ajaccio et Cargèse. Délimité au nord par la pointe de Cargèse et au sud par le Capo di Feno, le golfe de Sagone s'enfonce profondément dans les terres, au sud de la pointe Capigliolo, pour former le golfe de la Liscia.

À NE PAS MANQUER

Au nord, du côté de Cargèse, l'arrière-pays de Vico ou la Cinarca.

ORGANISER SON TEMPS

Comptez une journée si vous souhaitez prolonger le circuit de découverte par une pause baignade ou par la montée au rocher de Gozzi.

Circuit conseillé Carte du golfe de Sagone

DE CARGÈSE AU GOLFE DE LAVA

Circuit de 53 km au départ de Cargèse tracé en bordeaux sur la carte ci-contre – Compter environ 2h.

★ Cargèse *(voir p. 252)*

De Cargèse au golfe de Lava, les routes D 81 et D 381 longent le plus souvent un littoral accidenté et franchissent quelques fleuves côtiers à proximité des **plages de sable**.

Sagone

Primitivement cité romaine, Sagone fut le siège, dès le 6e s., de l'un des cinq premiers évêchés de Corse. Son importance s'accrut au Moyen Âge au point de pousser sa juridiction territoriale jusqu'à Calvi ; au 12e s., son titulaire, qui relevait de l'archevêque de Pise, fit bâtir la cathédrale Sant'Appiano, dont les fondations ont été mises au jour lors d'une campagne de fouilles. Mais au 16e s., la destruction de la cité par les Sarrasins et l'insalubrité à l'embouchure du fleuve justifièrent l'installation de l'évêché à Vico. L'abandon définitif du site décida, en 1625, du transfert de l'évêché à Calvi.

De son histoire, Sagone ne garde que peu de vestiges et se présente aujourd'hui comme une petite **station balnéaire** sans cachet mais dynamique. Elle offre une vaste plage, qui s'étire le long de la D 81, un port de plaisance et des activités nautiques (école de voile, de plongée). Le bourg dépend de la commune de Vico *(voir p. 259)*, à l'intérieur des terres.

La **tour génoise**, à l'ouest de l'agglomération, surveille l'anse de Sagone et le port.

Tiuccia

Cette petite station balnéaire s'allonge au fond du golfe de la Liscia. Elle est dominée par les ruines du château de Capraja qui appartint aux comtes de la Cinarca. Promenades en mer vers le Capo Rosso, les Calanche de Piana et Girolata.

Voir le circuit La Cinarca (p. 264) qui débute à Tiuccia.

Golfe de la Liscia

Entre les **tours génoises** d'**Ancone** et de **Capigliolo**, ce petit golfe dessine une côte rocheuse propice à la plongée sous-marine. Plusieurs **criques de galets** sont accessibles à pied à partir du chemin côtier de la tour d'Ancone *(tracé en pointillés bordeaux sur la carte ci-dessous)*. Au nord, une **plage de sable** s'étend à l'embouchure du fleuve.

Col de San Bastiano

Une stèle en granit rose commémore la première traversée aérienne de la Méditerranée effectuée par **Louis Capezza** et **Alphonse Fondère**. Partis de Marseille le 14 novembre 1886 à 16h30 à bord d'un vieux ballon, le *Gabizoz*, ils atterrirent en pleine nuit et sous la tempête, près d'Appietto. Du col même

(alt. 411 m), la vue est restreinte sur le golfe de Lava ; en gagnant la butte derrière la chapelle, **coup d'œil★** sur le golfe de Sagone et la Cinarca.
Au col de Listincone (alt. 232 m), prendre à gauche la petite route vers Appietto.

Appietto
Ce village, d'où sont originaires les comtes de la Cinarca, compte trois hameaux étagés sur les pentes d'une montagne couverte de maquis. Elle possède une élégante église.
De retour au col de Listincone, reprendre la D 81 vers le nord, puis tourner à gauche dans la D 381.

Golfe de Lava
La route longe le torrent de Lava et serpente dans un paysage de pâturages vide d'habitations ; elle aboutit à une belle plage de sable.

Randonnée Carte du golfe de Sagone

★ Rocher de Gozzi
Circuit tracé en pointillés bordeaux sur la carte p. 257. Départ d'Appietto par le chemin muletier qui s'amorce à droite, juste avant le dernier hameau du village.
3h AR. À hauteur d'un calvaire, obliquez à droite pour descendre à la fontaine d'Appietto ; sur l'autre versant, le chemin monte vers les ruines d'un château médiéval ayant appartenu aux comtes de la Cinarca. Du haut du rocher (alt. 708 m), **panorama★** sur le golfe de Sagone, la vallée de la Gravona et Ajaccio.

NOS ADRESSES DANS LE GOLFE DE SAGONE

HÉBERGEMENT

PREMIER PRIX

Camping Les Couchants – *Plaine du Liamone - 20111 Casaglione - 5 km au nord de Tiuccia (D 81 et D 25 à droite, rte de Casaglione) - 04 95 52 26 60 - campinglescouchants.fr - de fin juin à mi-sept. - - 32 empl. 21 € - 8 chalets 651/749 € sem.*
Un cadre fleuri et soigné donne à ce camping, qui fait face au golfe de Sagone, une allure plaisante. Ses emplacements, aménagés en terrasses et plantés de lauriers aux couleurs variées, sont très agréables.

ACTIVITÉS

Excursions en mer

Nave Va – *Port de Sagone - 04 95 28 02 66 - www.naveva.com - - fermé de déb. oct. à mi-avr. - 60 € (-12 ans 35 €).*
Excursions commentées vers la réserve de Scandola, Girolata, Capo Rosso, Calanche de Piana. Choix du navire possible.

Vico et le Liamone

Vicu

898 Vicolais – Corse-du-Sud (2A)

Ancienne résidence des évêques de Sagone, Vico s'élève au cœur du Liamone, vallée de moyenne montagne dont elle est la modeste capitale. Elle se révèle une base idéale pour sillonner les routes en balcon alentour. Jolies gorges, sources chaudes et lac d'altitude s'offriront alors à vous.

NOS ADRESSES PAGE 263
Hébergement, restauration, achats, activités, etc.

S'INFORMER

Office du tourisme intercommunal Ouest Corsica – *La Liscia - Carrefour d'Orcino - 20111 Calcatoggio - ✆ 04 95 52 82 60 - juin-sept. : tlj sf sam.-dim. 9h30-12h30, 14h30-18h30. Hors saison, s'adresse à l'office de tourisme à Sagone (voir p. 256).*

SE REPÉRER

Carte de microrégion BC2/3 (p. 228-229). Vico est établi 17 km au nord-est du golfe de Sagone par la D 70.

À NE PAS MANQUER

Le plus vieux Christ de Corse, conservé dans l'église du couvent St-François ; le circuit de la vallée du Haut-Sorru et ses villages montagnards, un concentré de culture corse traditionnelle ; le village d'Orto, niché dans un site spectaculaire.

ORGANISER SON TEMPS

Suivez les chemins génois qui reliaient l'arrière-pays au golfe de Sagone. Faites vos courses à Vico si vous envisagez d'explorer l'arrière-pays. Hormis quelques (rares) épiceries et une poignée de restaurants, il n'y a ni banque, ni station-service !

EN FAMILLE

La Maison du miel à Murzo ; une randonnée au lac de Creno.

Circuits conseillés Carte de microrégion

ROUTE D'ARBORI B3

Circuit de 8 km au départ de Vico tracé en gris foncé sur la carte p. 229. Quitter Vico par la D 1, au sud.

5

Couvent St François

✆ 04 95 26 83 83 - www.couventdevico.fr - ♿ - entrée libre - possibilité de visite guidée (15mn).

Bâti dans les châtaigniers sur un ressaut de la montagne au-dessus de la vallée du Liamone, le couvent, se composant alors d'un oratoire entouré d'humbles cabanes, fut fondé en 1481 par les frères mendiants de l'ordre de St-François, sous la protection du comte Gian Paolo de Leca. Le couvent actuel fut édifié à partir de 1628. Après le départ des franciscains en 1793, les oblats de Marie-Immaculée s'y installèrent en 1836.

L'église conventuelle date du 17e s. Elle abrite un grand **Christ en bois★** (« U Santu franciscone ») sculpté à la manière du 15e s. Il serait le plus ancien de Corse. Observez l'expression du visage aux yeux clos, la bouche entrouverte, et le dessin des côtes très marquées. Sous le Christ, dans le mur de la chapelle

consacrée à Mgr Mazenod, évêque de Marseille canonisé en 1995, repose le père Dominique Albini, missionnaire de la Corse au 19e s. Remarquez également le tabernacle en marbre polychrome (1698) du maître-autel et le chasublier de la sacristie en noyer et en merisier (1664). Sous le pavé de l'église, dans des caveaux au sol en terre battue pourvus d'une ouverture que fermait une dalle de pierre, les corps des défunts étaient jetés simplement roulés dans un drap. Des milliers de Vicolais ont ainsi été « sépulturés en arca » dans ce couvent.
Reprenez la D1 en direction d'Arbori.

Gorges du Liamone

La D 1 longe en corniche, dans les châtaigniers et les arbousiers, la haute vallée encaissée du Liamone. Sur les grands escarpements de la rive opposée se découpe la silhouette de la montagne de **la Sposata** (« la mariée »). Ce nom perpétue le souvenir d'une jolie bergère épouse d'un seigneur de la Cinarca. Aveuglée par cette promotion sociale, la jeune orgueilleuse quitta la maison en dépouillant sa mère. Devant tant d'ingratitude, celle-ci jeta une malédiction sur sa fille qui fut aussitôt pétrifiée avec sa monture, sur l'arête de la montagne.

Arbori

Entouré d'oliviers et de vignobles, le village domine la vallée du Liamone, face à la Sposata.

ROUTE DU COL DE SEVI

Circuit de 22 km au départ de Vico tracé en vert pâle sur la carte p. 228. Quitter Vico par la D 23, puis la D 70 à droite.
À la sortie du bourg, la D 70 offre une vue d'ensemble sur le bassin de Vico, le couvent St-François et la vallée du Liamone dominée par la montagne de la Sposata. Puis la route s'élève en lacet au-dessus de la Catena, affluent du Liamone.
À 2 km de la chapelle St-Roch, prendre à droite la route de Renno.

Renno C2

Ce village disperse ses hameaux à 950 m d'altitude dans une châtaigneraie centenaire. Noyers, chênes verts et vergers ombragent sa campagne riante. Ses pommes reinettes sont réputées.
Regagner la D 70.

LE « NETTOYAGE » DU MAQUIS

En novembre 1931 débarquent à Ajaccio près de 600 gardes mobiles, une dizaine d'automitrailleuses, des chiens policiers et un imposant matériel de campagne. Les forces de l'ordre bouclent immédiatement un secteur compris entre Vico, Guagno et Ste-Marie-Sicché. Il s'agit « d'épurer le maquis », selon les instructions du gouvernement dirigé par Pierre Laval, faisant alors fonction de ministre de l'Intérieur. La presse parisienne envoie des « correspondants de guerre », parle de « corps expéditionnaire », au grand dam de leurs confrères corses. Cependant, la plupart des célèbres hors-la-loi tels Romanetti en Cinarca, Castelli à Orezza ou Bartoli avaient déjà été abattus plusieurs années auparavant ; seul Spada, le « roi du palais-vert », persistait à plastronner. Il sera le dernier à être jugé et exécuté en 1935. La mission qui consistait à désarmer les habitants des villages occupés laissa beaucoup d'amertume dans les vallées, mais sonna le glas des « bandits du maquis corse ».

Le village de Vico.
P. Schickert/imagebroker/age fotostock

Col de Sevi C2

Alt. 1 101 m. Il relie le bassin du Liamone avec celui du Porto.
Le tracé de la route de Sevi remonte à l'époque génoise pendant laquelle on transportait les grumes de la forêt d'Aïtone vers le petit port de Sagone. L'abbé de Germanès écrit, en 1774, dans son *Histoire de la Corse* : « Les Génois, qui avaient un grand besoin de bois pour la marine, ont dépensé cent mille écus pour aplanir sur la croupe des montagnes un chemin qui, de la forêt, va jusqu'au bord de la mer. »
Au-delà du col, la **vue★** se dégage sur Cristinacce.

Cristinacce C2

De ce village bâti en terrasse dans une châtaigneraie, au-dessus de la vallée du Porto, on découvre au loin les grandes murailles rouges hérissées d'aiguilles qui dominent le golfe : Capo d'Orto et Capo d'Ota.
Après Cristinacce, la route procure des **vues★★** sur le golfe de Porto et sur Évisa, au pied des immenses parois rocheuses du Capo Ferolata.

Évisa B2 *(voir p. 248)*

★ VALLÉE DU HAUT-SORRU

Circuit de 38 km au départ de Vico tracé en rouge sur la carte p. 228-229 – Compter environ 3h. Quitter Vico par la D 23 à l'est.

À la sortie de Vico, la D 23 s'élance vers Murzo, un village qui marque la « frontière » entre le Bas-Sorru (autour de Vico) et le Haut-Sorru (vers Guagno). Ces deux microrégions sont aujourd'hui réunies dans le **canton des Deux-Sorru**, qui compte onze communes, dont Vico, Soccia et Orto.
À Murzo, une **Maison du miel** *(04 95 76 01 22 - maisondumielcorse.com - avr.-sept. : 9h-12h, 14h-17h - gratuit)* présente le métier d'apiculteur, l'abeille corse et les plantes mellifères de l'île.
À Murzo, prendre à droite la D 4 en direction de Muna.

UN PASSÉ THERMAL RÉPUTÉ

Les eaux de Guagno étaient déjà utilisées au 16e s., mais leurs propriétés ne furent réellement reconnues qu'au 18e s. Les sources de l'**Occhiu** (37 °C), situées sur la D 323, à l'ouest du village, traitaient des maladies des yeux, de la gorge et du larynx. La **source Venturini** (52 °C) soignait les rhumatismes, maladies de peau, arthroses, sciatiques, l'obésité… Arborant fièrement leur date de construction (1808), les **thermes** s'enorgueillissaient d'avoir eu comme patients Napoléon III et Eugénie de Montijo.

★ Muna C3

Une spectaculaire **route en balcon★★** mène à ce hameau. Taillée à flanc de roche aux teintes rosées, la petite voie goudronnée surplombe les gorges du Liamone. Soyez particulièrement prudent : très dégradée, la route flirte avec les ravins. Quasi abandonné hors saison, Muna reprend vie aux beaux jours.

Revenir à Murzo, puis prendre à droite la D 23 en direction de Guagno-les-Bains.

Guagno-les-Bains (I Bagni) C2

La petite D 23, parfois très dégradée, conduit jusqu'à Guagno. Dominant les vallées de l'Albelli et de Fiume Grosso, ce village tranquille s'étage, à 720 m d'altitude, dans une clairière ouverte dans la forêt de châtaigniers.

L'établissement thermal construit sur la rive gauche du torrent témoigne de l'effort qui a été accompli pour relancer l'activité, en vain. Faute d'une clientèle suffisante, les thermes ont fermé, malgré leur renommée et leur longue histoire *(voir l'encadré ci-dessus)*.

On honore encore ici, la mémoire de **Dominique Leca** dit Circinellu, dont l'opiniâtreté inspira nombre de poèmes. Ce prêtre de Guagno en 1768, intraitable défenseur de l'indépendance de l'île, refusa la défaite du Ponte Nuovo.

Poursuivre vers Poggiolo puis Soccia, par la D 323 puis la D 123.

★ Soccia C2

Bâti en amphithéâtre sur un éperon, le village offre une vue étendue sur la vallée du Fiume Grosso et le bassin de Guagno. C'est le point de départ de l'excursion au lac de Creno *(voir « Randonnées »)*. De la route de terre, on jouit en soirée d'une **vue★** sur la mosaïque des toits du village, camaïeu de rouges se découpant dans un paysage de montagnes boisées aux silhouettes majestueuses.

Redescendre vers Poggiolo, puis prendre la D 223 vers Orto.

★ Orto (Ortu) C2

Dominé par les aiguilles déchiquetées du **monte Sant'Eliseu**, ce village « du bout du monde » occupe un **site★** impressionnant au-dessus de la vallée du Fiume Grosso. Escarpées et étroites, les rues rendent l'accès au sommet du village délicat en voiture. Garez-vous à l'entrée du village et grimpez plutôt à pied pour profiter d'une belle vue sur la vallée du Haut-Sorru.

Revenir vers Poggiolo puis Vico.

Randonnées Carte de microrégion p. 228-229

★ Lac de Creno C2

Au départ de Soccia. Une route carrossable débute par une rampe bétonnée, à l'est de Soccia, juste après un lavoir. Elle rejoint en 2,8 km le circuit pédestre, à la grande croix métallique (stationnement).

2h AR. À 1 310 m d'altitude, le lac de Creno est le moins élevé des lacs glaciaires de Corse. Peu profond, cette modeste étendue de 1,8 ha, au charme mystérieux, est entourée de beaux pins laricio dont les fûts rectilignes se reflètent dans ses eaux calmes. Selon la légende, le diable aurait créé le lac de Creno afin de s'y cacher. Mais un jour, les intenses prières d'un berger et d'un vieillard vidèrent complètement le site lacustre, ce qui obligea le démon à s'enfuir.

Prendre le sentier pour Creno qui part à travers le maquis, environ 30 m à droite et au-dessus du trop-plein en ciment de la conduite forcée.

Le chemin court à flanc de coteau dans un maquis qui exhale une forte odeur de thym. En face se dressent les rochers de l'Arbariccia. Le sentier devient bientôt plus raide et plus étroit. Rejoignez *(1h de Soccia)*, au pied des pentes du monte Sant'Eliseu, le chemin qui descend à Orto. À environ 500 m de ce croisement se détache à droite le sentier d'accès à la **chapelle Sant'Eliseu** (alt. 1 511 m). Continuez tout droit, puis sur la droite, pour pénétrer bientôt dans le bois de pins laricio où se situe le lac de Creno, que vous atteignez en 15mn. Une fois au lac, suivez le chemin de crête qui laisse à gauche le monte Sant'Eliseu, puis mène à une croix au pied de laquelle s'offre une vue étendue sur Orto et Guagno.

Du lac, vous pouvez rejoindre en 2h environ Bocca d'Acqua Ciarnente, où passe le GR 20 et où est établi le refuge de Manganu.

Cascade de Piscia a l'Onda C2

Au départ de Guagno-les-Bains ; descendre vers le Fiume Grosso et, après l'avoir franchi, emprunter le sentier longeant la rive droite.

2h aller. Au confluent avec le Liamone, franchissez ce dernier et prenez, au-delà du pont, le chemin de Letia, puis un sentier remontant, vers le nord, la rive droite du Liamone jusqu'à la cascade formée par les eaux du torrent. Belle **vue★** sur la vallée en redescendant.

Forêt de Libio (Furesta di Libiu) C3

Au sud-est de Guagno-les-Bains.

Composée de pins maritimes et laricio, elle s'étend en amphithéâtre en dessous des principales cimes : le monte Tretorre et ses trois dômes (alt. 1 502 m, très belle randonnée de 5h30 AR) et le monte Cervello (alt. 1 624 m).

NOS ADRESSES À VICO

HÉBERGEMENT

BUDGET MOYEN

Hôtel U Paradisu – *Rte du Couvent - 04 95 26 61 62 - www.hoteluparadisu.com - - 20 ch. 73/106 € - 13 € - 18/35 €.* En retrait du village, cet hôtel promet un séjour tranquille avec sa piscine bordée de transats. Chambres de bonne tenue. Salle à manger accueillante et terrasse couverte. Un petit paradis ?

ACTIVITÉS

Les Escapades – *Pl. Casanelli d'Istria - 06 12 89 74 60 - www.lesescapades.com.* Pour s'essayer au canyoning, à l'escalade ou à la via ferrata…

AGENDA

Fiera di San Roccu – *À Renno - 16-17 août.* Brocante, vente de produits artisanaux, concerts, etc.

U mele in festa (le miel en fête) – *À Murzo - dernier w.-end de sept.*

La Cinarca

★

Corse-du-Sud (2A)

Ouverte sur le golfe de Sagone, la Cinarca étage ses hameaux dans l'amphithéâtre de la vallée de la Liscia dominée à l'est par des reliefs abrupts. Prenez votre temps pour découvrir cette petite région fertile qui réserve d'agréables surprises, des petits villages oubliés qui vivent de la vigne, de l'élevage et des vergers, à la fois tout près et tellement loin de la frénésie du littoral.

NOS ADRESSES PAGE CI-CONTRE

S'INFORMER

Office du tourisme intercommunal Ouest Corsica – *Voir p. 259.*

SE REPÉRER

Carte de microrégion BC3/4 (p. 229) – *carte p. 257.* Située au nord-est d'Ajaccio et à l'est du golfe de Sagone, la Cinarca est limitée par les versants élevés du sud du Liamone et du nord de la Gravona.

ORGANISER SON TEMPS

Ni banque, ni distributeur automatique, ni station-service, peu de commerces (surtout hors saison)… prenez vos précautions à Sagone ou Tiuccia.

Circuit conseillé Carte du golfe de Sagone

AU DÉPART DE TIUCCIA

Circuit de 51 km au départ de Tiuccia tracé en rose sur la carte p. 257 – Compter environ 2h.

Tiuccia *(voir p. 257)*

Prendre la D 81 en direction de Sagone. Après la tour de Capigliolo, prendre à droite la D 25.

Piquée d'asphodèles au printemps, la route s'élève doucement dans un paysage de pâturages, offrant de belles vues sur les plages du golfe de Sagone en contrebas.

Casaglione (Casagliò)

Le village est construit dans un paysage de châtaigniers, d'oliviers, de chênes verts et de pâturages. Son **église** abrite un intéressant tableau de 1505 représentant la Crucifixion. Au pied de la Croix, le donateur reçoit de saint François la cordelière de l'ordre. *04 95 52 22 80 - clé à la mairie tlj sf w.-end 9h-12h.*
Prendre la D 25 puis la D 1, en partie rénovée et élargie, dir. Sari-d'Orcino.

Sari-d'Orcino

Les deux hameaux de ce petit chef-lieu de canton s'étagent au-dessus du golfe de Sagone et du bassin de la Liscia. On y cultive en terrasses les oliviers, les orangers, la vigne et les citronniers. Les cédratiers, qui entre les deux guerres contribuèrent à la richesse du pays, sont presque tous retournés à l'état sauvage. De l'extrémité de la terrasse où s'élève l'église, **vue★** sur le golfe de Sagone.

LE TIGRE DE LA CINARCA

La Cinarca fut le fief de l'un des derniers bandits corses, le célèbre **Spada** qui résidait à Lopigna : le **« tigre de la Cinarca »** avait pris le maquis après avoir tué deux gendarmes à Sari-d'Orcino en 1922. Il finit guillotiné à Bastia en 1935.

Passer devant l'église et sortir du village par la D 1, en direction d'Ajaccio. Après 2 km, prendre à droite la D 101 en direction de Calcatoggio.

La route, parfois dégradée, offre de belles vues sur le village de Sari-d'Orcino recroquevillé autour de son église, et, plus loin, sur le golfe de Sagone.

La route passe par **Sant'Andréa d'Orcino**, autre village en balcon, avec un panorama sur les collines de la Cinarca, étonnamment verdoyantes au printemps.

Calcatoggio (Calcatoghju)

Agrémenté de jardins fruitiers, ce gros hameau sans grand cachet bénéficie surtout d'un site époustouflant, en balcon sur le golfe de Sagone et son arrière-pays. Belle **vue★**.

Arrivé sur la D 81, descendre à droite vers le golfe de la Liscia.

Golfe de la Liscia *(voir p. 257)*

NOS ADRESSES DANS LA CINARCA

HÉBERGEMENT

PREMIER PRIX

Chambre d'hôte L'Ogliastru – *20133 Ucciani - à 4 km par T 20, rte d'Ajaccio et chemin à gauche - ✆ 04 95 52 97 47 - www.ogliastru.com - fermé nov.-mars - ⊄ - 5 ch. 78 € ☕ - dîner 29 €.* Maison récente posée près d'une rivière, dans la vallée de la Gravona. Les propriétaires avisés sauront vous conseiller de belles balades.

RESTAURATION

BUDGET MOYEN

Auberge « Chez Lolo » – *20151 Sari-d'Orcino - ✆ 04 20 57 23 87 ou 06 26 04 60 43 - ⊄ - le soir - réserv. obligatoire en hiver - menu 25 €.* Cette maison de 1892 s'est réveillée sous l'impulsion d'une jeune Corse. C'est elle qui annonce ce qui mijote sur le fourneau… Atmosphère conviviale avec les gens du cru.

ACHATS

Clos d'Alzeto – *20151 Sari-d'Orcino - ✆ 04 95 52 24 67 - www.closdalzeto.com - 8h-12h, 14h-18h - fermé dim. et j. fériés.* La famille Albertini produit depuis 1820 des vins de qualité : blanc de blancs, rosé et vin rouge souvent récompensés au Concours général agricole. Dégustation, vente et visite du domaine sur rendez-vous.

Un bastion de résistance

LA DYNASTIE DES CINARCA

Occupée dès l'Antiquité par les **Tarrabenioi**, l'un des douze peuples « habitant en villages » localisés en Corse par le géographe Ptolémée au 2e s., la Cinarca se fit remarquer au Moyen Âge par sa résistance à Gênes. Parmi les instigateurs de cette résistance, une famille se distingue : les **comtes de la Cinarca**.

Ils furent, du 13e au 16e s., les plus sévères ennemis des Génois qui tentaient de s'implanter en Corse après en avoir évincé Pise. Au 13e s., les comtes cinarcais étaient puissants, contrôlant la majeure partie de l'Au-Delà-des-Monts, jusqu'au bastion génois de Bonifacio. Ils opposèrent à la république de Gênes une résistance qui aurait pu être redoutable si leurs divisions ne les avaient engagés dans des luttes fratricides pour le pouvoir.

De grands noms

La première grande figure de la lignée fut **Sinucello della Rocca**, connu sous le nom de Giudice de la Cinarca, né à Olmeto en 1221. Tenant de la cause pisane, il se distingua par ses exploits dans l'armée de cette république qui lui donna le titre de Giudice (« juge », terme désignant celui qui représente l'autorité publique) et la mission de soumettre l'île. De retour en Corse, il se heurta à l'opposition des partisans des Génois et à celle des seigneurs cinarcais, menacés dans leurs ambitions. Il se retira alors dans la montagne, à Quenza, et devint l'arbitre des litiges et des vendettas. En 1250, Sinucello était maître du sud de l'île, mais la défaite de Pise à la Meloria en 1284 sonna le glas des heures de gloire de Giudice. Trahi par son propre fils et livré aux Génois, il finit ses jours dans les geôles de la république.

Au 14e s., ses descendants s'inféodèrent au roi d'Aragon à qui le pape avait cédé ses droits sur la Corse : **Arrigo della Rocca**, son arrière-petit-fils, le plus bouillant des seigneurs, s'illustra par son long combat contre Gênes ; **Vincentello d'Istria**, neveu d'Arrigo, fut nommé vice-roi de Corse par le roi d'Aragon qui lui délégua l'administration de l'île. Une fois son autorité assise *(voir Corte)*, Vincentello se comporta en despote. Il s'aliéna le peuple corse et les seigneurs du Sud, ses propres parents qui, appuyés par Gênes, le renversèrent.

Victoire génoise

Le 15e s. marqua l'écrasement définitif des seigneurs cinarcais par Gênes, dans une répression sanglante. Avec eux disparut le dernier bastion de la féodalité corse. Deux grands fiefs illustrèrent les dernières résistances : les della Rocca et les Leca. En avril 1456, 23 membres de la famille Leca furent mis à mort le même jour. D'après la légende, les « paladins cinarcais » finirent dans le sang : conviés à un festin de réconciliation par le gouverneur génois Spinola, ils auraient été décapités au dessert.

Paysage de calanche.
J. Arnold/hemis.fr

LA RÉGION D'AJACCIO ET LE HAUT TARAVO
Ajaccio
Grand Capo
Porticcio
★★ Mérite un détour
★ Intéressant
À voir
0
5 km
Ville de départ du circuit
Route des Sanguinaires et pointe de la Parata
Côte sud du golfe
Vallée de la Gravona
Route panoramique du plateau d'Ese
Gorges du Prunelli
Le long du Taravo
CORTE
PROPRIANO
Bocognano
Cade du Voile de la Mariée
Statue-menhir de Tavera
Pont d'Ucciani
Gravona
Vero
Col de Tartavellu
900
Parc A' Cupulatta
Sarrola-Carcopino
Pont génois
Vallée de la Gravona
Peri
Sampiero Corso
Cuttoli-Corticchiato
Tolla
Ocana
Gges du Prunelli
Belvre
Ajaccio
Campo dell'Oro
Les Milelli
La Punta
Chlle des Grecs
Sentier des crêtes
Marinella
Grand Capo
Anse de Minaccia
Pnte de la Parata
La Parata
Gde Sanguinaire
Îles Sanguinaires
Rte des Sanguinaires
Porticcio
Agosta
Presqu'île d'Isolella
Ruppione
Mare e Sole
Port de Chiavari
Anse de Portigliolo
La Castagna
Golfe d'Ajaccio
Golfe d'Arena Rossa
Punta Guardiola
Cala d'Orzo
Coti-Chiavari
Col de Cortone
523
Anc. pénitencier
Forêt de Chiavari
Pietrosella
552
Col de Bellevalle
Col de Chenova
629
Eccica-Suarella
Stèle
Radicale
Cade de Sant'Alberto
Forêt de la Pineta
Pont de Zipitoli
Bastelica
Cades d'Ortala
Val d'Ese
Route du plateau d'Ese
Tasso
Sampolo
Cozzano
Zicavo
Guitera-les-Bains
Bains-de-Guitera
Corrano
Zévaco
Frasseto
Campo
Sta-Maria-Siché
Zigliara
Bosco di u Coscione
Plateau du Coscione
MONTE INCUDINE
2136
Forêt de San Pietro di Verde
Col de Verde
Parc Naturel Régional de Corse
CORSE-DU-SUD
Prunelli
Volta
Taravo
Liamone
T 20
T 22
T 40
D 1
D 3
D 4
D 27
D 28
D 29
D 55
D 57
D 69
D 83
D 255
D 302
5
7
8
A
B
C
1
2
N

La région d'Ajaccio et le haut Taravo 6

Carte Michelin Départements 345 – Corse-du-Sud (2A)

Ajaccio

Aiacciu

★★

69 075 Ajacciens – Corse-du-Sud (2A)

Marquée par l'empreinte de son enfant terrible, la cité natale de Napoléon, avec ses adresses branchées, ses grandes avenues commerçantes et ses belles villas fleuries, a des allures de capitale. Si elle abrite en effet le siège de la Collectivité territoriale corse, Ajaccio n'en conserve pas moins un esprit tout provincial : chaque matin, le marché anime les abords de l'hôtel de ville ; sur le port, les pêcheurs écoulent leurs poissons frais, tandis que, sur les bancs, les retraités discutent au soleil. Le soir, au bout de la jetée de la citadelle, le port, la ville basse et les collines environnantes se mettent à scintiller dans la nuit : l'heure est à de nouvelles activités…

NOS ADRESSES PAGE 281
Hébergement, restauration, achats, activités, etc.

S'INFORMER

Office du tourisme d'Ajaccio - Plan II de la ville D2 (p. 274). *3 bd du Roi-Jérôme - 20000 Ajaccio - 04 95 51 53 03 - www.ajaccio-tourisme.com - avr.-sept. : 8h-19h, dim. 9h-13h, j. fériés 9h-12h30, 14h30-18h ; reste de l'année : tlj sf dim. et j. fériés 8h-12h30, 14h-18h, sam. 8h30-12h30, 14h-17h - fermé 18 mars (Miséricorde) - wifi (20mn gratuit).*

Les rendez-vous curieux – *Rens. à l'office de tourisme - durée 1h30 - 10 € (-18 ans gratuit).* Visites thématiques estivales animées par des guides-conférenciers à la découverte de l'histoire et des secrets d'Ajaccio labellisée Ville d'art et d'histoire.

SE REPÉRER

Carte de microrégion B1 (p. 268).

Lovée entre la montagne et la mer, au creux du plus grand golfe de l'île, Ajaccio s'étend le long du rivage et sur les hauteurs. Au nord de la ville, la jetée du Margonajo abrite le nouveau port de plaisance ; quelques centaines de mètres plus bas, la jetée des Capucins accueille les ferries et le port de commerce ; enfin, devant la face nord de la citadelle, on accède au petit port de pêche et de plaisance.

SE GARER

Compliqué ! Essayez le parking souterrain du Diamant, place du Général-de-Gaulle, sur la place d'Austerlitz, en haut du cours Grandval, sur le quai L'Herminier ou devant la gare SNCF *(payants).*

À NE PAS MANQUER

Le palais Fesch - musée des Beaux-Arts et sa riche collection de tableaux de primitifs italiens ; les vues sur le golfe d'Ajaccio.

ORGANISER SON TEMPS

Débutez la visite au petit matin par la pointe d'Aspretto avant de gagner le marché qui risque d'affoler vos yeux et vos papilles. Vous êtes alors paré pour partir à la découverte de la vieille ville où vous trouverez musées et monuments. L'après-midi peut être consacré aux plaisirs de la mer avant de conclure sur une terrasse de café face au port Tino-Rossi.

EN FAMILLE

L'arboretum des Milelli ; le petit train d'Ajaccio ; une des nombreuses activités de loisirs proposées.

Le port d'Ajaccio.
E. Farrelly / age fotostock

Se promener

Circuit tracé en vert sur les plans II puis I, p. 273 et 274.
Au petit matin comme au coucher du soleil, la **pointe d'Aspretto** *(à l'entrée est de la ville)* offre une belle vue d'ensemble sur Ajaccio. Au-dessus des vieux quartiers paisiblement posés à fleur d'eau, dans une harmonie de tons pastel, ocre, roses et jaunes, la ville nouvelle grimpe à flanc de montagne.

★ LA VIEILLE VILLE Plan II de la ville

L'ancienne cité génoise se visite aisément à pied. Elle est délimitée par la place du Général-de-Gaulle à l'ouest, la citadelle au sud-est et la place du Maréchal-Foch au nord. Elle se prolonge avec le quartier des Corses, le long de la rue Cardinal-Fesch, encore appelé **le Borgo** (faubourg).

Jetée de la citadelle D2

Longue de 200 m, elle offre de son extrémité une excellente **vue★** sur tout le front de mer ainsi que sur une partie du golfe d'Ajaccio. La jetée abrite le port de pêche et de plaisance. La **citadelle** date dans sa forme actuelle du milieu du 16e s. Sa première pierre fut posée par les Génois en 1492 sur un promontoire facile à défendre et propre à surveiller le golfe. C'est à partir de ce site défensif que la ville se développa. Domaine militaire, la citadelle est fermée au public.
En sortant, suivre le boulevard Danielle-Casanova qui longe la forteresse.

Église St-Érasme D2

C'est dans cette ancienne chapelle du collège des jésuites, bâti en 1617, qu'en 1656 les anciens consacrèrent Ajaccio à N.-D. de la Miséricorde, désirant ainsi préserver la cité d'une épidémie de peste. Puis, l'église fut fermée sous la Révolution. En 1815, la confrérie des marins et pêcheurs récupéra le sanctuaire et le dédia à leur saint patron, saint Érasme. Il recèle des maquettes de navires, trois beaux Christs sur croix processionnelles, une statue de saint

Érasme entouré d'angelots et un ensemble de chapes et dalmatiques du service pontifical.

★ Cathédrale D2

R. Forcioli-Conti - ✆ 04 95 51 75 50 - ♿ - horaires, se rens. - fermé dim. apr.-midi, 1er janv. - possibilité de visite guidée.

Voir ABC d'architecture p. 502. Avec sa sobre façade ocre qui s'ouvre sur la mer, la cathédrale, construite à partir de 1582 dans le style Renaissance, fut achevée dès 1593. Par crainte de voir les travaux traîner en longueur, l'évêque fit réduire les dimensions de l'édifice conçu par l'architecte Giacomo Della Porta. À l'intérieur, les murs sont recouverts de **trompe-l'œil**, comme celui qui imite un plafond à caisson, au-dessus de la nef principale. À droite de l'entrée, remarquez les superbes fonts baptismaux du 16e s. À gauche, sur le premier pilastre, sont gravées les dernières paroles de l'Empereur prononcées à Ste-Hélène, le 29 avril 1821 : « Si on proscrit de Paris mon cadavre comme on a proscrit ma personne, je souhaite qu'on m'inhume auprès de mes ancêtres dans la cathédrale d'Ajaccio, en Corse. » Le caveau de la **famille Bonaparte** se trouvait dans la cathédrale, dans la troisième chapelle sur la gauche (celle du Rosaire), avant la construction de la chapelle impériale en 1857.

En longeant la nef sur la gauche, la première chapelle (16e s.) est ornée du *Triomphe de la Religion* de **Delacroix**. La seconde abrite la statue de N.-D.-de-la-Miséricorde, patronne d'Ajaccio et célébrée le 18 mars lors d'une grande procession. Le maître-autel en marbre blanc, surmonté de quatre colonnes torses de marbre noir, fut offert à l'église en 1811 par Élisa Bacciocchi, sœur de Napoléon. Au-dessus du faux transept, la coupole est peinte en trompe l'œil. Enfin, dans la chapelle de l'Immaculée-Conception, sur la droite, une belle **Vierge** en marbre de Carrare du 18e s. se tient sous un dais aux draperies élégantes. Accolée à un pilier carré de la nef, la chaire en forme de calice domine.

Prendre la rue Notre-Dame qui longe le flanc droit de la cathédrale.

Au no 3 s'élève la longue façade très sobre de l'**hôtel Cuneo d'Ornano**. La porte aux piédroits et au linteau de marbre est surmontée d'un ornement aux armes de la famille d'Ornano.

Prendre à gauche la rue du Roi-de-Rome, puis à droite la rue St-Charles.

★ Maison Bonaparte D2 *(voir p. 278)*

Au bout de la rue St-Charles, tourner à droite dans la rue Bonaparte.

C'est l'ancien **carrughju drittu** (« rue droite ») de la cité génoise, où résidaient les marchands. Il divisait la vieille ville en deux quartiers distincts : au nord s'étendait le quartier populaire du Macello (boucherie), au sud logeait la bourgeoisie.

Au no 17, l'**hôtel** du duc **Pozzo di Borgo** est habillé en palais italien avec des trompe-l'œil en camaïeu d'ocre décorant les fenêtres. La porte monumentale

UN AUTRE EMPEREUR

La fabuleuse carrière artistique de **Tino Rossi** (1907-1983) débuta à 20 ans à l'Alcazar de Marseille avant de recevoir la consécration à Paris dans les revues de Vincent Scotto et le film *Marinella* (1936). Après avoir enregistré plus de mille chansons, participé à vingt-quatre films et animé quatre opérettes, le chanteur ajaccien à la voix veloutée demeure une référence dans la chanson de charme. Les inconditionnels iront voir **sa maison natale** *(45 r. du Card.-Fesch)* et se recueillir sur son tombeau en granit blanc *(à gauche de la 1re entrée du cimetière d'Ajaccio).*

SE LOGER	SE RESTAURER	
Hôtel Marengo 1	A Nepita 8	SeyM Restaurant 7

de marbre blanc, avec un fronton armorié, donne un air solennel à l'édifice, devenu depuis peu un hôtel pour voyageurs.

Place du Maréchal-Foch (ou des Palmiers) D2

L'ancienne piazza di l'Olmu, bel espace rectangulaire ombragé de vénérables palmiers, s'ouvre face au port. C'est un lieu central de la vie ajaccienne : on y vient pour déambuler, discuter ou se reposer sur les bancs. Le côté sud est bordé de petits restaurants.

En haut de la place (nos 7-10, avenue Sérafini), une petite **statue de la Madonuccia** ou N.-D.-de-la-Miséricorde est exposée dans la niche d'une maison. Elle protège la ville depuis 1656 et est fêtée en grande pompe le 18 mars (illuminations, messe solennelle à la cathédrale, procession). La **statue de marbre blanc de Bonaparte** Premier consul surmonte la fontaine des Quatre-Lions. Il s'agit d'une œuvre de Maglioli, peintre et sculpteur ajaccien. Sur la gauche, en bas de la place, s'élève l'**hôtel de ville** qui abrite le Salon napoléonien *(voir p. 279)*.

Rue Cardinal-Fesch (U Borgu) D1/2

Cette longue rue commerçante, très animée, traverse l'ancien « Borgo ». Sur la façade du n° 1, une plaque rappelle que Vincentella Perini, plus connue sous le nom de **Danielle Casanova**, résistante morte à Auschwitz, naquit ici le 9 janvier 1909. C'est au n° 28 que Napoléon Bonaparte, poursuivi par les « anglo-paolistes » en mai 1793, se réfugia chez l'ancien maire, Jean-Jérôme Levie, avant de s'évader par la mer vers Calvi.

Poursuivre la rue Cardinal-Fesch.

★★★ Palais Fesch - musée des Beaux-Arts D1 *(voir ci-contre)*

Après la chapelle impériale et le palais Fesch, tourner à gauche dans la rue des Trois-Marie puis encore à gauche cours Napoléon.

Cours Napoléon D1/2

Incontournable et toujours animé, le principal axe commerçant de la ville aligne ses hautes façades au pied desquelles logent cafés, boutiques, cinémas et bâtiments administratifs. Tracé au début du 19e s., il a donné une nouvelle orientation au développement de la cité, et s'est peu à peu doté d'édifices remarquables. Ainsi le théâtre Saint-Michel, en partie incendié en 1927, et qui

SE LOGER		SE RESTAURER			
Hôtel Fesch	5	Auberge Colomba	2	Papacionu	1
Hôtel Kalliste	2	Le Bilboq	9	Le 20123	5
Hôtel Napoléon	4	Da Mamma	4		
Hôtel Palazzu U Domu	6	Le Don Quichotte	3		
Hôtel San Carlu	3	Mani	6		

accueille l'actuelle poste principale derrière sa façade colorée légèrement en retrait. Plus loin, on passe devant la préfecture, dont le hall abrite un sarcophage romain du 3e s. apr. J.-C. (visible uniquement lors des Journées du patrimoine).

Poursuivre sur le cours Napoléon jusqu'à la ville moderne.

LA VILLE MODERNE Plan I et plan II de la ville

Place du Général-de-Gaulle (place du Diamant) Plan II, CD2

Ce vaste espace fait le lien entre les quartiers anciens et ceux qui se développent en bordure de la route des Sanguinaires. La place, prolongée par une terrasse, offre une belle **vue★** sur le golfe d'Ajaccio.

Au centre de la place se dresse le monument équestre en bronze de **Napoléon en empereur romain** et de ses quatre frères, dessiné par Viollet-le-Duc. À l'angle avec le cours Napoléon, remarquez la **couronne impériale** suspendue au-dessus de la chaussée : installée pour le bicentenaire de la naissance de Napoléon, en 1969, elle éclaire chaque nuit le principal carrefour de la cité, grâce à ses ampoules multicolores.

Tournez à gauche dans le cours Grandval.

Cours Grandval et quartier des Étrangers Plan I, A2

Aéré et agréablement bordé de palmiers et de platanes, le cours Grandval (cours Général-Leclerc dans sa partie haute) monte en pente douce de la place du Général-de-Gaulle vers la place d'Austerlitz, qui clôt son élégante perspective. Ce quartier est toujours appelé « quartier des Étrangers » par les Ajacciens qui se souviennent de la clientèle aristocratique britannique attirée ici pendant l'hiver par la douceur du climat et le souvenir napoléonien. Encouragés dans un premier temps par Napoléon III, ils développèrent un quartier luxueux constitué de cottages et d'hôtels prestigieux.

Au n° 22 cours Grandval, précédé d'un beau jardin, se dresse le Grand Hôtel, devenu le siège de la Collectivité territoriale corse. Le Cyrnos Palace, toujours visible au n° 13 cours Leclerc, fut édifié en 1883 par une aristocrate écossaise, Miss Campbell, figure marquante du quartier.

Place d'Austerlitz (U Casone) Plan I, A2

La place, dominée par l'imposant **monument de Napoléon Ier**, ferme le cours Grandval, ouvert 1 500 m plus bas, place Foch, avec la statue de Napoléon, Premier consul. Précédé de deux aigles et d'une immense stèle inclinée rappelant ses victoires, l'Empereur, coiffé du bicorne, regarde la ville (réplique de la statue située dans la cour d'honneur des Invalides). La légende veut qu'avant d'être envoyé à l'école de Brienne, Napoléon, enfant, ait joué parmi les rochers et dans la grotte *(à gauche)* qui porte aujourd'hui son nom.

Découvrir

★★★ Palais Fesch - musée des Beaux-Arts Plan II, D1

50 r. du Card.-Fesch - ✆ 04 95 26 26 12 - www.musee-fesch.com - ♿ - mai-oct. : 9h15-18h ; reste de l'année : 9h-17h - 8 €.

Après d'importants travaux, le musée est devenu une belle vitrine et un moteur culturel pour la région. L'accès se fait par la cour d'honneur.

Le musée est installé dans l'ancien collège Fesch (1827) où l'entomologiste Jean-Henri Fabre enseigna les sciences physiques. Il abrite la plus importante collection de **peintures italiennes★★★** conservée en France, après celle du

Louvre, ainsi que des œuvres des écoles française, espagnole, flamande et hollandaise. Ces toiles furent léguées à la ville par le cardinal Joseph Fesch (1763-1839), oncle maternel de Napoléon et archevêque de Lyon.

La visite débute au 2e étage et s'effectue en descendant.

Peinture italienne du 14e au 16e s. – *2e étage.* Vous pouvez y admirer l'illustre **triptyque de Rimini** (14e s.), mais aussi des œuvres de Jacopo Sellajo, et le triptyque du **Mariage mystique de sainte Catherine** (de Nicoló de Tommaso, 14e s.) présentant sur les volets saint Jean-Baptiste et saint Dominique.

Le thème de la Vierge à l'Enfant illustre l'art du Quattrocento (15e s.). La **Vierge à la guirlande** de **Sandro Botticelli** (1440-1510), peinte en 1470, enchante par sa grâce et son naturel. La très belle **Vierge à l'Enfant** de Giovanni Boccati, chef de file de l'école des Marches, influencé par Fra Angelico, illustre par ailleurs la haute époque florentine. Tandis que la **Vierge à l'Enfant** de **Giovanni Bellini** illustre avec brio la Renaissance italienne. La persistance du gothique et le goût des ruines antiques se retrouvent dans la madone de Cosimo Rosselli. **La Madone entre les deux saints**, de Cosimo Tura, au réalisme accentué, appartient à l'école de Ferrare.

Du 16e s., on retient en particulier deux œuvres de l'école de Venise : **Léda et le cygne** de l'atelier de Véronèse et **L'Homme au gant** de **Titien**, ainsi qu'un **Portrait de Pétrarque** par Giorgio Vasari de l'école florentine.

Les œuvres de Luca Giordano témoignent de l'influence qu'exerça le Caravage sur la peinture de l'époque. Remarquez la très riche collection de **natures mortes** (Boselli, Recco, Ruoppolo, Castelli dit Spadino, Noretti dit il Maltese) exposées dans la galerie centrale.

L'exposition à ce niveau s'achève par la grande galerie qui abrite les tableaux italiens de grandes dimensions classés par écoles d'origine.

Œuvres du 17e et 18e s. – *1er étage.* Dans la salle des peintures romaines du 17e s., remarquez le très beau **David** peint par le **Bernin** (1598-1680) ainsi que les paysages de Gaspard Dughet (1613-1675), peintre français (né à Rome) qui a fortement subi l'influence de son beau-frère Nicolas Poussin dont on admirera **Midas à la source du fleuve Pactole**. Les écoles flamandes du 17e s. sont

La chapelle impériale construite sous Napoléon III, palais Fesch.
B. Rieger/hemis.fr

Ajaccio l'impériale

La ville qui vit naître **Napoléon** (15 août 1769) conserve avec piété le souvenir de « l'enfant prodigue de la gloire » que célèbre l'hymne local, « l'Ajaccienne ». Une longue histoire la mène à ce titre de « Cité impériale ».

UNE COLONIE GÉNOISE

Ajaccio dériverait du mot latin *adjacium*, signifiant « halte », « lieu de repos ». Il ne reste plus trace aujourd'hui de la cité romaine située au nord de la citadelle, prospère au Bas-Empire. La fondation d'Ajaccio sur son site actuel date de l'implantation en 1453 de l'**Office de St-Georges** qui administrait la Corse pour le compte de la république de Gênes. La cité achevée en 1492 est investie par une centaine de familles ligures et quelques familles nobles génoises. Le séjour en ces lieux fut dès lors interdit aux Corses, cantonnés dans le faubourg du Borgo : si bien qu'Ajaccio demeure purement génoise jusqu'à sa prise en 1553 par **Sampiero Corso**. Des familles corses s'y fixent alors et obtiennent, en 1592, le droit de cité.

LA CAPITALE DE LA CORSE-DU-SUD

L'essor de la ville

Le 17e s. marque le début de la croissance de la cité, toujours génoise. Entre 1584 et 1600, la population passe de 1 200 à 5 000 habitants. Leur niveau de vie est la plupart du temps plus que modeste. La vieille ville et la citadelle se développent à l'abri des remparts (démolis en 1801) tandis que vers le nord, un faubourg, le **Borgo**, grandit dans l'axe de l'actuelle rue du Cardinal-Fesch. Les habitants vivent surtout du commerce et de la pêche du corail.

La Révolution

Le véritable envol de la ville date du 18e s. Il est dû essentiellement à des facteurs politiques. Dès 1715, le commissaire des provinces de l'Au-Delà-des-Monts qui résidait à Ajaccio reçoit les mêmes prérogatives que celui de Bastia. Plus tard, en 1793, la Convention divise la Corse en deux départements : celui du Golo et celui du Liamone dont Ajaccio devient le chef-lieu.

Puis un décret impérial de 1811 réunit les deux départements en un seul, sous l'administration d'Ajaccio. Dès lors, la cité ne cesse de grandir. Aujourd'hui chef-lieu du département de Corse-du-Sud, elle est le siège de l'Assemblée territoriale de Corse créée en 1991.

L'EMPEREUR ET AJACCIO

Napoléon vécut les neuf premières années de sa vie à Ajaccio. Parti sur le continent pour ses études, il n'y revient pas avant 1786, date de son premier congé militaire. Il reste un an sur place. Les séjours suivants lui permettent de vivre la Révolution en Corse : il assiste à l'assemblée électorale chargée d'élire la première administration départementale (1789) ainsi qu'au retour de Paoli (1790). En 1792, de retour à Ajaccio pour une permission, il prend la tête d'un bataillon de gardes nationaux avec lequel il participe aux troubles qui secouent la ville. À l'automne, il rejoint Corte depuis Toulon afin de participer à l'expédition des îles de la Madeleine. Après une tentative d'assassinat, il revient à Ajaccio d'où il doit fuir avec sa famille pour échapper aux partisans de Paoli (1793). Son dernier séjour dans sa ville natale (3 jours) correspond à son retour de l'expédition d'Égypte (1799).

représentées par des paysages tels ceux de Nicolaes Berchem exposés dans la galerie du Cardinal-Fesch. Dans la salle consacrée à Giaquinto, remarquez **Le Départ de Rebecca** par Solimène. La visite se poursuit par des œuvres du 18e s., notamment celles de Pierre Subleyras et de Louis-Gabriel Blanchet. Le 19e s. est représenté essentiellement par des paysages.
Le rez-de-cour rassemble des souvenirs (bustes, médailles, portraits d'apparat, etc.) des Premier et Second Empires. Le rez-de-marine *(rez-de-chaussée côté mer)* présente une collection de peintures corses.
Chapelle impériale – *✆ 04 95 26 26 26 - mêmes horaires que le musée - 1,50 € (-15 ans gratuit) - billet donnant accès au musée.* Rouverte en 2014 après de sérieux travaux de rénovation, elle fut édifiée par Napoléon III, en 1857, pour servir de sépulture à la famille impériale. De style néo-Renaissance, elle est construite en pierre de St-Florent. La grande coupole en trompe l'œil peinte par l'artiste ajaccien Jérôme Maglioli ainsi que les vitraux sont décorés aux armes du cardinal Fesch. Un beau Christ copte, cadeau du général Bonaparte à sa mère lors de son retour d'Égypte, orne le maître-autel. Dans la crypte circulaire située sous la coupole, et dans l'escalier d'accès reposent plusieurs membres de la famille Bonaparte, dont Charles-Marie, son épouse Letizia Ramolino, et le demi-frère de celle-ci, le cardinal Fesch.
Bibliothèque du palais Fesch – *50 r. du Card.-Fesch - ✆ 04 95 26 26 13 - www.ajaccio-tourisme.com - juil.-août : 10h30-18h, jeu. et dim. 12h-18h, vend. 12h-20h30 ; mai-juin et sept. : 10h30-18h, jeu.-vend. et dim. 12h-18h ; reste de l'année : 10h-17h, jeu.-vend., dim. et 3e w.-end du mois 12h-17h - fermé mar., 2-16 janv., 18 mars, certains j. fériés - 8 € (enfant 5 €).* Elle occupe le rez-de-chaussée du palais Fesch. Créée en 1801 par Lucien Bonaparte alors ministre de l'Intérieur à partir d'un fonds d'ouvrages confisqués sous la Révolution, elle fut installée ici en 1868. Elle rassemble plus de 40 000 volumes du 15e au 19e s., dont des incunables et des manuscrits.

★ Maison Bonaparte Plan II, D2

R. St-Charles - ✆ 04 95 21 43 89 - www.musee-maisonbonaparte.fr - ♿ - oct.-mars : 10h30-12h30, 13h15-16h30 ; reste de l'année : 10h-12h30, 13h15-17h30 - fermé lun. - possibilité de visite guidée sur demande (1h) - 7 € (-26 ans 5 €).

CASA BUONAPARTE

La demeure entra dans le patrimoine familial en 1682. **Charles Bonaparte** (1746-1785) s'y installa en 1743, occupant le rez-de-chaussée et le premier étage, tandis que ses cousins Pozzo di Borgo logeaient au second. Elle ne ressemble plus guère, intérieurement, à la Casa Buonaparte que connut le jeune Napoléon, fils de Charles et de Letizia. En mai 1793, menacés par les partisans de Paoli, les Bonaparte durent s'enfuir d'Ajaccio, ville alors ardemment paoliste. Leur maison fut saccagée. Pendant l'occupation anglaise (1794-1796), elle fut réquisitionnée et, ironie du destin, Hudson Lowe, le futur geôlier de l'empereur à Ste-Hélène, y aurait logé. Le rez-de-chaussée fut transformé en dépôt de munitions. De retour à Ajaccio en 1797, **Letizia** (1750-1836), celle qu'on appellera bientôt **Madame mère**, put remettre la maison en état grâce à une indemnité que lui versa le Directoire. Le mobilier actuel date de cette époque. À son retour d'Égypte, le 29 septembre 1799, le général Bonaparte fit une dernière escale dans la demeure familiale. En 1805, l'empereur fit don de cette maison au cousin de sa mère, André Ramolino. En 1923, le prince Victor-Napoléon, descendant du roi Jérôme, la donna à l'État.

La Maison Bonaparte.
J.-D. Sudres / hemis.fr

Devant la petite **place Letizia**, ombragée de bananiers et d'orangers, et ornée du buste du roi de Rome enfant sculpté par E.-J. Vezien en 1936, s'élève la maison natale de l'Empereur. Remontant au 17e s., elle présente une façade très sobre, sans décoration ni signe distinctif, hormis les armes de la famille.
La visite débute par le 2e étage.
2e étage – Quatre salles très claires aux plafonds peints à l'italienne sont dallées de tommettes rouges. Très belle introduction, une grande carte (1740) de Hyacinte de la Pegna illustre l'organisation des régions et villes corses au 18e s. De nombreux panneaux didactiques et quelques documents présentent l'histoire mouvementée de la maison. À travers cette histoire sont expliquées l'importance de la maison pour les Corses, la nécessité d'affirmer une position sociale dans une ville comme Ajaccio et la jeunesse du futur Empereur.
1er étage – La pièce présentée comme la « **chambre natale** » de Napoléon n'a plus d'éléments d'origine mais est un lieu de pèlerinage depuis bien longtemps déjà. On peut y admirer un secrétaire italien du 18e s. incrusté de pierres dures (lapis-lazuli, nacre…), et une crèche en ivoire. Le salon de style Louis XVI et la chambre de « Madame Mère » au mobilier Louis XV impressionnent par leur riche décor. Après la salle à manger Directoire, la **grande galerie**, longue de 16 m, présente un beau parquet de noyer en point de Hongrie et un intéressant plafond à l'italienne. Elle fut à son époque la première salle de bal d'Ajaccio. La galerie, harmonieux salon, forme un trait d'union entre la maison principale et les pièces de la **petite maison** achetée en 1797. Cette dernière se compose d'un salon de musique et de deux petites chambres. Dans l'une d'elles, une trappe communiquant avec le rez-de-chaussée permit, dit-on, en 1799, au général Bonaparte de s'échapper avec Lannes et Murat pour éviter une rencontre avec les partisans de Pozzo di Borgo postés devant l'entrée principale.
Les salles consacrées à Napoléon III ramènent au corps principal. Remarquez au passage les plus anciens masques mortuaires de l'Empereur.
La visite se termine par les caves voûtées du sous-sol.

★ Salon napoléonien de l'hôtel de ville Plan II, D2

Av. Antoine-Serafini - ✆ 04 95 51 52 62 - fermeture pour travaux de rénovation. Réouv., se rens.

6

Aménagé au 1er étage de l'hôtel de ville, il renferme des documents et tableaux se rapportant à l'Empereur et sa famille.

Grand Salon – Sur les murs de ce salon de style Empire sont accrochés de grands portraits de la famille Bonaparte. Parmi les bustes, remarquez celui de **Letizia**. Le buste du roi de Rome enfant, par Bartolini, ornait la chambre de l'Empereur en exil. Le magnifique lustre de cristal, qui pèse une tonne, fut offert par l'ex-Tchécoslovaquie, en 1969, lors du bicentenaire de la naissance de Napoléon. On y découvre aussi la photocopie de l'acte de baptême de Napoléon (21 juillet 1771) rédigé en italien.

Salle des Médailles – Elle renferme 218 pièces de monnaies et médailles d'or, d'argent et de bronze de 1797 à 1876 léguées à la ville par le prince Napoléon, fils du roi Jérôme, et la collection Vognsgaard reçue en 1974. Notez à gauche en entrant une bonbonnière sertie de diamants à l'effigie du prince Jérôme.

Musée Marc-Petit (Lazaret Ollandini) Hors plan I

Quartier d'Aspretto - ✆ 06 18 69 16 42 - www.lelazaret-ollandini.com - lors des manifestations (se rens. sur Internet) ou sur demande préalable - fermé j. fériés - possibilité de visite guidée sur demande (30mn) - 5 € (-16 ans gratuit).

L'ancien lazaret d'Aspretto a été construit en 1847 à la demande des pêcheurs de corail pour remplacer celui des Sanguinaires, trop distant de la ville. Le bâtiment restauré abrite le musée Marc-Petit, sculpteur contemporain, dont une trentaine de bronzes, parfois monumentaux, sont exposés dans les jardins. Le lazaret est aussi un centre culturel dynamique qui accueille expositions, concerts, festivals, rencontres philosophiques….

À proximité Carte de microrégion p. 268

Les Milelli B1

5 km au nord-ouest. Quitter Ajaccio par le cours Napoléon et, un peu après la gare, prendre à gauche la route d'Alata (D 61) ; puis encore à gauche après un rond-point, une route en montée (plaque indicatrice).

Lorsque les Bonaparte durent quitter leur maison d'Ajaccio, en mai 1793, Letizia, accompagnée de ses filles Élisa et Pauline et de l'abbé Fesch, vint se réfugier ici. Dans la nuit du 1er juin, elle parvint avec les siens à quitter la région d'Ajaccio en contournant la ville par le monte St-Angelo et en gagnant la **tour de Capitello**. À son retour d'Égypte, Bonaparte vint aux Milelli les 2 et 3 octobre 1799 en compagnie de Murat et de Lannes.

Léguée à la ville d'Ajaccio par le cardinal Fesch, la **maison de campagne de la famille Bonaparte** ne se visite pas, mais vous pouvez vous promener dans le jardin et admirer l'oliveraie séculaire (12 ha). En contrebas, un petit et jeune **arboretum** constitue un agréable lieu de promenade pour les enfants.

NOS ADRESSES À AJACCIO

ARRIVER/PARTIR

En avion

Aéroport Ajaccio Napoléon Bonaparte – *04 95 23 56 56 - www.2a.cci.fr.* L'aéroport se situe 8 km à l'est du centre par la T 40.

Liaison en bus – *0 800 000 400 - www.ca-ajaccien.fr/muvitarra - 6h-23h20 (dép. ttes les 30mn à partir de 10h, dép., à partir de 5h20 en été) - 10 € - durée 20mn.* Liaison entre le rond-point de la gare ferroviaire (centre-ville) et l'aéroport (à droite en sortant du hall d'arrivée) avec la ligne 8.

Liaison en taxi – *04 95 10 19 01 - 20/25 € env. pour relier le centre, 25/30 € la nuit.*

En bateau

Gare maritime – Plan II D1 - *compagnies, voir p. 511.*

TRANSPORTS

Navette maritime – *0 800 000 400 - www.ca-ajaccien.corsica/muvimare - 8 € AR.* Muvimare assure un service entre Ajaccio et Porticcio.

Gare ferroviaire – *04 95 23 11 03 - cf-corse.corsica.* Liaisons avec Bastia *via* Corte et Calvi *via* L'Île-Rousse (changement à Ponte-Leccia).

Autocars – *Gare routière -* Plan II D1 *- bd Sampiero - 04 95 21 57 59 - www.corsicabus.org.*

Location de voitures – Les principales compagnies *(voir p. 531)* sont représentées à l'aéroport, de l'autre côté du parking.

En centre-ville, parmi les loueurs :

Europcar – *16 cours Grandval - 04 95 21 05 49 - fermé en hiver ; aéroport - 04 95 23 57 01 - tte l'année.*

Avis – *1 r. Paul-Colonna-d'Istria - 04 95 23 92 55.*

Location de deux roues – Parmi les loueurs, en centre-ville :

Rent Car Corsica – *52 cours Napoléon - 04 95 51 61 81 - www.rent-car-corsica.com.*

Ajaccio Scootloc – *5 bd Roi Jérôme - 06 26 17 31 07 - www.ajaccioscootloc.com.*

VISITES

Petit train d'Ajaccio – *Pl. du Mar.-Foch - 04 95 51 13 69 ou 06 10 45 31 72 - www.petit-train-ajaccio.com - dép. se rens. - fermé 1er janv., 25 déc.* Deux circuits : découverte d'Ajaccio *(45mn - 8 €, 3-9 ans 4 €)* ; balade dans la ville et sur la route des Sanguinaires, avec arrêt à la pointe de la Parata *(1h40 - 11 €, 3-9 ans 5 €).*

HÉBERGEMENT

BUDGET MOYEN

1 Hôtel Marengo – Plan I, A2 - *2 r. Marengo - 04 95 21 43 66 - www.hotel-marengo. com - fermé de déb. nov. à Pâques - 17 ch. 85/125 € - 12,50 €.* Légèrement excentré dans un quartier calme, ce petit établissement familial réserve des chambres simples et bien tenues. Les petits-déjeuners estivaux se prennent en extérieur sur la cour aménagée en terrasse. Accueil charmant.

Hôtel Spunta di Mare – Hors plan I - *Quartier St-Joseph - 04 95 23 74 40 - www.hotel-spuntadimare.com - P - 59 ch. 98/116 € - menu 20 €.* Entre le centre-ville et l'aéroport, cet hôtel (entièrement climatisé) bénéficie d'une vue sur le golfe d'Ajaccio depuis sa terrasse-solarium et la majorité de ses chambres. Des meubles de couleur apportent leur touche de gaieté dans les chambres, fonctionnelles.

2 Hôtel Kalliste – Plan II, D1 - *51 cours Napoléon - ✆ 04 95 51 34 45 - www.hotel-kalliste-ajaccio.com - ♿ - P - 45 ch. 67/105 € ☕.* Cet hôtel occupe une maison ajaccienne de 1864 au cœur de la ville. Avec sa belle façade colorée, son entrée voûtée et ses briques, elle a gardé tout son caractère. Les chambres sont modernes. Emplacement central et prix raisonnables.

POUR SE FAIRE PLAISIR

3 Hôtel San Carlu – Plan II, D2 - *8 bd Danielle-Casanova - ✆ 04 95 21 13 84 - www.hotel-sancarlu.com - 40 ch. 81/195 € - ☕ 12 €.* Au cœur du vieil Ajaccio et à deux pas de la plage St-François, cet établissement abrite des chambres sans chichis mais qui ne déçoivent pas. Certaines sont tournées vers la citadelle et la mer. Le petit-déjeuner se prend en terrasse aux beaux jours.

4 Hôtel Napoléon – Plan II, C1 - *4 r. Lorenzo-Vero - ✆ 04 95 51 54 00 - www.hotel-napoleon-ajaccio.fr - P 10 € - 62 ch. 130/155 € - ☕ 12 €.* Très central, ce 3-étoiles reçoit de nombreux commerciaux qui apprécient son grand confort et son service impeccable. Chambres bien insonorisées.

5 Hôtel Fesch – Plan II, D2 - *7 r. Cardinal-Fesch - ✆ 04 95 51 62 62 - www.hotel-fesch. com - ♿ - 80 ch. 120/250 € - ☕ 12 €.* Situé le long de la principale rue piétonne, et proche du célèbre musée, ce bel hôtel est abrité dans une imposante bâtisse aux murs abricot. Chambres confortables, bien tenues et insonorisées.

6 Hôtel Palazzu U Domu – Plan II, D2 - *17 r. Bonaparte - ✆ 04 95 50 00 20 - palazzu-domu.fr - 43 ch. 130/160 € - ☕ buffet 5 €.* En plein centre-ville, à deux pas de la Maison de Napoléon, cet établissement luxueux a pris ses quartiers dans la demeure du duc Pozzo di Borgo édifiée en 1878. Les chambres contemporaines et raffinées offrent un bon niveau de confort, conjugué au charme d'un édifice de caractère.

UNE FOLIE

Hôtel Les Mouettes – Hors plan I - *9 cours Lucien-Bonaparte - ✆ 04 95 50 40 40 - www.hotellesmouettes.fr - fermé de déb. nov. à fin mars - P 🏊 - 21 ch. 215/595 € - ☕ 16/21 € - ✕ mar.-sam. à midi, dim.-lun. midi et soir - menus 65/95 € - carte env. 80 €.* À un kilomètre au sud du centre-ville, cette grande demeure rose construite au 19e s. offre une vue superbe sur la piscine et la plage privée. Chambres sobres et spacieuses, la plupart avec loggia. L'hôtel abrite aussi l'excellent restaurant **A Terrazza**, devenu une adresse incontournable avec sa vue magique sur le golfe d'Ajaccio et sa cuisine raffinée.

RESTAURATION

Bon à savoir – Le casino concentre autour de lui les bars et restaurants restant ouverts tard.

PREMIER PRIX

1 Papacionu – Plan II, D2 - *16 r. St-Charles - ✆ 04 95 21 27 86 - fermé midi, dim. sf été et de déb. oct. à mi-mai - 13/20 €.* Cette adresse qui porte à merveille son nom corse (le « Bon vivant ») concocte de délicieuses pizzas, servies dans une ambiance conviviale et festive.

BUDGET MOYEN

2 Auberge Colomba – Plan II, D1 - *3 r. des Trois-Marie - ✆ 04 95 51 30 55 - fermé nov.-mars : dim. - plat du jour 13 € - menu 30 €.* Dans une rue qui descend du cours Napoléon, une agréable salle voûtée, prolongée par une terrasse de poche. Des moules en saison au magret bien préparé, des poissons (un peu chers) joliment accompagnés aux desserts maison, vous ne serez pas déçu.

3 **Le Don Quichotte** – Plan II, D2 - *R. des Halles - ✆ 04 95 21 27 30 ou 06 10 81 13 10 - www.ledonquichotte.fr - fermé dim. et 15 j en nov. - ♿ - formule 29 €, menu 36 € - 22 €.* Ce restaurant caché dans une étroite ruelle propose une cuisine du marché à prix sages. Agréable terrasse et service diligent.

4 **Da Mamma** – Plan II, D1 - *Passage Guinguetta - ✆ 04 95 21 39 44 - fermé dim. (sauf le soir en été), lun. midi et janv.-fév. - formule déj. 13 € - 17/29 €.* Dans une ruelle en escalier entre le cours Napoléon et la rue Fesch, profitez de cette sympathique terrasse sous un arbre à caoutchouc. De bons plats tels le magret de canard au miel du maquis ou le filet de saint-pierre à la vanille malgache.

5 **Le 20123** – Plan II, D2 - *2 r. du Roi-de-Rome - ✆ 04 95 21 50 05 - www.20123.fr - le soir sf lun. hors sais. - 💳̸ - menu unique 38 €.* Seule besogne qui vous incombera au cœur de cette évocation d'un village corse : puiser votre eau à la fontaine de la « place ». Authentique et excellente cuisine du terroir annoncée oralement.

6 **Mani** – Plan II, D2 - *7 r. du Roi-de-Rome - ✆ 04 95 50 10 42 - www.mani.fr - fermé nov.-avr. : dim. - 12/32 €.* Situé non loin de la citadelle, dans une rue semi-piétonne, ce restaurant, avec terrasse et mange-debout, est le rendez-vous des épicuriens de la cité. Recettes enlevées, tapas, burger, instinct, fraîcheur et créativité : cette cuisine-là a toujours quelque chose à dire. Irrésistiblement corse, en somme.

7 **SeyM Restaurant** – Plan I, A2 - *16 cours du Gén.-Leclerc - ✆ 04 95 70 20 52 - fermé dim.-lun. - formules 30/40 € - menu 36 €.* Chaque jour un menu Terre et un menu Mer, façon table d'hôte, et une cuisine fraîche et savoureuse qui fait la part belle aux produits corses selon le rythme des saisons. Un régal.

POUR SE FAIRE PLAISIR

8 **A Nepita** – Plan I, B1 - *4 r. San-Lazaro - ✆ 04 95 26 75 68 - août : mar.-sam. le soir ; reste de l'année : mar.-merc. le midi, jeu.-vend. midi et soir, sam. soir - formules déj. 28/33 € - 35/42 €.* Depuis 2009, cet établissement dont le nom désigne la marjolaine sauvage, séduit les palais les plus avertis. Formule du jour comprenant trois entrées, deux plats et trois desserts. Ne manquez pas le poulpe fumé, la spécialité du chef. Ambiance intimiste, à deux pas du palais de Justice.

UNE FOLIE

9 **Le Bilboq** – Plan II, D2 - *1 r. des Glacis - ✆ 04 95 51 35 40 - www.lebilboq.com - juin-sept. : le soir à partir de 20h - 67 €.* Tout le monde se presse pour goûter les langoustes fraîches, grillées ou préparées en sauce, de Jean-Jean, personnage incontournable de la vie ajaccienne, ancien boxeur et grand amateur de Tino Rossi. Vous le reconnaîtrez à son bandana. Passez en journée pour vérifier l'arrivage du jour sur le tableau noir et réservez.

À proximité

BUDGET MOYEN

L'Altru Versu – *Rte des Sanguinaires - Les Sept Chapelles - ✆ 04 95 50 05 22 - 🅿 ♿ - tlj sf. mar.-merc. hors sais. - menu 29 € - 18/42 €.* « Une autre idée de la cuisine corse », telle pourrait être la devise de ce restaurant tenu par deux frères (l'un aux fourneaux qui réinterprète les recettes traditionnelles de l'île, l'autre au service). Vous vous y régalerez, entre autres, d'une tempura de gambas ou de conchiglioni à la langouste et à la seiche, et de succulents desserts. Terrasse sur pilotis.

PETITE PAUSE

Galeani – *3 r. Cardinal-Fesch - ✆ 04 95 21 39 68 - 6h30-19h30, dim. 6h30-13h.* Depuis six générations, les canistrelli (biscuits sablés) de cette boulangerie font le bonheur des Ajacciens : ils sont parfumés à l'anis, au chocolat, à l'amande, aux raisins, à l'orange, au miel… Laissez-vous aussi tenter par les chaussons aux blettes, la *falcullelle* (galette au *brocciu* cuite au four sur une feuille de châtaignier) ou la délicieuse *fritella* au *brocciu*, à grignoter sur la petite terrasse.

À proximité

L'Ariadne Plage – *Rte des Sanguinaires - ✆ 04 95 52 09 63 - P - 16/40 €.* En écho à la « world music », chère au patron, la cuisine simple fait le tour du monde. Ambiance garantie, surtout les soirs de concert sur la plage.

ACHATS

Bon à savoir – Le vendredi soir pendant les mois d'été, un « shopping de nuit » est organisé associant boutiques, animations de rues et concerts.

Alimentation

Marché central – *Autour de l'hôtel de ville - 6h30-13h.* La Corse dans son intégralité est représentée dans ce marché central avec ses étals mettant en valeur de la charcuterie, des fromages, des pâtisseries, des fruits et des légumes de l'île. En prenant son temps, on y découvre aussi des petits producteurs de confitures, de miel, d'olives ou d'huile. Le samedi et le dimanche, il y a foule. Faites un tour, à deux pas, à la **halle aux poissons** *(tlj sf lun. hors sais. 7h30-12h30)* où une quinzaine de professionnels proposent la pêche du jour, en provenance des côtes corses uniquement.

U Stazzu – *1 r. Bonaparte - ✆ 04 95 51 10 80 - fermé dim.* En entrant, un doux parfum enivre les papilles car ici sont rassemblées toutes les richesses du terroir corse. Produits de saison sélectionnés dont le célèbre jambon cru du patron, affiné 33 mois (à la coupe le samedi, réserver).

Casa Napoléon – *3 r. du Card.-Fesch - ✆ 04 95 21 47 88 - www.charlesantona.com - juil.-août : 9h-20h ; reste de l'année : tlj sf dim. 9h-12h30, 14h30-19h - fermé 1er nov.* Dans une rue animée, cette boutique décline toutes les saveurs du terroir : vins blancs du cap Corse, vins rouges d'Ajaccio, de Patrimonio, du Sartenais, liqueurs, fromages fermiers de chèvre et de brebis, nougats, *canistrelli* (gâteaux à l'anis).

Autres

Empires – *9 r. du Roi-de-Rome - ✆ 04 95 24 48 26 - www.empires.fr - fermé dim. et lun.* Avec humour et esprit, Valérie Santarelli détourne, dans son atelier situé au-dessus de la boutique, le personnage de Napoléon et la période de l'Empire, à travers une ligne de vêtements et d'objets de mode des plus originale *(Self Made Man, Born to be a Princess, etc).*

La Maison du Corail – *1 r. du Card.-Fesch - ✆ 04 95 21 47 94 - www.lamaisonducorail.com - fermé lun. et j. fériés sf de mai à fin oct., dim. et de mi-janv. à mi-fév.* Bijoux tous ornés de corail. Les plus beaux sont ceux faits avec du corail rouge directement prélevé sur les côtes corses par des pêcheurs professionnels.

L'Atelier du Couteau – *2 r. Bonaparte - ✆ 04 95 52 05 92 - www.latelierducouteau.fr - juil.-août : 9h30-21h ; reste de l'année : fermé dim.-lun. mat.* Christine vous fera partager sa passion pour la coutellerie artisanale Corse – et la coutellerie française et internationale – toujours en quête de nouveaux talents.

EN SOIRÉE

La Rotonde – *Casino d'Ajaccio - bd Pascal-Rossini - ✆ 04 95 50 40 65 - tlj sf dim.-lun. 17h-2h.* Mitoyen du Casino, ce bar à tapas offre une programmation musicale de qualité, différente chaque semaine. Pour une agréable fin de soirée musique.

ACTIVITÉS

Port de plaisance Charles-Ornano – *Av. Charles-Bonaparte - ✆ 04 95 22 31 98 - www.resaportcorse.com - tte l'année - 8h-12h, 14h-18h (juil.-août 7h-21h).* Environ 830 places.

Port de plaisance Tino-Rossi – *Quai de la Citadelle - ✆ 04 95 51 22 72- www.resaportcorse.com ou www.port-ajaccio.com - tte l'année - 8h-12h, 14h-18h (juil.-août 8h-21h, juin et sept. 8h-20h).* 300 places dont 150 réservées au passage.

Plongée

E Ragnole – *12 cours Lucien-Bonaparte - plage Trottel - ✆ 09 83 96 80 31 - eragnole.com - d'avr. à fin oct. : 9h-12h, 14h-21h - plongée à partir de 30 €.* Baptêmes *(60 €)*, explorations pour les plongeurs plus aguerris et sorties à la journée dans la réserve de Scandola. Formations et expéditions pour les enfants.

Excursions en mer

Nave Va – *Port Tino-Rossi - ✆ 04 95 51 31 31 - www.naveva.com - ♿ - 8h-19h - fermé nov.-mars - 27/57 € (-11 ans 15/37 €) selon l'excursion. Excursions commentées au dép. d'Ajaccio ou Porticcio pour les îles Sanguinaires, Scandola, Piana ou Bonifacio.*

Découvertes naturelles – *Port Tino-Rossi - www.promenades-en-mer.org - ✆ 04 95 21 06 16 ou 06 03 13 46 80 - www.decouvertes-naturelles.org - tarif et horaires, se rens. - 24,30 € (-3 ans gratuit) - excursions en bateau aux îles Sanguinaires, dans le golfe d'Ajaccio, à Bonifacio et dans la réserve de Scandola.*

AGENDA

La Madunuccia – *Le 18 mars.* Fête de N.-D.-de-la-Miséricorde, patronne de la ville : procession, illuminations, messe solennelle.

Procession de St-Érasme – *Le 2 juin.* Une procession haute en couleur promène jusqu'à la mer la statue du patron des marins.

Rencontres philosophiques du lazaret François-Ollandini – *lelazaret-ollandini.com - en juil.* Dans le lazaret d'Aspretto débattent chaque été philosophes, astrophysiciens et paléoanthropologues. Autres rendez-vous toute l'année.

Journées napoléoniennes – *Rens. à l'office de tourisme - autour du 15 août.* Trois jours sont dédiés au plus célèbre enfant d'Ajaccio.

Le golfe d'Ajaccio

★★

Corse-du-Sud (2A)

Connu pour la douceur de ses rivages, son calme et l'harmonie de ses couleurs, le golfe le plus vaste et plus profond de l'île offre de nombreux sites remarquables, de part et d'autre de la capitale de la Corse-du-Sud. Sa rive nord, entre la pointe de la Parata et Ajaccio, s'ouvre sur les sentinelles rougeoyantes des îles Sanguinaires. Sa rive sud, plus sauvage, dessine une succession d'anses et de baies isolées par des presqu'îles rocheuses. Autant d'invitations à la baignade et à la contemplation.

NOS ADRESSES PAGE 293
Hébergement, restauration, achats, activités, etc.

S'INFORMER

Office du tourisme de la Pieve de l'Ornano - *Les Échoppes - 20166 Porticcio - ✆ 04 95 25 10 09 - www.porticcio-corsica.com - avr.-sept. : 8h30-19h ; reste de l'année : tlj sf w.-end 9h-12h, 14h-17h - 2e bureau Les Marines.*

SE REPÉRER

Carte de microrégion AB2 (p. 268) – *carte p. 288.* La route des Sanguinaires sur la rive nord et la D 155 vers le sud jusqu'à Portigliolo longent la côte.

À NE PAS MANQUER

Le coucher du soleil à la pointe de la Parata.

ORGANISER SON TEMPS

Les circuits de découverte décrits ci-après ne tiennent pas compte des pauses baignade. Prévoyez environ 2h30, dont une heure d'escale, pour l'excursion en bateau aux Sanguinaires (l'après-midi seulement).

EN FAMILLE

Une excursion en bateau ; le Grand site de la pointe de la Parata ; un baptême de plongée sous-marine *(voir « Nos adresses »).*

Découvrir

★★ LES ÎLES SANGUINAIRES

Pour approcher au plus près des Sanguinaires en voiture, quitter Ajaccio par l'ouest et prendre la route des Sanguinaires (12 km) qui mène à la pointe de la Parata. Le mieux, bien sûr, est d'entreprendre une excursion en bateau.

L'image que les voyageurs se font de la Corse semble tout entière contenue dans ces quatre îlots aux contours abrupts baignés d'une mer limpide. Promontoires de porphyre rouge sombre, ils prolongent la pointe de la Parata et se posent en sentinelles à l'entrée du golfe. Au coucher du soleil, ils se parent d'une chaude couleur ocre rouge.

De nombreuses spéculations circulent sur le nom de l'archipel. Il ferait allusion au sang noir *(i sangui neri)* des malades atteints de la lèpre. Mais l'interdiction d'installer des lazarets en Corse invalide cette hypothèse. Le nom proviendrait plutôt de la déformation du nom ancien de « Sagonares Insulae » inscrit sur d'anciennes cartes conservées au Vatican.

Le golfe d'Ajaccio vue de l'église St-Érasme, consacrée au saint patron des pêcheurs.
B. Rieger / hemis.fr

★★ Excursion en bateau

Port Tino-Rossi - www.promenades-en-mer.org - ✆ 04 95 21 06 16 ou 06 03 13 46 80 - www.decouvertes-naturelles.org - tarif et horaires, se rens. - 24,30 € (-3 ans gratuit) - excursions en bateau aux îles Sanguinaires, dans le golfe d'Ajaccio, à Bonifacio et dans la réserve de Scandola.

Cette promenade en vedette permet d'avoir une très belle vue d'ensemble de la ville d'Ajaccio. Le bateau longe la côte nord du golfe, puis il passe au large de la pointe de la Parata, couronnée d'une tour génoise, pour accoster sur la **Grande Sanguinaire**. C'est le plus éloigné du rivage et le plus important des quatre îlots qui constituent cet archipel. La Grande Sanguinaire fut concédée par Gênes en 1503 à la famille ligure des Ponte « sous la condition qu'elle y plante 800 ceps de vigne et 600 arbres fruitiers ». L'îlot a conservé sa physionomie, mais on n'y voit plus d'aigle, ni de chèvres sauvages ni de petits chevaux. Sur la Grande Sanguinaire se dressent un phare à éclipses, un ancien sémaphore et la tour carrée de Castellucciu (16e s.), en ruine. Gagnez à pied l'extrémité de l'îlot tout en longeant le bord de mer. De ces deux endroits, vous découvrez une **vue★★** splendide sur le golfe d'Ajaccio.

Circuits conseillés Carte du golfe d'Ajaccio

★★ ROUTE DES SANGUINAIRES ET POINTE DE LA PARATA

Circuit de 29 km au départ d'Ajaccio tracé en vert sur la carte p. 288 – Compter environ 1h30. Quitter Ajaccio par la D 111.

La route borde la côte nord du golfe ; elle permet de découvrir la « corniche ajaccienne » où s'étendent les quartiers résidentiels, au pied de la ligne de crête. Quelques agréables petites plages font face à l'immensité du golfe. Entre la chapelle des Grecs et Scudo, postées le long de la mer, d'imposantes chapelles funéraires de familles ajacciennes (Tino Rossi y repose) contrastent sensiblement avec les villas, immeubles, hôtels et restaurants qui s'élèvent sur les premières hauteurs et en bordure de la route jusqu'à la pointe de la Parata. Plusieurs plages de sable fin caressées d'eaux claires se succèdent, animées par quelques bars d'où l'on peut admirer de superbes couchers de soleil.

Chapelle des Grecs

Cet édifice de style baroque très sobre, surmonté d'une jolie croix de fer forgé, s'élève sur la gauche peu après la place Emmanuel-Arène. La chapelle évoque le souvenir de la communauté grecque qui, chassée de Paomia en 1731, s'installa à Ajaccio avant de s'établir à Cargèse *(voir p. 252)*. À droite de la place ombragée de micocouliers qui borde l'édifice, un sentier descend vers la mer.

Marinella

Cette belle plage, chantée par Tino Rossi, est tapissée de sable fin blanc. De nombreux Ajacciens y viennent le week-end.

LES COULEURS DU GOLFE

Les noms de lieux parlent d'eux-mêmes : les **îles Sanguinaires** sont constituées d'une roche rouge sombre ; le **Campo dell'Oro** (le « champ d'or », en référence au blé jadis présent) évoque le jaune de la plaine cultivée située derrière l'aéroport Napoléon-Bonaparte ; enfin la mer déploie dans tout le golfe ses tons intensément bleus. Les trois couleurs primaires sont bien là et leurs combinaisons créent une palette de vert, d'orange et de violet. Ajoutons à cela une pointe de gris-blanc scintillant avec la « plage d'Argent ».

Poursuivre sur la D 111, jusqu'à ce que la route parvienne à un parking aménagé, 500 m avant la pointe de la Parata. Il est obligatoire d'y laisser son véhicule. Navettes disponibles pour les personnes à mobilité réduite.

★★ Pointe de la Parata

Accès du centre d'Ajaccio en bus (ligne 5, durée 15-20mn) et en petit train - parking payant 24h/24 : 0,60 € pour 30mn (1 € pour 1h) ; gratuit pour les résidents d'Ajaccio - navette électrique gratuite entre le parking et la pointe (comptez 20mn).
Bon à savoir – Venez tôt le matin ou tard le soir si vous aimez être au calme !
Ce promontoire de granit noir est surmonté de la **tour de la Parata**, édifiée par les Génois pour protéger l'île des incursions barbaresques. Aujourd'hui, l'invasion est plus pacifique : chaque année, plus de 450 000 touristes arpentent le site, l'un des plus fréquentés d'Ajaccio.
Maison du Grand Site – *Au bout de la rte des Sanguinaires (D 111) - 20000 Ajaccio - ☎ 04 95 10 40 20 - www.grandsitesanguinaires-parata.com - juil.-août : 9h-19h ; avr.-juin : 9h-18h ; reste de l'année : 9h-17h - point d'informations sur les îles Sanguinaires - exposition, espace lecture.* Inaugurée en 2013, elle abrite, outre un point d'informations touristiques, une médiathèque spécialisée sur la mer (comprenant un fonds jeunesse) et des bornes mobiles décrivant la faune, la flore et le patrimoine du site ainsi qu'un cinéma de plein air en été *(voir aussi « Nos adresses »).*
45mn AR. Par une grande voie piétonne accessible à tous, on gagne l'extrémité de la pointe qui offre une **vue★★** rapprochée sur les îles Sanguinaires *(table d'orientation)*. Vous pouvez grimper à la **tour génoise** en suivant le sentier à fort dénivelé *(10mn AR)*.
Carte d'orientation - rens. à la maison du Grand site. Trois parcours d'orientation thématiques ont également été aménagés sur le site, ils permettent d'en explorer d'autres recoins. Ils sont jalonnés de balises sur le patrimoine et les richesses naturelles des lieux.
Reprendre la route en sens inverse ; au bout de 2 km environ, emprunter à gauche la D 111^B, signalée « Capo di Feno » (juste après l'hôtel Goéland).
Poursuivre pendant 8 km au milieu de pâturages clôturés. La route se termine à l'anse de Minaccia, où un terre-plein sert de parking.

6

★ Plage de Grand Capo

Un sentier mène à la plage, à 100 m.
Également nommée « plage de St-Antoine », cette belle et vaste étendue de sable fin longe des eaux turquoise. Entourés de collines à la végétation rabougrie, les lieux sont restés très sauvages ont une allure de « bout du monde ». L'ouverture vers le large et l'orientation des vents attirent les adeptes du surf et des compétitions s'y déroulent. Attention aux courants si vous vous baignez.
Rentrer sur Ajaccio par la D 11^B (route de St-Antoine).

★★ CÔTE SUD DU GOLFE

Circuit de 104 km au départ d'Ajaccio tracé en violet sur la carte p. 288 – Compter environ 4h. Quitter Ajaccio par la T 20, puis suivre la T 40 (vers Sartène).
Après la pointe d'Aspretto, on laisse à droite la jolie route bordée de pins menant à l'**aéroport d'Ajaccio** et dessert la grande plage du Ricanto, très fréquentée.
Franchir la Gravona, puis le Prunelli, et prendre à droite la D 55 vers Porticcio.

Porticcio

Voir « S'informer » p. 286.
04 95 21 06 16 - www.promenades-en-mer.org - Navettes par bateau avec le port d'Ajaccio en sais. : 04 95 21 06 16 ou 06 03 13 46 80 - www.promenades-en-mer.org - 5 € aller simple, 8 € AR.
Cette station balnéaire, admirablement située face à Ajaccio, est un haut lieu du tourisme. On s'y retrouve pour profiter des plaisirs de la plage et des loisirs dont celui de la thalassothérapie. De l'extrémité de la pointe, la vue s'étend sur la rade d'Ajaccio et les îles Sanguinaires.
À la sortie de Porticcio, la route borde la longue **plage d'Agosta** et laisse sur la droite la **presqu'île d'Isolella**, lieu paradisiaque dont la pointe porte une ancienne tour génoise *(propriété privée)*. Plusieurs élégantes petites criques, plus tranquilles que la plage d'Agosta, sont des mouillages bien abrités.
Prendre à gauche la D 255^A qui conduit à Pietrosella.

Pietrosella (Pitrusella)

Réparti à flanc de colline, le village de Pietrosella compte quelques maisons anciennes dont certaines possèdent de beaux escaliers.
En reprenant la route du littoral, on contourne ensuite la **plage de Ruppione** dans une anse profonde et on passe à la lisière de la forêt de Chiavari.
Au **port de Chiavari**, prenez à droite la route *(D 155)* de la pointe de la Castagna (Punta di a Castagna) qui suit la côte et offre de beaux coups d'œil sur le golfe. Vous arrivez à la belle plage de sable fin de **Mare e Sole**, dite « plage d'Argent », ombragée par quelques pins à son extrémité sud. Sur la droite apparaît l'île Piana couverte d'une végétation dense.
La route suit la petite **anse de Portigliolo** bordée d'une plage avant de monter au hameau de Castagna, dominé par une tour génoise *(terrain militaire)*.
Revenir sur ses pas jusqu'à l'embranchement pour prendre à droite la route de Coti-Chiavari (D 55).

UN IMMIGRÉ BIEN INTÉGRÉ

Originaire d'Australie où il peut atteindre des hauteurs impressionnantes (70 à 80 m !), l'**eucalyptus** (espèce *globulus*) fut introduit en Corse au 19e s. dans les environs du pénitencier de Chiavari pour en assainir l'environnement. En effet, gros consommateur d'eau, cette plante pompe l'eau dans le sol et assèche les zones marécageuses ; en outre, ses feuilles ont des vertus antiseptiques et repoussent les moustiques. En Corse, la plupart des eucalyptus forment des plantations réalisées dans le cadre des fonds forestiers nationaux destinés au reboisement de domaines jusqu'alors composés de landes ou de terres insalubres. Ainsi près de 900 ha furent plantés dans les plaines côtières orientales jusqu'en 1960. Certains secteurs de l'île, comme ceux de **Coti-Chiavari**, de Porto-Vecchio, de Porto ou de Sagone constituent, par la taille impressionnante de leurs peuplements et leur capacité de régénération, une part du patrimoine naturel de l'île.

Plage de Mare e Sole.
L. Decoudin / Michelin

★ Forêt de Chiavari

L'étroite route bordée de majestueux eucalyptus pénètre dans la forêt domaniale, puis longe les bâtiments en ruine de l'**ancien pénitencier** fermé en 1906. Arrêtez-vous sur le vaste terre-plein sablonneux, idéal pour une pause pique-nique. Du rebord, dominant le littoral, vous aurez une belle vue sur le golfe d'Ajaccio.
Au-delà, dans la montée vers Coti, la route en lacets serrés offre, au hasard de trouées dans les frondaisons souvent impénétrables du maquis, de superbes vues sur le golfe.

Coti-Chiavari

Ce village, bâti en terrasse, tire son origine du peuplement de la région en 1714 par des habitants de la localité ligure de Chiavari, proche de Gênes. Son esplanade ombragée, formant un **belvédère★**, procure un agréable point d'observation vers la pointe de la Castagna et les îles Sanguinaires.
Reprendre la route vers Acqua Doria et la presqu'île du Capo di Muro.
Sur la gauche, un chemin descend vers la belle plage de la **Cala d'Orzo**… où subsiste une « paillote » qui naguère défraya la chronique.
La route se termine brutalement. Laisser la voiture et poursuivre à pied sur un chemin non balisé (hors quelques cairns), tracé dans le prolongement. Au 1er embranchement, prendre sur la gauche le sentier en pente, puis continuer tout droit en négligeant le 2e sentier sur la gauche.

Punta Guardiola

1h AR. Le promontoire, dominé par une tour génoise, ferme, au sud, le golfe d'Ajaccio. À ses pieds s'ouvre le beau golfe d'**Arena Rossa★**, aux contours sauvages et boisés.
Revenir à Coti-Chiavari.
De là, le retour à Ajaccio s'effectue par la **route des Cols★** *(D 55)* qui embrasse le golfe d'Ajaccio.

Col de Cortone

Alt. 523 m. Après avoir dépassé la forêt de Chiavari, on a une belle **vue★** sur le golfe d'Ajaccio, qui s'étend de la pointe de la Castagna à celle de la Parata ; au sud sur le golfe de Valinco.

★ CHÂTEAU DE LA PUNTA

9 km au nord d'Ajaccio par la D 61 puis la D 461. Le château ne se visite pas, mais il est visible de la route.

Au-dessus d'Ajaccio, à Alata, ce château fut construit en 1891 par la famille Pozzo di Borgo. Son architecture est aussi insolite que son histoire, basée sur une vieille querelle entre les Pozzo di Borgo et les Bonaparte. À 600 m d'altitude, il domine toute la baie et… le domaine des Milelli *(voir p. 280)*, propriété des rivaux Bonaparte. D'apparence classique, il est pourtant entièrement constitué d'éléments provenant des ruines du palais des Tuileries, rasé en 1882, après l'incendie de 1871 provoqué par la Commune. Les colonnes et pilastres Renaissance constituent le plus important vestige du magnifique palais construit par Philibert Delorme et Jean Bullant pour Catherine de Médicis.

Ironie du sort, bien que très endommagé par un incendie en 1978, La Punta a encore fière allure, entouré de jardins en friche, avec une terrasse bordée de grilles provenant de l'autre grand palais royal et impérial détruit… celui de Saint-Cloud. Il est à souhaiter que son propriétaire, le conseil départemental, puisse faire aboutir un projet de restauration et de vie pour ce château, le plus beau de Corse, dont l'état de dégradation n'a que trop duré.

Col de Chenova

Alt. 629 m. Vue sur la pointe de Sette Nave avec la tour de l'Isollela, sur les îles Sanguinaires et sur la vallée du Taravo. La route serpente alors dans un maquis très dense.

Au col d'Aja Bastiano, prendre à gauche la D 302.

Col de Bellevalle

Alt. 552 m. Vue sur le golfe et la plaine alluviale de la Gravona.

Randonnées Carte du golfe d'Ajaccio

★ SENTIER DES CRÊTES

Circuit au départ d'Ajaccio tracé en pointillés bordeaux sur la carte p. 288. Longer la place d'Austerlitz (ou place du Casone) par la droite, puis prendre la rue qui monte sur 200 m environ. À l'arrêt de bus « Bois des Anglais », tourner à gauche. Parking. Un panneau signale le sentier.

3h aller ; retour par le bus n° 5 reliant la Parata au centre-ville depuis l'arrêt de Vignola (fréquence estivale : ttes les 30mn), ou à pied environ 1h30. Accessible aux marcheurs non entraînés (alt. maxi du tracé : 360 m), il est très bien balisé par de grands panneaux de bois. Emporter eau et crème solaire et éviter cette promenade les jours de grand vent (risque d'incendie). Le sentier relie les hauteurs d'Ajaccio à la centrale solaire de Vignola sur la route des Sanguinaires. Il se hisse en pente douce à travers la végétation du maquis : figuiers de Barbarie mêlés aux chênes verts. Il domine rapidement la ville d'Ajaccio, le golfe puis les Sanguinaires. Vous profiterez de superbes points de vue tout au long du chemin. À l'arrivée à **Vignola**, contournez l'enceinte de la centrale solaire par la gauche avant d'atteindre l'agréable plage.

Il est possible d'écourter la balade *(boucle de 1h)* : même point de départ mais, au col de Fortone, bifurquer sur la gauche par le sentier balisé qui rejoint la mer au niveau du parc Berthault. Retour sur Ajaccio par la route.

★ ANSE DE MINACCIA

Circuit tracé en pointillés vert clair tracé sur la carte p. 288. Point de départ : environ 1 km avant le parking de la Parata, un large chemin de terre s'amorce à une centaine de mètres avant la chapelle précédée d'un obélisque.
1h jusqu'à Petit Capo, 1h30 jusqu'à Grand Capo (anse de Minaccia). Promenade sans difficulté ; bien se chausser et prévoir de l'eau. Le chemin, bien tracé, franchit une crête qui procure de superbes vues sur les îles et la côte sur ses deux versants avant d'atteindre les belles plages sauvages de Petit Capo et de Grand Capo.

NOS ADRESSES DANS LE GOLFE D'AJACCIO

Voir aussi « Nos adresses » à Ajaccio, p. 281.

HÉBERGEMENT

PREMIER PRIX

Hôtel Le Belvédère – *20138 Coti-Chiavari - ☎ 04 95 27 10 32 - www.lebelvederedecoti.com - fermé de mi-nov. à fin fév. - P - 13 ch. 60/75 € - ☕ 7 € - ✕ menus 25/35 €.* Véritable nid d'aigle isolé dans le maquis et offrant une vue époustouflante sur le golfe d'Ajaccio. Les chambres sont spacieuses et fonctionnelles. La salle de restaurant vitrée et la terrasse forment de séduisants belvédères ; cuisine du terroir (beaux produits).

POUR SE FAIRE PLAISIR

Hôtel Kallisté – *Rte du Vieux Molini, Agosta Plage - 20166 Porticcio - ☎ 04 95 25 54 19 - www.hotel-kalliste-porticcio.com - fermé nov.-mars - - 7 ch. 89/219 € et appart. 89/289 € - ☕ 12 €.* Un joli jardin clos assure la tranquillité de cette pimpante villa sise dans un quartier résidentiel. Chambres plus ou moins grandes, sobrement décorées, avec vue sur la mer ou sur la verdure.

RESTAURATION

BUDGET MOYEN

Chez Alain – *Résidence Armonia - Agosta-Plage - 20166 Porticcio - ☎ 04 95 25 97 54 - oct.-avr. : fermé merc. et dim. soir - 12/35 €.* On vient de toute la région pour déguster des moules. Accommodées à toutes les sauces (au curry, marinières, corses, etc.), elles sont toujours d'une fraîcheur irréprochable. Également une petite carte traditionnelle. Cadre très simple, service efficace et surtout jolie terrasse face à la mer.

Auberge du Prunelli – *20129 Bastelicaccia - ☎ 04 95 20 02 75 - auberge-du-prunelli.fr - P - fermé mar. - 16/24 € - menu dégustation 44 € (6 plats).* Maison corse du 19e s. jouxtant le pont ancien qui traverse le Prunelli. Cuisine du terroir, produits du verger et du potager servis dans un agréable cadre rustique.

UNE FOLIE

L'Arbousier – *Hôtel Le Maquis - 20166 Porticcio - ☎ 04 95 25 20 15 - www.lemaquis.com - fermé de déb. janv. à déb. fév. - menu 85 € - carte 65/105 €.* Ce restaurant porte le nom d'un arbre du maquis corse, mais on y savoure des langoustines, du homard et des poissons de petits pêcheurs locaux en regardant la mer… quel délice ! Cette table au bord de l'eau est une institution locale.

ACHATS

Clos Capitoro – *Rte de Sartène - 20166 Porticcio - ☎ 04 95 25 19 61 -*

www.clos-capitoro.com - tlj sf dim. et j. fériés 9h-12h30, 15h-18h (19h en été). Dans la famille Bianchetti depuis 1856, le clos Capitoro produit des vins AOC Ajaccio. Visite de la cave sur réservation, dégustation et vente.

Domaine Comte Peraldi – *Chemin de Stiletto - 20167 Mezzavia - ✆ 04 95 22 37 30 - www.domaineperaldi.com - P ♿ - juil.-août : 8h-12h, 15h-19h ; reste de l'année : 8h-12h, 14h-17h30, sam. 9h-13h - fermé dim.* Dominant le golfe d'Ajaccio, le domaine appartient à la famille Peraldi depuis le 16e s. La façade des caves est ornée d'une magnifique fresque représentant la vie du domaine au fil des saisons. Souvent primés, les vins se veulent les ambassadeurs d'Ajaccio à travers le monde. Dégustation et vente.

Casa Napoléon – *Centre commercial de la Viva - 20166 Porticcio - ✆ 04 95 25 17 72 - www.charlesantona.com - juil.-août : 9h-20h ; reste de l'année : tlj sf dim. 9h-12h30, 15h-19h - fermé 1er nov., 25 déc., 1er janv.* La charcuterie proposée dans cette boutique est exceptionnelle : à base de porcs élevés en liberté en montagne, elle offre saveur incomparable et grande finesse. Les terrines, les confitures, nougats et fruits confits proviennent de l'atelier de production de la maison.

Samira e Ghjilormu Pierlovisi - a Muresca – *Casa a Torra - 20167 Cuttoli-Corticchiato - ✆ 06 11 11 23 44 - mars-oct. : 10h-12h30, 16h-19h ; groupes sur RV.* Éleveur-transformateur, M. Pierlovisi vend ses excellents produits : des charcuteries (coppa, *salamu, prisuttu, lonzu…*), des châtaignes transformées sur place en farine avec un moulin traditionnel, ou encore des terrines.

ACTIVITÉS

Plongée

Maeva Plongée – *Les Marines - 20166 Porticcio - ✆ 04 95 25 02 40 - www.maeva-plongee.com - de mi-mars à mi-déc. : 8h-20h.* Installé depuis 1986 aux Marines de Porticcio, ce centre organise des baptêmes pour les novices *(à partir de 49 €)* et des explorations pour les plongeurs plus aguerris. Randonnée palmée à partir de 10 ans et plongée pour les enfants à partir de 8 ans.

AGENDA

Corsica Raid Aventure – *À Porticcio – www.corsicaraid.com - fin mai-déb. juin.* Durant une semaine, nombreuses activités : canyoning, passage de cordes, course pédestre, kayak en mer, VTT.

La vallée de la Gravona

★★

Corse-du-Sud (2A)

S'étirant du monte d'Oro aux rives du golfe d'Ajaccio, la vallée de la Gravona dévoile ses paisibles villages au pied de replis montagneux. Sur la route d'Ajaccio à Bastia, l'étape de Bocognano, perché à 640 m d'altitude au milieu des châtaigniers, vient à point pour qui veut explorer la forêt de Vizzavona et les hauts massifs de l'île.

NOS ADRESSES PAGE 297
Hébergement, restauration, achats, activités, etc.

S'INFORMER

Office du tourisme de la haute vallée de la Gravona – *U Palazzu - quartier Moraschi - 20136 Bocognano - ☏ 04 95 27 41 86 - www.gravona-tourisme.com - juil.-sept. : 9h-18h, dim. 10h-16h ; juin et oct. : tlj sf dim. et j. fériés 9h-18h ; reste de l'année : tlj sf w.-end et j. fériés 9h-17h - fermé Vend. saint, 26 déc.* Informations sur les villages de la région.

SE REPÉRER

Carte de microrégion BC1 (p. 268). La vallée de la Gravona est traversée par la T 20 qui longe le fleuve et monte vers Corte.

Bocognano se trouve à 43 km d'Ajaccio, à peu près à mi-chemin de la route qui conduit à Corte.

À NE PAS MANQUER

La statue-menhir de Tavera ; la cascade du Voile de la Mariée.

ORGANISER SON TEMPS

Une seule contrainte à prendre en compte : évitez les heures chaudes de la journée !

EN FAMILLE

Après une rencontre avec les tortues du parc A Cupulatta, un parcours dans les arbres *(voir « Nos adresses »)*.

Découvrir

Bocognano (Bucugnà) C1

Arrêtez-vous devant la majestueuse **fontaine de galets**★ (1883), située près de la poste. De la terrasse de la chapelle au campanile rustique, **vue** sur le monte d'Oro.

Écomusée – *Lun.-sam. 9h-17h30, dim. 9h-15h - 3 €.* **U Palazzu** fut édifié à la demande de Napoléon en vue de villégiatures dans le village de ses aïeux. Pourtant, il ne vint jamais dans cette bâtisse achevée en 1859. Rénovée, elle abrite l'office du tourisme et expose à l'étage une collection (meubles, outils, vêtements, photographies) illustrant le mode de vie dans la vallée.

6

Circuit conseillé Carte de microrégion

★★ LA VALLÉE DE LA GRAVONA

Circuit de 40 km au départ de Bocognano tracé en bleu sur la carte p. 268. Quitter Bocognano au sud-ouest par la T 20 en direction d'Ajaccio. À 7,5 km, laisser sur la gauche la D 127 (direction de Bastelica) et poursuivre sur 1 km environ.

BANDITS CORSES
Meurtriers, hors-la-loi, **Antoine Bonelli** et son frère Jacques, surnommés **Bellacoscia**, régnèrent sur la région, avec la complicité de la population, durant quarante-quatre ans. Ils contribuèrent à la légende qui auréola au 19e s. le banditisme dans l'île. Antoine se rendit solennellement à la justice en gare de Vizzavona.

Statue-menhir de Tavera C1
Panneau indicateur. Se garer et passer l'échelle en bois pour rejoindre le sentier cheminant à travers pâturages et forêt de chênes (env. 20mn). Au-delà d'une maison en ruines se dresse la statue. Découverte en 1961, elle date du IIe millénaire (fin de l'âge du bronze). Haute de 2,40 m, son visage est profondément creusé par des yeux tandis qu'à l'arrière de la tête des croisillons dessinent une résille. En poursuivant la montée, vous atteindrez les restes d'une tour, vestiges d'une ancienne place forte.

Pont d'Ucciani C1
Laisser la voiture sur les espaces libres à l'entrée du nouveau pont.
Son arche élégante en forme d'anse de panier enjambe sur 24 m la Gravona. Sa construction à la fin du 18e s. aurait été dirigée par le futur maréchal Bernadotte, alors simple sous-officier d'un régiment du roi. Le pont est le cadre, tous les ans au 1er Mai, d'une foire réunissant bergers et artisans d'art.
4 km après le pont, prendre à droite la petite D 4.

Vero (Veru) B1
Les maisons en granit gris de ce village étagé à flanc de montagne présentent une belle unité architecturale entrecoupée de jardins en terrasses. Dominant le village, le **col de Tartavellu** (alt. 900 m) donne accès au Cruzini, plus sauvage.
Revenir vers la T 20 et la reprendre sur la droite, vers Ajaccio.

Parc A Cupulatta B1
Rte de Bastia (T 20) - ✆ 04 95 52 82 34 - www.acupulatta.com - ♿ - de mi-mai à mi-sept. : 9h-19h ; de déb. avr. à mi-mai et de mi-sept. à mi-nov. : 10h-17h30 - possibilité de visite guidée sur demande (1h30) - 12 € (-12 ans 9 €) - nourrissage des tortues en fin de matinée. Éviter les heures chaudes pour effectuer la visite - brumisateurs, mini-restauration, boutique souvenirs dédiée aux tortues - wifi gratuit.
Ce centre de protection et d'élevage de la **tortue** *(cupulatta)* occupe une surface de 2,5 ha. Il héberge plus de 3 000 tortues. Un environnement particulièrement favorable, combinant les milieux terrestre et aquatique, permet de découvrir des tortues, à la morphologie parfois étonnante (tortue-alligator, tortue à carapace molle, etc.) sans oublier les stars des lieux : les énormes tortues seychelloises dont la plus svelte affiche un honorable 150 kg sur la balance !
1 km plus loin, prendre sur la gauche la D 129 en direction de Carbuccia puis, peu avant le village, à droite la D 29 vers Peri.
Dominée par la crête de Falconaia, la route serpente à flanc de coteaux. Elle procure tout au long du trajet de belles **échappées★** sur le versant nord-ouest de la vallée. Les villages depuis Sarrola jusqu'à Vero semblent épinglés au relief. Vers le nord, les contreforts du monte d'Oro ferment le haut de la vallée.

Peri B1
Adossé au relief qui s'élève par paliers jusqu'à la ligne faîtière séparant la vallée de la Gravona de celle du Prunelli, cet humble village présente un intéressant ensemble religieux. De l'église paroissiale St-Laurent, bâtie sur un plan en

forme de trèfle, on accède par un perron en escalier double, au campanile et à la chapelle de l'Annonciation du 15e s.
Poursuivre sur la D 29.

Cuttoli-Corticchiato B1

Ce village de montagne, à 20 km au nord-est d'Ajaccio, est connu pour sa **coutellerie artisanale** *(voir « Nos adresses »)*. À ne pas confondre avec le stylet – qui, lui, est une arme –, le couteau corse traditionnel est un outil indispensable de la vie quotidienne : la largeur, le galbe prononcé sur la pointe, la découpe sur le dos de la lame (utilisée comme tarabiscot) en font, dans une civilisation agropastorale, un instrument aussi précieux que personnel utilisé à la fois pour creuser ou trancher et pour manger.
Revenir à Peri et prendre à gauche la D 229.
La route contourne les contreforts montagneux couverts de chênes verts et de châtaigniers. Au cours de la descente, remarquez le **pont génois**.
Reprendre sur la gauche la T 20 puis, 6 km après avoir franchi le col de Carazzi, prendre à droite la D 1 qui monte vers Sarrola-Carcopino.
La route s'élève dans les chênes-lièges et les oliviers, et offre, en face, une belle vue sur le monte Sant'Eliseu.

Sarrola-Carcopino B1

Le village se compose de trois hameaux qui dominent un affluent de la Gravona : en bas **Carcopino**, au centre **Trinité** et, tout en haut, **Sarrola**. À la sortie de Carcopino, **vue★** sur le golfe d'Ajaccio et la vallée de la Gravona. Le féroce corsaire turc Dragut, qui écumait la Méditerranée chrétienne, pilla et fit brûler les hameaux de Sarrola et Carcopino en 1540. Du village est originaire la famille Carcopino-Tusoli dont les enfants les plus célèbres sont **Francis Carco** (1886-1958), connu pour ses poèmes, biographies et romans (*Jésus la Caille*, *L'Homme traqué*), et **Jérôme Carcopino** (1881-1970), dont les ouvrages sur l'archéologie et l'histoire de la Rome antique font autorité.
Par la T 20 puis la N 194, on atteint Ajaccio.

Randonnée Carte de microrégion p. 268

★ Cascade du Voile de la Mariée C1

3,5 km au sud de Bocognano par la D 27.
25mn AR. Environ 300 m avant le pont routier qui franchit le torrent, prenez à gauche le sentier qui rejoint la rive et remontez pendant 10mn environ jusqu'au point d'observation de la cascade : des chutes se succèdent sur un dénivelé de près de 150 m.

NOS ADRESSES DANS LA VALLÉE

6

HÉBERGEMENT

BUDGET MOYEN

Chambre d'hôte Mare e Legnu – *Petra Rossa (tourner au panneau à droite en venant d'Ajaccio, ne pas suivre le village de Peri situé plus en amont) - 20167 Peri - 06 27 26 94 27 - P - marelegnu.com - 2 ch. 75/90 € - panier 20 €/pers.* Cachée au bout d'une petite route, cette résidence possède deux confortables chambres, à l'arrière de la maison familiale, décorées avec goût. Elles s'ouvrent sur un fascinant panorama de montagnes sauvages, que l'on peut admirer depuis les terrasses privatives aménagées. Copieux petit-déjeuner. Panier avec serviettes de bain et parasol à disposition.

POUR SE FAIRE PLAISIR

Hôtel Beau Séjour – *20136 Bocognano - 04 95 27 40 26 - fermé de mi-oct. à mi-avr. - P - 17 ch. 118/125 € - 8 € - 1/2 P et pension possible.* Au milieu des châtaigniers, une bâtisse de la fin du 19e s. appréciée des randonneurs et autres épris de nature, abrite des chambres simples, certaines avec vue sur le monte d'Oro. Au restaurant, copieuses recettes insulaires.

RESTAURATION

PREMIER PRIX

Chez Cathy – *Rte de Baleone, rte T 20 - 20000 Ajaccio - 04 95 21 50 88 - P - fermé dim. midi - 6,50/26 €.* Derrière ses allures de relais de routier, ce restaurant possède une jolie salle climatisée et une terrasse abritée, où déguster une cuisine simple (pizzas, salades, burgers, plats du jour). Également vente à emporter. Bon rapport qualité-prix.

BUDGET MOYEN

Ferme-Auberge A Tanedda – *T 20 - en face de la mairie - 20136 Bocognano - 04 95 27 42 44 - fermé de mi-déc. à mi-mars - menus 23/26 €.* La plupart des produits qui composent les plats sont faits maison, à l'instar de la charcuterie, du porc, de la farine de châtaigne et des légumes, ou viennent de fermes voisines. Au final, dans l'assiette, recettes simples et traditionnelles. Accueil souriant.

POUR SE FAIRE PLAISIR

U Licettu – *Plaine de Cuttoli - 20167 Cuttoli - 04 95 25 61 57 - www.u-licettu.com - fermé dim. soir et lun. - P - menu dégustation 43 € sur réserv. - 4 ch. 80/90 € - 7,50 € -* Villa dominant le golfe où l'on sert un menu unique qui fait honneur aux produits corses. La maison propose des chambres spacieuses, donnant sur le jardin.

Chez Séraphin – *20167 Peri - 04 95 25 68 94 - fermé lun. et oct.-mars - P - - menu corse 55 €.* Cette maison typique s'élève dans un charmant village accroché à la montagne. L'accueil est chaleureux, la cuisine authentique et la terrasse offre des vues sur la vallée.

ACHATS

Coutellerie artisanale Biancucci – *Corticchiato - 20167 Cuttoli-Corticchiato - 04 95 25 64 72 - - mai-sept. : 10h30-12h30, 14h30-18h30 ; reste de l'année : 14h30-18h30 ; dim. et j. fériés sur RV.* Voici une équipe qui fonctionne bien ! Jean Biancucci, ébéniste depuis 1976, fabrique des manches en corne ou en bois coupé en hiver et à la lune. Son fils Paul forge selon les techniques anciennes et réalise des lames en acier au carbone ou feuilletées.

ACTIVITÉS

Rêves de Cimes – *20172 Vero - 04 95 21 89 01 - revesdecimes.fr - juil.-août : 9h-19h ; vac. de Pâques, de Toussaint, juin, sept. : 10h-18h ; reste de l'année : w.-end, j. fériés 10h-18h - fermé de déb. nov. à déb. avr. - P - parcours 13/23 €.* Dix-sept parcours dans les arbres, mais aussi randonnée aquatique.

AGENDA

Fiera di a castagna – *À Bocognano - 1er w.-end de déc.* Foire à la châtaigne : foire régionale majeure (produits et artisanat corses).

Le village de Tolla, au bord du lac artificiel du même nom, dans la vallée du Prunelli.
C. Moirenc / hemis.fr

Bastelica

541 Bastelicais – Corse-du-Sud (2A)

Perché à 800 m d'altitude, le plus haut village de la vallée du Prunelli déploie ses hameaux sur les pentes du monte Renoso, dans un paysage d'alpages semés de châtaigniers. La région constitue en été un lieu de villégiature apprécié des Ajacciens et en hiver un paradis pour les amoureux de ski. En parcourant les routes de la vallée, vous jouirez de panoramas splendides sur les gorges, sur le plan d'eau de Tolla et sur les champs de neige du plateau d'Ese.

NOS ADRESSES PAGE 303
Hébergement, restauration, achats, activités, etc.

S'INFORMER

Office du tourisme du Celavu Prunelli – *Quartier Pela-Curacchia - 20129 Bastelicaccia - ✆ 04 95 22 55 13 - www.tourisme-prunelli.com - juil.-août : 9h-18h, dim. 9h-12h ; oct.-mai : tlj sf w.-end 9h30-16h30 ; reste de l'année : se rens. - fermé certains j. fériés, Vend. saint.*

SE REPÉRER

Carte de microrégion C1 (p. 268) – *carte p. 302*. D'Ajaccio, prenez la T 40 jusqu'à Cauro à l'est (20 km). Tournez à gauche sur la D 27, petite route de montagne qui grimpe jusqu'à Bastelica (20 km environ).

À NE PAS MANQUER

La statue et la maison de Sampiero ; le barrage de Tolla.

ORGANISER SON TEMPS

Les routes du plateau d'Ese ou des gorges du Prunelli, mal entretenues et sinueuses, imposent une allure modérée.
Prévoyez en moyenne 1h pour effectuer une vingtaine de kilomètres.

EN FAMILLE

La cascade de Sant'Alberto ; une promenade en petit train touristique ; un moment au centre nautique du lac de Tolla *(voir « Nos adresses »).*

6

Se promener

Statue de Sampiero

Cette statue monumentale en bronze s'élève devant l'église de Santo, principal hameau de Bastelica. Brandissant son épée, Sampiero symbolise le courage et la force des insulaires. Trois faces du piédestal sont ornées d'un bas-relief en bronze évoquant le combat des Corses contre Gênes au 16e s.

Maison natale de Sampiero

Au hameau de Dominicacci, tout en haut du village.

Incendiée par les Génois, cette modeste demeure fut reconstruite à l'identique au 18e s. Elle porte une inscription en langue corse rédigée en 1855 par William Wyse, petit-fils de Lucien Bonaparte, exaltant pompeusement la vaillance de l'enfant du pays : « Au plus corse des Corses, héros fameux parmi les innombrables héros que l'amour de la patrie – mère superbe des mâles vertus – a nourri dans ces montagnes et dans ces torrents… »

Circuits conseillés Carte de Bastelica

★ ROUTE PANORAMIQUE DU PLATEAU D'ESE

Circuit de 16 km au départ de Bastelica tracé en rose sur la carte p. 302 – Compter environ 1h. Prendre la D 27A à l'entrée de Bastelica.

Cette magnifique route de crêtes mène au **stade de neige** du val d'Ese mais n'escomptez pas trouver ici une station mondaine ! Si vous désirez passer une journée de ski, sachez que la station ferme généralement le premier week-end d'avril. Pendant la saison hivernale, un restaurant fonctionne. Il dispose d'une grande terrasse conviviale sur laquelle rôtissent, tout au long de la journée, quelques *figatelli* (un must).

Rapidement, le parcours devient aérien mais gardez toutefois les pieds sur terre : le revêtement de la route a beaucoup souffert et nombre de cochons y errent en liberté. Il ménage des **vues exceptionnelles★★** sur Bastelica et le massif montagneux qui sépare les vallées du Prunelli et du Taravo. Ainsi, à la lumière du soir, il n'est pas rare de compter jusqu'à dix plans successifs de lignes de crêtes. On regrettera toutefois que la route traverse une décharge sauvage…

★ GORGES DU PRUNELLI

Circuit de 50 km au départ de Bastelica tracé en rouge sur la carte p. 302 – Compter environ 3h. Quitter Bastelica au sud-ouest par la D 27 ; à 4,5 km prendre à droite la D 3 vers Tolla.

Bon à savoir – La chaussée est étroite et de revêtement médiocre.

La route descend dans la vallée du Prunelli. Elle pénètre dans les gorges et offre de beaux **coups d'œil★** à gauche sur la Punta di Forco d'Olmo (alt. 1 631 m), la crête dentelée de la Punta Arghiavana (alt. 1 346 m) et le lac de barrage de Tolla.

Tolla

Le village de Tolla, entouré de pommiers, de noyers et de châtaigniers, domine un lac artificiel retenu par le **barrage de Tolla**. Haut de 88 m, cet ouvrage de type voûte contient 32 millions de m^3 d'eau et alimente à son tour une autre usine hydroélectrique.

Le plan d'eau a été peuplé de truites fario et de brochets.

La vie mouvementée de Sampiero Corso

UN CHEF MILITAIRE

Sampiero Corso est né vers 1498 d'une famille d'origine modeste. Très jeune, il quitte la Corse pour embrasser le métier des armes au service des Médicis à Florence, puis du pape Clément VII. Le cardinal Jean du Bellay, ambassadeur de France à Rome, prend sous sa protection l'ardent capitaine, et le fait engager dans les armées de François Ier en 1536. Il poursuit sa carrière d'officier et servira le roi de France pendant près de trente ans. Aux côtés de Bayard, puis de La Châtaigneraie, il s'illustre alors dans toutes les batailles menées contre Charles Quint. À Perpignan, il sauve la vie du dauphin Henri, ce qui lui vaut de porter sur ses armes « deux bandes d'azur à fleurs de lys d'or ». Auréolé de prestige et fortuné, il peut épouser en 1545 Vannina d'Ornano, dont la famille compte au rang des grands de l'île. En 1547, il est promu colonel par Henri II et reçoit le commandement de l'ensemble des compagnies corses au service du roi.

SERVITEUR DE LA FRANCE EN CORSE

Peu après son mariage, Sampiero est incarcéré à Bastia par le gouverneur génois, dans des circonstances demeurées obscures. Il est rapidement libéré grâce à l'intervention d'Henri II. En 1553, il s'illustre en Italie où la France mène campagne. Mais c'est lors de la conquête de la Corse par les Français, dès la fin de la même année, que Sampiero devient une figure dans l'île. La légende le donne pour l'initiateur de cette expédition et son promoteur auprès du roi. On sait en fait aujourd'hui que Sampiero, loin d'approuver ce projet, avait tenté d'en détourner le Conseil de guerre. Toujours est-il qu'il seconde avec bravoure les opérations menées par le maréchal de Thermes. À la tête de 500 mercenaires corses, Sampiero rallie sans peine à la cause française les chefs de l'île et une population hostile à la politique de Gênes.

FAROUCHE ADVERSAIRE DES GÉNOIS

En 1557, l'administrateur français, Giordano Orsini, successeur du maréchal de Thermes, peu estimé de Sampiero, déclare à Vescovato l'incorporation de la Corse à la couronne de France. Cette déclaration qui trompa les Corses, puis les historiens, n'était que pure invention d'Orsini, sans doute soucieux de ranimer le zèle défaillant des tenants du parti français. C'était imprudemment anticiper la tournure que prirent les événements : le 3 août 1559, le **traité de Cateau-Cambrésis** rendait la Corse aux Génois.

En 1563, Sampiero, retiré en France pour préparer une nouvelle campagne contre les Génois, tue sa femme Vannina en fuite vers Gênes avec une partie de sa fortune. Le 14 juin 1564, discrètement appuyé par Catherine de Médicis, il débarque dans le golfe de Valinco : la révolte redémarre. Sampiero se rend vite maître de l'intérieur de l'île, mais Gênes conserve les places maritimes. L'intensité des combats diminue, sans victoire décisive. Les défections se multiplient parmi les insurgés, lassés du pourrissement de la situation. C'est dans ce contexte que, le 17 janvier 1567, Sampiero tombe dans une embuscade entre Cauro et Eccica-Suarella, dirigée par les frères d'Ornano, ralliés aux Génois. Sampiero entra dans la légende et porta en France le renom des qualités militaires corses.

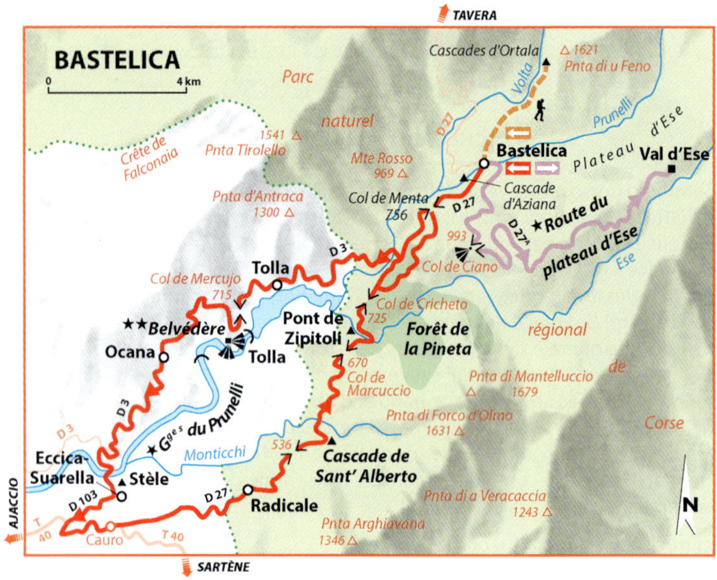

★★ Belvédère

Au col de Mercujo (alt. 715 m), garer la voiture. Emprunter à pied, sur la gauche, le chemin en cul-de-sac qui descend au belvédère.

Il offre une **vue** plongeante sur le barrage de Tolla et la retenue, et, plus bas, sur les gorges du Prunelli dominées par la Punta Arghiavana, la Punta de Serra Cimaggia et la Punta di Mantellucio.

Poursuivre sur la D 3.

La descente en lacet sur le village d'**Ocana** procure un superbe spectacle sur toute la chaîne de montagnes. Le bourg s'accroche à mi-pente au-dessus des gorges face à la chaîne.

À 5 km d'Ocana, prendre à gauche la route d'Eccica-Suarella (D 103).

Stèle de Sampiero Corso

Stationner près du pont sur le Prunelli. Remonter à pied la D 103 sur 100 m vers Eccica-Suarella. Immédiatement après un petit pont dans un virage à droite, prendre le sentier qui monte sur la gauche à travers un agréable sous-bois.

15mn AR. C'est près de Suarella, en plein maquis, que Sampiero Corso fut assassiné. Une stèle érigée à la fin du 19e s. commémore l'événement.

Eccica-Suarella

Les vignobles de ses coteaux produisent d'excellents vins de table. On y fabrique aussi de délicieux fromages de chèvre artisanaux.

On atteint bientôt la T 40 que l'on emprunte à gauche vers Cauro. À la sortie de Cauro, suivre la D 27 vers Bastelica.

La route traverse des bois de chênes et débouche sur un paysage de pâturages. Après le hameau pastoral de **Radicale**, on s'élève vers le col de Sant'Alberto (alt. 536 m).

Cascade de Sant'Alberto (dite aussi de Carnevale)

Accès à 5 km de Cauro dans un virage à gauche. Stationner à proximité du pont.

15mn AR. Quelques mètres après le pont, un sentier escarpé (non

balisé) grimpe sur la rive droite du ruisseau, dans les ombrages de beaux chênes. On entend bientôt sur la droite la cascade haute d'une dizaine de mètres.
Continuer la D 27 vers Bastelica et franchir le col de Marcuccio (belles vues).

Pont génois de Zipitoli

Sentier fléché sur la gauche de la route, dans la descente du col de Marcuccio. Garer la voiture à l'un des emplacements aménagés après la maison forestière de la Pineta. Prendre à pied sur la gauche un chemin qui descend vers le pont sur l'Ese que l'on aperçoit très vite sur la droite.
10mn AR. Franchissez ce joli petit pont à arche unique environné de buis dans un paysage alpestre, continuez le sentier sur une trentaine de mètres, puis coupez sur la gauche pour descendre au bord de la rivière d'Ese.
Reprendre la D 27 vers Bastelica.
La route, tracée à flanc de montagne, descend à travers la **forêt de la Pineta** peuplée de pins laricio auxquels se mêlent des châtaigniers et quelques hêtres. Elle procure de belles échappées sur la vallée du Prunelli et sur les arêtes rocheuses : Punta d'Antraca (alt. 1 300 m), monte Rosso (alt. 969 m) et, en arrière-plan, Punta Tirolello (alt. 1 541 m).
Au col de Cricheto, vous pouvez choisir de rejoindre Bastelica par la route supérieure qui rejoint la D 27 au col de Menta.
Le parcours (ancienne route forestière), plus tourmenté, étroit et mal goudronné, offre de meilleures **perspectives★** sur les crêtes.
Au col de Menta commence la descente rapide sur Bastelica. À 50 m en contrebas de la route, on aperçoit, au pied de grandes parois rocheuses, la cascade d'Aziana, haute de 15 m, formée par le Prunelli.

Randonnée Carte de Bastelica

Cascades d'Ortala

Départ au niveau d'une fontaine couverte, en haut du village. Balade tracée en pointillés orange sur la carte p. 302. Compter 2h30 AR. Carte IGN (Monte Renoso) conseillée. Cette promenade rafraîchissante est l'occasion de découvrir un système d'adduction d'eau particulièrement bien conservé. En effet, après 30mn de montée, apparaît un petit canal qui achemine l'eau de la montagne jusqu'au village. En le remontant, on arrive presque jusqu'aux cascades d'Ortala qui se cachent dans un très beau décor sauvage.

NOS ADRESSES À BASTELICA

VISITES

Petit train touristique – *Col de Cricheto (D 27) - ✆ 04 95 28 41 36 - www.cricheto.com - juil.-août : 10h30, 11h45, 15h et 16h30, sam. 15h ; juin et sept. : tlj sf vend. 10h30, 11h45 et 15h, sam. 15h ; avr.-mai et oct. : tlj sf vend.-sam. 10h30, 11h45 et 15h - 13 € (-10 ans 6,50 €).* Visite commentée à travers une exploitation agricole et accès à deux points de vue.

HÉBERGEMENT ET RESTAURATION

PREMIER PRIX

Chez Paul – *Lieu-dit Stazzona - ✆ 04 95 28 71 59 - rest. tlj midi et soir - 3 appart. 60 €/pers. en 1/2 P - 12/30 €.* La tradition corse est au rendez-vous dans ce petit restaurant à l'ambiance familiale. Vous pourrez prolonger votre séjour dans l'une des chambres équipées de cuisinette.

POUR SE FAIRE PLAISIR

Hôtel Artemisia – *✆ 04 95 28 19 13 - www.hotel-artemisia.com - fermé de nov. à mi-janv. - 8 ch. 129/278 € - ☕ 16 € - ✕ 30 € le soir uniquement.* Le design contemporain a été privilégié dans cet hôtel aménagé au cœur du village. Ambiance chic et lumineuse dans les pièces ouvertes sur le jardin et le paysage environnant, tandis que la bibliothèque, le bassin de baignade et le sauna invitent à la détente. Salle de fitness pour les sportifs. Le restaurant fait la part belle aux produits locaux.

ACHATS

Corsica Pam – *Lieu-dit U Salvadora - 20117 Ocana - ✆ 04 95 23 81 88 - corsicapam.com - P - mai-oct. : tlj sf dim. 8h30-12h, 14h-18h - reste de l'année : tlj sf w.-end 8h30-12h, 14h-18h - fermé déc.* Paul et Jean-Pierre Caux sont deux frères passionnés d'aromathérapie, très respectueux de leur île. Ils ramassent chaque année environ 30 t de végétaux en fonction d'un cahier des charges qu'ils ont établi avec la préfecture (soit une vingtaine de plantes différentes). Puis ils procèdent à la distillerie. Chaque huile essentielle est certifiée Ecocert et offre des propriétés thérapeutiques qu'ils vous expliqueront lors de la visite de la distillerie.

Le Jardin des Abeilles – *20117 Ocana - à 8 km de Bastellicaccia en montant vers Ocana - ✆ 04 95 23 83 88 - www.lejardindesabeilles.com - de juin à mi-sept. : 9h-19h - d'avr. à déb. juin et de mi-sept. à fin oct. : 9h-12h, 14h-18h ; le reste de l'année sur RV.* Une visite s'impose chez ce couple d'apiculteurs qui vous fera découvrir cinq miels très différents, tous détenteurs de l'AOC, et répondra à toutes vos questions sur le métier, la végétation de l'île et l'activité incessante des abeilles corses.

ACTIVITÉS

Cors'Aventure – *Rte de Sartène - Corri-Bianchi, T 40 - 20117 Eccica-Suarella - ✆ 04 95 25 91 19 - corse-aventure.com - P - juil.-août : 8h30-19h ; reste de l'année : 9h-12h, 14h-18h.* Propose des sorties canyoning, VTT, kayak de mer, rafting, cours de voile, location de kayak et paddle, ainsi que des randonnées et de l'escalade.

Via Ferrata de Tolla – *20117 Tolla - ✆ 04 95 21 89 01 ou 07 62 10 73 33 - P - location équipement 15 €, avec un guide 40 €/pers. - activité sur réserv.* Entre escalade et randonnée, la via ferrata offre une première approche des sports extrêmes sur les parois rocheuses des montagnes corses.

Centre nautique du lac de Tolla – *20117 Tolla - ✆ 04 95 27 00 48 - www.centre-nautique-de-tolla.fr - de juin à fin sept. : 10h-19h - location 10/17 €/h - paillotes pour se restaurer.* Location de canoës, kayaks, pédalos, paddles, vélos d'eau et barques de pêche.

Dans le village de Zicavo.
DANITA DELIMONT STOCK/age fotostock

Zicavo, le haut Taravo et l'Incudine

Zicavu, u Altu Tàravu e l'Alcùdina

★★★

250 Zicavais – Corse-du-Sud (2A)

Zicavo dresse ses maisons de granit au cœur de la vallée sauvage et luxuriante du Taravo, aux versants couverts de hêtres, de châtaigniers et de pins. Un paradis pour les amateurs d'écotourisme… et d'authentique charcuterie ! Le village s'incline humblement devant la « crête des Forgerons », l'Incudine, l'une des plus célèbres montagnes corses. Du sommet, la vue sur le sud de l'île est inoubliable.

NOS ADRESSES PAGE 309
Hébergement, restauration, achats, activités, etc.

SE REPÉRER

Carte de microrégion C1 (p. 268) – *carte p. 307.* Situé au cœur de l'île, Zicavo est accessible par de sinueuses routes départementales. Le plus simple est, à partir de la T 40 qui relie Ajaccio à Bonifacio, d'emprunter sur la gauche la D 83, entre Cauro et Grosseto.

ORGANISER SON TEMPS

Zicavo constitue une bonne base de séjour pour parcourir les sentiers du parc naturel régional de Corse.

Randonnée Carte de l'Incudine

★★★ L'INCUDINE

Circuit de 22 km (dont 10 km de route forestière) au départ de Zicavo tracé en vert sur la carte ci-contre – Compter environ 6h AR (trajet global : en voiture, puis à pied). Quitter Zicavo vers le sud par la D 69 ; à 10 km prendre sur la gauche la route forestière.

Bon à savoir – Attention, le tracé du GR 20 ne conduit plus au sommet du monte Incudine.

L'Incudine est le terminal sud d'une succession de sommets qui séparent les torrents Monte Tignoso et Luana. Il n'apparaît pas comme un sommet isolé mais comme une crête de 4 km qui s'allonge entre les cols de Chiralba et d'Asinao, comprenant plusieurs cimes de 2 000 m. Il tient son nom du rocher en forme d'enclume situé sur son arête faîtière. Baptisée « crête des Forgerons », cette arête culmine à 2 136 m d'altitude, à proximité de Zicavo et offre un panorama exceptionnel sur tout le sud de la Corse et, lorsque le temps est dégagé, sur la mer.

La D 428 traverse une belle forêt domaniale de hêtres, appelée le **Bosco di u Coscione★**, qui couvre les basses pentes ouest et nord de la Punta di Sistaja. La route s'élève, à travers bois et clairières, et offre de belles vues sur la vallée du Taravo. Des cascades et torrents bordés d'aulnes coupent le massif où les hêtres centenaires sont nombreux.

Un kilomètre après le refuge des bergeries de Basseta, laissez sur la droite le sentier qui conduit à la chapelle St-Pierre et poursuivez tout droit. À partir de là, la route forestière devient un mauvais chemin *(peu carrossable : les plus prudents laisseront la voiture aux alentours de la chapelle).*

2h30 jusqu'au sommet. Niveau moyen (ascension assez difficile entre le col de Luana et le sommet de l'Incudine). Porter de bonnes chaussures. Partir de bonne heure pour atteindre le sommet avant 10h.

Continuez à pied jusqu'à la bergerie de Cavallara (2 km) et, de là, suivez le chemin forestier qui rejoint le GR 20 (marques en rouge et blanc).

★ Plateau du Coscione *(voir p. 357)*

Raboté par les glaciers et couvert de pâturages où errent de nombreux cochons, ce plateau, sillonné de ruisseaux, est parsemé de gros blocs moussus, résultats de l'érosion glaciaire. En été, les prairies sont jonchées d'aconits bleus, endémiques de Corse, et de digitales pourpres. Ces espèces végétales sont protégées.

DES ENVIES D'INDÉPENDANCE

En 1739, à l'appel du curé, le village soutint la cause du baron Frédéric, neveu du roi Théodore, qui relança l'idée de l'indépendance. L'échec des chefs de l'insurrection comme Giafferi et Ornano ne désarma pas les Zicavais : alors que les femmes et les enfants s'étaient réfugiés sur le plateau du Coscione, les hommes affrontèrent durant un mois les régiments du marquis de Maillebois venu prêter main-forte aux Génois. Mais ils durent se résoudre à déposer les armes. Après des semaines de vie montagnarde, le baron Frédéric s'embarqua pour Livourne muni d'un sauf-conduit. Zicavo est aussi le berceau de la famille Abbatucci qui donna à la France plusieurs députés, un ministre et trois généraux dont **Charles Abbatucci** (1771-1797), général à 25 ans, tué au siège de Huningue (Haut-Rhin).

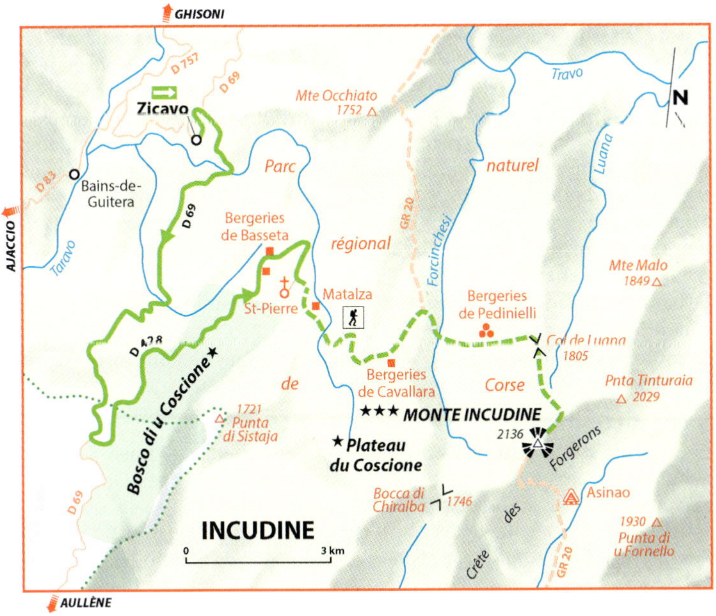

Les troupeaux des régions de Porto-Vecchio, de Sotta, de Figari et des plaines du Rizzanèse, du Baracci et du Taravo y transhument encore. En hiver, le Coscione accueille les skieurs de fond.

Après avoir franchi sur une passerelle le ruisseau de Forcinchesi, montez par le GR 20 sur le replat où se dressent les ruines des bergeries de Pedinielli (alt. 1 620 m). Poursuivez le sentier jusqu'au col de Luana (alt. 1 805 m) pour atteindre l'arête nord de l'Incudine *(1h30)* et la suivre jusqu'au sommet.

Le sommet

Alt. 2 136 m. Le principal sommet du monte Incudine est surmonté d'une croix. La **vue★★★** s'étend sur une vaste surface marine, au sud sur la découpe des aiguilles de Bavella, et au nord sur le monte Renoso.

Retour à Zicavo par le même chemin.

Circuit conseillé Carte de microrégion

LE LONG DU TARAVO

Circuit de 60 km (jusqu'au col de Verde) au départ de Santa-Maria-Siché tracé en orange sur la carte p. 268.

Santa-Maria-Siché C2

Le village divisé en hameaux est le berceau de la famille d'Ornano.

En 1545, Sampiero Corso épousait vers l'âge de 50 ans **Vannina d'Ornano** âgée de 15 ans, mariage qui anoblissait le colonel et le faisait entrer dans l'une des plus grandes familles de l'île. Mais en 1563, il étrangla son épouse de ses mains : complicité de Vannina avec Gênes, jalousie du vieil époux ou intérêt ? Cette justice expéditive n'offusqua guère la cour de France. Découvrant ses blessures devant Catherine de Médicis, Sampiero se serait exclamé : « Qu'importe au

Roi et à la France que Sampiero ait vécu d'accord ou non avec sa femme! » En revanche, les frères de la malheureuse gardèrent quelque rancœur envers leur beau-frère : assez pour participer activement à sa mise à mort le 17 janvier 1567.

Palazzo Sampiero – *Hameau de Vico.* Sa maison de Bastelica ayant été brûlée par les Génois, Sampiero fit bâtir, en 1554, cette maison forte en gros appareil de granit, aujourd'hui en ruine. Une inscription et un buste en marbre dans une niche évoquent le héros.

Tour Vannina-d'Ornano – Sur la droite en descendant du vieux bourg, au lieu-dit Casabianca, tout près de la route de Grosseto, s'élève la demeure natale de Vannina, du 15e s.

Le hameau de **Zigliara** est fréquenté pour son établissement thermal.

Quitter Santa-Maria vers le nord (dir. Zicavo) par la D 83.

La route passe entre les maisons de granit des villages de **Campo**, **Frasseto** et **Zévaco**. Elle rejoint la rivière Taravo à Bains-de-Guitera.

Bains de Guitera C1

Cette petite **station thermale** est située sur la rive droite du Taravo. Ses eaux sulfureuses traitent les rhumatismes et des affections cutanées. On aperçoit les ruines d'un des six grands hôtels prisés des curistes. L'eau à 45° qui coule toujours dans sa vasque-lavoir compte encore quelques amateurs.

Revenir vers l'entrée du village et prendre la direction de Guitera-les-Bains par la D 28.

La route grimpe sur les coteaux au-dessus de la rivière, rive droite, jusqu'au joli village de **Guitera-les-Bains**, perché à 620 m.

Continuer sur la D 28.

Bordé par endroits de châtaigniers et d'élevages de cochons, l'étroit ruban d'asphalte offre de belles vues sur la rive opposée, les reliefs, et les toits de Zicavo qui pointent au-dessus de la végétation. Aux alentours, les villages de **Tasso** et **Sampolo** (tout comme Guitera) se peuplent chaque été d'amateurs de randonnée et de bonne chère.

Au croisement, prendre la direction de Vergajo. Au carrefour avec la D 757, emprunter la D 757A vers Zicavo.

La route très étroite grimpe franchement et en zigzags. Zicavo et ses maisons étagées à flanc de relief apparaissent bientôt.

Plateau du Coscione.
antoineede/iStock

Zicavo C1

Perché à 750 m d'altitude, le principal village du haut Taravo est bien connu des randonneurs. Proche du plateau de Coscione et de l'Incudine, le fief de la famille Abbatucci *(voir encadré p. 306)* est un carrefour de sentiers. Ses maisons de granit forment un bel amphithéâtre minéral dans un paysage touffu.

Prendre la direction de Cozzano par la D 69, dans le haut du village.

Cozzano C1

Un autre village typique, dont les terrasses jouissent de vues splendides sur la vallée. On y cultive du **safran** depuis quelques années *(www.zaffaranu.fr)*.

Poursuivre par la D69 en direction de Ghisoni et du col de Verde.

★ Forêt de San Pietro di Verde C1

20 km au nord de Zicavo par la D 69 (dir. Ghisoni).

En prenant la direction du col de Verde, la route longe la forêt de St-Antoine ; elle passe ensuite à travers le peuplement de pins laricio de la forêt de San Pietro di Verde, juste en aval du **col de Verde**.

Au-delà de la forêt, la D 69 franchit le col de Verde (1 289 m), proche de la source du Taravo, puis continue vers Ghisoni via la forêt de Marmano *(voir p. 409)*.

NOS ADRESSES DANS LE HAUT TARAVO

HÉBERGEMENT ET RESTAURATION

À Zicavo

PREMIER PRIX

Pacific Sud – *À la sortie de Zicavo, dir. Aullène - ✆ 09 67 16 41 37 - fermé en sem. de déc. à fév. - wifi - ♿ - 12/19 €.* Cet établissement est connu pour son atmosphère chaleureuse, ses pizzas, viandes sur grill et ses spécialités corses.

Le Florida – *✆ 04 95 24 43 11 - www.le-florida.com - 5 ch. 65/85 € ☕ 7 €.* Situé dans la partie haute du village, une adresse pratique pour les randonneurs.

Le Paradis – *Entrée du village en venant de Corte par la D 69 - ✆ 04 95 24 41 20 - www.zicavo-paradis.com - 5 ch. 70 € ☕ - 1/2 P 10 €.* Plus confortable, il est aussi recommandé pour sa table.

À Cozzano

PREMIER PRIX

Auberge A Filetta – *✆ 04 95 24 45 61- 8 ch. 50 € - ☕ 8 €.* Cette grande maison abrite des chambres simples offrant de belles vues sur un paysage bucolique. Accueil discret et aimable.

À Zévaco

BUDGET MOYEN

Ferme-Auberge U Taravu – *✆ 04 95 24 46 06 - fermé oct.-nov., lun.-vend. de déc. à mars - ♿ - menus 23/32 €.* Une bonne table de la région dans un décor rustique, des produits de la ferme dans les assiettes (légumes, viandes variées) et d'excellents desserts à base de châtaigne. Que demander de plus ?

À Santa-Maria-Siché

BUDGET MOYEN

Hôtel Santa Maria – *✆ 04 95 25 72 65 - www.santa-maria-hotel.com - P - 23 ch. 80/86 € ☕ - ✕ menus 20/25 €.* Tenu par la même famille depuis trois générations, sympathique hôtel à la façade blanche, dont les chambres, meublées d'ancien, sont équipées d'une bonne literie et de salles de bains modernes. À table, produits du terroir et charcuteries maison.

Le Sud : Propriano, Bonifacio et Porto-Vecchio 7

Carte Michelin Départements 345 – Corse-du-Sud (2A)

Falaises de Bonifacio.

Photoprofi30 / iStock

LE SUD : PROPRIANO, BONIFACIO ET PORTO-VECCHIO
0
5 km
BONIFACIO
★★★ Vaut le voyage
Îles Lavezzi
★★ Mérite un détour
Porto-Vecchio
★ Intéressant
Propriano
À voir
A
B
1
2
3
AJACCIO
6
Vallée du Taravo
Vallée du Coscione
Petreto-Bicchisano
Col de St-Eustache
Aullène
Zérubia
Filitosa
Sollacaro
Castello della Rocca
Cargiaca
Loreto-di-Talano
Piscines de Zoza
Serra-di-Ferro
Porto-Pollo
Olmeto
St-Jean-Baptiste
Sta-Maria-Figaniella
Ste-Lucie-de-Tallano
Sources de Baracci
Fozzano
Viggianello
Arbellara
Propriano
Golfe de Valinco
Alta
Source de Caldane
Rizzanèse
Portigliolo
Pont Spin'a Cavallu
Tour génoise
Belvédère
Sartène
Campomoro
St-Damien
Alo Bisucce
Mola
Chât. de Baracci
Campomoro-Senetosa
Vée du Loreto
Le Sartenais
Montagne
MER
Palaggiu
Plateau de Cauria
CORSE-
Tizzano
Stantari
Fontanaccia
Renaju
Col de Roccapina
Erbaju
A Casa di Roccapina
Rocher du Lion
Cala di Roccapina
Îles Bruzzi
Îlots des Moines
MÉDITERRANÉE
D 155
D 57
D 757
D 157
D 257
D 19
D 119
D 121
T 40
D 69
D 21
D 48
D 50
D 250
D 48A
D 420
995
Ville de départ du circuit
Côte nord du golfe
Vallées du Rizzanèse et du Baracci
Côte sud du golfe
Route du Monte Rosso jusqu'à Mola
Les mégalithes du Maquis
Site préservé de Roccapina
De Propriano à Zonza
De Zonza à Solenzara
Massif de l'Ospédale : de Zonza à Porto-Vecchio
Route du col de St-Eustache
Vallée du Coscione
Bonifacio et ses environs

C
COL DE LARONE
SOLENZARA
D
AIGUILLES DE BAVELLA
1596
Bavella
COL DE BAVELLA
1218
Forêt de Bavella
8
Plateau de Coscione
Trou de la Bombe
N
Quenza
D 420
D 268
Zonza
D 368
Forêt de Zonza
D 168
Serra-di-Scopamène
Ste-Barbe
Conca
Sites de Cucuruzzu, Capula et San Lorenzu
Chaos de Paccionitoli
1
T 10
D 67
Planu de Levie
Forêt de Barocaggio-Marghèse
Ste-Lucie-de-Porto-Vecchio
Levie
1198
Pnta di u Diamante
D 168A
D 59
Mela
Golfe de Pinarellu
Carbini
Ospédale
Cascade de Piscia di Gallo
Rocca
L'Ospédale
Oso
1315
Pnta di a Vacca Morta
Castellu d'Araghju
D 759
San Ciprianu
naturel
Ortolo
Forêt de l'Ospédale
Cala Rossa
Golfo di Sognu
Golfe de Porto-Vecchio
de
Corse
D 368
Pointe de la Chiappa
Cagna
Porto-Vecchio
1293
L'Uomo di Monaco
Palombaggia
Îles Cerbicale
2
Ceccia
1217
Tappa
L'Uomo di Cagna
Tamariccio
D 859
DU-
SUD
Sta Giulia
San Quilico
Pianottoli-Caldarello
Caldarello
Baie de Rondinara
T 10
T 40
Golfe de Figari
Balistra
Golfe de Santa-Manza
La Tonnara
Maora et Sta-Manza
Ponti di a Nava
Ermitage de la Trinité
D 58
3
St-Julien
Calalonga
Cala di Paragnano
Piantarella
BONIFACIO
Sdragonato
Capo Pertusato
Îles Lavezzi
Bouches de Bonifacio
C
SARDAIGNE
D

Propriano

Pruprià

3 789 Proprianais – Corse-du-Sud (2A)

Nichée au fond du golfe de Valinco, cette station balnéaire est aujourd'hui un centre actif de tourisme. Les sports nautiques, les plages de sable fin et l'arrière-pays riche en curiosités font de Propriano une halte appréciée, où les senteurs du maquis se mêlent à celles de la mer.

NOS ADRESSES PAGE CI-CONTRE
Hébergement, restauration, achats, activités, etc.

S'INFORMER

Office du tourisme du Sartenais Valinco Taravo – *21 av. Napoléon-III - 20110 Propriano - ✆ 04 95 76 01 49 - www.lacorsedesorigines.com - sais. : 9h-19h, dim. 9h-13h ; reste de l'année : tlj sf dim. 9h-13h, 15h-18h - fermé certains j. fériés, 26 déc.*

Visites œnologiques – *✆ 04 95 76 01 49 - www.lacorsedesorigines.com - 16 € (-18 ans gratuit)* - l'office de tourisme organise les vendredis d'été des visites des domaines de la région avec dégustation.

SE REPÉRER

Carte de microrégion B1 (p. 312) – *carte p. 321*. À mi-chemin entre Ajaccio et Bonifacio, Propriano est établie au fond du golfe de Valinco.

SE GARER

Un parking payant se trouve le long du port *(premières 30mn gratuites)* mais préférez les nombreux emplacements autour de la poste, gratuits.

EN FAMILLE

Une sortie en mer *(voir « Nos adresses »)*.

Se promener

Près du quai St-Érasme, le **port de plaisance** prend de l'extension. Face au port, le long de la rue principale bordée de maisons ocre, se concentrent les restaurants, bars et hôtels dans une atmosphère assez familiale.

Les plages

Vous aurez l'embarras du choix ; certaines plages sont même accessibles à pied. En ville, vous pourrez profiter de la **plage du Valincu** et de celle du **Mancinu**. Derrière le port de commerce, au-delà du phare du Scoglio Longo, s'étend la **plage du Lido** prolongée par celle **du Corsaire**. Plage de sable épais, surveillée en juillet et en août, elle mérite que l'on s'y attarde, en particulier au coucher du soleil : le golfe de Valinco prend alors de superbes teintes.

UN ESSOR TARDIF

Habitée dès l'âge du bronze, la région fut en relation avec les commerçants carthaginois, étrusques et grecs. Le site de Propriano donna ainsi naissance à une cité qui remonterait à la fin du 2e s. av. J.-C.

Au début du 20e s., Propriano n'était plus qu'un hameau dépendant de la commune de Fozzano. Ce modeste port, seul débouché du Sartenais, bien abrité des vents, ne commença à se développer que vers 1906. La ville est aujourd'hui une des principales stations balnéaires de Corse.

Phare de de Propriano.
Allard1 / iStock

NOS ADRESSES À PROPRIANO

ARRIVER/PARTIR

En bateau
Liaisons maritimes – *Voir p. 510.*

TRANSPORTS

En autocar
Eurocorse Voyages - *04 95 71 24 64 - www.eurocorse.com.* Liaison Ajaccio-Propriano-Sartène-Scopetto-Porto-Vecchio-Bonifacio. (sept.-juin : tlj sf dim. 2/j. ; juil.-août : 3/j. dim. inclus).

HÉBERGEMENT

BUDGET MOYEN

Hôtel Bellevue – *13 av. Napoléon III - Port de plaisance - 04 95 76 01 86 - fermé en fév. - 14 ch. 65/120 € (inclus en août et sept.) - 6 € - 9/20 €.* Face au port, cette maison colorée est une étape aux tonalités bretonnes : une carte de crêpes vous y attend mais aussi des salades et des glaces. La partie hôtel a été bien rénovée : les chambres sont correctes sans pour autant dégager de charme. Choisissez celles côté mer pour égayer votre soirée. Plutôt en dépannage.

Hôtel Claridge – *R. Bonaparte - 04 95 76 05 54 - fermé de déc. à mi-mars - www.hotel-claridge-propriano.com - 24 ch. 84/141 € - 8 € (inclus en août et sept.).* En retrait du port, cet établissement, rénové, dispose de chambres aux tons rose, saumon, orangé, avec parquet flottant au sol et petits balcons. Simples mais bien entretenues, elles sont toutes climatisées et équipées du wifi. Une bonne option malgré l'absence de vue sur la mer.

Hôtel Beach – *38 av. Napoléon - 04 95 76 17 74 - www.beachhotel-propriano.com - fermé de fin oct. à avr. - P - garage moto et vélo - 18 ch. 96/106 € - 9,20 €.*

Cette construction moderne, un peu éloignée du centre, vaut surtout pour sa situation exceptionnelle quasiment à même la plage de sable fin. Presque toutes les chambres, spacieuses (climatisées, avec baignoire et réfrigérateur) et dotées d'un balcon, offrent une vue privilégiée sur les eaux du golfe.

Hôtel Neptune – *39 r. du 9-Septembre - ☏ 04 95 76 10 20 - www.hotelneptune-propriano.com - fermé en nov.- ♿ 🅿 - 40 ch. 104/154 €* ☕. Près du port et de la plage, cette bâtisse récente propose des chambres fonctionnelles, dont la moitié avec vue sur la mer. Petit-déjeuner face au golfe de Valinco. Spa de 200 m² *(payant, réduction pour les résidents).*

RESTAURATION

BUDGET MOYEN

Le Cabanon – *26 av. Napoléon-III - ☏ 04 95 76 07 76 - fermé de mi-oct. à Pâques - menus 28,50/34,50 €.* Ce petit restaurant sert une cuisine méditerranéenne. Comme en plus, il possède une terrasse et est bien situé sur le port, pensez à réserver…

Tempi Fà – *Av. Napoléon-III - ☏ 04 95 76 06 52 - fermé nov.-mars - www.tempi-fa.com - menu 38 € - assiette 9/19,90 €.* Tempi Fà ou « temps d'avant » en corse… C'est là que nous ramène cette épicerie-bistrot et bar à vins, avec son décor reproduisant une place de village, avec un vrai marché local : charcuteries, fromages, vin de myrte, vins corses, etc. Et tous ces beaux produits sont proposés à la dégustation.

Le Lido – *42 av. Napoléon-III - ☏ 04 95 76 06 37 - à partir de 19h - fermé de mi-oct. à mai - menus 28,50/34,50 € - 11 ch. à partir de 160 €.* Des planches de charcuterie et fromages corses, des salades rafraîchissantes et toutes sortes de gourmandises pour composer un apéritif dinatoire arrosé de vins de Corse ou d'ailleurs : le petit cabanon créé dans les années 1930 est devenu un charmant hôtel sur la plage qui mérite une visite, au moins le temps d'une bonne soirée.

UNE FOLIE

Le Tout va Bien « Chez Parenti » – *10 av. Napoléon-III - ☏ 04 95 76 12 14 - www.chezparenti.fr - fermé nov.-mars., lun. (sf le soir en sais.) - ♿ - menu 52 € - 27 €.* Effectivement, tout va bien dans ce restaurant tenu depuis 1935 par la famille Parenti. Vous pourrez vous attabler tranquillement sur sa terrasse, face au port, non seulement pour contempler les bateaux et le golfe de Valinco, mais aussi pour savourer une cuisine vouée aux produits de la mer sans dénigrer la viande (veau tigre, bœuf, etc.). Courte carte assurant la fraîcheur des produits.

ACTIVITÉS

Port de plaisance – *☏ 04 95 76 10 40 - en sais. : 8h-20h.* Ce port dispose de 500 places et peut accueillir des bateaux mesurant jusqu'à 70 m de long.

Excursions en mer

Promenades en mer – *Port de Plaisance - ☏ 06 03 77 42 56 - promenades-en-mer-propriano.fr - juil.-août : 9h-13h (réserv. conseillée) - reste de l'année : 9h30-12h30, 14h30-19h.* Sortie « Les 7 merveilles » (1h30) : découverte des côtes nord et sud du Valinco (28 €, -12 ans 14 €) ; formule « Lever de soleil » (2h30 - 38 €, -12 ans 19 €) ; formule « Coucher de soleil » (1h45 - 34 €, -12 ans 17 €) ; promenades en catamaran.

Le golfe de Valinco.
C. Bana/Author's Image/Photononstop

Le golfe de Valinco

Golfu di Valincu

★

Corse-du-Sud (2A)

Des rochers abrupts, des collines couvertes d'oliviers et de charmantes plages de sable fin bordent les rivages de ce véritable lac maritime qui enserre Propriano. Trois fleuves côtiers se jettent dans le golfe. Les deux principaux : le Taravo au nord et le Rizzanèse au sud ont, au cours des millénaires, édifié de larges plaines alluviales. Tout au fond du golfe, le Baracci, plus modeste, est à l'origine de la vaste plage qui s'étire à l'entrée de Propriano.

NOS ADRESSES PAGE 325
Hébergement, restauration, achats, activités, etc.

S'INFORMER

Office du tourisme du Sartenais Valinco Taravo – *Voir p. 314 et 327.*

SE REPÉRER

Carte de microrégion AB1/2 (p. 312) – *carte p. 321*. Le plus méridional des grands golfes de la côte ouest est délimité, au nord, par le Capo di Muro qui le sépare du golfe d'Ajaccio et, au sud, par la pointe de Campomoro. Il se resserre au niveau de la pointe de Porto-Pollo qui fait face à celle de Campomoro. Ces presqu'îles forment à l'intérieur du golfe un autre golfe très fermé (l'ouverture atteint à peine 7 km).

À NE PAS MANQUER

Une incursion dans les vallées du Rizzanèse et du Baracci.

ORGANISER SON TEMPS

Pour flâner au cœur des paysages du golfe, prévoyez au moins une journée. Et un peu plus pour faire quelques visites, vous prélasser sur l'une des plages ou randonner sur le site de Campomoro-Senetosa.

EN FAMILLE

Visite du site de Filitosa ; détente et baignade sur les plages de Portigliolo et de Campomoro ; parcours dans les arbres non loin des sources de Baracci *(voir « nos adresses »).*

Circuits conseillés Carte du golfe de Valinco

★ CÔTE NORD DU GOLFE

Circuit de 61 km au départ de Propriano tracé en vert sur la carte p. 321 – Compter environ 3h30. Quitter Propriano par la T 40 en direction d'Ajaccio. À 2 km, prendre à droite la route qui remonte la vallée du Baracci (D 557).

Sources thermales de Baracci

Sur la rive gauche, à 1 km de l'embranchement, jaillissent à 39 °C des sources sulfureuses et salines, déjà connues dans l'Antiquité. *✆ 04 95 76 30 40 - 30 € (-12 ans 5 €).*

Poursuivre la route qui franchit la rivière et prendre à gauche celle d'Olmeto (D 257).

Olmeto

Ce gros bourg, traversé par la T 40, groupe en étages ses belles maisons de granit sur la forte pente du versant méridional de la Punta di Buturetto (alt. 871 m). On y voit encore, face à la mairie, la maison où mourut à l'âge de 96 ans, Colomba Bartoli *(voir encadré p. 322).*

Sur la colline isolée qui fait face au village à l'est se dressent les ruines du **castello della Rocca** d'où partit la première grande révolte contre Gênes conduite par **Arrigo della Rocca**, l'arrière-petit-fils de Giudice de la Cinarca *(voir p. 266).* Fuyant le succès du parti populaire de Sambucuccio d'Alando *(voir encadré p. 212),* Arrigo s'était exilé en Espagne en 1362, mais il revint en 1376 et réussit à reprendre l'île, ne laissant aux Génois que Calvi et Bonifacio. Proclamé comte de Corse à Biguglia, il gouverna pendant douze ans en vassal du roi d'Aragon.

La T 40 qui descend vers Propriano offre de beaux **coups d'œil★** sur le golfe de Valinco et sur la plaine de Baracci couverte d'oliviers.

Au premier embranchement, après un lacet à gauche, prendre à droite la D 157 tracée en corniche au-dessus du golfe.

La route descend vers l'embouchure du Taravo.

★★ Filitosa

Sur la D 57 - ✆ 04 95 74 00 91 - www.filitosa.fr - avr.-oct. : 9h-19h30 - 9 € (-6 ans 7 €) - privilégier le milieu de journée pour la luminosité.

Le site de Filitosa offre, à travers ses précieux vestiges, une synthèse des origines de l'histoire en Corse : périodes néolithique (6000-2000 av. J.-C.), mégalithique (3500-1000), torréenne (1600-800), puis romaine. Le site a été découvert en 1946 par le propriétaire du terrain ; l'archéologue Roger Grosjean y a ensuite consacré son activité de chercheur. Les **70 statues-menhirs** retrouvées sur le site ont reçu le nom de Filitosa I, II, etc. Près de l'entrée s'élève le **musée** où l'on s'arrêtera au retour.

À 75 m, sur le chemin menant au site, à droite, a été placée la statue-menhir **Filitosa V**. C'est la mieux armée de toutes les statues-menhirs de Corse. Elle

Menhir-statue datant de 3300 av. J.-C. sur le site archéologique de Filitosa.
W. Bibikow/age fotostock

porte une longue épée et un poignard oblique dans son fourreau; de dos apparaissent des détails anatomiques ou vestimentaires. Le haut de la tête semble avoir été sectionné.

Une muraille cyclopéenne marque l'entrée de l'**oppidum** fortifié, installé sur un escarpement rocheux. Différents ensembles témoignent de l'occupation successive du site par les Mégalithiques puis par les Torréens. On y accède par la **plate-forme de surveillance est**, monument comblé par les Torréens. Il s'agit d'un tumulus, extérieurement appareillé et disposé dans un puissant ensemble rocheux. Une rampe monte à son sommet. Sur la gauche, l'**abri-sous-roche** témoigne de la première occupation des lieux au Néolithique ancien, il y a quelque 8 000 ans.

Monument central – Le monument central, de plan circulaire, était peut-être à vocation religieuse. Dans ses murs, les Torréens avaient encastré 32 statues-menhirs débitées, puis disposées le visage contre terre. Plusieurs statues qui avaient été retirées du parement encadrent l'entrée du monument. Celles de **Filitosa IX** et de **Filitosa XIII** représentent les sommets de l'art mégalithique en Corse. **Filitosa VI** montre un visage presque intact.

Monument ouest – Il prend appui sur des aménagements mégalithiques antérieurs. Il s'agirait d'un édifice religieux torréen ayant occasionnellement servi à la défense collective. Sa partie centrale comporte deux chambres auxquelles on accède par des couloirs.

La descente raide à partir du monument ouest conduit dans le vallon verdoyant où **cinq statues-menhirs** redressées et reconstituées, disposées autour d'un vénérable olivier, marquent la fin de l'époque mégalithique. Au niveau de l'olivier, la vue sur le monument ouest évoque un jardin japonais; bucolique, le lieu est empreint d'une étrange sérénité.

Un peu plus loin, on accède à la **carrière** d'où ont été extraites les pierres ayant servi à la réalisation des statues-menhirs. Là, un rocher a été baptisé « dinosaure », en raison de sa forme étrange.

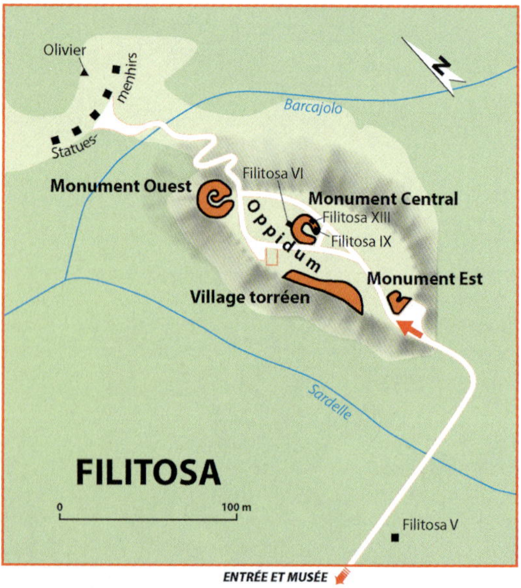

Village torréen – Sur le chemin du retour, en longeant sur la gauche l'oppidum, on aperçoit le village torréen qui conserve les assises de cabanes réoccupées après le départ des Mégalithiques. Dans ses strates profondes fut trouvée de la céramique néolithique (5850 av. J.-C.), vestige de la plus ancienne période d'occupation du site.

Musée – Installé dans le Centre de documentation archéologique, il présente les objets découverts au cours des fouilles, accompagnés de notices explicatives. Observez en particulier trois fragments de statues-menhirs restaurées : à gauche, en entrant, la partie supérieure de **Scalsa-Murta** (1400-1350 av. J.-C.) portant, de face, une épée verticale et, de dos, une cuirasse en chevron et un casque sur lequel apparaissent deux cavités. On a longtemps pensé que des cornes de bovidés étaient fixées dessus mais cette hypothèse est aujourd'hui contestée. Plus loin, **Filitosa XII**, débitée longitudinalement, où le bras et la main gauche sont représentés ; au fond, la tête de style archaïque de **Tappa II**.

Poursuivre sur la D 57.

Sollacaro

Dans une clairière ouverte parmi les châtaigniers, le village domine la basse vallée du Taravo. Elle fut au Moyen Âge la résidence des seigneurs d'Istria dont un représentant, Vincentello, fit, au début du 15e s., lourdement peser son autorité sur le Sartenais.

Reprendre la D 57 en sens inverse puis tourner à droite sur la D 157 qui traverse le Taravo. Prendre à gauche la D 757.

Porto-Pollo

Cette petite station balnéaire s'étire au pied de coteaux couverts d'oliviers et de figuiers, dans une baie ouverte sur le golfe de Valinco et abritée des vents d'ouest par la pointe de Porto-Pollo.

De sa plage de sable, la vue s'étend sur Propriano et la côte sud du golfe que ferme la pointe de Campomoro.

Revenir sur ses pas jusqu'à la D 155 que l'on emprunte sur la gauche pour gagner Serra-di-Ferro.

Serra-di-Ferro

Petit village perché au-dessus de la baie de Cupabia et du golfe de Valinco, où passe le sentier de randonnée « **Mare e Monti sud** » *(signalé par des panneaux de bois)*. Deux promenades agréables et faciles à travers le maquis bas peuvent être entreprises.

1h30 AR. Départ à côté de l'église. La promenade vers Porto-Pollo révèle la tour de Capannella, restaurée, avant de vous offrir des **vues★** étendues sur le golfe, le marécage de Tanchiccia et la plaine cultivée du Taravo.

45mn AR. Départ à droite après le magasin de souvenirs. L'autre balade conduit à la grande **plage de sable fin de Cupabia**, également accessible en voiture en poursuivant au-delà de Serra-di-Ferro par la D 155, puis la D 155A. La baie est parsemée de récifs et la plage, où est établie une taverne, se double à l'ouest d'une importante crique.

Reprendre la D 757.

VALLÉES DU RIZZANÈSE ET DU BARACCI

Circuit de 43 km au départ de Propriano tracé en bleu sur la carte p. 321 – Compter environ 2h. Quitter Propriano par la route de Sartène (T 40). Après le pont sur le Rizzanèse, prendre à gauche la D 268 route d'Aullène, en direction de Levie. À 4,5 km à gauche se dresse un des plus célèbres ponts génois (ouvrez bien l'œil, l'emplacement du pont n'est pas fléché !). Stationner sur l'emplacement à droite face au pont.

★ Spin'a Cavallu *(voir p. 343)*

Poursuivre sur la D 268, franchir le Fiumicicoli, puis le Rizzanèse sur le pont d'Acoravo, et prendre sur la gauche la D 119.

Arbellara

La route s'élève dans les chênes-lièges au-dessus du Rizzanèse, offrant un joli coup d'œil sur le village perché d'Arbellara, à l'abri de sa belle tour de défense carrée. Le village fut détruit par les Turcs en 1583, poussant les notables à renforcer sa protection. Remarquez l'apparat luxueux de certaines maisons qui arborent de belles portes, tranchant avec la sévérité du granit.

Prendre à droite la D 19 vers Fozzano.

★ Fozzano (Fuzzà)

Fier avec ses hautes et belles maisons de granit serrées en rangs guerriers, Fozzano occupe un éperon de la Rocca. En 1833, il fut le théâtre d'une vendetta

COLOMBA DE FOZZANO

Fozzano passa à la postérité grâce au succès du roman de Prosper Mérimée (1803-1870). Au cours de son voyage en Corse, en 1839, ce dernier, alors inspecteur des Monuments historiques, rencontra à Fozzano **Colomba Bartoli**, née Carabelli *(voir encadré p. 328)*. Elle était âgée de 64 ans, veuve et auréolée du prestige que lui conféraient les événements dont elle avait été l'âme : son fils ainsi que deux membres de la famille Durazzo, rivale, avaient été tués. De cette rencontre naquit une nouvelle, *Colomba* (1840), dans laquelle Mérimée unissait l'intransigeance de Colomba et la beauté de sa fille Catherine. L'écrivain prend prétexte de la narration de cette vendetta pour offrir une vision romantique de la Corse au 19e s. Ce roman a contribué à ancrer dans les mentalités une image réductrice des coutumes corses et de la vie dans l'île.

Rochers aux formes étonnantes sur la côte sud du golfe de Valinco, vers Portigliolo.
B. Trapp/Blickwinkel/age fotostock

qui opposa deux familles voisines, les Carabelli et les Durazzo. Les **maisons fortes** des familles rivales, appelées « tours sarrasines », subsistent au cœur du village ; l'une se trouve en contrebas d'une ruelle en escalier, l'autre borde la route principale (à gauche, en venant d'Arbellara). La **maison de Colomba** et son **tombeau** se trouvent tout en bas du village.
Poursuivre sur la D 19, vers la partie haute de la vallée du Baracci, spectaculaire avec ses chaos rocheux hérissés d'aiguilles de granit.

Santa-Maria-Figaniella

C'est le principal village de la **Rocca**, province dont les seigneurs furent puissants au Moyen Âge. Aujourd'hui, le village compte 70 âmes à l'année, 200 l'été. De style roman pisan du 12e s., l'**église Santa Maria** présente un appareil très soigné en moellons de granit. Remarquez le bandeau d'arcatures qui ceinture l'église à la base du toit et les dents d'engrenage sur lesquelles repose sa corniche. Le chevet a conservé sa couverture d'origine.
Au nord de Santa-Maria, la route offre de belles **vues★** sur la vallée du Baracci et le golfe de Valinco.
Faire demi-tour pour regagner Arbellara et prendre à droite la D 19.

Viggianello (Vighjaneddu)

Depuis ce village, on découvre une belle **vue★** sur le golfe de Valinco.
Retour sur Propriano par la D 19.

★ CÔTE SUD DU GOLFE

Circuit de 17 km au départ de Propriano tracé en violet sur la carte p. 321 – Compter environ 1h30. Quitter Propriano par la T 40 vers Sartène jusqu'au pont de Rena-Bianca sur le Rizzanèse que l'on franchit pour prendre tout de suite à droite la D 121 (en direction de l'aéroport).
Une superbe route en corniche offre de belles vues sur la côte sud du golfe, ses longues plages, ses eaux limpides et ses rochers aux formes étranges.

Elle conduit à Campomoro, petit port serein à l'extrême sud de la côte. Des coulées de maquis dévalent des montagnes jusqu'à une anse charmante où paressent quelques barques de pêche et des voiliers.

★ Portigliolo

Cette longue plage (4 km) de sable fin, à l'embouchure du Rizzanèse, est certainement la plus belle à proximité de Propriano. Dans cet environnement sauvage, préservé de la route, on se sent au bout du monde.

Poursuivre sur la D 12.

Belvédère (Belvide)

Ce village bien nommé offre une belle **vue★** sur le golfe et son arrière-pays montagneux. En contrebas, la côte rocheuse avec ses eaux claires est propice à la plongée sous-marine.

Entre Belvédère et Campomoro, des emplacements aménagés permettent d'admirer de superbes points de vue sur la mer et les rochers roses aux formes étranges.

★ Campomoro

Le village se découvre à pied. Se garer sur le parking aménagé à l'entrée.

Un petit bois d'eucalyptus précède ce bourg attachant, situé au fond d'une anse bien abritée par la pointe de Campomoro. Une belle plage de sable, quelques barques de pêche et des voiles multicolores au large complètent ce décor paisible, miraculeusement préservé.

Campomoro, c'est aussi le village natal de l'écrivain **Lorenzi di Bradi** (1869-1945). Sur la façade de sa maison (à droite de l'église du village), une inscription rappelle la mémoire de cet auteur corse qui chanta le maquis et consacra de belles descriptions à sa région natale, notamment dans les *Veillées corses* et dans *La Corse inconnue*.

Tour génoise – *À l'extrémité du village, au-delà de la plage, gagner le sommet de la pointe - ✆ 04 95 77 15 40 - www.lacorsedesorigines.com - de mi-juin à mi-sept. : 9h-13h, 16h-20h ; reste de l'année : 10h-18h - fermé nov.-mars - possibilité de visite guidée sur demande (20mn) - 2,50 € (-12 ans gratuit). 40mn AR.* L'enceinte, munie de bouches à feu, est couronnée d'un chemin de ronde. En été, une exposition permanente « Barbaresques » retrace l'histoire de la construction de ces tours génoises de défense. Un escalier extérieur monte à la porte principale ; on découvre ensuite la salle de séjour avec ses réserves. De la plate-forme supérieure, un beau **panorama★** se déploie sur le golfe de Valinco.

La superbe **plage★** de sable fin en contrebas est un lieu propice d'observation sous-marine de la faune.

★ Site préservé de Campomoro-Senetosa

Tracé en pointillés violets sur la carte p. 321. Rens. à l'office de tourisme. Munissez-vous d'une provision suffisante d'eau. Entre la pointe de Campomoro (Punta di Campomoro) et le phare de la Punta di Senetosa, la côte sauvage alterne, sur près de 20 km, criques et promontoires rocheux à l'écart des axes de communication. Cet espace côtier fait partie du domaine du Conservatoire du littoral et constitue l'un des sites préservés les plus vastes de l'île avec celui des Agriate. Les plaisanciers y trouvent des anses bien abritées, parfois très étroites comme celle d'Agulia, qui possèdent généralement à leur extrémité une minuscule plage de sable.

Il est possible d'effectuer des randonnées d'une journée ou moins le long du littoral : de la pointe de Campomoro à l'anse d'Agulia, ou bien du phare de Senetosa jusqu'à la pointe d'Eccica.

NOS ADRESSES DANS LE GOLFE DE VALINCO

HÉBERGEMENT

PREMIER PRIX

Hôtel Aiglon – *20113 Olmeto - ✆ 04 95 74 66 04 - www.hotel-aiglon.fr - fermé de fin oct. à déb. avr. - 9 ch. 70/78 € ☕ 8 €.* Cette vieille demeure bourgeoise de la fin du 19e s. est, depuis les années 1950, un hôtel de village qui a conservé tout son caractère. Les chambres sont simples, mais bien équipées et embellies par quelques meubles anciens. Une bonne adresse, aux prix doux.

BUDGET MOYEN

Chambre d'hôte U Riposu di a Cupulatta – *À l'entrée du village - 20140 Sollacaro - ✆ 06 76 31 25 64 - u-riposu-di-a-cupulatta.e-monsite.com - ♿ 🚭 - 5 ch. 80/95 € ☕ - 4 gîtes 580/1 400 €/sem.* Les cinq chambres, spacieuses et décorées de couleurs chaudes, disposent toutes d'une petite terrasse offrant une vue époustouflante sur le golfe de Valinco. Petits-déjeuners à base de produits locaux ou faits maison. Accueil convivial du propriétaire, qui vous prodiguera de bons conseils pour découvrir la région. Également des gîtes (4/6 pers.). Jacuzzi (6 pers.).

Hôtel Campomoro – *20210 Campomoro - ✆ 04 95 74 20 89 - fermé oct.-avr. - 🅿 - 10 ch. 90/95 € - ☕ 8 €.* Un véritable havre de paix, idéal pour poser la voiture quelques jours. L'hôtel côtoie la plage de sable fin. Chambres sans prétention avec balcon offrant une belle vue sur le golfe de Valinco, au 1er étage.

Hôtel Les Eucalyptus – *20140 Porto-Pollo - ✆ 04 95 74 01 52 - www.hoteleucalyptus.com - fermé d'oct. à Pâques - 🅿 - 32 ch. 70/145 € - ☕ 12 €.* Hôtel des années 1960 dominant le golfe de Valinço que l'on contemplera du balcon de sa chambre. Ces dernières, entièrement rénovées se révèlent pratiques et bien entretenues. Court de tennis.

POUR SE FAIRE PLAISIR

U Livanti – *Lieu-dit Portigliolo - rte de Campomoro - 20110 Belvédère-Campomoro - ✆ 04 95 76 08 06 - www.residence-ulivanti.com - fermé nov.-mars - 100 empl. - (ch., chalets, villas) - ♿ - ch. 140/235 €, chalets 109/237 € - 🍴 (sur réserv.) -* U Livanti propose plusieurs formules d'hébergement. Des chalets au milieu des pins, du plus simple au plus confortable. Des chambres d'hôtel, vastes et dotées du meilleur confort. Également de luxueuses villas. En contrebas du terrain, bar-restaurant avec une jolie terrasse qui surplombe la plage, la mer et la petite base nautique. Un site particulièrement agréable.

UNE FOLIE

Le Golfe – *20140 Porto-Pollo - ✆ 04 95 74 01 66 - www.hotel-porto-pollo.com - 🏖 - fermé déc.-mars - 20 ch. 130/1 300 € - ☕ 20 € - 🍴 formule déj. 19,50 € - multiactivité (spa, jet-ski, plongée…).* Un bâtiment récent juste à côté du port. Les chambres sont élégantes, avec une jolie vue sur le golfe de Valinco où peut vous emmener le bateau de l'hôtel. Piscine chauffée. Accueil et service gentils et efficaces. Un excellent hôtel. Brasserie *lounge* proposant une cuisine régionale soignée et des produits de la mer.

RESTAURATION

BUDGET MOYEN

Chez Antoine – *20113 Olmeto - ✆ 06 13 52 13 14 - 14,50/25 €.*

Bienvenue dans l'antre d'Antoine ! Son vénérable établissement connaît un joli succès populaire justifié : bonnes grillades au feu de bois, spécialités régionales et ambiance conviviale. Réservation recommandée.

POUR SE FAIRE PLAISIR

Le Frère – *Au pont de Calzola - 20140 Casalabriva (7 km au nord-est de Filitosa par D 457) - ☎ 04 95 24 36 30 - www.restaurantlefrere.com - de mi-avr. à fin sept. : tlj sf mar. - ardoise 22/25 €.* Ce restaurant est le fruit d'une affaire familiale, celle des Abbatucci : la viande (uniquement du veau tigre bio, décliné de toutes les façons) provient de l'exploitation du premier frère et les vins (excellents) sont ceux du deuxième. Quant au troisième, il tient, avec maîtrise et gentillesse, cette belle table et vend les vins du domaine *(dégustation payante 20 € pour les plus belles cuvées sur RV).* Une très belle adresse.

ACHATS

Moulin de Sardelle-Filitosa – *20140 Sollacaro - ☎ 04 95 74 03 83 - avr.-oct. : tlj sf dim. 10h-19h.* À deux pas du site préhistorique de Filitosa, Juliette Andréani, productrice-transformatrice, propose dans son moulin à huile de succulentes variétés d'huile d'olive AOC dont la *zinzala*. Dégustation, vente.

Domaine De Vaccelli – *Rte de Porto-Pollo - 20123 Cognocoli - ☎ 04 95 24 35 54 - tlj sf dim. et j. fériés sur RV.* D'une superficie de 20 ha, le domaine Gérard-Courrèges produit d'excellents nectars, avec comme fil conducteur le minéral. Nous avons une préférence pour les cuvées à base de *sciaccarellu*, notamment la succulente *Granit*, élaborée sur une base de vieilles vignes. Visite de cave, dégustation et vente au domaine *(entre 8 et 60 €).*

Domaine U Stiliccionu – *Rte de Porto-Pollo - 20140 Serra-di-Ferro - (8 km en dir. de Porto-Pollo) - ☎ 06 67 22 86 25 - tlj sf dim. et j. fériés sur RV.* Le benjamin des vignerons corses travaille sur un terroir de 6 ha, de granit et de schistes, en biodynamie. Son blanc, un *vermentino*, possède du gras et une très belle minéralité quand ses rouges, croquants, donnent envie de charcuterie corse. Visite de cave, dégustation et vente au domaine sur RV *(entre 15 et 100 €).*

ACTIVITÉS

Baracci Natura – *Rte de Baracci - 20110 Propriano - ☎ 06 20 95 45 34 - www.baraccinatura.fr - 9h-19h sur RV - canyoning 40 € (+ chauss. 5 €) ; accrobranche 12/20 € ; via ferrata et tyrolienne 35 € ; escalade 15 €.* Expérimentez les plaisirs du canyoning et de la voltige de branche en branche avec ce parcours situé à 1 km après les sources de Baracci. Encadrement de qualité, pour petits et grands.

La vieille ville de Sartène.
pkazmierczak/iStock

Sartène

Sartè

★

3 252 Sartenais – Corse-du-Sud (2A)

Sartène, « la plus corse des villes corses » selon Prosper Mérimée, est bâtie en amphithéâtre au-dessus de la vallée du Rizzanèse, son port naturel. Elle a conservé beaucoup de caractère avec ses vieilles demeures austères et ses traditions. Ainsi, la procession du Catenacciu, qui se déroule chaque année dans ses murs, est l'une des cérémonies les plus anciennes de l'île.

NOS ADRESSES PAGE 336
Hébergement, restauration, achats, activités, etc.

S'INFORMER

Office du tourisme du Sartenais Valinco Taravo – Plan de la ville B1/2 (p. 329) - *14 cours Sœur-Amélie - 20100 Sartène - ✆ 04 95 77 15 40 - www.lacorsedesorigines.com - sais. : 9h-18h ; reste de l'année : tlj sf w.-end 10h-17h - fermé certains j. fériés, 26 déc.*

Visite audioguidée – *Rens. à l'office de tourisme - 5 € - 1h30.* Visite historique de Sartène, labellisée Ville d'art et d'histoire.

SE REPÉRER

Carte de microrégion B2 (p. 312) – *carte p. 333.* 14 km au sud-est de Propriano (par la T 40), Sartène dresse ses hautes façades et domine le golfe de Valinco. La place de la Libération (que les Sartenais désignent sous son ancien nom, « place Porta ») est le lieu central de la ville ; le vieux quartier Santa Anna se concentre au nord de cette place.

SE GARER
En haute saison, trouver une place dans le centre de Sartène n'est pas une mince affaire. évitez les embouteillages en laissant votre véhicule dans les parkings gratuits situés en haut (près du supermarché) et à la sortie de la ville, en contrebas de l'église San Damiano.

À NE PAS MANQUER
Le musée départemental de Préhistoire corse et d'Archéologie ; les mystérieux alignements de menhirs du plateau de Cauria et de Palaggiu, perdus dans le maquis.

EN FAMILLE
Le musée départemental de Préhistoire corse et d'Archéologie.

Se promener Plan de la ville

★★ LA VIEILLE VILLE

Circuit tracé en vert sur le plan ci-contre – Comptez 1h30.

Place de la Libération (Ancienne place Porta) B1
Ombragée de palmiers et d'ormes, elle est, avec ses cafés et son marché *(samedi)*, le lieu le plus animé de la ville. Le monument aux morts s'élève sur la place dominée par l'hôtel de ville et l'imposante église Ste-Marie.

Église Ste-Marie (Santa Maria Assunta) A1
Construite à partir de 1766 en granit, elle présente un clocher à trois étages ajourés, surmonté d'un dôme. À gauche de l'entrée principale sont accrochées au mur la croix et la chaîne portées par le pénitent rouge du Vendredi saint. Dans une vitrine à droite, statue du Christ gisant en bois polychrome. Le chœur s'orne d'un de ces imposants maîtres-autels baroques en marbre polychrome importés au 17e s. de Ligurie et de Toscane.

Hôtel de ville A1
C'est l'**ancien palais des gouverneurs génois** dont le passage voûté fait communiquer la place de la Libération avec celle du Maggiu dans la vieille ville. La façade principale porte les **armoiries sculptées** de Sartène.

★ Quartier de Santa Anna A1
En passant sous la voûte de l'hôtel de ville, on pénètre dans ce quartier qui a conservé son aspect moyenâgeux. Il offre un dédale de sombres venelles, dallées, reliées par des escaliers et des voûtes, et bordées de maisons de granit gris, aux murs épais et aux persiennes closes. À 100 m de l'hôtel de ville, en descendant la ruelle de gauche, on aperçoit sur la droite une échauguette du 16e s., rare vestige des murailles qui enserraient la ville. Sur la petite place du Maggiu, à gauche, entre deux maisons, s'ouvre le **passage de Bradi**, très étroit.

COLOMBA OU LA CORSE ROMANTIQUE
« J'ai passé plusieurs jours dans la ville classique de la schiopetta, Sartène. [...] J'ai vu encore une héroïne, Mme Colomba, qui excelle dans la fabrication des cartouches et qui s'entend fort bien pour les envoyer aux personnes qui ont eu le malheur de lui déplaire. J'ai fait la conquête de cette illustre dame, qui n'a que soixante-cinq ans et en nous quittant nous nous sommes embrassés à la corse. Pareille fortune m'est arrivée avec sa fille, héroïne aussi, mais de vingt ans, belle comme les amours, avec des cheveux qui tombent à terre et trente-deux perles dans la bouche... » *Notes d'un voyage en Corse* (1840), Prosper Mérimée.

329 SARTÈNE

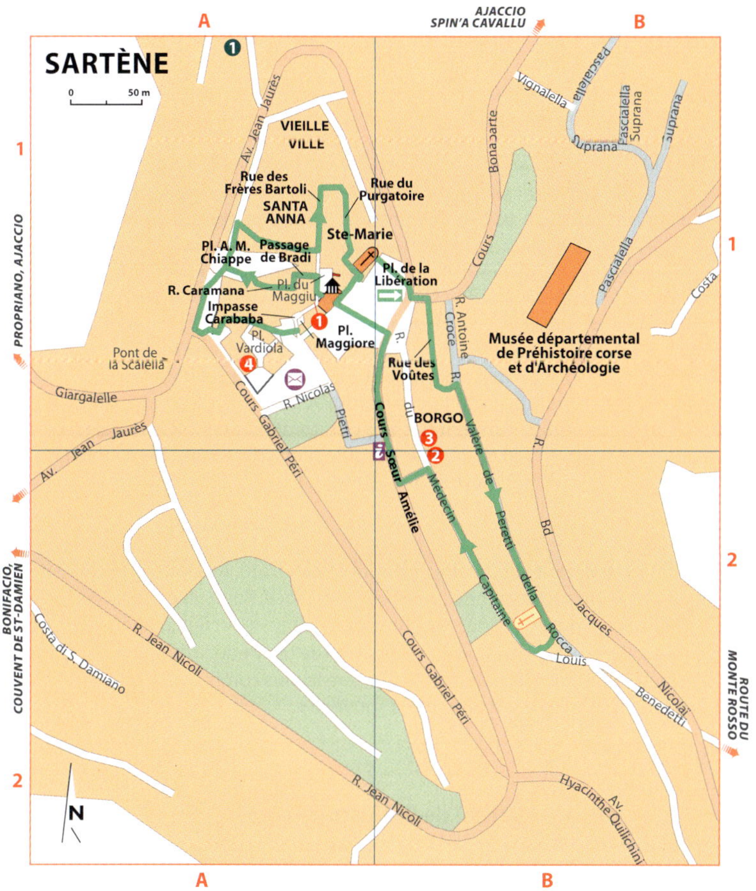

SE LOGER
Hôtel des Roches 1

SE RESTAURER
A Cantina 1
A Cantinetta................ 2
Chez Jean-Noël............. 3
Le Jardin de l'Échauguette 4

Empruntez ensuite la **rue Caramana** qui descend jusqu'à la **place Angelo-Maria-Chiappe**. De là s'étend la vue sur le golfe de Valinco. Ne manquez pas non plus la charmante **impasse Carababa** ou bien encore la petite **place Maggiore**. De la place Chiappe, grimpez jusqu'à la **rue des Frères-Bartoli**, en cul-de-sac. Elle est très curieuse avec ses passages étroits en escaliers, qui s'ouvrent sur ses côtés. La **rue du Purgatoire,** à l'aspect très authentique avec ses guirlandes de linge aux fenêtres, vous ramène à la place de la Libération.

Bon à savoir – Pour rejoindre la rue du Purgatoire à partir de la rue des Frères-Bartoli, il faut traverser la boutique d'artisanat U Passaghju *(avr.-oct. : 10h-19h, jeu. 10h-21h)*. Sa propriétaire accepte le passage mais faites preuve de tact et de discrétion car il s'agit d'une propriété privée.

Quartier du Borgo B1

En traversant la place de la Libération (en direction du musée de Préhistoire corse), vous atteignez le quartier du **Borgo**. Remontez la **rue des Voûtes** la

U CATENACCIU

Cette cérémonie commémore la montée au calvaire et exprime la double tendance de la piété corse : s'identifier au Christ portant la croix et adorer le Christ au tombeau. La procession est conduite par le Grand Pénitent ou **Catenacciu** (« l'enchaîné ») qui vient de passer en prières la nuit et la journée précédentes au couvent de St-Damien et a reçu en fardeau la croix de chêne (34 kg) et, au pied, les chaînes (15 kg). Le Catenacciu a sollicité, parfois depuis plusieurs années, du curé de Sartène, le secret honneur de cette pénitence anonyme et non renouvelable. Vêtu d'une robe rouge, pieds nus, la tête dissimulée sous une cagoule, il s'identifie au Christ.

Le **pénitent blanc** l'assiste, comme Simon de Cyrène aida le Christ, symbolisant la solidarité humaine. Suivent huit pénitents noirs portant, sur un linceul et sous un dais noir, la statue du Christ mort. Viennent ensuite le clergé, les membres de la confrérie « A Compagnia del Santissimo Sacramento » qui entonnent des airs pénitentiels, et enfin les fidèles. Le lent cheminement du cortège se déroule dans une atmosphère impressionnante où se mêlent étroitement angoisse, excitation et ferveur *(voir « Nos adresses »).*

bien nommée, dont la fraîcheur est appréciable l'été. Au bout, une volée de marches sur la gauche mène à la rue Antoine-Croce. Poursuivez jusqu'à la chapelle St-Sébastien, pour une jolie vue depuis le parvis sur les collines alentour. Revenez sur la place de la Libération par la rue du Médecin-Capitaine-Louis-Bénédetti et le **cours Sœur-Amélie**, l'artère la plus commerçante de Sartène, où vous pourrez faire vos emplettes souvenirs.

À voir aussi Plan de la ville p. 329

★ Musée départemental de Préhistoire corse et d'Archéologie B1

De la place de la Libération, prendre le cours Bonaparte, puis, à droite, la rue Antoine-Croce en montée et enfin, sur la gauche, les escaliers Monti Cuccu.

R. Jacques-Nicolai - ✆ 04 95 77 01 09 - www.isula.corsica/patrimoine - juin-sept. : 10h-18h ; reste de l'année : tlj sf w.-end 10h-17h - fermé lun., 14 Juil., 15 août - 4 € (-18 ans gratuit) - billet donnant accès au musée de Levie.

Installé dans un bâtiment aéré, conçu par l'architecte **Joseph Frassatino**, ce musée abrite des objets provenant des fouilles réalisées sur toute l'île (de - 300 000 ans jusqu'au 16e s. apr. J.-C.), à l'exception des secteurs d'Aléria *(voir p. 411)* et de Levie *(voir p. 345)* qui ont leurs propres musées. Chronologique, le parcours dresse le panorama de la préhistoire insulaire (paléontologie, mésolithique, néolithique et âge des métaux). S'y trouvent aussi de belles pièces antiques et médiévales, issues des fouilles menées en Corse-du-Sud.

Après une présentation des plus anciens animaux connus en Corse, les vitrines exposent les premières cultures de chasseurs-pêcheurs-cueilleurs au Mésolithique (8700 à 6500 av. J.-C.), puis l'implantation et le développement des premiers paysans au Néolithique. L'**âge du cuivre** (premier âge métallurgique de Corse, 4000 à 2500 av. J.-C.) s'illustre par des pierres taillées et des vases en pierre polie caractéristiques de la culture « basienne ». Les archéologues ont retrouvé des objets dans les habitats et les sépultures de l'**âge du bronze** : perles, lames de poignard, bracelets en argent, grandes coupes en céramique. L'**âge du fer** insulaire (800 à 300 av. J.-C.) se distingue avec près d'un millier d'objets présentés, parmi lesquels des vases, des parures, des colliers en perles « porcelainiques », des armes et outils en fer. Cette période est caractérisée par l'arrivée sur l'île des Étrusques, des Grecs puis des Romains, permettant aux Corses de renouer avec les échanges commerciaux méditerranéens. Au rez-de-jardin, vous trouverez la salle des **statues-menhirs**, où la dizaine de monolithes rassemblés permettent de mieux appréhender cette période essentielle de l'histoire de l'île. Parmi les curiosités insolites, découvrez un minuscule biberon en terre cuite, un galet gravé d'une étoile (vieux tous deux de 5 000 ans) ainsi qu'un pendentif représentant une petite statue-menhir.

Couvent de St-Damien Hors plan par A2

À la sortie de Sartène, sur la route de Bonifacio. Seule l'église se visite.

Ce grand couvent franciscain du 19e s. domine la ville et la vallée du Rizzanèse. Il abrite une communauté de moines belges qui ont restauré ses bâtiments.

Circuits conseillés Carte du Sartenais p. 333

Le Sartenais accueille des **vestiges mégalithiques** bien conservés. Alignements, dolmens et menhirs jalonnent le parcours. Ce grand foyer de la préhistoire corse a préservé aussi sa remarquable côte de la pointe de Campomoro jusqu'à Roccapina, essentiellement accessible par bateau. L'AOC « sartène » comprend des vins rouges charpentés, quelques rosés et des blancs parfumés.

★ ROUTE DU MONTE ROSSO JUSQU'À MOLA

Circuit de 8,5 km au départ de Sartène tracé en vert pâle sur la carte p. 333. Quitter Sartène vers le sud-est par la D 50.

Cette petite route procure de beaux **coups d'œil**★ sur Sartène et le golfe de Valinco. Après avoir passé le col de Suara (alt. 466 m), belle vue sur le minuscule village de **Mola** niché dans les oliviers et sur la montagne de Cagna (alt. 1 339 m), dominant la large vallée de l'Ortolo et principal massif du sud de la Corse. 2 km après le village, à la hauteur d'un tombeau, on aperçoit sur la droite l'éminence rocheuse coiffée des ruines du **château de Baracci**, fief de Giudice de Cinarca au 13e s.

★ LES MÉGALITHES DU MAQUIS

Circuit de 66 km au départ de Sartène tracé en rose sur la carte p. 333. Quitter Sartène par la route de Bonifacio (T 40). À 2,5 km, à Bocca Albitrina, prendre à droite la D 48 vers Tizzano. Après 2 km, tourner dans la D 21 vers Grossa.

Alò Bisucce

Pour visiter, s'adresser à la bergerie isolée, à droite.

Cet éperon rocheux occupé dès le début de l'âge du bronze est connu sous le nom de Castello d'Alo. Fortifié par une double enceinte cyclopéenne, il présente à son sommet un **monument** de l'âge du bronze (1700 av. J.-C.), de 8 m de diamètre. Quatre diverticules rayonnent de la *cella* centrale et présentent un plan en croix gammée facile à observer de la plate-forme.

Revenir sur la D 48 et reprendre la direction de Tizzano.

La route descend la **vallée du Loreto** et traverse une zone de maquis jonchée de gros blocs de rochers.

À 9 km, prendre à gauche la D 48A et suivre « Stantari, Fontanaccia, Renaju ».

★ Plateau de Cauria

Après 4,5 km, on atteint le plateau de Cauria (prononcez Caouria) où des fouilles ont permis de répertorier pas moins de **170 monolithes**, répertoriés en trois principaux ensembles disséminés à travers le maquis. Prosper Mérimée en parlait dès 1840.

Env. 3 km. L'alignement de Stantari, celui de Renaju et le dolmen de Fontanaccia sont reliés par une boucle pédestre sans difficulté.

Alignement de Stantari – Perdus en pleine nature, entre vignobles et pâturages, onze menhirs sont alignés dans un enclos. Parmi eux, remarquez les deux statues-menhirs les plus célèbres de Corse, représentant des hommes en armes de l'âge du bronze, avec leur grande épée verticale en relief.

Alignement de Renaju – Au pied de la Punta Cauria, une quarantaine de menhirs, orientés nord-sud, sont disséminés sous un petit bois. Certains sont dressés, d'autres cassés ou couchés à terre, rappelant que certains monolithes ont été réutilisés au fil des siècles, dans des murs de clôture ou des constructions. Le site, ombragé, est idéal pour pique-niquer.

Dolmen de Fontanaccia – C'est le plus emblématique des dolmens corses. Remarquablement conservé, il se compose de six piliers verticaux supportant l'entablement de granit. La chambre funéraire ainsi formée mesure 2,60 m de longueur sur 1,60 m de largeur pour une hauteur de 1,80 m. L'ensemble pèse environ 15 tonnes ! La croyance populaire considérait les mégalithes comme le théâtre de pratiques endiablées durant la nuit. Ainsi, le dolmen

RAPPORTS DE FORCES

Au Moyen Âge, Sartène fut le fief des puissants **seigneurs de la Rocca** *(voir p. 266)*. Plus tard, dirigée par une classe de grands propriétaires terriens, les « **Sgiò** », elle manifesta longtemps son respect du pouvoir établi et son hostilité aux idées et influences venues de l'extérieur.

L'un de ses enfants les plus célèbres est **Giovanni della Grossa**. Né à Grossa près de Sartène en 1388, notaire et historien, il entra au service du parti aragonais et participa, aux côtés de Vincentello d'Istria, à la bataille de Biguglia en 1426. Dix ans plus tard, Gênes l'emportait dans sa rivalité avec l'Aragon ; il se plaça alors sous la protection de Simone da Mare *(voir encadré p 62)*. En 1447, les Génois le nommèrent vicaire de la Cinarca. À la fin de sa vie, il se retira à Grossa où il écrivit ses précieuses chroniques qui restent les principales sources de l'histoire médiévale de l'île.

La côte, d'accès facile, fut longtemps fréquentée par les Barbaresques. En 1565, Sartène fut assiégée par les partisans de **Sampiero Corso** qui massacrèrent la garnison. En 1583, les pirates d'Alger pillèrent la ville et prirent en esclavage près de 400 habitants.

Au cours de la guerre d'indépendance, le **général Giafferi** s'empara, le 17 mars 1732, de Sartène dont la population était favorable aux Génois. Les Barbaresques revinrent au 18e s. et ruinèrent les villages voisins. La cité fut longue à reconnaître le gouvernement de **Paoli**. Mais en 1763, la Consulte de Sartène, présidée par Paoli lui-même, rallia les notables de la Rocca.

Au 19e s., quelques grands propriétaires régentaient la vie du Sartenais. Divisés en clans, ils se livraient de véritables guerres où la population se trouvait entraînée. L'honneur, les rivalités amoureuses et la politique nourrissaient les vendettas. De 1830 à 1834, deux quartiers de la ville, le Borgo (bonapartiste) et Santa Anna (royaliste), s'opposèrent. Il fallut un traité de paix, signé en 1834 dans l'église Ste-Marie, pour mettre fin aux hostilités.

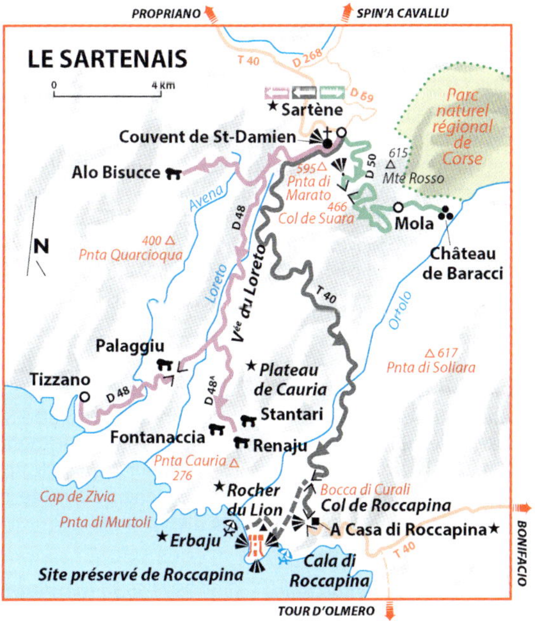

de Fontanaccia porte également le nom de *stazzona del diavolo*, « la forge du diable ».

Revenir sur la D 48 que l'on prend sur la gauche, direction Tizzano. Au bocca (col) di Capirossu, prendre à droite vers les alignements de Palaggiu, à 3,5 km.

Alignements de Palaggiu

Laisser votre véhicule devant les gros rochers. Attention, le site se trouve sur une propriété privée dont le manque d'entretien rend l'accès à pied difficile. Se renseigner avant à l'office de tourisme.

Pas moins de 258 monolithes de granit, debout, inclinés ou renversés, constituent le plus important site mégalithique de Corse et de Méditerranée occidentale. Les menhirs, d'assez petite taille, sont regroupés en sept alignements.

Poursuivre sur la D 48 jusqu'à Tizzano.

Tizzano

Même colonisée par les lotissements qui s'y multiplient, cette petite « marine » continue de séduire. Abritée à l'entrée d'un goulet, elle offre une magnifique plage de sable ainsi que de nombreuses criques. C'est un lieu réputé pour la chasse, la plongée sous-marine… et pour le farniente bien sûr, indispensable après tant d'émotions mégalithiques ! La tour génoise fortifiée, propriété privée, ne se visite pas.

Au départ de Tizzano, deux promenades permettent de profiter de très belles criques moins fréquentées car plus difficiles d'accès.

6h AR, facile. La première conduit jusqu'au **phare de Senetosa**. La route de Tizzano se poursuit par un large chemin de terre en bord de mer jusqu'à l'adorable **plage de Barcaju**, abritée du vent. Un sentier la prolonge qui débouche, après 30mn, sur l'anse de **Cala Longa**. Une simple trace s'élève au-dessus de la grève et vire doucement vers la droite pour vous conduire à la superbe plage de **Cala di Tivella**. Le sentier s'éloigne ensuite du bord de mer et grimpe jusqu'au phare.

4h AR. La deuxième balade conduit au cap Zivia et à la plage de Tralicetu par un sentier facile mais mal balisé. Au sud de la plage de Tizzano, suivre le sentier qui grimpe à travers le maquis puis redescend en bord de mer entre les blocs rocheux. Il se poursuit en balcon au-dessus du rivage pour contourner le cap et domine la minuscule crique de **Cala di Brija**. Il rejoint ensuite un chemin plus large qui débouche sur la splendide plage de sable fin de **Tralicetu**. Retour plus rapide en gagnant directement Tizzano depuis le lieu-dit Tralicetu par l'intérieur des terres.

Le retour à Sartène s'effectue par la D 48, puis la T 40.

★ SITE PRÉSERVÉ DE ROCCAPINA

Circuit de 24 km au départ de Sartène tracé en gris sur la carte p. 333. Quitter Sartène vers le sud par la T 40 en direction de Bonifacio.

La route parcourt une région couverte de vignobles avant d'atteindre la côte sud, rocheuse et déchiquetée. Du **col de Roccapina** (Bocca di Roccapina), face au restaurant L'Oasis du Lion, une belle vue s'offre sur le golfe de Roccapina et le **rocher du Lion★**. À gauche du lion et plus proche de la route, remarquez l'étonnante **sculpture naturelle en forme d'éléphant** !

★ A Casa di Roccapina

Face au point de vue - Col de Roccapina - ✆ 04 95 71 56 30 - de mi-avr. à mi-oct. : 10h-18h ; reste de l'année : tlj sf dim.-lun. 9h-16h - fermé 20 déc.-4 janv., 1er Mai - 2 € - exposition, spectacle audioguidé et sentiers de découverte.

Une visite indispensable pour comprendre les *taffoni*, c'est-à-dire les roches qui se creusent par « en dessous » par l'action combinée du vent, de l'eau, du sel et du soleil. Les plus poétiques d'entre vous s'attacheront aux légendes qui expliquent la création de ces formes étranges ! Maquettes, *morphing* et nombreux objets font découvrir ce monde étrange, entre mythes et réalité.

Un sentier de découverte complète la visite et sillonne le maquis parsemé de *taffoni*. Il donne également l'occasion de voir un *oriu* reconstitué (abri de berger).

★ Le domaine de Roccapina

L'accès au littoral (2,5 km) se fait depuis la piste fléchée « Camping de Roccapina » située à gauche de l'Auberge de Coralli, au col de Coralli (Bocca di Curali).

PIÈCES D'OR À ROCCAPINA

Face au lion de Roccapina, les îlots des Moines furent le témoin le 17 avril 1887 d'un **tragique naufrage**. Parti de Bombay, le *Tasmania*, trois-mâts arborant les couleurs de l'Empire britannique, cinglait de toutes ses voiles vers Londres pour permettre à ses 300 passagers d'assister au jubilé de la reine Victoria. Au cœur de ses cales, le somptueux trésor d'un maharadjah, cadeau à sa souveraine, d'une valeur de 25 millions de francs-or, soit près de 8 fois le prix du navire. À trois milles du rivage, l'imposant voilier se brisa sur les récifs à la suite d'une fausse manœuvre de l'officier de quart. On déplora des pertes humaines, mais la plupart des passagers et l'équipage furent sauvés par les bergers de Roccapina, témoins du désastre. L'impératrice des Indes témoigna sa reconnaissance aux sauveteurs en leur faisant parvenir des pièces d'or.

Roccapina.
Panama7/iStock

Attention, la piste, très dégradée et accidentée, est déconseillée aux véhicules ayant une faible garde au sol.
La piste qui part du col mène au bout de 3 km à la **Cala di Roccapina**, magnifique **plage de sable fin** très appréciée et donc fréquentée par les estivants en saison.
Le secteur, s'étendant du cap de Roccapina jusqu'au promontoire au sud enserrant la cala di Roccapina, est une zone protégée, librement accessible mais dotée d'une réglementation particulière pour les véhicules à moteur et le camping. Cette zone humide abrite un nombre important d'oiseaux aquatiques. Près de la plage, la dune, entièrement protégée, est en partie colonisée par des genévriers.
Sur un promontoire, près d'une tour génoise, une monumentale sculpture naturelle en forme de lion couché se découpe entre ciel et mer : le **rocher du Lion★** *(il est déconseillé de l'escalader)*. Il s'agit d'un gigantesque *tafonu*, produit de l'érosion éolienne d'une roche granitique. La vaste cavité formant la « gorge » du lion a été autrefois aménagée en deux pièces probablement utilisées comme dépôt de blé. Du pied de la tour génoise, le **panorama★★** s'étend au sud vers les îlots des Moines, vers l'est sur les contreforts de la montagne de Cagna, et à l'ouest sur la vallée de l'murtoli et son marais à tamaris.
De l'autre côté du lion, la longue **plage d'Erbaju★**, de 3 km de long est moins fréquentée car un peu plus difficile d'accès.

NOS ADRESSES À SARTÈNE

HÉBERGEMENT

BUDGET MOYEN

1 **Hôtel des Roches** – A1 - *R. Jean-Jaurès - ☎ 04 95 77 07 61 - www.sartenehotel.fr - fermé 1 mois en hiver - ♿ - P - 60 ch. 81/133 € - ☕ buffet 12,50 €.* Le seul hôtel du centre-ville est pourvu de chambres spacieuses et confortables malgré quelques défauts d'insonorisation. Choisissez celles situées côté vallée, un peu plus chères mais avec une vue imprenable.

POUR SE FAIRE PLAISIR

Hôtel Rossi – Hors plan - *Rte de Propriano - ☎ 04 95 77 01 80 - www.hotelrossi-sartene.com - fermé du 20 oct. à mi-mars - ♿ P 🏊 - 16 ch. 100/125 € - ☕ 10 €.* Chambres claires et vastes, à la décoration sans fioritures, toutes climatisées et équipées du double vitrage. La propriétaire vous apporte le petit-déjeuner dans le jardin agrémenté d'une piscine, qui offre un beau panorama sur la ville et les aiguilles de Bavella.

RESTAURATION

PREMIER PRIX

1 **A Cantina** – A1 - *Pl. du Maggiu - tlj en été uniquement - assiettes 7-17 €.* Le patron de la Cave Sartenaise *(voir « Achats »)* a créé cette « cantine » où se savoure, en toast, en sandwich ou à l'assiette, de la charcuterie fine (Porc Nustrale AOC) à la qualité irréprochable.

BUDGET MOYEN

2 **A Cantinetta** – B2 - *29 r. Borgo - ☎ 04 95 77 08 75 - avr.-oct., tlj en saison - assiettes 15 €.* Dans ce minuscule et vieil établissement, vous pourrez découvrir et déguster des vins sartenais et des vins et liqueurs de myrte, de pêche, d'orange, de clémentine ou de châtaigne. Assiettes de charcuteries, de

fromages et gâteau à la châtaigne en accompagnement. Accueil charmant.

3 **Chez Jean-Noël** – B1 - *27 r. Borgo - ✆ 06 12 77 75 70 - tlj sf lun. et selon l'humeur de Jean-Noël - ✗ (chèque accepté) - ardoise 14/16 €.* Dans une salle minuscule et souvent comble, quelques places assises pour dîner sous le regard impavide de Che Guevara, dont le portrait trône au-dessus du bar avec des affiches bariolées de corridas. On sert ici une cuisine du pays qui se décline en soupe, cabri ou veau rôti, courgettes farcies au *brocciu* et flan à la châtaigne, délicieux.

4 **Le Jardin de l'Échauguette** – A1 - *Pl. Vardiola - ✆ 04 95 77 12 86 - avr.-oct. - menus 22,50/29,60 € - 13,50/25 €.* De cette terrasse ombragée, on aperçoit la mer. Sur des tables en teck coquettement décorées, on y déguste de bons petits plats corses et des salades.

À proximité

UNE FOLIE

Domaine de Murtoli – *Vallée de l'Ortolo - env. 25 km au sud de Sartène - ✆ 04 95 71 69 24 - murtoli.com - fermé janv.-mars - menus 125/195 € - carte 60/160 € - pas d'enfants de moins de 15 ans - réserv. indispensable.* Le vaste domaine, qui compte aussi un superbe hôtel 5*, offre trois univers. **La Table de la Ferme** sublime les produits corses, tout en subtilité : poissons pêchés face au domaine, safran de la voisine, légumes du potager, herbes du maquis, et une carte des vins impressionnante. En plein maquis, au-dessus du golf du domaine, **La Table de la Grotte** offre un cadre unique que son nom laisse présager. On dîne d'un menu corse, à la bougie, sur des bancs de bois installés au cœur de la roche, ou sur l'une des superbes petites terrasses à la vue splendide. Et enfin, au bord de la plus jolie plage du domaine de Murtoli, **La Table de la Plage** se mérite. Poissons de pêche locale, langouste grillée, veau, bœuf ou agneau élevés sur le domaine : on se régale.

ACHATS

La Cave Sartenaise – *Pl. Porta, contre l'église - ✆ 04 95 77 12 01 - www.lacavesartenaise.com - Pâques-oct. : 9h30-21h ; en hiver : tlj sf dim. 9h30-12h et 16h-17h.* Une grande épicerie fine qui suscite des envies de charcuterie, de miel, de liqueurs et de vins locaux, à choisir parmi une belle sélection.

AGENDA

U Catenacciu – *Voir encadré p. 328.* Processions du « Christ Roi » et du Catenacciu (ou Grand Pénitent) : les soirs des Jeudi et Vendredi saints. L'accès en véhicule à la vieille ville et le stationnement sont strictement réglementés. Les processions partent de l'église Ste-Marie à 21h30 et se déroulent la première en direction du couvent de St-Damien, la seconde dans la ville illuminée aux chandelles.

Sainte-Lucie-de-Tallano et la vallée du Rizzanèse

Santa Lucia di Tallà

★

430 Tallanais – Corse-du-Sud (2A)

Le nom de cette commune viendrait du mot « Tallà » signifiant « région pentue » ou, selon la légende, d'un chef arabe qui, devant les beautés de cette contrée verdoyante, se serait écrié « At Allah ! », « Don de Dieu » ! Quoi qu'il en soit, Ste-Lucie-de-Tallano domine la vallée du Rizzanèse où les hameaux sont noyés dans la verdure, au milieu des oliviers et autres arbres fruitiers. Ses hautes maisons de granit recouvertes de tuiles orangées sont agencées autour d'étroites ruelles dans lesquelles un « sentier du patrimoine » présente les aspects historiques, botaniques, géologiques et culturels du village récemment rénové.

NOS ADRESSES PAGE 342
Hébergement, restauration, achats, activités, etc.

S'INFORMER

Point Infos tourisme – *20112 Ste-Lucie-de-Tallano - ✆ 09 88 18 79 11 - tallano.fr.*

Point information de l'Alta Rocca – *Voir p. 352.*

SE REPÉRER

Carte de microrégion BC1 (p. 312-313). À l'est de Propriano (21 km) et de Sartène (20 km), au cœur de l'**Alta Rocca**. Entre mer et montagne, Ste-Lucie-de-Tallano se trouve sur la route vers Bavella, à 450 m d'altitude.

À NE PAS MANQUER

La Vierge à l'Enfant de l'église paroissiale ; une pause à l'un des cafés de la place de l'Ormeau ; les sites de Cucuruzzu, Capula et San Lorenzu.

ORGANISER SON TEMPS

Ste-Lucie est une bonne étape d'approvisionnement (épiceries, boucherie, pharmacie et station-service) sur la route de l'Alta Rocca.

EN FAMILLE

L'écomusée dans un ancien moulin à huile ; les piscines naturelles de Zoza.

Se promener

Place du Monument-aux-Morts (ou place de l'Ormeau)

Au cœur du bourg, face à l'église paroissiale, cette place agréablement ombragée est bordée de bars et de restaurants *(un panneau d'informations signale les curiosités du village)*. Disposée en belvédère, elle offre un beau point de vue plongeant : au premier plan, le hameau de Poggio ; un peu plus loin, sur un mamelon couronné d'un bois de chênes verts, émerge le toit de tuiles rouges de la superbe **église romane** St-Jean-Baptiste, aux harmonieux volumes intérieurs ; au fond, la vallée du Rizzanèse et Loreto-di-Tallano.

Le monument aux morts, harmonieuse allégorie féminine, mérite une attention particulière pour le bel échantillon de diorite orbiculaire qui sert de socle à sa statue. Longtemps exploité dans une carrière des environs, un filon de cette roche rarissime a rendu célèbre le village dans le monde des minéralogistes. La **diorite orbiculaire** est une roche éruptive sombre de couleur gris-vert : la cristallisation particulière de ses composants dessine des figures concentriques. Se prêtant admirablement à la taille, elle fut utilisée comme pierre d'ornementation, notamment dans la chapelle des Médicis à Florence. Au bar-tabac Ortoli, tenu par la même famille depuis cinq générations, on raconte encore le tournage de *L'Enquête corse*, un long-métrage tiré d'une BD de Pétillon en partie tourné dans le village. Les habitants jouèrent les figurants aux côtés de Jean Reno et Christian Clavier en 2004 !

Église paroissiale

☏ 04 95 78 80 13 - été : tlj ; reste de l'année : se rens. à la mairie au ☏ 04 95 78 80 13 ou au bar-tabac Ortoli.

L'intérieur révèle un édifice rénové dans la bonne tradition baroque du 17e s. : nef rectangulaire, avec six chapelles latérales. On remarquera au fond de l'église un **bénitier** de marbre (porté par une main sculptée) aux armes des della Rocca (fin 15e s.). Adossé à un pilier de gauche, le bas-relief en marbre blanc a été offert en 1499 par un puissant seigneur de la région, le comte Rinuccio della Rocca qui y fit graver ses armoiries. Cette gracieuse Vierge portant l'Enfant sur ses genoux évoque l'art des sculpteurs florentins du 15e s. Le retable de la **Vierge à l'Enfant entre des saints** (chapelle centrale à droite) est attribué à l'atelier du Maître de Castelsardo (16e s.).

Quant au **retable de la Crucifixion** (16e s.), autre offrande du comte au couvent de St-François, il dénote une influence espagnole dans l'expression des visages, la finesse des traits et les riches draperies, associée au goût flamand pour les détails réalistes. Il ne s'agit, malheureusement, que d'une copie de taille réduite ; l'original se trouve à Ajaccio et n'est pas visible.

Maison forte

Situé derrière l'église, cet étonnant bâtiment presque cubique servait autrefois de refuge à la population en cas de danger (d'où le nom corse *casatorre*). Huit bretèches avec bouche à feu, plaquées sur les murs austères permettaient de contrôler les abords de l'édifice.

Moulin à huile

Accès par un chemin env. 200 m en contrebas de la place. Rte de Poggio - ☏ 04 95 78 80 13 - www.tallano.fr - ♿ - mai-oct. : 9h-12h, 15h-18h - 2 € (-12 ans gratuit).

Cet ancien moulin a été réhabilité et transformé en écomusée.

Couvent St-François

À la sortie du village en direction de Levie, sur la droite. En sais. : 10h-13h, 14h-17h.

C'est sans doute à la dévotion du comte Rinuccio della Rocca qu'il faut attribuer la fondation et la construction de ce couvent en 1492. Édifiés sur une plate-forme dominant le village de Ste-Lucie, non loin de la route de Levie, la haute et sobre église et ce qui reste du bâtiment conventuel ont encore beaucoup d'allure. On peut imaginer ce que fut le cloître puisque subsiste une partie de galerie avec cinq belles arcades, d'une nudité toute franciscaine.

UNE VIE DE VILLAGE

Ste-Lucie développe une importante vie associative. Depuis quelques années, les villageois privilégient une politique de projets structurants : eau, assainissement, rénovation des oliveraies, conservation et valorisation du patrimoine culturel et architectural.

À proximité Carte de microrégion p. 312

★ Chapelle St-Jean-Baptiste B1

À la sortie nord du hameau, prendre le sentier qui part en biais sur la gauche, après la dernière maison.

500 m jusqu'au hameau de Poggio-di-Tallano, puis 1h AR à pied. Empruntant une portion du « Mare a Mare sud », cet ancien chemin muletier serpente dans un sous-bois plein de fraîcheur. En plusieurs points, de belles vues se dégagent sur Ste-Lucie et la vallée du Rizzanèse. On passe à gué un ruisselet. La chapelle surgit dans son cadre sauvage et touffu de chênes-lièges et d'oliviers. Cette église, construite sans doute peu avant 1150, présente beaucoup de points communs avec l'église piévane de Carbini (une vingtaine de kilomètres plus à l'est) qui a dû lui servir de modèle.

L'édifice, de dimensions relativement imposantes, est construit dans un bel appareil de dalles dorées. La sobriété des murs est rehaussée d'un décor d'arcatures appuyées sur des modillons dont certains représentent des masques humains et d'autres des têtes de bovidés. Le fronton occidental est également décoré d'arcatures sous les rampants du toit. À l'intérieur, il faut prendre le temps de s'habituer à la relative pénombre pour apprécier la pureté des volumes et la beauté du chœur semi-circulaire.

Piscines naturelles de Zoza B1

3,5 km par la D 20, depuis la place de l'Ormeau à Ste-Lucie, direction « Zoza ».

La jolie route descend dans les oliveraies, jusqu'à un hameau en granit étagé à flanc de coteau. Au bas du hameau, un sentier fléché conduit à deux piscines naturelles situées en aval du Rizzanèse, très appréciées l'été *(env. 500 m de marche, esplanade en surplomb du point de départ du sentier, pour garer trois ou quatre véhicules).*

Mela C1

4 km à l'est de Ste-Lucie sur la route de Levie.

Ce minuscule village s'étire tout en longueur sur une arête, dominant un paysage verdoyant de cultures en terrasses et de chênaies. L'habitat présente une belle unité architecturale avec des maisons en granit et le clocher carré de l'église, coiffé d'un lanternon. Une belle vue plonge sur Mela depuis le premier virage de la D 268 après le couvent de Ste-Lucie.

★★ SITES DE CUCURUZZU, CAPULA ET SAN LORENZU C1

4,3 km sur une route fléchée à partir de la D 268, entre Ste-Lucie-de-Tallano et Levie.

Maison d'Accueil - 04 95 78 48 21 - juin-sept. : 9h30-19h ; avr.-mai et oct. : 9h30-18h - 4 € (-18 ans gratuit) - audioguide disponible (3 €).

Boucle facile d'env. 3 km – Compter 2h. Prévoir de bonnes chaussures (rochers parfois glissants) et de l'eau. Situé entre les vallées du Rizzanèse et du Fiumicicoli, dans un paysage de maquis, rompu par des bois de châtaigniers, de pins et de chênes verts, le **Pianu de Levie** *(voir p. 344)* accueille l'un des sites majeurs de la Corse préhistorique. La visite s'effectue à pied, le long d'un agréable sentier bien aménagé et ombragé, d'où se dévoilent d'abord la forteresse préhistorique de Cucuruzzu puis les ruines médiévales de Capula.

★ Castellu di Cucuruzzu

Le site occupe un éperon de 2 ha. La **vue★** s'étend sur les pentes vallonnées, la forêt de chênes verts, les aiguilles de Bavella et le massif du Coscione.

Randonneurs sur le site préhistorique de Cucuruzzu.
F. Guiziou/hemis.fr

Le castellu di Cucuruzzu est un complexe monumental, daté de l'âge du bronze (milieu du 2e millénaire av. J.-C.), définitivement abandonné à la fin du 3e s. av. J.-C. Les archéologues y ont distingué plusieurs éléments : une forteresse, dont la technique de construction combine avec adresse les éléments naturels (gros blocs de roche granitique) et les murs édifiés de main d'homme ; un monument supérieur de base circulaire, tourné vers l'est, qui a gardé pour le moment son mystère et dont la destination demeure énigmatique ; un village limité par un mur en gros appareil.

Montez les marches taillées dans la roche. À gauche s'élève un haut mur d'enceinte cyclopéen dans lequel sont aménagés des abris pourvus d'ouvertures destinées à l'éclairage et à l'évacuation des fumées. À droite, des diverticules (cavités) à usage de réserves. Un chemin conduit, du côté opposé, à une plate-forme donnant au nord. De là, on bénéficie d'une belle vue sur les aiguilles de Bavella. La plate-forme précède un monument circulaire orienté au levant, en blocs cyclopéens prenant appui sur un chaos de blocs de granit. Un couloir en arc aigu, s'ouvrant sur deux niches, mène à une chambre intérieure couverte d'une voûte en encorbellement.

Le sentier balisé descend vers un petit vallon avant d'entamer la montée vers l'éminence de Capula. Le parcours révèle de spectaculaires **taffoni**.

Capula

Les **ruines médiévales** de Capula, dressées sur une butte circulaire, reposent sur plusieurs niveaux successifs de construction ; le site a en effet été habité dès l'âge du bronze (1800 av. J.-C.), puis à l'âge du fer (700 av. J.-C.), enfin au Bas-Empire, avant de devenir au Moyen Âge un important site défensif occupé par le seigneur Biancolacci jusqu'à son démantèlement, en 1249, par Giudice de la Cinarca.

Au pied du mur d'enceinte encastré dans le roc, une statue-menhir, **Capula I**, témoigne d'une occupation du site dès l'âge du bronze. Sur la gauche, un sentier se faufile entre les volumineux rochers pour aboutir à l'**abri n° 1**, aménagé sous une immense dalle granitique horizontale.

Revenir vers le centre de la butte et monter vers la plate-forme supérieure, jadis occupée par la demeure des comtes de Bianco ; d'anciennes salles médiévales sont en cours de fouilles. Un raidillon conduit au point le plus élevé où apparaît la base d'un donjon ou d'une citerne. De cet endroit, on bénéficie d'une **vue★** magnifique sur le plateau très sauvage dominant la vallée boisée du Rizzanèse, jusqu'aux aiguilles de Bavella que l'on distingue au loin.

En se dirigeant vers la sortie, on longe les ruines de l'ancienne chapelle romane dont les bases datent du 13e s., puis la chapelle St-Laurent, bâtie au début du 20e s. avec les pierres de la précédente chapelle. Elle doit sa patine ancienne au réemploi de matériaux médiévaux. Chaque année, le 9 août, un pèlerinage vient demander la protection de saint Laurent.

Le chemin de retour vers le parking permet d'admirer un beau dallage médiéval dénommé « **chiappi di San Lorenzu** ».

NOS ADRESSES À SAINTE-LUCIE-DE-TALLANO

HÉBERGEMENT

PREMIER PRIX

Gîte d'étape U Fragnonu – *À 300 m de la place du village - ✆ 04 95 78 82 56 - fermé nov.-mars - 30 lits - 35 € la nuit, 1/2 P 45 €/pers.* Cette imposante bâtisse, jadis moulin comme le rappelle son nom (« le gros moulin » en corse) a été successivement reconvertie en scierie puis en gîte. Tenue impeccable des lieux.

RESTAURATION

BUDGET MOYEN

Santa Lucia – *Palazzo - ✆ 04 95 78 81 28 - fermé janv.-fév. et dim. hors sais. - plat du jour 13 € - 14,50/20 €.* Un petit restaurant comme on les aime, sur une place de village avec sa fontaine chantante et rafraîchissante. C'est aussi le café du coin, avec véranda et terrasse ombragée.

ACHATS

Jacques Léandri – *Placette de l'Église - ✆ 04 95 78 81 94 - juin-sept. : 18h-20h (RV conseillé) ; reste de l'année sur RV.* Dans une échoppe d'un autre temps, Jacques Léandri vous fera découvrir les huiles d'olive (à différents stades de mûrissement) qu'il élabore suivant des méthodes totalement artisanales. Ses spécialités : huile douce fabriquée avec des olives noires (donc mûres !), des huiles de noix, noisette, argane, tournesol et amande.

ACTIVITÉS

Baignade – L'Alta Rocca peut être un endroit très chaud en saison et une pause baignade est souvent appréciée. Prenez la D 20 en direction de Zonza. Traversez le village et poursuivez jusqu'à un pont qui enjambe la rivière. Des accès sont possibles des deux côtés de ce pont.

AGENDA

A festa di l'oliu novu – *Un w.-end fin mars-déb. avr.* Le village organise chaque année une grande foire régionale de l'huile d'olive. Elle se déroule sur deux jours et regroupe des dizaines d'artisans. Nombreuses animations.

L'Alta Rocca

★

Corse-du-Sud (2A)

Poumon vert du sud de l'île, l'Alta Rocca (« haute roche ») dévoile des paysages aux versants boisés, des plateaux abandonnés à la lande et de beaux villages aux massives maisons de granit. La partie orientale et montagneuse de l'ancienne seigneurie de la Rocca est un paradis pour les amateurs d'archéologie avec de précieux témoignages d'habitat préhistorique, pour les randonneurs avec de nombreux sentiers balisés, mais aussi pour les férus de sports de pleine nature.

NOS ADRESSES PAGE 347
Hébergement, restauration, achats, activités, etc.

S'INFORMER

Point information de l'Alta Rocca – *Voir p. 352.*

SE REPÉRER

Carte de microrégion BC1 (p. 312-313) – *carte p. 345.* Fermée au nord par les massifs de l'Incudine et de Bavella, l'Alta Rocca, région d'élevage extensif, s'ordonne autour de la **vallée du Rizzanèse**. Ses principales localités sont accessibles par la D 268, à droite de la T 40, 2 km au nord de Sartène.

À NE PAS MANQUER

Les sites de Cucuruzzu, Capula et Lorenzu ; le musée de l'Alta Rocca à Levie.

ORGANISER SON TEMPS

L'itinéraire peut se réaliser en une demi-journée. Si l'on inclut la visite de Ste-Lucie-de-Tallano, de Cucuruzzu et Capula, du musée et un arrêt au village de Carbini, mieux vaut prévoir la journée. Côté approvisionnement : petit supermarché et distributeur automatique de billets à San-Gavino-di-Carbini ; maison de la presse et station-service à Levie ; commerces et station-service à Ste-Lucie-de-Tallano.

EN FAMILLE

Le musée de l'Alta Rocca à Levie et le chaos de Paccionitoli.

Circuit conseillé Carte de l'Alta Rocca

DE PROPRIANO À ZONZA

Circuit de 39 km au départ de Propriano tracé en rouge sur la carte p. 345 – Compter une demi-journée. Quitter Propriano par la route de Sartène (T 40) ; après le pont sur le Rizzanèse, prendre à gauche la D 268 vers Aullène.

À 4 km sur la gauche, un peu en contrebas de la route, un **pont génois** enjambe le Rizzanèse dont les eaux claires courent sur les galets. Attention, l'emplacement n'étant pas fléché, il faudra bien regarder sur le bas-côté.

★ Spin'a Cavallu (ou Cavaddu)

Stationner juste à proximité du lycée professionnel. L'accès au pont est matérialisé par une stèle moderne.

Peut-être construit dès l'époque pisane, c'est sans doute le plus fameux des ponts génois. Il constituait le trait d'union entre les **pièves** *(voir encadré p. 468)*

du Vighjanu et de Sartène. Après les graves intempéries de l'automne 1993, une partie du pont a dû être profondément restaurée. Le paysage alentour a aujourd'hui retrouvé son charme bucolique.
Poursuivre la D 268 en direction de Ste-Lucie-de-Tallano, puis emprunter à droite la D 148. Après avoir franchi le Fiumicicoli, continuer à gauche jusqu'au bar, propriétaire des Bains (accès fléché).

Source thermale de Caldane

℘ 04 95 73 50 26 - www.hotelresidence-caldane.com - juil.-août : 9h-23h30 ; reste de l'année : 9h-20h - 5 € (-8 ans 2,50 €) - baignade limitée à 20mn/adulte et 10mn/enf. en raison de la composition des eaux - restauration possible.
Près du torrent, dans un joli environnement champêtre, trois petits bassins thermaux en plein air sont alimentés par une source sulfureuse chaude. On plonge par plaisir, ou pour profiter des bienfaits de cette eau réputée avoir des vertus thérapeutiques sur les rhumatismes, les affections ORL et cutanées. Sur place un bar-restaurant, un hôtel, une salle de fitness et un parcours de santé.
Revenir sur ses pas et reprendre la D 268.
On traverse un paysage de montagne et de maquis qui exhale de forts parfums, suaves et poivrés, caractéristiques du ciste. Ste-Lucie-de-Tallano, première localité d'importance de l'Alta Rocca, apparaît bientôt, accrochée au flanc de la montagne.

★ Sainte-Lucie-de-Tallano *(voir p. 338)*

Continuer la D 268 vers Levie. À 5 km, tourner à gauche en direction des sites archéologiques du Pianu de Levie (Cucuruzzu).
Le **Pianu de Levie** (*pianu* en corse signifie « plaine » ou « plateau ») se situe à une altitude moyenne de 700 m au cœur de l'Alta Rocca. Son paysage de maquis, égayé de châtaigniers et de bosquets de chênes verts, est cloisonné de murs de pierres sèches, traces muettes d'une exploitation parcellaire fort ancienne. Le Pianu de Levie abrite un des **sites préhistoriques** les plus intéressants de Corse, le *castellu* (forteresse) de Cucuruzzu, et les **ruines médiévales** de Capula, dont la visite doit être associée à celle du musée de Levie.

★★ Sites de Cucuruzzu, Capula et Lorenzu *(voir p. 340)*

Reprendre la D 268 jusqu'à Levie.

Le village de Ste-Lucie-de-Tallano.
W. Bibikow / age fotostock

Levie (Livia)

Capitale de l'Alta Rocca, le bourg est situé sur un plateau granitique de 800 à 900 m d'altitude. Il est limité par les vallées du Rizzanèse et du Fiumicicoli, d'où émergent plusieurs chaos rocheux qui recèlent d'importants vestiges d'habitants néolithiques et de l'âge du bronze.

1h. Balisage orange. À partir du village de Levie, il est possible de rejoindre à pied les sites de Cucuruzzu et Capula. Le départ du sentier se trouve en face de la fontaine, de l'autre côté de la route. Le dernier kilomètre emprunte la route. Vue panoramique sur Levie.

Dans le village, prendre sur la droite la D 59 en direction de Carbini.

★ **Musée de l'Alta Rocca** – *Quartier Prato - 04 95 78 00 73 - juin-oct. : 10h-18h ; reste de l'année : tlj sf dim.-lun. 10h-17h - fermé j. fériés - possibilité de visite guidée sur demande (45mn) - 4 € (-18 ans gratuit) - audioguide disponible - parcours pour malentendants et non-voyants - parcours-jeu audioguidé pour les enf.* Installé dans un bâtiment moderne en contrebas du village, le musée constitue un bon complément à la découverte des sites du Pianu de Levie (Cucuruzzu). Présentées chronologiquement, les collections proviennent notamment des fouilles effectuées à Capula, Cucuruzzu, Caleca et Curacchiaghju. Elles présentent des objets variés relatifs aux modes de vie et aux techniques, du Prénéolithique jusqu'au Moyen Âge. Remarquez en particulier la **Dame de Bonifacio** – le plus ancien **vestige humain mésolithique** mis au jour en Corse (6570 av. J.-C.) –, ainsi que le squelette de *Prolagus*, mammifère rongeur (aujourd'hui disparu) tenant à la fois du lapin et du rat, dont les habitants des lieux étaient friands.

La **période néolithique** (6000 à 3000 av. J.-C.) est illustrée par une poterie ornée au poinçon (le curasien) et à la coquille (le cardial), associée à un outillage de silex et d'obsidienne, et à des éléments de parure en rhyolite.

L'**âge du bronze** et **l'âge du fer** (1800 à 250 av. J.-C.) sont évoqués par des céramiques, des bijoux en bronze, des parures en pâte de verre. On observe également un squelette féminin bien conservé, la **Dame de Capula**, découvert à Capula dans une couche correspondant à l'âge du fer.

Enfin, le **Moyen Âge** est représenté par des pièces de monnaie et une vaisselle originale (cruchon pisan du 14e s.).

Un nouvel espace consacré à l'art sacré abrite le **Christ en ivoire★**. D'une grande finesse, l'œuvre a été réalisée vers 1516 par un élève du sculpteur florentin Donato di Niccolò de Betto Bardi dit Donatello. On remarque la justesse des proportions, la vérité de l'anatomie, le réalisme des détails évoquant la douleur. Ce crucifix serait un don de Sixte Quint (pape de 1585 à 1590), dont la famille était originaire de Levie.

Reprendre la D 59 en direction de Carbini.

La route passe devant l'église à la jolie silhouette baroque. Elle serpente ensuite à flanc de montagne et traverse une région boisée à perte de vue. La forêt tapisse croupes, thalwegs, crêtes, mamelons, depuis les rives encaissées du Fiumicicoli et presque jusqu'aux sommets des monts. Quelques crêtes rocheuses comme la Punta di u Diamante ou la Punta di a Vacca Morta émergent de l'ensemble.

Carbini

Carbini s'élève dans les hautes collines granitiques du Sartenais. Au 2e s. de notre ère, le géographe grec Ptolémée y avait relevé l'existence d'une occupation humaine déjà très ancienne. Le village, avec son haut campanile, se voit à des kilomètres à la ronde.

L'**église San Giovanni Battista★**, superbe église piévane, fait partie d'un ensemble qui comprenait deux églises, un campanile et un baptistère. De nos jours, seuls subsistent l'église San Giovanni et le campanile voisin isolé. Mérimée, qui tenait ce **campanile★** pour le plus ancien de Corse, demanda sa restauration. Après sa tournée en Corse en 1839, il écrivit dans son rapport au ministre : « Ce clocher, très svelte et très élégant, produit un admirable effet dans le paysage lorsque, éclairé par le soleil couchant, il se détache sur les sombres montagnes du Coscione… »

L'église San Giovanni remonte probablement à la fin du 11e s. et relève des débuts de l'art roman pisan en Corse. Elle se distingue par son bel appareillage en moellons de granit et par son décor d'arcatures et de modillons en corniche et sur les frontons. Lors de fouilles archéologiques, on a retrouvé entre l'église et le campanile les bases d'une église San Quilico.

Revenir à Levie. Prendre la D 268 en direction de Zonza.

À la sortie de Levie, on traverse d'abord une forêt de pins, puis une rouvraie magnifique.

Dans San-Gavino-di-Carbini, prendre à droite la D 67 vers Paccionitoli.

Chaos de Paccionitoli

Cette route facile relie en 7 km San-Gavino-di-Carbini et Paccionitoli au col de Pelza, en forêt de Zonza. Le plus souvent enserrée dans des murs de pierres sèches, elle traverse une zone de chaos granitiques aux formes étranges, à moitié enfouis dans une végétation dense de fougères et de maquis. Certains rochers évoquent des silhouettes d'hommes ou d'animaux. Toute la région de Paccionitoli est riche en vestiges préhistoriques. Remarquez, à hauteur d'une petite bergerie (1,8 km après San Gavino), un **dolmen** à 30 m sur la gauche, demeuré intact au milieu de traces d'aménagements plus complexes *(propriété privée)* ; 300 m plus loin, toujours à gauche, une pierre se dresse dans un champ. Au col *(bocca)* de Pelza (alt. 874 m), on rejoint la D 368 qui traverse la **forêt de Zonza**, offrant de beaux coups d'œil sur les aiguilles de Bavella et le massif de l'Incudine.

Zonza *(voir p. 352)*

NOS ADRESSES DANS L'ALTA ROCCA

HÉBERGEMENT

PREMIER PRIX

Gîte d'étape Le Scopos – *20127 Serra di Scopamena - ✆ 04 95 78 64 90 - www.gite-corse-scopos.com - 26 lits - 1/2 P 45 € (40 € enf. -8 ans) - panier repas 8,50 € - réserv. conseillée.* Perché à 800 m d'altitude, ce gîte simple ouvre ses portes aux randonneurs à partir de 16h30. Vous apprécierez la vue sur la montagne, le bain de soleil sur la terrasse et la tranquillité des cinq chambres (4 à 6 lits), d'une tenue exemplaire. Grande salle à manger en bois.

RESTAURATION

BUDGET MOYEN

La Pergola – *R. Sorba - 20170 Levie - ✆ 04 95 78 41 62 - d'avr. à fin oct. - formule 17 €, menu 22 €.* Ce restaurant au centre du village est tout petit et la cuisine corse qui s'y prépare exhale ses saveurs jusque dehors, vous ouvrant ainsi l'appétit. Salle à manger modeste mais sympathique ou jolie tonnelle selon la température.

POUR SE FAIRE PLAISIR

Ferme-Auberge A Pignata – *Rte du Pianu - 20170 Levie - sur D 268, prendre la rte du site archéologique de Cucuruzzu, Capula et Lorenzu et la rte des promenades à cheval - ✆ 04 95 78 41 90 - www.apignata.com - P - fermé janv.-avr. - réserv. obligatoire - sur réserv. ✕ menu 53 € - 17 ch. 240/480 € (base : 2 pers. en 1/2P) – 2 cabanes suspendues 580 € (base : 2 pers. en 1/2P).* Cette ferme-auberge en pleine nature, à 850 m d'altitude, vous séduira par son authenticité et son calme. Délicieuse cuisine préparée avec des produits maison, selon des recettes familiales : soupe corse, agneau au four, daube farcie, soufflé au *brocciu* et à la menthe, etc.

ACTIVITÉS

Randonnées – Demander à Info tourisme Alta Rocca (*✆ 04 95 78 56 33*) le dépliant sur les sentiers de pays : quelques propositions de balades au cœur des richesses naturelles de la région.

Aqa-Canyon – *20170 Levie - ✆ 06 20 61 76 81 - www.aqa-canyon.com - avr.-oct. - initiation 45/65 €, perfectionnement 60/120 €.* Christophe Pigeault vous fait partager les frissons d'une journée de canyoning grâce à ses sorties d'initiation ou de perfectionnement.

Les aiguilles et la forêt de Bavella

Bavedda

★★★

Corse-du-Sud (2A)

Murailles rocheuses dressées vers le ciel, les aiguilles de Bavella composent un somptueux décor, domaine de prédilection des randonneurs et des alpinistes. Courbés par le vent, les pins s'accrochent aux versants abrupts, couverts seulement de quelques touffes d'herbe. Du col de Bavella, on contemple ces pics aux formes déchiquetées où souvent quelques nuages s'attardent. Leur couleur change au fil des heures et des saisons : à la fin du printemps, les lieux se parent du mauve rosé des fleurs de thym odorantes.

NOS ADRESSES PAGE 351
Hébergement, restauration, achats, activités, etc.

S'INFORMER

Point information de l'Alta Rocca – *Voir p. 352.*

SE REPÉRER

Carte de microrégion C1 (p. 313).
9 km au nord-est de Zonza, le col de Bavella est traversé par la D 268 qui rejoint la partie ouest (région de Sartène) à la côte est de l'île (Solenzara). Le GR 20 relie l'Incudine et le col de Finosa et la Punta Tafonata di i Paliri. C'est l'une des plus belles étapes du sentier. Une variante du GR permet même de pénétrer au cœur du massif de Bavella.

À NE PAS MANQUER

Le splendide panorama sur les aiguilles de Bavella depuis le col ; une promenade dans la forêt jusqu'au trou de la Bombe.

ORGANISER SON TEMPS

L'itinéraire est très fréquenté les dimanches d'été. Privilégiez la semaine et la fin de la journée.

EN FAMILLE

Une sortie canyoning.

Circuit conseillé Carte de microrégion

DE ZONZA À SOLENZARA C1

Circuit de 30 km au départ de Zonza tracé en orange sur la carte p. 313 – Compter environ 2h.

Zonza *(voir p. 352)*

Prendre la D 268 vers le col de Bavella.

À droite de la route, après le village, inattendu à 950 m d'altitude, se trouve l'hippodrome de Viseo, le champ de courses le plus haut d'Europe.

★★★ Col et aiguilles de Bavella

Pour apprécier au mieux le panorama depuis le col de Bavella, grimpez quelques dizaines de mètres au-dessus du parking ou dépassez la statue…

Les aiguilles de Bavella.
W. Bibikow / age fotostock

Alt. 1 218 m. Ce col qui échancre la grande arête faîtière de l'île est marqué par une croix et par la **statue de N.-D.-des-Neiges**, au socle couvert d'ex-voto. Le site et le panorama sur le massif de Bavella sont splendides.
De la forêt de Bavella émergent, à l'ouest du col, les célèbres **aiguilles de Bavella★★★**, ou « fourches » appelées aussi « cornes d'Asinao », curieusement découpées et derrière lesquelles on peut apercevoir le massif de l'Incudine. À l'est se profilent la grande paroi de la Calanca Murata et l'arête rouge en dents de scie de la Punta Tafonata di i Paliri, avec la mer Tyrrhénienne dans le lointain.

Bavella

Peu après le col s'étagent, au milieu de superbes pins laricio, quelques constructions basses en pierre ou en bois. Il s'agit d'anciennes bergeries estivales bâties sur un terrain concédé par Napoléon III aux habitants de Conca. Un peu au-dessus de ce « village d'été », près d'une source, s'est établie l'**Auberge du Col**. Chaque contour de la route ménage une vue différente sur les immenses parois rocheuses.

★★ Forêt de Bavella

Étagée entre 500 et 1 300 m d'altitude, cette forêt de 930 ha, aux très beaux peuplements de **pins laricio**, a été plusieurs fois dévastée par les incendies et demeure sous haute surveillance. **Réserve nationale**, elle a retrouvé sa beauté naturelle grâce à d'importants travaux de reboisement et les actions de l'Office national des forêts qui y a tracé des tranchées pare-feu et planté des châtaigniers, plus résistants aux flammes que les résineux. Une réserve de chasse, créée en 1950, permet à l'observateur attentif, de voir évoluer des **mouflons** sur les rochers abrupts, à plus de 1 000 m d'altitude.
La route, très sinueuse, quitte la forêt de Bavella.

Col de Larone (Bocca di Laronu)

Alt. 608 m. Il offre une très belle **vue★★**, à gauche sur la Punta di Ferriate formant la partie extrême du chaînon des Paliri et, à droite, sur la forêt de Tova accrochée aux pentes abruptes de la montagne.

La D 268 longe la Solenzara dont le lit s'encombre bientôt de rochers. Les berges se couvrent de pins en entrant dans la **forêt domaniale de Tova**.

Solenzara *(voir p. 400)*

Randonnées

Départ de l'Auberge du Col de Bavella, située 200 m en contrebas du grand parking, sur la D 268 (direction Solenzara). Des topoguides détaillent les itinéraires proposés dans le massif.

Promenade de la chapelle

Point de départ : la fontaine située à droite de l'Auberge du Col (sur la droite en descendant du grand parking).
30mn AR. Le sentier, balisé, grimpe à travers la forêt. Au bout de 500 m, la **chapelle de la Vierge** apparaît, blanche et rose sur un mamelon, encadrée de pins. Depuis la prairie voisine, juste en dessous du monument, **vue★** magnifique sur les aiguilles de Bavella.

★ Promenade de la Pianona

Départ du parking du col de Bavella ou de l'Auberge du Col (voir « Nos adresses »).
Boucle d'1h environ. Balisage orange. À gauche, la vue porte sur la Punta Tafonata di i Paliri, la forêt de Bavella et la mer que l'on distingue dans le lointain. Sur les pentes douces, crocus et anémones donnent au printemps mouvement et couleur aux prairies. On progresse parmi des pins majestueux. En tournant à droite, on accède à une plate-forme herbeuse, une *pianona*, piquetée de pins aux formes tourmentées par le vent. De là se découvre une **vue★★** saisissante sur les aiguilles de Bavella et, par temps clair, sur le rivage occidental et oriental de la Corse.
Rejoindre la chapelle de la Vierge où l'on retrouve l'itinéraire de l'aller.

★★ Trou de la Bombe (Tafonu di u Cumpuleddu) C1

Boucle de 2h environ. Balisage rouge signalé « Cumpuleddu ». Pour votre sécurité, ne quittez pas le sentier balisé. Celui-ci s'élève dans une combe boisée, jusqu'à une crête. On aperçoit bientôt sur la gauche une tête rocheuse émergeant des arbres. Le sentier suit la ligne de crête. En descendant vers le col, on découvre le « trou de la Bombe » ; il s'agit en réalité d'une ouverture circulaire d'environ 8 m de diamètre transperçant l'arête faîtière du chaînon des Paliri, située sur la droite de la Calanca Murata et en avant du campanile de Ste-Lucie. Au retour, quand le sentier croise un petit ruisseau, possibilité de revenir au col *(parking)* en suivant la direction d'Alturaghja *(fléché, balisage rouge, compter environ 45mn)*. Belles vues sur les aiguilles.

★★★ Les aiguilles par la variante alpine

Compter environ 6h. Pour sportifs équipés de bonnes chaussures. Topoguide du GR 20 (ou carte IGN) vivement conseillé. Balisage jaune pour la variante au début, puis balisage GR blanc et rouge. Ce parcours en boucle qui réunit deux variantes du GR 20 n'offre pas de véritable difficulté, seul un passage est équipé d'une chaîne. La première partie requiert cependant prudence et résistance. Départ au col, du côté de la statue. Rapidement, il faut attaquer une montée très raide qui est la principale difficulté ; attention à ne pas déclencher de chutes de pierres sur ceux qui sont plus bas. Le parcours suit approximativement une ligne de crête, passe sous les aiguilles avant de descendre dans une forêt où l'on rejoint le GR 20. Prenez à gauche le sentier assez facile qui ramène au col.

NOS ADRESSES DANS LE MASSIF DE BAVELLA

HÉBERGEMENT ET RESTAURATION

Bon à savoir – Pour séjourner non loin du col de Bavella, privilégiez Zonza (9 km) ou Quenza (14 km).

PREMIER PRIX

Auberge du Col de Bavella – *Col de Bavella - 20124 Zonza - www.auberge-bavella.com - 04 95 72 09 87 - fermé nov.-mars - P - menu 25 € - gîte 20 € - 7 € - 1/2 P 45 €.* Blottie au milieu des pins, cette auberge de montagne est juste au-dessous du col, à proximité des fameuses aiguilles de Bavella. Une occasion de déguster des spécialités insulaires et charcuteries maison.

Les Aiguilles de Bavella – *Col de Bavella - 20124 Zonza - 09 88 77 35 23 - www.lesaiguillesdebavella.com - fermé nov.-mars - P - gîte de 38 places 20 €/pers. - 1/2 P 40 € – 15/22 €.* Située au plus près du col, cette auberge propose une cuisine régionale simple et savoureuse. Omelette au *brocciu* et à la menthe, soupe corse, agneau corse grillé, etc. Jolie terrasse panoramique.

ACTIVITÉS

Bon à savoir – Entre la forêt de Bavella et le col de Larone se succèdent le long de la route, dans les affluents de la Solenzara, des lieux de baignade et de canyoning. Attention : ne pas s'engager dans le lit des torrents en cas de risque d'orage.

Canyoning

Corsica Forest « canyoning » – *D 268 dans le Camping U Ponte Grossu, à 10 km de Solenzara - 06 16 18 00 58 - corsica-forest.com - tte l'année selon les conditions météo - 40/55 €.* Canyoning et randonnées aquatiques dans le massif de Bavella.

Corsica-Canyon – *06 22 91 61 44 - www.canyoncorse.com - P - à partir de 40 € la 1/2 j.* Canyoning dans tous les sites autour du col de Larone et du massif de Bavilla.

Aqa-Canyon – *Voir p. 347.*

AGENDA

Courses à Viseo – *Hippodrome de Viseo à Zonza - juil.-août -5 €.* L'hippodrome ouvre ses portes chaque été le dimanche après-midi dans un environnement naturel grandiose et une ambiance joyeuse.

Procession à N.-D.- des-Neiges – *5 août.* Pèlerinage de Zonza au col de Bavella en l'honneur de la sainte patronne de Bavella.

Zonza

1 600 Zonzais – Corse-du-Sud (2A)

À la croisée des plus belles routes de montagne du sud de l'île, Zonza, bâti en terrasses au-dessus de la vallée de l'Asinao, s'ouvre sur un beau panorama de châtaigniers, de pins et de chênes verts, dominé par le massif de l'Incudine. Un réseau dense de sentiers balisés rayonne autour du village et invite à découvrir, à pied, à cheval ou à VTT, les environs.

NOS ADRESSES PAGE 355
Hébergement, restauration, achats, activités, etc.

S'INFORMER

Point information de l'Alta Rocca – *Village - 20124 Zonza - ✆ 04 95 78 56 33 - www.zonza-saintelucie.com - juin-sept. : 9h-18h ; avr.-mai : 9h-12h, 14h-18h ; oct. : 9h-12h, 14h-17h30 - fermé nov.-mars, dim. et lun. de Pâques, 1er nov. - possibilité de visite guidée.* Informations sur Zonza et l'Alta Rocca.

SE REPÉRER

Carte de microrégion C1 (p. 313).
Zonza est à l'intersection de quatre routes : celles de Bavella au nord, Quenza et Aullène à l'ouest, Levie au sud et, vers l'est, la D 368 qui rejoint l'Ospédale et Porto-Vecchio.

À NE PAS MANQUER

La cascade de Piscia di Gallo.

ORGANISER SON TEMPS

Pour vos approvisionnements, vous trouverez deux épiceries au village (dont l'une ferme hors saison). Il faudra aller jusqu'à San-Gavino-di-Carbini pour trouver un supermarché et le distributeur automatique de billets, et à Levie pour la maison de la presse et la station-service.

Se promener

La place centrale, ombragée de tilleuls, offre une jolie **vue★** sur l'Alta Rocca. Durant l'été, les touristes et les Corses revenus au pays entretiennent dans le village une joyeuse animation. En septembre, au moment de la fête locale, pétards, feux d'artifice, concours de pétanque et tournois de cartes se succèdent.
Église Ste-Marie – *✆ 04 95 78 66 87 - été : 10h-18h ; reste de l'année : clé disponible à la mairie.* Bâtie dans le style néogothique, cette église du 19e s., étonne par son importance. Son clocher est orné d'un bel appareil en blocs de granit taillé.
Sur une colline, en face du village, se dresse la **chapelle Ste-Barbe** qui rassemble les jours de pèlerinage les habitants des villages alentour. Aux environs de Zonza, on peut pêcher la truite ou se baigner.

Circuits conseillés Carte de microrégion

★ MASSIF DE L'OSPÉDALE : DE ZONZA À PORTO-VECCHIO

Circuit de 40 km au départ de Zonza tracé en vert sur la carte p. 313 – Comptez une demi-journée. Sortir de Zonza par la D 368 en direction de Porto-Vecchio.
Le massif de l'Ospédale est la haute région boisée qui domine le golfe de

Cascade de Piscia di Gallo.
imageBROKER/hemis.fr

Porto-Vecchio. Peu accidenté, il offre d'agréables promenades. L'Ospédale doit son nom à un ancien hospice ou hôpital romain qui était établi dans le village.

Forêt de Zonza C1

La route est sinueuse mais belle et assez large. Elle descend à travers la forêt de Zonza plantée de pins, dans un ample paysage.

Au col de Pelza, prendre à droite la D 67.

Chaos de Paccionitoli C1 *(voir p. 346)*

Revenir à la D 368.

Un kilomètre après le col de Pelza (Bocca di Pelza), on a une vue très étendue vers le sud-ouest avec, dans le lointain, le village de Carbini et son environnement de monts boisés.

★ Forêt de Barocaggio-Marghèse C1

À partir du col d'Illarata (Bocca d'Illarata), la route pénètre dans cette belle forêt domaniale qui occupe la partie centrale du massif de l'Ospédale. Au-dessus de 1 000 m d'altitude, elle se compose de pins laricio et de pins maritimes. Cette haute futaie est dominée au nord-ouest par la massive muraille de la **pointe de Diamant** (Punta di u Diamante, alt. 1 198 m), à la forme pyramidale.

★ Cascade de Piscia di Gallo (Piscia di Ghjaddu) C1

Les randonneurs qui envisagent la descente jusqu'au pied de la cascade *(voir « Randonnées »)* doivent s'équiper de chaussures adaptées et avoir une bonne pratique de la marche en terrain instable.

Barrage de l'Ospédale (Ritinuta di U Spidali) C1

Ce barrage, haut de 25 m, est construit selon la technique des levées de terre. Il retient un petit lac qui égaye l'austère paysage d'éboulis rocheux et de sapins. Ses 3 000 000 m^3 d'eau constituent la principale réserve de la vallée de l'Asinao et de la région de Porto-Vecchio.

Col de l'Ospédale C1

Ce vaste espace dégagé, sous les hautes frondaisons des pins, attire de nombreux promeneurs en quête d'un peu de fraîcheur.

L'Ospédale (U Spidali) C1

Ce hameau est constitué de chalets et de villas disséminés au milieu des rochers et des pins, de part et d'autre de la route forestière. L'Ospédale présente, à mi-pente et à hauteur de son cadran solaire, de pittoresques blocs de granit. Il offre des **vues★★** lointaines sur les golfes de Porto-Vecchio et de Santa Manza.

★ Forêt de l'Ospédale C2

La route accidentée, en lacet, tracée dans les bois de chênes-lièges et de chênes verts, passe à proximité d'énormes entassements rocheux où s'accrochent les grands pins de cette vaste forêt (4 500 ha) étagée au-dessus du golfe de Porto-Vecchio.

La route plonge sur Porto-Vecchio, quittant bientôt la forêt pour frayer son parcours dans un paysage de maquis.

★ Castellu d'Araghju CD1 *(voir p. 392)*

DE ZONZA À SOLENZARA C1

Ce circuit mène au **col et aux aiguilles de Bavella★★★** *(voir p. 348).*

Randonnées Carte de microrégion p. 313

Sentier de la Vacca Morta C1

Le circuit débute au bout du hameau de Cartalavonu, à 4 km de l'Ospédale.

2h AR. Balisé en orange, le sentier (relativement facile) conduisant au sommet de la Vacca Morta, permet de découvrir des vues magnifiques, tant sur le golfe que sur les montagnes. Par temps clair, le paysage s'étire jusqu'au golfe de Valinco sur la côte occidentale.

★ Cascade de Piscia di Gallo (Piscia di Ghjaddu) C1

Le circuit débute par une piste en contrebas d'un parking (payant) situé 4 km avant l'arrivée au barrage de l'Ospédale.

1h15 AR. Sentier balisé de jaune. La piste se termine au bout d'un quart d'heure de marche sur une vaste aire d'hélicoptère et laisse place à un agréable sentier qui serpente dans les pins et les bruyères. On s'enfonce ensuite vers la droite en longeant d'importants blocs rocheux pour atteindre une barre rocheuse à quelques centaines de mètres de la cascade. La descente vers le pied de la cascade s'effectue par un sentier très raide qui nécessite l'aide des mains. La chute d'eau (70 m) à flanc de falaise forme la *Piscia di Gallo* (« cascade du coq ») considérée comme la source de la petite rivière Oso qui se jette dans la baie de St-Cyprien. Le débit est soutenu tout l'été grâce au barrage de l'Ospédale. La beauté du site et les étonnantes marmites de géants récompensent des efforts consentis.

NOS ADRESSES À ZONZA

HÉBERGEMENT

Bon à savoir – Haut lieu touristique de l'Alta Rocca, Zonza attire de nombreux visiteurs. Il n'est donc pas difficile d'y trouver un hébergement ou une table. En haute saison, il est fortement conseillé de réserver.

POUR SE FAIRE PLAISIR

Hôtel du Tourisme – *Rte de Quenza - ☎ 04 95 78 67 72 - www.hoteldutourisme.fr - fermé nov.-mars - P - 20 ch. 119/160 € - 14 €.* Cet hôtel, de la fin du 19e s. est une halte sympathique, à proximité des aiguilles de Bavella. Chambres confortables au mobilier design et aux teintes colorées. Piscine panoramique.

RESTAURATION

BUDGET MOYEN

L'Auberge du Sanglier – *Au village - ☎ 04 95 78 67 18 - fermé de mi-nov. à mi-mars - plats 12/27 € - menu 25 €.* Difficile d'ignorer cette auberge et sa terrasse sous pergola. Outre les spécialités corses (gigot d'agneau au miel du maquis, sauté de veau aux olives, etc.), vous pourrez y déguster du gibier, notamment du sanglier. Service rapide et efficace.

À proximité

ACTIVITÉS

Corsica Madness – *Village - ☎ 04 95 78 61 76 - www.corsicamadness.com - fermé oct.-avr. - canyon à partir de 45 € - réduction 10 % famille et groupe (à partir de 5 pers.).* Une adresse incontournable pour les activités dans la région, en particulier pour la descente de trois canyons creusant les majestueuses et sauvages aiguilles de Bavella, encadrée par des moniteurs diplômés.

Quenza

215 Quenzais – Corse-du-Sud (2A)

Édifié sur un plateau couvert de châtaigniers et de chênes verts, Quenza, dominé par les aiguilles de Bavella, constitue l'une des principales bases d'alpinisme de la Corse-du-Sud. En amont du village, le plateau du Coscione, perché à 1 500 m d'altitude, est sillonné par les vieux chemins de transhumance. Il est aujourd'hui très apprécié des randonneurs et des amateurs de ski de fond.

NOS ADRESSES PAGE 358
Hébergement, restauration, achats, activités, etc.

S'INFORMER

Point information de l'Alta Rocca – *Voir p. 352.*

SE REPÉRER

Carte de microrégion C1 (p. 313).
Dans le nord de l'Alta Rocca et 7,5 km à l'ouest de Zonza par la D 420. Le **plateau du Coscione** est situé 12 km au nord, par une route étroite (parfois en mauvais état) qui part en face de l'église de Quenza.

ORGANISER SON TEMPS

Bien entraîné, vous pouvez consacrer plusieurs jours à la randonnée dans cette région très éloignée de la Corse balnéaire.

Se promener

Église St-Georges

04 95 78 62 11 - visite uniquement sur demande à la mairie.
Elle abrite une chaire en bois sombre sculpté, soutenue par des dragons et un masque maure (endommagé). À gauche, dans la chapelle Ste-Bernadette, deux panneaux peints sur bois, du 16e s., représentent des saints et des évêques.

Chapelle Santa Maria Assunta

10mn à partir de l'église St-Georges, sur la route de Serra-di-Scopamène.
Cette chapelle du 11e s. se dresse, isolée, à proximité de la route. Remarquez, à l'extérieur, l'abside qui a conservé sa couverture de *teghje* traditionnelles de granit. De belles **fresques★**, de la fin du 15e s., récemment mises au jour, recouvrent l'abside.

À proximité Carte de microrégion p. 313

Serra-di-Scopamène (Sarra-di-Scopamena) C1

7,5 km au sud, par la D 420. Les maisons en granit restaurées, étagées à flanc de coteau, présentent une belle unité. Notez, à l'entrée sud du village, le **moulin à aube** restauré lui aussi (*ne se visite pas*). Situé en bord de rivière, c'est un agréable site pour pique-niquer.

Randonnées Carte de microrégion p. 313

Au départ de Quenza, de nombreux sentiers de pays, balisés en orange par le parc naturel régional de Corse, sillonnent la vallée. Les propositions ci-dessous ne comportent pas de difficultés et peuvent être l'occasion de baignades dans les torrents.

Plateau de Coscione près de Quenza, dans l'Alta Rocca.
N. Thibaut/Photononstop

De Quenza à Serra-di-Scopamène C1

Départ face à l'église de Quenza.

5h - possibilité de gîte à Serra. On franchit de nombreux cols et l'on découvre au passage des bergeries à Ghjallicu et Lavu-Donacu.

★ Plateau du Coscione C1

À Quenza, prendre la route qui grimpe au nord vers Bucchinera et le centre de ski de fond. Attention : cette route, étroite et parfois très dégradée, exige un véhicule équipé pour la neige en hiver. Le plateau est un vaste lieu de randonnées que l'on peut parcourir avec une carte ou un topoguide.

Ce vaste plateau, où prennent source deux des principaux fleuves corses, le Taravo et le Rizzanèse, est caractérisé par un climat méditerranéen de haute montagne, particulièrement rigoureux en hiver avec des enneigements jusqu'à fin avril. Avec une altitude moyenne de 1 500 m, le plateau vallonné constitue le plus grand ensemble de hautes plaines de la Corse. Jusqu'à ces dernières décennies, il était encore une zone de transhumance importante pour les troupeaux du sud de l'île. Actuellement, ce sont surtout les randonneurs pédestres et équestres qui utilisent les sentiers de transhumance.

La partie nord du plateau est décrite avec l'Incudine dans les environs de Zicavo (voir p. 306).

NOS ADRESSES À QUENZA

HÉBERGEMENT

PREMIER PRIX

Montain Lodge Corse Odyssée – *Quartier Pentaniella Ramaca - ✆ 04 95 78 64 05 - www.gite-corse-odyssee.com - tte l'année sur réserv. - 5 ch. 70 € en 1/2 P - ✗ 30 € (seult le soir et sur réserv.).* Immergée dans le maquis, cette grande bâtisse a été entièrement rénovée. Salon chaleureux et grande salle à manger. À l'étage, chambres d'ampleur variée (deux familiales) soigneusement aménagées. Côté cuisine, tout est fait maison, y compris les confitures et biscuits du petit-déjeuner. Accueil charmant.

POUR SE FAIRE PLAISIR

Hôtel Sole e Monti – *✆ 04 95 78 62 53 - www.solemonti.com - fermé d'oct. à déb. mai - P - 20 ch. 115/125 € - buffet 13 € - ✗ 25 € (seult le soir).* Cette auberge familiale mérite votre attention. Elle abrite en effet des chambres simples mais bien tenues, dont le petit balcon ouvre sur le jardin coquet. Le chef et patron vous mitonnera une cuisine du terroir.

ACHATS

Jean-Orsatti – *Villa Antonia - en venant de Zonza, 1re rte à droite après le château, faire 500 m, villa jaune à droite - ✆ 04 95 78 61 17 - P - d'avr. à mi-nov. : 9h-12h ; de mi-nov. à déc. : 10h-12h, 15h-19h ; reste de l'année se rens.* Chez cet apiculteur, goûtez et achetez de délicieux miels AOC de Corse : anthylis-bruyère, germandrée-thym corse, arbousier…

ACTIVITÉS

Randonnées J.-P. Quilici - Canyoning Escalade – *20145 Sari-Solenzara – ✆ 04 95 78 64 33 ou 06 16 41 18 53 - à partir de 45 €.* Ce guide de haute montagne, figure de l'alpinisme insulaire, propose de pratiquer l'escalade, la randonnée ou le canyoning dans des sites superbes.

Chez Pierrot – *Pierre Milanini - sur la rte du plateau du Coscione (à 5 km de Quenza) - ✆ 04 95 78 63 21 - chezpierrot.jimdo.com.* Cette figure locale, organise des randonnées à cheval sur le plateau du Coscione *(1h30 : 47 € ; 2h : 50 € ; 3h : 60 €).* Chambres d'hôte, table d'hôte et gîte.

Aullène

Auddè

188 Auddaninchi – Corse-du-Sud (2A)

Posé sur une haute croupe granitique, le paisible village d'Aullène abrite des maisons à arcades et des passages voûtés. Alentour, entre la vallée du Rizzanèse et celle du Taravo, la région boisée de pins et de châtaigniers offre un magnifique décor de montagnes, sauvage et parsemé de chaos rocheux.

NOS ADRESSES PAGE 361
Hébergement, restauration, achats, activités, etc.

S'INFORMER

Point information de l'Alta Rocca – *Voir p. 352.*

SE REPÉRER

Carte de microrégion B1 (p. 312). Aullène se situe dans le nord de l'Alta Rocca, au croisement de la D 69 et de la D 420, 34 km au nord-est de Sartène et 13 km à l'ouest de Quenza.

À NE PAS MANQUER

Les monstres marins de la chaire de l'église paroissiale ; à Petreto, les statues de bois peint et le mobilier de l'église ; la vue sur la vallée du Taravo à partir du village de Bicchisano.

ORGANISER SON TEMPS

Le dernier week-end de juillet se tient la foire annuelle.

Se promener

Ce gros bourg montagnard présente une architecture traditionnelle de granit gris avec des maisons à arcades et quelques passages voûtés. *Auddè* signifie « carrefour ». En effet, Aullène se trouvait sur la première route stratégique qui reliait Corte à Bonifacio.

Église paroissiale

Habituellement fermée. Toutefois, si vous souhaitez visiter, rendez-vous en mairie. S'il y a du personnel pour vous accompagner, on vous ouvrira les portes.

Elle renferme de belles boiseries rustiques dans le chœur et une **chaire** du 17e s. La console en bois clair sculpté est formée de monstres marins prenant appui sur une tête de Maure, évocation probable des raids barbaresques qui ravagèrent les côtes de Corse jusqu'au 18e s.

Circuits conseillés Carte de microrégion

★ ROUTE DU COL DE SAINT-EUSTACHE B1

Circuit de 20 km au départ d'Aullène tracé en bleu-gris sur la carte p. 312. Quitter Aullène par la D 420 et suivre cette route jusqu'à Petreto-Bicchisano.

La route déroule ses lacets au-dessus de la vallée encaissée du Coscione et ménage de beaux panoramas sur le paysage rocheux où s'accroche un maigre maquis.

Entre le col de Tana et le col de St-Eustache (alt. 995 m), la route court à flanc de montagne, traversant un massif de porphyre, boisé de pins et entaillé par

Le village d'Aullène.
W. Bibikow / age fotostock

de nombreux affluents du Baracci et du Rizzanèse. Des **chaos★** aux silhouettes parfois étranges surgissent de la végétation.
Après le col de St-Eustache, la route, jalonnée d'énormes blocs rocheux, descend vers la vallée du Taravo. Alors que le versant sud est couvert de pins, le versant nord est surtout boisé de chênes verts auxquels se mêlent quelques châtaigniers, des asphodèles et des fougères. Malheureusement, un incendie a endommagé en partie la végétation en 2009.

Petreto-Bicchisano (Pitretu Bicchisgia)

Situé à un important carrefour de routes, ce bourg se compose de deux villages : Petreto, en haut, sur la D 420, et Bicchisano, en bas, sur la T 40.

Petreto

L'**église paroissiale** abrite un intéressant Christ en bois. Le maître-autel, le tabernacle et l'autel de saint Antoine, tous en marbre polychrome du 17e s., proviennent du couvent de Bicchisano, de même que les quatre superbes **statues** en bois peint représentant la Vierge à l'Enfant, saint François d'Assise, sainte Claire et l'Immaculée Conception. Derrière l'église, la terrasse offre une **vue** sur Bicchisano, la vallée du Taravo et les montagnes.

Bicchisano

À l'entrée de Bicchisano, en venant de Propriano, admirez la **vue★** étendue sur la vallée verdoyante du Taravo. Le village égraine ses massives maisons de granit de part et d'autre de la route. Deux **maisons fortes** témoignent de l'importance passée du bourg. Celle du bas présente encore, aux quatre angles, les corbeaux qui soutenaient les échauguettes, ultime survivance d'un système défensif du 16e s. Tout près, un **campanile** isolé dresse son élégante silhouette, dernier vestige de l'église « piévane » St-Jean-Baptiste. L'autre maison forte, flanquée d'une bretèche, domine Bicchisano.

RÉSISTANTS

Le général **Paulin Colonna d'Istria**, grand résistant, est un enfant du pays. La stèle de granit gris érigée à sa mémoire à l'entrée de Petreto (sur la gauche) rappelle aussi le rôle éminent joué par la commune dans la libération de la Corse en 1943.

Dans l'**église**, admirez le Christ en bois du 16e s. et la chaire sculptée, provenant du couvent St-François. Ce dernier *(propriété privée)* dresse encore son vieux bâtiment dans un cadre bucolique à l'écart du village.

Vallée du Taravo (Taravu)

Né sur les pentes du monte Grosso au-dessus du col de Verde, le Taravo qui se jette dans le golfe de Valinco, près de Porto-Pollo, a formé une grande plaine alluviale, autrefois insalubre. Pour échapper à ses fortes chaleurs estivales et à ses miasmes, les habitants transhumaient de mai à octobre sur le plateau du Coscione *(voir p. 357)*. Ils édifièrent leurs villages sur des collines au-dessus des eaux stagnantes. Les terres de la basse vallée nourrissent des champs de blé et des plantations d'oliviers et de chênes-lièges. La vigne apparaît au-dessous de Sollacaro dans la moyenne vallée où l'on pratique l'élevage des bovins et des brebis.

VALLÉE DU COSCIONE B1

Circuit de 32 km au départ d'Aullène tracé en marron sur la carte p. 312. Quitter Aullène par la D 69 vers Sartène.

La route en corniche descend la vallée très encaissée, venteuse et peu peuplée du Coscione, affluent du Rizzanèse. Elle traverse les villages de **Cargiaca** et de **Loreto-di-Tallano** bâtis sur de riantes collines. L'autre versant de la vallée, moins raide, au climat plus doux, porte un essaim de villages, groupés autour du gros bourg de **Ste-Lucie-de-Tallano** *(voir p. 338)*.

NOS ADRESSES À AULLÈNE

HÉBERGEMENT

BUDGET MOYEN

Hôtel de la Poste – *Andriaccia - 04 95 78 61 21 - www.hotel-de-la-poste-aullene.com - P - fermé oct.-avr. - 15 ch. 50/95 € - 8 € - 1/2 P possible à partir de 3 nuits - menu 23,50 € - 14/24 €.* Vous serez chaleureusement accueilli dans cet hôtel de montagne. Les chambres un peu désuètes ne manquent pas de charme pour autant. Terrasse ombragée et fleurie. Cuisine corse copieuse, comme chez soi, à prix modérés.

Gîte San Larenzu – *R. de la Poste - 09 74 56 13 85 - www.sanlarenzu.com - 5 ch. 90 €.* La maison jaune abrite des chambres simples et parfaitement tenues, dont une avec jardinet privatif. Jacuzzi en accès libre pour tous les hôtes. Composé de confitures maison, de gâteaux à la farine de châtaigne et de *canistrelli*, le petit-déjeuner est servi dans une confortable salle panoramique, située de l'autre côté de la rue. Possibilité de demi-pension (les propriétaires ont un restaurant de cuisine corse faite maison).

À proximité

BUDGET MOYEN

Chambre d'hôte U Ruspu – *Accès par la T 40 (dir. Ajaccio) - Ruspu - 20140 Petreto-Bicchisano - 06 09 58 52 59 - www.uruspu.com - P - 2 ch. 80/95 €, 1 appart 110/130 €.* Perdu dans la nature, « le crapeau » se compose de deux chambres à l'étage (accès direct par escalier extérieur) et d'un appartement (chambre, cuisine et coin salon) au rez-de-chaussée. Décoration sobre aux matériaux soignés, jolies salles de bains avec mosaïque et douche à l'italienne. Calme absolu et belle vue sur la forêt alentour. Table d'hôte sur réservation.

Le golfe de Figari

★

Corse-du-Sud (2A)

La côte qui s'étend de Roccapina à Bonifacio, inhabitée et éloignée des grands axes routiers, a conservé sa beauté sauvage. Adossée à la montagne de Cagna et tapissée d'un maquis dense, elle offre de petites plages et des mouillages sûrs. De minuscules calanques pénètrent profondément dans les embouchures de ses fleuves côtiers. C'est un paradis très fréquenté pour la plongée sous-marine.

NOS ADRESSES PAGE 364
Hébergement, restauration, achats, activités, etc.

S'INFORMER
Office du tourisme de Bonifacio – *Voir p. 367.*

SE REPÉRER
Carte de microrégion C3 (p. 313).
Au nord de Bonifacio. On rejoint Pianottoli-Caldarello, le bourg important du golfe, par la T 40 puis la D 122.

À NE PAS MANQUER
Le chaos de Caldarello aux formes insolites qui sollicitent l'imagination ; le golfe et sa beauté sauvage, en particulier hors saison.

EN FAMILLE
Une baignade toujours bienvenue dans les petites criques sablonneuses de la baie.

Se promener Carte de microrégion p. 313

Caldarello C3

Composante de **Pianottoli-Caldarello** et seule agglomération d'importance entre Sartène et Bonifacio, Caldarello déploie son port de plaisance et sa belle station balnéaire au cœur d'un étonnant **chaos de rochers★**. Son nom signifie « là où il fait très chaud ».

Aménagés dans le chaos, des abris troglodytiques appelés « ori », fréquents dans toute la montagne de Cagna, étaient utilisés, jusqu'au 17e s., comme habitations principales. Ils servent aujourd'hui de granges, d'étables et, en montagne, de demeures pour les bergers. Jusqu'au début du 20e s., il n'existait à Caldarello que quelques maisons servant à un habitat saisonnier, car cette zone basse (appelée *piaghja* en corse) était particulièrement insalubre en été. La population passait la plus grande partie de l'année en moyenne montagne, à **Zérubia**, près de Serra-di-Scopamène. On descendait à la *piaghja* afin de pourvoir à l'alimentation de base : vigne, oliviers, orge, etc. Avec les premières chaleurs de juin et les récoltes achevées, tout le monde remontait à Zérubia jusqu'aux vendanges. Aujourd'hui, Zérubia se meurt alors que **Pianottoli** se développe grâce à la production d'un **vin** réputé, le vin de Figari, et à la proximité de l'aéroport de Figari.

Du haut du chaos rocheux à la sortie sud de Caldarello, une **vue★** s'offre sur le golfe profond.

À la bifurcation, prendre à gauche vers l'embarcadère.

Dominée par une **tour génoise** et bordée par un maquis dense d'où émergent des toitures, une petite plage de sable s'étend à gauche de l'embarcadère.

LE VIGNOBLE DE FIGARI

Figari peut s'enorgueillir de posséder le vignoble le plus méridional de Corse et de France. Sur place, on ajoute aussi qu'il s'agit d'un des plus anciens du pays. Certains disent qu'il aurait été introduit par les Phocéens, d'autres par les Romains. Si son origine fait débat, son expansion est clairement datée : elle débute au 19ᵉ s., avec le repeuplement des villages côtiers, et décolle réellement au 20ᵉ s. Dans les années 1930, sa superficie triple, dépassant 300 ha. Avec l'arrivée des rapatriés d'Algérie dans les années 1960, elle atteint plus de 1 000 ha. Aujourd'hui, suite à une campagne d'arrachage, l'appellation, accordée en 1976, ne couvre qu'une bonne centaine d'hectares seulement.

Son rendement moyen ne dépasse pas 30 hl/ha. Les ceps profitent d'une terre granitique et par endroits argileuse, très ventée et très sèche, propice à la production de vins rouges (proportionnellement plus de la moitié de l'AOC). Ils ont la réputation d'être concentrés et bien charpentés. L'AOC Figari inclut aussi des rosés légers et des blancs souvent minéraux (12 % de la production).

Pour obtenir tous ces crus, de plus en plus appréciés, les cépages de base sont les suivants : les endémiques *nielluciu, vermentinu, sciaccarellu,* ainsi que grenache et syrah, auxquels s'ajoute parfois le plus corse de tous, le *carcajolu neru* (carcajolo nero). Ce dernier fait partie des 24 variétés autochtones repérées par le programme de préservation, de collecte et d'étude du CIVAM de Corse (Centre d'Initiative pour Valoriser l'Agriculture et le Milieu rural). Il donne indéniablement à l'AOC une petite touche supplémentaire de caractère, ne serait-ce que symbolique !

Les plages

En venant de Bonifacio, arrivé au premier carrefour dans le bourg de Pianottoli, prendre à gauche direction « Le port » (D 122). À 1,2 km, prendre à droite (500 m avant la marine) et passer devant l'hôtel U Libecciu.

Continuez sur 3 km pour atteindre la première **petite plage de sable fin** de la baie de Figari *(à gauche, en contrebas de la route)*.

Garez-vous le long de la route ou continuez pour rejoindre, à 2 km, la belle succession de **criques sablonneuses de Chevanu**, en contrebas de la tour génoise. La piste en terre à gauche de la route, en direction de la tour, aboutit à un parking ombragé où laisser son véhicule. Un sentier, au bout du parking et à gauche de la tour, mène aux criques, à 100 m.

Récemment restaurée, la tour génoise, édifiée sur un étonnant chaos rocheux, est ouverte à la visite. Du sommet, belle **vue★** sur le golfe de Figari.

Ne poursuivez pas la route lorsqu'elle s'incurve vers l'intérieur des terres, car elle dessert uniquement des résidences privées.

NOS ADRESSES DANS LE GOLFE DE FIGARI

ARRIVER/PARTIR

En avion

Aéroport Figari-Sud Corse – *℘ 04 95 71 10 10 - www.2a.cci.fr.* Il est situé à 4 km de Figari, 22 km de Bonifacio et 25 km de Porto-Vecchio.

Navette Porto-Vecchio – *℘ 04 95 71 00 11 - juil.-août : 4 dép./j. dans les 2 sens.*

HÉBERGEMENT

PREMIER PRIX

Camping Kévano Plage – *20131 Pianottoli-Caldarello - 3,3 km par D 122 et rte à droite - ℘ 04 95 71 83 22 - www.campingkevano.com - fermé nov.-mars - réserv. conseillée - 90 empl. 26/36 €.* À 500 m de la plage, sur une colline de rochers et d'arbres. Emplacements bien délimités à l'ombre et terrasses aménagées pour offrir la meilleure vue et respecter l'environnement.

BUDGET MOYEN

Chambre d'hôte Chez Robert et Sylvie – *Caldarello - 20131 Pianottoli-Caldarello - au centre de Pianottoli prendre en dir. du port, après l'église suivre Caldarello - ℘ 06 15 90 28 67 - ⊭ - 3 ch. 75/105 € et 2 appart. 570/820 €/sem. - pour le petit-déj., cuisine d'été où thé et café sont à volonté.* Chambres douillettes et spacieuses dans le moulin à huile et le poulailler, et appartements bien équipés dans la cave à vins. Ambiance plutôt bohème et grande terrasse commune avec cuisine ouverte et barbecue.

RESTAURATION

PREMIER PRIX

Chez Mika – *De Pianottoli, prendre dir. Caldarello, puis suivre les panneaux - ℘ 06 17 11 04 81 - ⊭ - avr.-sept. : tlj midi et soir - pizzas 11-16,50 €.* De généreuses pizzas, un patron affable et une ambiance sympathique… offrent l'occasion d'une pause revigorante.

Chez Fafi – *Stellone (2 km au nord de Figari par la D 859) - ℘ 06 11 83 86 29 - fermé déc.-mars - ⊭ P (camping-car) - le soir en sais. - ardoise 13/22 €.* Cuisine traditionnelle corse de père en filles depuis plus de 20 ans (beignets de courgette, pâtes aux araignées de mer, tripettes de veau, sanglier au four) et addition sage. Une bonne étape.

POUR SE FAIRE PLAISIR

Ferme-auberge Pozzo di Mastri – *20114 Figari - ℘ 04 95 71 02 65 - www.pozzodimastri.com - fermé nov.-mars - P - menu 49 € vin compris - 12 ch. 120/250 € - ☕ 12 €.* Elle fut une des premières fermes-auberges de Corse. Aujourd'hui, la maison séduit surtout par son cadre de bergerie sophistiquée. Dans l'assiette, la cuisine de saison n'est pas toujours originale, sauf quand de beaux gigots d'agneau rôtissent dans la cheminée. De mai à fin septembre, soirée chant corse et cochon à la broche le mardi et le vendredi.

ACHATS

Domaine de Tanella – *Rte de Bonifacio - 20114 Figari - ℘ 04 95 70 46 23 - www.domaine-tanella.com - en sais. 9h-20h ; hors sais., se rens.* Appartenant à la famille de Peretti della Rocca, une des plus anciennes de Corse, ce domaine de 72 ha en AOP île de beauté produit d'excellents vins (rouge, rosé, blanc) issus de vieux cépages corses. La cuvée Alexandra, élevée en fûts de chêne, a obtenu de nombreux prix.

Vue sur la bergerie de Bitalza, dans la montagne de Cagna.
C. Moirenc/hemis.fr

La montagne de Cagna

★

Corse-du-Sud (2A)

La montagne de Cagna, au relief calcaire et granitique, présente une arête isolée transversale d'est en ouest. La partie centrale du massif est couverte par les sapins centenaires de la forêt de Cagna. La Punta d'Ovace (1 340 m), point culminant, porte le célèbre Uomo di Cagna, étonnant rocher sphérique en équilibre sur une pointe de granit. Partez en excursion au cœur de la montagne et savourez les superbes vues sur le chaos granitique et la vallée.

S'INFORMER

Office du tourisme de Bonifacio – *Voir p. 367.*

SE REPÉRER

Carte de microrégion BC2 (p. 312-313). La montagne de Cagna se situe à l'écart des grands axes routiers ; elle est accessible à pied à partir du village de Gianuccio, au bout de la petite D 50 qui part de la route de Sartène à Bonifacio. On rejoint la forêt de Cagna par la D 59 que l'on emprunte à Sotta en direction de Carbini, sur la D 859, route de Porto-Vecchio à Figari.

ORGANISER SON TEMPS

Ne partez pas sans avoir consulté la météo.

Randonnée Carte de microrégion p. 313

★ L'Uomo di Cagna (l'Omu di Cagna) C2

Depuis la T 40, la D 50 conduit à Monacia-d'Aullène, puis au hameau de Gianuccio. Y laisser la voiture.

Bon à savoir – Il est impératif d'emporter suffisamment d'eau. Le sentier est certes balisé par des cairns (petits tas de roches), mais il convient d'être très attentif, et il vaut mieux se munir d'une carte au 1/25 000. La meilleure période pour entreprendre la randonnée est le printemps, lorsque le maquis est en fleurs.

3h aller depuis la partie la plus élevée du village (mais on parvient en 2h15 à un coup d'œil remarquable sur l'Uomo). Comportant quelques passages assez raides, cette randonnée offre des points de vue superbes sur la vallée, la montagne de Cagna, les chaos granitiques et le maquis. Cet isolement fut propice à la Résistance corse qui y trouva refuge lors de la dernière guerre.

Le sentier s'élève au milieu d'un maquis bas : bruyères arborescentes, lavandes, genêts et cistes. Remarquez au pied des cistes les petites masses rouges à fleur de terre. Ce sont des plantes parasites appelées « cytinets ». Dépassez le réservoir ; le sentier franchit un ruisseau (à sec en été) et traverse une végétation dense où abondent les lianes du maquis : garance et salsepareille. De nombreux oiseaux habitent les lieux : fauvette, rouge-gorge, troglodyte… Par une pente assez forte, on accède à un premier plateau offrant de belles formes d'érosion granitique, puis à un petit bois de pins d'où la vue sur le village et les vallées voisines est magnifique.

Au bout d'une heure de marche apparaît un chaos de roches impressionnant, surmonté de quelques pins tordus et de chênes verts. À gauche, dans un vallon plus humide, prospère l'aulne. Un second plateau, couvert de bruyères arborescentes et hérissé de formes granitiques étonnantes, est atteint après 1h30. Quelques centaines de mètres plus loin, après avoir laissé sur la gauche un énorme rocher cubique, puis un second évoquant un visage de profil, on découvre au loin l'**Omu di Cagna** dont on apprécie pleinement l'allure. Uomo (*Omu*, en corse) di Cagna signifie « l'Homme de Cagna » : et, de fait, le rocher qui a reçu ce nom évoque un visage humain.

On peut alors faire demi-tour, ou marcher encore 45mn pour parvenir à la base du rocher. Le **panorama★**, à la base du bloc, offre une vue aérienne de la pointe méridionale de la Corse et des côtes de la Sardaigne. En direction du nord-est, en suivant l'arête faîtière, on distingue un autre miracle d'équilibre naturel : l'**Omu di Monaco**.

Le rocher l'Omu di Cagna.
Ch. Boisvieux / hemis.fr

Bonifacio et ses environs

Bunifaziu

★★★

2 700 Bonifaciens – Corse-du-Sud (2A)

Édifiée sur un site exceptionnel à l'extrême sud de l'île, Bonifacio reste un lieu incontournable, malgré la foule et les échoppes de souvenirs qui colonisent les ruelles. Enfermée dans ses fortifications, la vieille ville est juchée sur un étroit promontoire de calcaire modelé par la mer et le vent. Elle est séparée du rivage par une ria longue de 1 500 m au fond de laquelle se trouve une marine. Jadis havre sûr pour les vaisseaux de guerre, le port offre aujourd'hui son mouillage aux bateaux de plaisance. De la mer, la ville haute présente un aspect encore plus saisissant avec ses vieilles maisons agglutinées à l'extrémité de la falaise.

NOS ADRESSES PAGE 380
Hébergement, restauration, achats, activités, etc.

S'INFORMER

Office du tourisme de Bonifacio – Plan de la ville II C1 (p. 371) - *2 r. Fred-Scamaroni - 20169 Bonifacio - ✆ 04 95 73 11 88 - www.bonifacio.fr - avr.-oct. : 9h-19h ; reste de l'année : tlj sf w.-end et j. fériés 9h-16h.*

Visites guidées – *✆ 04 95 73 11 88 - www.bonifacio.fr - Rens. à l'office de tourisme.* Visites chasse au trésor et jeux d'indices pour les enf. *(en sais., 5 €)* et visites de la ville. Visite gastronomique avec dégustation de produits du terroir chez les commerçants de la ville haute *(en juin et sept.).*

SE REPÉRER

Carte de microrégion C3 (p. 313) – *carte p. 378.* L'approche de Bonifacio par la route de Sartène ou par celle de Porto-Vecchio donne à cette cité médiévale un air de « bout du monde », isolé du reste de l'île par un vaste et aride plateau calcaire de 25 km². Large de 12 km et parsemé de petites îles, le détroit, appelé bouches de Bonifacio, sépare la Corse de la Sardaigne.

SE GARER

À Bonifacio, deux possibilités : soit laisser la voiture aux parkings de la marine (pris d'assaut en haute saison) et monter à la ville haute à pied ou en petit train touristique *(voir « Nos adresses »)* ; soit tenter de se garer dans les parkings aménagés dans la citadelle (celui face au cimetière marin est en général le dernier à se remplir). Tarifs de stationnement très élevés. Dans tous les cas, essayez d'arriver (très) tôt en ville, avant 9h30 impérativement en haute saison !

À NE PAS MANQUER

L'animation de la marine ; la rue St-Dominique, le quartier de l'église Ste-Majeure et plus largement la vieille ville ; les 187 marches de l'escalier du Roi-d'Aragon ; les grottes marines ; un tour aux îles Lavezzi.

ORGANISER SON TEMPS

Comptez une demi-journée pour vous balader en ville et découvrir le site. Le musée et le mémorial sont ouverts en continu, vous pouvez vous y réfugier aux heures de canicule. Prévoyez un après-midi pour les îles Lavezzi.

EN FAMILLE

Une excursion en mer et un après-midi à la plage.

Se promener

★ LA MARINE Plan I et II de la ville p. 371

Visite 45mn. Le quartier du port, étiré sur le quai sud et dominé par l'imposant bastion, protégeait jadis l'entrée de la citadelle. Les hôtels, restaurants, cafés et magasins de souvenirs rassemblés dans cette ville basse entretiennent durant l'été une activité qui se prolonge tard dans la nuit.

Des constructions nouvelles de quatre ou cinq étages, à arcades ou avec piscine, alignent leurs toitures roses sur la rive nord. C'est le quartier de **Giovasole** (Plan I).

Le quartier de la marine est placé sous la protection de saint Érasme (San Teramo), patron des navigateurs. La confrérie organise chaque année deux processions : une le 2 juin pour célébrer son saint patron et une le 20 juin, jour de la St-Silvère, pape et martyr du 6e s., protecteur des pêcheurs de langoustes.

Col St-Roch

À gauche de l'**église St-Érasme** (Plan I), un large chemin pavé, en escalier, permet d'accéder au **col** où s'élève une modeste chapelle (Plan II), à l'endroit où succomba la dernière victime de la grande peste de 1528. Ce belvédère naturel offre une **vue**★★ très étendue sur le large, jusqu'aux côtes de la Sardaigne, les hautes falaises calcaires aux strates burinées par la mer, le bastion et la marine. À gauche, le « **Grain de Sable** » (Plan I), dont la base est sapée par les vagues, dresse sa silhouette familière en avant de la falaise.

Du **col St-Roch**, un escalier descend à la petite plage de Sutta Rocca et un sentier longe le haut des falaises jusqu'au cap Pertusato, offrant de superbes **vues**★★ sur la vieille ville.

★★ LA VILLE HAUTE Plan II de la ville

Circuit tracé en vert sur le plan p. 371 – Compter 2h. Les piétons accèdent à la ville haute par les montées Rastello et St-Roch, longue rampe, qui mène à la porte de Gênes… ou par le petit train qui part des parkings de la marine (voir « Nos adresses ») ; les automobilistes accèdent à la ville haute par la porte de France puis la place Bir-Hakeim.

La ville haute comprend la vieille ville à l'ambiance moyenâgeuse et la **citadelle**. À l'extrémité ouest du plateau s'étend le **Bosco**, avec le cimetière marin et l'esplanade St-François.

Le site de Bonifacio vu de la mer.
S. Sauvignier/MICHELIN

La route d'accès à la ville haute a été créée par Napoléon III. Elle contourne le bastion de l'Étendard et domine le goulet de Bonifacio. Puis elle se sépare en deux au niveau de la **colonne romaine** (découverte sur l'îlot de San Baïnzo et faisant office de monument aux morts) : la voie de droite conduit à la gare maritime (embarquement des voitures pour la Sardaigne) et la rampe de gauche permet de pénétrer dans la vieille ville par le tunnel creusé sous le fort St-Nicolas. La sortie se fait par la **porte de France** (1854).

Monument de la Légion étrangère C1

Il occupait autrefois une place de Saïda, petite ville d'Algérie, en mémoire des légionnaires tombés dans le Sud oranais entre 1897 et 1902. Transféré en Corse, il fut inauguré sur la place Bir-Hakeim le 23 juin 1963, date de l'arrivée de la Légion étrangère à Bonifacio, qui fut remplacée ensuite par un centre de commandos, jusqu'en 1989.

★ Église St-Dominique Plan I, A2

Pl. de l'Europe - ✆ 04 95 73 11 88 - www.bonifacio.fr - de mi-avr. à déb. oct. : 11h-18h - fermé w.-end - gratuit - concerts polyphoniques en sais. : jeu. 21h30 - rens. sur place ou à l'office de tourisme.

Ce sanctuaire, édifié dès 1270 par les dominicains sur une ancienne église de Templiers, compte parmi les rares édifices gothiques de la Corse. Il aurait été achevé en 1343. Un couvent contigu abritait les religieux.

Son architecture extérieure est sommaire. Le campanile, en revanche, est original avec ses étages supérieurs octogonaux et son couronnement de créneaux et merlons à double pointe. À l'intérieur, le plan est simple, rectangulaire à chevet plat. La nef, flanquée de bas-côtés, est voûtée de six croisées d'ogives. L'acoustique exceptionnelle de cette église lui vaut d'accueillir régulièrement des groupes de polyphonie.

Rue St-Dominique (San Dumè) C2

Les maisons s'ouvrent sur des escaliers vertigineux à marches très hautes. On remarque sur la droite la maison de la Miséricorde, ancien hospice fondé au 13e s. Siège de la confrérie de la Ste-Croix, elle conserve pieusement un morceau de la vraie Croix. Un peu plus loin, à gauche, des **blasons sculptés** ornent les portes des nos 12 et 10 (armoiries des Salineri).

Après la place du **Fondaco Montepagano** (« U Fundugu », de l'arabe *fondouk* qui signifie « magasin »), on oblique sur la gauche dans la **rue St-Jean-Baptiste** et on longe la petite chapelle de la confrérie du même nom (1775), dont l'intérieur aux deux nefs voûtées ne manque pas de charme. Sur la gauche, remarquez le groupe de bois sculpté représentant la **Décollation de saint Jean-Baptiste** que la confrérie sort en procession le Vendredi saint et le 29 août.

Suivre la rue St-Jean-Baptiste, puis tourner à droite dans la rue du Palais.

On aperçoit, au bout de la rue, le clocher et les arcs-boutants de l'église Ste-Marie. Empruntez à gauche un passage sous voûtes à poutrelles de bois, **U Cantu Scöru**, qui débouche sur le n° 9 de la rue Longue qui devient bientôt rue des Deux-Empereurs.

Rue des Deux-Empereurs D1

Deux maisons se faisant face conservent le souvenir de deux hôtes illustres. Le n° 4, demeure du comte Philippe Cattaciolo, abrita, du 3 au 6 octobre 1541, **Charles Quint** au retour d'une expédition à Alger. Un beau linteau en marbre sculpté aux armes de l'empereur orne la porte d'entrée.

Presque en face, le n° 7 hébergea **Napoléon Bonaparte**, du 22 janvier au 3 mars 1793. Alors lieutenant-colonel, le futur général de l'armée d'Italie y prépara un débarquement en Sardaigne dont l'échec entraîna la disgrâce de Paoli. Quelques marins marseillais faillirent changer sans le savoir le destin de l'Europe : prenant à partie le futur Empereur dans une ruelle de la vieille ville, ils l'auraient sans doute tué si des passants n'étaient intervenus… La maison avait appartenu au 16e s. à un de ses ancêtres, François Bonaparte.

Place d'Armes D1

Sur la gauche, des socles circulaires (coiffés d'une coupole vitrée) indiquent l'emplacement des anciens silos à grains qui, avec ceux de la Manichella, permettaient à la cité d'emmagasiner 5 000 hl de blé.

Face à la porte de Gênes, la **rue du Corps-de-Garde** offre un bel aperçu sur le chevet de l'église Ste-Marie et ses arcs-boutants.

Bastion de l'Étendard D1

Quartier de la Citadelle - ✆ 04 95 73 11 88 - www.bonifacio.fr - avr.-sept. : 9h30-19h30 ; reste de l'année : 10h-17h - fermé nov.-mars - 2,50 €.

Jusqu'au 19e s., la **porte de Gênes** constituait l'unique entrée de la ville. Il fallait franchir huit portes successives et un pont-levis (de 1598) pour accéder à la place d'Armes. Le système d'ouverture par contrepoids du pont-levis est encore en place. Le bastion surveillait à la fois l'entrée du goulet, le port et la route du col St-Roch. Avec la porte de Gênes, il constituait la pièce maîtresse des 2,5 km de remparts qui conservent, aujourd'hui encore, quelques tours rondes de défense.

Le bastion de l'Étendard reste la partie la plus imposante des fortifications de la ville haute. Des scènes marquantes de l'histoire de Bonifacio ont été reconstituées : visite de l'empereur Charles Quint en 1541, passage de Bonaparte en 1793 et naufrage de *La Sémillante* aux îles Lavezzi. Est également exposée

LES MAISONS BONIFACIENNES TRADITIONNELLES

Elles constituaient jadis de véritables forteresses dont l'accès était commandé par une échelle que l'on retirait la nuit. À l'intérieur, un pressoir à huile, un cellier, une réserve de grains et parfois une étable pour l'âne se groupaient au rez-de-chaussée autour de la cour intérieure. En outre, chaque maison possédait son four et sa citerne alimentée par un ingénieux système de gouttières. Hautes à l'origine d'un étage, elles ont été surélevées au 19e s. Ce réaménagement s'explique par la forte croissance démographique de l'époque et l'exiguïté de la ville.

BONIFACIO ET SES ENVIRONS

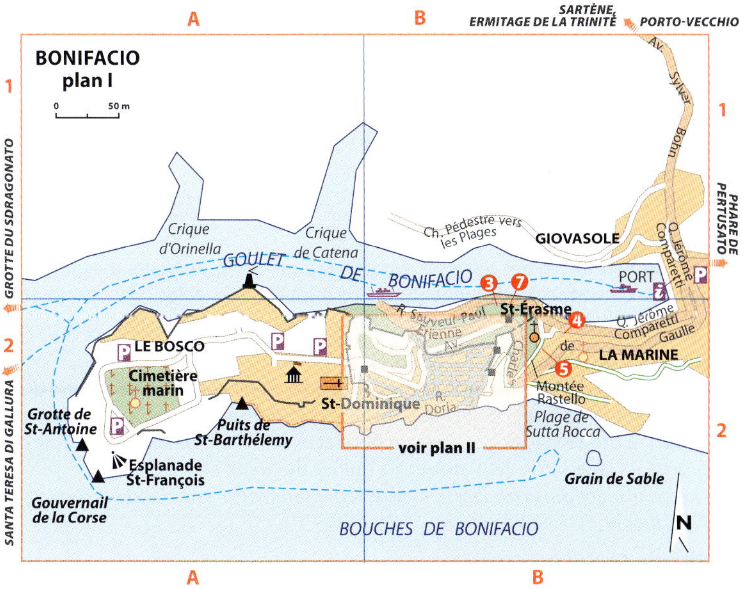

SE RESTAURER

L'An Faim 5

Kissing Pigs 7

Les Quatre Vents 3

Le Voilier 4

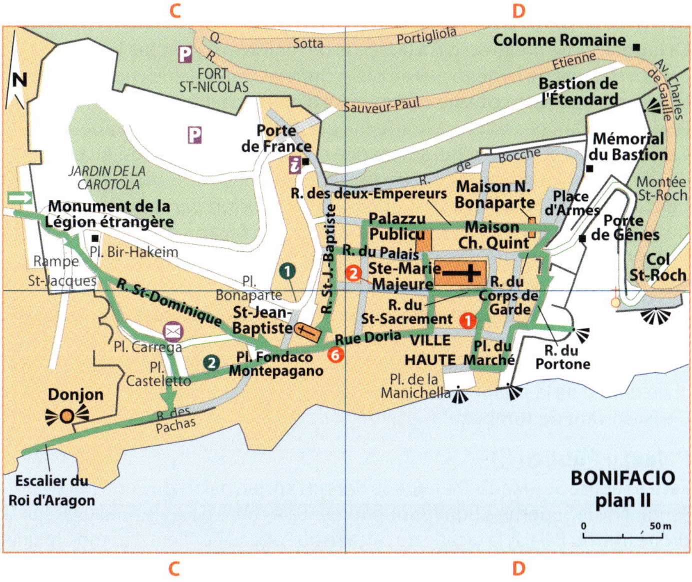

SE LOGER

Hôtel Colomba 2

Hôtel le Royal 1

SE RESTAURER

Cantina Doria 1

Resto Lan'K........ 2

Stella d'Oro........ 6

une copie de la « **Dame de Bonifacio** », dont l'original se trouve au musée de l'Alta Rocca à Levie. Des fouilles réalisées à l'abri-sous-roche de l'Araguina-Sennola à l'entrée de la ville ont livré la sépulture de ce squelette féminin, datant de 6570 av. J.-C. (prénéolithique). C'est la plus ancienne trace de présence humaine en Corse. On verra aussi un squelette fossilisé, probablement celui d'un soldat turc. L'extrémité des bastions offre de belles **vues★** sur le goulet et le port.

Passer sous la voûte de la porte de Gênes et tourner immédiatement à droite.

Rue du Portone (« U Bastiun ») D2

Elle longe le jardin des Vestiges où l'on voit les ruines des anciennes fortifications, détruites lors du siège de 1553 par les Français et les Turcs, et mène à la place du Marché.

Place du Marché (« U Masgilu ») D2

Entourée de cafés et de restaurants, cette place ensoleillée donne accès au belvédère de la Manichella : une **vue★★** superbe se déploie, à gauche sur le port, à droite sur les bouches de Bonifacio, le « Grain de Sable » et, toute proche, la côte sarde. Remarquer les bulbes des deux silos à grains.

Quitter la place par la rue Doria, tourner à droite dans la rue du Cardinal-Zigliara (« U Campanin »), puis à gauche.

Rue du St-Sacrement D2

Cette ruelle pavée, envahie par les tables du restaurant voisin et jalonnée d'arcs-boutants, longe l'église Ste-Marie-Majeure.

Église Ste-Marie-Majeure D1/2

Cet édifice à clocher carré, achevé au 14e s., a perdu la pureté de son style au cours des nombreux remaniements qui l'affectèrent jusqu'au 18e s. Les portails ont été refaits en 1789, dans un style néoclassique.

La **loggia**, vaste préau accolé à la façade de l'église, en constitue le porche. Elle est ouverte par de larges baies en plein cintre et couverte de charpente. Sous le dallage, une vaste citerne communale d'une capacité de 650 m^3 recueillait l'eau s'écoulant des toits environnants par des arcades qui enjambent la rue. Cette citerne est aujourd'hui aménagée en salle de conférences. Au temps de la domination génoise, les quatre Anciens, élus pour trois mois par le Grand Conseil, y délibéraient des affaires de la cité. Deux fois par semaine, le magistrat y rendait la justice. Au-dessus de la loggia, la **façade** de l'église conserve une élégante corniche de style pisan qui pourrait remonter au 12e ou 13e s.

Pour bien la distinguer, se placer sous les arcades de la rue Archivolta.

À l'intérieur, le maître-autel abrite des reliques de saint Boniface, choisi comme patron de la ville à cette époque. Près des fonts baptismaux, le **tabernacle** en bas-relief (1465) fut sans doute exécuté par un sculpteur génois, dans le style raffiné de la première Renaissance italienne. Huit angelots célèbrent le Christ sortant du tombeau.

Palazzu Publicu D1

Face à l'église Ste-Marie-Majeure se dresse l'ancien palais du Podestat (représentant de la Superbe à Bonifacio), bâtiment à arcades de style médiéval. Sur la droite (rue du Palais), la façade de calcaire du Palazzu Publicu, ancienne mairie, s'agrémente d'un porche à arcades souligné à l'étage d'une frise d'arcature.

★ Vieilles rues D1/2

Les ruelles jouxtant l'église Ste-Marie-Majeure offrent un visage particulièrement pittoresque. Elles sont étroites et bordées de hautes et anciennes

Une ville stratégique

Habité dès la préhistoire, le site de Bonifacio fut, sous l'Antiquité, occupé par les Grecs et les Romains. À quelques kilomètres à l'est, à Piantarella, les restes d'une vaste villa romaine ont été découverts. Elle témoigne de l'existence d'un important foyer d'activité au 1er s. apr. J.-C. Non loin, l'étang de Spérone, aujourd'hui ensablé, est un ancien port antique.

VILLE LIBRE PUIS COLONIE GÉNOISE

Boniface, marquis de Toscane, donna son nom à la cité en 828. Érigée en commune au 9e s., Bonifacio vécut plusieurs siècles de piraterie. Cependant, Pise et Gênes étaient désireuses de contrôler ce port naturel qui permettait de surveiller la Méditerranée occidentale. En 1187, les Génois réussirent à s'infiltrer par ruse et huit ans plus tard, après en avoir chassé les habitants, ils y installèrent une colonie. La ville fut dotée de nombreux privilèges et devint une sorte de petite république autonome, battant monnaie. Au fil des siècles, elle demeura l'une des plus fidèles places génoises de Corse.

L'ESCALIER DU ROI-D'ARAGON

En 1420, **Alphonse V d'Aragon**, fort d'un acte du pape Boniface VIII concédant la Corse en fief à son père Jacques II, revendiqua l'île. Avec Vincentello d'Istria, qu'il avait nommé vice-roi de Corse, il assiégea Bonifacio durant cinq mois. L'escadre aragonaise occupa le port et empêcha tout ravitaillement par terre. Malgré les privations, la colonie génoise fut animée d'un courage exceptionnel. La légende veut que les soldats aragonais, pour surprendre les assiégés, aient taillé un escalier de 187 marches sur le flanc de la falaise sud. En réalité, cet escalier « du roi d'Aragon » empruntait un ouvrage antérieur utilisé par les Bonifaciens pour accéder à un puits. Seule la vigilance de **Marguerite Bobbia**, vaillante Bonifacienne, fit échouer la manœuvre. Gênes put se porter au secours de sa colonie et Alphonse V leva le siège.

LA TRAHISON DE CATTACIOLO

En 1553, un quart de siècle après la grande épidémie de peste qui décima les deux tiers de la population, le « Gibraltar corse » subit une nouvelle épreuve. Les troupes du roi de France Henri II, dirigées par le maréchal de Thermes et Sampiero Corso, et soutenues par la flotte du corsaire turc **Dragut**, canonnèrent la cité pendant dix-huit jours et dix-huit nuits. À l'aube du dernier jour, les Bonifaciens repoussèrent trois assauts successifs. Mais le corsaire était rusé : alors que **Dominique Cattaciolo** revenait de Gênes avec 15 000 écus destinés à soutenir Bonifacio, il fut emprisonné et rallia la cause franco-turque. Il se présenta à ses concitoyens avec une lettre fallacieuse annonçant la défection de Gênes. Les Bonifaciens se résignèrent alors à capituler. Mais, les portes de la cité à peine ouvertes, Dragut, revenant sur sa parole, la pilla et massacra la garnison ainsi que quelques civils. Il fallut l'intervention de Sampiero et l'argent du maréchal de Thermes pour obliger le Turc à épargner la cité.

BONIFACIO AUJOURD'HUI

L'exploitation des oliviers et des chênes-lièges, la pêche à la langouste et au corail constituaient, au début du 20e s., les principales activités de la région. Aujourd'hui, Bonifacio vit surtout du tourisme. Elle a conservé une langue qui lui est propre, le « **bonifacien** », très ancien dialecte ligure.

maisons dont les élégantes façades sont souvent décorées d'arcatures. Les curieux arcs-boutants qui relient les maisons entre-elles sont des canalisations destinées à diriger les eaux pluviales soit vers les citernes privées, soit vers la réserve communale.

Rue Doria D2

En descendant cette rue commerçante bordée de maisons du 17e s. (comme la maison des Doria, au n° 28, dont l'entrée est surmontée d'un blason), vous retrouvez la place du Fondaco.

Monter par la rue du Sous-Lieutenant-Simon-Varsi (« A Culaia di Castile ») menant à la place Casteletto.

Traversez le quartier du **Casteletto**, qui fut dès les 7e et 8e s. le premier îlot urbain fortifié du plateau. La place Casteletto (ou « Castile Vecchio ») marque l'emplacement du cantonnement pisan.

Prendre à gauche de la place Casteletto une ruelle qui conduit à l'accès de l'escalier du Roi-d'Aragon.

Escalier du Roi-d'Aragon C2

✆ 04 95 73 11 88 - www.bonifacio.fr - avr.-sept. : 9h-19h30 ; oct. 10h-17h - fermé en cas de mauvais temps ou de vent violent - 2,50 € - 3,50 € billet combiné avec le Baston de l'Étendard.

Cette étonnante saignée oblique de 187 marches taillées dans la falaise possède sa propre légende liée au siège de Bonifacio. L'origine de cet accès est à rattacher à l'existence du **puits de St-Barthélemy** *(ne se visite pas)*, qui fut probablement la réserve d'eau potable de la cité. Au terme de la descente, vous pourrez effectuer à droite la petite promenade à flanc de falaise qui mène à l'extrême pointe occidentale du plateau. Belles **vues★** en encorbellement des falaises.

Revenir au pied de l'escalier.

Donjon (Torrione) C2

Reconstruit dans les années 1980, l'ancien donjon de 1484 abrite aujourd'hui des salles d'expositions temporaires. La terrasse circulaire *(table d'orientation)* offre une intéressante vue en enfilade de la ville haute.

Revenir au point de départ, au monument de la Légion étrangère, pour pénétrer dans le Bosco, à l'extrémité ouest du plateau.

LE BOSCO Plan I de la ville p. 371

Le plateau pelé auquel on parvient est encore désigné de nos jours par les Bonifaciens comme le Bosco. Jusqu'à la fin du 18e s., il était couvert de végétation arborescente, oliviers, genévriers, lentisques… Remarquez en chemin, sur la droite, les vieilles tours ruinées qui sont les **anciens moulins à vent** de la ville dont l'origine remonte au 13e s.

Esplanade St-François A2

Cette vaste esplanade, fermée face à la mer par la batterie St-Antoine, offre une **vue★★** splendide sur les falaises de la vieille ville, les bouches de Bonifacio et, au large, la Sardaigne.

★ Cimetière marin A2

Très soucieux de leurs morts, les Corses choisissent souvent de magnifiques lieux qui dominent la mer pour les enterrer. Ce cimetière est sans doute l'un des plus beaux avec des mosaïques de couleur, des petites chapelles et la vue sur la mer. Un très beau lieu de recueillement.

ÉCHANGES DE BANDITS

Au 19e s., il n'était pas rare qu'un bandit corse, pour échapper à la justice de son pays, passât le détroit et se réfugiât en Sardaigne. Son homologue sarde effectuait la traversée en sens inverse. Ces échanges devinrent si fréquents qu'en 1819 et 1843 la Corse et la Sardaigne se mirent d'accord pour se livrer leurs hors-la-loi respectifs et faire surveiller les bouches de Bonifacio par des navires de guerre.

Couvent St-François A2

De l'ancien couvent, longtemps isolé à l'extrémité du promontoire, il ne reste qu'une église gothique, ouverte seulement lors de cérémonies funéraires. Subsistent quelques bâtiments conventuels, dont l'un abrite une école de musique. L'ensemble remonterait à la fin du 13e s.

Gouvernail de la Corse A2

Face à l'entrée du cimetière marin. 168 marches raides. Quartier St-François - ✆ 06 19 73 69 75 - de déb. juil. à mi-sept. : 9h-20h ; mai-juin : 10h-19h ; de mi-sept. à fin oct. : 10h-18h - 2,50 € (-12 ans gratuit).

Un passage creusé dans la roche vers 1880 permet d'accéder à une bouche à feu aménagée dans l'entre-deux-guerres. Située au milieu du rocher dénommé « Gouvernail de la Corse », composant l'extrémité des falaises, elle offre une vue particulièrement originale sur le goulet de Bonifacio et la Sardaigne.

Retourner vers le monument de la Légion étrangère par le même chemin.

Excursions en mer Carte des environs de Bonifacio

★★ LES GROTTES MARINES ET LA CÔTE

Carte p. 378. Société des promenades en mer de Bonifacio - grand comptoir à l'entrée du port, quai Jérôme-Comparetti - ✆ 04 95 10 97 50 - www.spmbonifacio.com - 9h-18h, dép. ttes les 30mn - 18,50 € (-18 ans 16 €) - durée 1h ; horaires allégés en moyenne et basse sais. - fermé janv. Trois parkings appartenant à la compagnie sont disponibles gratuitement pour les clients, vous y trouverez également les points de vente de billets.

La sortie du port par le goulet permet d'apprécier l'importance des remparts qui sanglent la cité. Contournant le phare de la Madonetta, la vedette aborde les bouches de Bonifacio et pénètre dans la **grotte du Sdragonato★**. Le bateau revient vers Bonifacio, passe au large de la **grotte de St-Antoine** ou grotte Napoléon (elle a la forme du chapeau de l'Empereur), avant de contourner la pointe de la presqu'île, marquée par le « **Gouvernail de la Corse** ». Il longe les falaises, hautes de 60 à 90 m, dont les stratifications tantôt horizontales, tantôt obliques témoignent des nombreux changements de direction des courants marins au cours de la sédimentation. On découvre le **puits de St-Barthélemy**, le fameux **escalier du Roi-d'Aragon**, et le **site★★** spectaculaire de la vieille ville édifiée à l'aplomb de la falaise.

Le bateau fait demi-tour à hauteur du « **Grain de Sable** », gros bloc calcaire détaché de la falaise il y a huit siècles. Le lent recul de celle-ci par effondrements successifs est dû à l'action des eaux douces infiltrées à la surface du plateau. Les stalactites visibles tout au long de la promenade, plus particulièrement dans la grotte de St-Antoine, et la présence d'une nappe d'eau souterraine au puits de St-Barthélemy confirment l'ampleur des infiltrations.

★★ ÎLES LAVEZZI

Carte p. 378. Société des promenades en mer de Bonifacio - voir Les grottes marines et la côte (p. 375) - ☏ 04 95 10 97 50 - dép. 9h et 9h30, puis ttes les heures entre 9h30 et 16h30 ; retour ttes les heures de 12h30 à 18h30 ; horaires allégés en moyenne et basse sais. - 35 € (-12 ans 17,50 €).

Bon à savoir – Les îles Lavezzi sont situées dans la réserve naturelle des Bouches de Bonifacio et leur accès est réglementé. Au large se dressent les luxueuses constructions privées de l'île Cavallo.

À près de 4 km de la pointe de Sperone, au sud-est de Bonifacio, et à environ 12 km de la Sardaigne, l'archipel des Lavezzi, extrémité la plus méridionale de la France métropolitaine, est constitué d'une centaine d'îlots et d'écueils. Après avoir franchi le goulet aux eaux tumultueuses, le bateau longe les falaises calcaires au pied rongé puis prend le large après le phare de Pertusato. Le bateau aborde l'île dite Lavezzi (66 ha), seule île accessible au public, dans une anse abritée, sur la côte nord-est *(30mn)*.

Ce petit paradis d'eau cristalline et de criques tapissées de sable présente un paysage presque lunaire. Les formes des chaos de granit grisâtre érodés en boules et sculptés évoquent un bestiaire fabuleux. La flore de l'île compte des espèces rares comme la malodorante « oreille de porc », dont la floraison au mois de mai parsème de grosses langues sanglantes la base des chaos.

Cimetières de Furcone et de l'Achiarinu

Situé sur le plateau herbeux qui sépare l'anse d'ancrage et la plage de Furcone, le cimetière de Furcone est entouré d'un mur cantonné de pyramides. Une modeste chapelle funéraire, N.-D.-du-Mont-Carmel, protège l'enclos où s'alignent les tombes anonymes des naufragés de *La Sémillante (voir encadré ci-dessous)* et celle de l'aumônier de la frégate, identifié grâce à ses bas de filoselle noire. Une plaque a été élevée en 1895 à la mémoire du lieutenant A. de Maisonneuve. Situé au-delà de la cale du Lion, dominé par deux cabanes de berger, et à l'extrémité de la cale suivante, le cimetière de l'Achiarinu abrite la dépouille du commandant Jugan, retrouvé sanglé dans son uniforme. À son pied s'étend une **splendide plage** de sable fin, la plus belle de l'île mais aussi la plus fréquentée.

Pyramide

Située à la pointe d'Achiarina, elle honore les naufragés de *La Sémillante*.

En rentrant à Bonifacio, le bateau approche l'île Cavallo, refuge de milliardaires entièrement occupé par des résidences privées (de Roberto Benigni à la famille

LES DERNIÈRES HEURES DE *LA SÉMILLANTE*

Le 14 février 1855, *La Sémillante* quittait Toulon avec une cargaison de poudre et 750 hommes pour le front de Crimée où le siège de Sébastopol réclamait de constants renforts. Le 15, alors que la tempête faisait rage et qu'un brouillard empêchait toute visibilité, la frégate s'engagea dans les bouches de Bonifacio. Mutilée par les vagues, elle s'écrasa sur les îlots rocheux. Le berger de l'île Lavezzi fut le seul témoin de la catastrophe. Aucun des marins et soldats ne survécut : 158 ne furent jamais retrouvés ; sur 592 cadavres rejetés sur les récifs, 572 furent inhumés sur place, les plus nombreux (560) dans l'île Lavezzi (deux cimetières), les autres sur les îles voisines, la côte sud de la Corse ou la côte nord de la Sardaigne. Alphonse Daudet consacra à ce drame une des *Lettres de mon moulin*.

Les îles Lavezzi dans la réserve naturelle des Bouches de Bonifacio.
C. Moirenc/hemis.fr

Agnelli), longe le golfe de Sperone et pénètre dans les grottes marines *(1h)*. L'intérêt de la balade réside aussi dans ce trajet retour qui permet d'être au pied des falaises calcaires et d'apprécier le site vertigineux de Bonifacio.

À proximité Carte des environs de Bonifacio

LES SITES

★ Cap Pertusato (Capo Pertusato)

Carte p. 378. *5 km au sud-est. Quitter Bonifacio par la D 58 et prendre la première route à droite signalée. Une allure modérée est recommandée, car la route est étroite, en forte pente et présente de nombreux nids-de-poule.*

Cette route longe la falaise blanche et dénudée. En arrière, les maisons de la vieille ville de Bonifacio apparaissent accrochées au rebord de la falaise.

Prendre ensuite à droite la route en forte descente.

Les virages qui précèdent le sémaphore laissent apparaître de belles **vues★** sur la ville et la montagne de Cagna.

Après le sémaphore, continuer à pied sur la route qui serpente dans le maquis avant d'atteindre le phare de Pertusato *(l'accès au-delà du phare est interdit)*. Un sentier contourne le phare et offre une **vue★** panoramique sur l'île Cavallo à l'est, les îles Lavezzi, l'île italienne de la Maddalena et le relief de la côte sarde qui barre l'horizon. En contrebas à droite, remarquez la silhouette curieuse des rochers en forme de proue de navire et surmontés d'une croix.

Accès à la plage par le sentier en pente à droite avant le parking du phare.

Couvent St-Julien

Carte p. 378. *6 km à l'est. Quitter Bonifacio par la D 58.*

À moins de 2 km du carrefour avec la T 10, on aperçoit, dominant le vallon, l'ancien couvent St-Julien. La tradition veut que saint François d'Assise ait passé quelque temps dans cet endroit à son retour d'Espagne en 1214 *(propriété privée)*.

Ermitage de la Trinité

Carte p. 378. 7 km à l'ouest. Quitter Bonifacio par la T 10. À 2 km, prendre à gauche la T 40 vers Sartène, puis la 1re route à gauche.

Cet antique sanctuaire occupe un site splendide, au milieu des oliviers, des chênes verts et des énormes blocs de granit. Il était vraisemblablement fréquenté dès la préhistoire, puis par des ermites, lors des premiers temps de la christianisation de Bonifacio. Le couvent primitif fut remanié au 13e s., avant d'être fortement restauré en 1880.

Face au parvis de la chapelle, une cavité dans les *taffoni* est aménagée en sanctuaire. Les vieux Bonifaciens racontent qu'encore au début du 20e s. les religieux avaient coutume de recueillir les pauvres hères. Certains quelquefois n'avaient pas hésité à nager depuis la Sardaigne pour trouver meilleure fortune sur cette côte.

Faites quelques pas sur les sentiers à droite du sanctuaire pour apprécier la belle **vue**★ dégagée sur Bonifacio et son plateau, appelé le *Piale*. Les falaises qui dominent le site sont très fréquentées le week-end par les férus d'escalade.

★ LES PLAGES

Près de Bonifacio se trouvent **Catena** et **Orinella** (plan I), deux criques nichées sur la rive nord du goulet. Elles sont accessibles en bateau ou par un sentier. Mais préférez les plages un peu plus éloignées le long des côtes ouest et est.

Le littoral ouest

Le relief, plus abrupt qu'à l'est, a multiplié les belles criques, difficiles d'accès mais assez tranquilles.

Cala di Paragnano – *4 km à l'ouest par la T 40. Peu avant l'intersection avec la D 60, prendre à gauche ; une fois dépassé le char d'assaut qui orne le bas-côté (!), le revêtement de la chaussée s'améliore.* Un petit paradis : belle crique sableuse encadrée de rochers rouges et eau cristalline. Le sol descend en pente douce.
Plage de la Tonnara – *10 km au nord-ouest. Quitter Bonifacio par la T 40 et prendre la direction de Sartène, puis la 2e grande route à gauche, la D 358.* Belle étendue convexe de sable située face aux îles du même nom, très proches de la côte et habitées par des oiseaux de mer.

Les plages du levant

Le relief plus doux du versant oriental, marqué par l'avancée de la mer dans le golfe bien abrité de Santa-Manza, a développé de vastes plages de sable qui ont favorisé l'implantation de nombreux centres nautiques.
Les accès rayonnant au départ de Bonifacio nécessitent parfois des allers et retours pour atteindre chaque site.
Plage de Piantarella – *6 km à l'est par la D 58 (direction « Piantarella »), puis suivre la première route à droite (direction « Piantarella-Golf de Spérone »).* 2 km après ce carrefour, on franchit la limite entre le calcaire, si particulier à la région de Bonifacio, et le granit, plus traditionnel dans le sous-sol de la Corse. Les rochers qui affleurent, d'abord blancs et disposés en strates (calcaire), apparaissent bientôt fissurés et d'une couleur franchement rose (granit). Les murets qui bordent la route changent eux aussi de couleur. La végétation diffère également. En effet, la garrigue recouvre le sol calcaire, tandis que le maquis occupe le sol granitique.
Se garer sur les bas-côtés de la route, juste avant la petite marina de Piantarella. Empruntez, à droite, le sentier qui longe sur 100 m les rochers pour atteindre la belle **anse de Piantarella**, face aux îlots de Piana et Ratino. Couverte d'un sable grossier et d'un tapis de posidonies séchées, cette plage est très fréquentée par les véliplanchistes et les kite-surfeurs. Pour vous baigner, vous préférerez sans doute marcher un peu plus *(env. 5mn par le sentier qui longe la plage)* pour accéder, au-delà de la **pointe de Sperone (Sprono)**, à la belle crique de sable fin adossée à des dunes.
Plage de Calalonga (Cara Lunga) – *9 km à l'est par la D 98, puis à 3 km prendre à droite la D 258. Laisser le véhicule au bout de la route et suivre à pied le chemin*

Cap Pertusato.
yvonne carrington / iStock

en terre qui descend aux criques (10mn env.). La plage de Calalonga se compose d'une suite de criques de sable bien abritées, entrecoupées d'îlots aux formes émoussées. Elle est désormais dominées par un important ensemble résidentiel.

★ **Golfe de Santa Manza** – *6 km à l'est par la D 58.* De la pointe de Capicciola jusqu'à l'étang de Balistra s'offre une grande diversité de paysages avec une succession d'anses sablonneuses, de quelques constructions éparses et discrètes bâties autour de ports, et de falaises sur la rive nord. Le golfe est resté d'une grande beauté sauvage, les couleurs des collines couvertes de maquis contrastent avec la palette bleu turquoise de la mer.

Les principales plages publiques sont **Maora** et **Santa Manza**, à proximité des rochers de **Punta Rossa**. Au nord, la plage de **Balistra**★, accessible par une piste carrossable et particulièrement difficile (2,5 km environ), se niche dans un paysage plus sauvage mais superbe *(embranchement signalé par un panneau à droite sur la T 10 en dir. de Porto-Vecchio).* Moins fréquentée que les plus illustres des plages de ce littoral, Balistra est un vrai bonheur quand on a la sensation de l'avoir (presque) pour soi *(hors juil.-août).*

Du petit port de **Gurgazu** jusqu'à **Ponti di a Nava**, la D 58 longe une série de plages (taverne sur la dernière) tournées vers les falaises de **Rocchi-Bianchi**.

★★ **Baie de Rondinara** – *18 km au nord-est en direction de Porto-Vecchio par la T 10. À 14 km, prendre à droite la D 158 vers Suartone. Route sinueuse et étroite. Parking payant 4 €.* La superbe anse semi-fermée de Rondinara, ourlée de sable fin, est de ces lieux magiques qui font le charme du littoral corse. Elle souffre cependant, comme ses voisines, d'une importante surfréquentation en période estivale.

NOS ADRESSES À BONIFACIO

ARRIVER/PARTIR

En avion

Aéroport Figari-Sud Corse – *Voir p. 364.* Il se trouve 22 km au nord de Bonifactio par la T 40, puis les D 859 et D 322.

Attention : il n'existe pas de navette de bus pour rejoindre Bonifacio. Si vous prenez le taxi, comptez environ 55 € pour un trajet de jour (65 € 19h-7h, dim. et j. fériés).

TRANSPORTS

Petit train touristique – *Quai Noël-Beretti - ✆ 04 95 73 15 07 - horaires, se rens. - fermé nov.-mars - 5 € (-6 ans gratuit) - billetterie uniquement sur le port - 30mn.* Le petit train part du port et réalise un circuit dans la vieille ville de Bonifacio.

HÉBERGEMENT

PREMIER PRIX

Hôtel des Étrangers – Hors plan I - *Av. Sylvère-Bohn - ✆ 04 95 73 01 09 - www.hoteldesetrangers.fr - réserv. préférable par mail : hoteldesetrangers@orange.fr - fermé nov.-mars - P - 31 ch. 60/90 € - ☕ buffet 8 €.* Une adresse familiale, bien connue pour ses prix tout doux, les moins chers de la ville. Cette maison des années 1930, située en bord de route non loin du port, possède des chambres aux murs blancs, avec double vitrage, et climatisées pour certaines. Simple et rudimentaire mais bien tenu.

BUDGET MOYEN

1 **Hôtel le Royal** – Plan II, C2 - *8 r. Fred-Scamaroni - ✆ 04 95 73*

00 51 - www.hotel-leroyal.com - tte l'année - P - 14 ch. 90/176 € - buffet 11 € - 1/2 P 30 €/pers - rest. avr.-nov. - formules 16,50/28 €. Au cœur de la ville haute, ce petit hôtel familial dispose de chambres correctes avec double vitrage, coffre, douche, mais sans beaucoup de charme. Les plus onéreuses ont une vue splendide sur la mer. Bon accueil. Le restaurant, prisé pour sa situation, offre un éventail de spécialités et des classiques (grillades au feu de bois, pâtes fraîches).

2 **Hôtel Colomba** – Plan II, C2 - *4-6 r. Simon-Varsi - 04 95 73 73 44 - www.hotel-bonifacio-corse.fr - fermé nov.-mars - P - 12 ch. 82/167 € - 10/13 € - 1/2 P 30 €/pers.* Deux maisons du 14e s. réunies dans un seul ensemble rénové, plein de charme. Les chambres sont assez petites, mais confortables et surtout meublées avec beaucoup de goût. Une très jolie adresse dans le quartier pisan de la vieille ville.

À proximité

PREMIER PRIX

Camping Rondinara – *Suartone - 18 km au nord-est de Bonifacio par T 10, D 158 à droite, rte de la plage, à 400 m de la plage - 04 95 70 43 15 - www.rondinara.fr - de mi-mai à fin sept. - P - 120 empl. 24,10/34,50 € - 2 rest. : l'Ornellara 16,50/22 € - Chez Ange 6,50/26,20 €.* Les équipements de ce camping, dans la baie de la Rondinara aux eaux turquoise et aux superbes plages, sont irréprochables. Belle piscine à débordement avec vue panoramique sur la mer, terrasse dallée et plantée d'arbustes. Sur la hauteur du terrain, un « petit village » de mobile homes de bon confort. Sur la plage, un agréable restaurant.

Camping U Farniente – *Pertamina Village - 5 km au nord-est de Bonifacio - 04 95 73 05 47 - www.camping-pertamina.com - de déb. avr. à déb. nov. - - 100 empl. 26/53,40 €.* Ici, emplacements, bungalows, chalets et mobile homes sont agréablement ombragés dans un décor de lauriers-roses, mimosas, oliviers et palmiers. Deux belles piscines avec toboggan raviront les grands et les petits. Club enfants et nombreuses activités sportives et ludiques.

POUR SE FAIRE PLAISIR

Hôtel Le Golfe – *Golfe Sant'Amanza - Gurgazu - 7 km au nord-est de Bonifactio par D 58 - 04 95 73 05 91 - www.hoteldugolfe-bonifacio.com - fermé de mi-nov. à mi-avr. - P - 9 ch. 80/200 € - 5/9 € - ardoise 9/24 €.* Cette affaire familiale nichée dans un site sauvage du golfe de Santa Manza, à 120 m de la mer, séduit les amateurs de quiétude et de simplicité. Salle de restaurant conviviale et terrasse face à la côte. Appétissante cuisine, régionale et sans prétention. Une bonne adresse.

UNE FOLIE

A Cheda Hôtel – *Lieu-dit Cavallo-Morto - Rte de Porto-Vecchio - 2 km au nord-est de Bonifacio sur T 10 - 04 95 73 02 83 - acheda-hotel.com - P - 18 ch. 150/585 € (presque 1 000 € en hte sais. pour quelques suites) - 23 € - menus 89/139 € (réserv. conseillée).* Un jardin planté d'essences entoure les délicieuses chambres ou suites (terrasse privative, sauna) de plain-pied. Bois, pierre, mosaïque et couleurs du Sud pour la décoration. Restaurant intimiste et terrasse face à la piscine chauffée. Recettes actuelles à base de produits corses et de fruits et légumes gourmands provenant du grand potager aménagé dans le jardin (très apprécié des enfants !).

RESTAURATION

BUDGET MOYEN

1 **Cantina Doria** – Plan II, D2 - *27-29 r. Doria - ✆ 04 95 73 50 49 - de déb. avr. à fin oct. - menu 25 € - 16/18 €.* Adresse populaire et vivante de la ville haute, tenue par des jeunes. Installé sur les bancs de bois de cette salle chaleureuse, vous dégusterez une cuisine corse simple et pas chère comme le porc à la bière, les tripes à la tomate et, pour le dessert, une crème au cédrat. Une valeur sûre et une adresse sincère.

2 **Resto Lan'K** – Plan II, D1 - *5 r. Archivolto - ✆ 04 95 21 59 54 - fermé du 31 oct. à Pâques, sam. midi et dim. midi hors sais. - réserv. conseillée - 15/40 €.* Ici, on soigne l'accueil et on veille au bien-être des clients qui repartent souvent le sourire aux lèvres. Terrasse sous les arcades ou salle installée dans une ancienne étable (avec un vieux pressoir à huile) pour déguster une cuisine simple mais bien troussée : crumble de St-Jacques, souris d'agneau au romarin, risotto aux gambas et St-Jacques, loup grillé à la colbert…

3 **Les Quatre Vents** – Plan I, B2 - *29 quai Banda-del-Ferro - ✆ 04 95 73 07 50 - fermé sam. midi en sais., dim. soir hors sais. - 16/39 €.* Tapi au bout du port, ce restaurant, qui ouvre volontiers ses baies vitrées, sert une cuisine qui évolue au gré des saisons. Entre autres propositions alléchantes, une bouillabaisse maison et de nombreux poissons. Portions généreuses, mais prix relativement élevés.

POUR SE FAIRE PLAISIR

4 **Le Voilier** – Plan I, B2 - *81 quai Jérôme Comparetti - ✆ 04 95 73 07 06 - www.levoilier-bonifacio.com - fermé de mi-janv. à mi-fév., dim. midi en sais., dim. soir, merc. hors saison - plat du jour 24/28 €, plateau de fruits de mer 35/72 €, carte 64/106 €.* Voguez sans crainte vers cette étape gourmande ! Décor élégant et terrasse sur la marina, cuisine iodée d'une grande fraîcheur, embellie de légumes et d'herbes aromatiques.

5 **L'An Faim** – Plan I, B2 - *7 montée Rastello - ✆ 04 95 73 09 10 - fermé nov.-mars (sf le w.-end) et jeu. - menu déj. 24 € - ardoise 45/60 € - 16/24 €.* Au pied de l'escalier qui mène à la citadelle, cette maison fait face à l'église St-Érasme, protecteur des pêcheurs. Dans une salle contemporaine ou sur la terrasse, on savoure des plats raffinés aux accents de la Méditerranée entre terre et mer agrémentés de la touche du chef.

6 **Stella d'Oro** – Plan II, C2 - *7 r. Doria - ✆ 04 95 73 03 63 - www.restaurant-stelladoro-bonifacio.com - fermé oct.-mars - formule déj. 29,90 € - 45/88 € - sur réserv. le soir.* Une adresse sympathique et joliment décorée (poutres, pressoir à olives et meule en pierre), un peu à l'ancienne. Cuisine franche faisant la part belle aux poissons. La Mamma veille encore au grain !

7 **Kissing Pigs** – Plan I, B2 - *15 quai Banda-del-Ferro - ✆ 04 95 73 56 09 - carte 31/45 €.* Une ancienne remise à barques reconvertie en bistrot convivial avec charcuteries maison suspendues au plafond et terrasse panoramique : copieuses assiettes de coppa, lonzu, prisuttu ou de fromages, petits poêlons d'œufs brouillés au *brocciu* et à la menthe… Côté vins, vous

aurez le choix entre plus de 90 références.

PETITE PAUSE

Café niçois – *R. Fred-Scamaroni - ✆ 04 95 73 02 08 - 6h30-20h (fermé 14h-16h en hiver).* Malgré l'agitation de la rue et le flot continu des visiteurs qui y déambulent, ce petit café n'a pas vendu son âme au tourisme de masse. Ambiance simple et sans chichis pour boire un café ou une *Pietra* bien fraîche. Terrasse et petit balcon prisés.

ACHATS

Marché – Le mardi matin sur la loggia de l'arsenal.

EN SOIRÉE

Chant – Dans la ville haute, des restaurants proposent certains soirs des animations avec des chanteurs traditionnels.

Night-clubs – De Bonifacio à Porto-Vecchio, de nombreux night-clubs animent, le temps d'une saison, les soirées d'une clientèle très cosmopolite.

ACTIVITÉS

Port de plaisance – *✆ 04 95 73 10 07 - www.bonifacio-marina.corsica - moyenne et basse sais. : tlj sf w.-end 8h30-16h30 ; hte sais. 7h30-20h30.* 150 places en visite, pour les bateaux de 18 à 85 m.

Bonifacio Windsurf – *Hameau de Piantarella - ✆ 06 80 31 51 41 - www.bonifacio-windsurf.com - fermé de mi-nov. à fin mars - 10h-18h - location de windsurf (15/28 €/1h), kayak (10/20 €/1h) et paddle (15/17 €/1h).* Implanté au hameau de Piantarella, Bonifacio Windsurf propose location de planches à voile, stages d'initiation ou de perfectionnement, le tout dans le cadre magnifique d'un lagon aux eaux peu profondes et très limpides, protégé par l'île de Piana. Bon vent. Les jours sans vent (rares), vous pourrez découvrir les environs en kayak ou faire une excursion en paddle aux îles Lavezzi *(1/2 j 50 €/pers.).*

Golf Club de Sperone – *✆ 04 95 73 17 13 - www.golfdesperone.com - fermé jeu. du 1er nov. à fin avr.* Golf 18 trous aménagé sur un site magnifique dominant les bouches de Bonifacio. Le parcours, réalisé par Robert Trent Jones Sr, vous laissera des souvenirs inoubliables. Le club-house accueille un bar panoramique, un restaurant et un pro-shop.

Pirate Adventure Corsica – *Plage de la Tonnara - ✆ 04 95 73 56 36 - www.pirate-adventure-corsica.com - de mi-mai à sept. : 9h-18h - formule 2h de jet ski et 2h de quad, entre terre et mer, 290 €.* Le sud de la Corse et notamment les bouches de Bonifacio vous dévoilent leurs beautés sauvages lors de randonnées encadrées en jet-ski. Pour garder les pieds sur terre, des visites en quad de la ville haute de Bonifacio sont aussi proposées.

Plongée – *Voir « Nos adresses » dans le golfe de Porto-Vecchio p. 397.*

AGENDA

Notte di a Memoria – *2e sam. de juil.* Reconstitution historique.

Porto-Vecchio

Purti Vechju

★

11 813 Porto-Vecchiais – Corse-du-Sud (2A)

Dominée par sa citadelle, la troisième ville de Corse bénéficie toujours d'une position stratégique, mais pour des raisons qui ont bien changé depuis sa fondation. Barbaresques et moustiques ont cédé la place aux touristes, dont de nombreux Italiens, séduits par la proximité de plages de rêve et une hôtellerie de luxe. La ville est devenue une station balnéaire très réputée et son site s'apprécie de la mer, de la pointe de la Chiappa, tout comme du hameau de l'Ospédale.

NOS ADRESSES PAGE 387
Hébergement, restauration, achats, activités, etc.

S'INFORMER

Office du tourisme de Porto-Vecchio – Plan II de la ville A1 (p. 387) - *R. du Gén.-Leclerc (à côté du centre culturel) - 20137 Porto-Vecchio - ✆ 04 95 70 09 58 - www.ot-portovecchio.com - juil.-août : 9h-23h ; mai-juin et sept. : 9h-20h ; reste de l'année : tlj sf w.-end et j. fériés 9h-12h, 14h-18h.* Situé en dehors des remparts, l'office de tourisme dispense des infos sur la ville et ses alentours (Alta Rocca, Bavella…).

Visites guidées – *Sur réserv. juil.-août : lun. 21h, jeu. 18h ; reste de l'année : jeu. 18h - 7 € (-12 ans 3,50 €).* Découverte de la citadelle, avec projection d'images en été.

SE REPÉRER

Carte de microrégion D2 (p. 313).

Porto-Vecchio est située sur l'axe routier Bastia-Bonifacio. La cité est divisée en deux parties : la ville haute, qui abrite le vieux quartier et les fortifications, et, en bas, la marine avec son port de plaisance et de commerce.

SE GARER

En été, laissez votre voiture à la marine et rejoignez la ville haute, à pied ou par le petit train touristique *(voir « Nos adresses »).*

À NE PAS MANQUER

L'ambiance nocturne en saison avec au programme une promenade au coucher du soleil et un repas tardif et festif !

ORGANISER SON TEMPS

Porto-Vecchio se visite rapidement. Admirez les vestiges historiques, prenez un verre sur la place de la République et filez vers le massif de l'Alta Rocca ou les plages de la côte.

Se promener

★ LA CITADELLE Plan II de la ville p. 387

La cité est traversée par le cours Napoléon autour duquel se regroupent des ruelles, des passages voûtés et des montées en escaliers. Dans le centre, la **place de la République**, ombragée, est animée par les terrasses des cafés.

Le charme d'un port historique

La ville tiendrait son nom de « vieux port » du « *portus Syracusanus* » figurant sur la carte de Ptolémée.

DES DÉBUTS DIFFICILES

Après avoir fondé les places fortes de Bonifacio, Bastia, St-Florent, Ajaccio et Calvi, l'Office de St-Georges créa, en 1539, Porto-Vecchio afin de compléter le système de défense de l'île. Gênes choisit ce lieu en raison de sa situation stratégique : le port, très sûr, était dominé par une arête rocheuse sur laquelle fut bâtie la citadelle que les hauteurs de la Punta di u Cerchio cachaient de la mer. Les premiers colons génois établis en 1539 furent décimés par la maladie. Gênes repeupla alors Porto-Vecchio en 1546, cette fois avec des Corses recrutés de force. Nouvel échec, engendré par le paludisme, les raids barbaresques, l'hostilité des habitants spoliés de leurs terres et assignés à résidence.

PRISE PAR SAMPIERO

En 1564, Sampiero Corso, ne disposant plus de l'appui de la France, se décida à passer seul à l'attaque pour délivrer son île de la tutelle génoise. Prenant position dans le village de Vescovato, il constitua une petite armée avec laquelle il échoua devant Ajaccio. Il jeta alors son dévolu sur Porto-Vecchio et s'en empara le 30 juillet 1564.

Sampiero pouvait espérer une alliance avec les Barbaresques : Porto-Vecchio devint un nid de corsaires redoutable pour les Génois… Gênes consciente du danger, alerta son allié, le roi d'Espagne Philippe II. À l'automne 1564, les vaisseaux espagnols cinglèrent vers la Corse. Le 26 novembre, la cité, assiégée par les Espagnols commandés par le Génois Stefano Doria, capitula.

L'ESSOR

Porto-Vecchio demeura longtemps une petite bourgade endormie, enfermée dans ses remparts. Ses habitants étaient pasteurs, commerçants en bois ou artisans. L'hiver, les bergers de Serra-di-Scopamène et de Quenza descendaient à Porto-Vecchio et logeaient dans des cabanes éparses. L'été, les habitants gagnaient la montagne. L'élevage transhumant et l'exploitation des forêts de chênes-lièges constituaient leurs principales ressources.

Au début du 20e s., l'agglomération s'étendit le long de la route Bonifacio-Bastia. La ville fut reliée à Bastia par chemin de fer en 1935. Mais ce tronçon connut une existence éphémère (huit ans) : très endommagé pendant la guerre, il fut définitivement abandonné après avoir vu sa reconstruction maintes fois différée. Quelques industries s'implantèrent à la marine (usine de préparation du liège, réparation navale…).

Mais c'est au lendemain de la Seconde Guerre mondiale que Porto-Vecchio connut un essor particulièrement rapide dû à la disparition du moustique anophèle responsable de la malaria, à l'aménagement d'un port de commerce, à la mise en valeur de la plaine orientale et surtout au développement d'un tourisme de luxe sur la côte et les rivages du golfe. La forte fréquentation italienne lui assure une activité touristique régulière, alors que, jusqu'à une époque récente, les habitants tiraient également leurs ressources de l'exploitation des marais salants et des chênes-lièges.

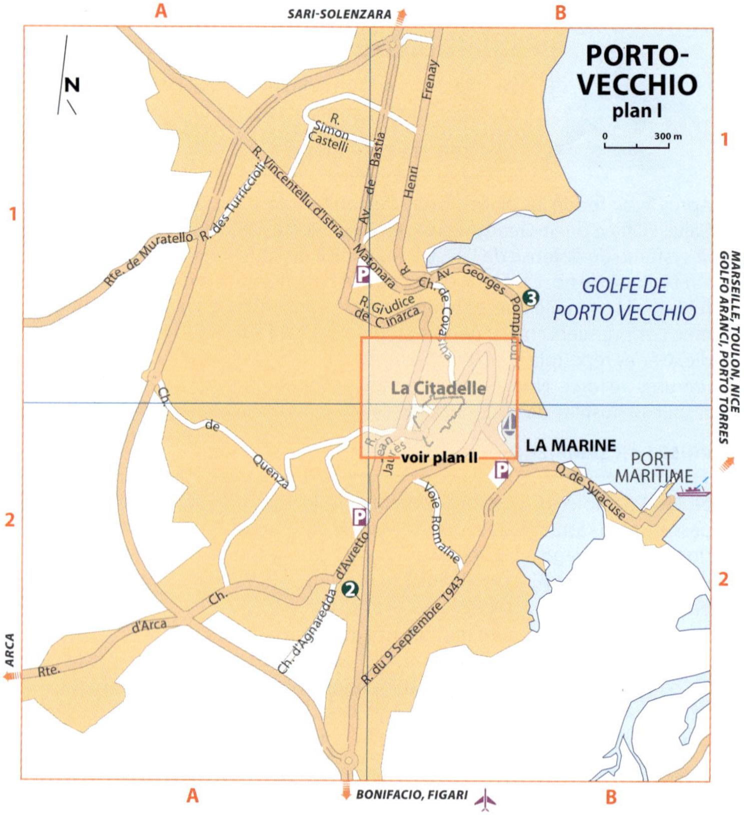

SE LOGER
Hôtel Le Goéland 3
Hôtel Le Porto-Vecchio 2

Église St-Jean-Baptiste

L'élégant clocher et le chevet qui donnent sur la place contrastent avec la façade classique, inachevée, de cet édifice construit du 16e au 19e s. En face, la chapelle, datant du 16e s., accueille le siège de la confrérie Ste-Croix.

Les fortifications

Des anciennes fortifications génoises subsistent les bastions et les échauguettes dominant la marine : **bastion de France** *(10h-13h, 16h-20h, sam.-lun. 10h-20h - possibilité de visite guidée - 2 € (-12 ans gratuit).)*, restes de la citadelle et vestiges des remparts. La **rue Borgo** ferme les perspectives sur le port, sauf si vous choisissez la terrasse d'un des nombreux restaurants. La **porte génoise** offre, elle, une vue sur le port, les marais salants et le golfe.

LA MARINE Plan I de la ville ci-dessus

Elle se compose d'un port de plaisance et d'un port de commerce qui exporte les bois et les lièges vers le continent. Il est le 3e port corse assurant les liaisons avec le continent. Le port de commerce est également l'escale des croisières et des lignes saisonnières avec l'Italie. À l'embouchure du Stabiacco s'étendent les salines et une belle plage de sable.

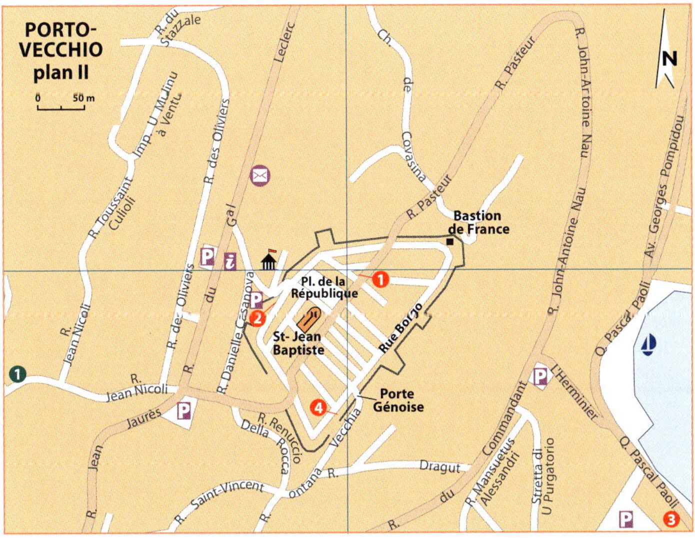

SE LOGER
Hôtel Le Mistral 1

SE RESTAURER
A Cantina di L'Orriu 1
L'Antigu 4
Le Bellagio 3
Restaurant Chez Anna 2

NOS ADRESSES À PORTO-VECCHIO

Voir aussi « Nos adresses » dans le golfe de Porto-Vecchio, p. 396.

ARRIVER/PARTIR

En avion

Aéroport Figari-Sud Corse – *Voir p. 64.*

Navette pour l'aéroport – *04 95 71 00 11 - www.corsicabus.org - juil.-août : tlj ; sept.-juin : tlj sf dim. - 4 €.*

TRANSPORTS

Bus des plages – En juillet-août : pour la plage de Santa Giulia *(04 95 72 35 57 - 4 AR/j. sf dim. - 9 € AR)* et la plage de Palombaggia *(04 95 70 13 83 - 3 AR/j. - 11 € AR).*

Autocars – Liaison avec Ajaccio par la montagne *(Balesi Évasion - 04 95 70 15 55 - juil.-août : 1 bus/j. ; sept.-juin : 2 bus/sem.).* Liaison avec Ajaccio par la côte *(Eurocorse Voyages - 04 95 70 13 83 - www.eurocorsevoyages.com - juil.-août : 3 AR/j. ; sept.-juin : 2AR/j. sf dim.).*

VISITES

Petit train touristique – *04 95 20 20 20 - www.corsicabus.org - juil.-août : 10h-13h, 17h-0h, dép. ttes les 15mn - fermé certains j. fériés - 4 € (-2 ans gratuit)* - Trajets entre le parking des Douanes, en face du port, et la ville haute.

HÉBERGEMENT

BUDGET MOYEN

1 **Hôtel Le Mistral** – Plan II, A2 - *13 r. Jean-Nicoli - 04 95 70 08 53 - lemistral.eu - fermé*

nov.-fév. - P - 31 ch. 90/159 € - buffet 12,50 €. Des chambres (2-5 pers.) fraîchement rénovées, certaines disposant d'un balcon. Petit-déjeuner dans un patio agréablement arboré.

2 **Hôtel Le Porto-Vecchio** – Plan I, A2 - *Av. du Mar.-Juin - 04 95 70 56 64 - www.hotel-leportovecchio.com - fermé d'oct. à fin mars - P - 14 ch. 98/150 € - 9 €.* À l'entrée de la ville, au bord de la route, cette bâtisse abrite des chambres (2-4 pers.) simples et sans charme, mais propres et correctes. Service dynamique et efficace.

UNE FOLIE

3 **Hôtel Le Goéland** – Plan I, B1 - *Av G.-Pompidou - à la Marine - 04 95 70 14 15 - www.hotelgoeland.com - P - fermé nov.-mars - - 30 ch. 200/595 € - formule déj. 36 € - carte 21/35 €.* Cet hôtel, refait, propose des chambres d'allure marine : lampes-tempêtes, meubles aux peintures patinées… Le restaurant s'ouvre sur le golfe et le jardin. Cuisine corse et plats méditerranéens.

À proximité

POUR SE FAIRE PLAISIR

Casa Di Mama – *Rte de Sotta, direction Figari - 04 95 70 27 69 - www.casadimama.fr - fermé d'oct. à fin mars - P - 10 ch. 70/150 €- 10 €.* À 3 km de l'entrée de la ville, cet hôtel abrite des chambres agréables dans les tons gris. Certaines se prolongent d'un petit balcon/terrasse. Petit-déjeuner sur la terrasse.

UNE FOLIE

Hôtel San Giovanni – *Rte Arca - 3 km au sud-ouest par D 659 - 04 95 70 22 25 - hotel-san-giovanni.com - fermé de mi-nov. à déb. janv. - P - 30 ch. 165/210 € - 15 € - 35 €.* Pension de famille dans un beau parc arboré et fleuri. Certaines chambres donnent de plain-pied sur un petit jardin privatif. Piscine et Jacuzzi. Petit-déjeuner et restauration familiale simple servie sous la pergola.

RESTAURATION

BUDGET MOYEN

1 **A Cantina di L'Orriu** – Plan II, B2 - *Cours Napoléon - 04 95 25 95 89 - fermé du 5 nov. à fin mars - lun.-mar. midi de mai à sept. - ardoise 16/29 €.* Attenant à la boutique qui propose le meilleur de la charcuterie et des fromages corses, A Cantina di L'Orriu déploie ses terrasses, vite envahies par les gourmets qui se délectent de charcuterie, de cochon de lait ou encore d'une étonnante escalope de veau corse panée dont la recette demeure secrète. Les plats ne sont pas donnés mais vraiment bons et bien préparés, dans le respect des produits locaux. Une adresse sans faille.

2 **Restaurant Chez Anna** – Plan II, A2 - *16 r. Camille-de-Rocca-Serra - 04 95 70 19 97 - en sais. : tlj sf dim. midi ; reste de l'année : tlj sf mar. midi et dim. midi - carte 16/28 €.* Spécialités italiennes et pâtes fraîches – dont de savoureuses lasagnes aux aubergines –, salades, carpaccio, et, en dessert, de délicieux *panna cotta* et tiramisu. Deux terrasses dont une en aplomb du bastion de France.

3 **Le Bellagio** – Plan II, B2 - *Quai Pascal-Paoli - port de plaisance - 04 95 70 04 05 - fermé lun. de mi-oct. à fin mars - formule déj. 18,50 € - carte 35 €.* Difficile de faire son choix pour dîner sur le port avec la multitude d'établissements alignés au coude à coude. Le Bellagio travaille le produit frais, légumes, viandes et poissons. Les

suggestions renouvellent sans cesse le repas. Peut-être aurez-vous la chance de goûter au filet de turbot ou à l'escalope de foie gras poêlé ?

4 **L'Antigu** – Plan II, A2 - *51 r. Borgo - ✆ 04 95 70 39 33 - fermé de mi-janv. à fin fév. et dim. et lun. soir de nov. à avr. en principe - 25/45 €.* Vous profiterez d'une superbe vue et, en même temps, d'une savoureuse assiette. Depuis le toit-terrasse, le panorama sur le golfe de Porto-Vecchio est magnifique et côté papilles, les plats régionaux, copieux, bien préparés et présentés avec soin, mettent le palais en joie.

ACHATS

U Tavonu – *7 r. du Gén.-de-Gaulle - ✆ 04 95 72 14 03 - juil.-août : 9h-0h ; reste de l'année : tlj sf dim.-lun. 9h-12h, 15h-19h30.* Monsieur Santoni travaille avec les éleveurs de porcs et vend des produits frais – boudins, fromages de tête – presque impossibles à trouver ailleurs. Quand la saison commence, les charcuteries descendent de la montagne pour s'accrocher par dizaines au plafond de sa boutique. Miels AOC, huiles d'olive, fromages.

EN SOIRÉE

La Taverne du Roi – *43 r. Borgo - ✆ 04 95 70 41 31 - sais. : 21h-4h ; reste de l'année : se rens.* Cabaret des frères Marcellesi, La Taverne est un haut lieu de la chanson corse sur la côte orientale. Cadre rustique et proximité des musiciens créent une atmosphère particulière. On aime bien !

ACTIVITÉS

Port de plaisance – *✆ 04 95 70 17 93 - en sais. : 8h-21h ; hors sais. : 8h30-12h, 14h-17h30.* 150 places de visite, bateaux de moins de 50 m.

Excursions en mer

Sur le port, de nombreux prestataires proposent des sorties en mer dans le golfe, et au-delà, vers les îles Lavezzi *(voir aussi à Bonifacio p. 375)*.

Chiocca Croisières – *Face à la capitainerie - ✆ 06 26 05 37 24 - www.amour-des-iles.com - avr.-oct. - 75 € avec repas, 60 € sans.* La compagnie propose des sorties à la journée *(9h-18h)*, avec bouillabaisse pour les amateurs.

Destination Lavezzi – *Port de Plaisance - ✆ 04 95 10 42 29 - www.portovecchio-croisieres.com - avr.-sept. - 75 € avec repas, 60 € sans.* Le même genre de prestations que Chiocca Croisières *(ci-dessus)*.

Voiles de Bonifacio – *Plage de Piantarella - ✆ 06 83 17 37 17 - www.voilesdebonifacio.com - mars-nov. - à partir de 60 €.* Visite à la journée ou demi-journée des îles Cavallo, Lavezzi et Nord Sardaigne.

Croisière Exclusive – *✆ 06 86 48 67 38 - croisiere-exclusive.fr - avr.-oct. sur réserv. - 60 €/1/2 j. - 250 € la journée sur Aida.* Prestations à la journée en mode haut de gamme à bord d'un spacieux semi-rigide, entre le sud de la Corse et la Sardaigne.

Le golfe de Porto-Vecchio

Golfu di Purti Vechju

★★

Corse-du-Sud (2A)

Très fréquenté depuis l'âge du bronze, comme en témoignent de nombreux vestiges préhistoriques, le golfe de Porto-Vecchio a toujours autant de succès. Au nord comme au sud, presqu'îles et petites baies accueillent de somptueuses étendues de sable fin frangées de pinèdes, telle la célèbre plage de Palombaggia. Un séjour dans le golfe est aussi l'occasion de se régaler de fruits de mer. Car l'ensablement provoqué par les deux fleuves côtiers, l'Oso et le Stabiacco, s'il ne facilite pas toujours la navigation, fait le bonheur des grands coquillages appelés « nacres » et des huîtres sauvages de la variété « pied-de-cheval », qui abondent.

NOS ADRESSES PAGE 396
Hébergement, restauration, achats, activités, etc.

S'INFORMER

Office du tourisme de Porto-Vecchio – *Voir p. 384.*

Office du tourisme de Zonza - Ste-Lucie-de-Porto-Vecchio – *Mairie - 20144 Ste-Lucie-de-Porto-Vecchio - ✆ 04 95 71 48 99 - www.zonza-saintelucie.com - juil.-août : 8h30-12h30, 14h30-18h30, dim. et j. fériés 9h30-12h30 ; juin et sept. : tlj sf dim. 8h30-12h30, 14h-18h ; reste de l'année : tlj sf w.-end 8h30-12h, 14h-17h30 - fermé certains j. fériés.*

SE REPÉRER

Carte de microrégion D2 (p. 313).

Au sud-est de l'île, le golfe de Porto-Vecchio s'étend sur 8,5 km dans une rade bien abritée ouverte seulement au vent du nord-est. Il est bordé au sud par la belle presqu'île de Piccovagia qui s'achève à la pointe de la Chiappa, et au nord par l'avant-golfe de San Ciprianu et la petite baie de Pinarellu.

À NE PAS MANQUER

Les fameuses plages du Sud ; le Castellu d'Araghju.

Découvrir Carte du golfe de Porto-Vecchio ci-contre

LES PLAGES DU SUD

Traverser Porto-Vecchio en direction du sud. À la sortie de la ville, après le rond-point, prendre sur la gauche la route qui fait le tour de la presqu'île.

On parcourt de très beaux paysages encore sauvages : eucalyptus, pins parasols, maquis, roches rouges et mer turquoise. Au hasard de trouées dans la végétation, vous profiterez de belles vues sur Porto-Vecchio.

Du sémaphore de la **pointe de la Chiappa★** *(au-dessus du camping naturiste)*, le regard embrasse le golfe de Porto-Vecchio et son arrière-pays, notamment la baie de Stagnolo et la pointe de San Ciprianu en face.

★ Plage de Palombaggia

Parking payant en saison. Vous en avez certainement rêvé, vous l'avez trouvée ! Encadrée de rochers rouges, cette somptueuse plage de fin sable blanc

s'allonge au pied des dunes ombragées de majestueux pins parasols. L'eau revêt des tonalités turquoise, bleu outremer, améthyste. La beauté des lieux attire de nombreux estivants et explique la terrible pression immobilière au-dessus de la plage ; il est désormais difficile d'en trouver les accès.
Un des endroits les mieux préservés est le secteur de **Tamariccio★★**, objet de nombreuses cartes postales, et accessible par un sentier nature.

Les îles Cerbicale

Accès interdit au public.
Cinq îlots rocheux entourés d'écueils font face à la plage de Palombaggia. C'est l'archipel des îles Cerbicale, site du Conservatoire du littoral. Il est classé réserve naturelle et se révèle le lieu de prédilection des cormorans huppés qui y nidifient par milliers.
Reprendre la T 10 vers Bonifacio, puis à gauche la petite route qui, passant sur un étroit lido entre l'étang et la mer, longe la plage de Santa Giulia.

★★ Plage de Santa Giulia

Au fond du paisible golfe de Santa Giulia se développe une magnifique plage de sable blanc aux eaux cristallines. Des hôtels et des restaurants la bordent. Vous pourrez y pratiquer de nombreuses activités sportives.

LES PLAGES DU NORD

Emprunter la T 10 vers le nord. À Trinité-de-Porto-Vecchio, prendre sur la droite la D 468 qui dessert plusieurs plages.

Dans la grande baie bien abritée de Stagnolo, le **Golfo di Sognu** offre une plage de sable fin ombragée de pins, formée par le delta de l'Oso. Un peu plus loin, nichée entre la punta di Benedettu et la punta San Ciprianu, la plage de **Cala Rossa** est superbe.

Au fond d'une jolie anse, sorte d'avant-golfe délimité par les pointes de San Ciprianu et d'Araso, s'étire la grande **plage de San Ciprianu**. Rangées de pins et sable blanc constituent un long cordon littoral devant l'étang d'Araso. Vers l'intérieur se profilent les aiguilles de Bavella et le massif de l'Incudine.

En poursuivant vers le nord, on atteint le **golfe de Pinarellu**, plus tranquille que les précédents. Il abrite un petit port et une belle plage de sable blanc protégée par un îlot surmonté d'une tour génoise.

LES SITES PRÉHISTORIQUES

★ Castellu d'Araghju

Carte p. 391. De Porto-Vecchio, suivre la D 368 direction « Ospédale ». Après 4 km, prendre à droite la D 759 en direction d'Araggio (Araghju). À l'entrée du hameau, stationner au parking sur la droite et s'équiper de chaussures de marche. Le sentier menant au site s'amorce dans le hameau (fléchage). Accès réservé aux bons marcheurs.

Bâti sur un éperon rocheux, véritable vigie au-dessus du golfe de Porto-Vecchio distant de 5 km, le *castellu* (forteresse) d'Araghju est l'un des plus représentatifs des grands **édifices torréens**.

1h AR. Le sentier franchit un ruisselet et devient un raidillon bordé de murets tracé dans le maquis et coupé de racines d'arbres. Après un palier, la majeure partie de la montée se fait dans le maquis et donc toujours sans ombrage.

De la forteresse qui dominait (alt. 245 m) le village torréen il y a trois millénaires subsiste une enceinte, haute de 4 m en moyenne et large de plus de 2 m, barrant l'éperon rocheux. Une porte monumentale dont l'entablement demeure donne accès aux ruines d'un monument à vocation certainement cultuelle. Dans l'épaisseur des murs circulaires sont aménagés des chambres et un escalier qui conduit à un chemin de ronde : la **vue**★★ s'étend sur toute la plaine littorale et le golfe de Porto-Vecchio.

La plage de Palombaggia.
Iristipitina/iStock

Site de Ceccia

Carte p. 391. 6 km au sud-ouest de Porto-Vecchio. Accès par la T 10 en direction de Bonifacio. Prendre à droite la D 859. Tourner à gauche au village de Ceccia. Stationner dans le centre du village (niveau boîte aux lettres) et emprunter le sentier mal tracé (propriété privée) qui démarre tout de suite à gauche de la dernière maison et mène au piton rocheux dominant le village.

40mn AR. Attention déconseillé aux enfants, le site n'est pas aménagé ni sécurisé. Un monument circulaire d'environ 12 m de diamètre datant de 1350 av. J.-C. et réaménagé à l'époque génoise se dresse parmi les arbres, à quelques pas du piton rocheux. Une petite *cella* (chambre), accessible par un couloir dallé, en occupe le centre. À la différence des sites torréens analogues, Ceccia ne présente pas de trace d'habitat autour du monument.

L'édifice aurait pu avoir une fonction cultuelle en raison de la présence de la *cella*. Selon une autre hypothèse, il servait de poste de surveillance.

Le **panorama★** s'ouvre vers la plaine de Sotta et, au loin, Porto-Vecchio et son golfe.

LA VIE DES CHÊNES

Composée de **chênes-lièges** *(voir encadré p. 484)*, la forêt de Porto-Vecchio est la plus étendue de Corse. Installée sur des sols siliceux et des alluvions anciennes, elle couvre environ 8 000 ha de part et d'autre de la T 10. Elle présente parfois un sous-bois dense où prédominent le maquis (cistes et bruyères), mais certains propriétaires nettoient leurs parcelles pour favoriser le pâturage et la glandée (cette pratique ancestrale autorise les porcs, friands de glands, à paître dans les forêts). Parmi la faune typique de ce milieu, on note le pic épeiche, le pinson des arbres et une importante colonie de tortues d'Hermann, espèce protégée. Exigeant chaleur et humidité, cet arbre à feuillage persistant se développe au bord de la mer jusqu'à 500 m environ et se révèle très résistant au feu ; les collines avoisinantes, recouvertes de maquis et de chênes verts, portent les séquelles de multiples incendies. Le chêne-liège (*a suara*, en corse) est aisément reconnaissable à ses gros glands noirâtres et à son écorce crevassée. Il est à la source d'une vraie industrie. Le démasclage (prélèvement de l'écorce) s'effectue la première fois lorsque l'arbre atteint 25 ans, il s'agit de l'écorce mâle. Puis l'opération se répète tous les neuf à dix ans, durée nécessaire à la reconstitution d'une nouvelle assise de liège ; on retire alors l'écorce femelle, la plus prisée par l'industrie et l'artisanat.

BAIGNADE EN RIVIÈRE

Pour échapper aux plages surfréquentées, pourquoi ne pas envisager une baignade en rivière, qu'affectionnent les insulaires en plein cœur de la saison estivale ? À 12 km au nord de Porto-Vecchio, à **Sainte-Lucie de Porto-Vecchio** *(accès par la T 10)*, suivez la direction Taglio Rosso à gauche. En longeant la **rivière Cavu**, garez-vous près du centre de loisirs (tyrolienne, accrobranches) et descendez le long de la rivière. Des vasques naturelles offrent un terrain de jeu idéal pour les baigneurs, avec en point d'orgue, de lointaines vues sur les saisissantes aiguilles de Bavella…

Site de Tappa

Carte p. 391. 7,5 km au sud-ouest de Porto-Vecchio. Accès à 1,5 km de Ceccia par la D 859 vers Figari. Stationner au niveau de la route. Après le portail, un chemin traverse d'anciens champs de vignes et mène (300 m) vers l'éperon rocheux où se situe le monument de Tappa. Suivre le balisage, panneau avec plan du site.

Ce **complexe monumental torréen** a été fouillé et étudié dès 1960 par l'archéologue Roger Grosjean. Le site fut occupé entre 2200 et 1900 av. J.-C. Ce vaste espace fortifié comportait des habitats (cabanes et abris-sous-roche), des passages souterrains et de petits bastions. Au sommet du site s'élevait le monument principal, circulaire, dont la fonction demeure encore aujourd'hui mal définie. Les habitants de ce hameau fortifié connaissaient la poterie, information confirmée par les nombreux tessons retrouvés sur place. Ils sont présentés au musée de Préhistoire corse et d'Archéologie de Sartène (*voir p. 330*). La population vivait d'une petite agriculture.

À voir aussi Carte de microrégion p. 313

Chapelle San Quilico C2

17 km au sud-ouest de Porto-Vecchio. Sortir par la T 10, vers le sud ; prendre à droite la D 859 vers Figari et la suivre sur 14 km (c'est-à-dire 1 km environ après l'embranchement de la D 59). Tourner à gauche en direction du hameau de Montilati que l'on atteint au bout de 1 km.

Elle est un des très rares édifices romans de l'île à être voûté : un berceau en plein cintre est maçonné comme les murs, d'un appareil assez archaïque. L'unique fenêtre apparaît dans la petite abside. La toiture est en *teghje* (lauzes) posées à même les voûtes.

Conca D1

22 km au nord de Porto-Vecchio par la T 10, puis la D 168 à gauche, à partir de Ste-Lucie-de-Porto-Vecchio.

Ce bourg disséminé dans un paysage de collines arides dominant la mer fut le théâtre d'un sérieux accrochage lors des combats de libération de la Corse. Le 22 septembre 1943, l'**aspirant Jean-Pierre Michelin**, qui avait réussi à s'embarquer clandestinement sur le sous-marin *Casabianca* transportant 109 combattants, y trouva la mort avec deux résistants corses, Jean-Baptiste Leccia et Paul Cavalloni.

Conca est bien connu des randonneurs : il marque l'un des aboutissements du GR 20 (l'autre étant à Calenzana, près de Calvi).

Randonnée sur le GR 20 entre Conca et le refuge d'I Paliri.
F. Guiziou/hemis.fr

NOS ADRESSES DANS LE GOLFE

Voir aussi « Nos adresses » à Porto-Vecchio, p. 387.

HÉBERGEMENT

PREMIER PRIX

Camping U Pirellu – *Piccovagia - 20137 Porto-Vecchio, 9 km à l'est de Porto-Vecchio par la T 10 et D 859 - ✆ 04 95 70 23 44 - camping-palombaggia.corsica - fermé d'oct. à mi- avr. - 150 empl. 31,30 € - ✕ 19/27 €.* Vous trouverez dans ce camping implanté dans une grande chênaie des emplacements ombragés, des chalets en bois avec vue sur la mer.

Camping La Vetta – *Trinité, 5,5 km au nord de Porto-Vecchio par T 10 - ✆ 04 95 70 09 86 - www.campinglavetta.com - fermé oct.-mai - P - 110 empl. 15,40 € - ✕ snack.* Dans ce camping à la tenue irréprochable et au cadre agréable, préférez la partie du terrain en terrasses. Piscine et aire de jeux pour enfants.

BUDGET MOYEN

Camping Acqua e Sole – *Pianu-di-Conca - 1 km au nord-est de Ste-Lucie-de-Porto-Vecchio, par T 10, rte de Solenzara puis chemin à gauche - ✆ 04 95 50 15 75 - www.camping-portovecchio.fr - fermé de mi-oct. à mars - - 154 empl.* Ce village-vacances propose uniquement des locations de chalets en bois sur pilotis de bon confort, des mobile homes ou des chambres. Pas d'emplacements pour les tentes ni pour les caravanes. Côté loisirs, bar, restaurant, club enfants et bien sûr, une piscine.

POUR SE FAIRE PLAISIR

Chambre d'hôte Littariccia – *Rte de Palombaggia - 20137 Porto-Vecchio - à 10 km de Porto-Vecchio et 1 km de la plage de Palombaggia - ✆ 04 95 70 41 33 - www.littariccia.com - P - 5 ch. 135/225 €.* Les grandes terrasses de cette maison moderne offrent une vue de rêve sur la mer avec, en toile de fond, les îles Cerbicale et la Sardaigne. Les chambres sont décorées avec goût.

UNE FOLIE

Hôtel Le Moby Dick – *Baie de Santa Giulia - 20137 Porto-Vecchio - ✆ 04 95 70 70 00 - www.sud-corse.com - fermé de mi-oct. à mi-avr. - P - 44 ch. 1/2 P/2 pers. 555 € (obligatoire de juin à sept.) - ✕ 49 € - 20/32 €.* Mer turquoise, plage de sable blanc et parasols en paillote : la Corse prend des airs de bout du monde ! Cet hôtel isolé entre lagune, mer et étang abrite des chambres rénovées.

Grand Hôtel de Cala Rossa – *Rte de Cala Rossa - 20137 Lecci de Porto-Vecchio, 10 km au nord-est de Porto-Vecchio par T 10 et D 468 - ✆ 04 95 71 61 51 - www.hotel-calarossa.com - fermé de déb. nov. à fin avr. - P - 40 ch. 530/1 620 € - - ✕ carte du soir 70/150 €.* Il existe des lieux rares qui laissent des souvenirs inoubliables. Cet hôtel est de ceux-là. Vous savourerez chaque instant dans son jardin verdoyant, sur sa terrasse de teck au bord de l'eau, à la plage ou dans ses luxueuses chambres méditerranéennes… jusqu'au dîner sous les pins, qui est un pur moment de bonheur ! Piscine chauffée et spa.

RESTAURATION

BUDGET MOYEN

Tamaricciu – *Plage de Palombaggia - 20137 Porto-Vecchio - ✆ 04 95 70 49 89 - www.tamaricciu.com - de mi-avr. à* *déb. oct. : seult midi sf juil.-août midi et soir - midi : 15/42 € - soir : 21/55 €.* La carte de cette élégante paillote à la terrasse en bois de teck décline d'alléchants plats de poisson. Pizzas à midi pour un déjeuner rapide et économique.

Le Petit Chose – *Plage de Palombaggia – 20137 Porto-Vecchio - ✆ 04 95 77 00 16 - 8h-23h - fermé nov.-avr. - 🅿 ♿ - 16-20 €.* Venez goûter, sur une petite terrasse surplombant la mer, de goûteuses et véritables pizzas, du poisson frais à la plancha, des moules de l'étang de Diane et des pâtes joliment cuisinées (mention spéciale pour les *linguine* aux palourdes, *vongole*). Les origines sardes de la famille expliquent certainement la réussite de ces mets. Excellent accueil. À noter, les sanitaires sont équipés de douches pour les gourmands qui souhaiteraient piquer une tête avant de passer à table…

UNE FOLIE

U Santa Marina – *La marina de Santa Giulia - 20137 Porto-Vecchio - ✆ 04 95 70 45 00 - www.usantamarina.com - ♿ - fermé de fin nov. à mi-mars - rest. plage et grill 18/30 € - rest. gastronomique 24/45 €.* Belle cuisine privilégiant les produits de la pêche locale dans une maison aux couleurs méditerranéennes ou sur l'une des multiples terrasses offrant une vue superbe sur la baie. Restaurant plage midi et soir, grill autour de la piscine à midi et table gastronomique le soir.

Terraméa – *Rte de Palombaggia par Piccovagia - 20137 Porto-Vecchio - ✆ 04 95 50 03 94 - déc.-janv. : vend. soir, sam. soir et dim. midi (brunch) ; avr.-nov. : 6/7 j. le soir - juil.-août : 7/7 j le soir - fermé fév.-mars - 25/32 € - brunch 35 €.* Suspendu entre ciel et mer sur une terrasse dominant le golfe de Porto-Vecchio, on goûte avec délectation des plats de poisson et de viande, tendance méditerranéenne bistronomique. Les saveurs sont bien présentes dans l'assiette et les prix s'accordent au cadre exceptionnel…

ACHATS

Domaine de Granajolo – *20144 Ste-Lucie-de-Porto-Vecchio - en direction de Pinarellu puis à gauche vers Testa - ✆ 04 95 70 37 83 ou 06 07 63 86 59 - www.granajolo.com - 20 juin-10 sept. : 9h-13h, 17h-19h ; hiver uniquement sur RV - fermé dim.* Ce domaine dirigé par une talentueuse vigneronne diplômée, Gwenaële, est le résultat d'une passion familiale pour la viticulture entièrement bio depuis 1974. Blanc, rouge et rosé (en AOC porto-vecchio) se partagent la production que l'on peut déguster sur place. Vins gourmands bien travaillés, plébiscités par les restaurateurs de la région.

ACTIVITÉS

Plongée

Kalliste Plongée – *Plage de Palombaggia - 20137 Porto-Vecchio - ✆ 06 35 29 35 71 - www.lekalliste-plongee.corsica - de mai à mi-oct. : 8h-20h - à partir de 50 € (baptême à partir de 8 ans), snorkeling 35 €.* Installé sur la magnifique plage de Palombaggia, ce centre de plongée affilié à la FFESSM, au SSI, au CEDIP et à PADI, propose des baptêmes, des explorations et des stages à faire dans les eaux limpides du parc marin et de la réserve naturelle des Bouches de Bonifacio (îles Cerbicale, di U Toro).

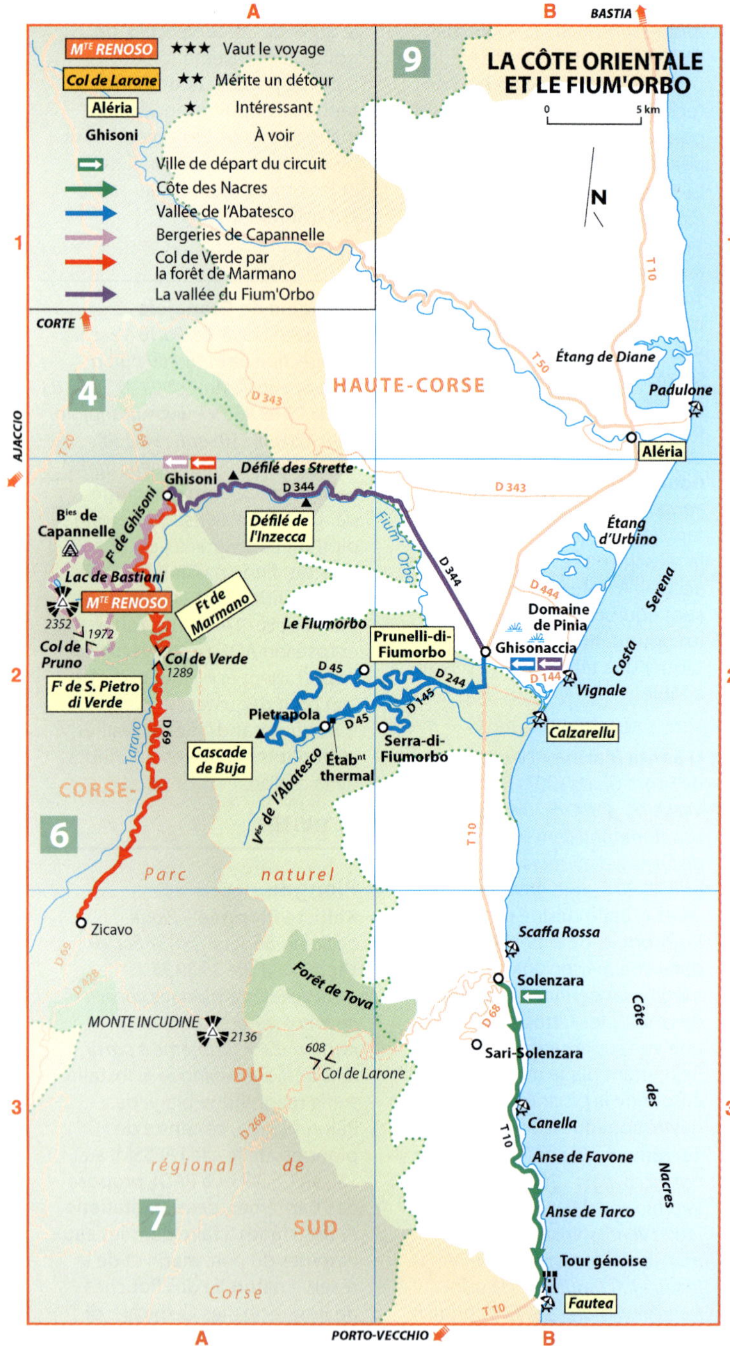

LA CÔTE ORIENTALE ET LE FIUM'ORBO
Mte RENOSO ★★★ Vaut le voyage
Col de Larone ★★ Mérite un détour
Aléria ★ Intéressant
Ghisoni À voir
Ville de départ du circuit
Côte des Nacres
Vallée de l'Abatesco
Bergeries de Capannelle
Col de Verde par la forêt de Marmano
La vallée du Fium'Orbo
0 5 km
N
BASTIA
CORTE
AJACCIO
PORTO-VECCHIO
HAUTE-CORSE
CORSE-DU-SUD
Parc naturel régional de Corse
Étang de Diane
Padulone
Aléria
Ghisoni
Défilé des Strette
Défilé de l'Inzecca
Bies de Capannelle
Ft de Ghisoni
Lac de Bastiani
Mte RENOSO
2352
1972
Col de Pruno
Ft de Marmano
Col de Verde
1289
Ft de S. Pietro di Verde
Le Fiumorbo
Fium' Orbo
Prunelli-di-Fiumorbo
Pietrapola
Cascade de Buja
Étabnt thermal
Serra-di-Fiumorbo
Vée de l'Abatesco
Étang d'Urbino
Domaine de Pinia
Ghisonaccia
Vignale
Calzarellu
Costa Serena
Taravo
Zicavo
Scaffa Rossa
Solenzara
Sari-Solenzara
Forêt de Tova
MONTE INCUDINE
2136
608
Col de Larone
Canella
Anse de Favone
Anse de Tarco
Tour génoise
Fautea
Côte des Nacres
T 10
T 50
T 20
D 343
D 344
D 69
D 444
D 144
D 45
D 244
D 145
D 68
D 428
D 268
A
B
1
2
3
4
6
7
9

La côte orientale et le Fium'Orbo

8

Carte Michelin Départements 345 – Corse-du-Sud (2A) et Haute-Corse (2B)

Solenzara

Sulinzara

2 206 Sarais – Corse-du-Sud (2A)

À l'embouchure de la Solenzara, la station balnéaire du même nom sépare la côte rocheuse des Nacres, au sud, de la côte orientale et plane, au nord. Elle combine les plaisirs de la mer, grâce à son port de plaisance, et ceux de la montagne toute proche. Au nord de la rivière s'étire une grande plage de sable fin dissimulée par des eucalyptus centenaires, plantés au 19e s. afin d'assainir la région alors marécageuse.

NOS ADRESSES PAGE 402
Hébergement, restauration, achats, activités, etc.

S'INFORMER
Office du tourisme de la côte des Nacres - *Pl. des Anciennes-Écoles - 20145 Sari-Solenzara - ✆ 04 95 57 43 75 - www.cotedesnacres.com - juil.-août : 9h-20h, w.-end 9h-13h, 16h-19h ; mai-juin et sept. : 9h-12h, 14h-19h, sam. 9h-12h, 15h-19h, dim. 9h-13h ; reste de l'année : tlj sf w.-end 9h-12h, 14h-18h.*

SE REPÉRER
Carte de microrégion B3 (p. 398).
À l'embouchure du fleuve du même nom, Solenzara offre un agréable bord de mer et un accès direct au col de Bavella par la D 268 (30 km).

À NE PAS MANQUER
Le vol des cormorans huppés survolant le site naturel de Fautea.

ORGANISER SON TEMPS
Sur la côte des Nacres, profitez pleinement des plages de sable fin.

EN FAMILLE
Pour changer de l'eau salée, allez vous baigner dans la rivière qui débouche sur la plage de Scaffa Rossa.

Se promener

La ville porte le nom de la rivière Solenzara qui vient du nom corse *sole*, « soleil ». Très animée l'été, elle est dotée d'un agréable port de pêche et de plaisance. C'est de l'extrémité de la jetée que s'offre la plus belle **vue★** de la cité au-dessus de laquelle se découpent les aiguilles de Bavella.

La longue **plage de Scaffa Rossa** (sable fin) s'étale au nord, à l'embouchure de la Solenzara. Vous pouvez alterner natation dans la Méditerranée et baignade dans les eaux de la rivière.

À proximité Carte de microrégion p. 398

Sari-Solenzara B3

7 km au sud-ouest par la D 68.

Ce village, perdu dans le maquis, domine Solenzara. Il offre de belles vues sur la côte et sur les aiguilles de Bavella. C'est là que naquit le **commandant Poli**, héros du Fiumorbo *(voir encadré p. 405)*.

Circuit conseillé Carte de microrégion

CÔTE DES NACRES B3

Circuit de 20 km au départ de Solenzara tracé en vert sur la carte p. 398. Quitter Solenzara vers le sud, par la route côtière (T 10).

La côte des Nacres fit l'émerveillement du **commandant L'Herminier** lors d'une mission du sous-marin *Casabianca,* en mars 1943. Alors que le jour se levait à hauteur de Canella, le commandant écrivit : « La mer est calme. Au lever du soleil, les massifs montagneux de l'île de Beauté se profilent sur un ciel pur. Le spectacle est féerique ; le rouge violent des arêtes sort de l'écrin violet, ocre et vert sombre du maquis et des arbres. Les tons sont si vifs et tranchés qu'on dirait une peinture au couteau où l'artiste n'aurait pas ménagé la pâte. »

Les fonds sous-marins de cette côte abondent en poissons et en grands coquillages triangulaires appelés **plumes de mer** ou **grandes nacres**, dont l'intérieur présente une fine pellicule de nacre blanche et irisée. Devenus rares en Méditerranée, ces coquillages bénéficient depuis 1992 d'une protection totale. Il faut trente ans aux grands spécimens pour atteindre une longueur de 50 cm !

Quant aux boules fibreuses qui roulent sur le sable des plages ou s'accrochent aux végétations des dunes, ce sont en réalité des restes séchés d'herbiers de posidonie. Ces plantes marines constituent de véritables prairies sous la mer et sont des productrices primordiales d'oxygène.

La route taillée en corniche suit de près le rivage et longe les petites anses de Cala d'Oro et de Canella.

Plage de Canella

Suivre la direction du camping Le Grand Bleu et du restaurant Dolce Vita.

Très belle petite baie arrondie, tapissée de sable fin.

Anse de Favone (Favona)

Grande plage de sable au débouché du Favone.

Anse de Tarco

Plage de sable à l'embouchure du Tarco.

Vers l'intérieur des terres se profilent les aiguilles de Bavella.

★ Site naturel de Fautea

Les deux anses, bornées au nord par la **tour génoise** *(illuminée le soir par panneaux solaires),* constituent un des sites protégés du Conservatoire du littoral. Abritée entre deux pointes rocheuses, la **plage de Fautea** est tapissée de sable fin, tandis que la **plage des Américains**, plus longue et moins protégée, est constituée de sable grossier avec en arrière-plan des massifs d'épineux. Sur le chemin d'accès à la tour génoise, on découvre, à la belle saison, une végétation typique du maquis dont, notamment, le ciste de Crète aux fleurs mauves et le ciste de Montpellier aux fleurs blanches.

La proximité de la réserve des îles Cerbicale permet d'apercevoir le manège des **cormorans huppés** noirs (*marangone* en corse) qui, après un vol en rase-mottes au-dessus de la mer, plongent pour attraper leur nourriture.

NOS ADRESSES À SOLENZARA

HÉBERGEMENT

BUDGET MOYEN

Hôtel La Solenzara – *Quartier du Palais - ✆ 04 95 57 42 18 - www.lasolenzara.com – fermé d'oct. à mi-avr. - P ♿ Spa - 28 ch. 85/160 € - buffet 14 € - snacking en sais., spa, massages…* Cette bâtisse du 18e s. de style génois avec son jardin, sa piscine et sa terrasse face à la mer vous fera vite oublier la proximité de la nationale. Préférez les chambres avec vue sur la grande bleue…

RESTAURATION

À proximité

BUDGET MOYEN

Ferme-auberge A Pinzutella – *Rte de Bavella - à 5 km de Solenzara dir. rte du col de Bavella - ✆ 04 95 57 41 18 - www.auberge-apinzutella.com - fermé de fin sept. à déb. mai et le lun. - - 17/24 € - 2 gîtes - réserv. conseillée.* Située entre mer et montagne, cette auberge assure, outre une vue panoramique sur les aiguilles de Bavella, une tranquillité en pleine nature. Ce producteur de porc, de fromage et de charcuteries cuisine exclusivement ses produits. Vente de produits de la ferme.

A Mandria – *Rte de Ghisonaccia, Pont-de-Solenzara - ✆ 04 95 57 41 95 - fermé déc.-janv., dim. soir et lun. hors saison - menu 35 € - 14/28 €.* L'ancienne bergerie a troqué avec succès ses moutons contre une carte gourmande. Cet établissement mitonne soigneusement de savoureuses recettes corses escortées d'un bon choix de grillades cuites au feu de bois. Autres atouts : les prix corrects et une terrasse ombragée d'une treille.

ACHATS

Domaine de Solenzara – *✆ 06 15 10 35 48 - www.domainedesolenzara.com - de mi-juin à fin sept. : 9h-12h, 16h30-19h30 ; sur RV hors sais.* Unique à Solenzara, ce vignoble d'une superficie de 16 ha est classé AOC porto-vecchio. À partir de cépages traditionnels *(nielluccio, sciacarello, vermentino)*, il produit des vins rouges, rosés et blancs que vous apprécierez lors d'une dégustation.

ACTIVITÉS

Voir aussi « Nos adresses » dans le massif de Bavella, p. 351.

Port de plaisance – *Capitainerie - Solenzara - ✆ 04 95 57 46 42 - été : 7h-21h.*

Subaquatique club – *Port de plaisance - ✆ 06 85 71 29 48 - www.sccn-solenzara.org - tte l'année - tlj juil.-août ; w.-end hors sais.* Explorations pour les plus aguerris dans les merveilleux fonds sous-marins de la côte orientale.

Ghisonaccia

4 196 Ghisonacciais – Haute-Corse (2B)

Ghisonaccia profite de sa situation de carrefour touristique entre mer et montagne. Située à quelques kilomètres des grandes plages de la Costa Serena, la cité, aux portes du Fiumorbo, est également le point de départ du sentier de randonnée « Mare a Mare centre ». Dans l'arrière-pays, les villages en belvédère, les sources d'eaux chaudes et les vallées plongeant vers la mer offrent d'agréables échappées.

NOS ADRESSES PAGE 406
Hébergement, restauration, achats, activités, etc.

S'INFORMER

Pôle touristique Costa Serena – *55 rte de Ghisoni - 20240 Ghisonaccia - 04 95 56 12 38 - www.corseorientale.com - juil.-août : 9h-12h30, 14h-19h, dim. 9h-12h ; juin et sept. : tlj sf dim. 9h-12h30, 14h-19h, sam. 9h-12h30, 14h-17h30 ; reste de l'année : tlj sf w.-end 9h-12h30, 14h-17h30 - fermé 1er janv., 1er et 11 Nov., 25 déc.* Informations sur la région, Fiumorbo et Ghisonaccia compris.

SE REPÉRER

Carte de microrégion B2 (p. 398) – *carte p. 404.* Ghisonaccia se situe à moins de 5 km de la côte, entre Aléria et Solenzara.

À NE PAS MANQUER

Le village belvédère de Prunelli-di-Fiumorbo pour admirer la plaine et les étangs d'Aléria.

EN FAMILLE

Une promenade à cheval *(voir « Nos adresses »).*

Se promener

La cité

Située à 4,5 km de la mer et adossée aux collines du Fiumorbo *(voir encadré p. 405)*, Ghisonaccia est devenue, grâce à l'essor agricole de la plaine orientale, une petite ville moderne et dynamique, centre de la **Costa Serena**. Ne cherchez donc pas de patrimoine ancien, mais si vous avez un peu de temps, passez faire un tour à l'**église** entièrement décorée de **fresques néobyzantines**. Elles ont été réalisées entre 1980 et 1985 par le peintre grec **Nikos Giannakakis**.

À proximité Carte de microrégion p. 398

Plage de Vignale

À 4,5 km de Ghisonaccia, elle séduit les amateurs de farniente.

★ Plage de Calzarellu

4,5 km au sud-est de Ghisonaccia (par les routes T 10 puis D 244). Buvette et poste de secours en été.

Située au bout d'une petite route bordée d'eucalyptus, à l'embouchure du Fium'Orbo, cette plage est signalée par la **tour de Calzarellu**. Édifiée dans les années 1930 à l'époque du FORTEF (FORces et TErres du Fium'orbu, ancien établissement d'exploitation forestière), elle gardait un port. La plage qui s'étend au sud, derrière l'**étang de Gradugine**, est protégée par le Conservatoire du littoral et forme l'unique fenêtre maritime, à l'est, du parc naturel régional de Corse.

Domaine préservé de Pinia

Il occupe 400 ha au sud de l'étang d'Urbino et longe 4 km de **plage de sable fin**. La belle pinède de Pinia, qui faisait la renommée des lieux, a brûlé en 1993. Elle fut le dernier refuge naturel du cerf de Corse avant sa disparition à la fin des années 1960.

Étang d'Urbino

Ce vaste étang est, comme celui de Diane, spécialisé dans l'élevage des moules et des huîtres depuis l'Antiquité.

Circuit conseillé Carte du Fiumorbo

VALLÉE DE L'ABATESCO

Circuit de 56 km au départ de Ghisonaccia tracé en bleu sur la carte ci-dessous – Compter environ 2h30. De Ghisonaccia, suivre la route de Bonifacio jusqu'à Migliacciaro (1,5 km). Là, emprunter à droite la D 244 puis, 3 km plus loin, à gauche la D 145. Après Agnatello, prendre à gauche la D 45 qui s'élève en lacet dans le maquis et les chênes-lièges.

Au sud-est, la D 144 mène au littoral. Vers le nord s'étire la plage de sable fin.

Serra-di-Fiumorbo

Accroché à flanc de montagne, ce village domine de 450 m la plaine orientale. De la terrasse de l'église, le regard embrasse à la fois la plaine d'Aléria avec l'étang de Palo et la vallée de l'Abatesco.

Regagner la D 145 et poursuivre la D 45 à gauche.

Pietrapola

Pietrapola est connu depuis l'époque romaine pour les bienfaits de ses eaux chaudes sulfurées sodiques sur les affections rhumatismales et osseuses. L'**établissement thermal** moderne, situé sur la rive gauche de l'Abatesco, reçoit plusieurs centaines de curistes par an. Devant l'église s'élèvent de typiques maisons en granit.

Continuer vers San-Gavino-di-Fiumorbo.

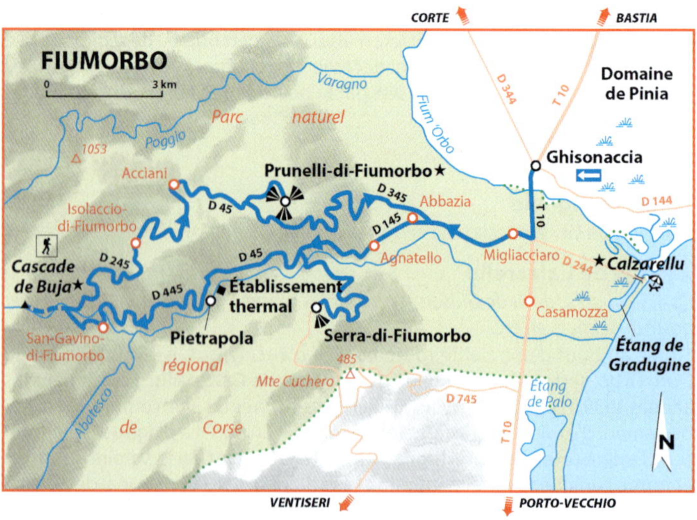

FIUMORBO ET FIUM'ORBO

La région du **Fiumorbo** (sans l'apostrophe) doit son nom au cours d'eau Fium'Orbo (« fleuve aux eaux troubles ») qui la borde au nord, et qui rassemble les eaux des torrents nés sur le versant oriental du monte Renoso. D'ouest en est, le Fiumorbo présente une zone d'altitude où règne le châtaignier, puis un ensemble de collines. À l'extrême sud s'étend la grande plaine d'Aléria. Aujourd'hui encore, seul le long parcours sinueux de la D 344, puis de la D 69, relie la région à l'intérieur de l'île par le col de Verde (alt. 1 289 m). Les villages sont maintenant accessibles par des routes, mais la plupart de celles-ci s'achèvent en cul-de-sac.

L'isolement géographique a fait de la région un foyer de **résistance**. Au 18e s., des bergers fiumorbals refusalent les astreintes de la loi française. En 1815, le **commandant Poli**, qui avait pour mission de trouver une retraite pour Napoléon au cas où l'évasion de l'île d'Elbe échouerait, débarqua au sud de Solenzara. Il gagna le Fiumorbo à la cause de l'Empereur, si bien qu'après les Cent-Jours l'armée du marquis de Rivière ne parvint pas à réduire le pays. Rivière muté, Poli s'exila lorsque le général Villot accorda l'amnistie générale. À la fin du 19e s., le Fiumorbo devint un repaire de bandits, vivant ostensiblement leur condition et mettant la région en coupe réglée. En septembre 1944, la région de Vezzani, le défilé de l'Inzecca et Ghisoni furent le théâtre d'actions de la résistance victorieuse face à l'armée d'occupation allemande.

La D 445 s'élève au-dessus de la vallée de l'Abatesco dans les châtaigniers et les chênes-lièges.

À San-Gavino, emprunter, à droite, la D 245 en direction d'Isolaccio. À environ 2 km, au niveau d'un pont sur la gauche, est discrètement fléchée la cascade de Buja.

★ Cascade de Buja (ou Bughja)

Compter 1h AR. Le chemin part sur la gauche en direction d'un captage d'eau dans la rivière. À ce niveau, traversez la rivière et suivez le chemin qui s'élève sans difficulté majeure jusqu'à la cascade. C'est une des plus hautes de Corse, avec quelque 100 m de chute, mais ce n'est pas la plus impressionnante. Une vasque ombragée offre une courte halte à la rivière qui s'engage ensuite dans d'étroits goulets. Soyez prudent car la roche peut être glissante.

Continuez sur la D 245 jusqu'à Isolaccio et, après Acciani, poursuivre par la D 45 vers Prunelli.

La route offre sur tout son parcours de belles vues sur la vallée de l'Abatesco, Ghisonaccia et la région du Fiumorbo.

★ Prunelli-di-Fiumorbo

Principal centre du Fiumorbo, ce village-belvédère domine la plaine littorale. La terrasse de l'église fortifiée, bâtie en haut du village, offre un **panorama★** très étendu sur la plaine orientale et ses étangs jusqu'à Aléria, sur la vallée de l'Abatesco et l'ensemble du Fiumorbo. À côté de la mairie, un petit **musée Mnémosyna** est consacré à l'histoire de la microrégion.

Possibilités de stationnement et demi-tour au bout du village au niveau de l'église. Le retour à Ghisonaccia s'effectue par la D 345, puis la D 145 jusqu'à Migliacciaro et la T 10 à gauche.

NOS ADRESSES À GHISONACCIA

HÉBERGEMENT ET RESTAURATION

Bon à savoir – Dans les environs de Ghisonaccia, le bord de mer réserve des surprises agréables aux vacanciers exigeants. Confortables et bien aménagés, les pieds dans l'eau, les campings ouvrent leurs portes de mai à septembre. Les villages clubs La Marina d'Oru et La Perla di Mare constituent une autre solution idéale avec leurs équipements complets et animations.

PREMIER PRIX

Hôtel Franceschini – *Av. du 9-Septembre - centre bourg - ✆ 04 95 56 06 39 - hotelrestaurantghisonaccia.com - P - 10 ch. 65/85 € - ☕ 9 € - ✕ 24/28 €.* Hôtel facile à trouver car placé au bord de la nationale traversant le village. Derrière une façade quelque peu défraîchie, il abrite un bar et une salle de restaurant rénovés, joliment décorés d'un mobilier en fer forgé. Les chambres, fonctionnelles, sont bien équipées et climatisées.

À proximité

PREMIER PRIX

Camping Arinella-Bianca – *Rte de la Mer - 3,5 km à l'est de Ghisonaccia par D 144 puis 0,7 km par chemin à droite - ✆ 04 95 56 04 78 - de mi-avr. à mi-oct. - réserv. obligatoire – ♿ - 381 empl. 30/48 € - espace Balnéo et rest.* Un véritable village de vacances en bordure de plage, proposant un espace camping traditionnel ainsi que la location de bungalows et mobile homes. Équipement commercial et de loisirs très complet. Club pour les enfants.

Camping Marina d'Erba Rossa – *Rte de la Mer - 4 km à l'est de Ghisonaccia par D 144 (bord de plage) - ✆ 04 95 56 25 14 - www.marina-erbarossa.com - d'avr. à mi-oct. - réserv. obligatoire - - 550 empl. à partir de 55 €.* Pelouses d'agrément ou de jeux, massifs de lauriers-roses, palmiers, bananiers, parc animalier, clapotis de la mer, douces plongées dans la piscine chauffée, rêveries sur le sable fin ; dans ce camping ombragé, la nature est reine, pour votre plaisir. Activités sportives à volonté et services multiples : restaurant, club enfants, commerces… !

ACTIVITÉS

Randonnées – Le pôle touristique Costa Serena diffuse de nombreux itinéraires de randonnées dans la région. Vous pouvez aussi télécharger les itinéraires sur le site Internet - *www.corsica-costaserena.com/randonnee-en-corse.html.*

Ranch Évasion – *Rte de la Mer - ✆ 06 26 98 57 62 - adulte 45 €/2h.* Ce centre équestre affilié à l'ANCV et à la FFE propose des promenades à cheval ou à poney entre forêt et plage. Initiation dès 18 mois sur des miniponeys.

Le village de Ghisoni.
F. Charton/hemis.fr

Ghisoni et le Fium'Orbo

213 Ghisonais – Haute-Corse (2B)

Gardé par deux impressionnants rochers, le Kyrie Eleïson et le Christe Eleïson, Ghisoni est l'un des rares villages de l'île établi dans une dépression, au creux de la haute vallée du Fium'Orbo. Prenez le temps de découvrir cette région préservée, en privilégiant les balades au cœur des forêts de pins, la découverte des bergeries, les baignades dans l'eau fraîche des lacs et, pour les bons marcheurs, l'ascension du monte Renoso.

NOS ADRESSES PAGE 410
Hébergement, restauration, achats, activités, etc.

S'INFORMER

Pôle touristique Costa Serena – *Voir p. 403.*

SE REPÉRER

Carte de microrégion AB2 (p. 398) – *carte p. 409.* Ghisoni est située à 27 km au nord-ouest de Ghisonaccia.

ORGANISER SON TEMPS

Pour l'ascension du monte Renoso, partez de très bonne heure pour atteindre le sommet avant que ne se lève la brume : en été, elle voile le panorama dès le milieu de la matinée.

Circuits conseillés

★ **LA VALLÉE DU FIUM'ORBO** Carte de microrégion

Circuit de 27 km au départ de Ghisonaccia tracé en violet sur la carte p. 398. Sortir de Ghisonaccia par la D 344.

La route file en ligne droite en direction des montagnes, en longeant le vignoble de la côte orientale. Passé le hameau de St-Antoine, les premiers virages dévoilent un beau panorama sur la plaine littorale.
Continuez sur la D 344.

★ Défilé de l'Inzecca A2

Il a été creusé dans un verrou rocheux par le Fium'Orbo qui conserve là son caractère de torrent montagnard impétueux. En amont, le bassin de Sampolo est planté d'oliviers et de châtaigniers.

Défilé des Strette (Stretta di e Strette) A2

Cette gorge étroite et sinueuse est creusée par le Fium'Orbo.

Ghisoni A2

Édifiée dans un environnement prisé pour sa beauté sauvage, la bourgade attire les randonneurs l'été et les skieurs l'hiver.

BERGERIES DE CAPANNELLE Carte de Ghisoni

Circuit de 18 km au départ de Ghisoni tracé en rose sur la carte ci-contre. Quitter Ghisoni au sud par la D 69. À 6,5 km, après le pont de Casso, prendre à droite la D 169 qui s'arrête non loin des bergeries de Capannelle.
Construite pour faciliter l'exploitation de la **forêt de Ghisoni**, cette route permet d'admirer les peuplements de pins laricio et maritimes, ou de hêtres, auxquels se mêlent le bouleau, l'aulne et l'alisier blanc. Certains pins laricio, hauts de 40 m, sont vieux de trois siècles.

Bergeries de Capannelle (refuge du parc régional)

500 m à l'ouest de l'extrémité de la route (alt. 1 640 m).
Ces bergeries se groupent dans le vallon de Tomba. Avec celles de Tragette et de Scarpaccedie, elles abritent en été 2 500 ovins. Un vaste domaine skiable, le « stade de neige de Ghisoni », s'étend entre 1 600 m et 2 100 m d'altitude, limité par la crête de Chufidu au nord et celle de Pietra Niella au sud.

★★★ Monte Renoso (Monte Renusu)

4h30 pour AR direct, 9h pour la grande boucle réservée aux bons marcheurs – dénivelé de 700 m. L'escalade des pentes caillouteuses du Renoso ne présente guère de difficultés pour de bons marcheurs bien équipés. L'itinéraire est balisé de cairns. À partir des **bergeries de Capannelle**, une piste jalonnée de cairns s'engage vers le sud-ouest en direction du monte Renoso ; elle atteint *(1h)* la source de Pizzolo sur un plateau herbeux, puis *(2h)* le **lac de Bastiani** (alt. 2 089 m), grande nappe d'eau grise, aleviné en truitelles et en saumons de fontaine, qui s'étend sur 4,7 ha. Ses rives sont souvent recouvertes par les névés, même en été.
Longer la moraine qui borde le lac pour atteindre l'arête faîtière que l'on suit jusqu'au sommet du Renoso (à 1h de marche du lac).
Point culminant de la longue arête qui joint les cols de Vizzavona et de Verde, le **monte Renoso** (alt. 2 352 m) apparaît comme un dôme massif couvert de blocs et d'éboulis. Du sommet, le **panorama**★★★ englobe tout le sud de l'île, de la côte orientale aux golfes de Valinco et d'Ajaccio, ainsi que la Sardaigne.
Variante de retour pour marcheurs expérimentés – Un passage très étroit sur l'arête faîtière qui joint le sommet à la Punta Orlandino requiert une certaine prudence. Poursuivre par la crête de Pietradione. Gagner alors le **col de Pruno** (alt. 1 972 m) d'où l'on domine les petits lacs de Rina et le plateau herbeux des Pozzi. De là, un chemin descend aux bergeries des Pozzi ;

puis empruntez vers l'est le plateau de Gialgone. À l'embranchement, après le plateau, prenez à gauche le chemin forestier (GR 20) qui contourne le Renoso sur son versant est et ramène *(en 3h)* à la route forestière du départ, par laquelle on regagne la voiture.

★ COL DE VERDE PAR LA FORÊT DE MARMANO Carte de Ghisoni

Circuit de 17 km au départ de Ghisoni tracé en rouge sur la carte ci-dessus. Quitter Ghisoni vers le sud par la D 69 jusqu'au col de Verde.

La route s'élève dans la forêt de Ghisoni, exposant dans le bas les séquelles des incendies. On aperçoit sur la droite le monte Renoso et, en contrebas sur la gauche, le Christe et le Kyrie Eleïson.

★ Forêt de Marmano

Couvrant le bassin supérieur du Fium'Orbo, la forêt s'accroche à des versants abrupts et présente de beaux pins laricio et maritimes, des hêtres, des sapins et des bouleaux. On peut y voir le plus gros sapin de Corse, également l'un des plus imposants d'Europe (*45mn de marche au départ du col*).

Col de Verde

S'ouvrant à 1 289 m d'altitude au milieu des hêtraies, il fait communiquer la vallée du Fium'Orbo et la forêt de Marmano au nord avec la vallée du Taravo et la forêt de San Pietro di Verde au sud.

★ **Forêt de San Pietro di Verde** *(voir p. 309)*
En continuant la D 69, on arrive à Zicavo, point de départ de randonnées dans l'Incudine (voir p. 306).

NOS ADRESSES À GHISONI

HÉBERGEMENT

UNE FOLIE

A Casetta di u banditu – *Lieu-dit Salastraco (accès par la D 344A depuis le défilé de l'Inzacca) - 15 km à l'est de Ghisoni - ✆ 04 95 56 63 32 - www.casettadiubanditu.com - P - cabane location à la sem en été : 1 100 €.* Dressée juste au-dessus de la rivière U Bandiolu, cette cabane confortable avec œils-de-bœuf, est équipée d'une chambre en mezzanine, d'un coin cuisine, d'une salle de bains avec douche en galets et de toilettes séparées. Petite piscine naturelle rafraîchissante à côté, bordée d'une terrasse aménagée.

RESTAURATION

À proximité

PREMIER PRIX

Ferme-auberge U Sampolu – *Lieu-dit Sampolu (traversez le pont en amont du Sampolo) - 9 km à l'est de Ghisoni par D 344 - ✆ 04 95 57 60 18 - P ♿ - fermé oct.-avr., lun. soir et mar. soir sf juil.-août - menus 16/25 €.* Desservie par une petite route charmante, cette ferme entourée de pins cuisine les produits de la ferme en des recettes typiquement corses, simples et savoureuses : tarte aux herbes, agneau et veau de la ferme, grillades en été…

BUDGET MOYEN

Ferme-auberge L'Inzecca – *Lieu-dit Pinzalone - 12 km à l'est de Ghisoni par D 344 - ✆ 04 95 56 62 62 - avr.-sept. : le midi sf lun. ; janv.-mars : w.-end - fermé oct.-déc. - menu 35 € - 10/14 €.* À l'entrée du défilé de l'Inzecca, c'est une ancienne bergerie restaurée. Tout est fait maison : charcuterie, tripettes, veau et cochon… Seule la truite est d'élevage. Ambiance familiale dans la salle de pierre ou en terrasse avec vue sur les montagnes et la forêt.

ACHATS

Fromagerie Xavier Baldovini – *Lieu-dit Salastraco - commune de Pietroso - ✆ 04 95 56 63 32 - www.fiore-di-muntagna.com 9h-19h - fermé w.-end et j. fériés.* Cet artisan produit d'excellents fromages de brebis, à partir de lait soigneusement sélectionné. Bel espace de dégustation. Également de la charcuterie, du vin, du miel, des yaourts et des poteries.

ACTIVITÉS

Randonnées – *Voir « Nos adresses » à Ghisonaccia, p. 406.*

Aléria

★

2 206 Alériais – Haute-Corse (2B)

Témoignage d'envergure de l'implantation phocéenne sur l'île, la cité antique d'Aléria ressuscite depuis les années 1950 grâce aux travaux des archéologues. Située à proximité d'un abri portuaire naturel, au débouché de la vallée du Tavignano, l'ancienne Alalia fut la première métropole historique de la Corse. Véritable voyage à travers les civilisations méditerranéennes, les lieux, aujourd'hui, offrent aussi d'agréables promenades le long du fleuve et des étangs.

NOS ADRESSES PAGE 415
Hébergement, restauration, achats, activités, etc.

S'INFORMER

Office du tourisme de l'Oriente – *80 av. St-Alexandre-Sauli - 20270 Aleria - 04 95 57 01 51 - www.oriente-corsica.com - de mi-juin à mi-sept. : 9h-19h, sam. 9h-18h, dim. 9h-13h ; reste de l'année : tlj sf w.-end 8h30-12h, 13h30-17h - fermé certains j. fériés.*

SE REPÉRER

Carte de microrégion B1 (p. 398).

Aléria se trouve à peu près à mi-chemin entre Bastia et Porto-Vecchio, le long de la T 10. Dominant le cours inférieur du Tavignano, un plateau de 40 à 60 m d'altitude et de plus de 2 km de long s'élève à 4 km de la mer. Au nord-est s'ouvre l'étang de Diane auquel on accède par une petite route depuis la T 10.

SE GARER

Pour le site archéologique, parking obligatoire à l'entrée du hameau.

À NE PAS MANQUER

Le musée Jérôme-Carcopino.

Se promener

★ Le site antique

Carte p. 412. Fort de Matra - 04 95 61 04 97 - mai-sept. : 9h-12h, 13h-18h ; reste de l'année : tlj sf dim. 8h-12h, 13h-17h - fermé 1er janv., 1er Mai, 1er et 11 Nov., 25 déc. - 2 € (-12 ans 1 €).

Dans un hameau isolé sur une colline, à l'extrémité du village, se déploie le site de la ville antique.

Prendre à droite du fort le chemin menant à la cité antique, à 300 m.

L'antique cité porte l'empreinte des différents peuples méditerranéens qui l'ont convoitée : Phocéens, Étrusques, Carthaginois, Romains et Génois. À son époque faste, Aléria accueillait jusqu'à 80 000 habitants (la bourgade en regroupe aujourd'hui à peine plus de 2 000). Les fouilles ont permis de dégager le forum et le soubassement des principaux monuments de la ville romaine. Les lieux, peu spectaculaires pour les non-initiés, ont été replantés de pins et de cyprès.

Forum – *On y pénètre par l'axe nord ou cardo, planté d'acacias et de châtaigniers.* Cette place de forme trapézoïdale, cœur de la vie publique de la cité, était bordée de portiques au nord et au sud. À ses extrémités se faisaient face un petit temple et le capitole.

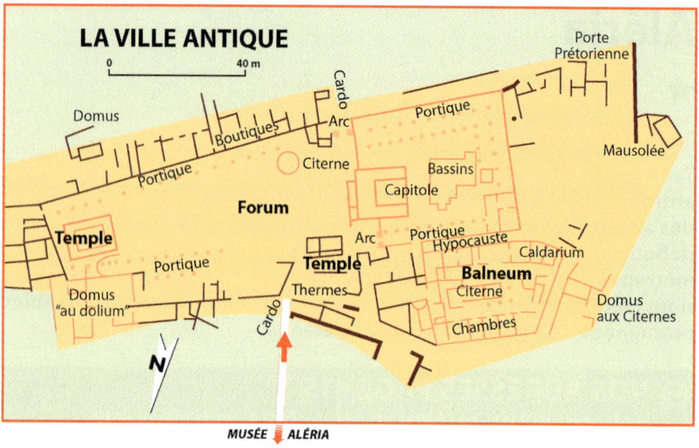

Le capitole – *Accès par le portique nord du forum.* Consacré à Jupiter, Junon et Minerve, c'est le monument religieux et politique le plus important de la colonie d'Aléria. Il a été rasé à l'époque génoise. On y accédait par un escalier monumental. Un triple portique le fermait vers l'ouest et l'esplanade ainsi délimitée fut occupée au Bas-Empire par un petit ensemble thermal dont il reste les bassins.

Temple – Il date vraisemblablement de l'époque d'Auguste et présente un soubassement de galets taillés provenant du Tavignano. Sur son flanc nord, l'abside d'un édifice chrétien montre la continuité de l'occupation du site à travers les siècles. Plus au nord ont été dégagés les vestiges d'une vaste demeure dite **Domus « au dolium »**, car elle possède en son milieu une grande jarre en terre cuite appelée *dolium*.

Balneum – Cet ensemble de plan trapézoïdal est séparé du capitole par le portique nord. On y reconnaît les citernes, et probablement des chambres, vestiaires et salles chauffées *(caldarium)* par un système de canalisations souterraines (hypocaustes). À l'ouest du *balneum*, en bordure du plateau, était située une vaste *domus* où l'on distingue encore un hypocauste et des citernes destinées à des thermes privés.

★ Fort de Matra

Construit par les Génois à la fin du 15e s. sur un emplacement déjà fortifié, le fort a subi de nombreux remaniements et a été récemment restauré. Il abrite le musée Jérôme-Carcopino.

★ **Musée départemental Jérôme-Carcopino** – *Hameau du Fort - ✆ 04 95 57 00 92 - de mi-mai à fin sept. : 9h-12h, 13h-18h ; de déb. avr. à mi-mai et oct. : 8h-12h, 13h-17h ; reste de l'année : tlj sf dim. 8h-12h, 13h-17h - fermé 1er janv., 1er Mai, 1er et*

L'EMPRISE HELLÉNIQUE

Les Phocéens exploitaient les mines de cuivre et de fer de la région de Venaco et de Corte, le plomb argentifère de Ghisoni et les forêts. Ils utilisaient l'argile corse pour leurs céramiques. Ils tiraient aussi parti des étangs voisins riches en huîtres et en anguilles, et développèrent les pêcheries et les salaisons. Les salines et le murex, coquillage dont les Anciens extrayaient la pourpre, alimentaient une grande part de leur commerce. Enfin, ils introduisirent en Corse la vigne, l'olivier et le blé.

Âge d'or et déclin d'Aléria

UN RELAIS DU COMMERCE ATTIQUE

Après avoir fondé Marseille en 600 av. J.-C., les Phocéens (Grecs de Phocée, ville d'Asie Mineure) créèrent en Corse, vers 565, un comptoir à Alalia. Vingt ans plus tard, chassés de Phocée par la conquête perse, ils s'installèrent à Alalia et en firent leur métropole (de 540 à 535 av. J.-C.).
Amoindris par les batailles contre les Étrusques et les Carthaginois, les Phocéens transférèrent leur capitale à Marseille et utilisèrent Alalia comme relais commercial. Ce dernier servit d'escale sur les voies maritimes entre la Provence, l'Italie, la Sicile, l'Espagne et l'Afrique du Nord, et devint un port d'importation pour la Corse.
La cité et l'intérieur de l'île connurent donc les influences helléniques avant de s'ouvrir aux autres civilisations méditerranéennes.

LA BASE NAVALE DE ROME

En 259 av. J.-C., Rome enleva Aléria aux Carthaginois qui la contrôlaient depuis vingt et un ans, et entreprit la conquête de l'île. Jusqu'en 163 av. J.-C., la République dut réprimer de nombreuses révoltes des peuplades de l'intérieur; la Corse perdit alors plus de la moitié de sa population.
L'île, qui formait avec la Sardaigne une province romaine, fut soumise aux aléas de la politique intérieure de la République. En 81 av. J.-C., Sylla, par mesure punitive, transforma Aléria en colonie militaire. Tour à tour, Pompée, César puis Octave s'emparèrent de la cité.
Sous l'empire, Aléria devint la capitale de la province Corse, séparée de la Sardaigne. Auguste (empereur de 27 av. J.-C. à 14 apr. J.-C.) créa un port de guerre dans l'étang de Diane, un port de commerce au pied du plateau dans un coude du Tavignano (où ont été trouvées les ruines des thermes de Santa Laurina des 2e et 3e s.) et fit entreprendre de vastes travaux d'aménagement. Après lui, les empereurs Hadrien, Caracalla et Dioclétien continuèrent à agrandir et à embellir la cité. Celle-ci connaissait alors un grand rayonnement et, par son intermédiaire, la civilisation romaine se répandit dans l'île. Pourtant Aléria ne résista pas à la lente décadence de l'Empire romain. Resserrée sur son plateau, décimée par la malaria, elle fut incendiée par les Vandales et finalement abandonnée au début du 5e s. apr. J.-C.

UNE TERRE LONGTEMPS DÉSHÉRITÉE

Après le départ des Romains, la population, fuyant les incursions barbaresques, abandonna la plaine d'Aléria. Les eaux descendues des montagnes se perdirent alors dans les terres et formèrent des marécages malsains. Le paludisme fit des ravages. Cernés par un haut maquis, les villages de Ghisonaccia, Aghione et Aléria tirèrent, durant des siècles, leurs maigres ressources de l'élevage et d'une agriculture aux techniques archaïques.
En 1944, les troupes américaines basées dans la plaine orientale inondèrent cette dernière de DDT, éradiquant définitivement la malaria. À l'heure actuelle, l'irrigation et la modernisation des méthodes agricoles ont transformé en un vaste verger cette région qui fut longtemps la plus déshéritée de Corse.

11 Nov., 25 déc. - possibilité de visite guidée sur demande (2h) - 2 € (-12 ans 1 €) - billet donnant accès au site antique.

La visite de ce musée est indispensable pour comprendre la richesse et la vitalité du site à l'époque antique. Il regroupe une collection d'objets provenant de la nécropole préromaine et du site de la colonie d'Aléria fouillés et mis en valeur depuis 1955 par Jean et Laurence Jehasse.

Divers objets de bronze, de fer, de verre et, surtout, une précieuse **collection de céramiques★★** attestent la continuité des relations commerciales entre Aléria, la Grèce et l'Italie. Parmi les céramiques étrusques, remarquez un groupe d'œnochoés (vases à verser le vin) provenant de Faléries et une série de cratères peints (vases à large ouverture servant aux mélanges d'eau et de vin) dont celui de Vulci représentant Pirithoos aux enfers. Les plus belles pièces viennent de l'Attique : une coupe attribuée à Panaitios (vers 480 av. J.-C.) ; un **cratère du peintre du Dinos** (vers 425 av. J.-C.) où l'on voit Dionysos assis, entouré de deux satyres et d'une nymphe ; deux remarquables **rhytons** (vases à boire) en forme de tête de chien et de tête de mulet (vers 450 av. J.-C.).

Le hall d'entrée présente le passé romain d'Aléria (plans, inscriptions, monnaies, amphores, lampes à huile…). La salle suivante abrite une superbe tête de marbre : **Jupiter Hammon**, le front ceint de cornes de bélier, datant de l'époque de Trajan. Dans les salles suivantes sont exposés les objets découverts dans la nécropole, en particulier des **bronzes étrusques** et une collection de **céramiques attiques** (coupes et cratères) des 5e et 4e s. av. J.-C. à figures rouges et noires. Signalons une coupe illustrant le thème d'Héraklès terrassant le lion de Némée (470 av. J.-C.) et un cratère du « peintre de Pan » (460 av. J.-C.) représentant Dionysos et Silène présidant à la vendange. Remarquez un petit **collier carthaginois** (4e s. av. J.-C.) en pâte de verre qui témoigne des échanges entre la cité antique et l'Afrique du Nord.

Église St-Marcel

Faisant face au fort, sur le site d'une ancienne cathédrale romane, cette église a été en partie construite avec des pierres provenant de la ville romaine (comme le montrent quelques éléments sculptés).

À proximité Carte de microrégion p. 398

Étang de Diane B1

3 km au nord-est d'Aléria.

Cet étang de 600 ha est un centre d'élevage de moules, de clovisses (ou palourdes) et d'huîtres. Dès l'Antiquité, l'étang de Diane, importante base de la flotte romaine, était réputé pour ses **huîtres**. Les huîtres sont importées de Bretagne à 18 mois ou 2 ans, puis commercialisées après huit mois d'affinage. L'élevage est surtout axé sur l'huître plate. L'îlot des Pêcheurs, au nord-est, a été formé par les valves plates de ces mollusques.

Plage de Padulone B1

3 km à l'est d'Aléria.

Une belle route tracée dans les vignes conduit à une longue étendue de sable gris. Bar et restaurant.

NOS ADRESSES À ALÉRIA

HÉBERGEMENT

PREMIER PRIX

Hôtel Les Orangers – *Rte de la Plage - juste après le croisement de la T 10 - ✆ 04 95 57 00 31 - www.hotel-aleria-lesorangers.com - fermé en déc. - P - 10 ch. 77 € - ☕ 7 €.* Chambres tout confort, dotées de la climatisation. TV et wifi. Même tarif toute l'année.

BUDGET MOYEN

Hôtel-restaurant L'Empereur – *T 10 (face au Leclerc) - ✆ 04 95 57 02 13 - www.hotel-empereur.fr - P ♿ 🏊 - 32 ch. 54/100 € - ☕ 8,50 € - ✕ menus 24/29 €.* Réparties autour d'une piscine à l'arrière du bâtiment, les chambres, confortables, jouissent d'un cadre paisible, à l'écart de la route.

À proximité

PREMIER PRIX

Hôtel Le Banana's – *Lieu-dit Casaperta - 13 km au nord-ouest par la T 50 - ✆ 04 95 57 04 87 - www.hotel-aleria.fr - de mars à fin oct. - P 🏊 ♿ - 9 ch. 65/89 € - ☕ 6 € - ✕ 10/23 €.* Une adresse des plus originale, à l'écart de l'agitation du bord de mer, comprenant piscine, cabine UV, salon de coiffure, bar, restaurant… Quelques chambres fonctionnelles aux tons clairs.

RESTAURATION

À proximité

BUDGET MOYEN

Aux Coquillages de Diana – *Étang de Diana - 4 km au nord d'Aléria par T 10 - ✆ 04 95 57 04 55 - www.restaurant-coquillagesdediana-aleria.com - fermé janv. - P ♿ - 14/28 €.* Telle une barge de bois posée, au bout du ponton, sur l'étang, ce restaurant joue jusqu'au bout la carte maritime : objets et bibelots de la pêche et, à table, coquillages et poissons, bien sûr.

ACHATS

Les Vignerons d'Aléria – *T 10 - Rte de la Mer - ✆ 04 95 57 02 48 - www.cavedaleria.fr - juin-oct. : lun.-sam. 8h30-19h ; reste de l'année : tlj sf w.-end 8h30-12h, 14h-17h30.* Dans la cave coopérative sont vendus de nombreux vins de qualité dont la « Réserve du Président », rouge, rosé ou blanc. Dégustation.

À proximité

Domaine Mavela – *U Licettu - suivre la T 10 vers le Sud sur env. 5 km et poursuivre sur la D 343 dir. Ghisoni sur 2,5 km - ✆ 04 95 56 63 15 - www.domaine-mavela.com - juil.-sept. : 10h-20h ; avr.-juin et d'oct. à déb. janv. : 10h-19h - fermé dim. et reste de l'année - visite guidée et dégustation : 11h, 15h, 17h (et 18h30 en juil.-août) - 9 €.* Cette distillerie élabore ses produits dans le respect de la tradition : fruits cultivés de manière naturelle, transformation sans colorant ni levure. Les eaux-de-vie de prune, de raisin, de cédrat, de framboise, de myrte et de châtaigne sont les fleurons de ce domaine où a été créé le premier whisky corse.

Castagniccia, Costa Verde et Casinca 9

Carte Michelin Départements 345 – Haute-Corse (2B)

Châtaignes corses.
N. Tondini / Marka / age fotostock

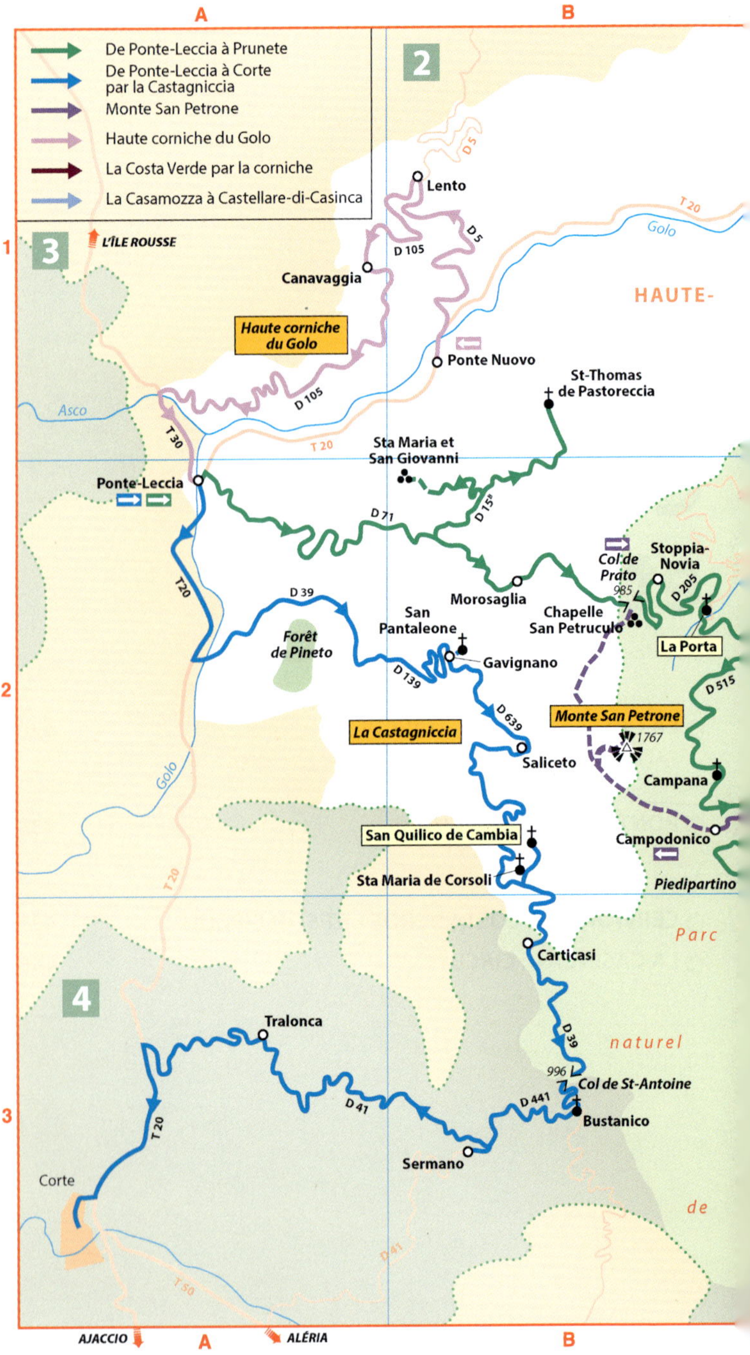
A
B
De Ponte-Leccia à Prunete
De Ponte-Leccia à Corte par la Castagniccia
Monte San Petrone
Haute corniche du Golo
La Costa Verde par la corniche
La Casamozza à Castellare-di-Casinca
2
3
1
L'ÎLE ROUSSE
Lento
D 5
T 20
Golo
D 105
Canavaggia
HAUTE-
Haute corniche du Golo
Ponte Nuovo
St-Thomas de Pastoreccia
Asco
T 30
Sta Maria et San Giovanni
Ponte-Leccia
D 71
D 15B
Stoppia-Novia
Col de Prato
985
D 205
Morosaglia
Chapelle San Petruculo
La Porta
D 39
San Pantaleone
Gavignano
Forêt de Pineto
D 139
D 515
D 639
Monte San Petrone
1767
La Castagniccia
Saliceto
Campana
San Quilico de Cambia
Campodonico
Sta Maria de Corsoli
Piedipartino
Parc
Carticasi
4
Tralonca
naturel
996
Col de St-Antoine
D 41
D 441
Bustanico
Sermano
Corte
de
T 50
AJACCIO
ALÉRIA

C
BASTIA
D
1
CASTAGNICCIA, COSTA VERDE ET CASINCA
0
5 km
La Castagniccia
★★ Mérite un détour
Cervione
★ Intéressant
Morosaglia
À voir
Ville de départ du circuit
Casamozza
T 10
D 237
Vescovato
La Casinca
CORSE
Venzolasca
D 6
Loreto-di-Casinca
San Pancrazio
Penta-di-Casinca
Castellare-di-Casinca
D 206
N
D 506
Parc Galea
D 30
D 306
Vallée du Fium'Alto
Fium'Alto
D 205
D 230
Isolaccio
Chapelle San Petru
Talasani
T 10
Velone-Orneto
Mezzana
2
D 506
Costa
D 330
San-Giovanni-di-Moriani
Sta-Lucia-di-Moriani
Couvent d'Orezza
Moriani-Plage
St-Jean
San Mamiliano
Les Eaux d'Orezza
San Nicolao
Piedicroce
Stazzona
Cadc de l'Ucelline
Verde
Sta-Reparata-di-Moriani
D 34
Carcheto
Corniche de la Castagniccia
Poggiale
Ste-Christine
Port de Taverna
D 71
Felce
N.-D.-de-la-Scobiccia
Cervione
Pointe de Nevera
815
D 71
Prunete
régional
Couvent St-François
D 217
San Giuliano
Couvent d'Alesani
D 71
3
Alesani
D 517
Alesani
Corse
D 52
T 10
8
C
D
ALÉRIA

La Castagniccia

★★

Haute-Corse (2B)

Laissez-vous séduire par le charme de cette région dont les collines et les châtaigneraies peuplées de geais sont parsemées de mille hameaux au profil de forteresse. Étapes historiques, modestes chapelles romanes ou églises baroques sont quelques-uns des trésors qui vous attendent dans ce dédale de routes étroites, dont les virages et les lacets tissent un réseau facétieux d'une vallée à l'autre.

NOS ADRESSES PAGE 432
Hébergement, restauration, achats, activités, etc.

S'INFORMER

Office du tourisme de la Costa Verde - Pôle touristique Castagniccia - Mare e Monti – *Maison du Développement - 430 rte de Moriani-Plage - 20230 San-Nicolao - ☏ 04 95 38 41 73 - castagniccia-maremonti.com - juin-sept. : 9h-19h, dim. 10h-18h ; reste de l'année : se rens.* Informations sur le territoire Castagniccia - Mare e Monti.

Syndicat d'initiative de la Castagniccia – *Maison des Entreprises - 20229 Piedicroce - ☏ 04 95 35 82 54 - mai-oct. : 9h-18h ; reste de l'année : tlj sf dim. 9h-16h - fermé 1er janv., 1er et 11 Nov., 25 déc.*

Office du tourisme de la vallée du Golo – *Voir p. 189.*

SE REPÉRER

Carte de microrégion AB2/3 (p. 418).

La Castagniccia, qui finit en balcon sur la plaine orientale, est bordée au nord par l'étroite vallée du Golo, à l'ouest par le sillon central cortenais, à l'est par la Costa Verde, et au sud par le Bozio. Le monte San Petrone, du haut de ses 1 767 m affirme le caractère montagnard de la région.

À NE PAS MANQUER

Les ruines romantiques du couvent d'Orezza ; le village de Carcheto ; le site sauvage du couvent d'Alesani ; la chapelle Santa Maria de Corsoli et les fresques de la chapelle San Quilico de Cambia.

ORGANISER SON TEMPS

Nous proposons ci-après une traversée de la Castagniccia mais comptez plusieurs jours si vous voulez randonner dans la région et une journée de plus pour l'ascension du monte San Petrone.

Circuits conseillés Carte de microrégion

DE PONTE-LECCIA À PRUNETE

Circuit de 82 km au départ de Ponte-Leccia tracé en vert sur la carte p. 418-419 – Compter une journée.

Ce circuit emprunte la D 71 et la D 330 et traverse les anciennes *pièves* de Rostino (un pays qui a vu grandir Pascal Paoli), d'Ampugnani, d'Orezza et d'Alesani. Il offre une excellente vue d'ensemble sur ce pays aux villages situés sur les versants exposés au soleil.

Ponte-Leccia A2 *(voir p. 190)*

De Ponte-Leccia, suivre la D 71 en direction de Cervione.

Châtaigneraies en Castagniccia.
RnDmS/iStock

La route offre de jolies **vues** sur le massif du Rotondo, sur les aiguilles rouges de Popolasca et les montagnes de l'Asco. Elle s'élève à travers les châtaigneraies dominant sur la droite la vallée verdoyante de la Casaluna, affluent du Golo.

Santa Maria et San Giovanni de Valle-di-Rostino B2

5 km au départ du Bocca a Serna par la D 15^B à gauche. Au premier carrefour, prendre à gauche la D 615 (dir. Valle-di-Rostino), descendre la route en lacets serrés puis prendre à gauche au-delà de l'église St-Michel. Plus loin un panneau « Monument historique » indique le site. Suivre la piste à pied (15mn). Au sommet de la montée, ne pas manquer le petit chemin à droite (fléché) qui descend à la chapelle.

Cet ensemble ruiné perdu dans la campagne réunit les vestiges d'une ancienne **église piévane**, Santa Maria (10e s.), et de son **baptistère**, San Giovanni (12e s.). Bâtie sur un ancien site romain, l'église a été abandonnée au 19e s. Remarquez le chevet construit en pierres minces taillées dans des schistes bruns, gris ou verts, orné de pilastres et d'élégantes arcatures. Le baptistère est très différent. De plan octogonal, cet étrange édifice d'environ 11 m de diamètre était couvert d'une charpente et surmonté d'une sorte de flèche. La piscine et la plupart des éléments de décor ont disparu, mais on voit encore un tympan semi-circulaire représentant Adam et Ève tentés par le serpent.

St-Thomas de Pastoreccia B1

Reprendre la D 15^B vers le nord jusqu'à Pastoreccia. Au carrefour à la sortie du village après la plaque indicatrice, emprunter la route à gauche. À 500 m, un sentier se détache à droite vers la chapelle et le cimetière. 04 95 38 70 34 - - possibilité de visite guidée sur demande (20mn) - en cas de fermeture, s'adresser à la mairie (04 95 38 70 34) ou à M. Girolami (04 95 38 75 16).

Élevée sur un promontoire au-dessus de la vallée du Golo, cette chapelle romane en schiste gris a été mutilée lors d'une restauration malheureuse en 1930, qui démolit la moitié de l'église et détacha une partie de ses fresques. *Entrer par l'étroite porte latérale sud.*

LES BONNES « HISTOIRES » DE GROSSO-MINUTO

Cette pittoresque figure de la Castagniccia est née en 1715 à Parelli-d'Alesani. Pauvre marchand ambulant, affligé d'une constitution chétive, Minuto se vengea des quolibets par ses réparties restées célèbres. Rallié à Paoli dont il fut le compagnon et le bouffon, il mourut à 86 ans.

L'âne amoureux : En plein midi, Minuto grimpait avec son âne la côte de Chiatra. L'animal, chargé et fatigué, se mit soudain à braire avec force.

– Ami, dit alors une femme à Minuto, votre âne est amoureux. Il semble qu'il prenne le mois de septembre pour le mois de mai.

– Tu te trompes, répliqua Minuto. C'est parce qu'il a flairé la présence d'une ânesse!

Les **fresques★** datent de la fin du 15e s. Cette période correspond à un renouveau du décor peint qui touche particulièrement la Castagniccia, avec des compositions comme celles de San Quilico de Cambia *(voir p. 430)*.

Reprendre la D 15B, en sens inverse, jusqu'à la D 71, et l'emprunter sur la gauche en direction de Morosaglia.

Morosaglia B2

Office du tourisme de la vallée du Golo – *Voir p. 189.*

Constitué de plusieurs hameaux perchés à 800 m d'altitude, ce village-belvédère aux maisons de schiste procure un beau panorama sur la région. Entouré de chênes et de châtaigniers, il est connu de tous les Corses comme le village natal de **Pascal Paoli**.

Église Santa Reparata – *✆ 04 95 61 11 40 - fermé temporairement, se rens. à la mairie.* L'église paroissiale où Pascal Paoli fut baptisé domine le village de son promontoire, à 900 m d'altitude. Remanié à plusieurs reprises, cet édifice roman conserve dans son appareil quelques pierres sculptées du haut Moyen Âge. Le tympan de la porte occidentale s'orne de deux serpents entrelacés du 12e s. À l'intérieur, le chemin de croix aux détails naïfs est une œuvre populaire du 18e s.

En bas du village, l'ancien couvent de Rostino abritait jadis les Consultes nationales de Corse. Paoli y a créé une école communale. Dans l'église, remarquez la belle chaire (1730).

Musée départemental Pascal-Paoli – *Hameau de la Stretta - ✆ 04 95 61 04 97 - www.haute-corse.fr - de mi-mai à fin sept. : 9h-12h, 13h-18h ; reste de l'année : tlj sf dim. 8h-12h, 13h-17h - fermé 1er janv., 1er Mai, 1er et 11 Nov., 25 déc. - tarif, se rens.* Situé dans la maison natale de Paoli, ce musée regroupe sur deux niveaux des objets personnels et des documents qui présentent la personnalité et l'œuvre du héros de la nation corse. La visite débute par une intéressante projection vidéo et s'achève dans la chapelle familiale, abritant les cendres du « Père de la patrie ».

La D 71 monte à travers les châtaigniers.

Col de Prato (Bocca di u Pratu) B2

Alt. 985 m. Le col est le point de départ le plus aisé pour l'ascension du **monte San Petrone★★**. Peu après le col se dégage une belle **vue★** sur une grande partie de la Castagniccia, la mer Tyrrhénienne et l'archipel toscan.

Chapelle ruinée San Petruculo d'Accia B2

Au col de Prato, après avoir laissé votre voiture, prendre sur la droite, le chemin qui part en direction du San Petrone. Au bout de 100 m, virage à droite à 90°.

30mn à pied AR. 20 m plus loin, prendre à gauche une vague piste qui monte en direction du sud. Laisser sur sa gauche le mamelon rocheux couronné de chênes verts. Continuer tout droit. Les ruines sont au sommet d'un petit col, entourées des restes d'un mur de pierre.

De cette ancienne **église** isolée au flanc du San Petrone subsistent l'élévation du chœur avec son abside et les bases d'une nef de plan basilical. Ces ruines dateraient du 6e s., époque où le pape **Grégoire le Grand** (590-604) s'employa à créer dans une Corse spirituellement appauvrie de nouveaux foyers religieux, et à relever les sanctuaires détruits par les Barbares. On a connaissance de deux missives du pape à l'évêque d'Aléria, faisant état de la fondation d'une basilique et d'un baptistère, sur le « Mont Nigeuno ». D'après les résultats des fouilles archéologiques, les ruines de San Petruculo correspondraient à celles de la basilique. On n'a pas, à ce jour, trouvé trace du baptistère. Chaque 1er août, ce site paisible redevient un lieu de pèlerinage.

De retour au col de Prato, reprendre la D 71 vers le sud-est sur 500 m, et prendre à gauche la route étroite qui va à Stoppia-Novia.

À **Stoppia-Novia**, une fontaine chante sur une petite place panoramique en cul-de-sac. Poussez la porte de l'austère église de la Vierge-du-Mont-Carmel (18e s.) derrière laquelle se cache un décor baroque magnifiquement restauré.

Continuez vers La Porta.

9

★ La Porta (A Porta) B2

La route en corniche domine alors la vallée du **Fium'Alto**. Au cœur de la Castagniccia, nichée dans sa châtaigneraie, La Porta est la « porte d'entrée » de l'ancienne *pième* de l'Ampugnani. Organisé autour d'une vaste place où chante une fontaine, ce joli village fleuri est célèbre pour abriter l'une des plus belles églises baroques de Corse.

L'**église St-Jean-Baptiste** *(voir ABC d'architecture p. 502)* fut élevée entre 1644 et 1680 sur les plans de l'architecte milanais Domenico Baïna. Sa façade ocre et blanc, ornée de fines volutes et d'élégants pilastres, est flanquée d'un campanile détaché de cinq étages, s'élevant à 45 m de haut, qui fut ajouté en 1720.

L'**intérieur** présente des peintures en trompe l'œil. La peinture de la voûte a été réalisée en 1866 par un certain Joseph Giordani. L'orgue – aujourd'hui classé – fut construit en 1780 au couvent de Rogliano (cap Corse) par le moine franciscain Maracci pour le couvent St-Antoine de Casabianca. En l'an VIII, le commissaire Saliceti, chargé de détruire le couvent, laissa transporter l'orgue à La Porta dont sa femme était originaire. Remarquez aussi le Christ en bois peint, du 17e s.

Campana B2

Laisser la voiture à l'ombre des arbres le long de la D 71 et gagner par des ruelles en escalier le haut du village qui s'adosse au monte San Petrone.

LA FIERTÉ DE LA PORTA

La Porta a vu naître **Horace Sebastiani** (1772-1851) qui devint comte d'empire, puis maréchal de France. D'abord officier de cavalerie, il s'illustra sur la plupart des champs de bataille d'Europe au service de Bonaparte, du Premier consul, de l'Empereur et enfin de Louis-Philippe. Plusieurs fois ministre, il occupa des postes d'ambassadeur à Naples et à Londres. Il passe aux yeux des historiens pour être à l'origine de la partition de villages de l'île en clans rivaux. Il est inhumé aux Invalides.

La patrie du châtaignier

Castagniccia signifie « région plantée de châtaigniers » ; ce nom évocateur paraît s'être imposé vers le milieu du 17e s. Comme souvent, la fin du mot ne se prononce pas ; dire « Castagnitche »

L'ŒUVRE DES GÉNOIS

Un arbre majestueux

La palynologie (étude des pollens) a montré que le châtaignier était présent en Corse dès l'époque néolithique. Mais les grandes plantations ne commencèrent qu'au 15e s., sous la domination génoise, principalement en Castagniccia, et se développèrent aux siècles suivants. Cet arbre atteint une vingtaine de mètres de hauteur et son tronc vigoureux, revêtu d'une écorce gris argenté et fendillée, dépasse souvent 2 m de diamètre. Ses branches largement étagées procurent un ombrage apprécié pendant les chaudes journées d'été. Il fleurit en mai et en juin.

Des plantations obligatoires

Les Génois, qui avaient découvert les bienfaits de « l'arbre à pain » dans l'Apennin, voulurent développer la castanéiculture en Corse. Il leur fallut pour cela modifier l'ensemble du système agricole, les montagnards de l'île étant avant tout des éleveurs et des céréaliers. En 1584, le gouverneur génois signa une première ordonnance obligeant tous les propriétaires et fermiers à planter chaque année quatre arbres fruitiers, sous peine d'amende par arbre non planté. Les espèces recommandées étaient le mûrier, le figuier, l'olivier et le châtaignier. C'est dans la future Castagniccia, où la densité de population était forte, que les ordonnances génoises obtinrent un réel succès.

HAUT LIEU DU PATRIOTISME CORSE

La Castagniccia a joué au 18e s. un rôle important lors de la guerre d'indépendance : elle fut l'un des principaux foyers de révolte de l'île. Les patriotes se réunirent souvent en Consulte dans ses couvents :
- à Orezza, le clergé déclara la guerre de libération contre Gênes ;
- à Alesani, le baron Théodore de Neuhoff fut proclamé roi de Corse ;
- à Rostino, **Pascal Paoli**, enfant de Morosaglia, se fit élire général de la Nation.

La région compte également parmi les patriotes, **Louis Giafferi** né à Talasani, et de Saliceto, le député du tiers état, **Saliceti**.

QUESTION DE PARESSE OU DE SURVIE ?

Vers 1770, le châtaignier occupait en Castagniccia plus de 70 % des surfaces cultivées. De cette époque date toute une littérature due à des « technocrates » français aux préjugés tenaces établissant un lien entre la culture du châtaignier et une paresse présumée des Corses : le châtaignier serait « immoral » car il fournirait des fruits presque sans travail. Un tel amalgame témoigne d'une profonde ignorance des réalités insulaires. On ne voit pas, par exemple, comment les habitants d'une commune telle que Piedicroce, qui s'entassaient à

141 habitants au km² en 1786 et qui cultivaient 98,8 % du territoire, auraient pu survivre sans le châtaignier. Dans les terres relativement pauvres de la Castagniccia, une châtaigneraie bien entretenue représente une capacité nutritive trois fois supérieure en calories à celle de la même terre ensemencée en céréales. En 1880, la châtaigneraie couvrait 33 000 ha et produisait plus de 3 000 t de châtaignes.

LA VIE DE L'« ARBRE À PAIN »

Récolter les châtaignes

Il faut environ quinze ans pour obtenir une première récolte après avoir soigné, greffé et protégé le jeune arbre. Le ramassage débute à l'automne : jusqu'à fin novembre, des familles entières passent leur journée courbées à saisir les bogues et les châtaignes nues avec une petite fourche de bois *(la ruspula)*. La récolte est alors transportée au séchoir *(siccatoghju)* pour y être étalée sur des claies au-dessus du *fucone* durant près de trois semaines. Ensuite a lieu l'opération de battage : on place les châtaignes décortiquées dans des sacs en peau de porc d'une contenance de 5 kg pour les jeter à la force du bras sur un billot de bois. Au terme de cette opération, répétée au moins une trentaine de fois, la peau extérieure de la châtaigne est retirée et la récolte est mise à sécher dans un four tiède qui permettra d'enlever la seconde peau fine. Les châtaignes sont alors expédiées au moulin.

Distinguer les catégories

On distingue en Corse plusieurs **catégories de châtaignes** : celle de qualité et de belle taille, *l'insitina* ; la *tricciuta* qui se ramasse en bouquets de bogues ; la *pitrina* (ou tuile) de forme plate et la *villana*, rustique destinée à la consommation animale. Les deux premières fournissent en mélange la farine la plus appréciée. La farine de châtaigne a la particularité d'être sans gluten et donc particulièrement recommandée pour les personnes allergiques. Elle se conserve un an au congélateur.

UNE ÉCONOMIE ORIGINALE

Commerce et artisanat

La culture presque exclusive du châtaignier fut à l'origine d'une économie particulière en Castagniccia. Une partie des châtaignes récoltées était commercialisée : soit troquée contre d'autres denrées, soit vendue pour fournir les ressources monétaires indispensables au paiement des impôts. Les **élevages de porcs** en semi-liberté, nourris de châtaignes, fournissaient une charcuterie remarquable. L'**artisanat** était florissant : serrurerie, coutellerie, cordonnerie, confection de chaises et de paniers, fabrication à Orezza de meubles et de pipes en souche de bruyère.

L'habitat

La **maison traditionnelle**, couverte d'un toit de lauzes, comprend un rez-de-chaussée à demi enterré réservé aux animaux et aux provisions. Au 1er étage, on brûle des bûches pour sécher des châtaignes placées dans le grenier sur un plancher à claire-voie sous lequel sont suspendus les jambons et *figatelli*.

L'**église paroissiale St-André** abrite une belle toile, *L'Adoration des bergers*, attribuée au peintre espagnol Francisco de Zurbarán (1598-1664) ou à un de ses élèves ; par sa technique picturale et par les visages de type andalou, ce tableau se rattache à l'école de Séville du 17e s.

Reprendre la route. Un kilomètre avant Piedicroce s'élèvent, sur la gauche, les ruines d'un couvent.

★ Couvent d'Orezza C2

Fondé au 18e s., le couvent franciscain fut, pendant la guerre d'indépendance, un bastion de l'opposition à la Superbe (Gênes). Désaffecté au moment de la Révolution française, il n'est plus aujourd'hui qu'une ruine romantique, envahie par le lierre *(ne pas trop s'approcher)* et parfois fréquenté par les vaches.

L'église à ciel ouvert offre des restes de polychromie dans les chapelles baroques. Dans l'une d'elles se distingue l'emblème des franciscains : deux bras croisés sur une croix. Le couvent laisse voir par des trous béants les profondeurs de ses caves et de ses souterrains. Par les fenêtres, une vue plongeante sur la vallée d'Orezza rappelle que ce lieu saint était aussi un point stratégique.

Piedicroce C2

Voir « S'informer ».

L'**église St-Pierre et St-Paul★** présente une belle façade baroque du 18e s. et un clocher carré. L'intérieur surprend par l'abondance du décor qui mêle des motifs géométriques peints, des stucs et un trompe-l'œil. Au-dessus du maître-autel, la peinture sur toile d'un primitif italien représente une Vierge à l'Enfant. La chaire (18e s.) séduit par son riche décor de stuc peint. Ne manquez pas de vous retourner pour admirer le superbe **buffet d'orgue★** polychrome qui enchâsse le plus ancien orgue de Corse attribué à Giorgio Spinola (1617-1619), et qui provient de la cathédrale Ste-Marie de Bastia.

Prendre la D 506 vers Folelli, une route en lacet à travers une châtaigneraie.

Stazzona C2

Ce hameau reçoit les curistes venus prendre les eaux d'Orezza. Jolie vue sur Carcheto et son clocher baroque, de l'autre côté de la vallée.

Suivre la D 506 pendant 1,5 km.

Les eaux d'Orezza (L'Acque d'Orezza) C2

Cette ancienne station thermale est joliment située au fond d'un vallon couvert de superbes châtaigniers que domine le village de Piedicroce. Les eaux d'Orezza, froides, ferrugineuses, bicarbonatées et gazeuses étaient déjà connues dans l'Antiquité. Elles soignaient au 19e s. les cas d'anémie, les

UN BASTION D'OPPOSITION

Plusieurs Consultes se réunirent au **couvent d'Orezza**. Le 20 avril 1731, une vingtaine de représentants du clergé étudièrent la question qui préoccupait les consciences : la révolte contre l'autorité légale était-elle compatible avec la morale chrétienne ? Une majorité délia les Corses du serment de fidélité à la république de Gênes. Les termes de cette résolution demeuraient cependant modérés et n'entraînaient pas la rupture.

En 1744, le franciscain saint Léonard de Port-Maurice (1677-1751) vint ici pour prêcher une mission contre la vendetta.

En juin 1751, une importante Consulte vota une nouvelle Constitution : le pouvoir exécutif était confié à Jean-Pierre Gaffori *(voir p. 173)*.

En 1790, Pascal Paoli rencontra en ces lieux Napoléon Bonaparte.

Le village perché de Carcheto, dans la Castagniccia.
B. Rieger / hemis.fr

troubles du système nerveux ainsi que le paludisme et les affections du foie et des reins. De l'établissement thermal subsiste, sous le kiosque au centre du parc, une **fontaine** où l'on peut lire quelques panneaux racontant l'histoire des lieux et surtout goûter l'eau. Mais il vaut mieux profiter de sa mise en bouteille et du traitement qui lui ôte son goût désagréable. Ces opérations sont réalisées sous vos yeux ou presque dans les ateliers attenants, jusqu'aux bouteilles qui seront vendues à travers l'île entière.

Revenir à Piedicroce pour continuer la D 71 sur la gauche.

★ Carcheto C2

Ce village, connu pour son église Ste-Marguerite, est aussi réputé pour sa carrière de roche ornementale. En effet, le vert d'Orezza est une variété très dure d'ophiolite d'une exceptionnelle beauté qui servit, entre autres, à la décoration de la chapelle Médicis de Florence.

★ **Église** – ✆ *04 95 35 84 08 - avr.-oct. : horaires, se rens.* C'est peut-être l'un des monuments religieux les plus émouvants de la Corse des 17e et 18e s. avec ses décorations vives et naïves réalisées par des artistes locaux. Elle s'orne d'un monumental clocher ajouré. Sur sa façade principale, corniches, pilastres, colonnes engagées et niches composent un ensemble harmonieux. La chaude couleur de la pierre contraste avec les taches noires des trous de boulin. Les peintures du chemin de croix sont de 1790. Le maître-autel, au pied duquel sainte Marguerite a été représentée allongée, est surmonté d'un monumental tabernacle en bois polychrome. Derrière le maître-autel, remarquez le mobilier de sacristie. Les chapelles latérales à la nef, comme les bras du transept, ont reçu un décor mélangeant stucs, trompe-l'œil et couleurs vives autour d'un autel-tombeau. Les orgues proviennent du couvent d'Orezza.

Cascade – *30mn AR.* De la place de l'église (*petit panneau à 30 m en contrebas*), un chemin descend vers la rivière qui se lance ici dans une belle cascade ; les lieux sont très appréciés à la belle saison et offrent une halte rafraîchissante aux petits et aux grands.

Sentier de découverte – *Fléché au départ de la D 71. boucle de 3h, balisage orange.* Ce parcours est un excellent moyen d'appréhender les trésors de la région. Il traverse une châtaigneraie avant d'arriver auprès des ruines de la chapelle romane San Martino (11e-13e s.). Les châtaigniers laissent très provisoirement leur place à un bois de chênes qui protège le gisement de vert d'Orezza exploité jusqu'à la fin du 20e s. Après avoir longé une châtaigneraie, gagnez la D 71 qu'il faut prendre à gauche en direction de **Piedipartino**. Le village ne manque pas d'attraits, notamment le portail de l'église baroque San Bernardino et l'imposante maison forte (16e s.) qui lui fait face. Le sentier revient vers Carcheto en passant par l'agréable cascade citée ci-dessus.
Reprendre la D 71.
La route s'élève offrant de belles échappées, en arrière, sur le vallon d'Orezza dominé par le monte San Petrone.

Felce C3

Le hameau possède une modeste **église** à toiture de schiste, surmontée d'un clocher à quatre étages. À l'**intérieur★**, vous trouverez des fresques naïves d'une grande fraîcheur : à gauche en entrant, *Baptême du Christ*; sur un pendentif de la voûte, l'auteur inspiré flotte sur les nuages; le chevet plat s'orne d'une Annonciation dans des arcades en trompe l'œil. Le tabernacle du maître-autel a été sculpté au couteau par un bandit corse.
Dans le hameau voisin, **Poggiale**, se trouve la maison natale de l'historien corse **Pietro Cirneo** (1445-1503), auteur du *De rebus corsicis*.

Couvent d'Alesani C3

À Valle-d'Alesani, prendre la route de Piazzali (6 km par la D 217), puis celle de Perelli (D 17) qui s'ouvre à droite, à la sortie du village.
La fondation du couvent remonte aux premiers temps de l'ordre franciscain en Corse. Les bâtiments actuels, progressivement restaurés, sont d'époque beaucoup plus récente. Décorée de peintures vives, l'**église conventuelle** conserve une copie d'un beau primitif de l'école de Sienne, datant de 1450, la **Vierge à la cerise★**, attribuée au peintre Sano di Pietro. L'original, conservé au musée d'Aléria *(voir p. 412)*, revient chaque année les 7 et 8 septembre à l'occasion d'un pèlerinage très suivi par les Corses. La chaire repose sur une élégante colonne torsadée. Le clocher, écroulé en 1943, a été reconstruit en 1994.
Revenir sur la D 71.
La route en corniche domine la vallée étroite et sinueuse de l'Alesani, puis son lac de barrage avec, en arrière-plan, la plaine orientale où l'on distingue le barrage de Péri et le phare d'Alistro.

Barrage de l'Alesani D3

Il retient 11 millions de m3 d'eau destinée à l'irrigation de 4 200 ha de la plaine orientale entre Moriani-Plage et Bravone.
Les châtaigniers cèdent désormais la place au maquis. Peu avant Cervione, la route oblique vers le nord pour longer en corniche la plaine littorale.

★ Cervione D3 *(voir p. 437)*

Possibilité de rejoindre la côte à Prunete par la D 71, ou à Moriani-Plage en passant par la **corniche de Castagniccia★** *(voir p. 439)*.

DE PONTE-LECCIA À CORTE PAR LA CASTAGNICCIA

Circuit de 73 km au départ de Ponte-Leccia tracé en bleu sur la carte p. 418 – Compter environ 4h.

À l'écart des routes touristiques habituelles, ce circuit permet de découvrir les contrées sauvages et reculées de la Castagniccia méridionale et du Bozio *(voir p. 210)*.

Ponte-Leccia *(voir p. 190)*

Quitter Ponte-Leccia par la T 20 en direction de Corte ; à 5 km, prendre à gauche la D 39 vers Gavignano.

La route bien revêtue serpente dans la belle et odorante **forêt de Pineto** à travers les chênes verts, puis les pins, les oliviers et les arbres fruitiers.

Prenez à gauche, au bout de 7 km, la route de **Gavignano** *(D 139)*. 6 km plus loin, peu avant le village, sur la gauche de la route, la porte d'accès à un cimetière conduit à une belle **chapelle romane** *(2mn de marche)* entourée de quelques tombes éparpillées dans le maquis.

Chapelle San Pantaleone B2

Rte du Cimetière - possibilité de visite guidée sur demande au ✆ 06 43 08 30 14.

De construction élémentaire, elle est agrémentée d'un clocheton tardif qui coiffe sa façade. Les **fresques★**, de la fin du 15e s., recouvrent l'abside et l'arc triomphal. Malgré leur dégradation, elles sont remarquables par la combinaison des couleurs et des nuances. Parmi les personnages subsistants, remarquez saint Barthélemy, étonnant avec sa peau sur le dos et la profondeur de son regard, et saint Pantaléon, coiffé d'un bonnet rouge, qui arbore un instrument de chirurgie (il fut le médecin d'un empereur romain).

Continuer vers Saliceto.

Saliceto (Salicetu) B2

Occupant un site en belvédère au fond d'un cirque montagneux, ce minuscule village, patrie du conventionnel Christophe Saliceti, ménage une succession de panoramas remarquables que vous découvrirez au hasard des ruelles (voûtées) en escalier débouchant sur des terrasses. Les toits de lauzes étincellent sous le soleil. Surmontée d'un gracieux campanile, l'église enjambe le torrent qui s'occupe de l'ambiance sonore.

En quittant le cirque montagneux de Saliceto pour changer de vallée, la D 639 amorce une descente jusqu'à San Lorenzo (San Lurenzu) où l'on retrouve le cours de la Casaluna, ménageant au passage de beaux panoramas.

Au carrefour (à la sortie de San Lorenzo), prendre à gauche la D 39 vers Cambia.

Chapelle Santa Maria de Corsoli B2

À 3 km, laisser la voiture sur le petit espace de stationnement aménagé (panneau explicatif) à droite de la route, au carrefour du chemin communal conduisant à Corsoli, et emprunter à pied le chemin qui s'amorce en face. Un panneau indique le départ du sentier baptisé « Entre légende et symbolique » (doublé d'un autre panneau, brun, qui indique quant à lui la chapelle et le menhir).

15mn. Au bout de 5mn de marche, empruntez un sentier secondaire vers le menhir de Petra Frisgiata, situé à moins de 3mn du sentier principal. Cet énorme rocher est couvert de gravures rupestres datées de l'âge du bronze.

Revenez au sentier principal et poursuivez vers la chapelle.

Ce petit édifice, admirable dans les proportions et le travail de la pierre, ressemble à la chapelle San Quilico, toute proche. Il s'en distingue cependant par l'absence totale de décoration et par ses dimensions plus modestes. Ce style roman pisan très pur paraît d'exécution tardive, sans doute du 13e s. L'intérieur conserve l'autel roman d'origine.

Sur l'aire ombragée de chênes verts, devant la chapelle, trône le **menhir de Cambia**, orné en son extrémité d'une figure de femme sculptée.

Depuis la chapelle Santa Maria de Corsoli, il est possible de rejoindre la chapelle de San Quilico en suivant un sentier qui monte à travers le maquis (*env. 30mn*). Soyez tout de même équipé de bonnes chaussures si le temps n'est pas au beau fixe, certains passages dans la roche sont très étroits et régulièrement inondés en période de fortes pluies. Dans ce dernier cas, le plus prudent est même de rebroussez chemin.

Poursuivre sur la D 39 vers Cambia. À 1 km environ, prendre à gauche la petite route communale vers le hameau de San Quilico. Après 1,5 km, laisser la voiture sur le parking aménagé à l'entrée du hameau, au bout de la route. Un panneau indique la direction de la chapelle en contrebas.

★ Chapelle San Quilico (San Quilicu) de Cambia B2

Visite, se rens. à la mairie.

Le vocable San Quilico – appellation corse de saint Cyr – est assez fréquent en Corse. Saint Cyr est un petit martyr de 7 ans qui se serait joint volontairement au martyre de sa mère, sainte Judith, en affirmant son baptême et sa foi. Cette chapelle, isolée dans un enclos arboré sur le flanc sud-ouest du monte San Petrone, pourrait être d'origine seigneuriale. On ignore tout de sa fondation. Cet édifice, de survivance romane, paraît avoir été élevé au 13e s. dans un style et sur des canons déjà bien établis dans l'art roman pisan du 12e s. De belles dalles de schiste ocré composent les murs. La porte latérale est surmontée d'un tympan sculpté d'une scène très vivante, la *Tentation d'Ève*. La porte sud est ornée d'un tympan très expressif : sans doute faut-il voir dans le personnage en robe en train de dominer un serpent, l'image du chrétien qui terrasse le Mal en se ceignant du vêtement de la Foi.

Accès par la porte latérale. Ouvrir de l'intérieur la porte principale de façon à faire pénétrer la lumière du jour dans l'édifice.

Le chœur est décoré de fresques naïves et pleines de vie (16e s.). Sur le cul-de-four, le Père éternel et le Christ en croix avec au-dessus d'eux la lune, le soleil et une colombe ; quatre anges adorateurs et les quatre évangélistes les entourent. Dans une partition horizontale, à la base de la composition, Vierge à l'Enfant et les douze apôtres. Saint Barnabé, l'apôtre élu pour remplacer Judas, est rajouté à l'extrême droite.

Regagner la D 39 qui poursuit la montée jusqu'à Carticasi.

Carticasi B3

Construit en balcon sur un éperon rocheux dominant la vallée de la Casaluna, ce bourg corse typique est particulièrement animé en période de chasse. Ses vieilles maisons, couvertes pour la plupart de grosses lauzes, semblent monter la garde vers le sud où moutonne le relief plus désolé du Bozio.

Au-delà de Carticasi, la route, très étroite, franchit **le col de St-Antoine** pour s'enfoncer dans le **Bozio**.

Poursuivre sur la D 39.

Bustanico B3 *(voir p. 211)*

Dans le village, prendre à droite la D 441.

Sermano B3 *(voir p. 211)*

Revenir sur ses pas jusqu'à la D 41 que l'on suit en direction de Santa-Lucia-di-Mercurio et Tralonca.

★ Tralonca A3 *(voir p. 210)*

La route descend jusqu'au col de San Quilico où l'on retrouve la T 20 à 7 km au nord de Corte.

Chapelle San Quilico, du 13e s.
joningall/Fotosearch LBRF/age fotostock

Randonnées Carte de microrégion

★★ MONTE SAN PETRONE B2

Circuit tracé en pointillés violets sur la carte p. 418.
Bon à savoir – Ascension assez facile, mais il faut être bien chaussé et faire attention aux orages.

Au départ du col de Prato

6h AR depuis le col de Prato (alt. 985 m). La pente est plus douce (et plus ombragée le matin) qu'en partant du hameau de Campodonico. Point culminant de la chaîne orientale, cette haute montagne boisée, au centre de la Castagniccia, domine toute la Corse orientale. Prenez au col la piste forestière qui s'infléchit au bout de 100 m en direction du sud-ouest. Suivez-la sur 2,5 km jusqu'à un col (alt. 1 151 m). Au-delà, un sentier plus étroit, parfois balisé de cairns, monte en forêt en direction du sud-est. L'itinéraire traverse ensuite une magnifique hêtraie avant d'atteindre un grand replat déboisé sur l'arête *(2h).*

Profitez de cette pause pour admirer la face nord du monte San Petrone. À l'extrémité de ce replat, on rejoint le sentier venant de Campodonico, qui s'embranche sur la droite. Serrez à gauche pour contourner la face ouest, et atteindre le sommet du San Petrone par la face sud. Il offre un **panorama**★★★ très étendu et lointain sur la plaine orientale, l'archipel toscan, le cap Corse, le Nebbio, la Balagne et la chaîne centrale du monte Cinto à l'Incudine.

Sur la plate-forme du San Petrone s'élevait jadis la cathédrale de l'évêché d'Accia : **San Pietro d'Accia**, édifiée au 11e s. pour remplacer la chapelle San Petruculo d'Accia.

Au départ du hameau de Campodonico (Campudonicu)

Quitter Piedicroce par la D 71 en direction de Campana. Passé les ruines du couvent d'Orezza, emprunter à gauche la route qui monte au hameau de Campodonico. Le sentier du San Petrone se détache à droite à l'entrée du village.

6h AR. Le sentier s'élève sur la crête qui sépare les *pièves* d'Orezza et de Vallerustie. Quittant la forêt, il serpente à travers de maigres pâturages, avant d'atteindre le sommet.

NOS ADRESSES EN CASTAGNICCIA

HÉBERGEMENT

PREMIER PRIX

Le Refuge – *20229 Piedicroce - ☎ 04 95 35 82 65 - www.hotel-restaurant-corse.fr - fermé de mi-oct. à fin mars - 20 ch. 55/70 € - ☕ 9 € - 1/2 P 103 €/2 pers.- ✕ menu 20 €.* Ce refuge constitue une halte appréciée des randonneurs, tant pour ses chambres (simples) que pour sa table. La maison jouit, ce qui ne gâche rien, d'une situation d'exception et d'une belle terrasse panoramique. Quel plaisir d'ouvrir les volets le matin sur un tel paysage ! Au menu du restaurant, la simplicité est encore de mise, entre salades et plats corses. Accueil gentil. Bref, une bonne adresse.

BUDGET MOYEN

Chambre d'hôte La Diligence – *20229 Verdèse - à 10 km de Piedicroce - ☎ 04 95 34 26 33 - www.la-diligence.net - ✗ - tte l'année (sf période de fêtes) - 5 ch. 70/115 € ☕ - 1/2 P 160 €/2 pers. sur réserv.* Dans un relais de diligence du 18e s., cinq très jolies chambres, à la fois rustiques et confortablement modernes… La table est savoureuse et les confitures maison remportent un franc succès. Une adresse reposante et conviviale.

RESTAURATION

BUDGET MOYEN

L'Ampugnani – *20237 La Porta - ☎ 04 95 39 22 00 - www.ampugnani.com - midi et soir sur réserv. - fermé janv.-fév. - menu 28 € - 12/28 €.* Dans la rue principale du charmant village, une vaste salle (avec vue) où l'on se régale d'une cuisine familiale et copieuse.

ACTIVITÉS

Xavier Santucci – *Quercete - 20234 Perelli - ☎ 04 95 35 94 37 ou 06 87 41 81 26 - corsica-rando-culture.fr - avr.-oct. : horaires, se rens. - à partir de 30 €/j.* Les randonnées pédestres de M. Santucci, éleveur artisan charcutier, accompagnateur de montagne diplômé et guide conférencier, suivent les sentiers de Castagniccia. Des visites guidées en bus à la découverte du patrimoine local sont aussi organisées.

AGENDA

A Fiera di a boca di u pratu – *Entre le dernier w.-end de juil. et le premier w.-end d'août.* Au col de Prato, rassemblement très populaire de producteurs et d'éleveurs, qui donne lieu à des festivités diverses (concours agricoles, chants, etc.).

L'ancien pont de Ponte Nuovo.
joningall / iStock

Ponte Nuovo

Ponte Novu

Haute-Corse (2B)

Ouvrage symbole de l'histoire corse, ce pont fut le théâtre, le 8 mai 1769, d'un tragique affrontement entre les troupes de Pascal Paoli et l'armée française, qui marqua la fin de la guerre d'indépendance. Il fut partiellement détruit au cours de la Seconde Guerre mondiale. Aujourd'hui, ses ruines ornées de drapeaux corses se dressent en amont du nouveau pont.

S'INFORMER

Office du tourisme de la vallée du Golo – *Voir p. 189.*

SE REPÉRER

Carte de microrégion AB1 (p. 418).
Ponte Nuovo est situé sur la route T 20, 8 km à l'est de Ponte-Leccia.

À NE PAS MANQUER

Sur la corniche du Golo, les vues magnifiques, après Costa-Roda, sur les chaînes montagneuses.

Circuit conseillé Carte de microrégion

★★ HAUTE CORNICHE DU GOLO

Circuit de 28 km au départ de Ponte Nuovo tracé en rose sur la carte p. 418 – Compter environ 1h15. Quitter Ponte Nuovo au nord et prendre la D 5 à gauche vers Lento.

La route s'élève à flanc de montagne, laissant apercevoir la vallée verdoyante aux éboulis chaotiques et les sommets aigus qui la dominent.

La route approche bientôt de Lento.

Le père de la patrie (« U Babbu »)

LES PREMIERS PAS DE PASCAL PAOLI

Une jeunesse d'exilé

Né le 6 avril 1725 à Morosaglia, **Pasquale Paoli** est le plus jeune fils de Hyacinthe (Giacinto) Paoli (1690-1756), l'un des chefs de l'insurrection contre Gênes (1734), condamné à l'exil en 1739 par les Français. Ayant suivi son père à Naples, il y reçoit une instruction très soignée, fréquente l'université, s'initie aux doctrines du « despotisme éclairé ». Il parle et écrit couramment le latin, l'italien, le français et l'anglais, lit Plutarque et Montesquieu.

« Général de la nation »

Sous-lieutenant au régiment de cavalerie du Royal-Farnèse, il suit avec attention les affaires de Corse dont il est instruit par son frère aîné Clément, resté dans l'île. L'assassinat du **général Gaffori** *(voir p. 173)* le décide à se porter candidat à la magistrature suprême. Il débarque en Corse le 16 avril 1755 et met trois mois à évincer son principal rival Emmanuele Matra. Le 13 juillet 1755, à la Consulte (assemblée) de St-Antoine de Casabianca, Paoli est proclamé « général de la nation » pour une guerre « décisive » contre Gênes.

UN LABORATOIRE EN EUROPE

Une Corse indépendante

Quatorze ans durant, sous le regard attentif de l'Europe informée par J.-J. Rousseau et l'écrivain écossais **James Boswell**, Paoli, parfait représentant de « l'esprit des lumières », dirige une Corse indépendante dont la capitale est installée à Corte. Pendant ces années, il fait frapper monnaie, fonde L'Île-Rousse, réforme la justice, uniformise les poids et mesures, crée une armée et un embryon de marine, stimule le commerce et l'industrie, encourage l'agriculture, fait assécher des marais, organise l'enseignement primaire et fonde une université à Corte (1765).

Un premier exil

En 1764, il contrôle la plus grande partie de l'île. Toutefois, Gênes se maintient dans les places fortes du littoral ; mais, lassée et ruinée, devant le refus de Pascal Paoli de traiter avec elle, elle signe le traité de Compiègne avec la France pour obtenir de l'aide. Choiseul, alors ministre de Louis XV, feint de jouer les arbitres. Il oblige en réalité les Génois à vendre à la France leurs droits sur l'île (1768).

L'AGENT DE SA MAJESTÉ

En octobre 1765, l'écrivain écossais **James Boswell** arrivait à Sollacaro à la recherche de Paoli. Il fut durant plusieurs jours l'hôte du général, revêtit un costume corse, devint pour les patriotes *ambasciadore inglese* et présenta à Paoli les avantages qu'offrirait l'alliance anglaise. Trois ans plus tard, il publiait un essai sur l'*État de la Corse, Journal de voyage dans l'île* et des *Mémoires de Pascal Paoli* dont l'écho en Angleterre fut d'autant plus grand que la Corse pouvait, avec Gibraltar, constituer un solide point d'appui en Méditerranée.

Après la défaite du **Ponte Nuovo**, Paoli doit s'exiler : le 13 juin 1769, il s'embarque de Porto-Vecchio sur un vaisseau anglais à destination de Livourne. Il séjourne en Italie, traverse l'Autriche où il rencontre l'empereur Joseph II, les États allemands et la Hollande. Invité par le roi d'Angleterre, il arrive à Londres le 19 septembre 1769. Le jeune George III, la Cour et son ami James Boswell entourent le héros dont la renommée gagne l'Amérique.

DANS LE VENT DE LA RÉVOLUTION

Le retour en Corse

À la fin de 1789, Paoli exulte en apprenant le vote de l'Assemblée constituante, proclamant la Corse « partie intégrante de l'Empire français », et l'amnistie. Reçu triomphalement à Paris le 3 avril 1790, Paoli regagne son île après vingt et un ans d'exil. Il débarque à Macinaggio, embrasse le sol et s'écrie : « Ô ma patrie, je t'ai quittée esclave, je te retrouve libre ! » Élu président du Conseil départemental, puis chef de la Garde nationale, il est nommé en 1792 commandant de la 23e division militaire avec mission d'organiser une expédition en Sardaigne (janvier et février 1793). Mais son idéal d'une Corse indépendante, rattachée à la France par la personne du roi, s'effondre avec l'exécution de Louis XVI et les excès centralisateurs de la Révolution.

Persona non grata

À Paris, il est désormais suspect et après la conclusion malheureuse de l'affaire de Sardaigne pour laquelle il n'avait rassemblé que 2 000 hommes, il est dénoncé comme contre-révolutionnaire, traduit par Lucien Bonaparte devant la Convention qui le déchoit désormais de son commandement. En riposte, le 27 avril 1793, une Consulte de Corte proclame Paoli généralissime ; il arme les villes et les villages de Corse, fait occuper Bonifacio. Victorieux dans l'ensemble de l'île, il rédige un acte d'accusation contre la Convention.

LE SOUTIEN ANGLAIS ET UN NOUVEL EXIL

Un royaume anglo-corse

Déclaré « traître à la République », mis hors-la-loi par le Comité de salut public, Pascal Paoli fait alors appel au capitaine Nelson, futur amiral, qui bloque la rade de Toulon. En janvier 1794, l'escadre anglaise attaque et enlève St- Florent, Bastia et Calvi. Le 15 juin 1794, la Consulte de Corte approuve la constitution d'un **royaume anglo-corse**. Mais ce royaume de circonstance ne dure que deux ans : l'île est unie à l'Angleterre par la personne du souverain et **sir Gilbert Elliot** en devient vice-roi. Cruelle déception pour Paoli qui escomptait la reconnaissance anglaise.

Un nouvel exil

Des troubles éclatent de nouveau en Castagniccia et l'insurrection prend une telle ampleur qu'à la demande de sir Gilbert Elliot George III rappelle Paoli à Londres. Le 14 octobre 1795, le « Père de la patrie » prend alors une nouvelle fois le chemin de l'exil, en embarquant à St-Florent sur une frégate anglaise. Il ne reverra jamais son île natale. Il meurt à Londres le 5 février 1807. Il est inhumé au cimetière de St-Pancras. En 1889, ses cendres furent ramenées à Morosaglia.

UN « WATERLOO » INSULAIRE

À la fin de l'année 1768, les Français avaient dû se résoudre à la retraite devant Borgo. Puissamment renforcée au printemps et placée sous les ordres du comte de Vaux, l'armée française ouvre les opérations dès le 1er mai : elle fait mouvement vers Rapale dans le Nebbio, obligeant ainsi Paoli à abandonner Murato, à passer sur la rive droite du Golo et à se transporter en Castagniccia. Le 8 mai, Paoli fait retraverser le Golo à ses hommes qui passent imprudemment à l'attaque. Ils sont repoussés et doivent regagner le pont. Las, celui-ci est barré par un muret de pierres sèches tenu par un contingent de mercenaires prussiens à la solde des Français. Pris dans cette souricière, ils sont massacrés. La **bataille du Ponte Nuovo** marque la fin de la guerre d'indépendance et décide du rattachement de la Corse à la France. Après sa défaite, Paoli, replié sur Corte, abandonne la lutte. Le 13 juin 1769, il s'embarque secrètement à Porto-Vecchio pour la Grande-Bretagne.

Lento B1

www.lentu.com

Perché à plus de 600 m d'altitude, ce village aux toits de tuiles est idéalement situé pour admirer la vallée du Golo. À la veille de la bataille du Ponte Nuovo *(voir l'encadré)*, les troupes françaises installèrent leur campement ici, en occupant notamment les chapelles.

Revenir à l'entrée de Lento et prendre la D 105, dir. Canavaggia.

Le regard plonge dans une gorge profonde ; la route s'élève en corniche.

Canavaggia A1

Le village se détache sur la ligne dentelée du monte Reghia di Pozzo. Châtaigniers, fougères et cistes bordent la route ; des cyprès rivalisent de hauteur avec le clocher d'une église isolée dans son cimetière.

Brusquement, à 1 km de Costa-Roda dans un tournant, une **vue★★** se déploie sur les chaînes neigeuses et le monte San Petrone. Les différents plans des montagnes forment des courbes harmonieuses derrière les sombres frondaisons.

Après ce village, la route descend rapidement, en lacets. Tandis que la mer occupe votre rétroviseur, le Golo réapparaît.

De belles **vues★** se multiplient avant d'atteindre Ponte-Leccia, que l'on rejoint par la T 30 à gauche.

Cervione et la Costa Verde

Cervioni

★

2045 Cervionais – Haute-Corse (2B)

Célèbre pour sa noisette qui a donné naissance à de savoureuses spécialités, Cervione surplombe joliment toute la plaine orientale. La capitale de la Costa Verde et même de la Corse, durant le court règne de Théodore Ier conserve jalousement, outre quelques précieux témoins de la vie quotidienne dans son musée d'ethnographie, l'une des premières églises baroques de Corse.

NOS ADRESSES PAGE 444
Hébergement, restauration, achats, activités, etc.

S'INFORMER

Office du tourisme de la Costa Verde - Pôle touristique Castagniccia - Mare e Monti – *Voir p. 420.*

SE REPÉRER

Carte de microrégion D2/3 (p. 419) – *carte p. 441.* Cervione et la **Costa Verde** sont entourés de la Casinca au nord, la Castagniccia à l'ouest, et la Costa Serena au sud. Comme les autres communes de la Costa Verde, Cervione affiche un visage montagnard, souvent de caractère, et une façade maritime plus récente sur le passage de la T 10. La commune de Cervione descend donc jusqu'au littoral où elle a pris le nom de Prunete.

À NE PAS MANQUER

Le musée de Cervione ; les fresques de la chapelle Ste-Christine ; le parc Galea ; le panaroma du haut du clocher de San-Giovanni-di-Moriani.

EN FAMILLE

Le parc Galea et le sentier botanique de San Giovanni.

Se promener

Cathédrale St-Érasme

Cet important édifice, au cœur de la vieille ville de Cervione, est l'une des toutes premières églises baroques de Corse. Le plan de l'édifice est à nef unique, couverte en berceau et bordée de chapelles latérales peu profondes. Le transept est surmonté d'une coupole à lanternon et pendentifs, élément d'architecture assez rare dans l'île. Sur les pendentifs sont représentés les quatre évangélistes. Certaines peintures ornant les chapelles sont du 18e s., mais l'essentiel de la décoration date du début du 19e s. Remarquez le beau dallage de marbre blanc et noir, et le somptueux meuble de sacristie qui ne compte pas moins de 32 portes.

Au coin de la place San Terano (St-Érasme), la **Loghja Re Teodoru** rappelle le passage en 1736 du roi Théodore à Cervione.

★ Musée ethnographique de l'ADECEC - Cervioni

Pl. Jean-Simonetti - ✆ 04 95 38 12 83 - www.adecec.net - de mi-juin à mi-sept. : 9h-12h, 14h-19h ; reste de l'année : 9h-12h, 14h-18h - fermé dim. et j. fériés - possibilité de visite guidée sur demande (1h) - 5 € (-14 ans gratuit).

Il est installé dans une aile de l'hôtel de ville, un séminaire construit par saint Alexandre Sauli (16e s. – *voir encadré p. 440*) derrière le chevet de la cathédrale, doté d'une agréable terrasse.

Animé par l'Association pour le développement des études archéologiques, historiques, linguistiques et naturalistes du centre-est de la Corse (ADECEC), il rassemble et présente par thèmes des souvenirs de la vie de Cervione et de la Castagniccia. À la fois complet et pédagogique, il fourmille d'objets liés aux métiers et traditions corses, répartis dans quatorze salles bien fraîches. On retiendra en particulier la minutieuse reconstitution d'un atelier de forge, au rez-de-chaussée, ou encore la collection d'outils utilisés dans la construction de maisons, au premier étage. On découvre également le matériel nécessaire à la culture des noisettes et des châtaignes (tamis, pilons, trieuses, paniers). Prolongez la visite en écoutant la station de radio de l'association – Voce Nustrale – qui diffuse du même lieu.

À proximité Carte de microrégion p. 398

★ Chapelle Ste-Christine D3

45mn AR. Descendre de Cervione en direction de Prunete sur 600 m. Laisser à gauche la D 330 vers San-Nicolao, puis, à 200 m, prendre à gauche la petite route « Chapelle Santa Christina – U Poru ». À 2 km environ, à gauche, chemin carrossable (signalisé) sur 700 m. Rte de la Chapelle - 04 95 38 11 40 - clé disponible à la mairie ou à l'office de tourisme avec pièce d'identité.

Ce petit édifice roman présente l'originalité de ses deux absides jumelles décorées de **fresques★** de 1473, remarquables par leurs coloris délicats. La nef date du 9e s. La chapelle fut agrandie au 15e s., sans doute après une destruction partielle. Les absides jumelles s'expliquent peut-être par le double patronage de sainte Christine et saint Polita (Hippolyte). Dans l'abside de

THÉODORE Ier, ROI DE CORSE

Né en 1694 à Cologne, **Théodore de Neuhoff**, baron westphalien, grandit à la cour de la princesse palatine dont il devint le page avant de proposer ses services à plusieurs cours européennes. En Italie, à Livourne, il fit la connaissance d'exilés corses qui lui dépeignirent le pitoyable état de leur île. L'aventurier promit son aide si on le nommait roi.

Le 12 mars 1736, il débarqua sur la plage d'Aléria avec un chargement d'armes et de munitions acheté à Tunis. Le 15 avril, une Consulte se réunit au couvent d'Alesani : le baron y fut couronné roi de Corse sous le nom de Théodore Ier, tandis qu'une nouvelle Constitution était adoptée. Une diète assista le roi. Agostino Giafferi et Hyacinthe Paoli furent nommés ministres. Au grand étonnement des chancelleries européennes, le royaume s'organisa. Le régime battit monnaie et proclama la liberté de conscience afin d'attirer les commerçants juifs du continent dans l'espoir de relancer l'activité économique de l'île. La monnaie frappée par le roi Théodore inspirait une confiance très relative aux Corses : ils lisaient les initiales qui la marquaient, TR (Teodorus Rex) « Tutto Ramo » (tout cuivre) !

La résistance génoise, la méfiance des généraux corses et le manque de ressources obligèrent Théodore Ier à rembarquer à Solenzara, le 11 novembre 1736. Il erra alors à travers l'Europe et ses tentatives pour reconquérir son royaume échouèrent. Il se fixa à Londres où il mena une vie misérable qui prit fin dans une arrière-boutique de fripier, à Soho, le 5 décembre 1756.

Fresque datant de 1473 dans la chapelle Ste-Christine.
N. Thibaut/Photononstop

gauche, la fresque représente le Christ en majesté, entouré de la Vierge et de sainte Christine avec, à ses pieds, un moine agenouillé, peut-être le donateur. Dans celle de droite, le Christ est entouré des symboles des évangélistes.

Pointe de Nevera D3

Accès par un mauvais sentier qui grimpe au sud-ouest. Pour sportifs.
3h AR. Gagnez la chapelle isolée de **N.-D.-de-la-Scobiccia**, puis la pointe de Nevera (alt. 815 m) qui domine celle-ci et offre un **panorama★** sur la plaine d'Aléria jusqu'à l'embouchure de la Solenzara et sur la mer.

Circuit conseillé Carte de Cervione

★ LA COSTA VERDE PAR LA CORNICHE

Circuit de 75 km au départ de Moriani-Plage tracé en bordeaux sur la carte p. 441.

Moriani-Plage

Voir « S'informer » p. 420.
Cette station balnéaire en expansion est située en bordure de la T 10. Comme toutes les stations de la côte, elle n'offre pas d'intérêt patrimonial. Son pouvoir d'attraction réside dans ses commerces, ses restaurants et sa longue et étroite plage de sable fréquentée par les Bastiais. Elle est également le point de départ du fameux **« Mare a Mare nord »** qui traverse la Costa Verde avant de gagner la Castagniccia. Une petite exposition se tient à l'office du tourisme, aménagé dans un ancien chai, où sont délivrées les informations utiles sur la région.
Au temps de Pascal Paoli, le port se nommait **Padulella**. C'est de là que Hyacinthe Paoli, le père de Pascal, et le général Giafferi s'embarquèrent pour l'exil vers l'Italie en 1739. Napoléon, évadé de l'île d'Elbe, s'y arrêta en février 1815 avant de s'embarquer pour Golfe-Juan.
Quitter Moriani-Plage au nord par la T 10.

SAINT ALEXANDRE SAULI

Né le 15 février 1535 à Milan, **Alexandre Sauli** fut nommé évêque d'Aléria en 1570 et sacré par saint Charles Borromée, évêque de Milan, dont il était le confesseur et l'ami. Après la destruction d'Aléria, saint Alexandre Sauli transféra le siège de son diocèse à Cervione où il fit bâtir la cathédrale, le palais épiscopal *(en face de l'église)* et le séminaire (*actuelle mairie et musée*). Les contemporains lui prêtaient, de son vivant, le don des miracles. Il réforma son diocèse et œuvra pendant vingt ans pour l'application des décrets du concile de Trente. Son rayonnement s'étendait à toute la Corse. Il passa la dernière année de sa vie à Pavie, où il mourut en 1592. Il fut canonisé en 1904. Sa statue a été élevée sur Carrughju Santa Croce, rue montant en forte pente vers l'église.

★ Parc Galea

Rte de l'Ex-CNRO (D 30) - 20230 Taglio-Isolaccio - ✆ 07 78 13 56 70 - www.parc-galea.com - ♿ - juil.-août : 10h-19h ; avr.-juin et sept.-oct. : 14h-19h - possibilité de visite guidée sur demande (1h) - 9 € (-18 ans 6 €).

Ce parc de découvertes de 9 ha, s'étendant au-dessus des champs de vignes, présente le patrimoine naturel, historique et culturel de la Corse, de manière originale et dans un esprit ludique et pédagogique.

Dans le parc, le **jardin de cactées** rassemble 150 espèces de cactus et de plantes grasses. Un **jardin aromatique**★ est constitué chaque année par une école de la région et vous êtes invité à toucher et à humer les plantes. Un « sentier biotope » conduit, à travers les chênes-lièges, à une mare naturelle… Puis sur 2 000 m² d'espaces muséographiques, vous parcourrez les expositions au cours desquelles se succèdent projections, ambiances sonores, écrans tactiles, jeux et questionnaires. **Memoria** vous plongera ainsi dans l'histoire de la Corse au début du 20e s., alors en pleine mutation. **Etnografia**★ vous dévoilera les mythes de l'île, de ses origines géologiques, à ses traditions toujours vivantes, dont une émouvante installation sur les chants polyphoniques. Vous survolerez l'île grâce à l'écran circulaire **Panoramica**★ de 35 m de long. Vous seront aussi révélés les secrets de la navigation antique à **Naviga**… Ne manquez pas non plus la reproduction de **four romain**, en fonctionnement le dimanche après-midi en été, **Galeria** qui présente chaque année un ou plusieurs artistes du monde entier et, enfin, **Tempora**, dédiée aux artistes locaux et du continent.

Des espaces sont dédiés aux enfants, comme les « cabanes à histoire », ainsi que divers ateliers en été.

Continuez sur la T 10 et prenez à gauche la D 230 (direction Isolaccio).

Isolaccio

Patrie des frères Bernadini, fondateurs du célèbre **groupe I Muvrini**, le village doit une bonne part de sa réputation à une légendaire querelle de clocher. En effet, après une altercation entre mendiants, l'un d'eux, mécontent, se serait enfermé dans le clocher et aurait sonné les cloches à toute volée.

Avant Talasani, au carrefour de la D 330 et de la D 130, un chemin à gauche (*15mn AR - indiqué par un panneau en bois)* conduit aux ruines de la **chapelle romane San Petru** (7e s.).

Talasani

Ce village a donné naissance à Luigi Giafferi (1680-1745), célèbre lieutenant du roi Théodore de Neuhoff *(voir encadré p. 438)*.

CERVIONE ET LA COSTA VERDE

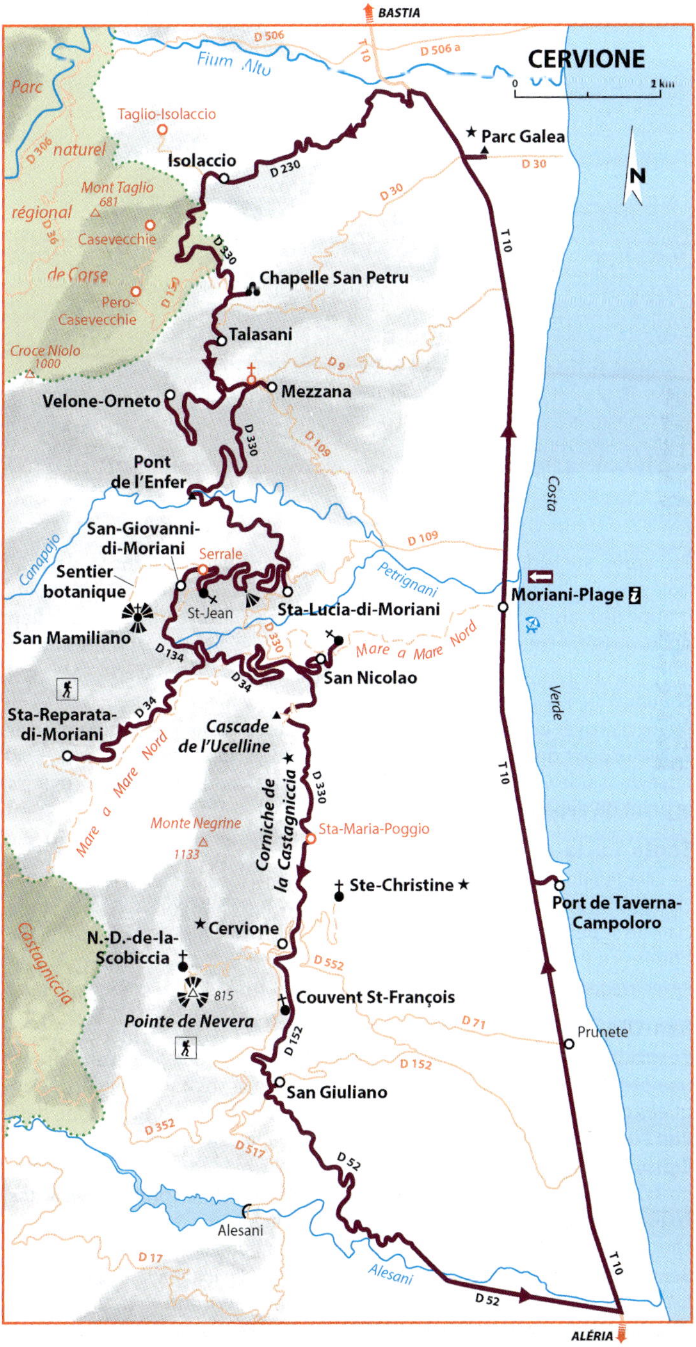

San-Nicolao.
ADeslo/iStock

Peu après, sur la droite, une route grimpe jusqu'à **Velone-Orneto**, hameau isolé aux vieilles maisons de pierre. Un passage sous voûte dessert le petit groupe de maisons serrées près d'une petite église en attente de restauration. Après un demi-tour à l'emplacement réservé, redescendre vers **Mezzana**. Au carrefour, l'église St-Jean-Baptiste séduit par son élégante façade.

Continuer sur la D 330 jusqu'à Santa-Lucia-di-Moriani.

Avant d'arriver au village, la route traverse une rivière au **pont de l'Enfer**. Ce vieux pont de pierre, dont le nom est entouré de diverses légendes, est noyé dans une végétation luxuriante. Site de baignade apprécié, il est aussi le point de départ de quelques sentiers.

Santa-Lucia-di-Moriani

Le village allonge les hautes façades de ses maisons austères le long de la crête prolongeant la corniche. La partie haute du village constitue, par temps clair, un superbe belvédère sur le littoral, la vallée du Petrignani et les collines boisées coiffées de hameaux.

Revenir légèrement et prendre à gauche la direction de San-Giovanni-di-Moriani.

San-Giovanni-di-Moriani

Ce village est constitué de 6 hameaux perchés. Le hameau principal présente une belle unité architecturale avec ses hautes maisons à toit de schiste flanquées d'un escalier extérieur. À l'entrée du groupe d'habitations, une belle **vue** s'offre sur l'église de San-Nicolao et sur la plaine orientale en contrebas.

Église St-Jean – *04 95 38 52 68 - ♿ - juil.-août : mar. 16h-19h - fermé j. fériés - possibilité de visite guidée.* Excentrée avec la chapelle de confrérie Ste-Croix, l'église paroissiale (17e s.) est facilement identifiable grâce à son élégant clocher de pierre haut de 33 m. C'est un intéressant édifice baroque.

Sentier botanique – *04 95 59 04 93 - www.chjassimuntagnoli.com - Récupérer la fiche descriptive bien faite à l'office du tourisme de la Costa Verde (voir p. 420). 3h à 3h30, dénivelé d'environ 320 m.* Du terre-plein de l'église part un sentier (circuit) botanique qui rejoint le hameau de Cioti avant de grimper à travers les châtaigniers jusqu'à la **chapelle San Mamiliano**, de style roman, reconnaissable à sa toiture de lauze. Lieu de pèlerinage jadis très fréquenté, elle offre un **panorama★** superbe sur la côte (gîte d'étape). Revenez légèrement sur vos pas pour reprendre le chemin qui rejoint le hameau de Serrale avant de redescendre sur San-Giovanni.

Passez par la route derrière l'église et grimpez sur les hauteurs en direction de Santa Reparata. La route souvent étroite offre de très belles vues sur la côte. Bien suivre le fléchage.

Santa-Reparata-di-Moriani

C'est une étape sur le sentier « Mare a Mare nord » qui semble au bout du monde. Un peu à l'écart, l'église est juchée sur une butte au-dessus de la route, tandis qu'au creux de la vallée une source ferrugineuse attire les curieux ; la dégustation n'est pas vraiment convaincante ! La route se termine peu après le gîte d'étape qui est un point de départ pour de superbes randonnées.

Redescendre par la D 34 en direction de San-Nicolao.

San-Nicolao

Église – *Moriani-Plage - ✆ 04 95 38 58 74 - www.san-nicolao.com - juil.-août : 15h-19h - fermé w.-end.* Isolée dans un joli site verdoyant, cette église baroque se dresse en contrebas de San-Nicolao, village-terrasse situé à 2 km sur la route de Moriani-Plage. Dans l'ancienne *piève* de Moriani, les chapelles isolées communiquaient, en cas d'alerte, avec les villages par de grands feux allumés à côté de l'abside. À l'**intérieur★**, le décor naïf de couleurs vives présente des parties en relief qui rehaussent les trompe-l'œil. L'*antependium* du maître-autel est décoré d'un haut-relief représentant les trois enfants, dans un baquet, de la légende de saint Nicolas. La chaire polychrome est datée de 1740.

Prendre la D 330 en direction de Cervione.

Très étroite, taillée à flanc de coteaux, la **corniche de la Castagniccia★** domine la plaine orientale et la mer. C'est un véritable belvédère de 5 km, qui enjambe plusieurs ponts et traverse quelques tunnels.

À environ 1 km de San-Nicolao, au niveau des premiers tunnels *(parking juste après)*, la **cascade de l'Ucelline** fait une chute remarquée, qui peut être spectaculaire après de fortes pluies et a même provoqué d'impressionnants éboulements.

Par Sta-Maria-Poggio, rejoignez Cervione et prenez la D 152 en direction de San-Giuliano. La route passe devant le **couvent St-François** (16e s.) dont les imposants bâtiments au crépi jaune s'élèvent à droite au-dessus de la route.

San-Giuliano

Cette commune accueille une station de recherche agronomique de l'Inra spécialisée dans la culture des agrumes.

Sur la D 52, en direction de la côte, se dressent les ruines d'une tour du 16e s.

Prendre la T 10 à gauche vers Prunete, puis Moriani-Plage.

Port de Taverna (Campoloro)

Fléché sur la droite environ 2 km après Prunete.

À l'abri derrière ses puissantes digues, c'est, avec Macinaggio au cap Corse, le plus important port de plaisance de la côte orientale. Il manque en revanche d'animation hors saison.

NOS ADRESSES À CERVIONE ET ALENTOUR

HÉBERGEMENT

PREMIER PRIX

Camping Merendella – *Moriani-Plage - 20230 San-Nicolao - à 1,2 km par T 10 rte de Porto-Vecchio, bord de plage - ✆ 04 95 38 53 47 - www.merendella.com - avr.-oct. - - réserv. conseillée - 220 empl. - 35/45 €.* Détendez-vous… Vous pourrez faire la sieste à l'ombre d'une agréable chênaie ou, sous le soleil, sur la plage de sable fin. Charmants chalets, et tout le confort d'un camping quatre étoiles.

Chambre d'hôte A Casa Corsa – *Acqua Nera Prunete - ✆ 06 18 31 96 29 - www.casacorsa.com - - wifi - 6 ch. dont 1 suite familiale - ch. 78 € - cuisine d'été à disposition.* La côte est du cap Corse s'offre à vous depuis cette petite adresse très conviviale. Les chambres confortables – certaines portent de doux noms comme « Rêve bleu » ou « Rayon de soleil » – sont dotées de terrasses individuelles qui réservent une belle vue sur les montagnes. Petit-déjeuner agrémenté de confitures maison. Restaurant à proximité.

POUR SE FAIRE PLAISIR

Hôtel Orizonte – *Paesolu di Prunete - ✆ 04 95 38 09 00 - www.hotel-orizonte.com - fermé d'oct. à mi-avr. - P - 45 ch. 104-284 € - 12 € - 14/23 €.* Les amateurs d'hôtels de plage trouveront ici leur bonheur (calme, piscine, etc.). Les chambres bien équipées, sans charme particulier, bénéficient pour certaines de jolies vues. Dans la paillote, vous pourrez déguster des grillades de viande et de poisson.

RESTAURATION

PREMIER PRIX

Au carrefour principal de Moriani-Plage, vous pouvez frapper en toute confiance à la porte de deux boutiques pour composer un joli panier repas : la boulangerie l'**Arbre à Pain** (*✆ 04 95 38 51 63 -* pain et douceurs) et l'épicerie **A Castagniccia** (*✆ 04 95 38 58 81 -* fruits, fromages, charcuteries, vins).

Aux 3 Fourchettes – *Pl. de l'Église - Cervione - ✆ 04 95 38 14 86 - www.aux3fourchettes.com - - plat du jour 12 € - menu 17 € - 16/20 €.* Ce charmant petit restaurant familial occupe une vieille bâtisse presque « fondue » dans la cathédrale. Dans une ambiance conviviale et sans chichis, vous vous régalerez de légumes du potager, de charcuteries artisanales, du vin maison et des spécialités mitonnées par la patronne.

Le San Carlu – *Rte de la plage - Prunete - ✆ 04 95 38 01 65 - sancarlu.com - P - menus 15/29,5 € - 20/30 €.* Restaurant de la résidence hôtelière du même nom, le San Carlu est ouvert à tous. Agréable terrasse proche de la plage, cuisine simple et copieuse à base de produits locaux, spécialité de couscous (mar.) et paella (jeu.).

A Pota Marina – *Moriani-Plage - ✆ 09 52 72 25 48 - fermé nov.-fév. - 11/22 €.* Pour ceux qui tiennent à prendre leur repas les pieds dans l'eau ! Parmi les restaurants alignés le long de la plage, celui-ci se distingue par son accueil chaleureux et sa carte simple, d'un rapport qualité-prix correct.

BUDGET MOYEN

U Casone – *Lieu-dit Casone - ✆ 04 95 38 10 17 - de mi-fév. à déc. - fermé lun. (sf juil.-août uniquement lun. midi) - 5/26 €.* Accessible par un petit passage couvert à partir de la place de l'Église, ce restaurant classique, prolongé d'une vaste terrasse, se révèle une honnête adresse. Bonnes et généreuses pizzas, terrines et plats corses figurent au menu. Ainsi bien sûr que des desserts à base de noisettes.

Le Campoloro – *Sur la plage du camping de Campoloro - Prunete - ✆ 04 95 38 05 56 - fermé de fin sept. à mi-mai - ♿ - réserv. conseillée - 10/24 €.* Cette authentique paillote, joliment colorée, s'ouvre sur les îles Montechristo et Capraia. Cuisine simple et succulente, à déguster face à la grande bleue. Poisson frais à la plancha, pizzas au feu de bois et excellents desserts, servis généreusement. Accueil et service très agréables.

ACHATS

Le Moulin de Prunete – *Prunete - ✆ 04 95 38 01 84 - d'avr. à fin sept. : tlj sf dim. 9h-12h, 15h-19h - fermé oct.-avr.* Depuis 1982, Joseph Rioli presse les huiles de plusieurs récoltants de la région dans son moulin familial. Son propre verger, dont il tire une huile fruitée, lui a valu une médaille d'or au Concours général agricole.

ACTIVITÉS

Randonnées – L'office de tourisme vend (2 €) un topoguide des sentiers de randonnées en Costa Verde (plan en téléchargement sur le site : castagniccia-maremonti.com). Il se compose d'une carte générale de 37 boucles ainsi que de fiches pratiques individuelles.

Costa Verde Loisirs – *Port de Taverna - ✆ 04 95 38 00 50 - costa-verde-loisirs.fr - promenades en mer 1h30 : 25 €/pers., 3h : 40 €/pers.* Le petit port abrite ce centre qui propose des promenades en mer *(mars-nov.)*, location de bateaux avec permis, formation au permis bateau et plongée *(juin-oct.)*.

AGENDA

A Fiera di a Nuciola – *En général le 3e w.-end d'août.* Foire de la noisette à Cervione.

Settembrinu di Tavagna – *www.tavagna.com - fin août-déb. sept.* Festival de musiques locales et du monde dans les villages de la Tavagna.

La Casinca

★

Haute-Corse (2B)

Cette petite région au sud de Bastia présente des paysages de collines couvertes d'oliviers et de châtaigniers. Dans les plaines côtières et fertiles s'épanouissent vignes, agrumes et céréales. Dressés sur des éminences, les jolis villages fleuris de Casinca dominent l'étang de Biguglia, le littoral, le détroit toscan et ses îles. Parmi eux, Vescovato, un haut lieu de l'histoire corse.

NOS ADRESSES PAGE 449
Hébergement, restauration, achats, activités, etc.

S'INFORMER
Office du tourisme de la Costa Verde - Pôle touristique Castagniccia - Mare e Monti – *Voir p. 420.*

SE REPÉRER
Carte de microrégion C1 (p. 419).
La région se trouve environ 20 km au sud de Bastia.

À NE PAS MANQUER
L'église San Martino de Vescovato et son tabernacle de bois blanc du 15e s.

Circuit conseillé Carte de microrégion

DE CASAMOZZA À CASTELLARE-DI-CASINCA C1

Circuit de 40 km au départ de Casamozza tracé en bleu-gris sur la carte p. 419 – Compter environ une demi-journée.

Casamozza
Ce hameau fut le point de départ de la ligne de chemin de fer qui longeait naguère la côte orientale de la Corse. En service dès 1888 dans sa partie nord, elle n'atteignit Porto-Vecchio qu'en 1935. La voie, endommagée pendant la dernière guerre, ne fut pas reconstruite.

Prendre la T 10 vers Aléria et, à Torra, s'engager sur la première route à droite (D 237).

★ Vescovato (U Viscuvatu)
Cette ancienne place forte se situe au débouché d'une gorge profonde. Vescovato (« évêché » en corse) fut, après la destruction de Mariana, le siège d'un évêché de 1269 jusqu'en 1570, date de son transfert à Bastia. La déclaration de Giordano Orsini, représentant du roi de France annonçant l'incorporation de la Corse à la France, a eu lieu ici, à la Consulte. Le village occupe depuis une place singulière dans l'histoire de l'île. Ses hautes maisons de schiste sombre et le dédale de ses vieilles ruelles en escaliers donnent au bourg un charme certain, auquel les cafés-terrasses et la fontaine de la place centrale ne retirent rien.

Église San Martinu – *Quartier San-Martinu - ✆ 04 95 36 70 19 - www.vescovato.fr - tlj sf w.-end et j. fériés sur demande à la mairie.* L'ancienne chapelle St-Martin

J. Miller / Robert Harding / age fotostock

Penta-di-Casinca.

B. Rieger / hemis.fr

Le village peché de Vescovato.

M. Rauch / Biosphoto

Arbre de Judée en fleurs à Penta-di-Casinca.

fut agrandie au 15e s. par les évêques de Mariana. Ils ornèrent son maître-autel d'un beau tabernacle en marbre blanc, sculpté d'une Résurrection, œuvre génoise de 1441.

Un tunnel sous l'église rejoint la grande place à travers une suite d'escaliers.

Poursuivre vers Venzolasca. La route serpente entre les cimetières aux tombes imposantes.

Venzolasca

De hautes maisons très serrées bordent la rue étroite. Le campanile élancé de l'église Sainte-Lucie et l'aspect massé du village bâti sur une croupe en belvédère confèrent à Venzolasca une silhouette très particulière. Aux environs de la calme bourgade, en hauteur, se dressent les ruines du **couvent St-François** *(accès par un chemin proche de la ferme-auberge U Fragnu, bien indiquée un peu avant le village en venant de Vescovato)*, fondé dit-on par saint François d'Assise lui-même. Les ruines en U visibles aujourd'hui datent du 16e s.

Suivre la D 237 jusqu'à l'embranchement de la D 6 (à droite) qui monte à Loreto.

★ Loreto-di-Casinca

Ce village est bâti sur une terrasse dominée par le monte Sant'Angelo. Passé la vaste place ombragée, on découvre une longue rue, bordée de maisons en schiste vert, qui conduit à l'église Sant'Andrea et au campanile. Du campanile, la superbe **vue★★** *(table d'orientation en céramique)* porte sur les vieux toits de lauzes, les terrasses cultivées, les villages perchés de la Casinca et, au loin, sur la plaine orientale, l'étang de Biguglia, Bastia et la mer.

Reprendre la D 6 à droite ; à l'embranchement suivre, sur la droite, la D 237. Après 3 km, tourner à gauche (D 206).

★ Penta-di-Casinca

Agrippé à un éperon schisteux, ce bourg classé est organisé autour d'une rue principale et s'étire sur la crête rocheuse. Les venelles transversales *(de petits panneaux guident le promeneur)* sont bordées de maisons de caractère : beaucoup conservent des pièces voûtées et de vieux escaliers derrière leurs façades sobres et patinées. Les toitures anciennes, le haut fronton dépassant des toits et le fin campanile à étages de l'église baroque donnent au bourg beaucoup de personnalité. Remarquez les cultures en terrasse, au pied du village.

Castellare-di-Casinca

Constitué d'un noyau de maisons fortes, ce village est dominé par une tour seigneuriale médiévale. Dernier du balcon sur la plaine, il jouit encore d'une belle vue.

Juste avant l'intersection avec la T 10, remarquez sur la gauche la **chapelle San Pancrazio** dont l'admirable chevet à trois chapelles remonte au 10e s.

NOS ADRESSES EN CASINCA

HÉBERGEMENT

PREMIER PRIX

Domaine de Valle – *Querciolo - 202213 Sorbo Ocagnano - 04 95 38 93 03 - www.domainedevalle.fr - - wifi - 4 ch. 75/80 €* . Dans un parc-verger agréable et fleuri, un relais de voyageurs devenu exploitation agricole abrite de belles et vastes chambres, confortables et climatisées.

BUDGET MOYEN

Le Clos des Oliviers – *T 10 - 20213 Querciolo - 06 25 03 32 17 - www.closdesoliviers-corse.fr - - 3 ch. 80/110 € - 9 gîtes 580/740 €/sem.* Ce petit domaine familial ouvre sur un beau jardin où l'on profite également d'une piscine et sur le tennis.

POUR SE FAIRE PLAISIR

Hôtel Chez Walter – *T 20 - 20290 Casamozza - 04 95 36 00 09 - www.hotel-chez-walter.com - - 64 ch. 107/130 € - 1 suite luxe avec Jacuzzi 280 € - 0 € - 18/32 €.* Cet hôtel situé à l'entrée nord du village propose des chambres modernes et bien équipées, dotées de balcon ou de terrasse. Côté activités : un tennis et une salle de sport. Vaste salle de restaurant et belle terrasse ombragée ; cuisine traditionnelle, buffets et pizzas.

RESTAURATION

PREMIER PRIX

U Fornu – *20213 Penta di Casinca - 06 13 08 39 48 - sur réserv. 11h30-14h30, 19h30-22h30 - 12/18 €.* En contrebas de la rue principale, cette sympathique adresse est appréciée pour ses tapas gourmands et ses excellentes charcuteries à savourer sur la terrasse panoramique.

BUDGET MOYEN

L'Ortu – *20215 Vescovato - 04 95 36 64 69 - - fermé oct.-avr. - lun. et mar. - 15/30 € - 1 gîte 75 €/2 pers. + 8 €/pers. sup (min. 2 nuits).* Noyée dans les arbres, cette maison située entre Vescovato et Venzolasca abrite le premier restaurant bio corse. Dans un jardin enchanteur, on savoure les plats végétariens et « carnivores » parfaitement préparés.

U Rataghju – *Lieu-dit Pielaterra - 20215 Loreto di Casinca - 04 95 36 30 66 - - sur réserv. midi et soir - menu unique 30 €.* Le restaurant est aménagé dans un séchoir à châtaignes en contrebas du village. Comme tous les chanceux qui ont dégusté son menu unique à base de produits corses, vous repartirez comblé. Accueil chaleureux.

POUR SE FAIRE PLAISIR

Ferme-auberge U Fragnu – *Lieu-dit U Campu - 20215 Venzolasca - 04 95 36 62 33 - juil.-août : le soir ; hors sais. : jeu.-sam. le soir et dim. - fermé oct.-déc. - réserv. obligatoire - menu unique 42 €.* Moulin et pressoir à huile, jambons suspendus aux poutres… Dans cette vieille bâtisse en pierre, le temps semble s'être arrêté. Plats savoureux mijotés délicatement.

COMPRENDRE LA CORSE

Le littoral à Ajaccio.
eugenesergeev/iStock

Nature

En découvrant la Corse, on comprend qu'elle ait inspiré tant d'écrivains et de peintres. Matisse disait que son émerveillement pour le Sud était né de son séjour à Ajaccio. Troisième grande île de la Méditerranée occidentale, après la Sicile et la Sardaigne, la Corse (8 720 km²) promet un voyage fantastique : falaises empourprées qui plongent à pic dans la mer, villages accrochés à la montagne, gorges taillées dans la pierre, collines tapissées de châtaigniers ou d'oliviers.

Une montagne dans la mer

Longue de 183 km et large de 83 km, la Corse déploie 1 047 km de côtes en une succession de magnifiques caps, falaises, golfes et plages. C'est la plus montagneuse des îles de la Méditerranée.
À seulement 25 km du littoral, le monte Cinto, point culminant éternellement enneigé, dresse ses 2 706 m.
L'île s'étend à 83 km du rivage italien, 170 km des côtes françaises et à 450 km de l'Espagne – une proximité qui explique l'importance commerciale et stratégique de l'île au cours des siècles.

UNE ÎLE CONTINENT

D'après les géologues, la Corse formait jusqu'à l'ère secondaire un **microcontinent** avec la Sardaigne, soudé à la Provence. Un ébranlement du système alpin et une cassure provoquèrent une lente dérive de ces terres et donnèrent naissance à « l'île de Beauté ».
La Corse se divise en trois grandes régions géologiques.

La Corse occidentale

Également appelée Corse cristalline ou « ancienne », et couvrant près des deux tiers du territoire, elle porte les plus hauts sommets de la Corse. Ceux-ci dessinent dans le centre de l'île une épine dorsale discontinue qui délimite deux régions historiques : l'Au-Delà-des-Monts et l'En-Deçà-des-Monts, appellations génoises recouvrant approximativement les départements actuels de Corse-du-Sud et de Haute-Corse. De part et d'autre de cette ligne faîtière, des chaînons transversaux bordés de vallées et de gorges s'abaissent graduellement vers la mer.
Les massifs du centre – Tout en pics, en aiguilles et en gorges encaissées, cette haute montagne alpine fait la joie des randonneurs en quête de paysages sauvages et exceptionnels. Les crêtes demeurent enneigées tard dans le printemps. Le climat de type alpin, avec ses fortes précipitations et ses basses températures, rend la vie rude et pauvre. Les bergers pratiquent l'élevage extensif du mouton en été. Aujourd'hui, les bourgs de montagne sont désertés, à l'exception de ceux qui orientent leurs activités vers le ski ou la randonnée (Soccia, Évisa, Zicavo, Quenza, Bastelica…).
Les extrémités nord et sud de l'île – Elles ont conservé un relief moins tourmenté de montagnes

Randonneurs dans le Niolo, col de Vergio.
J.-L. Gallo/MICHELIN

anciennes. **La Balagne**, terre de collines, s'ouvre sur la mer par une série de petites plaines côtières. Elle s'allonge de Galéria à Calvi et porte sur ses coteaux des oliviers et des vignes. Véritable « Riviera » de la Corse, elle attire de nombreux estivants par son climat méditerranéen, ses plages et ses marinas.

Appuyé sur le monte Incudine, le **sud** de la Corse s'ouvre en éventail, du golfe de Valinco à Porto-Vecchio. Son paysage montagneux, moins escarpé que le centre de l'île, rend les communications plus faciles et ses plateaux favorisent l'élevage. Le climat sec et chaud est propice à la culture de la vigne (Ste-Lucie-de-Tallano, Figari, Porto-Vecchio) et au développement du chêne vert et du chêne-liège. À l'extrême sud, Bonifacio forme une étonnante enclave de falaises calcaires.

La Corse orientale

Elle constitue le tiers nord-est de l'île, formé de monts schisteux orientés nord-sud, bordés d'une plaine côtière. Moins accidentée que la Corse occidentale, elle culmine en Castagniccia au **San Petrone** (1 767 m).

Les **secteurs montagnards** offrent deux magnifiques visages. Le **cap Corse** présente un squelette montagneux en arêtes de poisson avec des crêtes émoussées par l'érosion. Une splendide route du littoral permet d'en faire le tour. Les pentes du Cap, façonnées en terrasses par l'homme et aujourd'hui abandonnées à la végétation, gardent les traces d'une activité agricole qui fut prodigue. Autour des villages subsistent quelques vergers et l'activité viticole fit dès le Moyen Âge la renommée de la péninsule. Cependant, la mer demeure la principale ressource.

La Castagniccia est délimitée par les fleuves du Golo au nord et du Tavignano au sud. Elle forme un moutonnement de larges collines, entaillées par les torrents, et se couvre d'un épais manteau de châtaigniers qui firent sa richesse et lui donnèrent son nom.

La **plaine orientale**, terrain sédimentaire enrichi par les

alluvions des torrents descendus de la Castagniccia, offre un paysage morne de collines, plateaux et plaines littorales. On distingue au nord la **plaine de Bastia**, dominée par la Casinca, et au sud, la **plaine d'Aléria**. Très favorable à la culture depuis son assainissement en 1945 (éradication de la malaria), elle accueille aujourd'hui des exploitations agricoles intensives où prévalent les agrumes et la vigne.

Le sillon central

Entre L'Île-Rousse et Solenzara, cette fracture élargie par les cours d'eau est la partie la plus ancienne de la Corse orientale. Elle marque la zone de contact avec la Corse occidentale. D'une altitude moyenne inférieure à 600 m, elle relie l'est du désert des Agriate à Solenzara, en passant par Corte. C'est dans le centre de l'île que la dépression est la plus affirmée : le **sillon de Corte**, drainé par le Golo puis le Tavignano, offre un paysage où coteaux et plateaux s'enchevêtrent dans un cadre montagneux.

UN DON DU CIEL

Pluviosité, torrents de montagne, rivières, la Corse bénéficie de ressources en eau plus importantes que les autres îles de la Méditerranée.

Les précipitations

Le nombre de jours de pluie dans l'année est faible (95 jours à Ajaccio), mais l'île reçoit environ 900 mm d'eau, moyenne annuelle supérieure à celle du midi de la France.

La répartition géographique et saisonnière des précipitations est inégale. Il pleut plus dans l'Est que dans l'Ouest, à l'intérieur que sur les côtes, dans le Nord que dans le Sud. Si octobre-novembre et février-mars concentrent l'essentiel des précipitations, des pluies d'orage brèves et violentes peuvent surgir en été. En hiver, certains cols (Vizzavona, Vergio) sont régulièrement enneigés et parfois bloqués. L'été est synonyme de longue saison sèche ; pour pallier cette mauvaise répartition annuelle des pluies, plusieurs **lacs de barrage** ont été aménagés.

« Incendies et sécheresses », p. 465.

Au fil de l'eau

Tous les fleuves et rivières sont irréguliers : maigres de mai à octobre, volumineux et même impétueux de novembre à avril, limpides dans l'Ouest, boueux dans l'Est. Parvenant difficilement à la mer, ils charrient des masses importantes d'alluvions. Le réseau hydrographique est aussi constitué de nombreux cours d'eau dont le

MINE DE RIEN ?

La plupart des minerais exploitables existent au moins à l'état de trace en Corse. La diversité des formations géologiques a engendré une activité minière plus ou moins importante selon les époques. On suppose, malgré l'absence de vestiges et de textes, que le cuivre était extrait il y a 3 000 ans déjà. L'amiante était utilisé dès l'âge du fer pour la confection de poteries. Des sources génoises évoquent aux 14e-15e s. les ressources locales. Mais l'exploitation attestée du fer, du plomb, du cuivre et de l'argent débute au 16e s. Durant les siècles qui suivent, diverses expéditions mettent au jour le potentiel de l'île, les gisements d'antimoine notamment. L'activité locale d'extraction, voire de transformation sur certains sites où furent créées des fonderies, connaît son âge d'or entre la fin du 19e s. et le début du 20e s. Pour vingt et un gisements exploités au 18e s., auxquels s'ajoutent une vingtaine de carrières, la Corse comptera quatre cents sites de production un siècle plus tard. Mais les coûts de transport et le manque de compétences techniques mettent à mal la rentabilité des mines corses. La dernière, la mine d'amiante de Canari, ferme en 1965.

Le **musée de la Corse** à Corte *(p. 171)* consacre une salle à l'industrie.

lit, caillouteux en été, peut devenir dangereux lors des orages.

LES RESSOURCES MINIÈRES

Les minerais ont été découverts et exploités très tôt.

La **Corse orientale**, riche en ressources minières, a permis l'exploitation de nombreux gisements : fer à Farinole, dans le cap Corse, manganèse à Morosaglia, cuivre à Ponte-Leccia, près du défilé de Lancone et aux abords de Vezzani, plomb argentifère près de Ghisoni, antimoine dans le nord du cap et amiante à Canari, sur la côte ouest du cap.

La **Corse occidentale** détient quelques minerais difficilement exploitables : antimoine à Vico, plomb argentifère en Balagne, fer à Calvi et cuivre dans le golfe de Sagone. Les tentatives récentes de mise en valeur ont révélé que les gisements de Corse présentent plus d'intérêt pour les minéralogistes que pour les entreprises minières.

LES SCULPTURES MINÉRALES

L'infinie variété des roches corses est un paradis pour les minéralogistes et un régal pour les yeux et l'imaginaire des voyageurs. Certaines régions constituent de véritables forêts de pierres aux formes presque surnaturelles.

Les roches magmatiques

Nées de la montée de matériaux en fusion situés sous l'écorce terrestre, elles couvrent la majeure partie de la Corse occidentale. Le **granit** est à l'origine de paysages célèbres : les aiguilles de Bavella, taillées par l'érosion ou encore le rivage découpé de la côte ouest dont les **Calanche** de Piana constituent le fleuron. Dans ces aiguilles de granit rouge, l'eau et le vent ont creusé

POLYCHROMIE

Les amateurs d'art remarqueront le **schiste lustré**, à l'aspect soyeux, souvent employé dans les églises pisanes (chapelle San Quilico de Cambia), le **calschiste**, pierre dorée aux teintes pâles orange, vertes, bleues (église de la Canonica) ou encore les **roches vertes**, utilisées pour l'édification de monuments polychromes (San Michele de Murato).

BOTANISTE INFATIGABLE
Botaniste et peintre, **Marcelle Conrad** (1897-1990) parcourut la Corse pendant soixante ans afin d'étudier et faire connaître le patrimoine végétal insulaire. Auteur d'un recueil d'aquarelles de plantes corses et cyrno-sardes inconnues sur le continent, elle participa à la révision fondamentale de la classification de la flore corse.

d'étonnantes cavités appelées **taffoni** (« trou », en corse) et sculpté de surprenantes silhouettes.

Si vous passez par le village de Ste-Lucie-de-Tallano dans l'Alta Rocca, vous aurez la chance de découvrir la **diorite orbiculaire**, pierre rarissime et extrêmement belle. Utilisée à des fins ornementales, elle fut surnommée « corsite » jusqu'à ce que l'on découvre l'existence d'un autre gisement en Finlande.

Les **rhyolites** et les **ignimbrites** (roches volcaniques) se rencontrent en abondance dans le Nord-Ouest. Elles forment des paysages spectaculaires caractérisés par un relief élevé et des teintes allant du vert au rouge en passant par d'innombrables nuances. La **presqu'île de Scandola**, avec ses falaises et ses orgues, en est une des plus belles représentations, ce qui lui a valu son classement au Patrimoine mondial de l'Unesco.

Les roches sédimentaires

Elles proviennent de dépôts de minéraux et d'organismes vivants, et forment de nombreuses enclaves dans l'ensemble de la Corse.

Le **calcaire** est très présent dans la région de Corte et de St-Florent. Mais c'est Bonifacio, et ses hautes falaises blanches modelées par le vent et les vagues, qui constitue le plus spectaculaire bassin calcaire. D'autres formations sédimentaires ont laissé des traces : **charbon** dans le golfe de Porto, **moraines** à l'emplacement d'anciens glaciers et **argile** dans le golfe d'Ajaccio.

Les roches métamorphiques

Elles tiennent leur nom des modifications subies dans leur composition et leur structure lors de mouvements tectoniques.

D'aspect feuilleté, elles habillent presque l'intégralité de la **Corse orientale**. Les schistes ont modelé un paysage massif, aux monts moins élancés et plus larges qu'en Corse occidentale. Les croupes de la Castagniccia et du Bozio, noyées sous la châtaigneraie, en constituent l'un des visages.

Débitées en **lauzes** ou **teghje,** ces roches assurent la couverture des maisons.

Les célèbres **roches vertes**, plus résistantes que les schistes, façonnent des paysages aux reliefs abrupts et découpés. Les torrents les ont fendues en gorges étroites et profondes : c'est le cas du défilé de Lancone et de la haute corniche du Golo. La roche connue sous le nom de « vert de Corse », pierre ornementale très prisée, contient de splendides cristaux vert jade. On en trouve des gisements en Castagniccia et dans le cap Corse, près de Canari.

Une nature généreuse

Contrairement à la plupart des îles méditerranéennes souvent sèches et pelées, la Corse est un véritable festival de couleurs et de senteurs, malgré des incendies trop fréquents (qui ont encore fait la une à l'été 2017).

Pour apprécier les mille et une beautés de la végétation et de

0
20 km
CAP CORSE
Cima di e Folicce
1305
Mte Stello
1307
Col de Teghime
536
BASTIA
AGRIATE
St-Florent
NEBBIO
Étang de Biguglia
L'Île-Rousse
Calvi
BALAGNE
GIUNSSANI
Striconi
Mte Asto
1535
Tartagine
Golo
CASINCA
Figarella
Mte Padro
2393
Asco
Ponte-Leccia
Mte San Petrone
1767
Fium' Alto
Mte Cinto
2706
NIOLO
CASTAGNICCIA
Fango
2525
Paglia Orba
Golo
Scandola
Corte
BOZIO
Col de Vergio
1477
VENACCHESE
Bravone
Porto
Mte Tozzo
2007
Porto
Venaco
Capo Rosso
CALANCHE
2622
Mte Rotondo
Tavignano
PLAINE
Étang de Diane
Mte d'Oro
2389
Col de Sorba
1311
LIAMONE
1163
Col de Vizzavona
Ghisoni
Cargèse
D'ALÉRIA
Liamone
Mte Renoso
2352
Fium'Orbo
Étang d'Urbino
Golfe de Sagone
Gravona
FIUMORBO
CINARCA
Col de Verde
1289
Ghisonaccia
Pnta di a Cappella
2042
Pnte Pozzo di Borgo
779
Prunelli
Étang de Palo
Zicavo
Travo
AJACCIO
ORNANO
Solenzara
Mte Incudine
2136
Îles Sanguinaires
Aiguilles de Bavella
1596
Col de Bavella
1218
TARAVO
Taravo
RIZZANESE
Zonza
Massif de l'Ospédale
Capo di Muro
ALTA ROCCA
Pnta di a Vacca Morta
1315
Golfe de Valinco
Propriano
Rizzanese
Sartène
Ortolo
Pointe de la Chiappa
L'Uomo di Cagna
1217
Montagne de Cagna
Porto-Vecchio
Bonifacio
Capo Pertusato
Île Lavezzi
Bouches de Bonifacio
Bocche di Bonifacio
Isola Maddalena
Isola Caprera
N
SARDEGNA

la faune, il faut prendre le temps d'écouter, d'observer, de respirer les parfums du maquis, se rafraîchir l'été dans les denses forêts, refuges de quelques porcs coureurs, se promener dans les hautes montagnes baignées de lacs et habitées de mouflons.

UNE VÉGÉTATION ÉTAGÉE

Surnommée par les Anglais « l'île parfumée », la Corse apparaît étonnamment verte, boisée et fleurie.
Napoléon disait qu'il reconnaissait sa terre natale à son odeur. On ne saurait ici énumérer toutes les espèces végétales de l'île : il y en a plus de 2000. Certaines sont communes à la flore continentale, d'autres à celle du bassin méditerranéen, mais surtout on dénombre **plus d'une centaine de variétés endémiques**.
Les végétaux, que l'on découvre au gré des randonnées, ont su s'adapter à un milieu biologique difficile : sécheresse prolongée, vent violent ou froid rigoureux. Chaque essence évolue dans une zone d'altitude particulière, avec toutefois quelques variations selon la nature du sol, l'exposition des versants et l'orientation des vallées. On distingue, dans l'ensemble, trois étages caractéristiques.

Couleurs et senteurs des plaines et du maquis

L'étage méditerranéen inférieur – Jusqu'à 500 m d'altitude se mêlent les fleurs exotiques et le maquis. Le **figuier de Barbarie**, cactus originaire d'Amérique centrale, donne un fruit comestible.
Soyez prudents en cueillant les figues car elles sont hérissées de piquants. L'**agave d'Amérique**, plante grasse aux longues feuilles bordées d'épines brunes, est orné de fleurs jaunes. L'**aloès** aux feuilles charnues offre de janvier à avril un panache de fleurs rouges ou jaunes. L'**eucalyptus**, introduit en Corse au 19e s. pour ses vertus médicinales et sa faculté à assécher les zones marécageuses, embaume les régions de Porto et d'Ajaccio et la plaine orientale. Les **cédratiers** produisent des fruits ressemblant à de gros citrons que l'on consomme confits, en liqueur ou en confiture.
« Prendre le maquis » – Constitué par un tapis végétal extrêmement dense pouvant atteindre 6 m de hauteur, le maquis a de tout temps servi d'abri à de nombreux bandits et résistants. Il s'étend sur d'immenses surfaces, y compris sous les pins maritimes, les chênes et dans les châtaigneraies abandonnées. Cette couverture végétale éminemment combustible favorise la propagation des incendies, mais a le mérite de retenir la couche d'humus et de fournir du bois de chauffage. Au printemps, le promeneur appréciera les arômes puissants et la profusion des couleurs du maquis en pleine floraison. Le **ciste de Montpellier** et le **ciste à feuilles de sauge** constellent les basses pentes de leurs fleurs blanches, alors que le **ciste de Crète** apporte des touches mauve-rose. Les **calycotomes**, sorte de genêts épineux, forment de magnifiques buissons fleuris de jaune et parfumés d'une odeur de miel. Le **cyclamen** égaye de ses petites fleurs violettes le littoral et les sous-bois. Dans le bas maquis pousse aussi le **myrte** dont les baies d'un noir bleuâtre servent à la fabrication d'une liqueur réputée.
Les autres plantes caractéristiques sont l'**asphodèle** avec ses fleurs blanchâtres, le **lentisque** que l'on reconnaît à son odeur résineuse et à ses baies virant au noir à maturité et le genévrier dont les baies d'un brun rouge font le délice des merles.
Le maquis arboré se compose de **bruyères**, de **chênes-lièges**

ROSE DES VENTS

Ils soufflent parfois violemment aux extrémités de l'île, gonflent les spis des voiliers, animent les ailes de moulins séculaires et les pales des éoliennes aux longs bras, transportent le sable du Sahara, baptisent les campings, les hôtels et les restaurants de leurs noms chantants. Les vents corses dictent la météo du jour, selon qu'ils apportent les nuages de pluie tant attendue ou attisent les incendies dévastateurs. Le **sirocco** *(u sciroccu)*, sec et chaud, brûle. Le **mistral** *(u maestrale)* termine le travail de son cousin provençal. Le **libecciu** arrose les versants ouest des reliefs. La **tramontane** *(à tramuntana)* apporte le froid sec et sibérien en été. Le **gregale**, un vent tyrrhénien porteur de pluies abondantes, le **ponente** *(u punente)* et nombre de brises de mer conditionnent la vie des marins, tout en inspirant les poètes.

(présents surtout dans le sud-est de l'île), de **chênes verts** et d'**arbousiers**. Ceux-ci portent, d'octobre à janvier, des fleurs blanches et des fruits rouge vif de la taille d'une grosse fraise (d'où son nom d'« arbre aux fraises »), consommés sous forme de gelée ou d'eau-de-vie.

Vous l'avez compris, une balade dans le maquis s'impose, excepté les jours de grand vent où les **incendies** peuvent se propager à vive allure. N'ayez crainte, vous n'aurez pas la mauvaise surprise de croiser des vipères puisqu'il n'y en a pas sur l'île, mais vous rencontrerez certainement des porcs à demi sauvages se régalant de glands et d'arbouses.

Le vaste couvert forestier de l'étage médian

Entre 500 et 1 500 m d'altitude s'étend le royaume du châtaignier et du pin laricio. Introduit par l'homme au 15e s., le **châtaignier** est très répandu entre 500 et 800 m. Il tapisse quelque 15 000 ha dans la région de la Castagniccia et environ 31 000 ha sur toute l'île. Le châtaignier était jadis appelé « arbre à pain » en raison de sa forte capacité nourricière. Aujourd'hui, les châtaignes ne sont plus guère qu'un aliment d'appoint, même si se multiplient les préparations dont elles sont la base, comme les beignets à la farine de châtaigne.

Vous reconnaîtrez le **pin laricio** *(voir encadré p. 222)* à son tronc immense et parfaitement rectiligne ; il dépasse souvent 40 m de hauteur. Cet arbre emblématique des futaies corses – première victime des incendies – croît entre 700 m d'altitude et 1 800 m sur les versants exposés au midi, et sur certaines faces nord. Il compose l'essentiel des splendides forêts d'Aïtone, de Vizzavona et Valdo-Niello, parfois en association avec le **pin de Corte**, le **pin maritime**, le **sapin pectiné**, voire le **cèdre** en forêt de Bavella. Le **hêtre** peut aussi se mêler au pin laricio entre 1 000 m et 1 500 m d'altitude. De beaux massifs de hêtres s'élèvent dans le nord-est de l'île (massif du San Petrone, plateau du Coscione). Le **bouleau** apparaît surtout à la limite supérieure de la forêt ; on le trouve au col de Vergio et sur la face nord du monte Cinto.

La surface forestière ne diminue pas, malgré les incendies qui détruisent surtout le maquis.

La régénération spontanée, les reboisements et les repousses sur les terrains pastoraux délaissés assurent en quelque sorte sa continuité. Les **sous-bois** se parent souvent d'**aspérules odorantes** surnommées « petits muguets » ou « reines des bois » et d'**hellébores corses**, grandes plantes à fleurs vertes et à feuilles luisantes et coriaces. Et les pelouses se couvrent parfois de **thym herbe-à-barons**, dont les fleurs mauves embaument, et de thym aux chats.

Sur les hauteurs (l'étage alpin)

Les terrains compris entre 1 500 et 1 900 m sont dominés par l'**aulne odorant**. Ses feuilles poisseuses et odorantes le distinguent de son proche parent des Alpes. Fréquentes sur les versants nord, les aulnaies aiment aussi les rives des torrents et les versants exposés au sud.

Les **pozzines** (du mot corse *pozzi* : « puits ») font la grande originalité du paysage corse de haute montagne et sont protégées par le parc naturel régional. Ce sont des pelouses spongieuses qui entourent et couvrent en partie certains lacs de montagne, celui de Nino en particulier. Elles créent de surprenants puzzles de terre et d'eau. Formées par l'accumulation de matière végétale non dégradée, elles s'habillent d'un gazon régulièrement tondu par le bétail.

Au-dessus de 1 600 m apparaissent d'autres plantes typiquement corses : le **genévrier nain**, arbrisseau couché sur le sol et l'**épine-vinette de l'Etna**, à fleurs jaunes et aux rameaux garnis de fortes épines. Sur les hauteurs peu accessibles s'épanouissent quelques fleurs : l'ancolie de Bernard, la violette corse et la marguerite cotonneuse, sorte de chrysanthème à fleurs blanches. Les fleurs, trop cueillies, tendent à se raréfier.

UNE FAUNE PROTÉGÉE

La Corse accueille une faune d'un type méditerranéen mais l'insularité a favorisé le développement de certaines espèces animales endémiques, parfois communes avec la Sardaigne. Certains animaux furent menacés de disparition et sont désormais protégés par le Parc naturel régional *(voir p. 463)*.

Un symbole

Le **mouflon**, seul mouton sauvage d'Europe, vit dans les montagnes. Les bons marcheurs munis de jumelles et de patience pourront observer l'animal au pelage brun dans la vallée de l'Asco, les massifs de Bavella et du monte Cinto. On trouve des mouflons ailleurs dans le monde, mais l'espèce corse est particulière par sa petite taille.
I Muvrini se traduit en français par « les petits mouflons » : le groupe de chanteurs a choisi ce nom car l'animal symbolise la paix et la liberté.

Animaux d'élevage

Au détour des sentiers et des petites routes corses, vous croiserez des **ânes**, qui furent pendant des siècles les fidèles compagnons des bergers et des apiculteurs, des familles de **cochons** en semi-liberté et vous devrez ralentir pour laisser passer les troupeaux de **vaches**, de **chèvres** et de **brebis**.

Les oiseaux

Reconnaissable à son bec rouge strié de noir, le **goéland d'Audouin** se réfugie dans les

LA RÉINTRODUCTION DU CERF

Disparu depuis 1968, après avoir occupé toute l'île au 18e s., le cerf élaphe corse *(u cervu corsu)* a fait l'objet d'une réintroduction coordonnée par le parc naturel régional de Corse à partir d'individus identiques prélevés en Sardaigne. Il est plus petit et plus sombre que son congénère du continent. Des enclos de reproduction ont été aménagés à Quenza et à Chisa notamment et, au fil des années, des animaux ont été relâchés. On dénombre aujourd'hui plusieurs centaines de cerfs.

Chèvres au col de Teghime, avec en arrière-plan l'étang de Biguglia.
C. Moirenc / hemis.fr

zones rocheuses et escarpées. La Corse est le seul lieu de France où il se reproduit, notamment dans les îles Finocchiarola, au nord-est du cap Corse.

La colonie corse de **cormorans huppés** demeure l'une des plus importantes de la Méditerranée. L'oiseau se reproduit sur tous les îlots de Corse classés Réserve naturelle (Finocchiarola, Cerbicale…) et se nourrit uniquement de poissons.

La **sittelle corse** est l'espèce emblématique de la faune endémique corse. Cet oiseau sédentaire occupe les forêts centrales de pins laricio. Il niche dans le tronc d'arbres morts à une dizaine de mètres du sol et se déplace souvent à la verticale la tête en bas. Vous reconnaîtrez la sittelle à son bec fin et droit et à son sifflement modulé.

Le **gypaète barbu** (*altore* en corse) vit dans les régions rocheuses. Ce grand rapace charognard est tributaire de la présence d'ovins en transhumance dont la raréfaction oblige à l'alimentation de charniers par le parc naturel régional.

Le **balbuzard**, sorte d'aigle pêcheur, niche sur les pitons rocheux en bord de mer. En voie d'extinction il y a une vingtaine d'années, l'espèce a survécu grâce à l'action et la protection du parc naturel. On observe aujourd'hui une vingtaine de couples de balbuzards dans la réserve naturelle de Scandola.

Les reptiles

L'île abrite douze espèces de reptiles terrestres, non venimeux. Côté serpents, si des vipères peuplent les îles italiennes voisines, la Corse ne compte que deux espèces de **couleuvre**. On rencontre ainsi, au bord des chemins ou traversant la route, la couleuvre à collier et sa cousine verte et jaune.

Le **lézard de Bédriaga**, espèce endémique à la Corse et à la Sardaigne, se distingue par son museau pointu. Il se nourrit de sauterelles, d'araignées, de grillons et habite en milieu rocheux, surtout dans le massif du monte Cinto. Un autre reptile endémique cyrno-sarde, le **lézard Tiliguerta**, occupe la quasi-totalité de l'île depuis le bord de la mer jusqu'à 1 800 m d'altitude.

Parmi les geckos présents, citons la **tarente de Maurétanie**, la plus visible. Elle affectionne les habitations où elle vient chasser les insectes près des sources lumineuses et peut atteindre une taille de 20 cm.

La **tortue d'Hermann**, espèce quasiment en voie de disparition en France, a été victime de l'urbanisation du littoral méditerranéen et surtout des incendies de forêts. Elle n'est plus représentée que dans le massif des Maures et en Corse, où elle demeure abondante sur la plaine côtière orientale et dans les maquis du Sud. En période estivale, elle peut s'enterrer jusqu'aux premières fraîcheurs de l'automne. Pour être certain d'en rencontrer, visitez les villages de tortues de Moltifao et de Vignola.

Proche de la famille des reptiles, l'**euprocte**, sorte de salamandre endémique, aime les eaux claires et les cailloux des torrents.

En mer

Le plus spectaculaire des hôtes de la côte corse est sans doute le **rorqual** commun qui sillonne cette partie de la Méditerranée. Il n'est pas rare que le **dauphin** escorte les plaisanciers, notamment sur la côte ouest.

Les fonds sous-marins corses, épargnés par la pollution, abritent poissons et crustacés. On trouve des congres, des rascasses, des murènes, des barracudas, des langoustes et des homards, etc. Le **mérou**, d'une bonhomie légendaire, faillit bien disparaître. Il peuple aujourd'hui abondamment les eaux du sud de l'île. La **girelle** colore les fonds de ses robes bigarrées rouge et verte. Différentes espèces de rougets voisinent avec les bancs de castagnoles. Une très abondante faune fixée couvre les fonds. Anémones jaunes, ascidies pointues de teintes variées, dentelles de Neptune et gorgones rouges chatoient sous la lumière diffuse.

L'**aphanius** de Corse, petit poisson endémique, fréquente les eaux douces et saumâtres des estuaires et les lagunes de Biguglia, les étangs de Diana et les marais salés de Porto-Vecchio.

Le **corail rouge** *(Corallium rubrum)* est une espèce typiquement méditerranéenne. Bien implanté sur les côtes corses, il se plaît sur les tombants et sur les falaises à l'abri d'une trop forte lumière. Il ne pousse pas au-delà de 300 m de profondeur. Ce petit animal de la famille des **cnidaires** (méduses, anémones et gorgones) a longtemps intrigué les scientifiques. Certains le classifiaient comme un minéral, d'autres comme un végétal, erreurs excusables eu égard à son aspect hybride. Il faut attendre le 18e s. pour que sa vraie nature soit reconnue. Sa couleur rouge provient de substances de type carotène colorant le squelette. Pêché à Bonifacio et en Sardaigne, le corail rouge n'est pas en danger, mais l'espèce souffre cruellement dans certaines zones (Mérouville, îles Lavezzi) de la trop grande fréquentation des plongeurs amateurs. Les pêcheurs professionnels locaux se sont eux-mêmes contraints, en vue de préserver leur patrimoine, à ne pas pêcher en deçà de 60 m de fond.

La **posidonie** (endémique à la Méditerranée) est une plante à fleurs qui a quitté il y a 100 millions d'années la terre ferme pour le milieu marin. Elle est essentielle à la bonne santé de l'écosystème produisant à profusion une ressource de nourriture, une protection efficace contre le

désensablement des fonds.
Dans ces herbiers se nichent les portées de nombreuses espèces de poissons.

Une nature fragile

Grâce à des mesures de protection de l'environnement efficaces et à l'absence d'industries polluantes, la Corse est sans doute l'une des régions françaises les mieux préservées. Mais le fabuleux patrimoine naturel de Corse n'est pas à l'abri de dégradations liées à l'activité humaine et aux évolutions climatiques. Si des mesures ont été prises pour sa préservation, d'importants défis restent à relever pour assurer un avenir sans nuages.

DES ESPACES PROTÉGÉS

Avec le développement du tourisme de masse dans les années 1960, les abords des plages de l'île furent la cible d'opérations immobilières d'envergure. Le littoral corse reste pourtant l'un des mieux préservés de France.
Et ce, grâce à l'attachement des Corses à leur territoire et à l'action conjointe des organismes publics de protection qui parvinrent à entraver l'implantation anarchique d'infrastructures touristiques.
Le **parc naturel régional de Corse** (PNRC), créé en 1972, sera le premier à porter à la fois une vocation terrestre et maritime, tandis que le **Conservatoire du littoral** est aujourd'hui propriétaire de près de 25 % des 1 030 km de côtes, soit le double de sa moyenne nationale. À l'intérieur des terres, le PNRC recouvre aujourd'hui plus de 40 % de l'île et 150 000 ha de forêts sont placées sous contrôle de l'Office national des forêts (ONF). Six **réserves naturelles** se répartissent sur toute l'île, couvrant une surface de 83 500 ha environ : bouches de Bonifacio, étang de Biguglia, îles Cerbicale, Scandola, Tre Padule de Suartone et les îles du Cap Corse (ex-réserve des îles de Finocchiarola, considérablement étendue en 2017). La Corse compte par ailleurs près d'une centaine de sites classés **Natura 2000** (programme européen de protection de sites naturels). Signe que la prise de conscience est réelle et affirmée, la constitution en 2012 du **parc marin international des Bouches-de-Bonifacio** regroupe plusieurs d'entre elles.

Le parc naturel régional de Corse

Il s'étend sur environ 350 500 ha, soit plus du tiers de l'île, et concerne le territoire de 145 communes. Il englobe le cœur montagneux de l'île : massifs du monte Cinto, monte Rotondo, monte d'Oro, monte Renoso, monte Incudine. À l'ouest, sa façade maritime, longue de 80 km, est centrée sur les remarquables golfes de Porto et de Girolata et la presqu'île de Scandola (elle-même classée en réserve naturelle). Ce parc réunit les principales forêts du centre (Aïtone, Valdo-Niello, Vizzavona, Bavella, l'Ospédale…) et les plus beaux sites de l'île (gorges de Spelunca et de la Restonica, col de Bavella, lacs d'altitude, lac de Nino…).
Le parc a pour mission la protection de la nature sur son territoire, car il abrite un grand nombre d'espèces rares, dont quelques-unes endémiques. Ainsi certaines plantes insulaires sont interdites de cueillette et le parc s'emploie activement à assurer la subsistance en période hivernale d'animaux en danger (le mouflon corse et le gypaète barbu) ou à favoriser leur réintroduction en milieu naturel (les tortues d'Hermann), par exemple.
Il assure également la protection de certains sites en les classant ou en sauvegardant des constructions traditionnelles (bergeries, moulins,

vieilles maisons), en restaurant et en mettant en valeur des monuments (chapelles…) ou des vestiges archéologiques (Pianu di Livia).
Pour rendre vie aux villages de l'intérieur, le Parc tente de relancer l'élevage ovin et porcin par la réhabilitation de la châtaigneraie et de développer le tourisme en montagne.
Enfin, il lutte contre les incendies, avec les deux départements de la Corse et a incité au recrutement d'agents pastoralistes apportant un soutien technique aux éleveurs pour la création de pâturages et la mise en place de plans de débroussaillage (*smacchjaggia*, en corse).
Une nouvelle charte du parc, en cours de validation, prévoit d'élargir le territoire à 180 communes sur 448 000 ha.
www.pnr.corsica

Le Conservatoire du littoral

Il a pour vocation de placer sous une protection définitive les sites sensibles du littoral français. Il acquiert pour cela de vastes surfaces non bâties, certaines d'entre elles sont aménagées : sentiers du littoral, restauration de tours génoises, reconstitution de dunes… Parmi les plus remarquables sites naturels préservés de l'île, on distingue, sur le littoral ouest, les Agriate (le plus vaste site de France), les côtes de la Balagne, la vallée du Fango, Campomoro-Senetosa, Roccapina et les rivages occidentaux du parc marin des Bouches-de-Bonifacio ; sur le littoral oriental, le golfe de Santa Giulia, l'île de Pinarellu, Fautea, la pinède de Pinia, le secteur de Capandula et l'île de Capense, dans le cap Corse.
Si le Conservatoire du littoral a, grâce à son travail, sauvé nombre de trésors côtiers, il se retrouve aujourd'hui confronté à une pression de plus en plus forte des promoteurs (assouplissement de la loi Littoral), à une multiplication des constructions illégales et à une importante flambée des prix qui limite ses possibilités d'achat. Les acquisitions se poursuivent néanmoins avec pour objectif le classement en zone protégée de 40 % des côtes d'ici à 2050.
www.conservatoire-du-littoral.fr

Le parc marin international

Ce parc couvre l'ensemble du **détroit** qui sépare la Corse de la Sardaigne. C'est l'un des rares exemples d'une collaboration transfrontalière dans le domaine de l'environnement. Il comprend les réserves naturelles des Bouches-de-Bonifacio, des « Tre Padule de Suartone », les terrains du Conservatoire du littoral et du parc national de l'archipel de la Maddalena. Certains sites comme les archipels des Lavezzi, des Cerbicales, des Bruzzi ou des Moines sont tout à fait exceptionnels. Le détroit abrite un paysage sous-marin étonnamment riche pour la Méditerranée actuelle ; il est de plus inclus dans le Sanctuaire international des mammifères marins en Méditerranée.
www.rnbb.fr.

LES DÉFIS ÉCOLOGIQUES

Des sécheresses de plus en plus longues et fréquentes, une forte pression touristique, une difficile transition énergétique, les décharges sauvages ou encore la mise en danger des côtes par les promoteurs immobiliers et l'assouplissement (voire le contournement) de la loi Littoral… les défis ne manquent pas pour **préserver l'île de Beauté sans pour autant en faire un sanctuaire**. Nombre d'îliens – habitants et élus – s'activent dans ce but. Ici, les sacs en plastique sont bannis des supermarchés depuis fort

Le désert des Agriate.
Sasha64f/iStock

longtemps. Des campagnes citoyennes de nettoyage des plages sont organisées. Et des initiatives privées comme publiques permettent la mise en valeur du patrimoine naturel ou bâti.

Incendies et sécheresses

Ces dernières années, la forêt corse a subi des dommages irréparables. Plus de la moitié des surfaces brûlées françaises se concentraient sur l'île. Les étés 2003 et 2005 ont été dévastateurs, notamment en Haute-Corse, qui a vu plus de 20 000 ha dévastés. En 2009, 5 000 ha ont été ravagés par les flammes en Corse-du-Sud. En 2016, on a dénombré plus de 1120 incendies ayant détruit 1 162 ha. Fin juillet 2017, la région sud de Bastia (Olmeta-di-Tuda et Biguglia) est touchée par des feux violents attisés par le vent : 2 200 ha partent en fumée. Des incendies qui se déclarent désormais « hors saison » – près de Calvi en octobre 2014 et à Bastelica en mars 2017.

Les facteurs favorisant ce fléau sont à la fois le climat méditerranéen à longue saison sèche avec des coups de vent fréquents *(maestrale, libecciu, sirocco)* et la végétation riche en essences très inflammables. Les forêts gardent la mémoire des **sécheresses** successives sur une dizaine d'années, car celles-ci provoquent l'accumulation de matières végétales non décomposées.

Les causes de départs de feux peuvent être la chaleur excessive, la foudre et, trop fréquemment, l'imprudence ou l'insouciance des hommes. Quelque 40 % des départs de feux seraient imputables à la pratique ancestrale de l'**écobuage** (ou brûlis) qui consiste à provoquer des incendies pour dévorer un couvert végétal dense de type maquis et ainsi dégager un terrain de pâture pour le bétail. Les incendies criminels représentent quant à eux 40 % des sinistres, motivés essentiellement par la spéculation foncière. Depuis 2004, une campagne de prévention et de sensibilisation menée auprès des communes et des particuliers et complétée par des actions du parc naturel régional et des sapeurs-forestiers, a permis des résultats encourageants.

La pression touristique

Une grande partie l'activité touristique se concentre sur le littoral occidental de l'île et en

particulier dans les golfes d'Ajaccio, de Valinco ou de Porto. Certains sites fortement sollicités ont pu subir de sensibles détériorations, notamment dans le Sud-Est.
Ces trois dernières décennies, la fréquentation touristique a explosé pour atteindre plus de 3 millions de visiteurs par an, sur une île qui ne compte à l'année que 330 000 insulaires ! Les touristes viennent surtout de France (près de 75 %), mais aussi d'Italie, de Suisse, de Belgique et d'Allemagne, et la moitié fréquentent l'île l'été. La multiplication par dix de la population suppose alors des équipements surdimensionnés face aux besoins réels des habitants : la plupart des **stations balnéaires** manquent d'équipements performants pour le retraitement des eaux et la très problématique gestion des déchets. Si le nombre de décharges sauvages a diminué ces dix dernières années, bien trop encore subsistent.
Le succès de la **navigation de plaisance** sur les côtes corses induit lui aussi un certain nombre d'écueils. Le mouillage de Calvi saturé en été est par exemple complété par un mouillage saisonnier. En résultent la dissémination des déchets et d'espèces végétales indésirables, et la dégradation des fonds marins.
La préservation de l'environnement, l'amélioration du parc hôtelier et l'allongement de la durée de la saison sont les grands défis de l'avenir touristique corse. Mais beaucoup d'élus s'inquiètent aussi de voir le tourisme devenir la seule perspective de développement économique de l'île.

L'énergie de changer

Le système électrique corse n'est pas relié au réseau métropolitain, mais bénéficie d'une interconnexion partielle avec l'Italie et la Sardaigne.
Les centrales thermiques produisent environ les deux tiers de l'énergie consommée, et la totalité des combustibles utilisés est importée. Principale centrale de l'île, **Lucciana** (près de Bastia) compte de nouvelles installations depuis 2014. Elle fonctionne au fioul léger et au gaz naturel et peut fournir 15 % des besoins locaux.
Le dernier tiers de la production est assuré par l'**énergie hydroélectrique** (contre 17 % sur le continent), notamment avec l'installation, en 2013, d'un quatrième grand barrage sur le Rizzanese, dans le sud de l'île.
Institutions et associations se tournent aujourd'hui vers d'autres **énergies renouvelables** dont les atouts sont ici majeurs. L'**énergie solaire** y tient une place évidente en raison du taux d'ensoleillement et de l'isolement des villages ou des bergeries. Des capteurs solaires sont d'ores et déjà en fonction dans certains refuges et fournissent le centre hospitalier de Bastia et des parcs photovoltaïques ont vu le jour dans plusieurs communes, telle la ferme solaire de Méria au Cap Corse. Le **parc éolien** – parfois décrié pour la pollution du paysage qu'il entraîne – se développe aussi depuis les années 2000, notamment sur le cap Corse ou à Calenzana, et fournit l'énergie nécessaire à la consommation de milliers de personnes. D'autres projets continuent de voir le jour comme la rénovation de la chaufferie centrale au bois de Corte (2017), dont le modèle doit être appliqué à d'autres villes de l'île.
Pour s'informer sur les questions environnementales : *www.oec.fr* (Office de l'environnement de la Corse) ; *www.cen-corse.org* (Conservatoire des espaces naturels) ; *www.oddc.fr* (Observatoire du Développement Durable de la Corse) ; *www.levante.fr* (association U Levante).

Histoire

De l'Antiquité à la Révolution, l'île a subi de nombreuses incursions et a été annexée successivement par les royaumes méditerranéens. Grecs, Romains, Pisans et Génois ont laissé des traces profondes de leur installation. Le déclin de Gênes au 18e s. a permis une courte expérience de royaume, avec Théodore de Neuhoff, et d'indépendance avec Pascal Paoli. Depuis 1768, la Corse est rattachée à la France à laquelle elle a donné un empereur, Napoléon Bonaparte.

Une histoire mouvementée

DU PRÉNÉOLITHIQUE À L'ANTIQUITÉ ROMAINE

Avant Jésus-Christ

Des populations de pêcheurs nomades abordent l'île quelque 10 000 ans av. J.-C. Venus de Sardaigne et d'Italie, ils profitent de la variation du niveau de la mer pour accoster brièvement en Corse. Ils vivent sous des abris rocheux, utilisent des outils grossiers et inhument leurs morts comme l'atteste le squelette de la **« dame de Bonifacio »**, plus ancienne trace humaine découverte en Corse, datée de 6570 av. J.-C.

Suit une période incertaine où l'île aurait été une nouvelle fois désertée, faute de ressources suffisantes. La colonisation effective de **peuplades néolithiques** ne débute qu'au VIe millénaire. Ces petites communautés pratiquent l'agriculture et l'élevage, et possèdent un mode de vie en tous points semblable aux populations du pourtour méditerranéen.

Entre 4 000 et 2 500 ans av. J.-C., les premiers villages se forment et le mégalithisme (de mégalithe : grande pierre) se manifeste. Les *castelli*, sortes de villages fortifiés défendus par des tours imposantes, les *torre*, sont édifiés sur plus d'une centaine de sites, en particulier dans la région de Porto-Vecchio et dans le Sartenais.

Au milieu du IVe millénaire apparaissent les premières techniques du bronze ; deux millénaires plus tard, la métallurgie du cuivre est introduite à Aléria.

L'**âge du bronze**, caractérisé par une forte insécurité dans l'ensemble du bassin méditerranéen, voit la naissance d'une société à la recherche de spiritualité. Les statues-menhirs se multiplient ; on en compte plus de 250 en alignements à Palaggiu dans le Sartenais.

L'ANTIQUITÉ

Cette population vivra en vase clos jusqu'à l'arrivée, vers 565 av. J.-C., des **Phocéens** venus d'Asie Mineure. Ils fondent Alalia (Aléria) promise à une belle destinée, relayés vingt ans plus tard par les **Carthaginois**. La Corse devient alors l'une des haltes incontournables des routes maritimes du monde antique. L'écriture et les techniques nouvelles pénètrent enfin dans l'île.

Cette position enviable incite les **Romains** à s'arroger la cité grecque. En 259, ils assiègent Aléria, mais mettront plus de deux siècles pour conquérir l'île entière. Un siècle av. J.-C., **Marius** fonde la colonie romaine de Mariana.

Après Jésus-Christ

Les premiers martyrs chrétiens apparaissent dès le 2e s. sous l'influence des populations immigrées. Deux cents ans plus tard, les églises siègent au centre des villes de la côte. Sainte Restitude, sainte Julie et sainte Dévote sont promises à une belle destinée, tant la ferveur populaire perdure à travers les siècles et les embûches. Au 6e s., sous le pontificat de Grégoire le Grand, on édifie de nombreux monastères.

LES INVASIONS

Du 5e au 11e s., la Corse est régulièrement envahie par les Vandales puis par les pirates barbaresques. Les insulaires quittent le littoral pour se réfugier dans les montagnes. Maures, Vandales et Ostrogoths, Byzantins se disputent tour à tour la Corse, provoquant la **ruine de la grande cité d'Aléria** (vers 420) et la désertification des côtes. En 774, le Saint-Siège affirme ses droits d'administration temporelle et de possession de l'île.

Au 11e s., Pise et Gênes s'entendent pour combattre les bases sarrasines en Corse, menaces permanentes pour leur puissance maritime. De petits chefs tyranniques s'entre-déchirent et mènent le peuple à la pauvreté.

LA « PAIX » PISANE (1077-1284)

Durant cette période, l'île passe sous l'autorité de la florissante République pisane qui apporte une paix relative et une certaine prospérité. Gênes, éternelle rivale, est jalouse et revendique des droits.

- **1133** – Le pape Innocent II confirme à Pise l'autorité sur les évêchés d'Aléria, Ajaccio et Sagone et accorde à Gênes ceux d'Accia, Mariana et St-Florent.
- **1195** – Les **Génois** s'installent à Bonifacio et colonisent la cité.
- **1278** – **Calvi** s'inféode à Gênes.
- **1284** – L'effondrement de Pise à la bataille navale de la **Meloria** consacre la suprématie de Gênes.

CINQ SIÈCLES D'OCCUPATION GÉNOISE (1284-1768)

Du 13e au 16e s., Gênes doit affronter tantôt les révoltes des seigneurs de la Cinarca, fidèles à Pise, tantôt les révoltes populaires. Dans le Nord, Sambucuccio d'Alando mène le mouvement de la *Terra del Commune*, chassant les petits féodaux. En 1297, les Aragonais obtiennent du pape Boniface VIII l'investiture de la Corse et de la Sardaigne. Le royaume s'en préoccupera bien plus tard, entre 1376 et 1434, quand **Vincentello d'Istria**, « lieutenant du roi d'Aragon en Corse », construit la citadelle de **Corte** (1420).

La Corse, plongée dans un chaos politique et économique, a perdu le tiers de sa population lors de la **grande peste** de 1348. En 1453, son autorité rétablie, Gênes confie la gestion de la Corse à

LES PIÈVES

Ancêtres des actuels cantons, elles correspondent à une grande vallée ou à un ensemble de petites vallées. Sous l'administration génoise, les *pièves*, au nombre de 66, ont formé durant des siècles le cadre communautaire où s'est élaboré le destin de la population.

Statue de Napoléon Bonaparte, Ajaccio.
eugenesergeev/iStock

l'Office (banque) de St-Georges, sorte d'établissement financier para-étatique, alors tout puissant dans la République. La répression s'accroît dramatiquement. Un siècle plus tard, les troupes du roi de France Henri II, appuyées par Sampiero Corso, débarquent en Corse. Mais en 1559, le **traité de Cateau-Cambrésis** restitue l'île aux Génois. À cette date apparaît l'une des figures emblématiques de l'histoire corse. **Sampiero Corso**, qui avait participé à l'offensive française, tente l'impossible pour donner à l'île son indépendance. En 1571, Gênes instaure des **pièves**, circonscriptions organisées autour des paroisses reconstruites durant la période pisane, de véritables cellules administratives.

- **16e s.** – Le littoral assailli par les Barbaresques est ceinturé de tours de guet.
- **17e s.** – Renouveau religieux : la Corse se couvre d'églises baroques.
- **1676** – 600 Grecs, fuyant les Turcs, s'installent à Paomia, près de Sagone, puis un siècle plus tard à Cargèse.
- **18e s.** – Décadence de Gênes.
- **1729-1769** – Succession de soulèvements populaires appelés « guerre d'Indépendance ». Des notables mettent en place d'éphémères gouvernements d'un « royaume corse ». En 1736, **Théodore de Neuhoff** est proclamé roi. Interventions militaires françaises en 1738 et 1748 pour rétablir l'ordre.

LA CORSE INDÉPENDANTE (1755-1769)

La Corse connaît quatorze années d'indépendance sous l'action de **Pascal Paoli** *(voir p. 474)*, homme de démocratie et de progrès. Paoli est élu « général de la nation corse » en 1755. Il proclame un « gouvernement de la nation corse » à Corte.
Le fondateur de la Constitution nationale corse, nourri des thèses des Lumières, tentera en une décennie à peine une révolution institutionnelle d'envergure, vite étouffée par la mainmise française.

LA CORSE FRANÇAISE

- **1768** – Traité de Versailles : Gênes, ruinée, cède la Corse à la France.
- **1769** – Le 8 mai, les paolistes sont vaincus par les troupes françaises lors de la **bataille du Ponte Nuovo** ; Paoli s'exile en Angleterre. Le 15 août, Napoléon Bonaparte naît à Ajaccio.
- **1789** – L'Assemblée constituante proclame la Corse « partie intégrante de l'Empire français ».
- **1790** – Paoli regagne la Corse après vingt et un ans d'exil.
- **1794-1796** – Un royaume anglo-corse est constitué avec sir Gilbert Elliot pour vice-roi. Paoli reprend le chemin de l'exil.
- **1796** – La France reconquiert la Corse. L'île est divisée en deux départements.
- **1811** – L'île est réunifiée en un seul département dont Ajaccio devient le chef-lieu.
- **À partir de 1830** – Baisse des tensions, de la vendetta et du banditisme.
- **1840** – Prosper Mérimée publie son roman *Colomba*.
- **1894** – Inauguration de la voie ferrée Ajaccio-Bastia.
- **1914-1918** – La Première Guerre mondiale accentue l'hémorragie démographique amorcée à la fin du 19e s. : 14 000 morts. Il reste très peu d'hommes valides pour reprendre les exploitations agricoles.
- **1942-1943** – La Corse est occupée par les troupes allemandes et italiennes. En septembre 1943, elle est le premier département libéré, par ses propres partisans de surcroît.

La Résistance en Corse

Le 8 novembre 1942, les Américains débarquent en Afrique du Nord. Une joie bien vite assombrie par l'arrivée en Corse, trois jours plus tard, de plus de 30 000 soldats italiens accompagnés de leur redoutable service de renseignements (OVRA). **Mussolini** rêve de faire main basse sur l'île de Beauté, mais ses habitants ne l'entendent pas du tout ainsi. De nombreux mouvements de résistance se développent dans l'île, comme Combat, R2 Corse (Scamaroni), le FFL, le Front national (Jean Nicoli). Cette arrivée des Américains en Afrique du Nord lance la **bataille de Méditerranée** où la Corse tient une place stratégique. La première mission, baptisée « Pearl Harbour », inclut un agent de renseignements américain. Après plusieurs tentatives d'unification, la Résistance est durement frappée par l'arrestation et la mort de Scamaroni. Le Front national est désormais le seul réseau encore assez fort et structuré. Le capitaine Colonna d'Istria est envoyé d'Algérie par le général Giraud pour coordonner les hommes et leurs efforts. Mais il faut alors faire face à quelque 80 000 Italiens et plus de 10 000 Allemands. Les débarquements d'hommes et d'armes du sous-marin *Casabianca* *(voir encadré p. 34)* sont complétés par des parachutages. L'armistice italien le 3 septembre 1943 appelle à l'offensive. Le 13, Giraud déclenche l'**opération Vésuve** avec le 1er corps d'armée du général Henry Martin, dont le 1er bataillon de choc du commandant Gambiez. Les combats autour de Levie empêchent la jonction des SS Reichsfurher avec la 90e Panzer, et privent Kesserling de leur appui pour empêcher le débarquement de Salerne. Après avoir réussi sa libération, la Corse fournit 12 000 combattants à la libération de la France.

- **1944** – Début de l'éradication de la malaria dans la plaine orientale par les troupes américaines.
- **1958-1970** L'arrivée massive de rapatriés d'Algérie crée des tensions entre communautés.

- **1970** – La Corse est séparée de la région Provence-Alpes-Côte d'Azur et devient la 22e région de France.

Éveil de l'identité corse

- **1975** – La Corse est divisée en 2 départements : Haute-Corse (2B) et Corse-du-Sud (2A).

En août, un commando de militants autonomistes occupe une cave viticole d'Aléria pour stigmatiser les privilèges réservés aux agriculteurs pieds-noirs. La répression est brutale et deux gendarmes sont tués. Cet événement devient le symbole du réveil de l'indépendantisme corse.

- **1976** – Fondation du Front de libération nationale de la Corse (FLNC).
- **1981** – Création à Corte de l'université de Corse.
- **1982** – Élection de la première assemblée de Corse au suffrage universel.
- **1991** – L'assemblée territoriale de Corse devient l'organisme régional exécutif doté de pouvoirs étendus.
- **1995** – Création de l'IMEDOC : regroupement d'intérêt économique d'îles de la Méditerranée occidentale (Sardaigne, Corse, Baléares, Sicile).

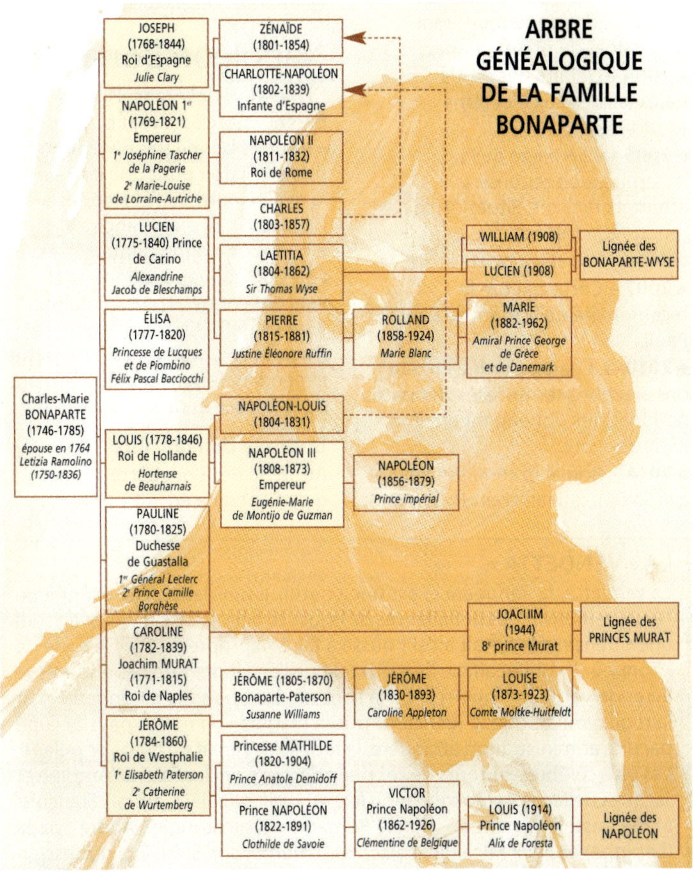

J. Sauvignier/MICHELIN

Généalogie des Bonaparte.

- **1996** – Mise en service des navires à grande vitesse (NGV) entre Nice, Livourne et la Corse.
Plus de 2 000 femmes défilent dans les rues d'Ajaccio pour protester contre la violence dans l'île.
- **1998** – Assassinat du préfet Claude Érignac. Plus de 40 000 personnes défilent dans l'île pour se dresser contre les dérives sanguinaires et mafieuses.

Les années 2000-2020

- **2003** – Interrogés par référendum, les Corses refusent la fusion des deux conseils généraux avec l'assemblée de Corse pour former une collectivité territoriale unique. Arrestation d'Yvan Colonna dans le cadre de l'enquête sur l'assassinat du préfet Érignac.
- **2004** – Défaite des partis nationalistes aux élections territoriales.
- **2005** – « Semaine de la fraternité », en réponse aux attentats racistes. Situation sociale tendue à la SNCM.
- **2006** – Privatisation de la SNCM.
- **2007** – Corte célèbre le bicentenaire de la mort de Pascal Paoli.
- **2010**– La gauche arrive en tête des élections territoriales ; les partis nationalistes obtiennent environ 35 % des voix.
- **2014** – Nouveau conflit majeur à la SNCM, qui fait craindre la disparition de la compagnie.
Le FLNC dépose les armes.
- **2015** – Aux élections départementales, victoire de la gauche en Haute-Corse et de la droite en Corse-du-Sud. L'Union européenne annonce que le repreneur de la SNCM n'aura pas à s'acquitter de la dette de cette dernière. En juin, les projets de cinq repreneurs sont recalés et la décision reportée. Durant ce même mois, plusieurs randonneurs perdent la vie à la suite de violents orages, ce qui entraîne le contournement du cirque de la Solitude par le GR 20.
- **2018** – Création de la Collectivité de Corse.

« Derniers événements », p. 475.

Napoléon Bonaparte

L'Empereur des Français, né de parents ajacciens, veut que son île « soit une bonne fois française », même s'il doit pour cela entretenir la rivalité nord-sud et s'opposer à Paoli. C'est lui qui « francise » les emplois gouvernementaux. Ses rêves de pouvoir le conduisant vers des contrées plus lointaines, il n'a en définitive réalisé que peu d'action en Corse. Ajaccio perpétue cependant le souvenir de « l'enfant de la Corse » et de sa famille.

Enfance de Nabulio

Au 16e s., des Bonaparte auraient quitté Sarzana en Italie pour

LA « VENDETTA »

La *vendetta*, la vengeance, est une coutume sanglante. Elle est née de l'éloignement et des défaillances de la justice génoise. Celui qui avait subi une offense grave était ainsi poussé à faire sa propre justice ; le code de l'honneur l'y obligeait. Le fléau fut tel que l'on vit des familles entières se livrer de véritables guerres. De là sont nés les « bandits d'honneur », car la règle voulait que le justicier « prît le maquis » : dans un pays occupé par une administration étrangère, le rebelle devenait un héros populaire. Les plus célèbres au cours de ces deux derniers siècles furent : Antoine et Jacques Bellacoscia (Bocognano), Jean-Camille Nicolaï (Carbini), François-Marie Castelli (Carcheto), Nonce Romanetti (Calcatoggio), André Spada (Lopigna) et Felix Micaelli (Isolaccio-di-Fiumorbo). Suite à la répression française, la vendetta s'estompa à partir de 1830.

s'installer à Ajaccio qui relève de la même souveraineté génoise. Deux siècles plus tard, Charles Marie, le père de Napoléon, épouse à 18 ans Letizia Ramolino âgée de 14 ans. Le 15 août 1769, ils donnent naissance à leur quatrième enfant et à leur deuxième fils prénommé **Napoleone**, en mémoire d'un parent de Letizia. Ce nom peu commun est vite remplacé au sein de la famille par le diminutif de Nabulio, « Touche à tout ».
Les Bonaparte habitent à Ajaccio. Letizia veille à la bonne marche du foyer et s'occupe des enfants (13 dont 5 morts en bas âge). Cette « femme rare conduisait tout, administrait tout avec une sagesse, une sagacité qu'on attendait ni de son sexe ni de son âge ». L'éducation est sévère et le jeune Nabulio essuie ses réprimandes justifiées. L'Empereur reconnaîtra : « J'étais querelleur, lutin, rien ne m'imposait. Je ne craignais personne, je battais l'un, j'égratignais l'autre. Je me rendais redoutable à tous. » D'une famille anoblie mais modeste, Charles Marie sollicite une bourse d'études pour ses deux aînés ; en 1779, Napoléon est admis à l'école militaire de Brienne dans l'Aube. Napoléon poursuit ses études à l'école militaire de Paris dont il sort lieutenant d'artillerie à l'âge de 16 ans. Ses projets sont alors modestes : retourner en Corse pour y faire une carrière politique et militaire. Dès 1789, il est acquis aux idées de la Révolution.

La guerre civile

La loi n'autorise les officiers français à s'engager dans les régiments de Gardes nationaux corses que s'ils sont élus lieutenants-colonels. Napoléon, désireux de suivre au plus près les événements qui se déroulent en Corse, se porte candidat et est élu le 1er avril 1792 au poste de lieutenant-colonel en second du 2e bataillon des Volontaires corses d'Ajaccio-Tallano derrière Jean-Baptiste Quenza. Quelques jours plus tard, à la suite d'une émeute entre les Volontaires corses des Gardes nationaux et les citadins, le bataillon Quenza-Bonaparte tue plusieurs personnes à la sortie de la cathédrale d'Ajaccio. L'événement engendre huit jours de guerre civile dont la population garde longtemps rancune au futur empereur. La maison des Bonaparte, qui affichent leur fidélité à la Convention, est mise à sac, tandis que l'insurrection gagne toute l'île. Si bien qu'en juin 1793 les Bonaparte doivent fuir sur le continent. Napoléon ne reviendra en Corse qu'en 1799.

L'ascension vers l'Empire

Commence alors la fulgurante carrière de Napoléon. Capitaine d'artillerie, il se distingue à Toulon en 1793, puis comme général de brigade dans les campagnes d'Italie en 1796 et d'Égypte en 1798. Après le coup d'État du 18 Brumaire an VIII (1799), il devient **Premier consul** puis consul à vie. En moins de cinq ans, le Consulat lui permet de centraliser les pouvoirs au profit de son ambition : le 2 décembre 1804, à l'âge de 35 ans, il est sacré **Empereur des Français** dans la cathédrale Notre-Dame de Paris. En 1807, après une série de campagnes, il domine l'Europe et édifie le Grand Empire. En 1815, quelques jours après la foudroyante défaite de Waterloo, Napoléon se replie en France et abdique. Suivront six ans de séjour forcé à l'île de Sainte-Hélène où il meurt en 1821.

Napoléon et la légende

Personnage de l'Histoire et grand communicateur, Napoléon appartient aussi à la littérature, au théâtre et à la peinture. Il bénéficie d'une filmographie considérable, puisqu'en un siècle il a été le sujet

L'ÉMIGRATION

La population corse ne fut en évolution que de rares fois dans son histoire. La malaria, la famine, les querelles claniques qui marquent la fin du 19e s. et la première moitié du 20e s. accélèrent ce phénomène récurrent. La Corse atteint son maximum démographique en 1881 avec 273 000 habitants, mais en comptera 160 000 en 1957. La fonction publique représente alors une sécurité enviable quitte à s'exiler sur le continent. Les départs pour les colonies s'intensifient. Les Corses rejoignent l'Algérie, Madagascar, l'Asie et l'Amérique du Sud. Deux présidents du Venezuela seront d'origine corse. Des villages entiers se reconstituent dans ces cités du bout du monde et tissent des réseaux solides au travers d'amicales et de sociétés philanthropiques. Les habitants du cap Corse se retrouvent ainsi massivement en Amérique. En dépit de l'arrivée, entre 1958 et 1964, de 17 000 Français repliés d'Algérie, corses ou non, l'île devra attendre le début du 21e s. pour voir la tendance s'inverser *(voir p. 481)*.

de plus de six cents films l'idéalisant ou le critiquant. Utilisé aussi à des fins commerciales, on retrouve son effigie sur des boissons apéritives et sur toutes sortes d'articles.

La Corse et l'indépendance

La Corse connaît sa seule période d'indépendance entre 1755 et 1768 sous l'égide de Pascal Paoli. Aujourd'hui, elle est un peu « l'enfant terrible » de la France : à la fois attachante et rebelle, elle ne cesse de susciter les passions.

Un éphémère royaume

En 1736, **Théodore de Neuhoff**, un baron allemand qui avait pris cause pour des exilés corses, débarque sur l'île avec des armes. Redonnant espoirs aux insurgés, il est couronné roi de Corse sous le nom de Théodore Ier. Mais il doit quitter l'île quelques mois plus tard en raison de la résistance génoise et de la méfiance des généraux corses *(voir encadré p. 438)*.

Le « Père de la Patrie »

Pour la plupart des Corses, nationalistes ou non, **Pascal Paoli** est un « héros » qui permet à la nation corse, pour la première fois, de s'affirmer et qui dote l'île d'une Constitution républicaine bien avant la France.

Né en 1725 en Castagniccia, Pascal Paoli accompagne son père en exil à Naples. Il y reçoit une formation intellectuelle poussée, s'intéresse aux idées des Lumières, aux doctrines étrangères et suit avec attention l'évolution de son île. De retour en Corse en avril 1755, il prend la tête de l'insurrection contre les Génois ; le 13 juillet 1755, il est proclamé « général de la Nation ». Il fixe sa capitale à Corte et dote l'île d'une organisation politique démocratique et moderne : il fait voter une Constitution avec séparation des pouvoirs, fait frapper monnaie, fonde l'université de Corte, dote la justice de tribunaux réguliers, etc. Les Génois, toujours présents dans l'île mais affaiblis, demandent secours à la France. En 1768, après des négociations entre la république de Gênes et la France, le traité de Versailles confie l'administration de la Corse aux Français. Paoli organise la résistance armée, mais est vaincu à la bataille du **Ponte Nuovo** en 1769. C'est le début de la Corse française et Paoli s'exile en Angleterre. Il tente une alliance avec les Anglais qui débouche pendant deux ans sur un royaume anglo-corse dirigé par le vice-roi sir Gilbert Elliot. Des insurrections y mettent un terme et provoquent un nouvel exil de Paoli à Londres où il meurt en 1807.

Autonomistes et nationalistes

Les événements d'**Aléria** en 1975 marquent le réveil des sensibilités nationalistes et la création, un an plus tard, du Front de libération nationale de la Corse (FLNC). Autonomie, défense de la langue et de la culture, protection des sites, etc. sont au programme des revendications qui s'illustrent par de multiples plasticages. Mais une partie du mouvement s'éloigne des aspirations initiales et dérape dans la violence. Le FLNC est dissous en 1983, mais plusieurs groupes nationalistes restent très actifs.

Les différents gouvernements ont du mal à appréhender ce délicat « malaise corse » et alternent périodes de laxisme, de fermeté et de trêve monnayée en secret.

En février 1998, l'épisode tragique de l'assassinat du préfet Érignac provoque un réveil des consciences et une volonté de rétablir l'État de droit. Les accords dits « de Matignon » sont signés dans cette perspective en 2002.

Après s'être heurtées violemment durant les années 2000, les différentes tendances nationalistes essaient de renouer le dialogue. Les années 2010 voient l'émergence de mouvements politiques régionalistes opposés à la violence et à ses dérives parfois mafieuses. En 2014, le FLNC – qui ne représente qu'une partie des indépendantistes – dépose les armes.

Derniers événements

En décembre 2015, les nationalistes gagnent les élections régionales. Un résultat qui traduit l'essoufflement de la classe politique traditionnelle insulaire.

L'année 2016 sera marquée par des tensions communautaires, par la reprise de la SNCM par Corsica Linea ou encore par la volonté de Paris de mettre fin à certains avantages fiscaux appliqués à la Corse.

En juin 2017, les autonomistes et les indépendantistes réunis sous la bannière « Pè a Corsica » (Pour la Corse) remportent les élections législatives. Ils envoient pour la toute première fois trois élus siéger à l'Assemblée nationale.

Cette même année, une « révolution institutionnelle » est entérinée par l'Assemblée de Corse : en 2018, la Collectivité Territoriale corse et les deux conseils départementaux sont regroupés au sein d'une méga-institution appelée **Collectivité de Corse**. Le nouvel organe compte 63 élus.

www.isula.corsica

LA TÊTE DE MAURE

Désormais indissociable de l'identité insulaire, la tête de Maure a marqué les combats de la Résistance pendant la Seconde Guerre mondiale, puis ceux des mouvements autonomistes. L'emblème apparaît à la fin du 13e s. sur les armoiries du **roi d'Aragon** en souvenir de la reconquête chrétienne de l'Espagne. Il est repris deux siècles plus tard par des chefs corses partisans des Aragonais. Tombée en désuétude, la tête de Maure réapparaît au 18e s., notamment avec le général Gaffori au siège de Bastia (1754). Mais c'est avec **Pascal Paoli** que la tête de Maure devient le symbole officiel de la nation corse. Il supprime les chaînes et autres marques de soumission, et relève le bandeau qui couvre les yeux : « Les Corses veulent y voir clair. La liberté doit marcher au flambeau de la philosophie. Ne dirait-on pas que nous craignons la lumière ? » déclare le chef des insurgés.

Tradition et art de vivre

Si les habitants de l'île revendiquent leur singularité, ils ne se sentent pas pour autant des témoins isolés d'une identité en perdition. Bien au contraire. Les signes tangibles d'un renouveau de la culture corse se multiplient. L'économie elle-même bénéficie de cette dynamique. Le tourisme, première source de richesse de l'île, n'a pas entraîné de dommages irréparables sur la physionomie sauvage des côtes. L'arrière-pays, fragilisé par une saignée démographique de plus d'un siècle, jouit de potentiels intacts et s'éveille à un tourisme vert, soucieux de la nature et de sa préservation. L'agriculture s'oriente quant à elle vers une production raisonnée et des produits de qualité. Ainsi, la Corse, tournée vers d'autres enjeux que sa seule autonomie administrative, peut-elle dans les prochaines années devenir une région exemplaire d'un certain charisme.

L'identité insulaire

La Corse, dont l'identité est noyée sous les clichés, peine à faire reconnaître ses richesses et sa singularité. Elle s'identifie pourtant à un territoire préservé dont elle entend bien maîtriser le destin, tout en donnant à sa culture les saveurs du renouveau.

LA FIN DE COLOMBA

L'histoire tourmentée de l'île, soumise à de multiples invasions et incursions, a nourri une imagerie simpliste du peuple corse. Celui-ci, dans le plus extrême dénuement, délaissa les modèles insulaires pour ceux du continent. Un abandon dont la culture corse a longtemps souffert, laissant de larges brèches aux interprétations abusives.

Les tragiques événements qui ont marqué son actualité ces dernières décennies ont renforcé certains traits repris à loisir par les médias. Les mouvements autonomistes des années 1970 qui se sont engagés dans la lutte armée n'ont pas été suivis dans leurs combats mais ont toutefois provoqué une prise de conscience salutaire. Sans renier leur attachement à la France, les Corses ont renoué avec leur culture et l'ont inscrite dans la modernité.

Ce renouveau indique que, bien au-delà des clichés qui ont la peau dure, le peuple corse est fier de sa différence et que celle-ci ne l'en isole plus de l'extérieur. Dans une montagne dépeuplée, les échanges entre insulaires et « pinzutti » sont tout à la fois simples et cordiaux, et les fêtes traditionnelles constituent de réelles occasions d'échange et de dialogue. L'hospitalité est entendue ici comme une obligation morale. Ce 21e s. verra peut-être et heureusement la fin de l'obsolète Colomba comme égérie d'un peuple sanguinaire.

Car si elle est souvent silencieuse, la grande majorité des Corses

Pêcheurs à St-Florent.
Ch. Boisvieux / hemis.fr

ne cautionne pas les actes de vandalisme ou les attentats meurtriers. Les femmes corses se sont d'ailleurs plusieurs fois mobilisées contre la violence et l'intolérance. La vendetta, de sinistre mémoire *(voir encadré p. 472)*, provoque certes encore quelques conflits fratricides, mais elle ne concerne qu'une poignée d'irréductibles militants.

Des usages ancrés dans l'histoire

Certaines des images récurrentes sur la société corse sont vraies, sans forcément être le signe d'une culture féodale. La notion de **clan**, si décriée, a permis longtemps de survivre à des conditions de vie spartiates et difficiles. Compris comme une famille au sens large, n'intégrant pas seulement des membres de son sang mais des habitants d'un même village, le clan est d'abord synonyme de protection et d'entraide. Les grands personnages de l'histoire corse, comme Pascal Paoli, ont fédéré les clans parce qu'ils définissaient la Corse comme étant elle-même un clan, c'est-à-dire un espace où l'individu est protégé de l'oppression extérieure.

Le **sens de l'honneur**, qui s'est montré un puissant allié de la violence, trouve dans le clan une ressource inépuisable de bonnes volontés prêtes à se sacrifier pour le respect de la parole donnée.

LES « PINZUTTI »

Le Corse est parfois un peu sur ses gardes en face de l'Italien et du Français du continent, qu'il surnomme respectivement Luchesu (Lucquois) et *pinzuttu*. Le terme un peu ironique de **pinzuttu** (pointu) est peut-être une allusion aux chapeaux tricornes que portaient les soldats de Louis XV envoyés en Corse en 1764, à moins qu'il ne fasse référence à l'accent pointu des Parisiens… Comme dans beaucoup de régions, toute réserve disparaît quand le touriste sait se montrer respectueux de l'île et de ses habitants.

La **famille** reproduit de génération en génération la vénération des anciens. Les petits-enfants, qui portent le prénom des grands-parents, sont aussi tributaires de leur histoire. Ils sont ainsi dotés, dès l'enfance, d'une biographie qui n'est pas la leur mais qu'ils se doivent d'honorer. De cette manière perdurent des haines ancestrales dont le motif a été depuis longtemps oublié.

L'apprentissage du métissage

Des caractères moins connus de l'identité corse, comme une attention particulière pour l'égalité, se sont révélés au cours du 20e s. Ainsi s'explique par exemple l'image inversée des Corses dans les colonies. Dépréciés sur le continent, ils apparaissent dans les contrées de l'Empire colonial français comme des colons pondérés et soucieux du bien-être commun.

Cette génération de Corses qui n'a pas grandi dans l'île revient au pays dans le courant des années 1960. Le mouvement migratoire s'accompagne de l'arrivée massive de pieds-noirs fuyant l'Algérie, à qui sont confiées de riches terres dans la plaine d'Aléria. Si leur intégration fut lente, et si les immigrés maghrébins eurent des difficultés à trouver leur place dans les années suivantes, ces composantes, qui ont suscité de fortes tensions, semblent aujourd'hui se confondre autour d'une conception fédératrice du territoire. L'identité corse n'est pas figée, elle se fonde sur une expérience humaine et se réalise jour après jour en lien avec son histoire et les données actuelles.

LE CHANT ET L'EXPRESSION MUSICALE

Les chants traditionnels, proches des mélopées arabes et du chant grégorien, reflètent les luttes du passé et la profondeur des sentiments. Ils étaient autrefois souvent improvisés et marquaient chaque étape de l'existence. Avec l'abandon du mode de vie pastoral, ces chants, transmis de génération en génération et de vallée en vallée lors de la transhumance, auraient pu totalement disparaître. Même si les « **nanne** » (berceuses), les « **serinati** » (sérénades), les « **lamenti** », complaintes funèbres et les « **voceri** », chants mortuaires et de vengeance se sont progressivement perdus,

QUELQUES CORSES CÉLÈBRES

Les Corses furent longtemps très nombreux à connaître l'exil. Les hommes politiques et hauts fonctionnaires ne manquent pas. Parmi eux : André Maroselli (1893-1970), huit fois ministre sous la IIIe République et résistant farouche ; Joseph Comiti (1920-2000), ministre de De Gaulle, Charles Pasqua (1927-2015) qui fut ministre de l'intérieur, etc. Il y a aussi d'éminents policiers comme Charles Pelligrini, ancien patron de l'anti-gang, ou Philippe Massoni (1936-2015) qui dirigea la préfecture de police de Paris et de nombreux hauts gradés dans l'armée. Dans le monde des affaires, on peut citer François Coty (1874-1934), l'inventeur de la parfumerie moderne ou, plus récemment, Jean-Cyril Spinetta ancien PDG d'Air France.

Il est impossible de citer tous les artistes contemporains mais s'il faut en retenir quelques-uns : la top model et actrice Laetitia Casta, la danseuse et chorégraphe Marie-Claude Pietragalla, le musicien Jean Guidoni, les comédiens Marie-José Nat et Robin Renucci qui ont su ou savent faire partager leur attachement à leur terre.

la musique et les chants restent bien vivants.
Les **polyphonies** resurgissent avec vitalité du passé, surtout la « **paghjella** », ce chant à trois voix a capella (inscrit au Patrimoine immatériel de l'Unesco depuis 2009). Redécouverte dans les années 1970 par Canta U Populu Corsu, elle projette sur le devant de la scène des chanteurs et groupes insulaires réussissant à marier avec conviction création et tradition. Ainsi A Filetta (« la fougère »), I Muvrini (« les petits mouflons »), Chjami Aghjalesi, ou encore des solistes accompagnés, comme Jean-Paul Poletti et le Chœur d'hommes de Sartène. Certains, comme le groupe Barbara Furtuna, fréquentent les festivals du monde entier.
Le **chjama è rispondi** (« appelle et réponds »), forme de poésie orale, est toujours répandu. À l'origine essentiellement masculin, ce chant ludique ou libérateur d'angoisse et de passions s'improvise vite à l'issue d'un repas ou d'une réunion, à l'occasion de foires pour marquer la convivialité.
Les travaux de recherche et de restauration entrepris par des musiciens ont permis la redécouverte d'instruments traditionnels comme la **cetera**, cithare à seize cordes dont l'usage avait disparu depuis les années 1930, ainsi que la **pifane** (flûte en corne de chèvre) et la **pirule** » (flûte en roseau), instruments utilisés par les bergers.
Des festivals de qualité sont organisés pour faire découvrir la richesse du patrimoine musical corse : **Estivoce**, à Pigna, début juillet et les **Rencontres de chants polyphoniques** de Calvi, mi-septembre. Le **musée de la Corse à Corte** *(voir p. 171)* conserve aussi la trace de nombreux chants populaires.
« Musique », p. 536.

LES FÊTES TRADITIONNELLES

Les villes et les villages, où l'engouement reste vif pour les fêtes et les rassemblements, ont conservé une spontanéité et un sens fédérateur que bien des pays ont perdu.

Les fêtes religieuses

Les traditions catholiques sont encore très vivantes dans l'île, grâce notamment aux **confréries** dont l'origine remonte au Moyen Âge. Si vous vous promenez en Corse à Pâques, ne manquez pas les processions de la **Semaine sainte**. La tradition pascale veut que le prêtre visite et bénisse chaque logement. Pour saisir toute la dimension sacrée de la mémoire populaire, vous devez assister aux rites et aux **processions** organisées par les confréries avec leurs cortèges de pénitents en cagoule de Bonifacio, Calvi, Cargèse ou Sartène. Lors de cette dernière, le **pénitent** (*u catenacciu* : l'enchaîné) suit un chemin de croix, traînant derrière lui une lourde chaîne.
La légende veut que ce Pénitent Rouge soit à l'origine un jeune homme que la colère a poussé à commettre un acte irréparable. Joie et ferveur marquent cette semaine parée des habits du merveilleux et qui se clôt par un repas collectif, la *merendella*.
Les villes et villages fêtent aussi en grande pompe leurs **saints** patrons et quelques saints protecteurs de corporations comme saint Érasme, patron des marins, ou sainte Restitude en Balagne. La Vierge Marie est particulièrement vénérée : l'hymne de la Vierge, *Dio vi salvi, Regina*, est un chant religieux incontournable en Corse.

Les foires rurales

Dédiées à l'amandier, à l'olivier, aux vins, à la châtaigne, etc., les plus réputées ont conservé leur air de fête et rassemblent souvent les paysans éloignés des centres urbains. La Fiera di Bocca di u Pratu (Foire du Col de Prato) en Castagniccia, le dernier week-end de juillet, compte parmi les plus importantes.

LA LANGUE CORSE

La langue corse ne connaît la **transcription** qu'à partir du 19e s. Un siècle charnière où l'italien, la langue de l'écrit, va être interdit pour laisser place au français. Des auteurs européens comme Prosper Mérimée ou l'Italien Niccolò Tommaseo s'initient alors au « patois » local et immortalisent quelques bribes du répertoire poétique et conté. Les premières revues de langue corse *(A Tramuntana* puis *A Muvra)* revendiquent fortement l'identité insulaire sous la IIIe République. Associé à la rébellion contre l'hégémonie de l'État français, le corse n'obtiendra son statut de **langue régionale** qu'en 1974.

Enseignée dès l'école primaire, cette langue qui, peu à peu, perdait de son ancrage dans les jeunes générations, est réinvestie par des auteurs et des chercheurs contemporains. Longtemps refuge de l'expression écrite, la poésie compte, parmi ses plus notables auteurs, Francescu Filippini. Quant au roman, des écrivains tel Rinatu Coti lui ont donné un renom.

Dans les villages, vous entendrez le chant de cette langue riche et savoureuse, qui présente des analogies avec d'autres langues romanes, l'italien surtout.

Des origines diverses

Idiome aux **racines celto-ligures**, le corse se latinise lentement, puis subit à partir du 9e s. une forte influence toscane. Les Sarrasins ne laissent que peu de mots et les Génois, présents durant cinq siècles, lèguent surtout un vocabulaire technique, maritime et administratif. La **syntaxe** du corse reste proche du toscan médiéval, ce qui permet de considérer cette langue comme le reflet de celle de l'époque de Dante.

La langue présente quelques dissemblances entre le sud-ouest et le nord-est de l'île, la frontière étant parfois difficile à saisir. Le corse du Nord-Est est plus musical ;

DÉCRYPTER LE CORSE

Prononciation

La fin des mots est souvent avalée et les voyelles qui se suivent sont prononcées séparément. Par exemple, on dira « Porto-Vec » et non « Porto-Vecchio » ; forêt d'« A-i-tone » et non « d'Aïtone ». Par ailleurs, les lettres k, w, x et y n'existent pas ; le u se prononce « ou », le t parfois « d » et le tt « t ». De même, chj se dit « tj » et ghj « dj ».

Toponymie

Nous connaissons les localités sous leur transcription toscane datant du 18e s. Le « o » qui en termine un bon nombre se transcrit par « u ». Plus surprenant, le « ll » devient « dd » dans le Sud (Bavedda pour Bavella).

Dictons corses

Per cunosce una persona, bisogna manghjà cun ella una somma di sale : « Pour connaître une personne, il faut manger beaucoup de sel avec elle. »

A lavà u capu a l'asinu, si perde fatiga e sapone : « À vouloir laver la tête de l'âne, on perd fatigue et savon. »

Buciardu cume a scopa : « Menteur comme la bruyère »… qui fleurit mais ne donne pas de fruits.

celui du Sud-Ouest reste plus original. La prononciation peut varier aussi d'une vallée à l'autre.

Une pratique contrastée

La progression de l'**enseignement** du corse à l'école se confirme ces dernières années puisqu'environ 55 % des élèves ont accès aux cours de corse en primaire. Elle demeure néanmoins facultative dans le secondaire. Bien que certains trouvent la progression insuffisante, l'avenir de la langue semble aujourd'hui moins menacé. Et si la pratique n'est pas si fréquente au quotidien sur l'ensemble du territoire ni dans toutes les classes d'âge, on estime à 50-60 % la part de la population sachant la parler. Il existe des émissions de télévision et de radio en corse, des journaux aussi. Mais les éditeurs hésitent souvent à publier dans cette langue car les tirages sont très faibles. Citons tout de même les dynamiques éditions Albiana (www.albiana.fr).

Pour découvrir les bases de cette langue, vous pouvez vous procurer *Le Guide de conversation Corse*, J. Lepidi et N. Sorba, Assimil, 2014 ou *Le Corse. Guide de conversation pour les nuls*, J. Chiorboli, First, 2016.

Les hommes et l'économie

L'insularité reste un défi pour la société corse. Ces dernières années, d'ambitieux plans de relance ont été programmés, avec l'aide de l'État et de Bruxelles, pour pallier les principales difficultés structurelles, comme celles des transports.

POPULATION

La démographie

Les grandes vagues d'**émigration** de la seconde moitié du 20e s. ont laissé la Corse exsangue *(voir encadré p. 474)*. Cependant, depuis le début des années 2000, la population de l'île connaît une forte croissance (+ 1,6 % par an à partir de 1999, puis 1,1 % par an entre 2007 et 2012), la plus élevée du pays. Le solde naturel étant resté quasi nul, c'est le solde migratoire qui explique ce phénomène. Ainsi, la Corse retrouve, voire dépasse, ces dernières années, le niveau de sa population maximale du début du 20e s. avec une estimation de 339 178 habitants en 2019. Elle détient cependant toujours le record de l'île la moins peuplée de Méditerranée occidentale et a le plus bas taux de natalité des régions françaises. La densité reste également la plus basse de France avec 37 hab./km².

L'« île de Beauté » est particulièrement attractive pour la population d'âge actif, mais aussi pour les **seniors**, qui représentent 28 % de la population (et dans certains villages isolés du centre, le tiers des administrés).

Les **jeunes** de 15 à 29 ans constituent à peine 16,3 % de la population. Une grande partie d'entre eux gagnent le continent pour leurs études supérieures et leur carrière professionnelle, bien que l'université de Corte apporte une formation supérieure de qualité.

L'attraction des villes et du littoral

Les Corses se sont longtemps tenus à l'écart du littoral où abordaient les envahisseurs. Autrefois regroupés, réfugiés dans des villages perchés, ils ont peu à peu rejoint les côtes où se développe l'activité économique. Aujourd'hui, **Bastia** et **Ajaccio**, principaux bassins d'emploi, regroupent 40 % de la population. Les villages d'accès facile et situés à quelques kilomètres de ces grands centres reprennent vie. Les familles nombreuses soucieuses de leur environnement y sont majoritaires, et entraînent l'ouverture de commerces de proximité et d'équipements.

L'arrière-pays et les communes du centre, hormis la région de Corte, atteignent en revanche de faibles densités (6 hab./km² dans l'Alta Rocca, 7 hab./km² dans la microrégion de Ponte-Leccia). Situées à l'ouest dans le massif montagneux du Cinto, à l'est dans la Castagniccia ou plus au sud dans le Haut-Taravo et l'Alta Rocca, de petites communes très enclavées voient leur population diminuer sans répit. La difficulté d'accès, l'absence de transports en commun et la rareté des équipements fragilisent leur situation. Ces villages sont égayés en été par les résidents en villégiature qui trouvent là repos et pittoresque. Mais le quotidien des habitants reste difficile, à tel point qu'ils sont parfois contraints de rejoindre, pour l'hiver au moins, les villes du littoral.

Pour lutter contre une **désertification** annoncée, des initiatives diverses se mettent en place : tourisme vert, rénovation du bâti, aménagement des routes, maintien des services minimaux. Toutes ne portent pas encore leurs fruits.

L'emploi

La fonction publique, avec 95 fonctionnaires pour 1 000 habitants, occupe toujours une place prédominante sur l'emploi. Suivent la construction et le tourisme, qui demeurent les deux grandes locomotives de l'économie insulaire. Le tourisme, en particulier, représente aujourd'hui autour de 10 % de l'emploi salarié. L'agriculture et l'artisanat occupent de nos jours une part infime des actifs. Enfin, le chômage touche environ 9 % de la population active en Haute-Corse et pousse les jeunes actifs à rejoindre le continent.

L'AGRICULTURE

Bien que la vie agricole tienne encore une place importante dans l'identité insulaire et que des perspectives existent, elle ne représente plus économiquement un facteur de développement majeur (seulement 2 % du PIB et 3,6 % de la population active). Elle a su cependant conserver des activités ancestrales et en développer les potentiels.

La vie agricole

Les petites exploitations familiales se spécialisent dans les productions traditionnelles : élevages porcins et bovins, vergers et châtaigneraies. Elles détiennent près de la moitié des surfaces oléicoles. Attachés aux savoir-faire locaux, ces agriculteurs souffrent de la détérioration sensible de leur environnement. Les terrasses entourant les villages, les jachères et les circuits d'entraide informels n'existent plus. En revanche, la disparition des terres cultivées a permis à un certain nombre d'entre eux de revitaliser l'élevage en libre parcours des animaux qui fait la réputation de la viande corse.

Les grandes exploitations se réservent la viticulture (75 % de la production AOC), l'arboriculture (notamment les clémentines, les kiwis) et la production laitière.

La **plaine orientale d'Aléria**, assainie en 1944 et rénovée en 1957 par la Société d'économie mixte SOMIVAC, concentre une part importante de la production viticole et fruitière. Cependant, ces dernières années, ces surfaces ont sensiblement diminué pour laisser place à des prairies et des pacages. Cette tendance est motivée par le besoin croissant de l'île en fourrage et par les difficiles conditions climatiques de ces dernières années. L'impact des sécheresses successives sur le secteur agricole est

Composition autour de la charcuterie corse.
C. Dave/Mond Image/age fotostock

en effet dramatique – les pâturages s'appauvrissent. Et le classement du phénomène comme calamité agricole est désormais quasi annuel.

La recherche et l'agriculture biologique

En 1965, l'Inra s'implante en Corse en reprenant la station expérimentale d'agrumiculture et d'adaptation de fruits exotiques de San Giuliano dans la plaine orientale. Elle inaugure en 1978 un pôle de recherche sur l'économie rurale et l'élevage à Corte. Depuis 1985, le centre Inra-Corse travaille en liaison avec le CNRS, l'université de Corte et les exploitants.

De son côté, l'agriculture biologique, tout comme sur le continent, s'est implantée sur le territoire. Elle se développe et se structure grâce au regroupement des producteurs bios.

La vigne

Forte de ses neuf AOC et deux IGP, la viticulture est l'un des piliers de l'agriculture corse. Elle a subi de profonds bouleversements depuis les années 1960. De 9000 ha en 1960, elle culmine à 32000 ha (soit 50 % de la surface agricole utile !) à la fin des années 1970 suite à l'assainissement de la plaine d'Aléria et à l'investissement massif des rapatriés d'Algérie. Dès les années 1980, les viticulteurs s'engagent dans une politique privilégiant la qualité : l'arrachage de près des trois quarts du vignoble a transformé le visage de la troisième île viticole de Méditerranée, derrière la Sicile et la Sardaigne. Alors qu'auparavant la viticulture était souvent le complément d'une activité agricole, elle concerne aujourd'hui des exploitations spécialisées le plus souvent de taille moyenne. La viticulture représente près de 10 % des exploitations insulaires, soit près de 6000 ha. Les vignes se concentrent sur le littoral et en particulier dans la zone Aléria-Ghisonaccia (les deux tiers des vignes) suivi de la Balagne, des terres d'Ajaccio, de Calvi et Porto-Vecchio.

« Les vins », p. 490.

LE CHÊNE-LIÈGE FAIT DE LA RÉSISTANCE

Appelé ici *a suara*, le chêne-liège tient une place prépondérante dans le paysage du sud-est de la Corse, jusqu'à 700 m d'altitude *(voir encadré p. 393)*. Son écorce, épaisse et crevassée, ultra-résistante, lui permet de réduire les pertes en eau et de protéger le cœur de l'arbre lors des incendies. Il remplace ainsi peu à peu l'emblématique mais fragile pin laricio, première victime du feu. L'arbre – dont les plantations ou forêts sont nommées suberaies – est également utilisé pour la production de liège (bouchons ou granulats). Si de vastes surfaces uniquement dédiées à l'exploitation existent au Portugal, en Espagne, en Algérie et au Maroc, elles sont assez limitées en Corse où l'essence pousse principalement à l'état sauvage. Malgré le déclin de l'exploitation au 20e s. (avec l'avènement du plastique), l'île n'en demeure pas moins la première région productrice en France. Et une partie des petits producteurs se regroupent, notamment au sein de « A Silva », une coopérative forestière.

Après le démasclage – décollement des couches extérieures de l'écorce –, la transformation s'effectue le plus souvent en Sardaigne ou au Portugal. La démocratisation à l'échelle mondiale de la consommation du vin (malgré l'arrivée sur le marché de nouveaux bouchons) et, surtout, les propriétés d'isolation thermique et acoustique reconnues du matériau peuvent laisser présager une reprise de l'activité.

Les vergers

La culture fruitière est la deuxième production agricole de l'île. Dominants depuis plusieurs décennies, les vergers d'agrumes couvrent 1 700 hectares. 80 % sont occupés par les **clémentines**, bénéficiant de l'IGP (Indication Géographique Protégée) depuis 2007. La clémentine de Corse est en effet l'unique clémentine française. Excellente, mais plus coûteuse que les productions d'autres régions méditerranéennes, elle a cependant trouvé sa place sur le marché national.

La culture du **kiwi** qui s'est développée depuis les années 1970 a subi une forte récession. Les vergers sont peu à peu mis en conformité, restructurés pour une production durable et de qualité (une demande d'IGP est en cours).

Si l'on produit moins d'huile d'olive qu'au 19e s., les vergers d'**oliviers,** connaissent une forte progression. Pour ne pas stopper ce développement, l'île doit se protéger de la menace de la bactérie *Xylella fastidiosa*, qui ravage les oliveraies italiennes.

Même progression des **châtaigneraies**, dont la rénovation a permis d'augmenter de 50 % la surface récoltée.

La production d'amandes, particulièrement vulnérable au manque d'eau et aux problèmes de pollinisation, est à son plus bas niveau depuis 2013 et d'un quart inférieur à sa moyenne quinquennale. Dotée de l'IGP depuis 2014, la filière noisette, en revanche, se porte très bien.

L'élevage

Il tient une place prépondérante dans l'agriculture insulaire, avec près de 60 % des exploitations. Plus du tiers sont orientées vers l'élevage des ovins et des caprins, s'inscrivant ainsi dans une tradition ancestrale. Les plus grands troupeaux sont situés en **Haute-Corse**, pays montagneux et vert.

La **production laitière** permet la fabrication de *brocciu* et de fromages secs réputés.

L'élevage intensif de bovins est plus récent, bien qu'il représente aujourd'hui la première production animale de l'île, avec un cheptel qui atteint désormais plusieurs dizaines de milliers de vaches. Les porcins sont élevés pour la plupart en libre pâture et sont réputés de ce fait pour la qualité de leur chair. Quant aux **cultures fourragères**, elles constituent plus de 90 % des 300 000 ha agricoles de l'île.

Pêche et aquaculture

Relativement peu développée, la **pêche** est d'abord une histoire de famille. Artisanale, la flottille se compose d'environ 200 bateaux (700 au début du 20e s.), recensés sur les sites d'Ajaccio et de Bastia. Dans les filets, les poissons de roche abondent (loups et mulets), ainsi que les poissons de sable (daurades et barbets). La production est essentiellement écoulée sur le marché local. N'oublions pas la pêche à la langouste, pour laquelle Centuri (cap Corse) est le premier port français.

L'**aquaculture** s'est implantée en Corse dans les années 1960 et concerne une dizaine d'entreprises. La filière conchylicole (moules et coquillages) est implantée dans les étangs de Diane et d'Urbino sur la côte orientale et produits 950 t de coquillages par an. Ses huîtres creuses sont réputées parmi les meilleures de Méditerranée.

La **filière piscicole**, apparue dans les années 1980, s'est développée sur l'ensemble du littoral, le plus gros site se trouvant en baie d'Ajaccio. Les élevages sont essentiellement composés de loups, de daurades royales et de maigres.

L'INDUSTRIE

L'île n'a jamais vraiment réalisé sa transition industrielle. Ce secteur, avant tout lié à l'énergie, demeure un « détail » de l'économie corse, ou presque. La région reste de très loin la moins industrialisée de France. Les mines ont fermé *(voir encadré p. 455)*, les hauts fourneaux qui traitaient les minerais de l'île d'Elbe à partir du 19e s. se sont arrêtés, et le bois, s'il est exploité, est le plus souvent traité hors de l'île.

Aujourd'hui, l'industrie emploie environ 7 % de la population. Un chiffre peu élevé mais en progression. L'agroalimentaire représente la première activité de par le nombre d'entreprises. Mais on notera également l'activité liée à l'aéronautique à Ajaccio ou des sociétés high-tech au sein du Futura Corse Technopole de Bastia.

LE TRANSPORT

Transport maritime

Il ne manque pas de navires, tous plus beaux les uns que les autres, rivalisant de confort et de rapidité ! Environ 25 bateaux sont répartis entre trois compagnies qui transportent chaque année près de 4 millions de passagers (en entrée-sorties). Les NGV (Navires à Grande Vitesse), mis en service dans les années 1990, ont finalement été abandonnés, notamment en raison de leur consommation excessive de carburant.

Les liaisons s'organisent sur le continent à partir de Marseille, Nice, Toulon, et, en Italie, Gênes et Livourne. En corse, Bastia et Ajaccio, qui accueillent l'essentiel du trafic, ainsi que L'Île-Rousse, Porto-Vecchio et Propriano se partagent le trafic passagers.

Transport aérien

Le trafic aérien a connu une véritable explosion cette dernière décennie. En 2018, on a dénombré 4,3 millions de passagers dans les quatre aéroports de l'île. Des avions de compagnies régulières et *low cost*, en provenance des villes de la métropole, et du reste de l'Europe en saison, atterrissent sur les tarmacs d'Ajaccio et de Bastia – dont les aéroports se partagent plus des deux tiers des passagers –, de Calvi et de Figari. Paris, Marseille et Nice, représentent près de 80 % du trafic aérien vers le continent. L'activité est donc soutenue et la concurrence féroce en haute saison. Les compagnies, par leurs choix de dessertes et de fréquences, semblent pouvoir accompagner l'étalement souhaité de la saison touristique. La Suisse, la Belgique et l'Allemagne sont désormais bien desservis. L'Italie, le Royaume-Uni, les Pays-Bas et les pays scandinaves sont les prochains objectifs.

Transport routier

Les routes corses sont réputées pour leur beauté mais aussi pour leurs difficultés. Avec 7 921 km de réseau, le manque de liaisons rapides entre les principales villes est un frein au développement économique. La circulation des touristes est également prise en compte, et d'importants aménagements et élargissements ont été entrepris ces dernières années, notamment sur la côte.

LE TOURISME

Il contribue à hauteur de 24 % au PIB corse (hors transport).
Alors que la Corse accueillait en 1970 quelque 500 000 touristes, ils sont plus de 3 millions en 2018 à fouler le sol de l'île, ce qui représente 30 millions de nuitées. Près de 71 % viennent de la métropole. Les principaux clients étrangers sont allemands, italiens, belges et suisses. Et de nouveaux « arrivants » venus du monde entier découvrent désormais l'île, notamment par le biais des croisières, une activité qui connaît une progression impressionnante (+ 50 % de croisiéristes entre 2015 et 2016 !).
Le tourisme balnéaire est le plus recherché, Porto-Vecchio, Bastia, Calvi et Ajaccio restant les zones les plus fréquentées par les estivants. 50 000 résidences secondaires occupent la première place en

ZOOM SUR LE FOOTBALL INSULAIRE

Tribunes tantôt vides tantôt surchauffées, à l'italienne. Performances en dents de scie. Une passion affirmée, débordante, pour le ballon rond. Une densité de clubs impressionnante dans les divisions professionnelles. Tel est le football corse. Avec plus d'une trentaine de saisons passées parmi l'élite, des titres en Ligue 2, une coupe Intertoto et même une finale de Coupe de l'UEFA (perdue contre le PSV Eindhoven en 1978), le **Sporting Club de Bastia** fondé en 1905 est le plus en vue des clubs insulaires. Nombre de grands joueurs ont porté le maillot bleu, et foulé la pelouse de ses stades successifs. Furiani, le nom de son stade, reste ancré dans les mémoires après le terrible et meurtrier drame du 5 mai 1992, quand une tribune s'effondra. L'**Athletic Club ajaccien**, créé en 1910, a lui aussi remporté deux titres de Ligue 2 (1967 et 2002). Les joueurs au maillot rayé blanc et rouge évoluent au stade (perché) François-Coty. Son voisin du **Gazélec Ajaccio** (GFCA), né d'une fusion de deux anciens clubs en 1960, se fait un nom sur la scène nationale en accédant à la surprise générale à la Ligue 1 en 2015, malgré le plus petit budget des engagés. Il n'y restera qu'une saison. Active depuis les années 1960, la **Squadra Corsa** (équipe corse de football) est une sélection honorifique composée de joueurs de la région (ou qui en sont originaires). N'étant pas affiliée à la FIFA (fédération internationale), elle ne participe qu'à des rencontres amicales ou de bienfaisance.

matière d'hébergement, suivies des campings et des hôtels tandis que la plaisance semble séduire de plus en plus de touristes.
Pourtant, la montagne, moins équipée, présente de nombreux atouts pour un tourisme vert comme le montre la fréquentation des centaines de gîtes ruraux de l'île. La randonnée est devenue une valeur sûre qui accueille chaque année un nombre croissant de passionnés. Les actions menées par les petites communes du centre, le parc naturel régional et l'ONF ont permis à de nouvelles activités de se développer, et l'on découvre aujourd'hui la Corse à vélo, à pied ou à cheval grâce à des sentiers balisés et une grande variété d'itinéraires.
Malgré ces atouts, le bilan n'est pas totalement satisfaisant. Le coût des transports et la flambée des prix dans une hôtellerie souvent désuète restent des freins. Si l'île peut bénéficier de la baisse de la fréquentation des pays du Maghreb, elle souffre de la concurrence de l'Europe de l'Est, et surtout des îles espagnoles et grecques, bien plus abordables. Ces difficultés ne sont pas propres à la Corse qui est dans une situation proche de celle du sud de la métropole. Mais les difficultés sont ici renforcées par l'insularité et le coût des transports qui grèvent un peu plus le budget des familles.
Les défis sont nombreux pour les années à venir, pour mieux répartir dans l'espace (promouvoir plus que le balnéaire) et dans le temps (allonger la saison touristique) le nombre croissant de visiteurs. Et ce tout en veillant à préserver les beautés de l'île.

Les plaisirs de la table

Une simple omelette au *brocciu* et à la menthe, accompagnée de quelques tranches de coppa et arrosée d'un patrimonio : en Corse, le plaisir du voyage se retrouve aussi bien dans l'assiette que dans le verre. Fermes-auberges, restaurants et boutiques du terroir vous attendent pour vous faire découvrir ces trésors gastronomiques aux parfums irrésistibles.

COCHONNAILLES

La **charcuterie** traditionnelle corse constitue le fleuron de la gastronomie insulaire en raison de sa saveur parfumée et incomparable. La recette est simple : les porcs, élevés en pleine nature et en semi-liberté, se nourrissent de bons produits, tels que les châtaignes, les glands et les herbes odorantes. Le goût de la charcuterie est encore relevé par un fumage au bois de châtaignier.
Si les procédés de fabrication traditionnels se raréfient, les producteurs de l'île ne baissent pas pour autant les bras et ont obtenu les premières certifications « AOC porc nustrale », en 2012. N'hésitez pas à vous renseigner sur l'origine de la charcuterie que vous achetez et privilégiez les productions des petits artisans.
Deux préparations sont particulièrement renommées : la **coppa**, constituée d'échine, et le **lonzu**, à base de filet. Leur font concurrence le **prisuttu**, jambon cru que l'on déguste avec des figues fraîches, et les **figatelli**, saucisses fumées préparées avec les rognons, le cœur et le foie. Celles-ci se dégustent en période hivernale immédiatement après l'abattage des porcs qui a lieu en novembre et décembre.
Les autres charcuteries sont affinées et séchées de six mois à trois ans pour les jambons de grosse taille. Les boudins *(sangui)* et terrines sont affaire de spécialistes et leur

LE BON COCHON !

Afin de couvrir une demande touristique en forte croissance ces dernières années, l'« île de Beauté » a beaucoup développé son offre de charcuterie. Vous trouvez aujourd'hui toute l'année du jambon, de la *coppa* ou du *lonzu*. Cette abondance a son revers : 85 % de la charcuterie vendue sur place est faite à partir de bêtes ou de viandes directement importées. Quant à la production artisanale, par définition bien plus limitée, elle est souvent déjà écoulée au début de l'été.

préparation varie selon les régions. Attention, le saucisson d'âne n'est pas du tout une tradition corse !

POISSONS ET FRUITS DE MER

Le long du littoral, on se régale de poissons de roche, utilisés dans la bouillabaisse corse, **aziminu**, de fritures, de rougets ou de loups braisés aux sarments, de sardines grillées, etc. La **langouste** règne partout sur la côte, avec une prédilection pour le cap Corse, notamment du côté de Centuri.

Les **huîtres** et les **moules** viennent des étangs de Diane et d'Urbino, dans la plaine orientale.

En montagne, les gourmets apprécient les **truites de torrent**. Elles étaient autrefois pêchées par les bergers au fusil et cuites sur des galets chauffés au feu.

POTAGES

Les Corses sont friands de soupes *(minestra)* aux haricots rouges, aux petits oignons, aux herbes sauvages, aux pâtes avec addition de *brocciu*. Après moult efforts le long du GR 20, une soupe corse est un véritable bonheur ! Dans la vallée de la Restonica, la soupe est enrichie de la chair savoureuse des truites de torrent. En hiver et à l'automne, les herbes aromatiques qui couvrent le maquis servent à concocter une soupe aux saveurs magiques d'angélique, de myrte et toute autre « erbiglie ».

VIANDES ET GIBIERS

Au printemps, les Corses font honneur aux côtelettes d'agneau et au chevreau rôti aux herbes du maquis. Le ragoût de cabri aux poivrons, **piverunata**, est une grande spécialité. La chasse (de septembre à février) fournit son lot de sangliers et de marcassins, servis rôtis ou en ragoûts et accompagnés d'une *pulenta*, purée de châtaignes. Depuis l'interdiction des pâtés de merles, on déguste toute l'année les **pâtés de sansonnets** (étourneaux) à la chair parfumée. Côté **triperie**, les andouillettes de Bonifacio, faites d'abats de chevreau ou d'agneau, et les tripes aux oignons « à la mode de Bastia » raviront les amateurs.

Pour satisfaire la demande, les Corses importent une partie de leur viande du continent.

PÂTES

L'influence italienne l'emporte dans la pâte sèche *(past'asciutta)* cuite à l'eau, tandis que la personnalité corse domine dans le **stufatu**, pâte cuite à l'étouffée avec une sauce à la viande, et dans les raviolis ou les lasagnes garnis de *brocciu* (spécialité bastiaise). Les **cannellonis** au *brocciu* figurent en bonne place sur les menus.

CHÂTAIGNES

La farine de châtaigne est la base de l'alimentation traditionnelle. Il existait une variété étonnante de

Brocciu, fromage AOC.
J. Boulay/hemis.fr

plats intégrant ce fruit. Toutefois, ils ont été réintroduits ces dernières années grâce au renouveau de la châtaigneraie. Ainsi, la **pulenta**, composée de farine de châtaigne, est servie en bouillie épaisse ou en galette et accompagne bien les plats de viande et les *figatelli*.

FROMAGES

Plutôt secs en Corse-du-Sud et frais en Haute-Corse, les fromages sont très répandus. La vedette revient au fameux **brocciu** (prononcez *broutch*), fromage de brebis ou de chèvre, auréolé d'une AOC depuis 1998, et confectionné avec du petit-lait mêlé à du lait réchauffé et battu (broussé). Il entre dans la composition de maints plats locaux (omelettes, tartes, crêpes, beignets...). D'octobre à juin, on le consomme généralement frais, nature ou sucré, arrosé d'eau-de-vie. Salé, il se conserve toute l'année et peut être dégusté très sec.
On trouve aussi des fromages de chèvre ou de brebis secs et très forts dont le plus connu est le **niolo**. Le **calinzana**, fromage à pâte molle, était autrefois travaillé à façon par des femmes, e *casgilante*. Elles travaillaient de nuit évitant ainsi les hordes de mouches. Le **sartinese**, fromage à pâte pressée, est un fromage de garde permettant de faire le lien d'une production à l'autre. Sa croûte ne s'affecte pas avec le temps et garde son intégrité quand l'intérieur, lui, se décompose. Si le *casgiu merzu* fit la réputation d'*Astérix en Corse*, il reste réservé aux initiés.

DOUCEURS

Plusieurs pâtisseries font intervenir le *brocciu* dans leur confection : les **falculelle**, brioches de Corte et le **fiadone**, flan aromatisé au citron. Pour vous adoucir le palais, testez le beignet dit **frittella**, la **torta castagnina**, tourte piquée de noix, amandes, pignons, raisins secs et rhum, et les **canistrelli**, biscuits souvent aux amandes ou aux noisettes et surtout parfumés à l'anis tout comme le **pastizzu**, l'un de ces desserts à la farine de châtaigne qui rencontrent un grand succès. La châtaigne se retrouve dans bien d'autres spécialités : flans, gâteaux, mousses, glaces...
Parmi les sucreries, citons les compotes et gelées d'arbouses, les cédrats confits (agrume entre le citron et l'orange) et une grande variété de confitures. On ne présente plus la **confiture de figue** qui accompagne si bien les fromages les plus relevés.
Les **miels** aussi sont une grande spécialité corse. Il y en a un pour chaque saison et les associations végétales lui donnent des propriétés uniques reconnues depuis l'Antiquité. Le *mele di Corsica* est le deuxième miel français à avoir bénéficié d'une AOC. Le miellat du maquis (parmi les plus spécifiques, remarquable par sa couleur ambrée, tandis que dans la vallée de l'Asco, on peut trouver un miel blanc) et le miel de châtaigneraie sont les plus corsés tandis que le miel de printemps est d'une tendre douceur. Le miel d'été se parfume de toutes les odeurs des plantes aromatiques.

« A SALUTA », À VOTRE SANTÉ !

Les vins

Si les viticulteurs n'ont pas cessé de travailler les cépages internationaux (syrah, grenache, cabernet sauvignon), ils donnent dorénavant priorité à la trentaine de cépages insulaires. Les plus réputés sont le *nielluccio* et le *sciacarello* pour les vins rouges, le malvoisie *(vermentino)* et le muscat pour les vins blancs. Ils produisent des crus corsés et bouquetés.
Neuf appellations d'origine contrôlée (ajaccio, patrimonio, calvi,

coteaux-du-cap-corse, muscat-du-cap-corse, figari, porto-vecchio, sartène et corse) couronnent les efforts de sélection des producteurs corses.

Le **patrimonio** est le premier à avoir obtenu l'AOC en 1968. Il comprend des vins rouges, rosés et blancs, et a acquis une renommée internationale. Les rouges sont produits presque exclusivement avec le cépage *nielluccio*, originaire d'Italie. Ces vins généreux, souvent de qualité, accompagnent bien charcuterie et gibier.

Le **cap Corse** produit d'excellents vins blancs moelleux de muscat et de malvoisie. Le vignoble est en pleine expansion comme le prouve la désormais incontournable foire du vin de Luri *(fiera di u vinu)*.

Les vins rouges d'appellation **ajaccio** comprennent au moins 40 % de *sciacarello*. Le **Sartenais** produit des vins rouges. Dans le **sud de l'île**, sous l'appellation porto-vecchio et figari-pianottoli, on trouve des vins rouges, rosés et blancs. La **côte orientale** de Bastia à Solenzara, la **Balagne** et les environs de Ponte-Leccia élaborent aussi des vins fruités de qualité.

Les alcools

Le cap Corse est connu pour ses apéritifs comme le cap Corse Mattei, un breuvage à base de quinquina fabriqué à Bastia.

Les **liqueurs de fruits** utilisent toutes les ressources d'une nature prodigue. Arbouse, myrte et cédrat composent des eaux-de-vie aux saveurs inhabituelles.

Le **whisky corse**, commercialisé depuis 2003 (deux marques se partagent le marché), est réalisé avec l'eau provenant de la source U Canale à Patrimonio. Le pastis a trouvé ici des saveurs étonnantes.

Les bières

La Corse, terre de vignobles, surfe désormais comme bien d'autres régions du monde sur la vague des brasseries locales. Les insulaires et les touristes profitent désormais d'une offre de qualité et de plus en plus variée.

La **Pietra** (du nom du village d'un de ses créateurs, Pietraserena) est apparue sur les zincs en 1996 et connaît un vrai succès à l'exportation. Elle est élaborée à base de châtaignes qui lui donnent une saveur originale. La **Serena** et la **Colomba**, parfumée aux herbes du maquis, sont nées en 1999. Quant à la **Torra**, qui a fait son apparition en 2004, elle mêle des arômes d'arbouse et de myrte.

Des **microbrasseries** voient également le jour. Elles produisent la *Lutina, A Ribella*… Elles marchent ainsi sur les traces de la pionnière, A Tribbiera, qui régale les amateurs depuis 1999 avec sa large gamme.

Les eaux

La montagne corse cache en ses flancs des sources d'eaux minérales exploitées depuis l'Antiquité. L'eau de St-Georges, produite à Grosseto-Prugna, possède de remarquables qualités désaltérantes. L'eau de Zilia, mise en bouteille depuis 1995, traverse une roche volcanique qui la filtre de toutes les impuretés. Très réputée, l'eau gazeuse d'Orezza, au goût délicat, est riche en fer et en gaz carbonique.

Art et culture

La Corse conserve une large variété de trésors archéologiques dont les mystérieuses statues-menhirs et quelques vestiges gréco-romains. Mais le patrimoine insulaire compte aussi des chapelles romanes aux lignes pures, des églises baroques, des ponts génois ou encore des tours et des citadelles juchées sur des promontoires. Dans les villages, longtemps isolés, une stricte économie n'a pas empêché qu'apparaissent des techniques et des outils extrêmement variés.

Architecture

AU CŒUR DES MÉGALITHES

À partir du IVe millénaire av. J.-C. apparaît un ensemble de civilisations fécondes en monuments originaux. La richesse de la Corse est, à ce sujet, exceptionnelle dans le bassin de la Méditerranée. On a repéré plusieurs centaines de menhirs dans l'île et sans doute un certain nombre d'autres dorment encore sous la terre.

L'art des Mégalithiques

La civilisation mégalithique (de mégalithe : grande pierre) se développe dans l'île vers 4000 av. J.-C. et s'y maintient jusqu'aux environs de l'an 1000 av. J.-C.
Cette civilisation élabore ses techniques et son propre mode de vie agropastoral. On note la pratique des inhumations dans des **coffres**, puis dans des **dolmens**, grandes pierres plates posées sur des pierres dressées verticalement. Dans le même temps apparaissent des blocs monolithes dressés : les **menhirs**. Ils sont isolés ou groupés en alignements ou en cercles.
À la fin du Néolithique (2500-2000 av. J.-C.) naissent les mystérieuses **statues-menhirs**. Environ quatre-vingts statues anthropomorphes sont connues en Corse. Munies d'un nez, d'une bouche et d'une paire d'yeux, elles sont parfois sexuées, et alors en majorité féminines. Celles du sud de la Corse sont souvent armées (poignards, épées). Selon certains archéologues, les Mégalithiques auraient représenté ainsi leurs ennemis tués au combat. Cette explication reste très controversée ; la statue-menhir serait plus simplement la représentation d'un personnage défunt ou d'une divinité.
La région de Sartène et la basse vallée du Taravo conservent les monuments les plus caractéristiques de cette époque : le site de Filitosa et les mégalithes de Cauria. Des vestiges subsistent aussi dans le Niolo, le Nebbio et la Balagne.

Les monuments torréens

Vers le milieu du IVe millénaire av. J.-C. apparaît la civilisation torréenne qui doit son nom aux nombreuses tours (**torre**) qu'elle édifie. D'une dizaine de mètres de diamètre, les tours disposent d'une petite pièce centrale. Certaines forment un ensemble beaucoup plus vaste avec le village appelé

La cathédrale St-Jean-Baptiste de Calvi.
RnDmS/iStock

castellu et une enceinte fortifiée. Des murs cyclopéens protègent les lieux : ils sont constitués de gros blocs de pierre irréguliers, assemblés sans mortier. On a longtemps cru que ces vestiges étaient l'œuvre d'un peuple d'envahisseurs, les Shardanes. On pense aujourd'hui que la civilisation torréenne est une évolution du peuplement insulaire mégalithique liée aux échanges maritimes avec le reste du monde méditerranéen.
Les monuments torréens les mieux conservés se situent sur le plateau de Levie et dans la région de Porto-Vecchio. Le gisement de Filitosa, dans la basse vallée du Taravo, présente un intérêt exceptionnel.

LES VESTIGES DE L'ANTIQUITÉ

Sites grecs et romains

Les vestiges grecs et romains ne se rencontrent en Corse que dans les sites archéologiques d'Aléria et de Mariana. **Aléria** fut surtout une base navale, important relais commercial avec la Grèce et l'Italie. On découvre dans le musée une collection de cratères et de pièces provenant de l'Attique (territoire de la cité d'Athènes), de bronzes, de mosaïques, de monnaies et de poteries. Cet art témoigne de la perméabilité du milieu insulaire aux influences artistiques du monde méditerranéen.
À l'embouchure du Golo, jouxtant l'église de la Canonica, **Mariana** était une cité antique et un port où stationnait une partie de la flotte de Misène.

L'art paléochrétien

Le christianisme se répand en Corse sans doute au 3e s. La plus ancienne tradition qui soit établie avec quelque sérieux remonte au martyre de sainte Dévote en 202. Différents indices archéologiques permettent de penser qu'entre le 3e et le 5e s., tout un art fleurit sur l'île et qu'il connaît son âge d'or durant la seconde moitié du 4e s.
Des **basiliques paléochrétiennes** ont été localisées à Calvi, Ajaccio, St-Florent, Sagone, Mariana…
Le baptistère et les mosaïques découverts sur le site de Mariana donnent une idée assez précise

du milieu artistique évolué de la Corse à cette époque. Mais il ne nous reste que peu de témoignages paléochrétiens car, au 5e s., tous les bourgs situés le long des côtes furent pillés et saccagés par les hordes d'envahisseurs arrivés par mer.

L'HÉRITAGE ROMAN

L'art roman est considéré comme l'un des plus beaux d'Europe. Il éclôt sur l'île dès le 9e s., atteint sa pleine maturité durant la seconde moitié du 11e s. et se perpétue avec la même qualité jusqu'à la fin du Moyen Âge.

Les églises préromanes

Dès le 9e s., des dizaines de petites églises et de chapelles rurales sont édifiées. La présence de bénédictins des îles toscanes stimule l'architecture romane primitive qui fleurit surtout, à l'écart du littoral, dans les lieux protégés des raids. Malheureusement, il ne reste qu'une quinzaine d'édifices, la plupart très ruinés. Citons St-Jean-Baptiste de Corte (9e s.) avec son baptistère à peu près intact et Santa Maria de Valle-di-Rostino (10e s.).

L'art roman pisan

Dès la fin du 11e s., la république de Pise entreprend de réédifier les cathédrales côtières afin de repeupler les plaines littorales abandonnées. Elle reconstruit aussi les principales églises des vallées, les **piévannies**. Architectes, tailleurs de pierre, maîtres maçons et sculpteurs toscans viennent apporter leurs connaissances aux artisans corses. Ils élèvent des églises, principalement dans la Castagniccia, le Nebbio et la Balagne ; celles-ci servent également de maison du peuple et de tribunaux.

L'église piévane de Carbini et l'abside de la cathédrale de Mariana représentent des chefs-d'œuvre du début de cette époque. Entre 1125 et 1160, période de maturité, on remarque en particulier la cathédrale du Nebbio à St-Florent et l'église St-Jean-Baptiste à Ste-Lucie-de-Tallano. À partir du milieu du 12e s. apparaissent quelques édifices polychromes dont San Michele de Murato et La Trinité d'Aregno constituent les plus beaux exemples.

Plan et dimension – Le caractère si harmonieux de l'architecture pisane de Corse vient de la simplicité de ses lignes et de la pureté de ses volumes. La plupart des églises présentent une nef rectangulaire et un chœur semi-circulaire. Elles sont de dimensions modestes : 33 m de long pour la plus grande, la Canonica ; 7,5 m pour la plus petite, la chapelle San Quilico. Seule l'abside est voûtée (d'un cul-de-four), mais jamais la nef, couverte d'une simple charpente, à l'exception de la chapelle San Quilico près de Figari.

Matériau et appareillage – Les pierres, d'excellente qualité (schistes de Sisco, calschistes de la Canonica, granits de Carbini…), sont appareillées de la façon la plus heureuse. L'architecte conserve souvent les trous de boulin qui servaient à caler les échafaudages, et dans lesquels jouent l'ombre et la lumière. Les chevets ornés de bandes lombardes et de colonnettes engagées, les fenêtres-meurtrières ouvertes dans les murs latéraux, les losanges, rosaces et marqueteries, les toitures en lauzes ou pierres plates *(teghje)* constituent une architecture sobre et équilibrée.

Décoration – Des motifs sculptés apparaissent en façade, à la base des toits et/ou encadrements des fenêtres. À partir de 1135, la polychromie naturelle de la pierre participe souvent à la décoration, comme l'illustre l'église de la Trinité d'Aregno. San Michele de Murato est aussi célèbre pour son parement en serpentine vert sombre et en calcaire blanchâtre que pour sa naïve décoration sculptée.

Les **sculptures archaïques** ornent parfois les corniches, les arcatures et les tympans des portails. D'un dessin stylisé, elles représentent des figures géométriques, des dents d'engrenage, des entrelacs, des animaux fabuleux, des scènes symboliques et des personnages énigmatiques exécutés en ronde-bosse.

Des **fresques** habillent parfois l'intérieur de modestes sanctuaires. D'inspiration byzantine, elles seraient des œuvres d'artistes locaux du 15e s. On admire les plus belles dans les chapelles St-Michel de Castirla, San Nicolao de Sermano et Ste-Christine, près de Cervione. Le haut de la voûte est toujours occupé par le Christ en majesté entouré des symboles des évangélistes, tandis qu'en bas figurent les apôtres et des saints. Leur style où dominent le vert clair, l'ocre et le rouge, rappelle l'art des peintres de Sienne au 13e s.

Les canons de l'art roman continueront longtemps d'être appliqués en Corse : la chapelle Ste-Catherine de Sisco, par exemple, est de style roman et date pourtant du 15e s. L'île passe ensuite presque sans transition du roman au baroque. On ne connaît que deux églises gothiques en Corse : St-François et St-Dominique à Bonifacio.

LA FLORAISON DE L'ART BAROQUE

L'ancienne cathédrale de Cervione marque sans doute le point de départ, en 1584, de l'art baroque. Plus qu'un choix esthétique délibéré, le baroque corse apparaît comme une expression artistique du renouveau religieux lié à la Contre-Réforme.

Un renouveau religieux

Aux 17e et 18e s., sous l'occupation génoise, un style baroque très inspiré de l'Italie du Nord se développe dans les régions les plus aisées de l'île : la Balagne, la Castagniccia et la région de Bastia. Sans profusion monumentale extérieure, les églises offrent toutefois une façade ornée de corniches, pilastres, colonnes engagées supportant un décor de pinacles, volutes et coquilles, et sont souvent embellies d'un parement de pierres dorées. Un solide clocher carré, à plusieurs étages ajourés, domine l'édifice. Dans certains cas, il se dresse à l'écart de l'église.

Dans les villes génoises, notamment à Bastia, les sobres lignes de certaines façades d'églises contrastent avec des intérieurs somptueusement décorés d'ors, de marbres, de peintures en trompe l'œil, de meubles en bois sculpté, de stucs dorés de style baroque en honneur à Gênes au 17e s. Dans les églises baroques de villages, on découvre de riches autels et des balustrades de chœur en mosaïques de marbre polychrome, importé de Ligurie. Les artistes locaux ont parfois exprimé un art haut en couleur et plein de saveur : l'église de Carcheto est un bon exemple de ce courant populaire.

Le rôle social des confréries

Apparues au 14e s., les chapelles de confréries fleurissent par la suite dans toute la Corse en empruntant leur décor intérieur au riche répertoire baroque, tout en conservant un extérieur des plus simples.

L'ARCHITECTURE MILITAIRE

Littoral ceinturé de tours de guet, citadelles perchées sur des éperons, les témoignages d'architecture militaire sont toujours présents en Corse.

Les citadelles

Afin de développer les relations commerciales avec le monde méditerranéen tout en améliorant le système de défense de l'île, Gênes fonde à partir de la fin du 12e s. les places fortes de Bonifacio, Calvi, Bastia, St-Florent, Ajaccio, Algajola et Porto-Vecchio. Les citadelles, dans lesquelles se serrent les hautes maisons, sont entourées de remparts défendus par des bastions.

Les tours

Pour lutter contre les invasions des pirates venus d'Afrique du Nord, l'**Office de St-Georges** organise un système de surveillance et d'alerte sur 500 km de côtes en faisant construire des tours de vigie et de refuge.

Dès que des voiles barbaresques se pointent à l'horizon, les guetteurs allument au sommet de l'édifice des feux qui alertent les villages. En outre, les notables font ériger des tours carrées qui servent d'habitation et, en cas de péril, d'abri.

Aujourd'hui, sur les 85 tours que l'on dénombrait au début du 18e s., 67 sont encore debout et font l'objet d'un programme de restauration. D'une architecture rudimentaire, elles sont hautes de 12 à 17 m mais donnent au paysage une note romantique. On les retrouve plus particulièrement le long du cap Corse et sur la côte ouest de l'île.

Les forts

Dans le cap Corse (Rogliano) et en Corse-du-Sud (Tiuccia…), on observe des ruines de châteaux médiévaux qui appartenaient aux seigneurs de l'île. Quelques ouvrages militaires, conçus pour la défense d'un lieu stratégique, subsistent en partie. C'est notamment le cas du fort défendant le goulet de Tizzano dans le Sartenais.

L'ARCHITECTURE TRADITIONNELLE

Les villages

Dans les villages anciens, les maisons sont groupées dans un apparent désordre qui masque une organisation en blocs familiaux. Ils forment souvent un charmant dédale de ruelles empierrées en escalier et de passages couverts où il fait bon errer. Promenez-vous par exemple à Sant'Antonino en Balagne ou à Vescovato en Casinca. De rares villages conservent une maison forte *(casa torra)*, ancien habitat noble qui avait aussi une fonction défensive communautaire. On peut en observer à Ste-Lucie-de-Tallano, à Bicchisano, à Ste-Marie-Sicché.

La maison traditionnelle

Tout comme le village, la maison *(a casa)* est très importante pour un Corse. Il répugne à la vendre et même à la louer. Toujours simple et sobre, elle abritait autrefois la famille au grand complet. C'est une « maison bloc » à quatre pans, construite avec les pierres locales : blocs de schiste dans le nord de l'île, granit dans le centre et le Sud, calcaire à Bonifacio et St-Florent. En montagne, les murs très épais sont percés d'étroites fenêtres empêchant le soleil d'entrer en été et les vents de s'infiltrer en hiver. Les toits sont recouverts de tuiles canal en Corse occidentale et de dalles de schiste lustré appelées **teghje** en Corse orientale, ce qui donne de jolis tons gris-bleu à Corte, verts à Bastia, gris-argent en Castagniccia. En Balagne, les toits sont remplacés par des terrasses utilisées pour le séchage des fruits au soleil.

Les bergeries

Disséminées dans les montagnes, elles sont plus ou moins abandonnées en raison du déclin de la transhumance, mais abritent

La tour génoise d'Erbalunga.
RnDmS/iStock

encore de mai à octobre quelques bergers et leurs bêtes. Ce sont de grossières constructions autour d'un assemblage de pierres sans mortier. L'installation du berger y est rudimentaire : sa **cabane** *(capanna)* n'offre qu'une pièce sans fenêtre. Le berger dort sur un matelas de fougères disposé sur un bat-flanc. Il confectionne le fromage et le *brocciu* puis les dispose dans des caves-saloirs *(casgili)*. Si vous vous promenez dans le désert des Agriate, vous découvrirez quelques **« paillers »**, humbles constructions quadrangulaires en pierres sèches autrefois couvertes de branchages et d'un épais revêtement de glaise. En Castagniccia, on rencontre parfois, sous l'apparence de « bergeries », des séchoirs à châtaignes.

Les ponts génois

On désigne volontiers sous ce terme général tous les ponts tant soit peu anciens de l'île. En réalité, quelques-uns datent de la période pisane. Puis, à partir du 16e s., Gênes en fait construire un grand nombre sur des itinéraires très fréquentés afin de développer les échanges commerciaux et agricoles dans l'île. Ces ponts portent une arche unique et une étroite chaussée empierrée, à la brisure très accentuée.

Leur hauteur et leur position à un endroit large du cours d'eau sont calculées en prévision des crues parfois subites et violentes sous le climat méditerranéen.

Les fontaines

Au bord des chemins, à l'entrée des villages ou en forêt, on peut se rafraîchir à la source de charmantes fontaines rustiques faites de galets.

Culture et traditions

UNE CONTRÉE LÉGENDAIRE

Les récits fondateurs font appel à plusieurs légendes. **Corsica** est-elle née de l'union de Sica, nièce de Didon, avec Corso, fils du roi de Troie ? Ou bien de Corso, Ligurienne poursuivant un taureau jusque dans l'île ? Aurait-elle, encore, émergé des eaux en souvenir de Nausicaa tuée par son mari jaloux ?

De vallées en vallées, de villages en villages, contes et légendes peuplent encore l'imaginaire corse et parmi eux les histoires merveilleuses tiennent la plus grande part. Les chaos rocheux aux formes anthropomorphiques essaimés sur toute l'île sont autant de géants pétrifiés, d'amoureux saisis. Dans le Niolo, pays de roches instables et d'accumulations géologiques, **le Malin et saint Martin** se seraient affrontés *(voir encadré p. 206)*. Saint Martin, le bienveillant, s'affirme comme un personnage central, suivi d'une cohorte de saints et de saintes apparus à la naissance du christianisme insulaire. Le magicien *(magu)*, la vieille à l'origine inconnue testent la valeur et le courage des hommes. Les bergers et leurs troupeaux confrontés aux colères de la nature et aux invites du Malin nourrissent nombre de récits ainsi que les bandits d'honneur, les rois, les fils de rois, quelques jeunes filles, rarement la reine. La Peau d'Âne corse, *cughjulina*, se cache sous une peau de vache. Les animaux y sont de grands sages qui savent conseiller. La Mort est fort redoutée.

Cette culture populaire est relativement bien conservée jusqu'à une époque récente et, dès le 19e s., quelques insulaires et continentaux s'attachent à sa retranscription.

Entre autres ouvrages : *Contes et légendes du peuple corse* de F. Maestracci, Éd. Albiana, T 1 2003 et T 2 2009, *Contes des sages corses* de J. Muzi, Seuil, 2010 ou encore *Les légendes de Corse*, préface J.-P. Albertini, CPE Éditions, 2016.

UNE TERRE D'INSPIRATION

Les romanciers du 19e s. qui aiment les personnages exaltés et les situations mélodramatiques trouveront en Corse un terrain de prédilection et alimenteront un mythe tenace qui perdure encore aujourd'hui. La trop célèbre *Colomba* de **Prosper Mérimée** devait prendre le pas sur une culture populaire corsetée par sa langue insulaire. Il faut attendre **Michel Zévaco** et sa saga *(Les Pardaillan)* pour que les Corses gagnent brièvement le panthéon littéraire français au franchissement du 20e s. Plus de 70 ans plus tard apparaît une nouvelle génération d'écrivains avec Marie Susini et Jean-Claude Rogliano ou l'académicien **Angelo Rinaldi**. Les essais politiques constituent ces dernières années l'essentiel des publications d'auteurs d'origine corse parmi lesquels Jean-Louis Andréani, les ouvrages de Jean-Pierre Santini et de Nicolas Guidici. **Marie Ferranti** est l'une des rares auteurs de fiction contemporaines corses.

Si la **littérature de langue corse** concerne un nombre de lecteurs restreint, elle témoigne d'un renouveau réel après les fables de Natale Rochiccioli, chansonnier et humoriste de l'entre-deux-guerres. Rinato Coti, Ghjacumu Thiers et Marcu Biancarelli publient des œuvres novatrices. Les poètes sont encore plus nombreux, représentés par Ghjacumu Biancarelli et Ghjacumu Fusina, tandis que le théâtre est servi par Dumenicu Tognotti. Les albums bilingues de **Batti** s'attachent quant à eux aux caractères des Corses.

« Livres », p. 536.

LES ARTS POPULAIRES

Le costume

À l'opposé des clichés, les costumes corses revêtent une apparence colorée et empreinte de fantaisie. La passementerie, apanage italien importé sur l'île, agrémentait volontiers les trois jupons de la Sartenaise ou les *capiddina*,

Laine corse.
J.D. Dallet / age fotostock

chapeaux de paille des Ajacciennes. Le *mezaro*, voile noir porté noué à l'arrière du cou est à la femme ce que le *pilone*, cape de laine de chèvre, est au berger corse. Le noir ne débarquera massivement qu'au 19e s. pour le plus grand profit de la filature de Roubaix !

Le mobilier

Rigueur et simplicité dominent naturellement dans le mobilier corse. On range son peu de biens dans un vaste coffre à dossier, le *bancone*, et les ustensiles se réduisent au minimum : une louche pour transvaser l'eau de la cruche, le *tavaru* et quelques couverts. Chaque foyer a son pétrin, taillé dans le châtaignier, *meda*, et s'il règne une certaine aisance, une armoire. L'*U carrigonu*, le seul fauteuil de la maison, est réservé au père de la famille. On peut trouver dans la cuisine, le *fuconu*, foyer surélevé servant de fumoir pour les charcuteries et dans certaines régions des poteries à l'amiante.

L'art populaire montagnard

Du Moyen Âge au 18e s., les artisans montagnards ont sculpté le bois, réalisant des œuvres étonnantes de verve et de fraîcheur ou empreintes d'un réalisme bouleversant : saints naïfs, Christ de Vico, de Bustanico, de Calacuccia, de Casamaccioli… En confectionnant les originales **chaires en bois** supportées par des dragons reposant sur une tête de Maure (églises d'Aullène et de Quenza), ils se sont sans doute rappelé les raids barbaresques. Ce sont aussi des artistes locaux qui ont réalisé les **chemins de croix** du 18e s., peintures naïves qui ornent maintes églises paroissiales.

ABC d'architecture

Les dessins présentés dans les planches qui suivent offrent un aperçu visuel de l'histoire de l'architecture dans la région et de ses particularités. Les définitions des termes d'art permettent de se familiariser avec un vocabulaire spécifique et de profiter au mieux des visites des monuments religieux, militaires ou civils.

Architecture religieuse

LURI (hameau de Piazza) – Plan de l'église St-Pierre (17e s.)

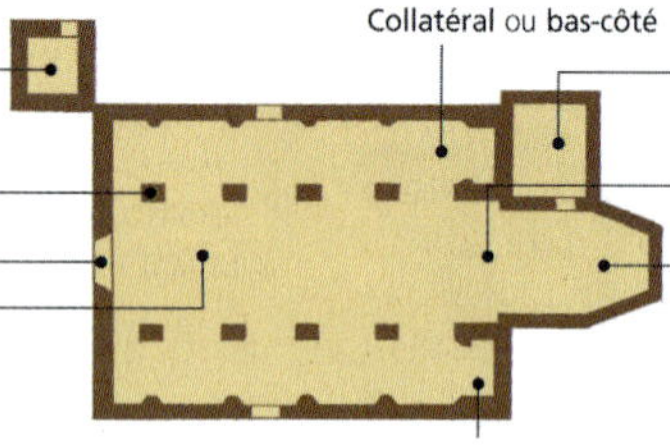

LUCIANA – Coupe en élévation de la Canonica (12e s.)

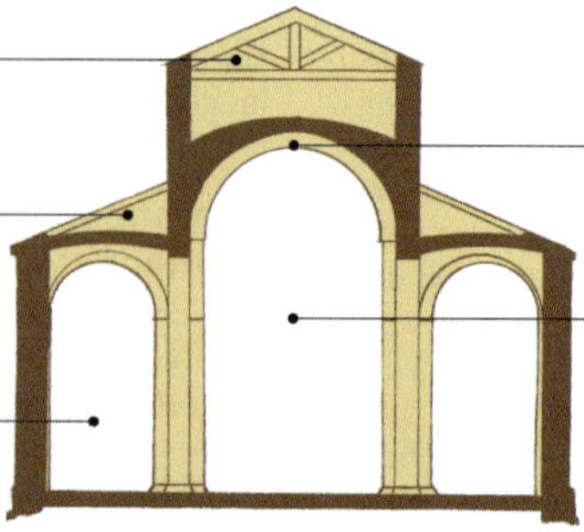

MARIANA – Église San Parteo (11e et 12e s.)

Contemporaine de la cathédrale de Pise, l'église fut bâtie en deux étapes : abside (11e s.) et nef (début du 12e s.). La sobriété des lignes et du décor caractérise le premier art roman pisan.

R. Corbel/MICHELIN

ST-FLORENT – Église Santa Maria Assunta (12e s.)

L'ancienne cathédrale du Nebbio, inspirée de la Canonica, illustre la seconde période de l'art roman pisan : un décor extérieur plus important y tire parti de l'architecture.

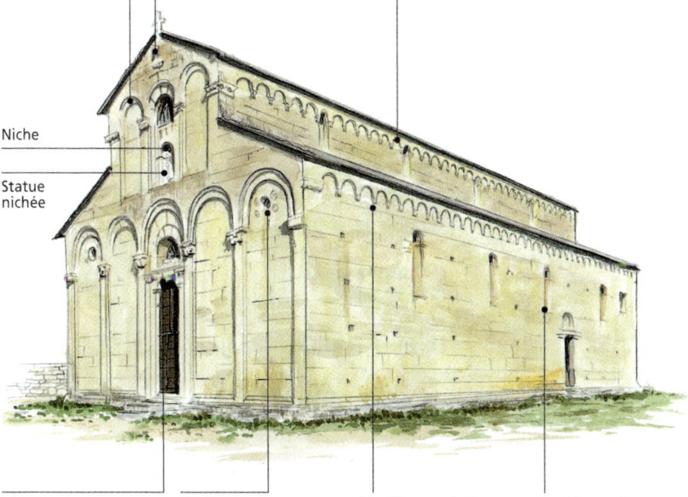

BASTIA – Nef de l'église St-Jean-Baptiste (17e-18e s.)

LA PORTA – Façade de l'église (17e s.)

L'art baroque né de la Contre-Réforme se développe en Corse dans la région du Cap et à Bastia. La Castagniccia concentre le plus grand nombre d'églises baroques.

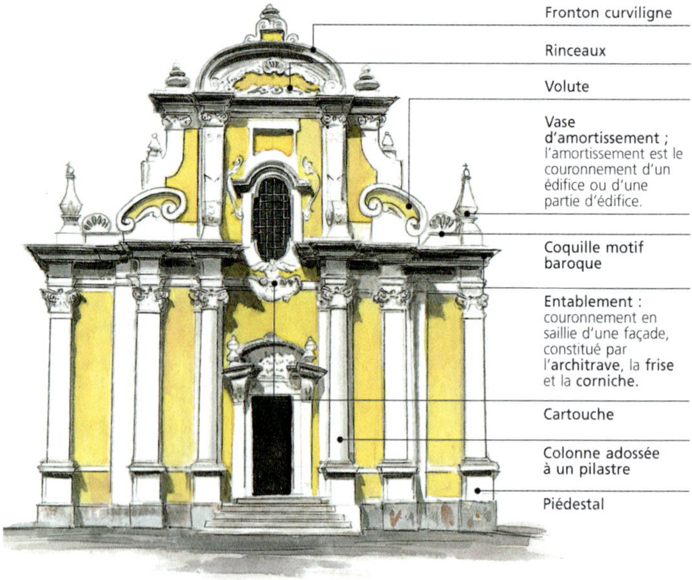

AJACCIO – Cathédrale de l'Assomption Maître-autel baroque (fin du 17e s.)

Les retables baroques sont nombreux dans l'île. Celui-ci, offert par la sœur de Napoléon, Elisa, princesse de Lucques, provient d'une église de cette ville italienne.

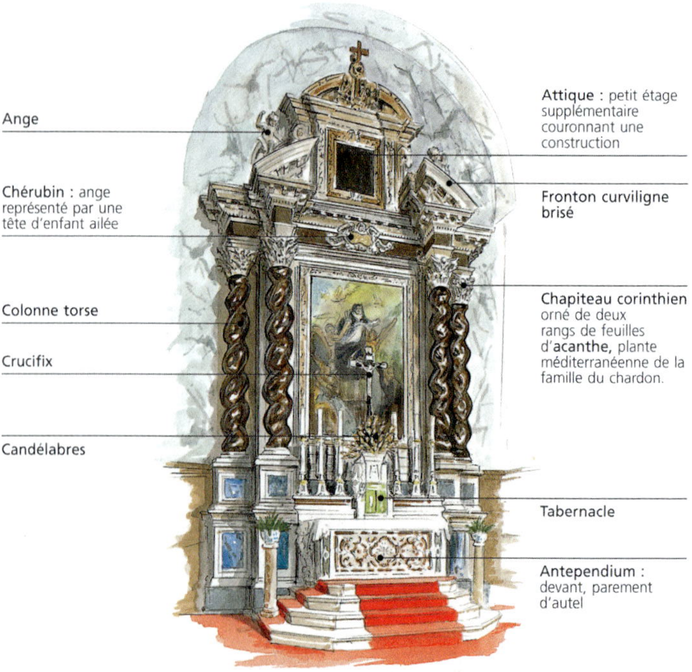

R. Corbel/MICHELIN

CALENZANA – Campanile baroque (reconstruit au 19e s.)

Œuvre de l'architecte bastiais Guasco, il reproduit fidèlement le modèle d'origine.

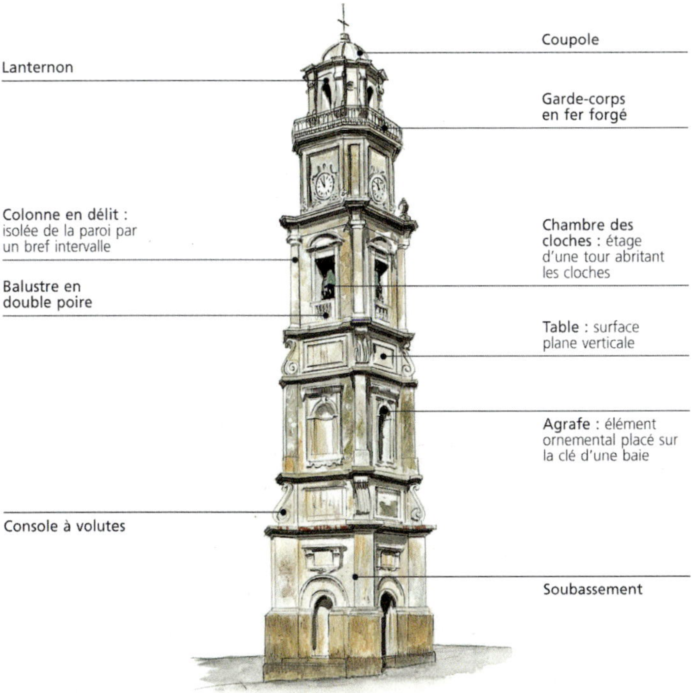

BALAGNE – Mausolée (19e s.)

Ces tombes familiales, souvent majestueuses, se dressent sur des terrains privés, au bord de petites routes à la sortie des villages. Leur décor puise dans les styles baroque et néoclassique.

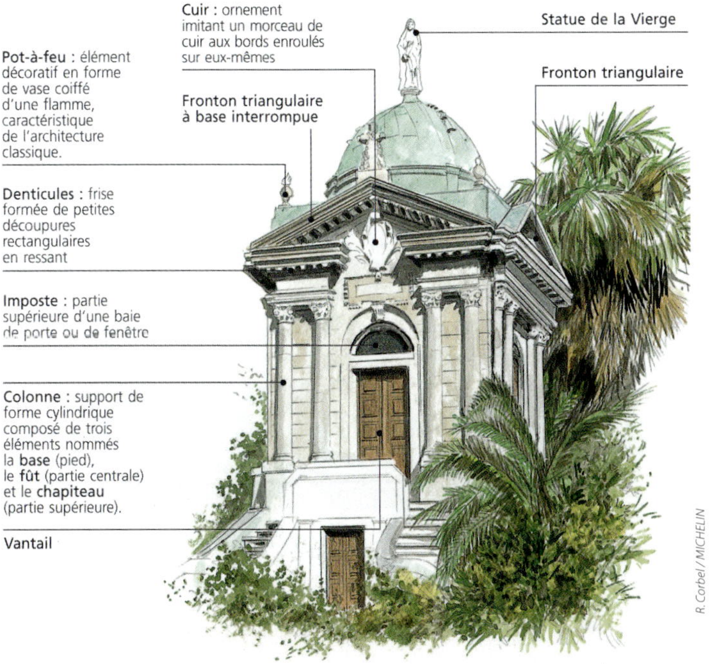

Architecture traditionnelle

BASTIA - Maisons du quartier Terra Vecchia (19e s.)

Les hautes maisons serrées autour du port, au crépis ocre délavé par l'air marin, dissimulent les grandioses façades des églises, physionomie commune aux ports méditerranéens traditionnels.

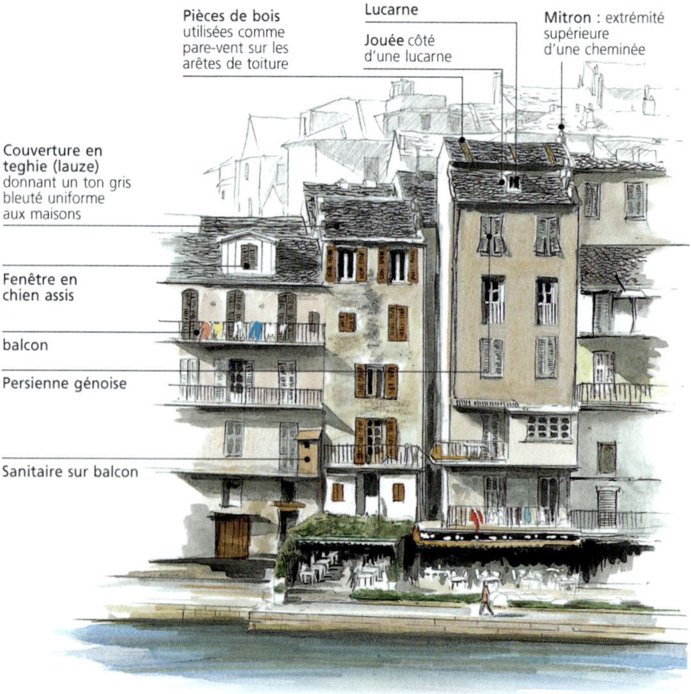

Génie civil

PONTE LECCIA – Pont sur le Golo (1782)

Le pont génois (à arche unique) ne peut franchir plus de 20 m. Dès le rattachement de la Corse, les ingénieurs français adoptent donc le pont à piles en pierres de taille, très souvent orné d'une arcature moulurée.

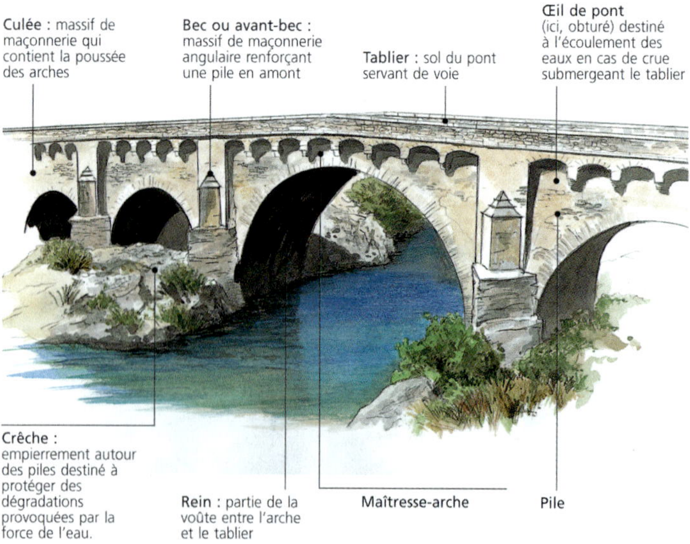

Architecture militaire

CALVI - Citadelle génoise (15e-16e s.)

L'Office de St-Georges, organisme génois tutélaire de l'île, fortifia à partir de 1453 cette position stratégique. Percé à 81 m d'altitude, l'unique accès à la citadelle est commandé par un pont-levis et des portes blindées.

CAP CORSE – Tour génoise (16e s.)

Pour prévenir les razzias barbaresques, Gênes fit édifier, à partir de 1530, un réseau de 85 tours rondes de vigie sur le littoral de l'île. Les plus nombreuses subsistent dans le Cap Corse.

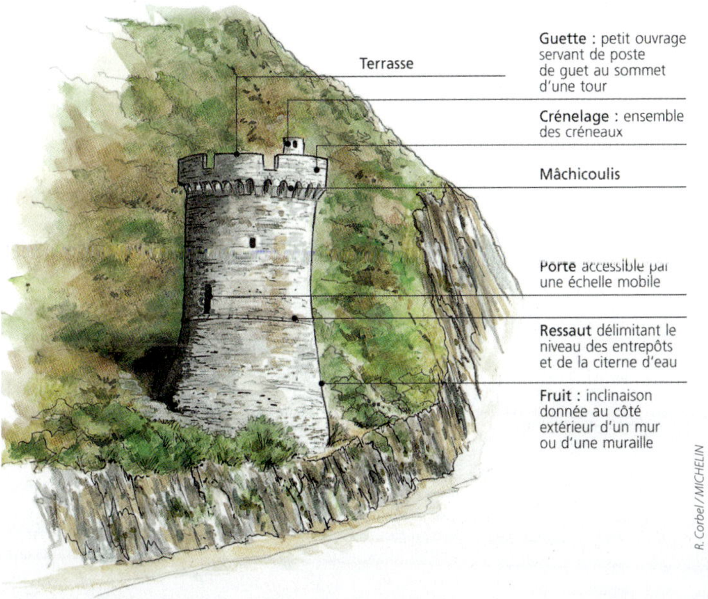

ORGANISER SON VOYAGE

Le goulet de Bonifacio.
McPHOTO/Blickwinkel/age fotostock

Types de séjour

ART DE VIVRE	
La gastronomie corse	Les vins de très grande qualité et pour certains entièrement naturels, les fromages fermiers de brebis, la farine de châtaigne au goût unique et la charcuterie réalisée à partir des cochons de la race Pin di Nat (« à boucle d'oreille ») et affinée jusqu'à 52 mois.
RANDONNÉES	
Les sentiers incontournables	Le parcours mythique du GR 20, réservé aux marcheurs aguerris, relie Calenzana à Conca, à faire de préférence en mai-juin ou en septembre ; les sentiers de moyenne montagne « Mare a Mare » et « Mare e Monti », plus accessibles, avec nuits en gîte d'étape ou hôtel (réservez).
Les cimes mythiques	Le monte Cinto *(2 706 m)*, le plus haut sommet de la Corse, réservé aux randonneurs expérimentés ; l'Incudine *(2 136 m)*, pour sa vue sur tout le sud de l'île ; le monte d'Oro *(2 389 m)*, au départ de Vizzavona : attention, bonne condition physique et topoguide indispensables.
Les sentiers littoraux	Le sentier des douaniers du cap Corse, au départ de la plage de Macinaggio, jalonné de tours génoises ; la traversée des Agriate, en deux jours avec le bateau pour Saleccia (prévoyez un sac de couchage et le bivouac) ; le Capo Rosso, pour la vue sur les Calanche de Piana, à faire de préférence le matin.
CULTURE	
Cités d'art et d'histoire	Bastia, son vieux port et sa citadelle, forme une excellente base pour visiter le Nebbio et ses nombreuses églises, ainsi que le patrimoine du cap Corse ; Ajaccio, berceau de Napoléon, conserve de nombreux monuments et statues glorifiant la mémoire du grand homme et le palais Fesch-musée des Beaux-Arts qui abrite la deuxième plus grande collection de peintures italiennes de France ; Corte, siège de la seule université de l'île et du musée de la Corse ; Calvi, capitale de la Balagne connue pour sa citadelle, multiplie les festivals (jazz, rock, polyphonies) d'avril à octobre.
Patrimoine et traditions religieuses	L'église San Michele de Murato ; le riche patrimoine religieux de Bonifacio ; la ville pieuse de Sartène connue à Pâques pour sa procession du Catenacciu. Dans la Castignaccia, l'église St-Jean-Baptiste de La Porta, la chapelle San Quilico et l'église de Carcheto.
Vestiges antiques	Le site de Filitosa ; le musée de Sartène et les mégalithes de Cauria ; le castellu de Cucuruzzu et le Castellu d'Araghju.
PLAGES	
Le cap Corse, le Nebbio et la Balagne	L'anse Santa Maria sur le sentier des douaniers, aux eaux d'un bleu profond ; la plage du Loto, tapissée de sable fin et enserrée par deux promontoires ; la vaste plage de Calvi, cachée derrière une pinède, face à la citadelle ; l'immense plage de galets de Riciniccia à Galéria.
Les golfes de Porto, Sagone et Ajaccio	Les plages de Gradelle et Caspio, perles du golfe de Porto ; la plage de Chiuni, au nord de Cargèse et bordée de buissons de lantisques ; la plage du Grand Capo au nord de la pointe de la Parata.
Le Grand Sud	Tamariccio, Santa Giulia, Palombaggia, Campomoro.
La côte orientale	La plage de Calzarellu, au débouché du Fium'Orbo et bordée par l'étang de Gradugine ; la plage de Scaffa Rossa, au nord de Solenzara.

Aller en Corse

En avion

LES AÉROPORTS DE LA RÉGION

La Corse dispose de quatre aéroports assurant des liaisons avec le continent, l'Italie et une partie de l'Europe. Tarifs promotionnels en réservant plus d'un mois à l'avance.

Ajaccio (Napoléon Bonaparte) – ✆ 04 95 23 56 56 - www.2a.cci.fr.

Bastia (Poretta) – ✆ 04 95 54 54 54 - bastia.aeroport.fr.

Calvi (Ste-Catherine) – ✆ 04 95 65 88 88 - calvi.aeroport.fr.

Figari-Sud Corse – ✆ 04 95 71 10 10 - www.2a.cci.fr.

COMPAGNIES AÉRIENNES

Air France – ✆ 36 54 (0,35 €/mn, achat de billets) - www.airfrance.fr. Dessert l'île toute l'année, au départ de Paris-Orly, Nice, Lyon et Marseille, et d'autres aéroports régionaux en haute saison.

Air Corsica – ✆ 0825 35 35 35 (0,20 €/mn) - www.aircorsica.com. Dessert les quatre aéroports corses par des vols réguliers ou saisonniers depuis Clermont-Ferrand, Dole, Lyon, Marseille, Nantes, Nice, Paris-Orly, Toulon, Toulouse et Bruxelles-Sud-Charleroi.

Autres compagnies – **Brussels Airlines** (www.brusselsairlines.com - de Bruxelles National vers Bastia, Ajaccio, Calvi), **Luxair** (www.luxair.lu - de Luxembourg) et **Swiss** (swiss.com - de Genève et Zurich).

Low Cost

Saisonnières et fluctuantes, les dessertes en *low cost* évoluent régulièrement. Renseignez-vous.

Easy Jet – www.easyjet.com. Liaisons vers les quatre aéroports de Corse depuis Paris-CDG, Lyon, Toulouse, Genève et Bâle-Mulhouse.

Ryanair – www.ryanair.com. Vols pour Figari au départ de Paris-Beauvais et Bruxelles-Sud-Charleroi.

Volotea – www.volotea.com. Vols pour Figari, Ajaccio et Bastia au départ de Bordeaux, Brest, Caen, Lille, Montpellier, Nantes, Strasbourg et Toulouse.

TUIfly Belgium – www.tuifly.be. L'ex Jetairfly vole de Bruxelles-Charleroi vers Ajaccio et Bastia.

En bateau

Sept ports corses sont desservis au départ de la France ou de l'Italie : Bastia, L'Île-Rousse, Ajaccio, Propriano, Bonifacio et Porto-Vecchio. Les temps de traversée

TOUT COMPRIS

Vous pouvez consulter sur Internet les offres des centrales de réservation, agences spécialisées ou compléter votre recherche du côté des voyagistes classiques. D'une manière générale, les séjours de printemps et d'automne demeurent meilleur marché et les professionnels sont alors plus disponibles. S'il faut en citer un spécialiste de la destination :

Corsicatours – ✆ 04 95 20 20 20 - www.corsicatours.com.

Bon à savoir – En Corse, certaines agences de voyages et loueurs de voitures acceptent les chèques vacances, ils sont références, tout comme l'ensemble des prestataires partenaires sur le site www.ancv.com.

DISTANCES ENTRE LES PRINCIPALES VILLES DE CORSE					
	Ajaccio	**Bastia**	**Bonifacio**	**Calvi**	**Corte**
Ajaccio	-	147	132	165	80
Bastia	147	-	170	92	68
Bonifacio	132	170	-	232	147
Calvi	165	92	232	-	87
Corte	80	68	147	87	-

varient selon le port de départ et le type de bateau. En général, tarifs moins chers depuis l'Italie, le trajet étant plus court.

Comptez 5h ou 6h pour les traversées de jour.

À bord d'un **car-ferry**, comptez 10h30 de Marseille à Bastia et 13h30 pour Marseille-Porto-Vecchio.

L'été, prévoyez une attente importante dans les ports et de fréquents retards.

www.directferries.fr

DU CONTINENT VERS LA CORSE

Trois compagnies françaises assurent des liaisons régulières entre le continent et la Corse.

La Méridionale – 0970 83 20 20 - www.lameridionale.fr. C'est la compagnie maritime historique pour les traversées entre Marseille et la Corse. Elle assure un service quotidien tous les jours toute l'année entre la Corse et le continent. Elle dessert Ajaccio, Bastia, et Propriano depuis Marseille.

Corsica Linea – 0 825 88 80 88 (0,15 €/mn) - www.corsicalinea.com. Héritière de la SNCM, la compagnie dessert Ajaccio, Bastia, L'Île Rousse et Porto Vecchio au départ de Marseille.

Corsica Ferries – 0 825 095 095 (0,18 €/mn) - www.corsica-ferries.fr. La compagnie a pour base Nice mais dessert aussi « l'île de Beauté » (Ajaccio, Bastia, Porto-Vecchio, L'Île Rousse) depuis Toulon. Elle propose également des traversées entre Livourne (en Italie) et Bastia ou L'Île-Rousse.

Moby Lines – 01 42 80 94 87 ou (en Corse) 04 95 34 84 94 - www.mobylines.fr. Relie en saison Gênes et Livourne à Bastia, ainsi que Bonifacio à la Sardaigne.

REJOINDRE LES PORTS D'EMBARQUEMENT

Principaux axes routiers

Prévoyez du temps et de la patience pour rejoindre les sept ports d'embarquement pour la Corse : Marseille, Toulon et Nice depuis la France ; Savone, Gênes, Livourne et Citavecchia depuis l'Italie.

Carte de France 721.

Carte Départements 345.

En ligne : calcul d'itinéraires sur **www.ViaMichelin.fr**.

Avant de partir

Météo

Située au cœur du golfe de Gênes, l'île bénéficie d'un **climat remarquablement doux** sur l'ensemble de son littoral et relativement sec.

Services téléphoniques de Météo France – ✆ **32 50** (2,99 € + prix d'un appel local) suivi de :

1 – Météo d'une commune, d'un département ou de l'outre-mer ;

2 – Météo du prochain week-end ;

3 – Météo activités de bord de mer et navigation ;

4 – Météo montagne ;

6 – Météo des routes.

En ligne : **www.meteofrance.com**.

ÉTÉ

Les étés éclatants de soleil et de luminosité sont brûlants (maxima : 36 °C sur les côtes, 26 °C à 1 000 m) et secs. Mais la sensation d'étouffement est rare, les effets de la chaleur étant souvent adoucis par une brise marine rafraîchissante.

En montagne, le temps peut rapidement changer, avec des risques d'orages, surtout l'après-midi ; les randonneurs ne partiront pas sans bien s'informer sur la météo.

La température de la mer peut atteindre 25 °C, un paradis pour les frileux.

AUTOMNE

Le littoral est agréable toute la saison, la température de l'eau ne s'abaissant que tardivement. Jusqu'à 600 m, il fera toujours bon se promener dans les immenses forêts rougeoyantes de châtaigniers de la Castagniccia.

HIVER

Les hivers sont particulièrement cléments sur les rivages (18 °C), mais la mer reste fraîche (autour de 14 °C). En haute montagne et dans les stations de ski (Bastelica, Ghisoni, Coscione), l'enneigement peut être très variable d'une année sur l'autre. Exceptionnellement, la neige peut perdurer jusqu'au mois de mai sur les ubacs peu ensoleillés et entraver la bonne marche d'une randonnée sur le GR 20 ou les sentiers Mare a Monti. Attention, de nombreux hôtels et restaurants ferment à cette période.

PRINTEMPS

Le printemps est la saison de prédilection pour découvrir la Corse. Dès le mois de mars, la moyenne des températures s'élève à 15 °C pour atteindre 25 °C en juin. Dans les régions forestières, la floraison odorante, les jeunes pousses et l'air venteux ont quelque chose d'entêtant et d'envoûtant. Cette saison est aussi idéale pour s'adonner à la plongée.

Adresses utiles

INSTITUTIONS

Agence du tourisme de la Corse (ATC)

17 bd du Roi-Jérôme - 20181 Ajaccio Cedex 01 - ✆ 04 95 51 00 00 - www.visit-corsica.com.

Offices de tourisme

Les adresses et sites Internet (souvent très bien fournis) des offices de tourisme locaux sont indiqués dans la rubrique

Ma route des vacances
18 cartes des Régions de France
528 REGIONAL France INDÉCHIRABLE 528
MICHELIN
Corse
BASTIA
L'Île-Rousse
Calvi
Corte
Bonifacio
Capo Pertusato
Île Lavezzi
Golfe de Sta Manza
Pnte de Capicciola
Mte Rosso
Col de Parmentile
Mte Corbo
Grte du Sdragonato
La Madonetta
Sémaphore
Pnte de Sperone
Plage de Calalonga
Plage de Piantarella
Î. Piana
Î. Ratino
Î. Gavetti
Î.Perduto
Cimre de l'Achiarino
Cimre de Furcone
N 196
D 60
D 258
Rocchi Bianchi
Ponti di a Nava
Punta Rossa
Plages de Maora et de Sta-Manza
Gurgazu
Étg de Balistra
Étg de Canetto
Canali
BOUCHES
PARC
ARCHIP

« S'informer » de chaque ville ou site dans la partie « Découvrir la Corse ».
Sources d'informations touristiques en ligne : **www.france.fr** et **www.tourisme.fr** (Fédération des offices de tourisme et syndicats d'initiative).

Parc naturel régional de Corse

Siège social – 19 av. Georges-Pompidou, immeuble Faggianelli CS 30417 - 20184 Ajaccio Cedex 9 - 04 95 51 79 00 - www.pnr.corsica. Réservez en ligne les nuitées dans les refuges du parc.
Sur place, les maisons d'information du parc sont ouvertes tlj de déb. juin à mi-sept. : Calenzana, Cozzano, Rezza, Moltifao (au Village des tortues) et Conca.

PERSONNES À MOBILITÉ RÉDUITE

Dans ce guide, les sites et établissements qui peuvent accueillir des personnes à mobilité réduite sont signalés par le symbole ♿.
Il est très difficile de trouver des informations sur l'accessibilité en Corse ; l'île ne dispose d'aucune structure labellisée Tourisme et handicap, et la nature même de cette « montagne dans l'eau » rend son accès particulièrement difficile pour les personnes à mobilité réduite.
Deux blogs recensent l'offre proposée pour les personnes en situation de handicap (hébergements, restaurants, activités, sites culturels…) : www.corsica-concept.fr/corse_accessible.php et www.corsica-access.org.
Le site www.handiplage.fr liste les plages adaptées et de leurs équipements.

Transports

Corsica Ferries – www.corsica-ferries.fr. Les ferries sont accessibles en fauteuil roulant (cabine adaptée).
Air France – www.airfrance.fr. La compagnie propose le service d'assistance Saphir (09 69 36 72 77).

Se loger

Retrouvez notre sélection d'hébergements dans la rubrique « Nos adresses » située en fin de description des principaux sites de la partie « Découvrir la Corse ».

NOTRE SÉLECTION

Les établissements sont classés par catégories de prix *(voir le tableau p. 516)*. Les tarifs, prix minimum et maximum pour une chambre double, sont ceux pratiqués en haute saison. Les tarifs en demi-pension indiqués le sont par personne (sauf mention contraire).
Certains établissements ne peuvent pas recevoir vos compagnons à quatre pattes ou les accueillent moyennant un supplément, pensez à le demander lors de votre réservation.

RÉSERVATION

Les tarifs varient énormément d'une saison à l'autre ! Ils peuvent passer du simple au double entre

INFOS SUR LE NET

www.visit-corsica.com – Portail touristique officiel de la Corse.
www.allerencorse.com et **www.bienvenue-en-corse.fr** – Sites d'informations générales avec description des sites touristiques.
www.corsematin.com et **www.corsenetinfos.corsica/**– Actualités.
www.corse.fr – Site de la Collectivité Territoriale de Corse.
www.vinsdecorse.com, www.gustidicorsica.com, www.recettes-corses.fr, www.casgiucasanu.fr – Gastronomie corse.

avril et août dans des zones très prisées comme Calvi. Si vous vous rendez en Corse en haute saison, les réservations doivent donc être faites le plus tôt possible quel que soit le type d'hébergement que vous choisissiez. Et ce pour bénéficier d'éventuelles promotions et surtout… trouver un lit ! En moyenne saison, réserver reste recommandé si vous voulez profiter des meilleures adresses. Voyez les sites conseillés ci-dessous selon les types d'hébergement.

HÔTELS

L'île compte près de 450 hôtels, en majorité de petits établissements familiaux. Nous vous proposons, dans chaque carnet d'adresses, un choix très large en termes de confort. La location se fait à la nuit et le petit-déjeuner est facturé en supplément. Certains établissements assurent un service de restauration également accessible à la clientèle extérieure.
Pour un choix plus étoffé, **Le Guide Michelin France** recommande hôtels et restaurants sur toute la France. Pour chaque établissement, le niveau de confort et de prix est indiqué, en plus de nombreux renseignements pratiques. Des promotions intéressantes sont en général proposées hors saison. Attention néanmoins, de nombreux hôtels ferment en hiver.

Hôtels de charme

Le Cercle des grandes maisons corses regroupe hôtels et maisons d'hôte de charme. Promotions fréquentes.
Info – www.hotelscorse.com/cercle-des-grandes-maisons-corses.

CHAMBRES D'HÔTE

Une formule en pleine expansion. Trouvez des adresses et réservez sur : www.chambres-d-hotes-en-corse.com (affilié aux Gîtes de France) et sur le site de la Fédération nationale Clévacances : www.clevacances.com.

CAMPINGS

L'île compte près de 200 campings, parfois aménagés dans des sites superbes. Ils ouvrent en général de mai à octobre. Prévoyez 12 à 20 €/j. pour planter une tente de deux personnes. Nous vous rappelons que le **camping sauvage** est strictement interdit.
Le **Guide Camping Michelin France** propose tous les ans une sélection de terrains visités régulièrement par nos inspecteurs. Renseignements pratiques, niveau de confort, prix, agrément, location de bungalows, de mobile homes ou de chalets y sont mentionnés.
En ligne : www.campingcorse.com ; www.corsicacamping.com ; www.campingfrance.com.

HÉBERGEMENT RURAL

De nouvelles formes d'accueil se sont développées participant au souci de revitalisation des villages isolés. Les gîtes ruraux sont des maisons ou des logements indépendants, pouvant être loués pour une ou plusieurs semaines (plus rarement un week-end). Idéal pour un séjour en famille ou entre amis.
Gîtes de France en Corse – www.gites-corsica.com.
Stations Vertes de Vacances – lama.stationverte.com. En Corse, Lama est le seul village labellisé.
Bienvenue à la ferme – www.bienvenue-a-la-ferme.com. La chambre d'agriculture regroupe les informations sur les accueils et hébergements dans les exploitations agricoles : fermes-auberges, fermes équestres, campings à la ferme, chambres d'hôte et gîtes ruraux.
Casa Toïa, la route des auberges corses – auberges-casa-toia.com.

NOS CATÉGORIES DE PRIX		
	Hébergement	**Restauration**
Premier prix	jusqu'à 80 €	jusqu'à 20 €
Budget moyen	de 80 € à 120 €	de 20 € à 40 €
Pour se faire plaisir	de 120 € à 160 €	de 40 € à 60 €
Une folie	plus de 160 €	plus de 60 €

L'association Casa Toïa propose des séjours en Corse à travers des auberges-hôtels sélectionnées et recommande les meilleures adresses du terroir.

COUVENTS

Ces établissements religieux proposent l'hébergement et offrent également la possibilité d'effectuer des retraites spirituelles.
Dans le sud du **cap Corse**, à **Miomo**, maison Saint-Hyacinthe (✆ 04 95 33 28 29 ou 06 23 20 00 66 - maison-saint-hyacinthe.com).
Près du **Golfe de Sagone**, à **Vico**, couvent St-François (✆ 04 95 26 83 83 - www.couventdevico.fr).
En **Balagne**, couvent de **Corbara** (✆ 04 95 60 06 73 - www.stjean-corbara.com).

HÉBERGEMENT POUR RANDONNEURS

Le Parc naturel régional de Corse *(voir p. 514)* diffuse une liste des **refuges et gîtes d'étape** à l'usage des promeneurs empruntant les circuits balisés par le parc.
Le site **www.gites-refuges.com** est principalement destiné aux amateurs de randonnées, d'alpinisme, d'escalade, de ski, de cyclotourisme et de canoë-kayak.

AUBERGES DE JEUNESSE

À l'heure actuelle, l'île ne dispose plus d'auberge de jeunesse. Pour suivre l'évolution de la situation, référez-vous aux sites de la **Fédération unie des auberges de jeunesse (FUAJ** - www.fuaj.org) et de la **Ligue française pour les auberges de jeunesse (LFAJ** - www.auberges-de-jeunesse.com).

Se restaurer

Retrouvez notre sélection dans la rubrique « Nos adresses », située en fin de description des principaux sites de la partie « Découvrir la Corse ». Les établissements sont répertoriés par catégorie de prix.
Pour en savoir plus sur la gastronomie et le vignoble, reportez-vous au chapitre « Les plaisirs de la table » *(voir p. 487)*.

NOTRE SÉLECTION

Nous vous proposons des restaurants régionaux, des classiques, des gastronomiques et des adresses où faire une pause.
Le Guide Michelin France sur restaurant.michelin.fr et les fermes-auberges sur **www.bienvenue-a-la-ferme.com**.

LES BONS VINS

En raison du fort ensoleillement dont bénéficie l'île et du caractère tranché des territoires, le vin corse compte un nombre impressionnant de crus locaux que vous pourrez découvrir en visitant les caves ouvertes à la dégustation et dont la liste est disponible dans les offices de tourisme. On compte ainsi neuf AOC et des cépages uniques.
www.vinsdecorse.com

Sur place de A à Z

ARGENT

Les distributeurs de billets étant rares en dehors des villes principales et les cartes de paiement n'étant pas toujours acceptées, prévoyez suffisamment de liquide ou un carnet de chèques bien fourni.

BAIGNADE

Pour connaître la qualité des eaux de baignade (mer, lacs ou rivière), référez-vous au site **baignades.sante.gouv.fr**.

En mer

Sur la **côte ouest** de l'île, les golfes de St-Florent, de Porto, de Sagone, d'Ajaccio et de Valinco se prêtent particulièrement bien à la baignade en famille et à l'apprentissage des sports nautiques comme à la découverte d'une nature magnifique et relativement bien protégée malgré son succès touristique (les Calanche de Piana, la réserve naturelle de Scandola, le parc naturel régional).

La **côte orientale**, beaucoup plus rectiligne, offre sur quelque 100 km de longues étendues de sable également très prisées par les estivants. Tout au long de la Costa Verde, de la Costa Serena et de la côte des Nacres se succèdent d'interminables plages de sable blanc. Un peu plus au sud, le golfe de Porto-Vecchio réunit les plus belles plages de Corse, dont la célèbre **Palombaggia**, mais souffre d'une forte affluence en été. La floraison de clubs de jet-ski peut gêner les amateurs de calme tandis que la pression immobilière, qui se fait de plus en plus forte dans ce secteur, rend plus difficile les accès, souvent payants, à la mer.

Les plages du littoral de la **pointe sud** s'étendent de part et d'autre de Bonifacio, contenues dans de petites anses plus ou moins abritées. D'une manière générale, les plus belles plages sont celles

ATTENTION AUX MÉDUSES

Les années à méduses (la *Pelagica noctulica*, notamment) gardent une part de leur mystère. Les scientifiques ont cependant démontré que les invasions de *Pelagica,* dont la périodicité est d'environ douze ans, sont précédées de printemps chauds et secs.

Les méduses des côtes méditerranéennes ne sont pas agressives, mais leur contact est toxique. Ce contact urticant provient de la libération instinctive du venin par les tentacules. Ce dernier, sans grand danger pour l'homme, nécessite pourtant quelques précautions.

Tout d'abord, ne pas s'agiter afin d'éviter la diffusion du venin dans le corps. À l'aide d'une serviette, nettoyer sans frotter la plaie avec de l'eau de mer (l'eau douce active la décharge des cellules urticantes) ou avec de l'urine, dont la chaleur désactivera l'effet du venin.

Vous pouvez également mettre du sable et laisser sécher. Gratter ensuite très doucement pour enlever les morceaux de tentacules et les cellules encore actives. Enfin, appliquer une pommade antihistaminique, que l'on aura pris soin d'emporter avec soi.

VACANCES SPORTIVES

Pour obtenir de la documentation traitant des différentes activités à pratiquer, s'adresser à l'**Agence du tourisme de la Corse** *(voir p. 512)*. Elle dispose de brochures et d'un site Internet. Pour trouver d'autres adresses de prestataires, reportez-vous aux rubriques « Visite » et « Activités » dans « Nos adresses », en fin de description des principaux sites de la partie « Découvrir la Corse ».

Certains prestataires sont spécialisés **multiactivité**. Pratiques, ils réunissent des moniteurs diplômés dans plusieurs disciplines, proposées séparément ou associées pour des séjours actifs.

Selon les prestataires : randonnée pédestre ou équestre, canyoning, rafting, voile, parapente, VTT, escalade, ou même ski. Parmi eux : corse-aventure.com, www.corse-active.com, interracorsa.com, www.couleur-corse.com, www.corsicanatura.fr, corsecyclotourisme.org, www.altore.com, vallecime.com.

que vous découvrirez en faisant l'effort d'une petite marche.

En rivière

En Corse, les rivières qui descendent de la montagne se sont souvent taillé de superbes parcours au milieu des rochers, franchissant de belles cascades ou paressant dans d'accueillantes vasques aux eaux rafraîchissantes. La **Restonica,** le **Fango** ou la rivière **Solenzara** comptent parmi les plus réputées et recherchées.

Recommandations – Il est important cependant de savoir que ces lieux si agréables pendant les chaudes journées de l'été sont des rivières au régime torrentiel qui peuvent devenir dangereuses après un orage, tandis que d'autres peuvent être régulées par des équipements hydroélectriques. Vérifiez donc l'éventuelle réglementation locale et ne vous aventurez pas dans des lieux difficiles d'accès où vous risqueriez de vous retrouver bloqué. Portez également des chaussures adaptées.

CHASSE SOUS-MARINE

Les endroits les plus favorables se situent aux abords des îlots, au large de Galéria et de Calvi, dans la baie d'Ajaccio, le long de la côte entre Propriano et Bonifacio, dans le golfe de Porto-Vecchio et dans les criques du cap Corse.

Comité corse de la FFESSM – *Voir p. 524.*

Réglementation

Il est interdit de chasser dans les **cantonnements** suivants : secteur de La Revellata à Calvi, de Miomo à Bastia, L'Île-Rousse, Nonza, au large des îles Cerbicale à Porto-Vecchio, à Piana-Porto, de Campomoro à Propriano, dans les deux réserves naturelles des bouches de Bonifacio (avec les îles Lavezzi) et de Scandola, et les deux réserves de biotopes (îles Bruzzi et îles des Moines).

Espèces protégées

Il est interdit de prélever tous les crustacés (araignées de mer, cigales de mer, homards, langoustes), tous les types de mérous, ainsi que les mollusques (grandes nacres et dattes de mer), l'herbier de Posidonie, le corail (pêche réservée aux professionnels disposant d'une licence).

CYCLOTOURISME

Pour organiser votre périple à vélo, adressez-vous aux prestataires multiactivité.

Bon à savoir – Emportez quelques pièces de rechange, les fournisseurs de matériel sont rares dans les montagnes corses.

Fédération française de cyclotourisme - Ligue Corse – corse.ffct.org. Elle propose chaque année des séjours en Corse sous la forme de voyages itinérants. Ceux-ci permettent de découvrir l'île en 9 ou 10 jours, par étapes de 100 km environ, en bénéficiant des services d'un accompagnateur et d'une assistance pour le transport des bagages.

ESCALADE ET VIA FERRATA

Les amateurs d'escalade « aventure » trouveront toutes les difficultés souhaitées dans le cadre grandiose des aiguilles de Bavella. La **via ferrata de la Manicella** a été aménagée dans la vallée de l'Asco *(voir p. 191)* en 1997. Depuis, d'autres via ferrata sont apparues dans le Fiumorbo, la vallée du Prunelli et le massif de Bavella. La via ferrata est un parcours sur parois, sécurisé par des câbles métalliques, une formule idéale pour s'initier à l'escalade.

www.viaferrata-fr.net

Fédération française de la montagne et de l'escalade – www.ffme.fr. Elle édite les guides *Falaises de Corse* (D. Maurin, T. Souchard, 2015) et *Bavella, Escalade en Corse* (J.-P. Quilici, J.-L. Fenouil, 2016).

EXCURSIONS EN BATEAU

Pour apprécier pleinement l'aspect préservé du littoral en Corse, la promenade en mer reste un moyen peu exigeant en effort et procurant un grand dépaysement. Ce sera souvent le clou d'un séjour. Les principales destinations sont listées dans le tableau ci-contre.

GOLF

Parmi ses 8 parcours, la Corse s'enorgueillit depuis 1990, d'un magnifique 18 trous suspendu au-dessus de la mer sur une côte sauvage et déchiquetée. Le créateur, Trent Jones Sr, a doté le **golf de Sperone** (www.golfdesperone.com) de magnifiques étapes entre maquis (9 trous inland) et mer (9 trous links). Le trou n° 16 est considéré comme l'un des plus beaux du monde.

www.liguecorsedegolf.org

KAYAK DE MER

Les secteurs du **cap Corse** et du **Sartenais** sont parmi les plus favorables au maniement des esquifs.

Sur la face ouest du cap Corse, une succession d'anfractuosités et de grottes, uniquement accessibles par mer, offre les plus belles opportunités pour convertir les néophytes à une pratique plus régulière du kayak de mer. Il est même possible de partir pour des randonnées de plusieurs jours avec bivouac. Les criques des Agriate et le tour des îles depuis Algajola et L'Île-Rousse font partie des grands itinéraires incontournables.

NATURE ET ENVIRONNEMENT

Office national des forêts – www.onf.fr. Il organise des balades à thème et des visites guidées de sensibilisation à la protection de la forêt ; se renseigner dans les offices de tourisme ou sur le site Internet.

Parc naturel régional de Corse – www.pnr.corsica. Le parc s'emploie à protéger la nature, à préserver le patrimoine, à développer l'économie locale dans le respect de l'environnement. Il a aussi pour mission d'informer le public et, dans ce cadre, il a créé différents points d'information et organise régulièrement des manifestations de sensibilisation.

NAVIGATION DE PLAISANCE

Où louer un bateau ?

Le site Internet de l'**Agence du tourisme de la Corse** *(voir p. 512)* recense une soixantaine d'adresses de loueurs à travers toute l'île. Consultez également le site de location de bateaux de particuliers ou professionnels : www.clickandboat.com.

Les côtes

La côte ouest – De St-Florent à Propriano, la côte offre de larges golfes dentelés et ourlés de plages de sable ou de galets, mais qui sont mal abrités des vents dominants. Seuls quelques ports ou mouillages, comme Centuri, St-Florent, L'Île Rousse, Sant'Ambroggio, Calvi, Girolata, Ajaccio, Campomoro et Propriano, constituent des abris sûrs. Le nord de la presqu'île d'Isolella est également un mouillage bien abrité.

La côte sud – De Propriano à Solenzara, les ports sont peu nombreux (Propriano, Bonifacio, Porto-Vecchio, Solenzara). Par ailleurs, cette côte sauvage compte une multitude de criques où les

PORT D'EMBARQUEMENT	DESTINATIONS
Ajaccio/Porticcio	Îles Sanguinaires, réserve naturelle de Scandola, Girolata, Calanche de Piana, Capo Rosso, falaises de Bonifacio, îles Lavezzi.
Bonifacio	Grottes, falaises de Bonifacio, îles Lavezzi et Cerbicale.
Calvi	Ajaccio, réserve naturelle de Scandola, Girolata, plages des Agriate, grotte des Veaux-Marins.
Cargèse/Sagone	Calanche de Piana et réserve naturelle de Scandola, Girolata, Capo Rosso, falaises de Bonifacio.
Macinaggio	Nord cap Corse, plages, tours génoises, réserve des îles de Finocchiarola, île de la Giraglia, port de Barcaggio.
Porto	Calanche de Piana, réserve naturelle de Scandola, Girolata, Capo Rosso.
Porto-Vecchio/ Sta Giulia	Bonifacio, îles Lavezzi et Cerbicale, plages de Santa Giulia et Palombaggia, Rondinara, Sperone.
Propriano	Tour du golfe de Valinco, Conservatoire du littoral (deux compagnies). Bonifacio, réserve naturelle de Scandola, golfe de Porto, îles Sanguinaires, Girolata, Calanche de Piana.
St-Florent	Navette vers les Agriate (plage du Loto).
	ESCAPADE EN ITALIE
Île d'Elbe	Au départ de Bastia, trajet direct en été deux fois par semaine. Ou toute l'année *via* Piombino dans la péninsule italienne.
Sardaigne	Au départ de Bonifacio (vers Santa Teresa di Gallura)

bateaux de croisière ne peuvent accéder que par très beau temps. Le mouillage dans les sites classés comme les îles Lavezzi, dans la réserve naturelle des Bouches de Bonifacio, est limité à 24h. Il faut éviter de s'engager dans les bouches de Bonifacio lorsque le *maestrale* ou le *libecciu* sont annoncés *(voir ci-après)*.

La côte est – De Solenzara à Bastia, seuls les vents d'est sont dangereux (exceptionnels en été). On compte trois bons abris : Bastia, Campoloro, Solenzara.

Le cap Corse – Il offre quelques mouillages qui sont difficiles d'accès en raison du *libecciu*. Macinaggio est le véritable port de plaisance du Cap. Les bateaux peuvent s'abriter dans les nombreuses criques de galets roulés.

Les vents

Les vents dominants – La frange littorale de l'île est soumise en été aux brises de mer durant le jour et de terre durant la nuit, dont les effets perturbent ou renforcent ceux des vents dominants.

Le **libecciu**, venant de Gibraltar, souffle sur toute l'île, surtout sur le cap Corse et à Bonifacio. Sec et chaud en été, il devient frais en hiver et déverse de copieuses ondées sur le versant occidental.

Le **ponente** est un vent d'ouest.

Le **maestrale**, issu du mistral de Provence, se manifeste surtout sur l'ouest de l'île (36 jours à Ajaccio, 11 jours sur le Cap, 17 jours à Bonifacio). Sec et violent en été, il souffle en courtes rafales et soulève alors une mer très forte entre Galéria et l'extrémité du Cap. En hiver, il apporte la pluie.

La **tramontane**, grand vent froid provenant de la plaine du Pô, sévit surtout en hiver, mais sa fréquence est faible (57 jours à Ajaccio, 10 jours sur le Cap).

Le **grecale** souffle sur tout le versant tyrrhénien ; il apporte la pluie dans le nord de l'île, mais demeure sec dans le sud.

Le **levant** est un vent d'est.

Le **sirocco**, venant d'Afrique du Nord, humide et brûlant, chargé de grains de sable, affecte seulement la côte orientale (105 jours à Bastia, 54 jours sur le Cap).

Les vents locaux

Sur la frange littorale, le contraste des températures entre la mer et le rivage provoque, l'été, des brises dont les effets viennent s'ajouter à ceux des vents dominants. Le matin, le sol de l'île s'échauffe plus vite que la masse d'eau maritime ; aussi, vers 9h, se lève une brise de mer appelée localement **mezzogiorno** (maximum vers 13h). L'après-midi, cette brise se calme et disparaît vers 19h. Une brise de terre ou **terrane** lui succède au coucher du soleil et prend fin au matin.

PARAPENTE

C'est l'activité sportive aérienne la plus développée. L'**Agence du tourisme de la Corse** *(voir p. 512)* vous fournira une liste complète des divers prestataires. Citons tout de même **Altore** (www.altore.com) qui s'est fait une spécialité de l'initiation au parapente.

PÊCHE

Pêche en eau douce

La plupart des rivières de montagne sont peuplées d'**anguilles** et de **truites fario**. Les cours d'eau suivants sont propices à de belles prises que l'on effectue au lancer ou au coup : Asco, Golo, Fango, Restonica, Vecchio, Tavignano, Fium'Orbo, Prunelli, Gravone, Rizzanèse, Travo et Taravo.

Les lacs de montagne (Nino, Melo, Bastiani) sont régulièrement alevinés en petites truites et en **saumons de fontaine**. Des lacs-réservoirs sont peuplés de **sandres**. La plupart des étangs du littoral oriental sont des plans d'eau privés.

Fédération interdépartementale de pêche en Corse – truitecorse.org. Détaille les sites, les périodes et les distributeurs de carte de pêche.

Pêche en mer

La pêche se pratique depuis le rivage ou d'une embarcation, à la palangrotte, au lancer (pour les dentis et les bars) ou au vif (pour les loups). Amateur de pêche en surface, vous n'aurez que l'embarras du choix face à la richesse de la faune marine du littoral : poissons de roche (rascasses, bars…) et de sable (rougets, daurades) propres à alimenter une savoureuse bouillabaisse.

Vous pourrez satisfaire votre passion le long des côtes du cap Corse, de la Balagne, au sud du golfe de Valinco et au nord de Porto-Vecchio.

Bon à savoir – Attention, la pêche aux **oursins** n'est autorisée que de décembre à fin mars (période variable, se renseigner) et limitée à des prises de trois douzaines d'oursins par personne. Dans le périmètre des réserves naturelles, toute forme de pêche est sévèrement réglementée. Se conformer aux indications sur place.

Fédération française des pêcheurs en mer – www.ffpm-national.com.

PLONGÉE SOUS-MARINE

Les principaux sites

Pour les plongées à faible profondeur, préférez le golfe de Valinco, le secteur de Tizzano, la baie de Figari et les îles Bruzzi jusqu'à Porto-Vecchio, la face ouest du cap Corse, notamment le secteur de Centuri. Les fonds du golfe de Porto se laissent surtout découvrir dans le cadre de plongées avec bouteilles. Le golfe de Pero (au nord de Cargèse) et la pointe d'Omigna recèlent une végétation sous-marine d'une étonnante richesse.
Parmi les **épaves** peu profondes, citons les suivantes : au sud de Porticcio, face à la pointe di Castagna, un navire de combat gît à une dizaine de mètres de la surface ; au large de la pointe de Zivia (au sud de Tizzano), une épave d'avion repose par 10 m de fond ; à l'entrée du golfe de Porto-Vecchio, à moins de 10 m de profondeur, un chalutier est visible depuis la surface. D'autres épaves nécessitent un équipement plus perfectionné : forteresses volantes à Calvi et à Campoloro.

Baptêmes

Pour vous initier à la plongée, les secteurs peu profonds du golfe de Valinco ou de celui de Porto-Vecchio, la baie de Figari ou la façade ouest du cap Corse sont particulièrement recommandables.
Bon à savoir – En Corse, les enfants sont dès 8 ans autorisés – avec accord parental bien sûr – à être initiés à la plongée.

Où s'informer ?

Comité régional corse de la Fédération française d'études et de sports sous-marins (FFESSM) – ✆ 06 75 10 10 90 - www.ffessm-corse.com. Il fournit la liste des clubs de plongée et tous les renseignements sur la législation locale.
Autres contacts : l'**Association nationale des moniteurs de plongée** (www.anmp-plongee.com) et le **Syndicat national des moniteurs de plongée** (www.snmp-plongee.com).
Reportez-vous aussi à la rubrique « Activités » dans « Nos adresses » dans la partie « Découvrir la Corse ».

RANDONNÉE ÉQUESTRE

La Corse fournit un terrain de prédilection à cette activité qui allie la découverte de sites difficilement accessibles aux véhicules à la préservation de la nature. On dénombre plus de 1 000 km de pistes qui sont souvent d'anciens **chemins muletiers**, très fréquentés jusqu'au début du 20e s. et qui restent encore les meilleurs et plus rapides moyens de liaison entre deux vallées ou deux villages.
Des vallées presque inaccessibles deviennent le but d'agréables randonnées d'une journée. L'**Alta Rocca**, par son relief complexe, offre un terrain de choix à ce type d'excursions qui bénéficient par ailleurs, dans toute l'île, d'un grand développement.
Le littoral du **cap Corse** constitue une base de superbes balades et la **vallée de l'Ostriconi,** au départ de Lama, permet d'atteindre la Balagne par les chemins de transhumance.
Les passionnés de courses hippiques ne manqueront pas, l'été, les manifestations de l'**hippodrome de Viséo**.

Où s'informer ?

Comité régional du tourisme équestre de Corse – ✆ 06 22 74 24 38 - www.cre-corse.fr. Il dispose d'une liste des centres et informe sur les itinéraires départementaux, les gîtes et clubs.

RANDONNÉE PÉDESTRE

Fédération française de la randonnée pédestre – www.ffrandonnee.fr. La fédération donne le tracé détaillé des GR, GRP et PR ainsi que d'utiles conseils. Vous pouvez également acheter les topoguides sur le site Internet.
Bon à savoir – Pour des informations au jour le jour sur les sentiers traversant le parc naturel régional de Corse : **randoblogpnrc.blogspot.com**.

GR 20, le roi de la montagne

Long de 220 km, il traverse dans sa longueur le parc régional, de Calenzana à Conca. Suivant la plupart du temps la ligne de partage des eaux, il dépasse souvent les 2000 m d'altitude, ce qui ne le rend accessible dans sa totalité que du 1er juin à fin octobre. Il reste un modèle de difficulté pour l'ensemble des sentiers de randonnée en France (et dans le monde). En effet, seulement la moitié des randonneurs qui l'empruntent effectue le parcours en entier. La description minutieuse et le balisage de ce sentier très sportif sont l'œuvre d'un précurseur de la randonnée en montagne : Michel Fabrikant.
www.le-gr20.fr
Le **topoguide** consacré au GR 20 (édité par la FFRP) prévoit 16 étapes que les bons marcheurs, bien équipés et bénéficiant d'une excellente forme physique, peuvent accomplir en 15 jours environ.
Les changements brutaux de conditions climatiques constituent un risque réel et permanent.
Il convient donc de faire preuve d'une très grande prudence.
La partie nord, la plus dure, reste réalisable par les sportifs de haut niveau.
Deux tronçons peuvent être aisément praticables par tout promeneur : celui du **col de Vergio** *(voir p. 208)* et celui du **col de Palmente** *(voir p. 223)*.

Les sentiers « randonnées découverte »

Cinq grands circuits aménagés sont proposés par le parc naturel régional de Corse : deux « Mare e Monti », entre mer et montagne, et trois « Mare a Mare » (balisés en orange) qui relient les deux côtes. Ils sont également jalonnés de gîtes d'étape mentionnés dans le topoguide correspondant.
Reportez-vous au topoguide *À travers la montagne corse - Parc naturel régional de Corse* édité par la FFRP.
« Mare e Monti nord » – De Cargèse à Calenzana, ce parcours très fréquenté se développe entre mer et montagne s'échelonnant sur de remarquables sites naturels (gorges de la Spelunca, réserve naturelle de Scandola, forêt de Bonifato). Il est conseillé plutôt au printemps et à l'automne. Le circuit (balisé en orange) s'effectue en 10 étapes de 4 à 7h et offre une vue panoramique qui oscille entre mer et montagne. L'hébergement se fait en gîtes d'étape situés dans les villages. Ce parcours, sportif mais sans difficulté notable, nécessite une bonne condition physique.
« Mare e Monti sud » – De Porticcio à Propriano en 5 étapes de 4 à 6h ; praticable toute l'année *(décrit à golfe de Valinco)*. Le parcours offre de beaux points de vue sur les golfes de Valinco et d'Ajaccio. Le sentier étant situé hors du parc, l'hébergement se pratique en hôtel ou auberge.
« Mare a Mare nord » – De Moriani à Cargèse *via* Corte en 10 étapes de 4 à 6h ; praticable de mi-mai à fin octobre. Une variante débute à Évisa, gagne Vivario et rejoint le parcours classique à Sermano. Jonction avec le « Mare e Monti nord » à Évisa.

« Mare a Mare centre » – De Porticcio à Ghisonaccia en 7 étapes de 4 à 6h ; praticable de mai à novembre. Peu fréquenté mais tout à fait séduisant, le sentier permet de découvrir des paysages singuliers : *piève*, maquis, cols d'altitude. Le balisage peut y être aléatoire, il est donc essentiel de se munir d'une carte.

« Mare a Mare sud » – De Porto-Vecchio à Propriano en 6 étapes de 4 à 5h ; praticable toute l'année. Le plus facile et le plus fréquenté. Le sentier suit les chemins de transhumance qui sinuent dans l'Alta Rocca et croise les vestiges archéologiques de Cucuruzzu ainsi que Ste-Lucie-de-Tallano. La 3e étape du sentier offre trois variantes.

Refuges du parc régional

Ils sont ouverts toute l'année et gardés de juin à octobre *(env. 15 € la nuit/pers.)*. L'aménagement du refuge comprend une cuisine approvisionnée en eau courante potable et équipée (casseroles, couverts). Vous trouverez aussi un dortoir (composé de bat-flanc sans couvertures), des sanitaires et une douche chaude ainsi qu'une fosse

à ordures pour vos déchets. Petit ravitaillement.

Le camping sauvage est interdit tout au long du sentier et le **bivouac** est organisé sur des aires aménagées autour des refuges; un droit *(6 € par nuit/pers. - location d'une tente pour 2 pers. 12 € par nuit)* doit être acquitté auprès du gardien.

Bon à savoir – Le sentier étant très fréquenté en été, les refuges affichent souvent complet. Réservez dans les maisons d'informations du Parc naturel régional

Les sentiers de pays

Accessibles par tous et d'une durée maximale de 6h, la plupart sont balisés de marques orange par le parc régional de Corse. Ils sont regroupés par microrégion ou pays :

Alta Rocca – Cette région bien vivante, dominée à l'est par le massif des aiguilles de Bavella, offre 5 circuits à la journée au départ de Quenza, de Zonza et de San-Gavino-di-Carbini.

Balagne – Dans chaque village, sont indiqués des sentiers de découverte permettant se sillonner les alentours ou de relier les localités en traversant le maquis, les vergers, etc.

Bozio – S'étendant à l'est de Corte, cette région austère est riche en chapelles ornées de fresques. Elle reste réputée pour la qualité de ses chants *paghjella*. Au départ de Sermano, 4 sentiers, rayonnant en boucle (durée environ 5h chacun), permettent de dénicher des chapelles blotties dans des vallons ou perchées sur une crête.

Fiumorbo – Ce pays de collines, difficilement pénétrable, offre une vue dominante sur le littoral oriental. Depuis les villages d'Ania et de Chisa, 5 circuits d'une journée sont proposés.

Giussani – Cette microrégion établit la liaison entre la haute Balagne et la vallée de l'Asco. À l'écart des grands secteurs touristiques, 7 circuits rayonnent au départ d'Olmi-Capella.

Niolo – Cette région, paradis des alpinistes et amateurs de haute montagne, regroupe autour de Calacuccia et Albertacce 5 sentiers de pays permettant en 5 à 6h de parcourir de profondes forêts de pins laricio et de franchir des torrents sur de vénérables ponts génois.

Taravo – Cette vallée, au sud d'Ajaccio, dispose de nombreux sentiers ombragés, à parcourir dans la journée au départ de Guitera de Cozzano.

Venachese – Cinq circuits (de 4 à 5h) sont réalisables au départ de Venaco et St-Pierre-de-Venaco.

De nouveaux sentiers sont régulièrement ouverts, entre autres, vers la vallée du Liamone (lac de Creno), Castagniccia ou le cap Corse.

Le sentier de la Transhumance

Ce sentier exigeant suit l'ancienne voie de passage entre Galéria et le Niolo. Chemin muletier utilisé aussi pour la transhumance, il s'effectue en 6 jours.

Randonnées avec un âne

L'âne, que l'on croyait rangé au rayon d'obsolète bête de somme, suscite un vif engouement chez tous les pratiquants de la randonnée et bien plus encore chez les bambins juchés sur leur dos.

www.altaroccanes.com, www.randonnee-ane-corse.com.

Randonnées accompagnées

Les accompagnateurs en montagne et les professionnels des activités sportives de montagne proposent leurs services généralement par le biais de prestataires. Ceux-ci commercialisent des programmes de randonnées, habituellement sur plusieurs jours, empruntant les itinéraires de découverte des

massifs de l'île et comprenant, si le niveau des participants le permet, l'ascension de sommets remarquables sans moyen technique particulier. Ces circuits peuvent s'effectuer avec portage et ravitaillement dans les refuges. D'autres activités peuvent également être encadrées par des accompagnateurs possédant les qualifications correspondantes : découvertes en raquettes à neige, VTT ou canyoning.
Compagnie régionale des guides et accompagnateurs en montagne de Corse – Rte de Cuccia - 20224 Calacuccia - 06 22 50 70 29.
Couleur Corse – 6 bd Fred-Scamaroni - 20000 Ajaccio - 04 95 10 52 83 - www.couleur-corse.com. Cette agence propose des randonnées itinérantes sur mesure pour randonneurs individuels, groupes ou familles.
« Vacances sportives » *(p. 519).*

SKI

L'important enneigement des montagnes permet la pratique du ski en hiver et même au printemps. Pour le **ski alpin**, les stations aménagées, souvent dénommées stades de neige, sont :
- Ghisoni (1 580 m-1 960 m), station du Renoso ;
- Bastelica (1 600 m-1 950 m), station du Val d'Ese.

Pour le **ski de fond**, le plateau du Coscione dans le sud de la Corse, d'une altitude de 1 500 m et subissant un climat particulièrement rigoureux, constitue un vaste réseau de circuits balisés. Foyers de ski de fond à Albertacce, Bastelica, Évisa, Quenza, Soccia et Zicavo.
La **haute route à ski** (l'**Alta Strada**) offre aux skieurs bien entraînés un parcours de randonnée d'un haut niveau sportif. Empruntant une partie de l'itinéraire du GR 20, elle relie la vallée de l'Asco à Bastelica. Un topoguide est disponible au Parc naturel régional.

SOUVENIRS

Les adresses de boutiques ou d'artisans que nous avons retenues se trouvent dans « Nos adresses » dans la partie « Découvrir la Corse ».

Sucreries

La grande diversité de la flore corse donne des **miels** très typés que l'on aura aussi plaisir à goûter une fois de retour chez soi. L'appellation AOC « mele di Corsica » concerne six catégories de miels : de printemps (très clair), fleurs du maquis (couleur ambrée, produit pendant l'été), miellat du maquis (très foncé, à la saveur prononcée), de châtaigneraie (récolté en juillet et août), d'été (couleur dorée, produit à la fin de l'été en montagne) et d'automne-hiver (clair, récolté en hiver, au goût légèrement amer). Vous trouverez, par exemple, de bons miels dans les villages de Quenza, Belgodère, Bastelica et Moltifao qui conservent une forte tradition apicole.
Peut-être préférerez-vous certaines des délicieuses **confitures** élaborées à partir des riches vergers de la plaine orientale ? Figue, abricot, orange, châtaigne, et, plus original, myrte, arbouse ou cédrat.
Le **cédrat**, étonnant fruit peu comestible à l'état naturel, devient un confit exquis après un assez long passage dans des fûts remplis d'eau de mer.
Pensez aux **biscuits et pâtisseries** : canistrelli, panetta, gâteaux à la farine de châtaigne, etc.

Charcuteries

Incontournables, elles font partie des souvenirs préférés des touristes.

Brocciu

Le roi des fromages corses que l'on trouve partout ne voyage malheureusement pas facilement. Oublions le transport du *brocciu* frais. En revanche, vous pouvez très bien quitter l'île avec un *brocciu* sec, emballé dans de multiples couches de papier pour ne pas incommoder les voisins !

Vins et alcools

Si vous souhaitez rapporter quelques bouteilles, procurez-vous auprès d'un office de tourisme la carte des AOC-vins de Corse. Vous y trouverez la liste des caves ouvertes aux visites et dégustations.
Si vous préférez les apéritifs, pourquoi ne pas céder à l'achat d'un « **cap Corse** », d'un *rappu*, mélange de moût de vin rouge et d'eau-de-vie ou d'une **cédratine**, liqueur authentiquement corse ?
Les amateurs de bière pourront emporter une variété originale : la bière à la châtaigne, la « **pietra** ».
Attention : les réglementations aériennes ne permettent pas d'apporter des liquides dans la cabine de l'avion (cela concerne le vin mais aussi confiture, miel, etc.).

Routes des sens authentiques

Quels que soient la période de votre séjour et le temps dont vous disposez, vous pouvez organiser votre balade en choisissant de faire halte chez les hébergeurs et de rencontrer les producteurs affiliés au ODARC (Office du développement agricole et rural de la Corse – www.odarc.fr) dans les régions de la Balagne, du centre Corse, de Castagniccia, de la vallée du Taravo et de la Costa Serena. Vins, châtaignes, huile d'olive, *brocciu*, fromages fermiers, charcuterie, clémentines, produits biologiques… Au total, près de vingt filières sont représentées.
www.gustidicorsica.com

Objets d'artisanat

Plusieurs régions font renaître l'artisanat et redonnent ainsi un peu de vie aux villages de l'intérieur dépeuplés. C'est le cas plus particulièrement en **Castagniccia** et en **Balagne**. Les artisans commercialisent eux-mêmes leur production, sélectionnée dans les maisons d'artisanat « **case di l'artigiani** » et les magasins et ateliers à l'enseigne « **Corsicada** » : paniers, couteaux, objets en bois, instruments de musique, céramiques, poterie et verreries.
En Castagniccia, laissez-vous tenter par les superbes pipes en bruyère dans le village d'Orezza ou par

Stand de charcuteries et fromages au marché de la place Paoli à L'Île-Rousse.
ARCO / F Scholz/Arco Images/age fotostock

de magnifiques objets en bois d'aulne, d'olivier et de châtaignier à Piedicroce.
En Balagne, la « route des artisans » conduit vers les plus beaux villages de la région et fait découvrir les métiers ancestraux. Pigna, par exemple, est devenu un véritable foyer du renouveau musical; les artisans y fabriquent des **instruments de musique** traditionnels. À St-Florent et Porto-Vecchio notamment se perpétue la fabrication de bijoux en corail (une espèce désormais protégée). Lumio a maintenu les techniques de la **coutellerie** : on produit toujours le *temperinu*, petit couteau traditionnel corse. Au nord-est d'Ajaccio, le village de Cuttoli-Cortichiato se consacre à l'**ébénisterie** et à la **coutellerie**.
Bon à savoir – Une petite mise en garde à propos du couteau effilé baptisé « vendetta » qui, souvent, n'est pas produit localement.

SPORTS D'EAUX VIVES

Canoë-kayak

De nombreux cours d'eau corses peuvent être descendus en toute saison, mais la période optimale s'étend de fin mars à fin mai. Les rivières Taravo et Rizzanese; l'Asco, le Liamone, le Golo, le Vecchio et le Tavignano offrent des itinéraires réputés. On peut consulter la carte IGN n° 905 qui recense les cours d'eau praticables. Le site de la fédération recense les clubs corses et les agences d'aventure locales proposent l'activité.
Fédération française de canoë-kayak – www.ffck.org.

Canyoning

Les principaux secteurs de référence sont, dans le centre et le Nord, la clue de la Richiusa, le défilé de la Spelunca, le ravin du Dardo, la haute Gravona, le cap Corse et, dans l'extrême sud de l'île, le canyon de Baracci et les gorges de la Solenzara.
www.canyon-corse.com, www.couleur-corse.com, www.canyoncorse.com.

THERMALISME

La richesse thermale de la Corse est peu connue. Elle dispose d'un ensemble de petites stations thermales dont la modernisation témoigne de l'effort accompli pour relancer le thermalisme dans l'île.
Les stations les plus connues sont : **Pietrapola** (pour les rhumatismes et la rééducation) et les bains d'Urbalacone à **Zigliara** (pour les affections des voies respiratoires et les dermatoses).
www.medecinethermale.fr, www.thalasso-thermale.com.

TRANSPORTS

En train

L'**U Trinighellu** (le « petit train » en corse) se compose de deux lignes qui courent sur 232 km. L'une relie Ajaccio à Corte et Bastia. L'autre Ajaccio à Calvi *via* L'Île-Rousse et le littoral. Venant d'Ajaccio, ces deux lignes se séparent (ou se croisent) à Ponte Leccia. Ce train doit son succès à ses charmants détours, souvent inaccessibles aux autres moyens de transport. Il était jusqu'à peu une star appréciée des amateurs de matériel ferroviaire ainsi que des touristes avec ses vénérables michelines (les plus anciennes datent de 1947).
Ne ratez pas deux parcours particulièrement spectaculaires. L'été, entre L'Île-Rousse et Calvi, le « tramway de Balagne » emprunte une partie du réseau et suit le littoral sur des portions invisibles aux voitures. Version montagne, l'axe Corte-Bocognano est superbe, permettant de voir la belle forêt de Vizzavona, le double pont du Vecchio construit par G. Eiffel, puis

le Voile de la Mariée, une cascade qui réserve ses atours aux seuls randonneurs et passagers du train!
Informations sur le réseau – ☎ 04 95 32 80 57 - www.cf-corse.corsica
Bon à savoir – En été, les trains sont souvent bondés et les trajets ne peuvent être réservés qu'à partir de la veille. Il existe plusieurs pass, certains adaptés aux randonneurs. Le **Pass Libertà** permet de voyager pendant 7 jours consécutifs en toute liberté sur le réseau corse *(50 € - www.train-corse.com)*. Des perturbations sur le trafic sont possibles. Il est donc plus prudent de se renseigner au préalable.

En autocar

Les compagnies desservent les principales villes de l'île à des tarifs assez économiques (attention, un supplément peut être demandé pour les bagages ou un vélo).
Les fréquences étant relativement faibles, renseignez-vous pour les liaisons et les horaires auprès des offices de tourisme et sur **www.corsicabus.org.**

En voiture

Les routes de Corse, presque partout étroites et sinueuses, sont très pittoresques et font une partie du charme de l'île. En contrepartie, elles exigent une grande vigilance dans la conduite.
Routes de montagne – La prudence est particulièrement de mise, les routes étant souvent peu protégées du côté du ravin, surtout en période de mauvaise visibilité (brouillard d'automne sur le versant oriental, ou changement brusque de visibilité près du col de Teghime), et jusqu'au 15 mai, voire début juin, lorsque l'enneigement ajoute aux difficultés de la chaussée.
Dépassements – Soyez prudent pour doubler; les accidents sont fréquents.
Stationnement – Rares sont les emplacements, et certains hameaux, perchés au bout d'une route en cul-de-sac, peuvent constituer des épreuves redoutables au moment crucial du demi tour.
Croisement difficile – Les automobilistes corses feront toujours l'effort de manœuvrer pour débloquer la situation. Dans les virages serrés, à visibilité réduite, n'hésitez pas à klaxonner pour signaler votre présence.
Stations-service – Les postes d'essence sont rares dans le cap Corse, la Castagniccia, le Niolo et les Agriate. Il est donc impératif de faire le plein avant un long trajet.
Signalisation – Les panneaux sont généralement en corse et en français même si cette dernière inscription est souvent effacée.
Limitations de vitesse – Outre la réglementation nationale, 110 km/h sur certaines voies rapides, il n'y a pas d'autoroutes en Corse.
Radars – Vous n'échapperez pas aux radars parce que vous êtes sur une île. Des radars fixes sont installés aux sorties des villes (Ajaccio, Bastia, Propriano, Calvi, Porto-Vecchio).
Bon à savoir – Sur les routes peu fréquentées, vous rencontrerez peut-être... du **bétail en liberté**! La vitesse réduite reste le meilleur moyen de maîtriser toute situation inattendue et de mieux apprécier le paysage. Il n'est pas rare de rencontrer des vaches et des cochons sur les routes la nuit, restez vigilant.

Louer une voiture

Les compagnies aériennes desservant la Corse proposent aussi des forfaits avion-auto. Attention au (fort) supplément souvent demandé en cas d'« aller simple » (prise et remise de la voiture en deux lieux différents). Renseignez-vous auprès de ces compagnies qui possèdent toutes des guichets dans les aéroports de l'île.

Ada – www.ada.fr
Avis – www.avis.fr
Budget – www.budget.fr
Europcar – www.europcar.fr
Hertz – www.hertzcorse.com
Enterprise – www.enterprise.fr

Circuler en moto

Si ce véhicule est idéal pour sillonner les petites routes de l'île, les dangers et les recommandations de sécurité restent les mêmes que pour les voitures. Les motards – allemands et britanniques surtout – sont légion, au printemps notamment. Parkings adaptés dans de nombreux hôtels.

URGENCES

Numéro d'urgence général – ✆ 112.
Police Secours – ✆ 17.
Pompiers – ✆ 18 ou 112.
Samu – ✆ 15.

Chéquier et carte de crédit

En cas de perte ou de vol, déposez immédiatement plainte auprès de la police et faites opposition :
Chéquiers volés – Directement auprès de votre banque.
Cartes bancaires – ✆ 0 892 705 705 (0,35 €/mn). 24h/24.
American Express – ✆ 01 47 77 72 00.

Téléphone portable

En cas de perte ou de vol, faites suspendre votre ligne par votre opérateur via son site Internet ou par téléphone :
Orange – ✆ 3900 - www.orange.fr.
Bouygues Télécom – ✆ 1064 ou 0800 29 1000 - www.bouyguestelecom.fr.
SFR – ✆ 1023 - www.sfr.fr.
Free – ✆ 3244 - mobile.free.fr/assistance.

VILLES ET PAYS D'ART ET D'HISTOIRE

Ce réseau propose des visites générales ou insolites (1h30 ou plus), conduites par des guides-conférenciers et des animateurs du patrimoine agréés par le ministère. Visites découverte et ateliers du patrimoine pour les enfants.
En Corse, **Bastia, Ajaccio** et **Sartène** ont reçu le label Ville d'art et d'histoire.
www.vpah.culture.fr

VOILE, PLANCHE À VOILE, SURF ET KITESURF

Les vents capricieux du cap Corse et de Bonifacio, aux deux extrémités de l'île, soulèvent l'enthousiasme des amateurs de voile. Sur la côte ouest, St-Florent, Calvi, les plages de Sagone, du Ricanto près d'Ajaccio et Porticcio ou Propriano sont les rendez-vous les plus connus. Aléria, Ghisonaccia et Porto-Vecchio sont les seuls points de rassemblement de la côte est.
Les plages de Cargèse et celle d'Algajola conviennent aux débutants.
Le Capo di Feno et la vague de Coggia au sud de Sagone sont réservés aux **surfeurs** très expérimentés.
Les plages d'Agosta et de la Viva à Porticcio, la longue plage de Portigliolo au sud de Propriano et celles du golfe Ventilegne à Figari sont réputées pour la pratique du **kitesurf**.
Ligue corse de voile – ✆ 06 98 99 31 08 - www.voilecorse.com.

En famille

	Nature	Musées	Loisirs
Ajaccio	Arboretum des Milelli		Petit train d'Ajaccio ; loisirs sportifs
Golfe d'Ajaccio	Excursion en bateau ; grand site de Parata		Plongée sous-marine
Alta Rocca		Musée de l'Alta Rocca à Levie ; chaos de Paccionitoli	
Vallée de l'Asco	Réserve de faune d'Asco ; village des tortues (Moltifao)		Via ferrata de Manicella
Villages de Balagne	Jardin botanique fruitier à Avapessa		Tramway de Balagne ; balade avec un âne
Bastelica	Cascade de Sant'Alberto		Petit train touristique et lac de Tolla
Bastia	Étant de Biguglia	Musée de la Miniature	Petit train touristique et loisirs sportifs
Les aiguilles et la forêt de Bavella			Canyoning
Bonifacio	Excursion en mer		Plages
Calacuccia			Promenade et pique-nique au pont de Murriciolu
Calvi	Croisière en bateau vers les sites naturels	Citadelle	Randonnées à poney ; activités nautiques
Cap Corse	Sentiers thématiques	Promenade en mer à la pointe du cap corse	Plages et plongée sous-marine
Cargèse			Excursion en mer
Cervione et la Costa Verde		Parc Galea	
Corte		Musée de la Corse	Loisirs sportifs et boutiques d'artisanat
Évisa et la forêt d'Aïtone	Sentiers de la Châtaigneraie ou de la Sittelle		
Golfe de Figari			Baignade dans les criques

	Nature	Musées	Loisirs
Golfe de Galéria			Promenade en canoë dans l'estuaire du Fango ; excursion en mer
Ghisonaccia			Promenade à cheval
La vallée de la Gravona	Les tortues du parc A Cupulatta		Parcours aventures avec Rêves de Cimes
L'Île-Rousse	Parc de Saleccia		Loisirs nautiques et balade à cheval
Le Niolo			Pique-nique aux bergeries de Cesta
Pigna		Rencontre avec les artisans	
Porto			Plage de galets ; croisières
Propriano			Sortie en mer
Ste-Lucie-de-Tallano		Écomusée de Ste-Lucie	Piscines naturelles de Zoza
St-Florent			Activités nautiques sur la plage de la Roya
Sartène		Musée de Préhistoire corse	
Solenzara			Baignade en rivière
Golfe de Valinco		Site de Filitosa	Plages de Portigliolo et de Campomoro ; parcours accrobranche
Col du Vergio			Baignade dans le Golo
Vico			Maison du miel à Murzo ; randonnée au lac de Creno
Forêt de Vizzavona			Baignade à la cascade des Anglais

Mémo

Agenda

Processions, foires rurales (www.foiresdecorse.com), festivals, concerts, les manifestations ne manquent pas et se multiplient en été. Les journaux locaux et l'agenda du site **www.visit-corsica.com** constituent une bonne source d'information.

Certaines manifestations sont détaillées dans la rubrique « Nos adresses » de la partie « Découvrir la Corse ».

JANVIER

Corbara et Aregno – Procession en l'honneur de saint Antoine ; Fête des oranges (dim. suivant le 17, après la messe de 11h).

FÉVRIER

Renno – Foire de la Tumbera (1er dim.).

MARS ET AVRIL

Ajaccio – La Madunuccia (le 18 mars). *p. 285.*

Ste-Lucie-de-Tallano – Grande foire régionale de l'huile d'olive (fin mars-déb. avr.). *p. 342.*

Bastia – Festival BD (déb. avr.). *p. 53.*

Toute la Corse – Avril. Manche du Championnat du monde de rallye WRC, Tour de Corse automobile. Attention, la date peut changer selon l'année - www.tourdecorse.com.

SEMAINE SAINTE

Bastia – Procession du Chemin de Croix dans les ruelles de la vieille ville (le soir du Vend. saint).

Erbalunga – Procession de la Cerca (le mat. du Vend. saint) ; procession de la Granitola avec pénitents en cagoule (le soir du Vend. saint). *p. 79.*

Corte – Procession du Christ mort (Jeu. et Vend. saints). *p. 182.*

Calvi – Bénédiction des « canistrelli » et procession (Jeu. saint). Procession de la Granitola (Vend. saint). *p. 118.*

San Martino di Lota – Le Vendredi saint, les confréries de la Piève de Brando partent en procession à travers le maquis. La tradition veut qu'elles se suivent sans se rencontrer.

Bonifacio – Procession des cinq confréries à travers la ville jusqu'à l'église Ste-Marie-Majeure pour y vénérer la relique de la sainte Croix (Jeu. et Vend. saints).

Sartène – Processions du « Christ Roi » et du Catenacciu (Grand Pénitent). *p. 337.*

Cargèse – Procession orthodoxe grecque (lun. de Pâques).

MAI

Venaco – A Fiera di u Casgiu (foire du fromage). *p. 220.*

JUIN

Ajaccio, Bastia, Calvi, Propriano – Procession en mer en l'honneur de saint Érasme, patron des pêcheurs (le 2).

Corte – Cavall'in Festa (1er w.-end de juin). *p. 182.*

Calvi – Festival de jazz (mi-juin) - www.facebook.com/calvi.jazzfestival.

Ajaccio – Festival Jazz in Aiacciu (fin juin-déb. juil.) - jazzinaiacciu.com.

Bastia – Bastia Creazione (2 jours

fin juin) : festival de la Mode et du Design dans le Palais des Gouverneurs - creazione.corsica.

JUILLET

Calvi – Calvi on the rocks, festival de musique electro-rock (1re sem.). p. 118.
Luri – Foire du vin (1er w.-end). p. 79.
Pigna (et la Balagne) – Durant la 1re quinz. du mois, la manifestation **Festivoce** regroupe, dans plusieurs villages autour de Pigna, des musiciens et des ensembles vocaux de qualité, ce qui en fait l'un des événements incontournables de la scène musicale insulaire - www.centreculturelvoce.org. p. 145.
Patrimonio – Les Nuits de la guitare, classique, jazz, pop et rock (mi-juil.). p. 79.
Ajaccio – Rencontres philosophiques du lazaret François-Ollandini. p. 285.

JUILLET-AOÛT

Castagniccia – Fiera in Castagniccia (1re w.-end.).
Dans le Giussani (à Olmi Cappella, Pioggiola...) – Rencontres internationales de théâtre en Corse. p. 156.

AOÛT

Lama – Festival européen du cinéma et du monde rural (1re sem.). p. 100.
St-Florent – Porto Latino. p. 86.
Ajaccio – Cérémonies religieuses de l'Assomption et fêtes commémoratives de la naissance de Napoléon (autour du 15).
Bastia – Assomption (le 15).
Erbalunga – Festival de musique (2e sem.).

SEPTEMBRE

Bonifacio – Début du mois. Festival international de Tango - tangoabonifacio.fr.
Bonifacio – Procession à l'ermitage de la Trinité (le 8).
Casamaccioli – Santa di u Niolu, fête religieuse et foire. p. 203.
Lavasina – Procession aux flambeaux (1re sem.).
Calvi – Rencontres polyphoniques (mi-sept.) - www.facebook/rencontrespolyphoniquescalvi.

OCTOBRE

Bastia – Festival du film méditerranéen (mi-oct.) - www.arte-mare.corsica.

NOVEMBRE

Ajaccio – Festival de la BD (fin nov.) - festivalbdajaccio.com.

DÉCEMBRE

Bocognano – Fiera di a Castagna (2e w.-end). p. 298.

Livres, films, musique

LIVRES

Archéologie - Histoire - Actualité

Corse antique, Éditions du Patrimoine Centre des monuments nationaux, 2010.
Paoli, un Corse des Lumières, M. Vergé-Franceschi, Fayard, 2005.
Histoire de la Corse et des Corses, J.-M. Arrighi, O/Jehasse, Perrin, 2013.
Napoléon, une enfance corse, M. Vergé-Franceschi, Larousse, 2009.
Le Roi Théodore, A.-M. Graziani, Tallandier, 2005.
Comprendre la Corse, J.-L. Andréani, Folio Actuel, 2004.
Razzia sur la Corse et *Corse, l'étreinte mafieuse*, H. Constanty, Fayard, 2012 et 2017.
La Véritable Histoire du commando Érignac, B. Bertrand-Cadi, Tallandier, 2013.

Le Dictionnaire insolite de la Corse, G. Stromboni, Cosmopole, 2019.

Tradition - Art

Tempi Fà, P.-J. Luccioni, Albiana, 2007 ; *Tempi Fà 2*, 2009, second tome sur les arts et traditions populaires corses ; *Tempi Fà. Fêtes religieuses, rites et croyances populaires*, 2 vol. richement illustrés.

Églises romanes de Corse, A. Arnoux Gabrielli, Albiana, 2016.

Nature

Le Guide de la nature corse, Tetras Éditions, 2010.

La Nature en Corse, G. Faggio, C. Jolin, éd. Loubatières, 2013.

Corse, reconnaître toutes les espèces, Artémis Éditions, 2017.

Photo

Corse, photos R. Depardon, textes J.-N. Pancrazi, Point Seuil, 2011.

Corse secrète et insolite, S. Fautré et R. Colonna d'Istria, Glénat, 2010.

Mare e Monti, A. Gauthier, photos M. Luccioni, Gilletta, Nice, 2012.

L'autre Corse, L. Gavache, Éditions Clémentine, 2016.

Randonnée - Plongée

À travers la montagne corse - Parc naturel régional de Corse, Topoguide FFRP, 2016.

Les 50 plus belles balades familiales et faciles en Corse, J.-P. Quilci, M. Lacroix, Clémentine Éditions, 2017.

La Corse, 100 plongées incontournables, N. Barraqué, H. Colombini, G. Diraimondo, Gap, 2009.

Gastronomie

Du pain, du vin, des oursins, N. Stromboni, Marabout, 2016.

Les Bonnes Recettes de la cuisine corse, M.-J. Luciani, K. Riethmuller, Glénat, 2015.

Corsica, Terre de saveur-faire, D. Mezzacqui, S. Alessandri, Éditions Clémentine, 2016.

Littérature

Le Goût de la Corse, J. Barozzi, Mercure de France, 2007.

Colomba, P. Mérimée, Pocket.

Mateo Falcone, P. Mérimée, Librio.

Les Frères corses, A. Dumas, Folio.

La Vendetta, H. de Balzac, Librio.

La Vraie Colomba, L. Di Bradi, Marivole.

La Fuite aux Agriates, M. Ferranti, Folio.

La Corse, Dorothy Carrington, Arthaud, 2008.

La Paille et le Feu, P. Gattaceca, Les Belles Lettres, 2000.

Où finira le fleuve, A. Rinaldi, Fayard, 2006.

Les Mille et une vies de Théodore, roi des Corses, J.-C. Rogliano JC Lattes, 2009.

La guerre de Louise, E. Chabrol, Belfond, 2011.

Le Sermon sur la chute de Rome, J. Ferrari, Actes Sud, 2012. Pour cet ouvrage, l'auteur d'origine corse a obtenu le Prix Goncourt 2012.

Murtoriu, M. Biancarelli, Actes Sud, 2012.

Polars

Les éditions Albiana (www.albiana.fr) publient nombre de polars ayant pour cadre la Corse, tels les polars historiques de A. Morelli.

L'Île du silence, L. Wadham, Gallimard Série Noire.

La Femme sans tête, A. Albertini, Grasset, 2013.

Jeunesse

La Corse, P. Hédelin, Milan, coll. Mes années pourquoi, 2014. La Corse racontée en images - à partir de 4 ans.

Graines de Voyageurs, Corse, collectif, Graine 2, 2014. Guide de la Corse pour les enfants.

BD et dessins

Astérix en Corse, Uderzo et Goscinny, Hachette, 1re parution en 1973.

L'intégrale Corse, R. Pétillon, Les Arènes-Glénat, 2009.

Korsis, S. Micheli, Corsica Comix, 2015.
Aiò Zitelli ! Récits de guerre 14-18, F. Bertocchini, Albiana, 2014.
L'Île des Justes - Corse 1942, Espé et S. Piatzszek, Glénat, 2015.
La Corse prend le maquis, Tignous, éd. du Chêne, 2016.
Voyez aussi les albums et le site Internet du dessinateur de presse **Battì** (batticorsicartoons.free.fr).

FILMS

Documentaires

Corsica, les secrets d'une terre, DVD, A. Leonardi, Ricordu.
Corsica, encore plus belle vue du ciel, DVD, A. Leonardi, Ricordu.
Mémoires de Corse, Éditions Montparnasse, 2005.
La Route des vins vol. 7 : les vins de Corse, Wilfrid Bof, Éditions Montparnasse, 2005.

Fictions

Manina, la fille sans voiles, W. Rozier, 1953. Le littoral corse et Brigitte Bardot… en noir et blanc.
L'Enquête corse, A. Berberian, versions française et corse, 2004.
Les Randonneurs, P. Harel, 2004.
Le Silence, O. Miret, 2004.
Les Apaches, T. de Peretti, 2013.
Les Francis, F. Begotti, 2014.
Un moment d'égarement, de J.-F. Richet, 2015.

MUSIQUE

Les **chants polyphoniques** ont suscité un engouement qui a touché un public plus large que les amateurs de culture corse. Les enregistrements sont disponibles sur CD souvent produits par des sociétés corses. « Studio Ricordu » (www.ricordu.com) à Bastelicaccia, maison de disques indépendante, distribue l'essentiel de la musique corse.
Parmi les réalisations assez récentes, citons : *Oghji* de Canta u Populu Corsu ; *Le meilleur de* Chjami Aghjalesi ; *Castelli* d'A. Filetta ; *D'Anima* de Barbara Furtuna.
Mais aussi des compilations comme : *Corsica Les Plus Belles Chansons corses* (Ricordu).
« Le chant et l'expression musicale » *(p. 478)*.

Procession en l'honneur de Santa di u Niolu à Casamaccioli.
KaiLoos/F1online/age fotostock

INDEX GÉNÉRAL

Corte : villes, curiosités et régions touristiques.
Paoli, Pascal : noms historiques et termes faisant l'objet d'une explication.
Les sites isolés (châteaux, abbayes, grottes...) sont répertoriés à leur propre nom.
Nous indiquons par son numéro, entre parenthèses, le département auquel appartient chaque ville ou site. Pour rappel :
2A : Corse-du-Sud
2B : Haute-Corse

A

B

INDEX GÉNÉRAL

N

O

P

Q–R

S

T

U

V

W

Z

INDEX CARTOGRAPHIQUE

CARTE GÉNÉRALE

Premier rabat de couverture

CARTES DES MICRORÉGIONS

PLANS DE VILLE

PLANS DE MONUMENTS

CARTES THÉMATIQUES

CARTES DES CIRCUITS

Collection sous la direction de Philippe Orain

Responsables d'édition et rédacteurs en chef du guide : Luc Decoudin, Florence Dyan

Suivi éditorial : L'ADÉ L'Atelier d'édition

Rédaction : François Sichet, Luc Decoudin, Serge Guillot, Jordane Bertrand, Isabelle Bruno, Louise Druet, Jean-Louis Gallo, Guylaine Idoux, Hervé Kerros, Catherine Zerdoun

Ont contribué à ce guide : L'Atelier d'Édition, Denis Rasse et Costina-Ionela Tarcea (**Cartographie**), Véronique Aissani, Carole Diascorn (**Couverture**), Maria Gaspar, Marie Simonet, Sophie Roques (**Iconographie**), Bénédicte Lathes, Isabelle Foucault, Marion Desvignes Canonne (**Données objectives**), Bogdan Gheorghiu, Cristian Catona, Andreea-Karina Gruia, Hervé Dubois, Pascal Grougon (**Prépresse**), Dominique Auclair (**Pilotage**), L'ADÉ L'Atelier d'édition (**Relecture**)

Conception graphique
Christelle Le Déan, Sandro Borel (maquette intérieure)
Laurent Muller (couverture)

Régie publicitaire et partenariats
business-solutions@tp.michelin.com
Le contenu des pages de publicité insérées dans ce guide n'engage que la responsabilité des annonceurs.

Contacts
Qu'avez-vous pensé de ce guide ? Répondez à notre questionnaire en ligne, en allant sur le site : satisfaction.michelin.com

Vous souhaitez nous contacter ? Envoyez-nous un email à l'adresse : tourisme@tp.michelin.com

Parution 2020

VOTRE AVIS EST ESSENTIEL
POUR AMÉLIORER NOS PRODUITS

Aidez-nous en répondant à notre questionnaire sur le site :
satisfaction.michelin.com

Michelin Travel Partner
Société par actions simplifiée au capital de 15 044 940 EUR
27 Cours de l'Ile Seguin - 92100 Boulogne Billancourt (France)
R.C.S. Nanterre 433 677 721

Dépôt légal : 02-2020 – ISSN 0293-9436
Imprimeur : Grafotisak, Grude
Imprimé en Bosnie-Herzégovine : 02-2021

Sur du papier issu de forêts bien gérées

LE GUIDE VERT

- **Découvrir la Corse :** 9 microrégions pour plonger au cœur de la destination.
- **Comprendre la Corse :** des thématiques culturelles pour enrichir son voyage.
- **Organiser son voyage :** les informations pratiques pour préparer son voyage et profiter de son séjour sur place.

Des sites touristiques classés par **étoiles** :

★★★ Vaut le voyage
★★ Mérite un détour
★ Intéressant

Pour chaque chapitre, consultez **nos adresses** répertoriées par catégories de prix :

	Hébergement*	Restauration
Premier prix	jusqu'à 80 €	jusqu'à 20 €
Budget moyen	de 80 à 120 €	de 20 à 40 €
Pour se faire plaisir	de 120 à 160 €	de 40 à 60 €
Une folie	plus de 160 €	plus de 60 €

*Prix d'une chambre double en haute saison